# Juridicum – Schriften zum Arbeitsrecht

**Reihe herausgegeben von**

Jacob Joussen, Ruhr-Universität Bochum
Juristische Fakultät Ruhr-Universität Bochum
Bochum, Deutschland

Die Schriftenreihe widmet sich dem Arbeitsrecht in seiner ganzen Breite. Sie ermöglicht die Veröffentlichungen von Abhandlungen aus dem Bereich des Individualarbeitsrechts ebenso wie aus dem kollektiven Arbeitsrecht. Damit sind neben Fragestellungen des gesamten Arbeitsvertragsrechts insbesondere auch Beiträge aus dem Betriebsverfassung-, dem Tarif- und dem Koalitionsrecht Gegenstand der Reihe. Sie ist offen für sehr gute wissenschaftliche Forschungsarbeiten aus diesem Fächerbereich, auch soweit sie aus europäischen oder internationalen Bezügen stammen.

Herausgeber Prof. Dr. Jacob JoussenJuristische Fakultät Ruhr-Universität Bochum

Antje Rech

# Der Beurteilungszeitpunkt im Privatrecht

## unter besonderer Berücksichtigung arbeitsrechtlicher und öffentlich-rechtlicher Aspekte

Springer

Antje Rech
Professur für Zivil- und Arbeitsrecht
Hochschule für Polizei und öffentliche Verwaltung Nordrhein-Westfalen
Aachen, Deutschland

ISSN 2522-5863 ISSN 2522-5871 (electronic)
Juridicum - Schriften zum Arbeitsrecht
ISBN 978-3-658-51180-7 ISBN 978-3-658-51181-4 (eBook)
https://doi.org/10.1007/978-3-658-51181-4

Die Deutsche Nationalbibliothek verzeichnet diese Publikation in der Deutschen Nationalbibliografie; detaillierte bibliografische Daten sind im Internet über https://portal.dnb.de abrufbar.



Springer ist ein Imprint der eingetragenen Gesellschaft Springer Fachmedien Wiesbaden GmbH und ist ein Teil von Springer Nature.
Die Anschrift der Gesellschaft ist: Abraham-Lincoln-Str. 46, 65189 Wiesbaden, Germany

# Vorwort

Die vorliegende Schrift entstand während meiner Tätigkeit als Akademische Rätin a. Z. an der Ruhr-Universität in Bochum. Gesetzgebung, Rechtsprechung und Literatur sind bis Dezember 2025 berücksichtigt.

Allen, die im beruflichen und privaten Umfeld das Entstehen dieser Arbeit unterstützt und zur Veröffentlichung beigetragen haben, bin ich aufrichtig verbunden. Mein ganz besonderer Dank gebührt meinem akademischen Lehrer Herrn Professor Dr. Jacob Joussen. Er hat mich während des Entstehens dieser Arbeit nicht nur durch seine ständige Gesprächsbereitschaft und wertvollen Ratschläge unterstützt. Vielmehr hat er mir den Weg in die Wissenschaft eröffnet und insgesamt meine akademische Entwicklung maßgeblich gefördert. Für diese Förderung bin ich ihm zutiefst dankbar.

Von Herzen danke ich zudem meiner Familie: Meinem Ehemann Dr. Karsten Rech und unseren Kindern Sophia, Franziska und Anna-Lena für ihren Rückhalt und ihr unerschütterliches Vertrauen in mich. Ohne ihre Unterstützung wäre die Fertigstellung dieser Arbeit nicht möglich gewesen. Ihnen ist diese Arbeit gewidmet.

Essen
im Januar 2026

Antje Rech

Hinweis
Die in der vorliegenden Arbeit verwendeten Personenbezeichnungen beziehen sich gleichermaßen auf weibliche, männliche und diverse Personen.

# Inhaltsübersicht

# Inhaltsverzeichnis

## Teil E. Zusammenfassung der Untersuchungsergebnisse in Thesen

# Teil A. Einleitung

## Einleitung

Die Zeit begegnet uns im Recht in vielfältiger Weise.[1] Nicht zuletzt aufgrund der jüngeren Jubiläen der Weimarer Reichsverfassung und des Grundgesetzes existiert gegenwärtig eine rege Diskussion zu der Frage, wie das Recht durch den jeweiligen historischen Kontext beeinflusst wird. Diese Debatte wird in erster Linie in verfassungsrechtlicher Hinsicht geführt.[2] Zudem finden sich in anderen Rechtsgebieten ebenfalls zahlreiche Betrachtungen dieses umfassenden Themenkomplexes aus den unterschiedlichsten Blickwinkeln.[3] Dabei erfolgt die Analyse der Beziehung von Zeit und Recht oftmals im Kontext eines längeren Zeitraums und damit im Sinne des „Rechts in der Zeit".[4]

Das Verhältnis von Zeit und Recht beschränkt sich jedoch nicht auf die Beleuchtung seiner Entwicklung im Kontext einer längeren Zeitspanne. Auch kürzere

---

[1] Vgl. hierzu schon *Winkler,* Zeit und Recht – Kritische Anmerkungen der Zeitgebundenheit des Rechts und des Rechtsdenkens, passim. Vgl. auch v. *Münch,* NJW 2000, 1 ff.

[2] Vgl. etwa Donath/Bretthauer u. a. (Hrsg.), Verfassungen – ihre Rolle im Wandel der Zeit, passim. Vgl. auch *Nußberger,* ZRP, 2024, 98–100.

[3] S. etwa *Husserl,* Recht und Zeit, passim; *Richardi,* Arbeitsrecht im Wandel der Zeit, passim; Schumann (Hrsg.), Justiz und Verfahren im Wandel der Zeit – Gelehrte Literatur, gerichtliche Praxis und bildliche Symbolik, Festgabe für Wolfgang Sellert zum 80. Geburtstag, passim; *Thier,* in: Panta rei – Studi dedicati a Manlio Bellomo, 383–406; Wuschka u. a. (Hrsg.), Zeit und Internationales Recht, Fortschritt-Wandel-Kontinuität, passim.

[4] Vgl. zur Wendung „Recht in der Zeit" auch *Kirste,* Die Zeitlichkeit des positiven Rechts und die Geschichtlichkeit des Rechtsbewußtseins, 5.

Zeitspannen haben durch die Jahrhunderte die Rechtswissenschaft beschäftigt. Das zeigt etwa der Blick auf die teilweise stark formalisierten Vorgaben der Zeit, derer es zur Vereinheitlichung des amtlichen und geschäftlichen Verkehrs bedarf.[5] Bedeutsam war dabei insbesondere in der zweiten Hälfte des 20. Jahrhunderts die Normierung der „kleinen natürlichen Zeiteinheit“[6] der Sekunde.[7] Zudem steht aber gerade seit den Anfängen der modernen Verwaltungsgerichtsbarkeit eine weitere „kleine Zeiteinheit“ im Zentrum einer juristischen Debatte, die bis heute noch schwelt: der „maßgebliche Zeitpunkt“ für die Beurteilung der Rechtswidrigkeit eines Verwaltungsakts.[8] In der betreffenden Diskussion geht es um die konkrete Verortung dieses Zeitpunkts und damit zugleich darum, ob die Verwaltungsgerichte etwaige Änderungen der Sach- oder Rechtslage, die nach dem Erlass eines Verwaltungsakts eintreten, insbesondere im Rahmen der Prüfung einer Anfechtungsklage zu berücksichtigen haben.

[5] Vgl. hierzu auch § 1 EinhZeitG.

[6] *Wieacker* in: Württenberger/Maihofer/Hollerbach (Hrsg.), Festschrift für Erik Wolf zum 60. Geburtstag, 421.

[7] Diese wurde im Jahr 1967 gemäß einer Vereinbarung der 13. Generalkonferenz für Maß und Gewichte (CGPM) auf der Basis einer atomaren Schwingung des Atoms Cäsium 133 niedergelegt, vgl. Resolution 1 of the 13th CGPM (1967), abrufbar unter: https://www.bipm.org/en/committees/cg/cgpm/13-1967/resolution-1 (zuletzt abgerufen: 8.1.2026). S. ebenfalls *Kramer,* Phänomen Zeit, 16; *Ryder,* Das internationale Einheitensystem – Ein Überblick mit Links zu weiterführenden Dokumenten, abrufbar unter: http://server.ifp.uni-bremen.de/ryder/lv/gk/sie.pdf (zuletzt abgerufen: 8.1.2026).

[8] *Mager,* Der maßgebliche Zeitpunkt für die Beurteilung der Rechtswidrigkeit von Verwaltungsakten, 17.

# I. Problemaufriss

Im Hinblick auf eine vergleichbare Problematik im Zivilrecht hat *Ule* in seinem Lehrbuch zum Verwaltungsprozessrecht des Jahres 1987 angeführt, dass die Frage, auf welchen Sachverhalt und auf welches Recht es für die Entscheidung des Gerichts ankomme, im Zivilrecht keine besonderen Schwierigkeiten bereite.[1] Es gelte der Grundsatz, dass das Gericht über den Sachverhalt und nach der Rechtslage entscheide, die am Schluss der mündlichen Verhandlung gegeben seien.[2] Ähnlich hatte schon *Pinckernelle* 1950 in einem Aufsatz über die „Änderung von Tatsachen und Rechtslage während eines Verfahrens" formuliert. So führte er aus, dass im Zivilprozess das Urteil immer aufgrund der Sach- und Rechtslage im Zeitpunkt der letzten mündlichen Verhandlung ergehe.[3] Alle bis dahin vor sich gegangenen Änderungen des Tatbestands seien ebenso zu berücksichtigen wie etwa inzwischen erlassene Gesetze.[4]

Dass diese Aussagen pauschalierend und damit letztlich unpräzise sind[5] und auch im Privatrecht[6] die Thematik des Beurteilungszeitpunkts einer näheren

---

[1] *Ule,* Verwaltungsprozessrecht, 302.

[2] *Ule,* Verwaltungsprozessrecht, 302; vgl. auch *Pinckernelle,* BB 1950, 767.

[3] *Pinckernelle,* BB 1950, 767.

[4] *Pinckernelle,* BB 1950, 767. Vgl. ebenso die Ausführungen von *Rennert,* DVBl. 2019, 593.

[5] Im Ergebnis wird dies auch aus den im Anschluss von *Ule* angeführten Differenzierungen zwischen Leistungs-, Gestaltungs- und Feststellungsurteilen deutlich, vgl. *Ule,* Verwaltungsprozessrecht, 302–307.

[6] Im Folgenden sollen die Begriffe „Zivilrecht" und „Privatrecht" synonym verwendet werden, die Terminologie des „Zivilrechts" nicht auf diejenige des „Allgemeinen Zivilrechts" beschränkt sein.



A. Rech, *Der Beurteilungszeitpunkt im Privatrecht*, Juridicum - Schriften zum Arbeitsrecht, https://doi.org/10.1007/978-3-658-51181-4_1

Betrachtung bedarf, verdeutlicht bereits folgende Konstellation: Hat der Richter etwa über die Wirksamkeit eines Bürgschaftsvertrags, der auf unbestimmte Zeit geschlossen wurde, zu befinden und steht hier die Sittenwidrigkeit in Frage, so wird er sich zu deren Beurteilung nach der vorherrschenden Meinung[7] grundsätzlich in den Zeitpunkt des Vertragsschlusses „zurückversetzen“. Er wird folglich die Sittenwidrigkeit nach den Umständen beurteilen, die im Zeitpunkt der Vornahme des Rechtsgeschäfts gegeben waren. Gerade im Bereich der Dauerschuldverhältnisse, zu denen auch die auf unbestimmte Zeit geschlossene Bürgschaft zählt,[8] kann hier allerdings eine nicht unerheblich große Zeitspanne zwischen dem vom Richter zu beurteilenden „maßgeblichen“ Zeitpunkt, konkret dem Zeitpunkt der Vornahme des Rechtsgeschäfts, und der gerichtlichen Entscheidung liegen. In dieser Zeit können sich Veränderungen ergeben, die die Umstände, die im Zeitpunkt der Vornahme des Rechtsgeschäfts zu einer Bejahung der Sittenwidrigkeit führen, in einem anderen Licht erscheinen lassen. Eine konsequente Anwendung der vorherrschenden Meinung bedingt aber, dass die Frage, ob der Umfang der Bürgschaftsverpflichtung in krassem Missverhältnis zur voraussichtlichen finanziellen Leistungsfähigkeit des Bürgen bzw. der Bürgin stand, ausschließlich bezogen auf die Zeit des Vertragsschluss zu betrachten ist.[9] Folglich sind deshalb beispielsweise eventuelle, zu diesem Zeitpunkt bestehende Hoffnungen auf eine spätere Erbschaft des bei Abschluss des Bürgschaftsvertrages wirtschaftlich nicht leistungsfähigen Ehegatten selbst dann außer Betracht zu lassen, wenn sie sich später realisieren.[10] Auch wird der Richter eine möglicherweise später eintretende finanzielle Besserstellung nicht berücksichtigen dürfen, wenn zu dem Zeitpunkt des Vertragsschlusses unter normalen Umständen nicht mit einer wesentlichen nachhaltigen Verbesserung des finanziellen Leistungsvermögens des Bürgen bis zum ungewissen Zeitpunkt seiner Inanspruchnahme aus der Bürgschaft zu rechnen war.[11]

---

[7] Vgl. etwa BGH, Urt. v. 15.4.1987 – VIII ZR 97/86, NJW 1987, 1878, 1879; BGH, Urt. v. 28.2.1989 – IX ZR 130/88, NJW 1989, 1276, 1277; BGH, Urt. v. 5.10.2001 – V ZR 237/00, NJW 2002, 429, 431; *Stadler,* Allgemeiner Teil des BGB, § 26 Rn. 32. Eine Zusammenstellung abweichender Ansichten unter weiteren Differenzierungen findet sich etwa bei *Eckert,* AcP 199 (1999), 337, 340 f.

[8] BGH, Urt. v. 10.6.1985 – III ZR 63/84, NJW 1986, 252, 253; BGH, Urt. v. 22.5.1986 – IX ZR 108/85, NJW 1986, 2308, 2309; MüKoBGB/*Gaier,* BGB § 314 Rn. 11; BeckOGK/*Martens,* BGB § 314 Rn. 15; *Weth* in: jurisPK-BGB, BGB § 314 Rn. 6; a. A. Staudinger/*Stürner,* Vorbemerkung zu BGB §§ 765ff. Rn. 16.

[9] Vgl. BGH, Urt. v. 8.10.1998 – IX ZR 257–97, NJW 1999, 58.

[10] S. ebenfalls BGH, Urt. v. 8.10.1998 – IX ZR 257–97, NJW 1999, 58.

[11] BGH, Urt. v. 11.2.2003 – XI ZR 214/01, BKR 2003, 288, 289.

Dieses Beispiel ist im Hinblick auf die Thematik des Beurteilungszeitpunkts im Privatrecht in zweierlei Hinsicht bedeutsam: Zum einen zeigt sich, dass nicht alle dem Richter im Zeitpunkt des Schlusses der mündlichen Verhandlung vorliegenden Sachverhaltsinformationen berücksichtigt werden und er nur einen Teil des ihm insgesamt vorliegenden Sachverhalts beurteilt. Hieraus wird ersichtlich, dass im Privatrecht nicht nur der Schluss der mündlichen Verhandlung maßgeblich für die Beurteilung der Sach- und gegebenenfalls auch Rechtslage ist bzw. sein kann. Vielmehr kann neben diesem (mindestens) noch ein weiterer Zeitpunkt bestehen, in den sich der Richter, bildlich gesprochen, „hineinversetzen" muss, um einen Aspekt zu beurteilen. Gegebenenfalls sind in einem zu beurteilenden Sachverhalt sogar mehrere dieser Zeitpunkte zu finden. Damit existiert nicht nur „ein" Beurteilungszeitpunkt. Bereits dies verdeutlicht die Notwendigkeit einer differenzierten Betrachtung dieser Rechtsfigur.

Zum anderen hat der Richter Entwicklungen, die dem Zeitpunkt bzw. den Zeitpunkten, in den bzw. in die er sich bildlich gesprochen „hineinversetzen" muss, nachfolgen, grundsätzlich auszublenden. Gerade letzteres kann aber zu Ergebnissen führen, die als unbillig empfunden werden.

# II. Fragestellungen

Soweit ersichtlich, findet sich jedoch bereits keine gesetzliche Festlegung des Begriffs des Beurteilungszeitpunkts. In der Literatur erfolgt oftmals eine synonyme Verwendung der Begriffe „maßgeblicher Zeitpunkt“[1] und „Beurteilungszeitpunkt“,[2] die keine weitere abstrakte Erklärung enthält, vielmehr direkt auf den konkret betrachteten Zeitpunkt abstellt. Letztlich existiert weder eine eindeutige Terminologie[3] noch eine Systematisierung der zahlreichen Beurteilungszeitpunkte im Privatrecht. Diese Arbeit will deshalb der Frage nachgehen, ob bzw. wie sich der Beurteilungszeitpunkt im Privatrecht terminologisch erfassen und systematisieren lässt. Sie betrifft damit den erstgenannten Problemkreis des obigen Beispielsfalls. Die gefundenen Ergebnisse können gegebenenfalls sachdienlich sein für die Beantwortung der zweitgenannten Frage der „Nachfolgeproblematik“. Diese soll aber anderen Untersuchungen vorbehalten sein.

Vorliegend soll daher untersucht werden, welche Arten von Beurteilungszeitpunkten im Privatrecht existieren. Das impliziert die grundlegende Festlegung von Kriterien, anhand derer möglicherweise eine differenzierende Terminologie

---

[1] Vgl. etwa MüKoBGB/Baldus, BGB § 985 Rn. 48; MüKoBGB/*Busche,* BGB § 634a Rn. 42; Anders/Gehle/*Göertz,* ZPO § 98 Rn. 34; MüKoBGB/*Maultzsch,* BGB § 435 Rn. 12.

[2] ErfK/*Preis,* TzBfG § 9a Rn. 55; MüKoBGB/*Wagner,* BGB § 630a Rn. 176; MüKoBGB/*Wellenhofer,* BGB § 1600 Rn. 25. Vom „maßgeblichen Beurteilungszeitpunkt“ spricht etwa *Reymann* in: jurisPK-BGB, BGB § 2268 Rn. 30. Vgl. auch etwa *Sodan/Ziekow,* die im Hinblick auf das Öffentliche Recht vom „maßgeblichen Beurteilungszeitpunkt“ sprechen, und sodann die Begrifflichkeit „maßgeblicher Zeitpunkt“ wählen, *Sodan/Ziekow,* Grundkurs Öffentliches Recht, § 98. Anfechtungsklage Rn. 11.

[3] *Gentges* spricht von einer „uneinheitlichen Terminologie“ in den verschiedenen Verfahrensarten, vgl. *Gentges,* Prognoseprobleme im Kündigungsschutzrecht, 52.



A. Rech, *Der Beurteilungszeitpunkt im Privatrecht*, Juridicum - Schriften zum Arbeitsrecht, https://doi.org/10.1007/978-3-658-51181-4_2

entwickelt werden kann. Zugleich wirft die Entwicklung einer grundlegenden Terminologie die Frage nach dem Vorliegen einer etwaigen Systematik der Beurteilungszeitpunkte im Privatrecht auf.

Ein umfassender Blick auf diese Problematik kann aber nur gelingen, wenn die im Öffentlichen Recht seit langem bestehende Diskussion ebenfalls miteinbezogen wird, insbesondere weil in dieser bisweilen ein, wenn auch in der Regel kurzer, Blick auf das Zivilrecht geworfen wird unter Anführung etwaiger Unterschiede. Aufgrund dessen stellt sich in intradisziplinärer Perspektive die weitere Frage, ob eine etwaige für das Privatrecht entwickelte Terminologie und Systematik auf die Beurteilungszeitpunkte des Öffentlichen Rechts übertragbar ist und wie vor diesem Hintergrund die in dieser Fachsäule getätigten Äußerungen in Bezug auf das Privatrecht einzuordnen sind.

# III. Ziele der Untersuchung

Die Relevanz des Beurteilungszeitpunkts im Privatrecht ist evident: Die Festlegung des jeweiligen Beurteilungszeitpunkts entscheidet oftmals über Erfolg oder Misserfolg einer Klage.[1] Deshalb müssen die Grundlagen der privatrechtlichen Beurteilungszeitpunkte klar definiert sein.

Aufgrund der schier unerschöpflichen Anzahl von Beurteilungszeitpunkten im Privatrecht[2] kann es nicht Anliegen einer Untersuchung sein, diese umfassend darzustellen und im Einzelnen zu betrachten. Vielmehr ist primäres Ziel dieser Arbeit, eine allgemeine Terminologie und Systematisierung der existierenden Beurteilungszeitpunkte im Privatrecht herauszuarbeiten. Zugleich sollen in intradisziplinärer Perspektive die für das Privatrecht gefundenen Strukturen mit der verwaltungsrechtlichen Problematik verglichen werden. Damit soll zum einen rechtsübergreifend ein Beitrag zur Lösung der dortigen Streitfrage geleistet werden. Zum anderen kann aber gerade diese intradisziplinäre Betrachtung möglicherweise vertiefende Erkenntnisse in Bezug auf die Charakteristik der privatrechtlichen Beurteilungszeitpunkte liefern.

---

[1] So für die Problematik im Verwaltungsrecht bereits *Mager,* Der maßgebliche Zeitpunkt für die Beurteilung der Rechtswidrigkeit von Verwaltungsakten, 17.

[2] Vgl. auch *Rodi,* Wirksamkeitsdynamik im Minderjährigenrecht, 19, der davon ausgeht, dass sich die Konstellationen derart erheblich unterscheiden, weshalb die Beantwortung der Frage des entscheidenden Zeitpunktes von deren jeweiligen Spezifika abhängt und einer abstrakten Klärung nicht zugänglich ist.



A. Rech, *Der Beurteilungszeitpunkt im Privatrecht*, Juridicum - Schriften zum Arbeitsrecht, https://doi.org/10.1007/978-3-658-51181-4_3

# IV. Forschungsstand

Eine umfassende grundlagenorientierte Untersuchung „des“ Beurteilungszeitpunkts im Privatrecht ist bislang nicht erfolgt. Soweit ersichtlich wurde diese weder monographisch vorgenommen, noch existiert eine derartige Auseinandersetzung in Aufsatzform. Allerdings erfolgten seit Erlass des BGB zahlreiche Betrachtungen einzelner privatrechtlicher Beurteilungszeitpunkte,[1] in denen sich Ausführungen finden, die für diese Untersuchung als Anknüpfungspunkte dienlich sein können. Dabei widmeten sich diese Betrachtungen im Kern entweder der Frage der Festlegung eines konkreten Beurteilungszeitpunkts[2] oder der Problematik, ob Entwicklungen sachlicher oder rechtlicher Art, die nach einem derartigen Zeitpunkt liegen, noch Berücksichtigung finden können.[3]

Beispielsweise befasste sich bereits *Krichbaum* in seiner Dissertation des Jahres 1922 mit dem „Zeitpunkt der Schadensberechnung nach bürgerlichem Recht“.[4] In dieser untersucht er die Möglichkeit der Bestimmung des für die Schadensberechnung maßgebenden Zeitpunkts im BGB, bezieht aber auch den zivilprozessualen

[1] Vgl. etwa *Adenauer,* Der Zeitpunkt des guten Glaubens beim Eigentumserwerb vom Nichtberechtigten (passim); *Brockmann,* Der Anspruch auf Erteilung des Erbscheins und der für den Erbscheinsinhalt maßgebende Zeitpunkt (passim); *Goßler,* Der Zeitpunkt der Schadensbemessung (passim); *Haberzettl,* JA 2019, 801–807; *Krichbaum,* Der Zeitpunkt der Schadensberechnung nach bürgerlichem Recht (passim); *Sonnenschein,* Der maßgebende Zeitpunkt für die Auslegung des Rechtsgeschäfts (passim).

[2] Vgl. etwa *Adenauer,* Der Zeitpunkt des guten Glaubens beim Eigentumserwerb vom Nichtberechtigten (passim); *Goßler,* Der Zeitpunkt der Schadensbemessung (passim).

[3] Vgl. etwa *Schmidt,* Der Beurteilungszeitpunkt der Kündigung des Arbeitsverhältnisses und die Berücksichtigung nachträglicher Umstände, insbes. 173 ff.

[4] *Krichbaum,* Der Zeitpunkt der Schadensberechnung nach bürgerlichem Recht (passim).



A. Rech, *Der Beurteilungszeitpunkt im Privatrecht*, Juridicum - Schriften zum Arbeitsrecht, https://doi.org/10.1007/978-3-658-51181-4_4

Aspekt des § 287 ZPO mit ein.[5] Nur wenige Jahre später, im Jahr 1936, erschien die Monographie von *Adenauer* zum „Zeitpunkt des guten Glaubens beim Eigentumserwerb vom Nichtberechtigten".[6] Dort erfolgte unter anderem eine Auseinandersetzung mit der Problematik des maßgeblichen Zeitpunkts für den guten Glauben in § 892 Abs. 2 BGB.[7] Der erbrechtlichen Fragestellung des maßgebenden Zeitpunkts für den Erbscheinsinhalt ging *Brockmann*[8] in einem Teil seiner Dissertation des Jahres 1963 nach. Während sich diese Arbeit fokussiert der angeführten Thematik widmete, war die sechs Jahre später erfolgende Untersuchung von *Sonnenschein* zu dem „maßgebenden Zeitpunkt für die Auslegung des Rechtsgeschäfts"[9] deutlich weiter angelegt. Hier erfolgten unter anderem allgemeine Ausführungen zur Thematik der Wandelbarkeit von Wertmaßstäben,[10] bevor konkret auch auf die Frage der Auswirkungen des Wandels sozialethischer Anschauungen auf ein bestehendes Rechtsverhältnis und die dadurch implizierte Frage des Beurteilungszeitpunkts eingegangen wurde.[11] Darüber hinaus befasst sich die Arbeit von *Goßler*[12] zum „Zeitpunkt der Schadensbemessung im Deliktsrecht" mit der Thematik der Abgrenzung von „materiellrechtlichen" und „verfahrensrechtlichen" Aspekten. In neuerer Zeit hat sich *Rodi* in seiner Dissertation zur „Wirksamkeitsdynamik im Minderjährigenrecht" ausführlich mit dem maßgeblichen Zeitpunkt des „lediglich rechtlichen Vorteils" im Sinne des § 107 BGB auseinandergesetzt.[13] Diese Arbeit geht aber weit über diese Problematik hinaus, wird doch im ersten der drei Hauptthemenbereiche eine losgelöste allgemeine Untersuchung temporaler und dynamischer Aspekte im Zivilrecht vorgenommen.[14] Bei diesem zwar ebenfalls grundlegenden Teil der Arbeit steht jedoch nicht die Systematisierung der

---

[5] *Krichbaum,* Der Zeitpunkt der Schadensberechnung nach bürgerlichem Recht, insbes. 19, 20.

[6] *Adenauer,* Der Zeitpunkt des guten Glaubens beim Eigentumserwerb vom Nichtberechtigten (passim).

[7] *Adenauer,* Der Zeitpunkt des guten Glaubens beim Eigentumserwerb vom Nichtberechtigten, insbes. 9–13.

[8] *Brockmann,* Der Anspruch auf Erteilung des Erbscheins und der für den Erbscheinsinhalt maßgebende Zeitpunkt (passim).

[9] *Sonnenschein,* Der maßgebende Zeitpunkt für die Auslegung des Rechtsgeschäfts (passim).

[10] *Sonnenschein,* Der maßgebende Zeitpunkt für die Auslegung des Rechtsgeschäfts, 98 ff., insbes. 111–127.

[11] *Sonnenschein,* Der maßgebende Zeitpunkt für die Auslegung des Rechtsgeschäfts, 127–139.

[12] *Goßler,* Der Zeitpunkt der Schadensbemessung, insbes. 14–19.

[13] *Rodi,* Wirksamkeitsdynamik im Minderjährigenrecht (passim).

[14] *Rodi,* Wirksamkeitsdynamik im Minderjährigenrecht, 13, 19–121.

privatrechtlichen Beurteilungszeitpunkte insgesamt im Zentrum der Betrachtung, sondern vielmehr die Frage nach eventuellen grundlegenden (Einfluss-)Faktoren zur Festlegung von Beurteilungszeitpunkten. Zudem beschäftigt sich diese Monographie mit dem Fragenkomplex um die Problematik der Beurteilung der nachträglichen Veränderung der rechtlichen Vorteilhaftigkeit.[15] Eine weitere aktuelle Dissertation von *Hess*[16] widmet sich dem maßgeblichen Beurteilungszeitpunkt der Wirksamkeit von AGB im Dauerschuldverhältnis. In seiner Arbeit aus dem Jahr 2022 untersucht zudem *Holthusen*[17] das Prognoseprinzip im vertraglichen Dauerschuldverhältnis. Insbesondere diese letztgenannte Schrift kann gegebenenfalls für Einzelaspekte der hier vorzunehmenden Untersuchung herangezogen werden.

Richtet man den Blick auf das Arbeitsrecht, so finden sich dort neben zahlreichen Aufsätzen[18] auch mehrere Monographien,[19] die möglicherweise in Teilaspekten fruchtbar gemacht werden können. Im Zentrum der betreffenden Arbeiten steht zumeist der Beurteilungszeitpunkt der arbeitsrechtlichen Kündigung. Unter anderem erfolgt beispielsweise im Rahmen der Betrachtung der „Prognoseprobleme im Kündigungsschutzrecht“ von *Gentges* ein kurzer Blick auf die Frage der „Abgrenzung materiell-rechtlicher und prozessualer Aspekte“.[20] In neuerer

---

[15] *Rodi,* Wirksamkeitsdynamik im Minderjährigenrecht, 123 ff.

[16] *Hess,* Dynamische AGB-Kontrolle (passim).

[17] *Holthusen,* Das Prognoseprinzip im vertraglichen Dauerschuldverhältnis (passim).

[18] Vgl. etwa *Adam,* DZWir 1997, 522–524; *ders.,* ZTR 1999, 113–115; *Denck,* Anmerkung zu BAG, Urteil vom 10.11.1983 – 2 AZR 291/82, SAE 1984, 209–211; *Fischinger,* JZ 2012, 546–553; *Frey,* AuR 1955, 140–143; *Jadesohn,* Arbeitsrecht 1931, 524–527; *Husemann,* RdA 2016, 30–38; *Kaiser,* ZfA 2000, 205–235; *Klotz,* Arbeitsrecht 1932, 284–288; *Mansfeld,* Arbeitsrecht 1931, 262–276; *Rieble/Picker,* ZfA 2014, 152–214; *Schmidt,* Anmerkung zu BAG, Urt. v. 5.12.2019 – 2 AZR 107/19, AP BGB § 138 Nr.74; *Tiedemann,* ArbRB 2010, 222–225; *Walker,* NZA 2009, 921–925; *ders.,* NZA 2011, 1–5; *Warncke,* Arbeitsgericht 1931, 296–301; *Weber,* RdA 2011, 108–119; *Zeuner,* MDR 1956, 257–261; *Zwanziger,* BB 1997, 42–46.

[19] Vgl. etwa *Bezani,* Die krankheitsbedingte Kündigung (passim); *Ebeling,* Die Kündigung wegen Verdachts (passim); *Gentges* Prognoseprobleme im Kündigungsschutzrecht (passim); *Hahn,* Die Verdachtskündigung unter Berücksichtigung einer gesetzlichen Regelung (passim); *Hamann,* Die Kündigung wegen häufiger Kurzerkrankungen (passim); *Honstetter,* Die Prognoseentscheidung des Arbeitgebers im Kündigungsrecht (passim); *Hwang,* Der maßgebliche Zeitpunkt für die Beurteilung der Wirksamkeit der Kündigung des Arbeitgebers (passim); *Nicklaus,* Das Prognoseprinzip im arbeitsrechtlichen Kündigungsschutzrecht (passim); *Schmidt,* Der Beurteilungszeitpunkt der Kündigung des Arbeitsverhältnisses und die Berücksichtigung nachträglicher Umstände, 2021 (passim); *Steinacker,* Der Wiedereinstellungsanspruch des Arbeitnehmers (passim); *Zborowska,* Die außerordentliche Verdachtskündigung (passim).

[20] *Gentges,* Prognoseprobleme im Kündigungsschutzrecht, 54 f.

Zeit hat auch *Schmidt* den Blickwinkel von rein materiell-rechtlichen Erwägungen auf prozessuale Aspekte erweitert und sich unter anderem mit der Frage auseinandergesetzt, welchen Einfluss der Streitgegenstand der Kündigungsschutzklage auf den Beurteilungszeitpunkt der Kündigung hat.[21] Einen anderen Blickwinkel nimmt eine weitere Arbeit des Jahres 2020 von *Gwose*[22] ein: In dieser untersucht er die Problematik des Wiedereinstellungsanspruchs bei Wegfall des Kündigungsgrundes nach dem Zugang der Kündigung und geht der Frage nach, ob eine Auslegung des § 1 KSchG vorgenommen werden kann, die einen Wiedereinstellungsanspruch obsolet werden lässt. Dabei betrachtet er insbesondere die Möglichkeit der Verschiebung des Beurteilungszeitpunkts der Kündigung vom Zeitpunkt des Zugangs auf den Ablauf der Kündigungsfrist.[23]

*Hoefs*[24] trennt in seiner Arbeit des Jahres 2001 zur „Verdachtskündigung" die Betrachtung des maßgeblichen Beurteilungszeitpunkts und Kenntnisstands nach dem „materiellrechtlich maßgeblichen Zeitpunkt" und dem „prozessual maßgeblichen Zeitpunkt und Kenntnisstand". Ähnlich differenziert auch *Ebeling.*[25] Die betreffenden Arbeiten kommen daher als Ausgangspunkt für die grundsätzliche Betrachtung der Terminologie im Privatrecht in Betracht. Weiterhin finden sich im Hinblick auf die Frage der nachträglichen Beeinflussung eines Beurteilungszeitpunkts mehrfach Ausführungen in diversen arbeitsrechtlichen Monographien. So richtet *Steinacker*[26] in ihrer Arbeit zum „Wiedereinstellungsanspruch des Arbeitnehmers" den Blick auf die Thematik der Berücksichtigungsfähigkeit nachträglicher Fehlprognosen im Kontext der Frage des maßgeblichen Beurteilungszeitpunktes für die Rechtmäßigkeit der Kündigung. Auch *Honstetter*[27] betrachtet in seiner Dissertation zur „Prognoseentscheidung des Arbeitgebers im Kündigungsrecht" diese Problematik in größerem Umfang. In diesen Arbeiten werden teilweise grundlegende Aspekte hinsichtlich der jeweils betrachteten Beurteilungszeitpunkte angesprochen. Sie können daher gegebenenfalls in Bezug auf Einzelaspekte für die vorliegende Untersuchung nützliche Ansatzpunkt liefern. In

---

[21] *Schmidt,* Der Beurteilungszeitpunkt der Kündigung des Arbeitsverhältnisses und die Berücksichtigung nachträglicher Umstände, 115 ff.

[22] *Gwose,* Der Beurteilungszeitpunkt der Kündigung nach dem Kündigungsschutzgesetz (passim).

[23] *Gwose,* Der Beurteilungszeitpunkt der Kündigung nach dem Kündigungsschutzgesetz, 3.

[24] Vgl. *Hoefs,* Die Verdachtskündigung, 270–280.

[25] *Ebeling,* Die Kündigung wegen Verdachts, 214–231. Ferner finden sich hier zur Abgrenzung dienliche Ausführungen bei *Tiedemann,* ArbRB 2010, 222–225.

[26] *Steinacker,* Der Wiedereinstellungsanspruch des Arbeitnehmers, 68–73.

[27] *Honstetter,* Die Prognoseentscheidung des Arbeitgebers im Kündigungsrecht, 123–134.

ähnlicher Weise sachdienlich könnten sich auch die Arbeiten von *Bezani,*[28] *Hahn,*[29] *Hamann,*[30] *Nicklaus*[31] und *Zborowska*[32] erweisen. Im Hinblick auf die Problematik einer möglichen prozessualen Beeinflussung eines Beurteilungszeitpunkts erfolgen speziell auf das Arbeitsrecht bezogene Ausführungen in der Monographie von *Ebeling.*[33]

In den zahlreichen Aufsätzen im verwaltungsrechtlichen Bereich[34] finden sich Betrachtungen, die Einzelaspekte im Vergleich zur zivilprozessualen Situation erörtern. Darüber hinaus sind zudem einige Monographien vorhanden, die für die vorliegende Problemstellung von Relevanz sind.[35] So hat sich schon früh *Menger*[36] in seiner Habilitationsschrift des Jahres 1954 mit dem „System des verwaltungsgerichtlichen Rechtsschutzes" auseinandergesetzt. In dieser widmet er sich unter anderem der Frage der zulässigen Parallelen zum Zivilprozess.[37] Darüber hinaus betrachtet er aber auch den Einfluss von neuen Tatsachen und Rechtsänderungen auf das Urteil im Anfechtungsprozess im weiteren Sinne und untersucht hier potenzielle Vergleichsmöglichkeiten zur ZPO.[38] *Bähr*[39] vergleicht ebenfalls in seiner Dissertation des Jahres 1967 wiederholt die Situation im Verwaltungsrecht mit

---

[28] *Bezani,* Die krankheitsbedingte Kündigung, 20–27.

[29] *Hahn,* Die Verdachtskündigung unter Berücksichtigung einer gesetzlichen Regelung, 114–118.

[30] *Hamann,* Die Kündigung wegen häufiger Kurzerkrankungen, 42–55.

[31] *Nicklaus,* Das Prognoseprinzip im arbeitsrechtlichen Kündigungsschutz, v. a. 21–30.

[32] *Zborowska,* Die außerordentliche Verdachtskündigung, insbes. 294–309.

[33] *Ebeling,* Die Kündigung wegen Verdachts, 231–235.

[34] Vgl. etwa *Baumeister,* JURA 2005, 655–662; *Gärditz/Orth,* JURA 2013, 1100–1109; *Gestefeld,* Genehmigungsanspruch und Verfahrensdauer im Immissionsschutzrecht – Verfahrensfristen und Beurteilungszeitpunkte (passim); *Klein,* NVwZ 1990, 633–637; *Kopp* in: Erichsen/Hoppe/v. Mutius (Hrsg.), Festschrift für Menger, 693–707; *Ossenbühl* in: Erichsen/Hoppe/v. Mutius (Hrsg.), Festschrift für Menger, 731–746; *Polzin,* JuS 2004, 211–214; *Rennert,* DVBl 2019, 593–600; *W.-R. Schenke,* JuS 2019, 833–843; *ders.,* NVwZ 1986, 522–533; *ders.,* GewArch 2015, 473–481; *ders.,* NVwZ 2015, 1341–1348.

[35] Vgl. etwa *Bähr,* Die maßgebliche Rechts- und Sachlage für die gerichtliche Beurteilung von Verwaltungsakten (passim); *Mager,* Der maßgebliche Zeitpunkt für die Beurteilung der Rechtswidrigkeit von Verwaltungsakten (passim); *Menger,* Das System des verwaltungsgerichtlichen Rechtsschutzes (passim); *Piendl,* Eine Studie zur maßgeblichen Sach- und Rechtslage beim Rechtsschutz gegen Verwaltungsakte (passim).

[36] *Menger,* Das System des verwaltungsgerichtlichen Rechtsschutzes (passim).

[37] *Menger,* Das System des verwaltungsgerichtlichen Rechtsschutzes, 179–184.

[38] *Menger,* Das System des verwaltungsgerichtlichen Rechtsschutzes, 214–216.

[39] *Bähr,* Die maßgebliche Rechts- und Sachlage für die gerichtliche Beurteilung von Verwaltungsakten (passim).

derjenigen im Zivilprozess. Das betrifft zum einen die Frage möglicher Parallelen zur Lehre vom Streitgegenstand im Zivilprozess,[40] zum anderen die Problematik der Berücksichtigung neuer, erst im Laufe des Prozesses eintretender Umstände für die Entscheidung des Rechtsstreits.[41] Hier spricht er speziell etwa die Möglichkeit einer von der Regel abweichenden Fixierung des für die Entscheidung maßgeblichen Beurteilungszeitpunkts durch die gesetzestechnische Ausgestaltung einer bestimmten Klageart unter Bezugnahme auf die zivilprozessualen Klagearten an,[42] auf die auch *Hufen* in seiner „prozessualen Sichtweise" Bezug nimmt.[43] Diese Arbeit bietet daher für die Untersuchung einige wertvolle Anknüpfungspunkte. Nicht außer Acht gelassen werden darf zudem die vielzitierte Arbeit von *Mager* des Jahres 1994, deren Ziel es war, auf der Grundlage der Rechtsprechung und der Lösungsansätze in der Wissenschaft übergreifende Kriterien für den maßgeblichen Zeitpunkt dogmatisch abzuleiten.[44]

Neben diesen Monographien, die sich konkret mit Fragestellungen des Beurteilungszeitpunkts in den verschiedenen Rechtsgebieten befassen, sind weitere Arbeiten zu finden, die sich mit Einzelaspekten dieser Untersuchung auseinandergesetzt haben. So ist vor allem hinsichtlich der Problematik der möglichen Differenzierung von „materiell-rechtlichen" und „prozess-rechtlichen" Beurteilungszeitpunkten die Arbeit von *Henckel* zu „Prozessrecht und materielles Recht",[45] deren Ziel es war, die Wechselbeziehungen zwischen Zivilprozessrecht und materiellem Zivilrecht aufzuzeigen, die beiden gemeinsamen Wertungsprinzipien hervorzuheben und für die Auslegung der Normen beider Bereiche fruchtbar zu machen,[46] von grundlegender Bedeutung. Zwar hauptsächlich historisch angelegt, aber nicht minder bedeutsam für diesen Bereich ist zudem die Dissertation *Kollmanns* zur „Begriffs- und Problemgeschichte des Verhältnisses von formellem und

[40] *Bähr,* Die maßgebliche Rechts- und Sachlage für die gerichtliche Beurteilung von Verwaltungsakten, 114–135. In diesem Zusammenhang könnte sich zudem der Aufsatz von *Barbey* in: Erichsen/Hoppe/v. Mutius (Hrsg.), Festschrift für Menger, 177–189 als sachdienlich erweisen.

[41] *Bähr,* Die maßgebliche Rechts- und Sachlage für die gerichtliche Beurteilung von Verwaltungsakten, insbes. 81–96.

[42] *Bähr,* Die maßgebliche Rechts- und Sachlage für die gerichtliche Beurteilung von Verwaltungsakten, 85–96.

[43] *Hufen,* Verwaltungsprozessrecht, § 24 Rn. 7.

[44] *Mager,* Der maßgebliche Zeitpunkt für die Beurteilung der Rechtswidrigkeit von Verwaltungsakten, 20.

[45] *Henckel,* Prozessrecht und materielles Recht (passim).

[46] *Henckel,* Prozessrecht und materielles Recht, 1, 3.

materiellem Recht".[47] In diesen Themenkomplex wird nicht zuletzt aufgrund der Argumentation von *Gentges*[48] auch die Problematik der Rolle des Streitgegenstands miteinzubeziehen sein. Diesbezüglich beinhaltet vor allem die Habilitationsschrift von *Detterbeck* zum „Streitgegenstand und Entscheidungswirkungen im Öffentlichen Recht"[49] grundlegende Ausführungen zur Frage der Übereinstimmung des Streitgegenstandsbegriffs im Zivil- und Verwaltungsprozess[50] und ist daher in dieser Untersuchung zu berücksichtigen. Darüber hinaus ist wegen der mehrfachen Verweise in den Bereich der zivilrechtlichen Gestaltungsklagen der verwaltungsrechtlichen Publikationen zur Frage der Übertragbarkeit und Abgrenzung dieser Thematik die Arbeit von *Köhler* zum „Streitgegenstand bei Gestaltungsklagen"[51] vorliegend von Interesse.[52] Insgesamt könnten sich für diesen Teil der Untersuchung in Bezug auf intradisziplinäre Aspekte neben den Schriften von *Hagen*[53] aus dem neueren Schrifttum die Arbeiten von *Nolte,*[54] *Reimer*[55] und *Silberzahn*[56] als sachdienlich erweisen.

Weiterhin wird die Problematik der Berücksichtigung von Veränderungen im Bereich der Sittenwidrigkeit in mehreren Aufsätzen[57] aber auch Monographien[58] in

[47] *Kollmann,* Begriffs- und Problemgeschichte des Verhältnisses von formellem und materiellem Recht (passim).

[48] *Gentges,* Prognoseprobleme im Kündigungsschutzrecht, 52.

[49] *Detterbeck,* Streitgegenstand und Entscheidungswirkungen im Öffentlichen Recht, passim.

[50] *Detterbeck,* Streitgegenstand und Entscheidungswirkungen im Öffentlichen Recht, 7 ff.

[51] *Köhler,* Der Streitgegenstand bei Gestaltungsklagen (passim).

[52] In diesem Bereich kann zusätzlich auch der Aufsatz von *Prütting* in: Münch (Hrsg.), Liber Amicorum für Wolfram Henckel, 261–267 für die vorliegende Thematik fruchtbar gemacht werden.

[53] *Hagen,* Allgemeine Verfahrenslehre und verfassungsgerichtliches Verfahren, insbes. 1–53; *Hagen,* Elemente einer allgemeinen Prozessrechtslehre (passim).

[54] *Nolte,* Die Eigenart des verwaltungsgerichtlichen Rechtsschutzes – Grund und Grenzen der Anwendung des Zivilprozessrechts im Verwaltungsprozess (passim).

[55] *Reimer,* Verfahrenstheorie (passim).

[56] *Silberzahn,* Das Konzept einer allgemeinen prozessrechtslehre in Gesetzgebung und Rechtsdogmatik (passim).

[57] *Bartholomeyczik* in: Bärmann (Hrsg.), Festschrift zum 150jährigen Bestehen des Oberlandesgerichts Zweibrücken, 26–68; *Eckert,* AcP 199 (1999), 337–359; *Rechenmacher,* Anm. zu BGH, Urt. v. 15.2.1956 – IV ZR 294/55, NJW 1956, 865; *Rieble/Picker,* ZfA 2014, 152–214; *Schmoeckel,* AcP 197 (1997), 1–79.

[58] *Albers-Frenzel,* Die Mithaftung naher Angehöriger für Kredite des Hauptschuldners, insbes. S. 240–242; *Herzog,* Sittenwidrige Rechtsgeschäfte in der höchstrichterlichen Rechtsprechung aus den Jahren 1948–1965, insbes. 87–89, 102; *Ruff,* Sittenwidrige Rechtsgeschäfte in der späten Kaiserzeit, insbes. 91–94; *Schrenck-Notzing,* Unerlaubte Be-

den unterschiedlichen Rechtsgebieten behandelt. Diese enthalten zum Teil Betrachtungen grundlegender Aspekte, die für die hier zu untersuchenden Fragestellungen gegebenenfalls herangezogen werden können. Nicht außer Acht gelassen werden sollte zudem die Habilitationsschrift von *Piekenbrock* des Jahres 2005, in der er sich mit den unterschiedlichen Konstellationen der Rechtsänderung durch Zeitablauf beschäftigt.[59]

---

dingungen in letztwilligen Verfügungen, insbes. 86–87; *Thielmann,* Sittenwidrige Verfügungen von Todes wegen, insbesondere 154–165.

[59] *Piekenbrock,* Befristung, Verjährung, Verschweigung und Verwirkung (passim).

# V. Gang der Untersuchung

Die vorliegende Arbeit will als Grundlagenarbeit das Vorkommen der einzelnen Erscheinungsformen des Beurteilungszeitpunkts im Privatrecht herausarbeiten, terminologisch spezifizieren und systematisieren. Dazu erscheint in methodischer Hinsicht ein induktives Vorgehen als geeignet. Bei dieser Methode wird aus der Betrachtung von Einzelfällen auf eine allgemeingültige Regel geschlossen.[1]

Um diese Grundlegung in umfassender Weise vornehmen zu können, haben zunächst elementare Begriffsklärungen zu erfolgen. Sodann kann eine Bestandsaufnahme der im Privatrecht vorzufindenden Beurteilungszeitpunkte vorgenommen werden. Diese hat dreigeteilt zu erfolgen: In einem ersten Schritt ist der Blick auf den grundsätzlich materiell-rechtlichen Bereich zu richten und es sind die Normen des BGB und seiner materiell-rechtlichen Nebengebiete auf etwaige Beurteilungszeitpunkte hin zu untersuchen. In der Folge ist eine ebensolche Betrachtung des verfahrensrechtlichen Bereichs vorzunehmen. Die in diesen beiden Teilen gefundenen Ergebnisse sind dann in einer übergeordneten Betrachtung zusammenzuführen. Dabei sind etwaige, das gesamte Privatrecht betreffende Gemeinsamkeiten zu identifizieren ebenso wie Unterschiede bzw. Besonderheiten herauszuarbeiten. Zugleich soll im Rahmen dieses umfassenden Blicks auf das Privatrecht eine Systematik und Terminologie entwickelt werden, die für die Beurteilungszeitpunkte des Privatrechts insgesamt Gültigkeit beanspruchen kann.

Die Ergebnisse dieses privatrechtlichen Teils sollen dann unter Einbeziehung der im öffentlich-rechtlichen Schrifttum getätigten Äußerungen in intradisziplinärer Perspektive vertieft werden. Dabei sollen im Rahmen dieser Betrachtung die

[1] *Silberzahn,* Das Konzept einer allgemeinen Prozessrechtslehre in Gesetzgebung und Rechtsdogmatik, 35.



A. Rech, *Der Beurteilungszeitpunkt im Privatrecht*, Juridicum - Schriften zum Arbeitsrecht, https://doi.org/10.1007/978-3-658-51181-4_5

privatrechtlichen Beurteilungszeitpunkte im Zentrum stehen. Allerdings bietet gerade die Diskussion im Öffentlichen Recht zahlreiche Möglichkeiten der Argumentation und Abgrenzung nicht zuletzt dadurch, dass in vielen Arbeiten das Zivilrecht mit in den Blick genommen wurde.

Da in den öffentlich-rechtlichen Arbeiten die intradisziplinären Ausführungen der Diskussion um „den Beurteilungszeitpunkt“ der Anfechtungsklage entspringen, ist der Fokus dieses Teils in erster Linie auf das Verwaltungsrecht und insbesondere das verwaltungsgerichtliche Verfahren einerseits und das Zivilrecht und das Zivilprozessrecht andererseits zu richten. Zudem entstammen aber auch einige intradisziplinäre Äußerungen Arbeiten, die sich mit dem Zeitpunkt der arbeitsrechtlichen Kündigung und der Kündigungsschutzklage befassen. Deshalb soll dieser Bereich ebenfalls soweit in die Untersuchung miteinbezogen werden, als sachdienliche Ergebnisse insgesamt zu erwarten sind.

Vor diesem Hintergrund ist daher in dem diese Arbeit abschließenden intradisziplinäre Teil zunächst ein Blick auf die maßgebliche Problematik der im Öffentlichen Recht im Zentrum stehenden Diskussion zu werden. Sodann sind die grundlegenden Gemeinsamkeiten und Unterschiede in Bezug auf die verfahrensrechtlichen Strukturen der im Fokus stehenden Bereiche herauszuarbeiten, bevor die Frage beantwortet werden kann, ob die zunächst für das Privatrecht entwickelte Terminologie und Systematik auf das Öffentliche Recht und insbesondere das Verwaltungsrecht übertragen werden kann. In Abhängigkeit von der Beantwortung dieser Frage können dann die einzelnen Argumente mit intradisziplinärem Bezug eingeordnet und bewertet werden.

# Teil B. Begriffsklärungen

## Einleitung

Dem Thema des Beurteilungszeitpunkts wurde im Privatrecht bislang wenig Beachtung geschenkt. Das gründet wohl zum einen darauf, dass es sich bei diesem insgesamt um ein Rechtsinstitut handelt, das nicht dezidiert in der Rechtswissenschaft „entwickelt“ wurde, vielmehr dem Recht bereits grundsätzlich immanent ist. Zum anderen erfolgt im Privatrecht zumeist eine Einzelfallbetrachtung des „maßgeblichen Zeitpunkts“, die auf den ersten Blick in vielen Fällen eine weitergehende Differenzierung nicht als nötig erscheinen lässt.

Diese undifferenzierte Terminologie birgt jedoch das Risiko von Missverständnissen. Das hat unter anderem zur Konsequenz, dass dann, wenn eine Vermischung unterschiedlicher Beurteilungszeitpunkte erfolgt, entweder die konkrete Problematik unter anderen Begrifflichkeiten diskutiert oder die Thematik gar nicht als ein möglicher Unterfall einer Zeitpunktproblematik erkannt wird. Auch macht es die weitergehende Frage nach der Berücksichtigungsfähigkeit von tatsächlichen oder rechtlichen Veränderungen, die einem wie auch immer gearteten Beurteilungszeitpunkt nachfolgen und die etwa im Umfeld des „maßgeblichen Zeitpunkts“ der Kündigung des Arbeitsverhältnisses zu einer intensiven Diskussion führt, erforderlich, eine grundlegende Systematisierung und terminologische Festlegung der unterschiedlichen Beurteilungszeitpunkte vorzunehmen.

Um eine tragfähige Systematisierung und Terminologie zu entwickeln, soll in einem ersten Schritt zunächst eine Klärung elementarer Begriffe, die dieser Arbeit zugrunde zu legen sind, erfolgen. Auf dieser aufbauend kann sich dann eine Bestandsaufnahme anschließen, innerhalb derer zugleich maßgebliche terminologische Festlegungen vorgenommen werden können und die zugleich auf das Auffinden etwaiger systematischer Aspekte gerichtet ist.

Diese Begriffsklärung ist in zweierlei Hinsicht vonnöten. Zum einen existiert schon keine Legaldefinition des Begriffs des „Beurteilungszeitpunkts". Ebenso wenig findet sich – soweit ersichtlich – im privatrechtlichen Bereich weder in der Rechtsprechung noch in der Literatur diesbezüglich eine grundsätzliche, allgemeingültige Begriffsfestlegung. Vielmehr wird seine Existenz zumeist vorausgesetzt.

Zwar wurden in verwaltungsrechtlichen Arbeiten Begriffsbestimmungen vorgenommen. Beispielsweise führt Gestefeld in seiner Dissertation des Jahres 2017 an, dass der Beurteilungszeitpunkt den Zeitpunkt bezeichne, in dem die für die Beurteilung der Genehmigungsfähigkeit maßgebliche Sach- oder Rechtslage vorliegen müsse.[1] Hierbei handelt es sich jedoch um eine speziell für die öffentlichrechtliche Problematik herangezogene Definition. Da vorliegend die privatrechtliche Perspektive im Vordergrund steht und zudem die Vermutung naheliegt, dass eine weitergehende Differenzierung in Bezug auf eine umfangreiche Oberkategorie von Beurteilungszeitpunkten vorzunehmen sein wird, ist zunächst die Möglichkeit einer unabhängig von etwaigen Rechtsgebieten erfolgenden, allgemeingültigen Begriffsbestimmung in den Blick zunehmen. Insofern soll hier der Begriff des „Beurteilungszeitpunkts" selbst als Ausgangspunkt für eine differenzierte Auseinandersetzung mit seinen Erscheinungsformen definiert werden.

Zum anderen hat aber auch eine Begriffsklärung in einem der Thematik vorgelagerten Kontext zu erfolgen. Konkret geht es um die Einteilung des Rechts an sich in die Bereiche des materiellen Rechts und des Verfahrensrechts bzw. prozessualen Rechts. Denn eine Bestandaufnahme der im Einzelnen anzutreffenden Beurteilungszeitpunkte bzw. deren Abgrenzung von anderen Rechtsinstituten kann nur dann gelingen, wenn bereits hier die verwendete Terminologie für mögliche übergeordnete Kategorien eindeutig ist.

[1] *Gestefeld*, Genehmigungsanspruch und Verfahrensdauer im Immissionsschutzrecht, 6; vgl. diesbezüglich auch NK-VwGO/*Wolff*/*Humberg*, VwGO § 113 Rn. 90.

# I. Die allgemeine Bedeutung des „Beurteilungszeitpunkts"

Will man folglich eine differenzierte Terminologie des „Beurteilungszeitpunkts" für das Privatrecht entwickeln und eine Systematisierung vornehmen, so muss zunächst einmal die grundlegende Bedeutung dieses Wortes erschlossen werden. Allerdings ist – soweit ersichtlich – in den allgemeinen Wörterbüchern[1] ebenso wenig wie im Gesetz eine Anführung dieser Begrifflichkeit zu finden. Um sich dem Inhalt dieses Begriffs zu nähern, soll deshalb ein Rückgriff auf seine Einzelbestandteile – einerseits „die Beurteilung" und andererseits „den Zeitpunkt" – vorgenommen werden.

## 1. Die Beurteilung

Dabei wird für den Begriff der „Beurteilung" zum einen als Wortbedeutung die „Einschätzung" genannt.[2] Das BVerwG spricht im Hinblick auf die dienstliche Beurteilung von einem „Akt wertender Erkenntnis".[3] Folglich ist der Beurteilung eine

[1] Der Begriff ist z. B. nicht im „Deutschen Universalwörterbuch" des Duden enthalten. Zudem konnte er etwa nicht in der umfangreichen Sammlung des „Digitalen Wörterbuchs der Deutschen Sprache", abrufbar unter: https://www.dwds.de/ (zuletzt abgerufen: 8.1.2026) gefunden werden. Bei letzterem handelt es sich um ein Projekt der Berlin-Brandenburgischen Akademie der Wissenschaften, das die Schaffung eines umfassenden, jedem Benutzer über das Internet zugänglichen Wortinformationssystems zum Ziel hat, das Auskunft über den deutschen Wortschatz in Vergangenheit und Gegenwart gibt, vgl.: https://www.dwds.de/d/hintergrund (zuletzt abgerufen: 8.1.2026).

[2] Vgl. „Beurteilung", in: Duden, Deutsches Universalwörterbuch, 315.

[3] BVerwG, Urt. v. 17.09.2015 – 2 C 18.14, BeckRS 2016, 40511 Rn. 9.



A. Rech, *Der Beurteilungszeitpunkt im Privatrecht*, Juridicum - Schriften zum Arbeitsrecht, https://doi.org/10.1007/978-3-658-51181-4_6

Wertung immanent. Das spiegelt sich auch darin wider, dass etwa im Synonymwörterbuch des Duden als Synonym neben „der Abschätzung" zudem „die Bewertung" und die „Eintaxierung" genannt wird.[4] Wirft man darüber hinaus einen Blick auf die Etymologie des Worts, so sind hier ebenfalls die Begriffe „Bewertung", „Einschätzung" und „Begutachtung" angeführt.[5] Letztlich ist also für die Beurteilung eine gutachterliche Bewertung bzw. eine wertende Begutachtung kennzeichnend. Dabei offenbart der Blick in das Deutsche Universalwörterbuch des *Duden* zudem, dass es sich bei einer Beurteilung bereits in der allgemeinen Wortbedeutung um eine „Äußerung, durch die ein Urteil abgegeben wird"[6] handelt. Insofern erfolgt schon in dieser allgemeinen Bedeutung, nicht zuletzt aufgrund des Wortbestandteils des „Urteils", eine Assoziation mit der richterlichen Tätigkeit.[7]

Worauf sich diese „wertende Begutachtung" dann konkret bezieht, ist allerdings in der allgemeinen Begriffsbedeutung weder im Hinblick auf Umfang noch auf das Thema begrenzt. Das zeigen etwa die Beispiele, die im Deutschen Universalwörterbuch des *Duden* angeführt werden: Dort wird zum einen „die Beurteilung eines Menschen"[8] genannt. Folglich geht es hier um die Beurteilung eines *Subjekts*. Das impliziert zugleich die Möglichkeit der Beurteilung von *Objekten*. Bei beiden sind dann wiederum unterschiedliche Aspekte der Beurteilung möglich. Sie können sich beispielsweise auf den Zustand aber auch auf etwaige Eigenschaften beziehen.

Weiterhin wird im Universalwörterbuch des *Duden* von der „Beurteilung eines *Falles*" gesprochen.[9] Im weiteren Verlauf der Erklärung findet sich zudem die Anführung des Beispiels „bei nüchterner Beurteilung [der Lage]".[10] In diesem Zusammenhang stellt sich die Bedeutung der „Lage" im Sinne der Sachlage damit synonym dar zum Begriff des *Sachverhalts*.[11] Gerade die Anführung des *Sachverhalts*

[4] „Beurteilung", in: Duden, Das Synonymwörterbuch, 206.

[5] „Beurteilung", in: *Pfeifer*, Etymologisches Wörterbuch des Deutschen, digitalisierte und von Wolfgang Pfeifer überarbeitete Version im Digitalen Wörterbuch der deutschen Sprache, abrufbar unter: https://www.dwds.de/wb/etymwb/Beurteilung (zuletzt abgerufen: 8.1.2026).

[6] Vgl. „Beurteilung", in: Duden, Deutsches Universalwörterbuch, 315.

[7] Vgl. bezüglich der Verwendung des Wortes „Urteil" auch Duden, Herkunftswörterbuch, 890, wonach dessen allgemeine Bedeutung früh auf die richterliche Entscheidung eingeengt wurde und erst in jüngerer Zeit in einem weiteren Sinne der „Äußerung einer Ansicht" bzw. „abwägenden Stellungnahme" verwendet wird; vgl. hierzu ebenfalls Pfeifer (Hrsg.), Etymologisches Wörterbuch des Deutschen, 1492.

[8] „Beurteilung", in Duden, Deutsches Universalwörterbuch, 315.

[9] „Beurteilung", in Duden, Deutsches Universalwörterbuch, 315.

[10] „Beurteilung", in Duden, Deutsches Universalwörterbuch, 315.

[11] Vgl. zu diesen Synonymen des Begriffes der „Lage" auch Brockhaus, Synonymwörter-

als Synonym verdeutlicht ebenso wie der ebenfalls synonym verwendete Begriff des *Gutachtens*[12] wiederum die auch im allgemeinen Sprachgebrauch festzustellende juristische Konnotation des Terminus der Beurteilung. Er geht aber darüber hinaus: Gerade das Gutachten kann sich zwar zum einen auf einen Prozess im juristischen Sinne beziehen, es kann aber andererseits auch bestimmte Vorhaben betreffen.[13] Insofern ist festzuhalten, dass die Begriffe des Falls bzw. Sachverhalts in unterschiedlicher Weise zu verstehen sein können. Es kann entweder das Gesamtgeschehen oder es können einzelne *Umstände* und *Situationen*[14] zu bewerten sein. Im Sinne der letzteren Kategorie kann dieses noch ergänzt werden um die Begutachtung von einzelnen *Vorgängen,* sei es im Sinne allgemeiner Abläufe oder auch etwa von Prozessen im technischen Sinne.

Zusammenfassend zeigt sich folglich, dass bei der Beurteilung unterschiedliche Ebenen denkbar sind: Im allgemeinen Sprachgebrauch wird man zunächst davon auszugehen haben, dass es sich einerseits um – gegebenenfalls auch umfangreichere – Sachverhalte handeln kann, die im Ganzen einer wertenden Begutachtung unterzogen werden können. Andererseits kann der Sprachgebrauch sich aber auch lediglich auf Einzelaspekte eines Gesamtgeschehens oder Gesamtprozesses beziehen, sodass ebenso eine wertende Begutachtung einzelner *Subjekte, Objekte, von Umständen, Situationen oder Vorgängen* von dessen Wortbedeutung erfasst wird.

## 2. Der Zeitpunkt

Diese wertende Begutachtung eines Sachverhalts, eines Subjekts, Objekts, von Umständen, Situationen oder Vorgängen wird im Rahmen des Begriffs des Beurteilungszeitpunkts sodann mit einem zeitlichen Element, dem Zeitpunkt, verknüpft. Dabei wird im allgemeinen Sprachgebrauch der Zeitpunkt als „bestimmte Zeitspanne von kurzer Dauer"[15] definiert. Als Synonyme werden hier „der Moment" und „der Augenblick" angeführt.[16] Ebenso werden konkrete Zeiteinheiten

buch, 517.

[12] „Beurteilung", in: Duden, Das Synonymwörterbuch, 206.

[13] Vgl. auch die Begriffsbestimmung zu „Gutachten" in: Duden, Universalwörterbuch, 787.

[14] Vgl. zum Begriff der „Situation" als Synonym zum Begriff der „Lage" ebenfalls Brockhaus, Synonymwörterbuch, 517.

[15] „Zeitpunkt", Bedeutung in: Digitales Wörterbuch der deutschen Sprache, abrufbar unter: https://www.dwds.de/wb/Zeitpunkt (zuletzt abgerufen: 8.1.2026).

[16] „Zeitpunkt", in: Duden, Deutsches Universalwörterbuch, 2107.

wie „die Sekunde" und „die Minute" genannt.[17] Hierdurch wird die mit der Definition der „Zeitspanne von kurzer Dauer" gemeinte Kürze der Zeitspanne anhand der formalisierten und normierten Zeiteinheiten[18] verdeutlicht. Stets zu berücksichtigen ist, dass es sich aus physikalischer Perspektive bei einem Zeitpunkt um einen punktuellen Aspekt auf einer gedachten Zeitlinie ohne Ausdehnung handelt.[19]

Dieser Zeitpunkt ist der maßgebliche für die Vornahme der wertenden Betrachtung. Zu trennen von diesem ist die Frage der in diesem „maßgeblichen Zeitpunkt" zu betrachtenden Zeiteinheit. Sie kann zum einen in die Vergangenheit gerichtet sein und wird dann gegebenenfalls von dem maßgeblichen Zeitpunkt als Endpunkt begrenzt. Die jeweilige Dauer der betrachteten Zeiteinheit ist dabei abhängig vom Einzelfall. Denkbar ist jedoch zum anderen auch, dass eine wertende Begutachtung eine Prognose, d. h. die Voraussage einer künftigen Entwicklung, künftiger Zustände oder eines voraussichtlichen Verlaufs,[20] miteinbeziehen soll. Dann würde sich der Blick, den eine begutachtende Person vorzunehmen hat, in die Zukunft richten und über den grundsätzlich maßgeblichen Zeitpunkt hinausgehen. Beide Aspekte können gegebenenfalls im juristischen Sinne relevant werden.

## 3. Zusammenfassende Definition

Im Rahmen einer allgemeinen Begriffsbestimmung sind vorliegend nun die beiden Wortbedeutungen zusammenzufügen. Aufgrund dessen lässt sich der Beurteilungszeitpunkt dahingehend definieren, dass es sich bei diesem um denjenigen Zeitpunkt handelt, in dem eine wertende Begutachtung eines Sachverhalts, eines Subjekts oder Objekts, eines Umstands, einer Situation oder eines Vorgangs erfolgt. Diese Definition soll als Ausgangspunkt dienen, um etwaige Beurteilungszeitpunkte im Privatrecht identifizieren und in der Folge eine differenzierte Terminologie entwickeln zu können.

Dabei ist zu berücksichtigen, dass im allgemeinen Sprachgebrauch der Begriff des Beurteilungszeitpunkts nur selten verwendet wird. Häufiger findet sich wohl die auch im juristischen Bereich zumeist alternativ bzw. synonym gebrauchte Be-

---

[17] S. hierzu Brockhaus, Synonymwörterbuch, 972.

[18] Vgl. bereits Teil A Einleitung.

[19] Vgl. etwa die Darstellung bei *Tonti,* The Mathematical Structure of Classical and Relativistic Physics, Abschn. 3.7 Fig. 3.26.

[20] Vgl. „Prognose", in: Duden, Deutsches Universalwörterbuch, 1418.

grifflichkeit des „maßgeblichen Zeitpunkts".[21] Es handelt sich dabei nicht nur im juristischen Sprachgebrauch, sondern auch allgemein um einen Zeitpunkt, der „von entscheidender Bedeutung"[22] ist.

[21] Vgl. etwa MüKoBGB/Baldus, BGB § 985 Rn. 48; MüKoBGB/*Busche,* BGB § 634a Rn. 42; Anders/Gehle/*Göertz,* ZPO § 98 Rn. 34; MüKoBGB/*Maultzsch,* BGB § 435 Rn. 12.

[22] S. die Definition von „maßgeblich", Duden, Deutsches Universalwörterbuch, 1195.

# II. Kategorisierungen im Bereich von materiellem Recht, Prozessrecht und Verfahrensrecht

Bevor aufbauend auf dieser allgemeinen Definition eine Bestandsaufnahme unter gleichzeitiger Entwicklung einer grundlegenden Terminologie der im Privatrecht anzutreffenden Beurteilungszeitpunkte erfolgen kann, müssen zunächst noch weitere Begrifflichkeiten im Rahmen der vorgelagerten Einteilung von Recht[1] präzisiert werden. Das gründet darauf, dass aufgrund der Vielzahl der in der privatrechtlichen Rechtsordnung anzutreffenden Beurteilungszeitpunkte der Schluss naheliegt, dass eine Differenzierung an den übergeordneten Kategorien des materiellen und Prozessrechts bzw. des formellen Rechts und des Verfahrensrechts ansetzen könnte: *Dorndorf* hat diesbezüglich etwa angeführt, dass „von dem materiellrechtlich erheblichen Zeitpunkt … der prozeßrechtlich maßgebliche Zeitpunkt zu unterscheiden [ist]. Für prozeßrechtliche Probleme, insbesondere für die prozeßrechtliche Berücksichtigungsfähigkeit neuen Vortrags von Tatsachen, die im Kündigungszeitpunkt bereits vorlagen, sowie für den Beweis, ist grundsätzlich der Zeitpunkt des Schlusses der mündlichen Verhandlung maßgeblich, soweit nicht die prozeßrechtlichen Vorschriften über verspätetes Vorbringen eingreifen."[2] Auch im Öffentlichen Recht verweist etwa *Wolf-Rüdiger Schenke* bei der Betrachtung des maßgeblichen Zeitpunkts für die Beurteilung von Verwaltungsakten im Rahmen der Anfechtungsklage explizit darauf, dass es hier eine „materiell-rechtliche und [...] prozessrechtliche Dimension der Problematik"[3] gibt.

---

[1] S. für die Frage der allgemeinen Einteilung von Recht auch *Groh* in: Weber, Rechtswörterbuch, Stichwort „Recht" und von *Köbler* in: Tilch/Arloth (Hrsg.), Deutsches Rechtslexikon, Band III, Stichwort „Recht", 3445; *ders.,* Juristisches Wörterbuch, 383 ff.

[2] *Dorndorf* in: Heidelberger Kommentar zum Kündigungsschutzgesetz, § 1 Rn. 302.

[3] *W.-R. Schenke,* JuS 2019, 833.



A. Rech, *Der Beurteilungszeitpunkt im Privatrecht*, Juridicum - Schriften zum Arbeitsrecht, https://doi.org/10.1007/978-3-658-51181-4_7

Um im Rahmen der Bestandsaufnahme eine erste Differenzierung und Systematisierung vornehmen zu können, erscheint damit als Ausgangspunkt grundsätzlich ein Konzept der Einteilung nach Oberkategorien von materiellem Recht und Prozessrecht als möglich. Bei der Betrachtung einer derartigen Kategorisierung von Recht, bei der oftmals die genaue Bestimmung der Trennlinie zwischen materiellem und prozessualem Recht im Fokus wissenschaftlicher Betrachtung steht,[4] darf die vorliegende Untersuchung jedoch nicht stehen bleiben. Vielmehr muss bereits bei der Grundsteinlegung für die Entwicklung einer Terminologie des Beurteilungszeitpunkts mit einbezogen werden, dass im Umfeld dieser Thematik noch eine weitere Abgrenzung im Blickpunkt wissenschaftlicher Diskussionen steht, nämlich diejenige des materiellen Rechts vom Verfahrensrecht.[5] Das gründet darauf, dass im Privatrecht zunehmend alternative Streitbeilegungsmethoden wie etwa das Schiedsverfahren, die Schlichtung,[6] die Mediation[7] oder auch die Moderation[8] genutzt werden.[9] Daher ist für die Bestandsaufnahme gegebenenfalls der Blick auf möglicherweise weiter gefasste Kategorien als diejenige von materiellem und prozessualem Recht zu erweitern.

Allerdings liegt in der überwiegenden Zahl der Untersuchungen der Fokus der Abgrenzung hauptsächlich auf der Herausarbeitung der Trennlinie des jeweils betrachteten Begriffs des Prozessrechts bzw. Verfahrensrechts zum materiellen Recht. Gerade für die vorliegende Untersuchung ist jedoch neben der Herausarbeitung dieser Gegensatzpaare noch eine andere Blickrichtung miteinzubeziehen. Denn die Begriffe des Verfahrensrechts und des Prozessrechts werden insgesamt uneinheitlich verwendet: Teilweise werden sie synonym gebraucht,[10] bisweilen lassen die Ausführungen hingegen darauf schließen, dass zwar Schnittmengen bezüglich der

[4] Vgl. etwa *Baumann,* Grundbegriffe und Verfahrensprinzipien des Zivilprozeßrechts, 11 ff. zur Abgrenzung von materiellem Zivilrecht und Zivilprozessrecht. S. zudem *Binder,* Prozeß und Recht, 103 ff.; *Henkel,* Prozessrecht und materielles Recht, passim; *Meier* in: Schlosser (Hrsg.), Materielles Recht und Prozessrecht und die Auswirkungen der Unterscheidung im Recht der Internationalen Zwangsvollstreckung, passim, zur Abgrenzung von Privatrecht und Prozeßrecht; *Prütting* in: Münch (Hrsg.), Liber Amicorum für Wolfram Henckel, 261; *Simshäuser,* Zur Entwicklung des Verhältnisses von materiellem Recht und Prozeßrecht seit Savigny, passim.

[5] Vgl. etwa *Lynen,* Kunstrecht I, 197.

[6] Vgl. zur Schlichtung insgesamt etwa *Joussen,* Schlichtung als Leistungsbestimmung und Vertragsgestaltung durch einen Dritten, passim.

[7] Vgl. hierzu etwa *Husemann,* Der moderierte Vertrag, 9–40.

[8] Vgl. hierzu etwa *Husemann,* Der moderierte Vertrag, 2 ff.

[9] Rosenberg/Schwab/Gottwald/*Gottwald,* Zivilprozessrecht, § 1 Rn. 1.

[10] S. etwa *Pawlowski,* Das Studium der Rechtswissenschaft, 98; *Zöllner,* AcP 190 (1990), 471.

von den Begriffen umfassten Normen zu verzeichnen sind, jedoch keine vollkommene Identität gegeben ist.[11] Für die Festlegung einer klaren Terminologie des Beurteilungszeitpunkts ist es damit unerlässlich, bereits im Rahmen einer vorgelagerten Begriffsklärung festzulegen, welchen Inhalt diese Termini haben, die der Untersuchung zugrunde zu legen sind,[12] um die genaue Trennung für die Bestandsaufnahme bestimmen und damit zugleich bereits eine mögliche Richtung für eine terminologische Differenzierung aufzeigen zu können. Zugleich ermöglicht eine vertiefte Auseinandersetzung mit dieser Differenzierung die Identifizierung von Einzelaspekten, die im Verlauf der Arbeit auch im Rahmen einer vertiefenden Systematik der privatrechtlichen Beurteilungszeitpunkte von Bedeutung sein können.

Insofern ist im Folgenden als Grundlage zur Entwicklung einer Systematisierung und Begriffsbildung, ansetzend an den unterschiedlichen Abgrenzungen zum materiellen Recht, herauszuarbeiten, in welcher Beziehung die Termini des Prozessrechts und des Verfahrensrechts zueinanderstehen.

## 1. Ausgangspunkt: Materielles Recht und Prozessrecht

Ausgangspunkt dieser Begriffsfestlegungen soll somit das in Rechtsprechung[13] und Literatur[14] zum Beurteilungszeitpunkt angeführte Gegensatzpaar des materiellen Rechts und des Prozessrechts sein. Denn auch wenn hierdurch zumeist das Ziel der Ausführungen eben auf einer Abgrenzung dieser beiden Bereiche liegt, ist dennoch einer solchen Differenzierung zugleich die Herausarbeitung der Charakteristika des Begriffs des Prozessrechts immanent. Insofern ist die Betrachtung der diesbezüglichen Aussagen mit einem leicht veränderten Fokus vorzunehmen, der primär auf der Frage der inhaltlichen Ausfüllung des Begriffs des Prozessrechts liegt. Der hier dann zu präferierende Terminus des Prozessrechts ist im nächsten Schritt wiederum zum Begriff des Verfahrensrechts in Beziehung zu setzen.

[11] S. hierzu bereits *Hoffmann,* Verfahrensgerechtigkeit, 40, 41.

[12] Vgl. zur Notwendigkeit einer vorgelagerten Definition insbesondere des Verfahrensbegriffs auch *Klinck* in: Krüper (Hrsg.), Rechtswissenschaft lehren, § 21 Rn. 13; *Reimer,* Verfahrenstheorie, 13 ff.

[13] BGH, Urt. v. 18.02.2020 – VI ZR 115/19, NJW 2020, 1795 Rn. 11. Dort werden sowohl die Begriffe „verfahrensrechtlich“ als auch „prozessual“ verwendet.

[14] *Dorndorf* in: Heidelberger Kommentar zum Kündigungsschutzgesetz, § 1 Rn. 302; *W.-R. Schenke,* JuS 2019, 833.

Dabei ist insgesamt grundlegend, dass heute im Sinne der dualistischen Theorie, anders als noch durch die Vertreter der monistischen Lehre, die von einer „Identität der beiden Rechtsordnungen und Rechtssysteme" ausging,[15] die Unterscheidung von Prozessrecht und materiellem Recht als „geläufige Form der Systematisierung"[16] von Recht verstanden wird, ohne dass eine derartige Abgrenzung allein danach erfolgen könnte, ob die betreffenden Rechtssätze in Gesetzen des Prozessrechts oder in Gesetzbüchern des materiellen Rechts verortet sind.[17] Hieran ansetzendend wird dann zumeist als charakteristisch für das materielle Recht angesehen, dass es die Entstehung, Veränderung, Übertragung und Untergang von Rechten regelt.[18] Gegenstand dessen sind folglich Rechtsverhältnisse, wobei Rechtsbeziehungen zwischen Rechtssubjekten und anderen Rechtssubjekten bzw. zwischen Rechtsobjekten hergestellt werden.[19]

Diese Herstellung von Rechtsverhältnissen wird bisweilen auch als Ansatzpunkt zur Abgrenzung des materiellen Rechts vom Prozessrecht herangezogen. Das wiederum wird unter anderem damit begründet, dass im Prozessrecht zwar ebenfalls neue Rechtsbeziehungen im Sinne eines Prozessrechtsverhältnisses zwischen den Prozessbeteiligten geschaffen würden,[20] es handele sich hierbei jedoch nicht um den eigentlichen Zweck des Prozessrechts.[21] Bei einer derartigen Herangehensweise rückt damit folglich der Zweck-Gedanke ins Zentrum der Abgrenzung zwischen materiellem und prozessualem Recht und kann, abhängig von der Bestimmung des Zwecks, gleichsam zu einem Kriterium oder gar zum Kernkriterium in der Definition des Prozessrechts werden.

Ein derartiges Abstellen auf den Zweck wird teilweise in der Literatur und Rechtsprechung zur Definition des Prozesses präferiert: Das zeigt etwa ein Blick auf die Äußerungen *Radbruchs,* der ausgeführt, dass „das Prozeßrecht dem Zwe-

---

[15] vgl. etwa *Binder,* Prozeß und Recht, 104. Ebenfalls vertreten wird die monistische Lehre von *Kelsen,* Reine Rechtslehre, 237.

[16] *Koch, Raphael,* Mitwirkungsverantwortung im Zivilprozess, 10.

[17] *Henckel,* Prozessrecht und materielles Recht, 5. Vgl. zur dualistischen Sichtweise ebenfalls *Leipold,* BGB I, § 1 Rn. 25; *Zöllner,* AcP 190 (1990), 471.

[18] Vgl. etwa *W. Lüke,* Zivilprozessrecht I, 1. S. auch *Baumann,* Grundbegriffe und Verfahrensprinzipien des Zivilprozeßrechts, 11.

[19] *Kissel* in: Tilch/Arloth (Hrsg), Deutsches Rechts-Lexikon, Band I, Stichwort „Formelles Recht", 1673.

[20] S. schon *Bülow,* Die Lehre von den Proceßeinreden und Proceßvoraussetzungen, 1.

[21] *Kissel* in: Tilch/Arloth (Hrsg.), Deutsches Rechts-Lexikon, Band I, Stichwort „Formelles Recht", 1673.

cke dienen [soll], dem materiellen Recht zur Verwirklichung zu helfen…"[22] Folglich stellt die Frage der Zweckdienlichkeit der betreffenden Norm zur Verwirklichung des materiellen Rechts das maßgebliche Kriterium zur Bestimmung des Prozessrechtsbegriffs dar. Ähnlich dieser Definition von *Radbruch* findet sich im neueren Schrifttum, dass Prozessrecht die Summe aller Rechtsregeln sei, die das zur Anrufung des Gerichts einzuschlagende Verfahren und die Regelung des Verfahrens vor dem Gericht zur Durchsetzung des materiellen Rechts enthielten.[23] In der Rechtsprechung hatte beispielsweise der BGH in einer Entscheidung aus dem Jahr 1960 ebenfalls angeführt, dass „die Verfahrensbestimmungen der Prozeßordnungen... nur Hilfsmittel für die Verwirklichung oder Wahrung von Rechten [sind]; dabei soll die Durchsetzung des materiellen Rechts so wenig wie möglich an Verfahrensfragen scheitern."[24]

Insbesondere das alleinige Abstellen auf den Aspekt der Zweckdienlichkeit zur Verwirklichung des materiellen Rechts führt jedoch bisweilen zu widersprüchlichen Ergebnissen und kann damit nicht den Kerngehalt zur allgemeinen Abgrenzung der Bereiche des materiellen und prozessualen Rechts darstellen. Denn es existieren gleichfalls Vorschriften, die zwar im Zusammenhang mit Gerichtsverfahren stehen und deren „formell-rechtlicher" Charakter nicht bestritten wird, die jedoch gerade einer Durchsetzung des materiellen Rechts entgegenstehen können.[25] Als Beispiel hierfür ist etwa die Präklusionsvorschrift des § 296 ZPO[26] zu nennen: Der Zweck dieser Norm liegt vor allem in der Beschleunigung des Verfahrens.[27] Damit steht sie in einem Spannungsverhältnis zwischen dem Anspruch der Parteien auf rechtliches Gehör und dem Bestreben nach einer materiell richtigen Entscheidung.[28] Letztlich wird durch diese Vorschrift eine Beeinträchtigung der materiellen Gerechtigkeit für die nachlässige Partei in einer aufgrund der Ausgestaltung der Norm als Ausnahmevorschrift vertretbaren und dem Rechtsstaats-

---

[22] *Radbruch,* Rechtsphilosophie, § 25, 176 f.

[23] *Grüneberg* in: Tilch/Arloth (Hrsg.), Deutsches Rechts-Lexikon, Band II, Stichwort „Prozeßrecht", 3395.

[24] BAG, Urt. v. 11.7.1960 – III ZR 104/59, NJW 1960, 1947, 1948.

[25] *Kollmann,* Begriffs- und Problemgeschichte des Verhältnisses von formellem und materiellem Recht, 689.

[26] *Kollmann,* Begriffs- und Problemgeschichte des Verhältnisses von formellem und materiellem Recht, 689.

[27] BeckOK ZPO/*Bacher,* ZPO § 296 Rn. 1; Musielak/Voit/*Röß,* Zivilprozessordnung, ZPO § 296 Rn. 1.

[28] BeckOK ZPO/*Bacher,* ZPO § 296 Rn. 1.

prinzip entsprechenden Weise hingenommen.[29] Die Möglichkeit eines derartigen Widerspruchs zu seiner Ansicht hat auch *Radbruch* gesehen, spricht er doch davon, dass das „Prozeßrecht … unbedingt [gilt], also auch soweit es dem Zwecke der Rechtsverwirklichung nicht dienlich, sondern vielleicht sogar hinderlich wäre."[30]

Zudem ist die Einordnung außergerichtlicher Verfahren unter einen vorrangig an der Zweckdienlichkeit orientierten Prozessrechtsbegriff problematisch. Als Beispiel kann hier das außergerichtliche Schlichtungsverfahren dienen. Dieses kann den Zivilprozess allenfalls ergänzen, ihn aber nicht ersetzen, denn dort steht nicht die Feststellung des subjektiven Rechts im Mittelpunkt, sondern die Streitbeilegung.[31] Die Schlichtung stellt vielmehr eine Alternative zum Zivilprozess dar[32]: Der Anspruchsberechtigte verzichtet in der Regel auf einen Teil des ihm nach materiellem Recht zustehenden Rechts.[33] Das wiederum bedeutet aber, dass die Schlichtung nicht den primären Zweck verfolgt, dem materiellen Recht zur Verwirklichung zu verhelfen.

Nicht zuletzt aufgrund dieser Widersprüchlichkeiten wurden und werden zur Abgrenzung von Prozessrecht und materiellem Recht insgesamt daher weitere Zweckgesichtspunkte in die Abgrenzung miteinbezogen.[34] Beispielsweise sah *Goldschmidt* den Prozess als ein „auf die Herbeiführung von Rechtskraft gerichtetes Verfahren"[35] an.

Im Ergebnis verdeutlichen diese Ausführungen, dass das Differenzierungskriterium des Zwecks als bestimmender Faktor zur allgemeinen Abgrenzung von materiellem und prozessualem Recht und zugleich Kerncharakteristikum zur jeweiligen Zuordnung einer Norm an sich abzulehnen ist. Der Zweckgedanke kann aber – das wird im Rahmen der vorliegenden Untersuchung noch bedeutsam werden – gegebenenfalls als unter- bzw. nachgeordnetes Hilfskriterium herangezogen werden und in dieser Rolle beispielsweise dienlich sein, um im Einzelfall die Zwe-

---

[29] Vgl. MüKoZPO/*Prütting,* ZPO § 296 Rn. 35–37.

[30] *Radbruch,* Rechtsphilosophie, § 25, 176, 177.

[31] *W. Lüke,* Zivilprozessrecht I, § 1 Rn. 1.

[32] *W. Lüke,* Zivilprozessrecht I, § 1 Rn. 1. Vgl. zur Abgrenzung von „Schlichten" und „Richten" ebenfalls *Joussen,* Schlichtung als Leistungsbestimmung und Vertragsgestaltung durch einen Dritten, insbes. S. 27–31; *Söllner,* ZfA 1982, 1, 2.

[33] *W. Lüke,* Zivilprozessrecht I, § 1 Rn. 1.

[34] S. zum Zweckgedanken in diesem Zusammenhang ausführlich *Kollmann,* Begriffs- und Problemgeschichte des Verhältnisses von formellem und materiellem Recht, 616 ff., 641 f. und *Reimer,* Verfahrenstheorie, 180 ff. Vgl. auch Stein/Jonas/*Brehm,* 23. Aufl., Einleitung vor ZPO § 1 Rn. 33.

[35] *Goldschmidt,* Der Prozeß als Rechtslage, 151. S. hierzu auch insgesamt *Henckel,* Prozessrecht und materielles Recht, 5, 6.

cke einer bestimmten Prozess- oder Verfahrensordnung näher zu bestimmen[36] oder um Einzelaspekte einer im Ganzen eventuell anders einzuordnenden Norm zu charakterisieren: Zwar stellt die Legitimation des Ergebnisses in einem insofern dem vorliegend betrachteten Verfahrensrecht nochmals übergeordneten soziologisch-politischen Sinn in der Regel den grundlegenden Zweck jeden Verfahrens dar.[37] Jedoch sind Verfahrenszwecke im juristischen Sinne zumeist auf einer nachgelagerten Ebene zu verorten und betreffen dann erst die konkrete Ausgestaltung prozessualrechtlicher Vorschriften. Das hatte *Henckel* in seiner grundlegenden Arbeit im Jahr 1973 herausgearbeitet, indem er anführte, dass der Prozesszweck, ebenso wie das Wesen des Prozesses und die Voraussetzungen oder Wirkungen von Normen, als Differenzierungsmerkmal bereits deshalb abzulehnen sei, weil die Frage nach dem Zweck des Prozesses darauf abziele, was mit dem Prozess erreicht werden solle und damit im Ergebnis auf ein Kriterium gerichtet sei, das die Frage danach beantworte, wie man am besten zu diesem Ziel komme.[38] Insofern, so *Henckel* zutreffend weiter, könne der Prozesszweck zwar Anhaltspunkte dafür geben, wie der Prozess gestaltet werden müsse, ein Aussage darüber, was der Prozess sei und worin er sich von materiell-rechtlichen Aspekten unterscheide, liefere er jedoch nicht.[39] Damit ist zunächst festzuhalten, dass für die grundlegende Definition des Prozessrechts der Zweckgedanke zurücktreten muss. Allerdings kann dieser gegebenenfalls für Fragestellungen auf einer nachgelagerten Ebene relevant werden.

Verfolgt man nun zunächst für diesen grundlegenden Teil der Begriffsklärung die Frage einer Definition des Prozessrechts an sich weiter, so liefert *Henkel* hierzu ebenfalls einen geeigneten Ansatzpunkt zur Unterscheidung, den er im Bereich formaler Aspekte verortet: Er stellt zur Abgrenzung auf „die geregelten Lebensbereiche“[40] ab.[41] Dabei bezieht er den Bereich der Rechtspflege explizit in die Abgrenzung mit ein, indem er definiert, dass das materielle Recht das Verhalten in

---

[36] Ähnlich *Reimer,* Verfahrenstheorie, 181, der anführt, dass zwar die Fragestellung nach dem Zweck des Prozesses fruchtlos sei, jedoch die Frage nach den Zwecken, die mit einer bestimmten Verfahrensordnung und durch ein in bestimmter Weise geregeltes Verfahren verfolgt werden können, nicht von vornherein als sinnlos erscheine, sondern der juridischen Verfahrenstheorie eine weitere Orientierung in großen Linien geben könne.

[37] Vgl. hierzu grundlegend *Luhmann,* Legitimation durch Verfahren, passim 1969; s. ebenfalls *Klinck* in: Krüper (Hrsg.), Rechtswissenschaft lehren, § 21 Rn. 1.

[38] *Henckel,* Prozessrecht und materielles Recht, 5–19, insbes. 6.

[39] *Henckel,* Prozessrecht und materielles Recht, 7.

[40] *Henckel,* Prozessrecht und materielles Recht, 19 ff. S. hierzu ebenfalls Rosenberg/Schwab/Gottwald/*Gottwald,* Zivilprozessrecht, § 1 Rn. 34.

[41] Vgl. bereits *Kollmann,* Begriffs- und Problemgeschichte des Verhältnisses von formellem und materiellem Recht, 667.

Lebensbereichen, in denen sich die Rechtssubjekte unmittelbar ohne Vermittlung eines zu einem Rechtspflegeakt angerufenen Rechtspflegeorgans begegnen, regelt.[42] Diese Definition stellt er dem Prozessrecht gegenüber, das er definiert als den „Inbegriff aller Normen, die menschliches Verhalten in einem auf ein Rechtspflegeziel ausgerichteten Verfahren von und vor Rechtspflegeorganen regeln."[43]

Zwar steht in dieser Definition das „geregelte Verhalten"[44] von Personen im Kern der Begriffsbestimmung. Allerdings enthält sie zugleich mit der Bezugnahme auf „Verfahren von und vor Rechtspflegeorganen" ein formales Kriterium, das an den oftmals problematischen Schnittstellen zwischen materiellem und prozessualem Recht geeignet ist, eine klarere Zuordnung vorzunehmen als eben etwa der Zweckgedanke. Insofern ist diese Definition im Folgenden als Ausgangspunkt für die Begriffsbestimmung des Prozessrechts heranzuziehen. Sie bedarf jedoch nicht zuletzt aufgrund der Zunahme alternativer Streitentscheidungsmethoden im Privatrecht noch weiterer Modifikation und Präzisierung, die im Rahmen der nun vorzunehmenden Abgrenzung von Prozessrecht und Verfahrensrecht vorzunehmen sein wird.

## 2. Prozessrecht und Verfahrensrecht

Auch hier kann die Arbeit von *Henckel* wiederum als Ansatzpunkt dienen. Dabei ist zu berücksichtigen, dass in der betreffenden Untersuchung der Fokus auf dem Gegensatzpaar des materiellen Rechts und des Prozessrechts liegt. Ein Eingehen auf eine eventuelle Abgrenzung zum Verfahrensrecht erfolgt dort nicht vertieft. Dass es hier aber eine begriffliche Differenzierung geben kann, wird dennoch deutlich: So führt *Henckel* im Rahmen der Betrachtung des Schiedsvertrags an, dass dieser verfahrensrechtliche Rechtsbeziehungen begründe, weil er das Recht der Schiedsgerichtsbarkeit ausfülle und dieses Recht das Verhalten in dem Lebensbereich „Schiedsgerichtsprozess" regele.[45] Diesbezüglich äußert er weiter: „Ob dieses Verfahrensrecht als Prozeßrecht zu bezeichnen ist, hängt davon ab, ob man den Begriff des Prozeßrechts [...] nur dem Verfahren vor den staatlichen Rechtspflege-

[42] *Henckel,* Prozessrecht und materielles Recht, 24, 25.

[43] *Henckel,* Prozessrecht und materielles Recht, 24.

[44] So *Kollmann,* Begriffs- und Problemgeschichte des Verhältnisses von formellem und materiellem Recht, 670.

[45] *Henckel,* Prozessrecht und materielles Recht, 36.

organen vorbehalten will. Das ist letztlich eine Frage des Geschmacks, die ohne rechtliches Gewicht in dem einen oder anderen Sinne beantwortet werden kann."[46]

Dem mag zuzugeben sein, dass in Bezug auf die Frage des „rechtlichen Gewichts" diese Aussage je nach im Einzelfall betrachteter Konstellation gegebenenfalls zutrifft. Für eine umfassende Systematisierung und die Entwicklung einer differenzierten Terminologie im Bereich des Beurteilungszeitpunkts im Privatrecht ist hingegen eine klare begriffliche Trennung nicht verzichtbar und muss vielmehr im Folgenden vorgenommen werden.

Trotz der angeführten Aussage *Henckels* bietet diesbezüglich gerade der inhaltliche Gehalt seiner Ausführungen für die begriffliche finale Festlegung des Prozessrechtsbegriffs einerseits und seine Abgrenzung zum Verfahrensrechtsbegriff andererseits dienliche Aspekte. Denn hieraus lässt sich folgern, dass *Henckel* eine mögliche Abgrenzung zwischen Prozessrecht und Verfahrensrecht an den handelnden Personen bzw. zuständigen Stellen festmachen möchte und sich damit auf die formale gesetzliche Zuordnung bezieht. Wie bereits angeführt, bietet die Heranziehung eines derartigen formalen Abgrenzungsaspekts die trennschärfere Möglichkeit der Zuordnung zu den jeweiligen Gebieten als etwa diejenige des Zwecks und betrifft zudem die grundlegende Ebene der Zuordnung. Eine Unterscheidung hat danach an dem Aspekt der staatlichen Rechtspflegeorgane anzusetzen.[47]

Damit ist vorliegend in einem nächsten Schritt zu präzisieren, wer von dem Begriff der staatlichen Rechtspflegeorgane erfasst wird: Grundsätzlich zählen zu den Rechtspflegeorganen allgemein neben Richtern, Staatsanwälten, Amtsanwälten, Urkundsbeamten der Geschäftsstelle und Gerichtsvollziehern auch Rechtsanwälte und Notare.[48] Allerdings ist zu beachten, dass innerhalb der Rechtspflegeorgane zwischen denjenigen, die der Justiz zuzurechnen sind, und weiteren Organen der Rechtspflege zu trennen ist.[49] Rechtsanwälte unterfallen ebenso wie Anwaltsnotare

---

[46] *Henckel*, Prozessrecht und materielles Recht, 36. Ähnlich auch *Ziekow* in: EvStL 2006, Sp. 1871, der anführt: „Das Prozessrecht regelt die Einrichtungen der Rechtspflege, d. h. die Existenz der staatlichen Gerichte und ihre Zuständigkeiten, die Voraussetzungen für ihre Inanspruchnahme sowie die Wirkungen des durch sie vermittelten Rechtsschutzes."

[47] Das wird neben der bereits angeführten Aussage auch an weiterer Stelle deutlich, in der angeführt wird: „Will man den anderen Teil des Vertrages, der nur auf das Verfahren vor dem Schiedsgericht bezogen ist, nicht als Prozeßrecht bezeichnen, weil man den Begriff „Prozeßrecht" den Regelungen für das Verfahren vor den staatlichen Gerichten vorbehalten will, so ergibt sich daraus aber nicht, daß die Wirksamkeit dieses Teils des Vertrages andere sein müßten, als die der Schiedseinrede.", vgl. *Henckel*, Prozessrecht und materielles Recht, 37.

[48] Vgl. *Dörndorfer*, Rechtspflegergesetz, RPflG § 1 Rn. 4.

[49] Vgl. Weyland/*Bauckmann*, BRAO § 1 Rn. 3.

insofern nicht der Justiz[50] und sind damit nicht „staatlich" in diesem eng verstanden Sinn. Sie sollen vorliegend vom Begriff des Prozessrechts nicht erfasst werden. Blickt man zudem noch auf den Terminus der Rechtspflege allgemein, so zeigt sich, dass dort die Bereiche der Gerichts- und Justizverwaltung vom Begriff der Rechtspflege ausgeklammert werden.[51]

Das wiederum gibt einen weiteren Anhaltspunkt für eine Definition des Prozessrechts. Diese hat insofern etwaige Verfahrens-, Kompetenz- und Organisationsnormen auszuklammern, die Verfahren betreffen, die nicht *vor* staatlichen Rechtspflegeorganen staatlicher Gerichte stattfinden.[52] Insgesamt kann damit, insofern die Definition von *Henckel*[53] vor dem Hintergrund der Zunahme alternativer Streitentscheidungsmethoden im Privatrecht modifizierend, festgehalten werden, dass das Prozessrecht alle Verfahrens-, Kompetenz- und Organisationsnormen umfasst, die menschliches Verhalten in einem auf ein Rechtspflegeziel ausgerichteten Verfahren von und vor staatlichen Rechtspflegeorganen staatlicher Gerichte regeln.

Durch dieses Abstellen auf die formale Zuordnung der handelnden Personen bzw. zuständigen Stellen ist zugleich auch der Ansatzpunkt gegeben, um eine Abgrenzung des Begriffs des Prozessrechts von demjenigen des Verfahrensrechts vorzunehmen. Gerade die Trennung zwischen Verfahren vor staatlichen Rechtspflegeorganen staatlicher Gerichte[54] und weiteren Verfahren erlaubt vor dem

---

[50] Zu den Rechtsanwälten vgl. ebenfalls Weyland/*Bauckmann,* BRAO § 1 Rn. 3. Vgl. auch *Roller,* ZRP 2006, 1, 2.

[51] *Dörndorfer,* Rechtspflegergesetz, RPflG § 1 Rn. 10, 11. S. zur Justizverwaltung etwa *Weber* in: Weber, Rechtswörterbuch, Stichwort „Justizverwaltung"; vgl. zur Gerichtsverwaltung ebenfalls *Weber* in: Weber, Rechtswörterbuch, Stichwort „Gerichtsverwaltung".

[52] S. hierzu auch *Kollmann,* Begriffs- und Problemgeschichte des Verhältnisses von formellem und materiellem Recht, 671.

[53] *Henckel,* Prozessrecht und materielles Recht, 24.

[54] Im Rahmen der vorliegenden Untersuchung nicht weiter vertieft werden kann eine Erweiterung dahingehend, ob auch dann von Prozessrecht zu sprechen ist, wenn es sich um Verfahren vor nicht-staatlichen Gerichten handelt, die das staatliche Verfahren zwingend ersetzen, deren Zugang folglich nicht im Belieben der Parteien steht. Konkret handelt es sich hier um die kirchlichen Arbeitsgerichte: Bei diesen hatte der Staat den Kirchen durch den Erlass des Betriebsverfassungsgesetzes 1952 nicht nur die Regelungsbefugnis für das materielle kirchliche kollektive Arbeitsrecht übertragen, vielmehr beinhaltete diese Übertragung nicht nur die Erwartungshaltung des Staates, sondern auch die Verpflichtung für die Kirchen, dass ein angemessener Rechtsschutz auf diesem Gebiet durch die Religionsgemeinschaften zu erfolgen haben sollte, vgl. hierzu insgesamt *Rech,* Die Arbeitsgerichtsbarkeit der evangelischen Kirche, 85, 120, 175. Im Rahmen kollektiv-arbeitsrechtlicher Konflikte im kirchlichen Bereich sind daher zwingend die kirchlichen Arbeitsgerichte zuständig und ersetzen den staatlichen Bereich ausnahms- und alternativlos.

Hintergrund der Einbeziehung nicht-staatlicher Verfahren in diese Untersuchung wie demjenigen der Schlichtung möglicherweise eine weitergehende Differenzierung im Rahmen der Systematisierung von Beurteilungszeitpunkten im Privatrecht bzw. kann gegebenenfalls für die in Teil D erfolgende intradisziplinäre Betrachtung des Beurteilungszeitpunkts sachdienlich sein.

Insofern soll der dieser Arbeit zugrunde liegende Begriff des Verfahrensrechts über denjenigen des Prozessrechts hinausgehen und in einem weiten Sinne, ebenfalls anknüpfend an die Art der verfahrenden Stelle,[55] verstanden werden: Er soll neben denjenigen Verfahren von und vor staatlichen Rechtspflegeorganen vor staatlichen Gerichten zum einen jegliches (weitere) von einer staatlichen Stelle gesteuerte Handeln, das auf die Feststellung der Rechts- und Tatsachenlage bzw. die Setzung von Rechtsfolgen gerichtet ist[56] umfassen und damit Gerichtsverfahren, behördliche und parlamentarische Verfahren[57] mit einbeziehen.

Der Blickwinkel dieser Untersuchung soll jedoch für die Entwicklung einer allgemeinen Terminologie im Bereich der Beurteilungszeitpunkte im Privatrecht noch geweitet werden und die Zunahme alternativer Streitbeilegungsmethoden berücksichtigen. Insofern sollen zum anderen über das von staatlicher Stelle gesteuerte Handeln hinaus auch grundsätzlich durch Private gesetzte Verfahrensordnungen wie beispielsweise diejenige, die sich die Parteien im Rahmen der Schlichtung oder auch der Schiedsgerichtsbarkeit geben, grundsätzlich erfasst werden. Hier ist allerdings zu beachten, dass etwaige private Verfahrensordnungen nur dann Teil der staatlichen Rechtsordnung werden können, wenn sie staatlicherseits anerkannt werden, andernfalls bilden sie ein gegebenenfalls faktisch wirksames, aber dennoch separates und nicht dem staatlichen Bereich zugehöriges normatives System.[58] Im Kern steht dabei das Rechtsstaatsprinzip, das nicht lediglich als ein Strukturprinzip staatlicher Ordnung anzusehen ist, sondern vielmehr darüber hinaus die grundlegenden Elemente eines von der Verfassung vorausgesetzten Rechtsverständnisses beschreibt.[59] Folglich darf etwa die staatliche Rechtsordnung private Gerichte grundsätzlich nur dann akzeptieren, wenn diese rechtsstaatliche

[55] Vgl. *Reimer,* Verfahrenstheorie, 34.

[56] Vgl. zu diesen Aspekten des Verfahrensrechts *Klinck* in: Krüper (Hrsg.), Rechtswissenschaft lehren, § 21 Rn. 13; *Reimer,* Verfahrenstheorie, 42 ff.

[57] Diese werden ebenfalls von *Klinck* in: Krüper (Hrsg.), Rechtswissenschaft lehren, § 21 Rn. 13, und *Reimer,* Verfahrenstheorie, 35 ff. unter den Begriff des Verfahrensrechts gefasst. S. auch *Popp,* Verfahrenstheoretische Grundlagen der Fehlerkorrektur im Strafverfahren, 82.

[58] Vgl. *Reimer,* Verfahrenstheorie, 19.

[59] *Traulsen,* Rechtsstaatlichkeit und Kirchenordnung, 313.

Mindeststandards einhalten.[60] Dieses Erfordernis hat gleichsam für etwaige Verfahren zu gelten, deren Ergebnis in der staatlichen Ordnung Geltung beansprucht. In Einklang mit diesen Vorgaben sollen damit vorliegend nur derartige privat gesetzte Verfahrensordnungen unter den Begriff des Verfahrens gefasst werden, die rechtsstaatlichen Mindestanforderungen entsprechen. Zu der Frage, was genau unter diesen rechtsstaatlichen Mindeststandards zu verstehen ist, sind verschiedene Kriterien entwickelt worden, die sich in erster Linie aus einer Gesamtschau von Urteilen des BVerfG[61] erschließt, wobei zu beachten ist, dass diese Kriterien noch der Ausfüllung und Konkretisierung bedürfen.[62]

[60] Dürig/Herzog/Scholz/*Remmert,* GG Art. 103 Abs. 1 Rn. 56. *Traulsen,* Rechtsstaatlichkeit, 74 f.; zum Erfordernis rechtsstaatlicher Mindeststandards im kirchengerichtlichen Bereich vgl. auch *Rech,* Die Arbeitsgerichtsbarkeit der evangelischen Kirche, 183 ff. Zum Schiedsverfahren vgl. *Kahlert,* SchiedsVZ 2023, 2, 20.

[61] Vgl. zu den einzelnen Kriterien etwa BVerfG, Urt. v. 17.12.1953 – 1 BvR 335/51, BVerfGE 3, 213, 224; BVerfG, Beschl. v. 21.10.1954 – 1 BvL 9/51, 1 BvL 2/53, BVerfGE 4, 74, 92–96; BVerfG, Beschl. v. 9.11.1955 – 1 BvL 13/52, 1 BvL 21/52, BVerfGE 4, 331, 343–347; BVerfG, Beschl. v. 17.11.1959 – 1 BvR 88/56, 59/57, 212/59, BVerfGE 10, 200, 213; BVerfG, Beschl. v. 9.5.1962 – 2 BvL 13/60, BVerfGE 14, 56, 65–74; BVerfG, Urt. v. 3.7.1962 – 2 BvR 628/60, 247/61, BVerfGE 14, 156, 162–166; BVerfG, Beschl. v. 24.11.1964 – 2 BvL 19/63, BVerfGE 18, 241, 252; 27, 312, 322; BVerfG, Beschl. v. 8.6.1971 – 2 BvL 17/70, BVerfGE 31, 137, 140, 141; BVerfG, Beschl. v. 27.11.1973 – 2 BvL 12/72, 2 BvL 3/73, BVerfGE 36, 174, 185; s. hierzu insgesamt auch *Kammerer,* BB 1985, 1986, 1991, Fn. 31; *Maurer,* ZevKR 17 (1972), 48, 71.

[62] *Maurer,* ZevKR 17 (1972), 48, 72; vgl. hierzu insgesamt auch *Rech,* Die Arbeitsgerichtsbarkeit der evangelischen Kirche, 183 ff., insbes. 186.

## III. Zwischenergebnis

In Ermangelung sowohl einer Legaldefinition als auch einer in der privatrechtlichen Rechtsprechung oder Literatur formulierten und anerkannten Definition des Beurteilungszeitpunkts war zunächst eine allgemeine Begriffsbestimmung vorzunehmen. Diese konnte aufgrund der Zusammenschau der einzelnen Wortbestandteile herausgearbeitet werden. Aufgrund dessen konnte gezeigt werden, dass ein Beurteilungszeitpunkt zu definieren ist als Zeitpunkt, in dem eine wertende Begutachtung eines Sachverhalts, eines Subjekts oder Objekts, eines Umstands, einer Situation oder eines Vorgangs erfolgt. Diese Definition soll im Folgenden der Arbeit zugrunde liegen.

Da die Vermutung naheliegt, dass die zu entwickelnde Systematisierung und Terminologie an den Kategorien des materiellen Rechts und des Prozessrechts bzw. des Verfahrensrechts ansetzen muss, war zugleich eine Konkretisierung der betreffenden Begrifflichkeiten der weiteren Untersuchung voranzustellen. Die Notwendigkeit einer derartigen Festlegung folgt bereits daraus, dass hier insgesamt, unabhängig von der exakten Grenzziehung zum materiellen Recht, keine einheitliche Verwendung der Begrifflichkeiten erfolgt. Dabei wurde in der Begriffsbestimmung, dem Blickpunkt der vorliegenden Untersuchung geschuldet, der Fokus auf die Abgrenzung von Prozessrecht einerseits und Verfahrensrecht andererseits gelegt. Hier hat sich gezeigt, dass eine der alternativen Verwendungen der Begrifflichkeiten denjenigen des Verfahrensrechts weiter fasst als denjenigen des Prozessrechts und aufgrund der Einbeziehung auch nicht-staatlicher Verfahren in diese Untersuchung hier sachdienlich erscheint: Während das Prozessrecht alle Verfahrens-, Kompetenz- und Organisationsnormen umfasst, die menschliches Verhalten in einem auf ein Rechtspflegeziel ausgerichteten Verfahren von und vor staat-



A. Rech, *Der Beurteilungszeitpunkt im Privatrecht*, Juridicum - Schriften zum Arbeitsrecht, https://doi.org/10.1007/978-3-658-51181-4_8

lichen Rechtspflegeorganen staatlicher Gerichte regeln,[1] beinhaltet der Begriff des Verfahrensrechts in einem äußerst weit verstandenen Sinn zudem auch weitere Verfahrens-, Kompetenz- und Organisationsnormen, die Verfahren betreffen, die nicht vor staatlichen Rechtspflegeorganen staatlicher Gerichten stattfinden, sowie jegliches (weitere) von einer staatlichen Stelle gesteuerte Handeln, das auf die Feststellung der Rechts- und Tatsachenlage bzw. die Setzung von Rechtsfolgen gerichtet ist,[2] aber auch etwaige durch Private gesetzte Verfahrensordnungen, die rechtsstaatlichen Mindeststandards entsprechen.[3] Diese Differenzierung zwischen Verfahrensrecht einerseits und dem engeren Begriff des Prozessrechts andererseits soll der Arbeit im Weiteren zugrunde gelegt werden. Sie setzt primär an formalen Kriterien an. Das gründet darauf, dass der Zweckgedanke auf der grundlegenden Ebene einer Differenzierung als Kernkriterium zurücktreten muss. Allerdings ist zugleich bereits an dieser Stelle festzuhalten, dass die Heranziehung des Zweckgedankens auf einer nachgelagerten Ebene etwa zur Bestimmung von Einzelaspekten einer Norm dienlich sein kann.

Diese grundlegende Abgrenzung bedeutet im Hinblick auf die Gegensatzpaare „materielles Recht und Prozessrecht" einerseits und „materielles Recht und Verfahrensrecht" andererseits folglich, dass sie nicht deckungsgleich sind, selbst wenn sie wesentliche Berührungspunkte aufweisen.[4] Gerade für den engeren Begriff des Prozessrechts folgt daraus zudem, dass die Begriffe des materiellen Rechts und Prozessrechts keine vollständigen Komplementärbegriffe sind.[5] Hingegen ist in Bezug auf die Begriffe des materiellen Rechts und des Verfahrensrechts grundsätzlich vom Vorliegen von Komplementärbegriffen auszugehen. Insofern erscheint die Erfassung des materiellen Rechts dann im Sinne einer negativen Abgrenzung zum Verfahrensrecht möglich.

Für die im Folgenden konkret zu betrachtenden Bereiche bedeutet das zudem, dass aufgrund der formalen Zuordnung von dem Terminus des Prozessrechts auch Angelegenheiten der freiwilligen Gerichtsbarkeit erfasst werden. Verfahren, die

---

[1] Bzw. diese zwingend ersetzen wie im Bereich der kirchlichen Arbeitsgerichtsbarkeit, s. bereits Fn. 161.

[2] Vgl. zu diesen Aspekten des Verfahrensrechts bereits *Klinck* in: Krüper (Hrsg.), Rechtwissenschaft lehren, § 21 Rn. 13; *Reimer,* Verfahrenstheorie, 42 ff.

[3] Zu der Frage einer weitergehenden Differenzierung für die Sonderstellung der kirchlichen Arbeitsgerichte s. bereits Fn. 161.

[4] *Kollmann,* Begriffs- und Problemgeschichte des Verhältnisses von formellem und materiellem Recht, 28.

[5] S. bereits *Kollmann,* Begriffs- und Problemgeschichte des Verhältnisses von formellem und materiellem Recht, 671.

etwa durch einen Rechtsanwalt konfliktvermeidend und streitschlichtend begleitet werden, wie die Mediation,[6] werden hingegen jedoch ebenso wenig umfasst wie etwa die Schlichtung. Sie unterfallen aber dem hier verwendeten weiten Begriff des Verfahrensrechts.

---

[6] S. zur Funktion eines Rechtsanwalts als Mediator BeckRA-HdB/*Mähler/Mähler,* § 48 Rn. 85–91.

# Teil C. Bestandsaufnahme und Entwicklung einer grundlegenden Terminologie und Systematik der Beurteilungszeitpunkte im Privatrecht

## Einleitung

Unter Zugrundelegung der in Teil B herausgearbeiteten Begrifflichkeiten soll im Folgenden im Rahmen einer Bestandsaufnahme der Begriff des Beurteilungszeitpunkts für das Privatrecht einer differenzierten Terminologie zugeführt und zugleich eine diese betreffende Systematik entwickelt werden. Hierbei sollen in einem ersten Schritt die unterschiedlichen, auch in den Kommentierungen häufig undifferenziert als „Beurteilungszeitpunkte" oder „maßgebliche Zeitpunkte" bezeichneten Zeitpunkte, zusammengestellt werden. Eine derartige Zusammenstellung der unter diesen Oberbegriff zu fassenden Konstellationen kann keinesfalls darauf angelegt sein, alle in Frage kommenden Zeitpunkte lückenlos anzuführen. Vielmehr sollen ihr Vorkommen und ihre signifikanten Merkmale herausgearbeitet und ihre Beziehungen zueinander systematisiert werden. Im Zuge dessen kann zugleich eine Abgrenzung zu ähnlichen Konstellationen und Rechtsfiguren vorgenommen werden, die nicht unter den Oberbegriff des Beurteilungszeitpunkts zu fassen sind.

Dazu soll zunächst eine getrennte Bestandsaufnahme der Beurteilungszeitpunkte im BGB und seinen materiell-rechtlichen Nebengebieten einerseits und denjenigen, die sich in Gesetzen finden, die klassischerweise insgesamt als Gesetzestexte bzw. Ordnungen des verfahrensrechtlichen Bereichs des Privatrechts angesehen werden, andererseits erfolgen. Dabei ist gerade aufgrund der schon mehrfach angesprochenen alternativen Streitbeilegungsmethoden eine über rein prozessrechtliche Regelungen hinausgehende Perspektive einzunehmen, um einen umfassenden Überblick über etwaige im Privatrecht zu verzeichnende Konstellationen und Besonderheiten zu erhalten.

Hierzu soll die überblicksartige Zusammenstellung nach der größtmöglichen Aufteilung in Obergruppen erfolgen, die noch grundlegende Ergebnisse erwarten lässt: Auch wenn, wie angeführt,[1] eine Unterscheidung zwischen materiellem Recht und Prozessrecht bzw. zwischen materiellem Recht und Verfahrensrecht nicht allein danach erfolgen kann, ob die betreffenden Rechtssätze in Gesetzen des Prozessrechts bzw. des Verfahrensrechts oder in Gesetzbüchern des materiellen Rechts verortet sind,[2] so findet sich die weit überwiegende Mehrzahl der die jeweilige Kategorie betreffenden Normen dennoch in den Gesetzestexten, die in ihrer Gesamtheit dem jeweiligen Bereich zugeordnet werden. Aufgrund dessen ist zu erwarten, dass größere Übergruppen und Differenzierungen entlang einer derartig gezogenen Linie zu erkennen sein werden. Nicht zuletzt aufgrund der Vielzahl der im privatrechtlichen Bereich vorzufindenden Beurteilungszeitpunkte erscheint daher für den ersten Schritt einer Bestandsaufnahme die angeführte, grob vereinfachende Trennung in die Oberkategorien Beurteilungszeitpunkte im BGB und seinen materiell-rechtlichen Nebengebieten einerseits und Gesetzestexten bzw. Ordnungen des verfahrensrechtlichen Bereichs des Privatrechts andererseits als geeignet für die Bildung erster Kategorien. Etwaige prägnante Besonderheiten im Sinne der im Rahmen der Begriffsbestimmungen vorgenommenen Kategorisierungen sind dabei jedoch bereits auch in diesem grob vereinfachenden Rahmen zu vermerken.

Im Anschluss an eine solche getrennte Bestandsaufnahme muss allerdings zwingend die zuvor dargestellte Unterscheidung berücksichtigt werden: In einem weiteren Schritt kann unter Einbeziehung der soeben herausgearbeiteten Abgrenzungen von materiell-rechtlichen, prozessrechtlichen und verfahrensrechtlichen Normen im Einzelfall eine umfassende Terminologie entwickelt werden. Hierzu sollen die in der getrennten Bestandsaufnahme erfolgten Erkenntnisse in Beziehung zueinander gesetzt und unter Berücksichtigung der dieser Arbeit zugrundeliegenden Abgrenzung zwischen materiell-rechtlichen Normen einerseits und prozessrechtlichen und verfahrensrechtlichen Normen andererseits weitere Differenzierungen herausgearbeitet werden. Die Ergebnisse der Bestandsaufnahme können dann in Teil D durch einen intradisziplinären Vergleich vertieft werden.

---

[1] Vgl. bereits oben Teil B/II./1.

[2] Vgl. bezüglich der Zuordnung zu materiellem Recht und Prozessrecht etwa *Henckel,* Prozessrecht und materielles Recht, 5. S. zur Ungeeignetheit des Kriteriums der Stellung im Gesetz auch Stein/Jonas/*Brehm,* ZPO, 23. Aufl., Einleitung vor § 1 Rn. 33. Vgl. ebenfalls *Leipold,* BGB I, § 1 Rn. 25; *Zöllner,* AcP 190 (1990), 471.

# I. Beurteilungszeitpunkte im BGB und seinen materiell-rechtlichen Nebengebieten

Damit ist zunächst der Blick auf das BGB und dessen Nebengebiete im materiell-rechtlichen Sinn zur richten. Dort existiert eine Vielzahl von Zeitpunkten, die als „Beurteilungszeitpunkte“ oder „maßgebliche Zeitpunkte“ bezeichnet werden.

## 1. Gesetzlich festgelegte Beurteilungszeitpunkte

Eine erste Unterkategorie bilden hier die gesetzlich festgelegten Beurteilungszeitpunkte. In vielen Normen des BGB finden sich Regelungen, die dem Richter konkret vorgeben, in welchen Zeitpunkt er sich im Rahmen der Subsumtion des Sachverhalts begeben muss, um zu beurteilen, wie sich der entsprechende Aspekt in genau diesem Moment rechtlich darstellte. Er beurteilt also ein Tatbestandsmerkmal bzw. eine Anspruchsvoraussetzung nach den Gegebenheiten im Zeitpunkt ihres tatsächlichen, d. h. zeitlich realen Geschehens.

### a) „Zeitpunkt“, temporale Präposition und Nomen der Zeit

Beispielsweise bestimmt § 119 Abs. 1 BGB, dass derjenige, der *bei der Abgabe einer Willenserklärung* über deren Inhalt im Irrtum war, die Erklärung anfechten kann, wenn anzunehmen ist, dass er sie bei Kenntnis der Sachlage und bei verständiger Würdigung des Falles nicht abgegeben haben würde. Folglich legt die



A. Rech, *Der Beurteilungszeitpunkt im Privatrecht*, Juridicum - Schriften zum Arbeitsrecht, https://doi.org/10.1007/978-3-658-51181-4_9

Norm den Zeitpunkt der Beurteilung des Vorliegens eines möglichen Irrtums auf denjenigen der Abgabe der Willenserklärung fest. Genau für diesen Zeitpunkt wird der Richter dann das Vorliegen eines Inhaltsirrtums feststellen oder verneinen.

Weiterhin regelt etwa § 434 Abs. 1 BGB im Kaufrecht, dass die Sache frei von Sachmängeln ist, wenn sie *bei Gefahrübergang* den subjektiven Anforderungen, den objektiven Anforderungen und den Montageanforderungen dieser Vorschrift entspricht. Zudem bestimmt sodann § 442 Abs. 1 S. 1 BGB, dass die Rechte des Käufers wegen eines Mangels ausgeschlossen sind, wenn er *bei Vertragsschluss* den Mangel kennt. Somit hat der Richter festzustellen, ob genau im Zeitpunkt des Gefahrübergangs die Sache den subjektiven Anforderungen, den objektiven Anforderungen und den Montageanforderungen entsprochen hat. Für die Frage der Kenntnis eines eventuellen Mangels kommt es hingegen grundsätzlich auf denjenigen des Vertragsschlusses an. Eine erst nach Vertragsschluss eingetretene Kenntnis oder fahrlässige Unkenntnis schadet dem Käufer also im Rahmen des § 442 Abs. 1 BGB grundsätzlich nicht.[1] Diese beiden hier gewählten Zeitpunkte des Kaufrechts zeigen zudem bereits, dass solche zeitpunktbezogenen Tatbestandsmerkmale innerhalb einer Anspruchsprüfung mehrfach vorkommen können, der Richter sich also gegebenenfalls zur Beurteilung unterschiedlicher Aspekte des Falles in mehrere Zeitpunkte „hineinversetzen“ muss.

Man kann sich zur Veranschaulichung dessen auch des Instruments eines Zeitstrahls[2] bedienen. Auf diesem werden sich dann an unterschiedlichen Stellen die einzelnen vom Richter zu beurteilenden zeitpunktbezogenen Tatbestandsmerkmale befinden.

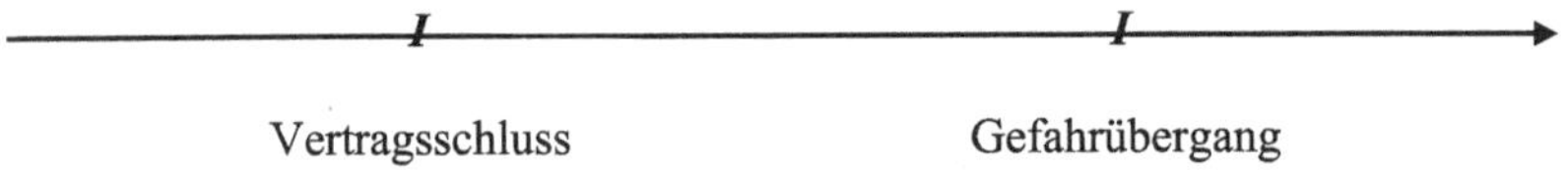


Blickt man nun weiter auf das BGB, so zeigt sich, dass derartige zeitpunktbezogenen Tatbestandsmerkmale nicht nur im Allgemeinen Teil des BGB und im Schuldrecht, sondern auch in der Folge in großer Vielzahl auftreten. Beispielsweise erfolgt im Sachenrecht an einigen Stellen eine gesetzliche Niederlegung eines Beurteilungszeitpunkts. Eine zentrale Rolle nimmt dabei etwa derjenige des Eigen-

[1] Vgl. BeckOGK/*Stöber*, BGB § 442 Rn. 26; s. aber auch zu den speziellen Konstellationen des Handelns eines Vertreters ohne Vertretungsmacht und des Vorkaufs ebenda, Rn. 21.

[2] Vgl. zur räumlichen Versinnbildlichung der Zeit durch eine Linie im juristischen Kontext *Engisch,* in: ders. (Hrsg.), Vom Weltbild des Juristen, 67.

tumsübergangs[3] ein. Insofern bestimmen zum Beispiel die §§ 932 ff. BGB im Rahmen des gutgläubigen Erwerbs vom Nichtberechtigten im Mobiliarsachenrecht, wann der Erwerber in gutem Glauben gewesen sein muss. Explizit wählt das Gesetz hier mehrfach die Formulierung *zu der/dieser Zeit.*[4] Die Formulierung *zur Zeit* wird darüber hinaus an zahlreichen weiteren Stellen des BGB verwendet.[5]

Betrachtet man die weiteren Bücher des BGB zeigt sich, dass Beurteilungszeitpunkte auch im Familien- und Erbrecht eine entscheidende Rolle spielen. § 1378 Abs. 3 S. 1 BGB legt etwa fest, dass die Ausgleichsforderung für den Zugewinnausgleich *mit der Beendigung des Güterstands* entsteht. Weiterhin bestimmt dann beispielsweise § 1384 BGB, dass für den Fall der Scheidung der Ehe sowohl für die Berechnung des Zugewinns als auch für die Höhe der Ausgleichsforderung an die Stelle der Beendigung des Güterstandes der *Zeitpunkt der Rechtshängigkeit des Scheidungsantrags* tritt. Auch werden im Erbrecht mehrere Zeitpunkte direkt durch das Gesetz vorgegeben, beginnend bereits mit der Frage der Erbfähigkeit. Diese muss nach § 1923 BGB im *Zeitpunkt des Erbfalls* vorliegen.[6]

In ähnlicher Weise finden sich in den Nebengebieten des BGB explizit verankerte Beurteilungszeitpunkte. Zum Beispiel hat nach § 242 Abs. 1 HGB der Kaufmann für *den Schluss eines jeden Geschäftsjahres* einen das Verhältnis seines Vermögens und seiner Schulden darstellenden Abschluss aufzustellen. Aufgrund des in § 252 Abs. 1 Nr. 3 HGB niedergelegten Stichtagsprinzips[7] sind die Vermögensgegenstände und Schulden zu diesem Abschlussstichtag einzeln zu bewerten. Beurteilungszeitpunkt für die Bewertung der Vermögensgegenstände und Schulden ist somit derjenige des Abschlussstichtags.[8]

Diese Beispiele zeigen insgesamt, dass die Notwendigkeit der Beurteilung der jeweiligen Gegebenheiten in einem Zeitpunkt durch unterschiedliche Formulierungen bzw. grammatikalische Mittel durch das Gesetz vorgegeben sein kann. So wird die erforderliche Beurteilung eines Zeitpunkts oftmals durch die Verwendung einer temporalen Präposition[9] wie etwa im Rahmen der Formulierung *bei* der Abgabe

---

[3] Vgl. hierzu etwa *Greiner,* Schuldrecht Besonderer Teil – Vertragliche Schuldverhältnisse, § 2 Rn. 77.

[4] Vgl. § 932 Abs. 1 S. 1 BGB; § 933 BGB, § 934 BGB.

[5] Vgl. etwa § 566b Abs. 1 S. 1 und Abs. 2 BGB, § 638 Abs. 3 S. 1 BGB, § 844 Abs. 2 S. 1 und S. 2 BGB oder § 915 Abs. 1 BGB.

[6] Weitere Vorschriften sind hier etwa § 1926 Abs. 2, 3 und 4 BGB, § 1928 Abs. 2 und 3 BGB, § 1933 BGB, § 1936 BGB und § 1944 Abs. 2 BGB.

[7] S. zu diesem Begriff etwa MüKoHGB/*Ballwieser,* HGB § 252 Rn. 43.

[8] Vgl. auch Hopt/*Merkt*, HGB § 252 Rn. 8.

[9] Vgl. zum Begriff der „temporalen Präposition“ etwa *Imo*, Grammatik – Eine Einführung, 101, unter Anführung von Beispielen wie „seit, bis, ab, nach“.

einer Willenserklärung gemäß § 119 Abs. 1 S. 1 BGB angezeigt. Bisweilen impliziert die Anführung eines Nomens der Zeit diese Notwendigkeit wie etwa bei der Wendung *Schluss* eines jeden Geschäftsjahres im Rahmen des § 242 Abs. 1 HGB. Darüber hinaus wird teilweise ausdrücklich der Begriff Zeitpunkt verwendet und sodann zumeist nachfolgend konkretisiert wie z. B. *Zeitpunkt der Bereitstellung nach § 327b BGB* in § 327e Abs. 1 S. 2 BGB.

### b) Spezielle Terminologie: „Einsatzzeitpunkte"

Eine spezielle, wenn auch nicht im BGB selbst normierte Terminologie für gesetzlich ausdrücklich festgelegten Zeitpunkte ist im Unterhaltsrecht zu finden. So macht das Gesetz die Unterhaltsansprüche nach den §§ 1569 BGB, bis auf die Ansprüche aus § 1570 BGB[10] und § 1576 BGB,[11] davon abhängig, dass der Anspruch zu dem in der jeweiligen Norm genannten Zeitpunkt besteht; man spricht bei diesen Zeitpunkten von *Einsatzzeitpunkten.*[12] Beispielsweise kann nach § 1572 BGB ein geschiedener Ehegatte von dem anderen Unterhalt verlangen, solange und soweit von ihm vom Zeitpunkt der Scheidung, der Beendigung der Pflege oder Erziehung eines gemeinschaftlichen Kindes, der Beendigung der Ausbildung, Fortbildung oder Umschulung oder des Wegfalls der Voraussetzungen für einen Unterhaltsanspruch nach § 1573 *an* wegen Krankheit oder anderer Gebrechen oder Schwäche seiner körperlichen oder geistigen Kräfte eine Erwerbstätigkeit nicht erwartet werden kann. Hier setzt der Unterhaltsanspruch zwar voraus, dass die Krankheit ursächlich für die Nichterwerbstätigkeit ist, allerdings wird zudem über die genannten vier alternativen Einsatzzeitpunkte ein Zusammenhang der krankheitsbedingten Bedürftigkeit mit der Ehe hergestellt.[13] Folglich regelt ein derartiger Einsatzzeitpunkt, dass die Voraussetzungen für einen nachehelichen Unterhaltsanspruch, im konkreten Fall also die krankheitsbedingte Erwerbsunfähigkeit, zum Zeitpunkt der Scheidung oder einem weiteren im Gesetz genannten Voraustat-

---

[10] Hier kann der Anspruch auch dann entstehen, wenn sich die Betreuungs- und Pflegebedürftigkeit zu einem beliebigen Zeitpunkt nach der Scheidung so ergibt, dass eine Erwerbstätigkeit des Betreuenden nicht mehr oder jedenfalls nicht in vollem Umfang zumutbar ist, Johannsen/Henrich/Althammer/*Hammermann*, Familienrecht, § 1570 Rn. 69.

[11] Vgl. auch Born/*B. Heiß/H. Heiß*, UnterhaltsR-HdB, 1. Kap. Rn. 57.

[12] Vgl. Johannsen/Henrich/Althammer/*Hammermann*, Familienrecht, BGB § 1569 Rn. 12; MüKoBGB/*Selg*, BGB § 1569 Rn. 29 f.

[13] Vgl. Grüneberg/*von Pückler*, Bürgerliches Gesetzbuch, BGB § 1572 Rn. 2.

bestand erfüllt sein müssen.[14] Insofern liegen hier nur auf den ersten Blick zwei getrennt voneinander zu beurteilende Aspekte vor, konkret die krankheitsbedingte Erwerbsunfähigkeit und der jeweilige Einsatzzeitpunkt. Diese sind aber letztlich untrennbar miteinander verbunden, muss doch grundsätzlich etwa die krankheitsbedingte Erwerbsunfähigkeit zu dem betreffenden Einsatzzeitpunkt zu bejahen sein.[15] In diesem Zeitpunkt findet dann also wiederum eine wertende Begutachtung der Frage statt, ob die Krankheit ursächlich für die Nichterwerbstätigkeit war. Somit handelt es sich im Ergebnis auch bei einem Einsatzzeitpunkt grundsätzlich[16] um den maßgebenden Zeitpunkt für das Vorliegen der Anspruchsvoraussetzungen[17] und daher um einen Beurteilungszeitpunkt.[18] Zu trennen von dieser Frage ist diejenige der Unterhaltsberechnung selbst. Hierauf wird im Laufe der Arbeit noch zurückzukommen sein.[19]

Festzuhalten bleibt zudem, dass der Begriff des „Einsatzzeitpunkts" im Privatrecht vereinzelt auch außerhalb des Familienrechts verwendet wird. So hatte etwa das AG Tempelhof-Kreuzberg in seinem Vorlagebeschluss an das BVerfG zur Frage der Verfassungsmäßigkeit von Art. 1 § 3 Abs. 1 S. 1 MietenWoG Bln[20] ebenfalls von einem Einsatzzeitpunkt im Hinblick auf den Zugang des Mieterhöhungsverlangens gesprochen.[21]

### c) Erfordernis der Auslegung

Spricht das Gesetz ausdrücklich von einem Zeitpunkt, wird oftmals bereits der Wortlaut der Formulierung insgesamt diesen Zeitpunkt in ausreichendem Maße bestimmen, etwa wenn in Bezug auf Verbraucherverträge § 356a Abs. 2 S. 1 BGB für

---

[14] Ähnlich *Graba*, NJW 2016, 1212.

[15] Vgl. Johannsen/Henrich/Althammer/*Hammermann*, Familienrecht, BGB § 1572 Rn. 19.

[16] Zur Problematik der „latent vorhandenen Krankheit" vgl. MüKoBGB/*Selg*, BGB § 1572 Rn. 25.

[17] So auch die Überschrift bei Born/*B. Heiß*/*H. Heiß*, UnterhaltsR-HdB, 1. Kapitel Rn. 131.

[18] Weitere Einsatzzeitpunkte finden sich sodann im Familienrecht etwa auch in § 1586 a BGB, vgl. MüKoBGB/*Selg*, BGB § 1586 a Rn. 13.

[19] Teil C/I./4./b)/bb).

[20] Art. 1 § 3 Abs. 1 S. 1 MietenWoG lautete: „Vorbehaltlich der nachfolgenden Regelungen ist es verboten, eine Miete zu fordern, die die am 18. Juni 2019 (Stichtag) wirksam vereinbarte Miete überschreitet."

[21] Vgl. AG Tempelhof-Kreuzberg, Beschluss vom 18. August 2020 – 4 C 113/19 –, juris Rn. 86. Die betreffende Vorlage wurde mit Beschluss vom 9.6.2021 für erledigt erklärt, vgl. BVerfG Vorlagebeschl. v. 9.6.2021 – 2 BvL 2/21, BeckRS 2021, 16500, BeckRS 2021, 16500.

den Beginn der Widerrufsfrist grundsätzlich auf den *Zeitpunkt des Vertragsschlusses* bzw. auf den *Zeitpunkt des Abschlusses eines Vorvertrags* abstellt.

Bisweilen bedarf es aber auch dann, wenn der Wortlaut einer Norm ausdrücklich einen Zeitpunkt anführt, noch der Heranziehung der (weiteren) klassischen Auslegungsmethoden.[22] Veranschaulicht werden kann das etwa an einem Beispiel aus dem Gesellschaftsrecht, in dem der dortige Meinungsstreit sogar explizit als „Zeitpunktstreit"[23] bezeichnet wird. Dort regelt § 33 Abs. 2 GmbHG, dass eine Gesellschaft eigene Geschäftsanteile, auf welche sie die Einlage vollständig geleistet hat, nur erwerben darf, sofern sie *im Zeitpunkt des Erwerbs* eine Rücklage in Höhe der Aufwendungen für den Erwerb bilden könnte, ohne das Stammkapital oder eine nach dem Gesellschaftsvertrag zu bildende Rücklage zu mindern, die nicht zur Zahlung an die Gesellschafter verwandt werden darf. Damit betrifft diese Norm die Möglichkeit des (derivativen) Erwerbs eigener Geschäftsanteile durch die GmbH.[24]

Was nun aber genau unter dem Zeitpunkt des Erwerbs zu verstehen ist, ist umstritten. Dabei wird zunächst deutlich, dass eine ausschließlich am Wortlaut orientierte Auslegung nicht weiterhilft. Denn für den Zeitpunkt des Erwerbs kann einerseits der Zeitpunkt des Abschlusses des schuldrechtlichen Geschäfts als maßgeblich angesehen werden,[25] andererseits wäre es aber auch möglich auf den Zeitpunkt der Erbringung der Gegenleistung durch die Gesellschaft und damit auf den Auszahlungszeitpunkt abzustellen.[26] Eine weitere Ansicht verlangt das Vorliegen eines ausreichenden freien Vermögens zu beiden Zeitpunkten und sieht folglich beide als maßgeblich für die Beurteilung an.[27] Zur Untermauerung der

---

[22] Vgl. zu den klassischen Auslegungsmethoden etwa *Joussen*, Die Auslegung europäischen (Arbeits-) Rechts aus deutsch-italienischer Perspektive, 22ff.

[23] Vgl. etwa *Breschendorf*, GWR 2013, 138; *Schindler*, GWR 2013, 308. S. hierzu auch insgesamt BeckOK GmbHG/*Schindler*, GmbHG § 33 Rn. 53.

[24] Lutter/Hommelhoff/*Hommelhoff*, GmbHG, § 33 GmbHG Rn. 1.

[25] Vgl. OLG Rostock NZG 2013, 543; *Bloching/Kettinger*, GmbHR 2005, 1098, 1101; Lutter/Hommelhoff/*Hommelhoff*, GmbH-Gesetz Kommentar, § 33 GmbHG Rn. 16.

[26] So etwa *Lieder*, GmbHR 2014, 57, 67; Meyer-Landrut/Miller/Niehus/*Meyer-Landrut*, GmbHG, § 33 Rn. 6; *Schindler*, GWR 2013, 310, 312. Auch der BGH stellte nach alter Rechtslage auf den Zeitpunkt ab, in dem die Gegenleistung erbracht wird, vgl. BGH, Urt. v. 29.6.1998 – II ZR 353–97, NJW 1998, 3121.

[27] Noack/Servatius/Haas/*Kersting*, GmbHG § 33 Rn. 11.

jeweiligen Ansicht wird dann etwa auf den Zweck der Norm[28] abgestellt, andere führen systematische Erwägungen an.[29]

Ähnlich stellt sich die Situation bei der Verwendung temporaler Präpositionen dar. Führt beispielsweise § 119 Abs. 1 S. 1 BGB an, dass der Irrtum *bei der Abgabe der Willenserklärung* vorgelegen haben muss, legt bereits der Wortlaut des Gesetzes den maßgeblichen Zeitpunkt für das Vorliegen der Irrtumsvoraussetzungen fest.[30] Gegebenenfalls bedarf es aber auch in vergleichbaren Konstellationen der Heranziehung weiterer Auslegungsmethoden: Nach § 358 Abs. 4 S. 5 BGB tritt der Darlehensgeber im Verhältnis zum Verbraucher hinsichtlich der Rechtsfolgen des Widerrufs in die Rechte und Pflichten des Unternehmers aus dem verbundenen Vertrag ein, wenn das Darlehen dem Unternehmer *bei Wirksamwerden des Widerrufs* bereits zugeflossen ist. Hier bedarf es einer Präzisierung des Zeitpunkts des Wirksamwerdens des Widerrufs. Diesbezüglich hat der BGH bereits 1995 entschieden, dass auf den Zeitpunkt des Zugangs des Widerrufs und nicht auf den Zeitpunkt seiner Absendung abzustellen sei.[31] Zur Begründung wurde auf den „Sinnzusammenhang" des Worts „bereits" mit dem Widerruf des Verbrauchers nach dem damals geltenden VerbrKrG verwiesen.[32] Heute wird zur Begründung der Festlegung dieses Zeitpunkts auf denjenigen des Zugangs der Widerrufserklärung beim Widerrufsempfänger zudem angeführt, dass eine entsprechende Anwendung des § 355 Abs. 1 S. 5 BGB (und damit ein Abstellen auf den Zeitpunkt der Absendung des Widerrufs) aufgrund des Schutzzwecks des § 358 Abs. 4 S. 5 BGB ausgeschlossen sei.[33] Insofern wird zur Begründung auf den Telos verwiesen.

---

[28] Vgl. Henssler/Strohn/*Fleischer*, GmbHG § 33 Rn. 15, der anführt, dass es dem Schutzzweck der Vorschrift genüge, wenn es ebenso wie bei der Prüfung der Voraussetzungen des § 30 [GmbHG] allein auf die Auszahlung ankomme.

[29] Vgl. etwa Noack/Servatius/Haas/*Kersting*, GmbHG, § 33 Rn. 11, der anführt, dass die „von § 30 I [GmbHG] abweichende rechtliche Konstruktion des Gesetzes [dafür spricht], auf das Vorhandensein freier Mittel im Zeitpunkt der Begründung der Zahlungspflicht durch Abschluss des schuldrechtlichen Vertrags abzustellen."

[30] Vgl. hierzu auch BeckOGK/*Rehberg*, BGB § 119 Rn. 15.

[31] BGH, Urt. v. 11.10.1995 – VIII ZR 325/94, NJW 1995, 3386, 3388.

[32] BGH, Urt. v. 11.10.1995 – VIII ZR 325/94, NJW 1995, 3386, 3388.

[33] MüKoBGB/*Habersack*, BGB § 358 Rn. 90.

## 2. Nicht ausdrücklich im Gesetz festgelegte Beurteilungszeitpunkte

Nicht immer ist das Vorliegen eines Beurteilungszeitpunkts jedoch bereits aus der Formulierung des Gesetzes ersichtlich. In diesen Fällen könnte möglicherweise ein Rückgriff auf die im Rahmen der Einführung angeführte Aussage erfolgen, im Zivilrecht gelte der Grundsatz, dass das Gericht über den Sachverhalt und nach der Rechtslage entscheide, die am Schluss der mündlichen Verhandlung gegeben seien.[34] Jedoch zeigt sich an zahlreichen Beispielen, dass auch dann, wenn sich der gesetzlichen Formulierung kein Hinweis auf einen hiervon abweichenden Zeitpunkt entnehmen lässt, nicht stets der „Schluss der mündlichen Verhandlung" als Beurteilungszeitpunkt eines Tatbestandsmerkmals des BGB oder seiner Nebengebiete anzusehen ist.

Besonders deutlich wird das etwa, wenn eine irgendwie geartete Beziehung zu einer Norm besteht, die einen gesetzlich festgelegten Beurteilungszeitpunkt enthält. Das wird beispielsweise in den Fällen relevant, in denen im Sinne des Klammerprinzips des BGB ein Verhältnis der Spezialität anzunehmen ist. Das kann am Beispiel der erbrechtlichen Regelung des § 2078 BGB über die Anfechtung veranschaulicht werden. In dieser Norm findet sich nicht die in § 119 Abs. 1 enthaltene Wendung *bei Abgabe der Willenserklärung*. Dennoch ist es auch bei dieser Norm für die Anfechtung letztwilliger Verfügungen erforderlich festzulegen, wann genau der Irrtum vorgelegen haben muss.

Bezüglich der Beantwortung dieser Frage ist zwar aufgrund der insofern gegebenen Spezialität[35] zu beachten, dass auf letztwillige Verfügungen die Vorschriften des allgemeinen Teils über Rechtsgeschäfte nur soweit anzuwenden sind, soweit sich aus der Eigenart der letztwilligen Verfügung als nicht empfangsbedürftige Willenserklärung etwas anderes ergibt; das gilt damit insbesondere auch für das Verhältnis der §§ 2078–2083 BGB zu den §§ 119, 123 BGB.[36] Dennoch wird hier ebenfalls auf den Zeitpunkt der Abgabe der Willenserklärung und damit denjenigen der Testamentserrichtung abzustellen sein. Das wird sowohl für § 2078 Abs. 1 BGB[37] als auch für § 2078 Abs. 2 BGB[38] angenommen. Dabei wird in

[34] *Ule*, Verwaltungsprozessrecht, 9. Auflage, 302; vgl. auch *Pinckernelle*, BB 1950, 767.

[35] Vgl. hierzu etwa MüKoBGB/*Leipold*, BGB § 2078 Rn. 12.

[36] Erman/*M. Schmidt/Nobis*, BGB § 2078 Rn. 1 und 3.

[37] MüKoBGB/*Leipold*, BGB § 2078 Rn. 39.

[38] Vgl. etwa Erman/*M. Schmidt/Nobis*, BGB § 2078 Rn. 6.

Bezug auf § 2078 Abs. 1 BGB, auch ohne dass hier die mit einer temporalen Präposition

§ 2078 Abs. 1 BGB, auch ohne dass hier die mit einer temporalen Präposition verknüpfte Wendung *bei Abgabe der Willenserklärung* vorliegt, mit dem Gesetzeswortlaut argumentiert und angenommen, dass die Anfechtung nur darauf gestützt werden könne, dass der Erblasser im Zeitpunkt der Testamentserrichtung von irrigen Vorstellungen ausgegangen sei bzw. einen Umstand nicht bedacht habe.[39] Zudem wird etwa seitens der Rechtsprechung angeführt, dass es Sinn und Zweck der Regelung ausschlössen, sie auch bei späterem Aufkommen irriger Vorstellungen aufseiten des Erblassers sinngemäß anzuwenden.[40] Dieses Beispiel veranschaulicht zugleich, dass gerade dann, wenn keine ausdrückliche gesetzliche Festlegung eines Beurteilungszeitpunkts erfolgt, die klassischen Auslegungsmethoden zu seiner Bestimmung eine zentrale Rolle einnehmen.

## a) Merkmalimmanente Zeitpunktfestlegung

Aber selbst wenn keine besondere Stellung im Gesetz wie diejenige im Sinne der Spezialität vorliegt, findet sich eine große Zahl an weiteren Tatbestandsmerkmalen, in denen der „maßgebliche Zeitpunkt" seiner Beurteilung nicht mit dem Schluss der mündlichen Verhandlung übereinstimmt, die Festlegung eines Beurteilungszeitpunkts jedoch zwingend erforderlich ist, um in rechtsstaatlicher Art und Weise ein Tatbestandsmerkmal im Einzelfall zu begutachten. Zur Verdeutlichung kann das folgende Beispiel dienen: Nach § 634a Abs. 3 S. 1 BGB steht dem Besteller in Bezug auf die Geltendmachung von Mängelansprüchen im Rahmen eines Werkvertrags abweichend von den speziellen Verjährungsfristen des Absatzes 1 Nr. 1 und 2 und Absatz 2 mindestens die Frist der Regelverjährung zur Verfügung, wenn der Unternehmer den Mangel arglistig verschwiegen hat.[41] Hinsichtlich des Tatbestandsmerkmals des arglistigen Verschweigens findet sich dabei in der Gesetzesformulierung keine Präzisierung, auf welchen Zeitpunkt abzustellen ist.

Bei der jeweiligen Subsumtion kann dann zwar abstrakt bestimmt werden, was grundsätzlich unter dem Merkmal des arglistigen Verschweigens zu verstehen ist. Um diese abstrakte Vorgabe aber im Einzelfall eindeutig subsumieren zu können,

[39] MüKoBGB/*Leipold,* BGB § 2078 Rn. 39.

[40] BGH, Urt. v. 30.11.1964 – III ZR 82/63, NJW 1965, 688, 689.

[41] Vgl. hierzu auch BeckOK BGB/*Voit,* BGB § 634a Rn. 20.

ist es erforderlich, zuvor festzulegen, zu welchem Zeitpunkt die Arglist[42] des Unternehmers, und daran anknüpfend seine Offenbarungspflicht,[43] vorgelegen haben muss.

### aa) Rechtsstaatliche Anforderungen

Diese zwingende Erforderlichkeit der Festlegung eines Beurteilungszeitpunkts für das Tatbestandsmerkmal der „Arglist" folgt aus dem Rechtsstaatsprinzip, in welchem insbesondere der Grundsatz der Rechtssicherheit und Rechtsklarheit wurzelt.[44] Dahinter steht die rechtsstaatliche Forderung, dass staatliche Hoheitsakte – und damit auch Rechtsnormen – inhaltlich so klar und bestimmt sein müssen, dass der Bürger sich auf sie hinreichend verlassen kann.[45]

Dabei erfordert zwar insbesondere das rechtsstaatliche Bestimmtheitsgebot kein von vornherein für alle Konstellationen feststehendes Maß an inhaltlicher Bestimmtheit einer Norm.[46] Es genügt, wenn sie den Mindestanforderungen an die Bestimmtheit dergestalt entspricht, dass sich mithilfe juristischer Auslegungsmethoden, insbesondere durch Heranziehung anderer Vorschriften des Gesetzes oder der Berücksichtigung des Normzusammenhangs, eine zuverlässige Grundlage für die Auslegung und Anwendung der Vorschrift gewinnen lässt.[47]

Insofern ist die ausdrückliche Festlegung eines Beurteilungszeitpunkts im Gesetz zwar nicht erforderlich, solange sich dieser unter Anwendung juristischer Auslegungsmethoden ermitteln lässt. Aber auch wenn damit keine zwingende Vorgabe existiert, wie ein Beurteilungszeitpunkt festzulegen ist, kann dennoch die Festlegung eines Zeitpunkts an sich nicht entbehrlich sein, wenn sich in Abhängigkeit von dieser zeitlichen Komponente die Beurteilung der rechtlichen Situation im Einzelfall verändert. Nur dann, wenn in diesen Konstellationen ein Beurteilungszeitpunkt festgelegt wird, sind die Mindestanforderungen an die Bestimmtheit als erfüllt anzusehen.

---

[42] Zu den genauen Voraussetzungen der Arglist vgl. etwa Grüneberg/*Retzlaff*, Bürgerliches Gesetzbuch, BGB § 634a Rn. 12, wonach der Unternehmer dann arglistig handelt, wenn er den Mangel kennt oder seine Möglichkeit billigend in Kauf nimmt.

[43] Vgl. hierzu ebenfalls Grüneberg/*Retzlaff*, BGB, § 634a Rn. 12.

[44] So konkret für den Beurteilungszeitpunkt der Rechtmäßigkeit der Kündigung eines Arbeitsverhältnisses *Belling*, RdA 1996, 223, 237. Vgl. zur Rechtssicherheit als Element des Rechtsstaatsprinzips Dürig/Herzog/Scholz/*Grzeszick*, GG Art. 20 Rn. 50.

[45] Dürig/Herzog/Scholz/*Grzeszick*, GG Art. 20 Rn. 50 ff.

[46] Dürig/Herzog/Scholz/*Grzeszick*, GG Art. 20 Rn. 59.

[47] Dürig/Herzog/Scholz/*Grzeszick*, GG Art. 20 Rn. 60. Vgl. auch Sachs/*Sachs/von Coelln*, GG Art. 20 Rn. 127.

Das kann wiederum anhand von § 634a BGB veranschaulicht werden: Sinn und Zweck dieser Norm liegen darin, im Fall von arglistigem und somit subjektiv vorwerfbarem Verhalten den Eintritt der Verjährung für die betreffenden Fallgruppen des § 634a Abs. 1 Nr. 1 und 2 und Abs. 2 BGB hinauszuzögern, da der arglistig Handelnde in verjährungsrechtlicher Sicht weniger schutzwürdig ist als der redliche Unternehmer.[48] Diesbezüglich gehen daher sowohl die Rechtsprechung[49] als auch die Literatur[50] davon aus, dass als „maßgeblicher Zeitpunkt" für das Vorliegen von Arglist die Abnahme bzw. für den Fall, dass eine Abnahme nicht erfolgt ist, die Vollendung des Werks anzusehen ist. Dieser als maßgeblich angesehene Zeitpunkt der Abnahme (bzw. der Vollendung des Werks) wird damit begründet, dass etwa ein arglistiges Verschweigen von Tatsachen nur angenommen werden kann, wenn sie für die „Entschließung des Vertragsgegners" erheblich sind, damit also eine falsche Entscheidungsgrundlage vorgetäuscht wird und er darauf vertrauend irrt.[51] Erwirbt nun der Unternehmer die Kenntnis erst später, als die Abnahme erfolgt ist, so kann ein im Anschluss von ihm erfolgendes Schweigen keinen Einfluss mehr auf die Entscheidungsgrundlage des Bestellers haben. Selbst wenn man sein Verhalten damit grundsätzlich als arglistig im Sinne von „Wissen und Wollen"[52] einordnen würde, würden mangels Vorliegens dieser Voraussetzungen zum Zeitpunkt der Abnahme und damit mangels Vorliegens von Kausalität zwischen arglistigem Verschweigen und Willenserklärung des Bestellers dennoch nicht die Verjährungsfristen des § 634a Abs. 3 BGB, sondern diejenige des § 634a Abs. 1 BGB eingreifen. Das Tatbestandsmerkmal des arglistigen Verschweigens wäre mangels Bejahung des zeitlichen Elements zu verneinen.

Diese Ausführungen verdeutlichen, dass sich in Abhängigkeit von der Festlegung des Zeitpunkts, in dem das Tatbestandsmerkmal beurteilt wird, die rechtliche Bewertung insgesamt ändert. Insofern ist hier die zwingende Festlegung des zeitlichen Elements dem Tatbestandsmerkmal immanent,[53] es handelt sich um ein *merkmalimmanentes Zeitpunkterfordernis,* das eine *merkmalimmanente Zeitpunktfestlegung* bedingt.

[48] BeckOGK/*Raab-Gaudin,* BGB § 634a Rn. 432.

[49] BGH, Urt. V. 20.12.1973 – VII ZR 184/72, NJW 1974, 553; OLG München, Urt. v. 8.2.2011 – 9 U 1758/10, NJW 2011, 2524, 2525.

[50] Vgl. etwa MüKoBGB/*Busche,* BGB § 634a Rn. 42; BeckOGK/*Raab-Gaudin,* BGB § 634a Rn. 444; Grüneberg/*Retzlaff,* Bürgerliches Gesetzbuch, BGB § 634a Rn. 12.

[51] OLG München, Urt. v. 8.2.2011 – 9 U 1758/10, NJW 2011, 2524, 2525.

[52] *Rösch* in: jurisPK-BGB, BGB § 634a Rn. 31.

[53] Vgl. zur zeitlichen Komponente ebenfalls *Rösch* in: jurisPK-BGB, BGB § 634a Rn. 31.

### bb) Charakteristik merkmalimmanenter Zeitpunkterfordernisse

Zahlreiche weitere Beispiele lassen sich sowohl im BGB als auch in seinen Nebengebieten finden, in denen derartige zwingende merkmalimmanente Zeitpunkterfordernisse bestehen. Im Folgenden soll das an einigen Konstellationen verdeutlicht werden, um dieses zentrale Charakteristikum dieser Beurteilungszeitpunkte des BGB und seiner Nebengebiete weiter konkretisieren zu können: So unterfällt etwa die Bestimmung des Tatbestandsmerkmals des „Wertersatzes" im Rahmen von § 818 Abs. 2 BGB ebenfalls dieser Kategorie. Dort spricht das Gesetz lediglich davon, dass für den Fall, dass die Herausgabe des Erlangten dem Empfänger nicht möglich ist, dieser den Wert zu ersetzen hat. Eine irgendwie geartete Bezugnahme auf einen Zeitpunkt für die Vornahme der Wertberechnung ist hingegen nicht normiert. Auch hier ist jedoch die Festlegung eines Zeitpunkts von zentraler Bedeutung,[54] denn in Abhängigkeit von der Lage des maßgeblichen Zeitpunkts wird die Wertberechnung möglicherweise zu unterschiedlichen Ergebnissen gelangen. So können etwa eklatante Wertschwankungen bestehen zwischen dem Ursprungswert eines Gegenstands und seines Werts nach einer gewissen Zeit seiner Nutzung. Zudem können weitere Faktoren auf die Wertentwicklung von Einfluss sein wie etwa bei Kunstgegenständen die spätere Berühmtheit des Künstlers. Insofern erfordert der Grundsatz der Rechtssicherheit und Rechtsklarheit ebenfalls die Festlegung eines Beurteilungszeitpunkts für diese Tatbestandsmerkmal.

Ähnlich verhält es sich mit den Erfordernissen des „Eigentümers" und des „Besitzers" im Rahmen des Herausgabeanspruchs nach § 985 BGB. Wird etwa die Herausgabe eines Buchs nach § 985 BGB verlangt, so muss für beide der angeführten Tatbestandsmerkmale zuvor ein maßgeblicher Beurteilungszeitpunkt festgelegt werden. Zwar kann abstrakt definiert werden, was genau unter Eigentum bzw. Eigentümer und Besitz bzw. Besitzer zu verstehen ist. Im konkreten Einzelfall kann aber auch hier eine Beurteilung der Eigentümer- bzw. Besitzerstellung nur in eindeutiger Art und Weise erfolgen, wenn zuvor festgelegt wird, welcher Zeitpunkt für die Subsumtion des jeweiligen Tatbestandsmerkmals der Relevante ist. Dabei wird als maßgeblich für die Frage des Vorliegens des Eigentums grundsätzlich der denkbar späteste Zeitpunkt angesehen, in der Regel folglich derjenige des Herausgabeverlangens.[55] Einem früheren Eigentümer wird prinzipiell kein Herausgabeanspruch zustehen – außer im Fall der gerichtlichen Geltendmachung, in dem aufgrund von § 265 Abs. 2 ZPO eine Veräußerung nach Rechtshängigkeit im Rahmen

---

[54] S. zur Frage des maßgeblichen Zeitpunkts im Rahmen von § 818 Abs. 2 BGB etwa BeckOK BGB/*Wendehorst,* BGB § 818 Rn. 33.

[55] MüKoBGB/*Baldus,* BGB § 985 Rn. 12.

der Rechtskrafterstreckung von § 325 ZPO unschädlich ist.[56] Hier ist folglich der Zeitpunkt der Rechtshängigkeit als der maßgebliche anzusehen.[57] Insgesamt ist damit dem Tatbestandsmerkmal des „Eigentümers" ein zeitliches Element immanent, um im konkreten Einzelfall über den Herausgabeanspruch entscheiden zu können. Ebenso verhält es sich mit dem Merkmal des „Besitzers": Nach dem Sinn der Norm ist grundsätzlich der gegenwärtige Besitzer als „Besitzer" anzusehen,[58] auch hier ist bei gerichtlicher Geltendmachung § 265 ZPO einschlägig, wenn der Besitz erst nach Rechtshängigkeit weggeben wurde.[59] Insgesamt ist damit ebenfalls für dieses Tatbestandsmerkmal die Festlegung eines Zeitpunkts elementar, um über den betreffenden Anspruch im konkreten Fall entscheiden zu können.

Verlässt man den Bereich des BGB finden sich zudem in den materiell-rechtlichen Nebengebieten vergleichbare Konstellationen für zwingende merkmalimmanente Zeitpunkterfordernisse. Beispielhaft kann etwa der im arbeitsrechtlichen Bereich vieldiskutierte Beurteilungszeitpunkt für die Rechtmäßigkeit der Kündigung des Arbeitsverhältnisses angeführt werden. Dieser ist ebenfalls nicht ausdrücklich gesetzlich normiert. Im Fall der Anwendbarkeit des KSchG legt § 1 Abs. 1 KSchG lediglich fest, dass die Arbeitnehmerkündigung rechtsunwirksam ist, wenn sie sozial ungerechtfertigt ist. Somit ist dann unter anderem das Tatbestandsmerkmal der „Sozialwidrigkeit" der Kündigung näher zu bestimmen. Zu welchem Zeitpunkt die Sozialwidrigkeit vorliegen muss, wird jedoch im Gesetz nicht ausgeführt, sodass theoretisch jeder Zeitpunkt zwischen der Kündigungserklärung und der Rechtskraft des Urteils über die Kündigungsschutzklage in Betracht kommen könnte.[60] Entsprechend vielfältig zeigt sich auch das Bild der vertretenen Ansichten[61]: Sowohl die Rechtsprechung[62] als auch die überwiegende

[56] MüKoBGB/*Baldus*, BGB § 985 Rn. 13.

[57] HK-BGB/*Schulte-Nölke*, BGB, § 985 Rn. 8.

[58] MüKoBGB/*Baldus*, BGB § 985 Rn. 48. Vgl. zudem etwa KG Berlin, Urt. v. 14.2.2005 – 8 U 144/04 Rn. 31 – juris; *Bayer* in: jurisPK-BGB, BGB § 985 Rn. 5; Erman/*Ebbing*, BGB § 985 BGB Rn. 13, 16; Staudinger/*Thole*, BGB § 985 Rn. 117.

[59] MüKoBGB/*Baldus*, BGB § 985 Rn. 50; HK-BGB/*Schulte-Nölke*, BGB § 985 Rn. 8.

[60] Vgl. *Belling*, RdA 1996, 223, 236 f.

[61] Vgl. hierzu auch die Darstellung von *Schmidt*, Der Beurteilungszeitpunkt der Kündigung des Arbeitsverhältnisses und die Berücksichtigung nachträglicher Umstände, 30ff.

[62] BAG, Urt. v. 29.4.1999 – 2 AZR 431/98, NZA 1999, 978, 980; BAG, Urt. v. 13.2.2008 – 2 AZR 543/06, NZA 2008, 821 Rn. 20; BAG, Urt. v. 16.2.2012 – 8 AZR 693/10, NZA-RR 2012, 465, 468 Rn. 40; BAG v. 17.2.2016 – 2 AZR 613/14, BeckRS 2016, 67744 Rn. 26.

Lehre[63] stellen, unter Hinweis auf § 130 Abs. 1 BGB,[64] auf den Zeitpunkt des Zugangs der Kündigungserklärung ab. Teilweise wird aber auch der Stand der Tatsachen zur Zeit der Abgabe der Kündigungserklärung als maßgeblich angesehen.[65] Wiederum andere erachten den Ablauf der Kündigungsfrist[66] oder den Schluss der letzten mündliche Verhandlung[67] als entscheidend für die Beurteilung der Wirksamkeit der Kündigung des Arbeitsverhältnisses. Auch hier wird dann gegebenenfalls in Abhängigkeit von der Verortung des jeweiligen Beurteilungszeitpunkts die Frage der Sozialwidrigkeit in unterschiedlicher Weise beantwortet werden.

Alle genannten Beispiele haben gemein, dass innerhalb der Bestimmung eines Tatbestandsmerkmals, das zunächst grundsätzlich unabhängig von einem zeitlichen Aspekt einer allgemeinen Definition oder Bestimmung zugänglich ist, dennoch die Festlegung eines Zeitpunkts erforderlich ist, in dem die tatsächlichen Voraussetzungen des betreffenden Tatbestandsmerkmals (spätestens) gegeben sein müssen, um im Einzelfall eine Beurteilung der Rechtslage in eindeutiger Art und Weise vornehmen zu können.

Dabei liegt in vielen Fällen der als maßgeblich erachtete Zeitpunkt nicht im Zeitpunkt des Schlusses der mündlichen Verhandlung. Das Zusammenfallen eines solchen Beurteilungszeitpunkts mit dem Zeitpunkt des Schlusses der mündlichen Verhandlung ist jedoch kein Ausschlusskriterium für derartige merkmalimmanente Zeitpunkterfordernisse. Denn bisweilen wird auch der Schluss der mündlichen Verhandlung als ein möglicher (Beurteilungs-)Zeitpunkt angeführt, wie etwa eine der vertretenen Ansichten zur Bestimmung des Zeitpunkts der Sozialwidrigkeit im Rahmen der arbeitsrechtlichen Kündigung[68] zeigt.

Die Bestimmung des Zeitpunkts ist dabei der eigentlichen Subsumtion des Tatbestandsmerkmals vorgelagert: Nur wenn klar festgelegt ist, auf welchen Zeit-

[63] MüKoBGB/*Hergenröder*, KSchG § 1 Rn. 381; *Hoefs,* Die Verdachtskündigung, 270; APS/*Kiel*, KSchG § 1 Rn. 448; *Nicklaus,* Das Prognoseprinzip im arbeitsrechtlichen Kündigungsschutzrecht, 23; ErfK/*Oetker*, KSchG § 1 Rn. 91; BeckOK ArbR/*Rolfs*, KSchG § 1 Rn. 74; *Schmidt,* Der Beurteilungszeitpunkt der Kündigung des Arbeitsverhältnisses und die Berücksichtigung nachträglicher Umstände, 170.

[64] Vgl. etwa BeckOK ArbR/*Rolfs*, KSchG § 1 Rn. 74.

[65] Vgl. *Herschel* AP KSchG § 1 Nr. 39; Grüneberg/*Weidenkaff,* Bürgerliches Gesetzbuch, BGB § 626 Rn. 38.

[66] Vgl. beispielsweise *Frey,* AuR 1955, 140, 142; *Gamillscheg,* AcP 164 (1964), 385, 393; *Hwang,* Der maßgebliche Zeitpunkt für die Beurteilung der Wirksamkeit der Kündigung des Arbeitgebers, 129–131. Aus neuerer Zeit s. auch *Gwose*, Der Beurteilungszeitpunkt der Kündigung nach dem KSchG, insbes. 233, 236–239.

[67] *Grunsky,* ZfA 1977, 167, 171.

[68] *Grunsky,* ZfA 1977, 167, 171.

punkt für das Vorliegen der tatsächlichen Voraussetzungen des jeweiligen Tatbestandsmerkmals abzustellen ist, kann auch das Tatbestandsmerkmal im konkreten Fall selbst in eindeutiger Weise subsumiert werden. Es sind damit bei Vorliegen eines merkmalimmanenten Zeitpunkterfordernisses zwei Ebenen eines Tatbestandsmerkmals zu trennen: Zum einen ist der Zeitpunkt zu bestimmen, der maßgeblich ist für die Bewertung der tatsächlichen Sachlage und deren Subsumtion unter das betreffende Merkmal, folglich also etwa zu welchem Zeitpunkt diese Eigentümereigenschaft vorliegen muss. Zum anderen ist getrennt hiervon das Merkmal selbst zu definieren und zu subsumieren, konkret z. B. die Eigentümereigenschaft.

### cc) Auslegung und Konkretisierung merkmalimmanenter Zeitpunkterfordernisse

Die meisten Rechtssätze sind derart aufgebaut, dass sich ihr Tatbestand aus mehreren Merkmalen zusammensetzt, die ihrerseits weiter ausgelegt werden können.[69] Wie angeführt, ist den Mindestanforderungen an die Bestimmtheit genüge getan, wenn sich mithilfe juristischer Auslegungsmethoden eine zuverlässige Grundlage für die Auslegung und Anwendung der Vorschrift gewinnen lässt.[70]

#### (1) Grundsätzliches

Das kann im Rahmen dieser Untersuchung vor dem Hintergrund der festgestellten Trennung zwischen der Ebene der Definition und Subsumtion des Merkmals selbst und derjenigen der Festlegung des jeweiligen dem Merkmal immanenten Beurteilungszeitpunkts weiter konkretisiert werden: Im Fall der Tatbestandsmerkmale mit merkmalimmanenten Zeitpunkterfordernissen kann sowohl bei der Bestimmung des Merkmals selbst als auch bei der Festlegung des betreffenden Zeitpunkts die Anwendung klassischer Auslegungsmethoden erforderlich werden. Dass sich diese Festlegung vielfach als problematisch darstellt, zeigen die zahlreichen Monographien, die sich mit der Bestimmung eines konkreten Beurteilungszeitpunkts beschäftigen.[71]

---

[69] *Wank,* Juristische Methodenlehre, § 13 Rn. 1.

[70] Dürig/Herzog/Scholz/*Grzeszick,* GG Art. 20 Rn. 61; vgl. auch Sachs/*Sachs/von Coelln,* GG Art. 20 Rn. 127.

[71] Vgl. etwa *Adenauer,* Der Zeitpunkt des guten Glaubens beim Eigentumserwerb vom Nichtberechtigten (passim); *Brockmann,* Der Anspruch auf Erteilung des Erbscheins und der für den Erbscheinsinhalt maßgebende Zeitpunkt (passim); *Goßler,* Der Zeitpunkt der Schadensbemessung (passim); *Gwose,* Der Beurteilungszeitpunkt der Kündigung nach dem Kündigungsschutzgesetz (passim); *Haberzettl,* JA 2019, 801–807; *Hwang,* Der maßgebliche Zeitpunkt für die Beurteilung der Wirksamkeit der Kündigung des Arbeitgebers (passim);

### (2) Unbestimmte Rechtsbegriffe

Gerade der Blick auf diese Literatur zeigt aber zudem, dass sich das Problem der Bestimmung des jeweils maßgeblichen Zeitpunkts im Rahmen von merkmalimmanenten Zeitpunkterfordernissen in den Fällen intensivieren kann, in denen der Zeitpunkt mit einem Tatbestandsmerkmal verbunden ist, das einen unbestimmten Rechtsbegriff[72] enthält. Denn Rechtsbegriffe wie beispielsweise derjenige der „guten Sitten" im Sinne des § 138 BGB oder derjenige von „Treu und Glauben" im Sinne des § 242 BGB[73] sind bereits in ihrer begrifflichen Erfassung selbst derart problematisch, dass in der Regel die klassischen Auslegungsmethoden nicht genügen.[74]

Obwohl der Gesetzgeber in allen Rechtsbereichen unbestimmte Rechtsbegriffe verwendet, mangelt es zwar bis heute sowohl an einer gesetzlichen Definition als auch an einer einheitlichen Bestimmung von Inhalt und Grenzen des Terminus der „unbestimmten Rechtsbegriffe" in Literatur und Rechtsprechung.[75] Alle als solche bezeichneten Termini haben jedoch zumindest gemein, dass sich ihr Bedeutungsgehalt unabhängig vom Einzelfall nur unvollständig in einzelne Begriffselemente auflösen lässt.[76] Das liegt unter anderem darin begründet, dass diese unbestimmten Rechtsbegriffe dazu dienen sollen, den Rechtsanwender in die Lage zu versetzen, auf die Umstände des Einzelfalls zu reagieren.[77] Sie erlauben, konkrete Inhalte unter Bezugnahme auf moralische Normen bzw. die Gebote der Ethik zu ermitteln.[78] Zugleich ist ihnen damit ein dem unbestimmten Rechtsbegriff „einkalkuliertes" Konkretisierungsmandat durch den Gesetzgeber immanent.[79]

---

*Krichbaum,* Der Zeitpunkt der Schadensberechnung nach bürgerlichem Recht (passim); *Rodi,* Wirksamkeitsdynamik im Minderjährigenrecht (passim), vgl. dort insbes. 7; *Schmidt,* Der Beurteilungszeitpunkt der Kündigung des Arbeitsverhältnisses und die Berücksichtigung nachträglicher Umstände, (passim); *Sonnenschein,* Der maßgebende Zeitpunkt für die Auslegung des Rechtsgeschäfts (passim).

[72] Insofern soll der Einteilung gefolgt werden, wonach unbestimmte Rechtsbegriffe Tatbestandsmerkmale betreffen, Generalklauseln hingegen Rechtssätze. Beide Rechtsinstitute unterfallen der Oberkategorie der unbestimmten Gesetzesfassungen vgl. *Wank,* Juristische Methodenlehre, § 13 Rn. 1 und 3.

[73] Zum unterfallen von § 242 BGB unter die Kategorie der unbestimmten Rechtsbegriffe vgl. etwa MüKoBGB/*Busche,* BGB § 157 Rn. 4; MüKoBGB/*Schubert,* BGB § 242 Rn. 1.

[74] *Barczak,* JuS 2020, 905, 910; *Wank,* Juristische Methodenlehre, § 8 Rn. 96, § 13 Rn. 1 f.

[75] *Middelschulte,* Unbestimmte Rechtsbegriffe und das Bestimmtheitsgebot, 19.

[76] *Middelschulte,* Unbestimmte Rechtsbegriffe und das Bestimmtheitsgebot, 68.

[77] *Barczak,* JuS 2020, 905, 910.

[78] S. hierzu auch *Sack,* NJW 1985, 761, 765. Vgl. insgesamt *Arnold,* JuS 2013, 865, 866.

[79] *Middelschulte,* Unbestimmte Rechtsbegriffe und das Bestimmtheitsgebot, 68.

Diese Konkretisierung wird in erste Linie durch die Bildung von Fallgruppen vorgenommen werden.[80] Im Rahmen der vorliegenden Untersuchung ist dabei zudem festzustellen, dass neben die im Rahmen dieser Konkretisierung erfolgende Bildung von Ober-Fallgruppen und Unter-Fallgruppen und gegebenenfalls auch nochmals Unter-Unter-Fallgruppen[81] in der Regel auch die Frage des maßgeblichen Zeitpunkts für die Beurteilung des jeweiligen unbestimmten Rechtsbegriffs treten wird. Das wird bereits daran deutlich, dass gerade unbestimmte Rechtsbegriffe als in besonderer Weise dazu geeignet angesehen werden, auf einen Wandel des Normverständnisses, der Bedeutung oder der Rechtstatsachen einzugehen.[82] Diese Funktion der „inhaltlichen Wandelbarkeit“[83] beinhaltet dann aber auch zugleich eine zeitliche Komponente, die sich in dem Aspekt des insofern dann ebenfalls merkmalimmanenten Beurteilungszeitpunkts widerspiegelt.

(a) Insbesondere: Sittenwidrigkeit nach § 138 BGB

Das kann an dem bereits in der Einleitung[84] angeführten Beispiel der Sittenwidrigkeit verdeutlicht werden: Zur Klassifizierung einer Willenserklärung als sittenwidrig werden unterschiedliche Kategorien gebildet. Beispielsweise wird nach Vertragstypen unterschieden.[85] Eine andere Methode der Klassifizierung von Sittenwidrigkeitskriterien orientiert sich an der Frage, wozu im konkreten Fall die Einordnung als sittenwidrig dienen soll: So wird z. B. die Gruppe der „Abwehr von Freiheitsbeschränkungen“ ebenso genannt wie diejenige der „Ausnutzung von Machtpositionen“ oder der „Schädigung Dritter“.[86] Diese Klassifizierung betrifft damit die Ebene der Definition des Merkmals der Sittenwidrigkeit an sich und geht in ihrer Herleitung nicht zuletzt durch die Bildung von Fallgruppen über die klassischen Auslegungsmethoden hinaus.

Unabhängig von der Art der Klassifizierung und der dadurch erfolgenden Fallgruppenbildung zur Subsumtion des jeweiligen Sachverhalts, ist jedoch die auch hier vorgelagerte Frage zu beantworten, auf welchen Zeitpunkt bei der Beurteilung der Sittenwidrigkeit eines Rechtsgeschäfts abzustellen ist. Da dieser im Gesetz

---

[80] Vgl. etwa MüKoBGB/*Finkenauer*, BGB § 313 Rn. 7; Dreier/*Schulze-Fielitz*, GG Art. 20 Rn. 133ff. S. zur Konkretisierung insgesamt *Wank*, Grenzen richterlicher Rechtsfortbildung, 145ff.

[81] Vgl. *Wank*, Juristische Methodenlehre, § 13 Rn. 5.

[82] *Wank*, Juristische Methodenlehre, § 8 Rn. 100.

[83] S. hierzu insgesamt auch *Rüthers*, Die unbegrenzte Auslegung, 212ff., insbes. 216.

[84] Teil A./I.

[85] Vgl. etwa BeckOGK/*Jakl*, BGB § 138 Rn. 186ff.

[86] Vgl. insgesamt den Überblick bei MüKoBGB/*Armbrüster*, BGB § 138 Rn. 52ff.

nicht genannt wird, kämen grundsätzlich mehrere Zeitpunkte infrage, wie etwa derjenige des Abschlusses eines Rechtsgeschäfts, derjenige der ersten oder letzten Abwicklungshandlung oder auch derjenige der „letzten Gerichtsentscheidung".[87] Auch hier bedarf es daher für diesen merkmalimmanenten Zeitpunkt einer besonderen Auslegung, gegebenenfalls der Heranziehung weiterer Aspekte.

Dabei wird die Festlegung noch insofern erschwert, als das Zeitmoment in zweifacher Hinsicht relevant werden kann: Einerseits können sich die sittlichen Maßstäbe wandeln, andererseits können sich auch die tatsächlichen Verhältnisse ändern.[88] Dabei nimmt die Wahrscheinlichkeit, dass ein Wandel entweder im Bereich der Werte oder tatsächlicher Art erfolgt, zu, je größer das Zeitfenster zwischen dem Zeitpunkt der Vornahme des Rechtsgeschäfts und seiner eventuellen Beurteilung durch den Richter ist.

Insbesondere die Rechtsprechung verortet diese beiden zeitlichen Aspekte – Wertewandel und Wandel der tatsächlichen Verhältnisse – zumeist grundsätzlich zusammen in einem Zeitpunkt und geht davon aus, dass in der Regel für die Beurteilung des Tatbestandsmerkmals der Sittenwidrigkeit „die Verhältnisse"[89] bei Vornahme des Rechtsgeschäfts zugrunde zu legen sind.[90] Insofern soll dann etwa im Fall der Beurteilung der Sittenwidrigkeit eines Vertrags sowohl in tatsächlicher als auch in normativer Hinsicht der Zeitpunkt des Vertragsschlusses der maßgebliche Beurteilungszeitpunkt sein.[91] Begründet wird diese Festlegung des maßgeblichen Zeitpunkts der Sittenwidrigkeit unter anderem mit dem allgemeinen, in Art. 170 EGBGB zum Ausdruck kommenden Rechtsgedanken, dass Schuldverhältnisse nach der Zeit ihrer Entstehung zu beurteilen sind.[92]

Bisweilen wird jedoch gerade zwischen Veränderungen der tatsächlichen Verhältnisse und Veränderungen auf der Ebene der sittlichen Maßstäbe differenziert und diese Unterscheidung als Ansatzpunkt für eine mögliche Fallgruppenbildung

---

[87] Vgl. hierzu *Schmoeckel,* AcP 197 (1997), 1, 6.

[88] Vgl. *Eckert,* AcP 199 (1999), 337ff. S. zu dieser Differenzierung ebenfalls MüKoBGB/*Armbrüster,* § 138 Rn. 260; BeckOGK/*Jakl,* BGB § 138 Rn. 635ff.

[89] MüKoBGB/*Armbrüster,* BGB § 138 Rn. 260.

[90] StRspr., vgl. etwa BGH, Urt. v. 9.11.1978 – VII ZR 54/77, NJW 1979, 365, 366; BGH, Urt. v. 29.6.2007 – V ZR 1/06, NJW 2007, 2841 Rn. 13; BGH, Urt. v. 12.4.2016 – XI ZR 305/14, NJW 2016, 2662 Rn. 46; BGH, Urt. v. 30.7.2020 – VI ZR 5/20, NJW 2020, 2798 Rn. 31. S. hierzu insgesamt auch *Schmoeckel* AcP 197 (1997), 1 ff.

[91] BeckOGK/*Jakl,* BGB § 138 Rn. 637.

[92] Vgl. etwa BGH, Urt. v. 18.10.1965 – II ZR 36/64, NJW 1966, 155, 156. S. hierzu ebenfalls MüKoBGB/*Armbrüster,* BGB § 138 Rn. 260; *Mayer-Maly,* JZ 1981, 801, 804.

für die Bestimmung der Sittenwidrigkeit im Sinne des § 138 BGB angesehen.[93] So wird etwa vertreten, dass bei einer Änderung einzig der tatsächlichen Verhältnisse auf den Zeitpunkt der Vornahme der Rechtsgeschäfts abzustellen sei, bei einer Veränderung der Wertmaßstäbe wird noch weiter differenziert danach, ob sich die sittlichen Maßstäbe gelockert oder verschärft haben.[94] Bei einer Lockerung der sittlichen Maßstäbe sollten diese Berücksichtigung finden, wobei allerdings aufgrund der (ursprünglichen) Nichtigkeit des Rechtsgeschäfts eine Bestätigung nach § 141 BGB erforderlich sein soll.[95] Bei einer Verschärfung der Wertungsmaßstäbe komme es darauf an, ob die Ausführung eines Rechtsgeschäfts den gegenwärtigen Wertungen grundlegend widersprechen würde, sodass gegebenenfalls die Herleitung von Rechten aus einem solchen Geschäft sich als unzulässige Rechtsausübung nach § 242 BGB darstelle.[96] Die Darstellung dieses Meinungsstreits verdeutlicht im vorliegend untersuchten Zusammenhang, dass damit auch auf dieser Ebene eine Fallgruppenbildung erfolgt.

Daneben werden zudem andere Fallgruppen gebildet, um die Problematik des Beurteilungszeitpunkts der Sittenwidrigkeit zu systematisieren.[97] Besonders deutlich wird dies etwa im Erbrecht: Hier wird schon zwischen der Errichtung einer Verfügung von Todes wegen und dem Erbfall meistens eine mehr oder weniger lange Zeitspanne verstreichen. Bisweilen wird daher zur Bestimmung des Beurteilungszeitpunkts der Sittenwidrigkeit zunächst die Trennung zwischen Rechtsgeschäften unter Lebenden und Verfügungen von Todes wegen gezogen werden – bei Ersteren soll es auf den Zeitpunkt der Vornahme des Rechtsgeschäfts ankommen, bei Letzteren der Zeitpunkt des Erbfalls maßgeblich sein.[98] Auch hier

---

[93] Vgl. etwa MüKoBGB/*Armbrüster*, § 138 Rn. 260ff. Vgl. auch etwa BeckOGK/*Jakl*, BGB § 138 Rn. 641ff. insbes. 645.

[94] MüKoBGB/*Armbrüster*, BGB § 138 Rn. 264ff.

[95] MüKoBGB/*Armbrüster*, BGB § 138 Rn. 264.

[96] MüKoBGB/*Armbrüster*, BGB § 138 Rn. 265. S. zu dieser Ansicht insgesamt auch die Darstellung bei *Eckert* AcP 199 (1999), 337, 343.

[97] S. hierzu die Auflistung der unterschiedlichen Kriterien bei *Eckert* AcP 199 (1999), 337, 343 f.

[98] Insofern soll dann ein zunächst sittenwidriges Testament bei entsprechendem Wandel der Anschauung bis zum Tod des Erblassers wirksam werden können. Vgl. insgesamt *Bartholomeyczik* in: Bärmann (Hrsg.), Festschrift zum 150jährigen Bestehen des Oberlandesgerichts Zweibrücken, 26, 63; *Eckert*, AcP 199 (1999), 337, 356, 357, 358; Jauernig/*Mansel*, BGB § 138 Rn. 3; *Stadler*, Allgemeiner Teil des BGB, § 26 Rn. 32; Staudinger/*Fischinger*, BGB § 138 BGB Rn. 142.

erfolgt teilweise zusätzlich eine weitere Differenzierung in Gruppen getrennt nach Änderungen auf der Tatsachen- und solchen auf der Werteebene.[99]

Es kann nicht das Anliegen dieser Arbeit sein, alle Fallgruppen in diesem Bereich anzuführen und zu bewerten. Vielmehr soll anhand der dargestellten Kasuistik im vorliegenden Kontext der Bestandsaufnahme der Beurteilungszeitpunkte verdeutlicht werden, dass zur rechtlichen Erfassung des unbestimmten Rechtsbegriffs der Sittenwidrigkeit nicht nur auf der Ebene der grundsätzlichen Definition des Merkmals der Sittenwidrigkeit die Bildung von Fallgruppen im Sinne einer Konkretisierung erfolgt. Auch auf der zeitlichen Ebene wird für die Festlegung des hier merkmalimmanenten Beurteilungszeitpunkts das Mittel der Fallgruppenbildung als ein valides Instrument angesehen. Damit beschränkt sich die Problematik der unbestimmten Rechtsbegriffe nicht allein auf die Festlegung der Inhalte des betreffenden Tatbestandsmerkmals, sondern greift auf die zeitliche Ebene und damit diejenige des Beurteilungszeitpunkts durch.

Abstrakt betrachtet dient diese zeitliche Ebene im Ergebnis der Feststellung, unter Bezugnahme auf welche moralischen Vorstellungen der Inhalt der Sittenwidrigkeit zu ermitteln ist. Das wiederum verdeutlicht, dass die Festlegung des betreffenden merkmalimmanenten Beurteilungszeitpunkts elementar ist für die Entscheidung, welche Wertvorstellungen in zeitlicher Perspektive der Beurteilung der betreffenden Rechtsfrage zugrunde zu legen sind. Anders ausgedrückt: Die Ebene der Festlegung des Zeitpunkts entscheidet darüber, welchen Inhalt der unbestimmte Rechtsbegriff auf der Ebene der Definition bzw. Subsumtion hat. Die Feststellung, welche Wertvorstellungen zum maßgeblichen Zeitpunkt bestanden, obliegt dann der Rechtsprechung.[100]

#### (b) Insbesondere: Treu und Glauben nach § 242 BGB

Im Kern ebenfalls die Frage nach den anzuwendenden Wertvorstellungen betreffend,[101] stellt sich die Situation bei der Bestimmung des Beurteilungszeitpunkts im Rahmen von „Treu und Glauben" nach § 242 BGB dar. Diese Generalklausel erfordert eine Bewertung unter Berücksichtigung der Gesamtheit aller Umstände, auch bei dieser wurden neben der Anwendung der klassischen Auslegungsmethoden zur Konkretisierung der Norm Fallgruppen herausgebildet.[102]

---

[99] BeckOGK/*Jakl*, BGB § 138 Rn. 652.

[100] Vgl. auch MüKoBGB/*Armbrüster*, BGB § 138 Rn. 263.

[101] Vgl. auch Staudinger/*Looschelders/Olzen*, BGB § 242 Rn. 156.

[102] *Pfeiffer* in: jurisPK-BGB, BGB § 242 Rn. 18. Vgl. auch Grüneberg/*Grüneberg*, Bürgerliches Gesetzbuch, BGB § 242 Rn. 2.

Im Rahmen von § 242 BGB kann ebenfalls das Zeitmoment relevant werden, denn auch die Beantwortung der Frage, ob das Verhalten einer Partei als treuwidrig anzusehen ist, kann sich im Laufe der Zeit ändern. Im Gegensatz zu der Frage des Beurteilungszeitpunkts für die Sittenwidrigkeit war jedoch der maßgebliche Zeitpunkt für die Beurteilung dessen, was unter „Treu und Glauben" im Einzelfall zu verstehen ist, seltener Gegenstand intensiver wissenschaftlicher Diskussionen.[103] Äußerungen in der Kommentarliteratur betreffen vor allem die Fallgruppe der unzulässigen Rechtsausübung. Hier wird überwiegend darauf abgestellt, dass maßgeblicher Beurteilungszeitpunkt für das Vorliegen der tatbestandlichen Voraussetzungen des § 242 BGB der Zeitpunkt der Geltendmachung des Rechts, im Rechtsstreit also die letzte mündliche Tatsachenverhandlung, sei.[104] Das grundsätzliche Abstellen im Rahmen der Frage des Rechtsmissbrauchs auf die letzte mündliche (Tatsachen-)Verhandlung findet sich zudem auch in der Rechtsprechung.[105] Bisweilen wird zudem noch weiter danach differenziert, ob es sich um die Fälle einer situationsgebundenen Rechtsfolge wie der missbilligten Ausübung eines Rechts handelt, bei der in der Regel auf die Umstände zum Zeitpunkt der Geltendmachung des Rechts abzustellen sei, oder ob eine fortwirkende Rechtsfolge wie etwa diejenige der Verwirkung vorliege, bei der nur ausnahmsweise ein Abstellen auf diesen Zeitpunkt zu bejahen sei, nämlich dann, wenn z. B. die Erhebung des Verwirkungseinwands aufgrund zwischenzeitlich eingetretener Umstände ihrerseits gegen Treu und Glauben verstoße.[106]

Auch wenn hier insgesamt die Diskussion weniger intensiv geführt wird und insgesamt die Tendenz zu erkennen ist, dass eine Veränderung der betreffenden Wertmaßstäbe eher miteinbezogen wird, ist dennoch bei dieser Generalklausel mit dem unbestimmten Rechtsbegriff von „Treu und Glauben" gleichfalls grundlegend, dass ebenso wie im Rahmen der Sittenwidrigkeit eine Trennung zwischen der eigentlichen Festlegung des Zeitpunkts von denjenigen der Fallgruppenbildung zur Treuwidrigkeit allgemein vorzunehmen. Hier kann zudem, ebenfalls wie im Rahmen des § 138 BGB, gegebenenfalls eine Fallgruppenbildung auch auf der

---

[103] So bereits Staudinger/*Looschelders/Olzen,* BGB § 242 Rn. 153 f.

[104] Vgl. hierzu etwa BeckOK BGB/*Sutschet*, BGB § 242 Rn. 50 unter Bezugnahme auf BGH, Urt. v. 29.5.1954 – II ZR 223/53, NJW 1954, 1402. S. ebenfalls Grüneberg/*Grüneberg,* Bürgerliches Gesetzbuch, BGB § 242 Rn. 38.

[105] Vgl. etwa BGH, Urt. v. 7.11.2017 – XI ZR 369/16, NJW-RR 2018, 301 Rn. 17; BGH, Urt. v. 16.10.2018 – CI ZR 69/18, NJW 2019, 66 Rn. 19.

[106] S. BeckOK BGB/*Sutschet*, BGB § 242 Rn. 50. Vgl. zur Unterscheidung zwischen situationsgebundenen und fortwirkenden Rechtsfolgen MüKoBGB/*Schubert,* BGB § 242 Rn. 263.

zeitlichen Ebene erfolgen. Diesen Weg wählt etwa *Kähler*, der bezüglich des maßgeblichen Beurteilungszeitpunkts für die Treuwidrigkeit danach differenziert, ob sich der Vorwurf der Treuwidrigkeit auf eine bereits geschehene Handlung bezieht, oder an einen bestehenden Zustand anknüpft.[107]

## b) Der Schluss der mündlichen Verhandlung im Umfeld der Beurteilungszeitpunkte des BGB und seiner materiell-rechtlichen Nebengebiete

Nicht nur im Rahmen der Ausführungen zu § 242 BGB, sondern auch in weiteren angeführten Beispielen zu merkmalimmanenten Zeitpunkterfordernissen, wie etwa demjenigen Meinungsstreit um den maßgeblichen Zeitpunkt für die Beurteilung der Sozialwidrigkeit der arbeitsrechtlichen Kündigung, ist zwar der Zeitpunkt des „Schlusses der mündlichen Verhandlung“ ebenfalls als möglicher Beurteilungszeitpunkt für ein Tatbestandsmerkmal des BGB bzw. seiner Nebengebiete angeführt worden. Dabei ist jedoch von elementarer Bedeutung, dass dieser nicht der einzige Zeitpunkt ist, der für die Festlegung eines solchen Beurteilungszeitpunkts infrage kommt, vielmehr nur einen von vielen weiteren möglichen Beurteilungszeitpunkten für ein Tatbestandsmerkmal des BGB bzw. seiner Nebengebiete darstellt. Allerdings zeigen die Ausführungen zudem, dass eben dieser „Zeitpunkt des Schlusses der mündlichen Verhandlung“, obwohl verfahrensrechtlich zu verorten, gegebenenfalls auch für die Beurteilungszeitpunkte des materiell-rechtlichen Bereichs eine Rolle spielen kann.

Darüber hinaus ist nicht allen Tatbestandsmerkmalen die zwingende Erforderlichkeit der Festlegung eines gegebenenfalls vom Schluss der mündlichen Verhandlung abweichenden Beurteilungszeitpunkts derart immanent, wie etwa in den angeführten Beispielen des § 634a Abs. 3 BGB oder eben der Sozialwidrigkeit der arbeitsrechtlichen Kündigung. Zur Verdeutlichung kann noch einmal auf das Beispiel des § 985 BGB zurückgegriffen werden: Neben den Tatbestandsmerkmalen des Eigentümers und des Besitzers ist zudem auch das Merkmal der „Sache“ zu subsumieren. Geht es nun wieder um die Herausgabe eines Buchs, kann die Frage, ob es sich bei dem Buch um eine Sache handelt, sowohl allgemein als auch im konkreten Fall ohne einen zeitlichen Aspekt beantwortet werden. Dem Tatbestandsmerkmal der „Sache“ ist damit die zwingende Festlegung eines Beurteilungszeitpunkts nicht in gleicher Weise immanent wie bei den zuvor angeführten Beispielen.

[107] BeckOGK/*Kähler*, BGB § 242 Rn. 414 f.

In ähnlicher Weise lässt sich das zudem anhand von § 94 Abs. 1 S. 4 in Bezug auf das Merkmal der „Pflanze" veranschaulichen: Ob beispielsweise ein Baum als Pflanze im Sinne dieser Norm anzusehen ist oder nicht,[108] kann sowohl abstrakt als auch im konkreten Einzelfall ohne Bezug zu einem Beurteilungszeitpunkt entschieden werden.

Nicht bei allen Tatbestandsmerkmalen des BGB und seiner materiell-rechtlichen Nebengebieten ist damit festzustellen, dass für diese entweder ein Beurteilungszeitpunkt bereits durch die gesetzliche Formulierung festgelegt wird oder dass ihnen zumindest die Notwendigkeit der Festlegung eines gegebenenfalls vom Schluss der mündlichen Verhandlung abweichenden Beurteilungszeitpunkts im Sinne eines merkmalimmanenten Zeitpunkterfordernisses zwingend innewohnt. Das bedeutet allerdings nicht, dass die Frage des Beurteilungszeitpunkts eines derartigen Merkmals gänzlich außer Acht gelassen werden kann. Denn im Rahmen der Subsumtion ist grundsätzlich[109] zu prüfen, ob alle Tatbestandsmerkmale einer Norm durch Angaben im Sachverhalt gedeckt sind.[110] Damit muss dann auch zu irgendeinem Zeitpunkt die Beurteilung jedes Tatbestandsmerkmals erfolgen.

Folglich muss für diese ebenfalls ein irgendwie gearteter Beurteilungszeitpunkt gegeben sein, um die rechtsstaatlichen Anforderungen zu erfüllen. Ist aber die zwingende Festlegung unter Berücksichtigung auch vom Schluss der mündlichen Verhandlung abweichender Zeitpunkte einem Tatbestandsmerkmal des BGB oder seiner materiell-rechtlichen Nebengebiete nicht immanent oder wird ein Beurteilungszeitpunkt nicht durch das Gesetz bereits vorgegeben, liegt die Annahme nahe, dass bei derartigen Tatbestandsmerkmalen der Schluss der mündlichen Verhandlung der relevante Zeitpunkt für die Beurteilung sein wird. Diese Annahme soll im weiteren Verlauf der Arbeit vertieft behandelt werden. Hierzu ist jedoch zuvor noch die Bestandsaufnahme in Bezug auf Beurteilungszeitpunkte in Gesetzestexten und Ordnungen des verfahrensrechtlichen Bereichs des Privatrechts erforderlich, ehe dann die in beiden getrennten Bereichen der Bestandsaufnahme gewonnenen Ergebnisse zusammengeführt werden können.

---

[108] Insofern etwa bejahend BGH, Urt. v. 27.1.2006 – V ZR 46/05, NJW 2006, 1424 Rn. 9.

[109] Eine Ausnahme kann sich im Fall von alternativen Tatbestandsmerkmalen ergeben, bei denen von mindestens zwei Tatbestandsmerkmalen nur eines vorliegen muss. Vgl. zum Begriff der alternativen Tatbestandsmerkmale etwa *Beaucamp/Beaucamp*, Methoden und Technik der Rechtsanwendung, Rn. 51 und 55 f.

[110] *Möllers*, Juristische Methodenlehre, § 4 Rn. 5.

### 3. Mit dem Verfahrensrecht verbundene Beurteilungszeitpunkte des BGB und seiner materiell-rechtlichen Nebengebiete

Vorliegend ist aber zunächst die Bestandsaufnahme im Bereich der Beurteilungszeitpunkte des BGB und seiner materiell-rechtlichen Nebengebieten fortzuführen. Dabei kann an die vorherigen Überlegungen insofern angeknüpft werden, als auch andere Konstellationen zu finden sind, in denen diese Beurteilungszeitpunkte mit verfahrensrechtlichen Aspekten verknüpft sind.

Insbesondere der Zeitpunkt der Rechtshängigkeit ist in mehreren Vorschriften für die Festlegung des jeweiligen Beurteilungszeitpunkts maßgeblich: Nach § 261 Abs. 1 ZPO wird durch die Erhebung der Klage die Rechtshängigkeit der Streitsache begründet. Hierdurch wird nicht nur der Begriff der Rechtshängigkeit definiert,[111] sondern zugleich auch ein Zeitpunkt festgelegt, der für mehrere materiellrechtliche Vorschriften im vorliegend betrachteten Kontext von Relevanz ist.[112] Beispielsweise hat der Schuldner nach § 291 S. 1 BGB eine Geldschuld grundsätzlich von dem Eintritt der Rechtshängigkeit an zu verzinsen, auch wenn er nicht in Verzug ist. Folglich wird der Zeitpunkt des Eintritts der Rechtshängigkeit zum Beurteilungszeitpunkt für den Beginn der Zinszahlung. Weiterhin legt etwa § 818 BGB fest, dass im Rahmen einer ungerechtfertigten Bereicherung der Empfänger von dem Eintritt der Rechtshängigkeit an nach den allgemeinen Vorschriften haftet. Damit wird für diese Norm der Zeitpunkt des Eintritts der Rechtshängigkeit maßgeblich für die Beurteilung des Haftungsbeginns nach den allgemeinen Vorschriften. Ebenso zentral ist der Zeitpunkt der Rechtshängigkeit für die Frage des Nutzungs- bzw. Schadensersatzes im Rahmen des Eigentümer-Besitzer-Verhältnisses nach den §§ 987 und 989 BGB.[113] In diesen wird der Beurteilungszeitpunkt für die Frage, ab wann Nutzungen herauszugeben bzw. Schadensersatz im Eigentümer-Besitzer-Verhältnis zu leisten ist, durch den Zeitpunkt der Rechtshängigkeit festgelegt.[114]

Diese Wechselwirkung von materiell-rechtlichen und verfahrensrechtlichen Aspekten ist nicht begrenzt auf das BGB. Auch in § 372 Abs. 2 HGB ist etwa der Zeit-

---

[111] BeckOK ZPO/*Bacher*, ZPO § 261 Rn. 1.

[112] S. zu seiner Wirkung in „prozessualen und materiell-rechtlichen Vorschriften" allgemein auch BeckOK ZPO/*Bacher*, ZPO § 261 Rn. 1.

[113] Und zudem auch § 988 BGB.

[114] Weitere vergleichbare Konstellationen finden sich im BGB zudem etwa in § 1361 S. 2 BGB und in § 407 Abs. 2 BGB.

punkt der Rechtshängigkeit maßgeblich für die Beurteilung der Gutgläubigkeit des Gläubigers im Rahmen einer möglichen Rechtskrafterstreckung.[115]

Aber nicht nur die Festlegung eines Beurteilungszeitpunkts des BGB und seiner materiell-rechtlichen Nebengebiete wird bisweilen durch verfahrensrechtliche Aspekte beeinflusst. Darüber hinaus ist es auch möglich, dass ein solcher Beurteilungszeitpunkt Auswirkungen verfahrensrechtlicher Art zeigt. Diesbezüglich kann auf § 688 Abs. 2 Nr. 1 ZPO verwiesen werden, wonach das Mahnverfahren nicht stattfindet für Ansprüche eines Unternehmers aus einem Vertrag gemäß §§ 491 bis 508 BGB, wenn der gemäß § 492 Abs. 2 BGB anzugebende effektive Jahreszins den bei Vertragsschluss geltenden Basiszinssatz nach § 247 BGB um zwölf Prozentpunkte übersteigt. Hier ist folglich der Beurteilungszeitpunkt für den geltenden Basiszinssatz, konkret der Zeitpunkt des Vertragsschlusses, heranzuziehen zur Bestimmung des Werts – und dieser Wert hat dann wiederum Auswirkung darauf, ob das Mahnverfahren stattfindet oder nicht.

Diese Beispiele sind nicht zuletzt im Hinblick auf die im Rahmen der Begriffsklärungen[116] geäußerte Hypothese, dass eine Differenzierung an den übergeordneten Kategorien des materiellen Rechts und Prozessrechts bzw. des Verfahrensrechts ansetzen muss, für die Entwicklung einer differenzierten Terminologie von herausragender Bedeutung. Insofern verdeutlichen diese Beispiele zugleich die in der Begriffsbestimmung angeführte Problematik der Grenzziehung zwischen materiellem Recht und den jeweils gegenübergestellten Bereichen – Prozessrecht, Verfahrensrecht – auch für die Kategorisierung von Beurteilungszeitpunkten. Die Qualifikation einer Norm hat unabhängig von ihrer Stellung im Gesetz zu erfolgen[117]: Ein zunächst grundsätzlich dem Bereich des Verfahrensrechts zuzuordnendes Gesetz kann aus Zweckmäßigkeitsgründen materiell-rechtliche Regelungen enthalten und umgekehrt.[118] Und das wiederum könnte dann zugleich Einfluss haben auf eine mögliche Kategorisierung von Beurteilungszeitpunkten. Das wird zunächst im Rahmen der Bestandsaufnahme zu den Beurteilungszeitpunkten in den Gesetzestexten des Verfahrensrechts nochmals aufzugreifen und darüber hinaus in der Zusammenführung der vorliegend noch getrennt voneinander zu betrachtenden Teile der Bestandsaufnahme zu vertiefen sein.

---

[115] S. zu dieser Konstellation etwa BeckOGK/*Christiansen,* HGB § 372 Rn. 8.

[116] Teil B./II.

[117] Vgl. für die Grenzziehung zwischen materiellem Recht und Prozessrecht bereits *Henckel*, Prozessrecht und materielles Recht, 5.

[118] Vgl. für das Prozessgesetz etwa Stein/Jonas/*Brehm*, 23. Aufl., Einleitung ZPO Rn. 33.

## 4. Abgrenzung der Beurteilungszeitpunkte des BGB und seiner materiell-rechtlichen Nebengebiete von anderen Rechtsinstituten

Zunächst ist aber vorliegend noch für diesen Teil der Bestandsaufnahme der Blickwinkel zu ändern: Wurde bislang eine positive Bestandsaufnahme dahingehend vorgenommen, die unter den Oberbegriff des Beurteilungszeitpunkts im BGB und seinen materiell-rechtlichen Nebengebieten fallenden unterschiedlichen Konstellationen und Charakteristika zu erfassen, soll im Folgenden eine negative Abgrenzung etwaiger Beurteilungszeitpunkte zu ähnlichen, aber nicht identischen Erscheinungsformen in zeitlicher Hinsicht vorgenommen werden. Ansatzpunkt ist dabei wiederum die allgemeine Definition des Beurteilungszeitpunkts. Ausgehend von dieser ist zu prüfen, ob Konstellationen existieren, die infolge der Auslassung einer der beiden Wortbestandteile denkbar erscheinen.

### a) Zeitpunkte ohne Beurteilung

Daher stellt sich zunächst die Frage, ob im Hinblick auf den Aspekt des Zeitpunkts noch weitere Kategorien existieren, die von derjenigen des Beurteilungszeitpunkts verschieden sind. Insbesondere ist problematisch, ob es im BGB und seinen Nebengebieten auch Zeitpunkte gibt, die keinerlei gutachterliche Bewertung erfordern, denen folglich das Element der „Beurteilung“ fehlt, sodass sie dann nicht als Beurteilungszeitpunkt einzuordnen wären. Dabei stehen nun wiederum diejenigen Normen im Fokus, in denen das Gesetz ausdrücklich einen Zeitpunkt festlegt.

#### aa) Potenzielle Beurteilungszeitpunkte

Betrachtet man die Normen des BGB und seiner Nebengebiete vor diesem Hintergrund, so zeigt sich, dass vereinzelt der Begriff des Zeitpunkts dergestalt verwendet wird, dass seine Festlegung oder Mitteilung gefordert ist. Ausdrücklich im Gesetz verankert findet sich ein solcher Zeitpunkt beispielsweise in § 650 k Abs. 3 BGB, der für den Verbraucherbauvertrag regelt, dass der „Bauvertrag ... verbindliche Angaben zum Zeitpunkt der Fertigstellung des Werks ... enthalten [muss...].“.

Darüber hinaus existieren aber auch Vorschriften, in denen der Begriff des Zeitpunkts in Verbindung mit der Bestimmung durch ein Gericht verwendet wird. Das zeigt etwa ein Blick auf § 595 Abs. 6 S. 2 BGB, der die Anordnung der Fortsetzung bzw. der (restlichen) Dauer eines Pachtverhältnisses durch das Landwirtschaftsgericht[119] regelt. Dabei impliziert die Festlegung der Dauer des Pachtverhältnisses zugleich auch die Festlegung eines Endzeitpunkts.

Diese Zeitpunkte scheinen auf den ersten Blick kein wertendes Element zu enthalten, ist ihnen doch zunächst nur die Festlegung eines Zeitpunkts immanent. Damit unterfallen sie auch nicht der dargestellten Kategorie der merkmalimmanenten Zeitpunkterfordernisse: Dort geht es gerade um solche Tatbestandsmerkmale, die zunächst grundsätzlich unabhängig von einem zeitlichen Aspekt einer allgemeinen Definition oder Bestimmung zugänglich sind, für die jedoch dennoch die Festlegung eines Zeitpunkts, in dem das Vorliegen der tatsächlichen Voraussetzungen des betreffenden Tatbestandsmerkmals gegeben sein muss, erfolgen muss, um im Einzelfall eine Beurteilung der Rechtslage in eindeutiger Weise vornehmen zu können. Für die hier betrachteten Konstellationen ist aber gerade das zeitliche Element charakteristisch.

Allerdings zeigt die nähere Betrachtung, dass ein Zeitpunkt, der zunächst nur eine Feststellung oder Mitteilung erfordert, unter Umständen dennoch zu einem Beurteilungszeitpunkt werden kann: Zu § 650 k Abs. 3 BGB findet sich bereits in der Gesetzesbegründung der Verweis des Gesetzgebers auf die Rechtsfolgen bei Nichteinhaltung der Zeitangabe. Dort wird einerseits auf die allgemeinen Regelungen zum Schuldnerverzug verwiesen, andererseits auf § 648a Abs. 1 BGB.[120] Insofern kann dieser vereinbarte Fertigstellungszeitpunkt im Fall eines Anspruchs etwa aus § 286 BGB selbst zum Beurteilungszeitpunkt für die Frage des Verzugseintritts werden.[121] Diesem Zeitpunkt ist damit immanent, dass er die Möglichkeit in sich trägt, zeitlich nachgelagert zu einem Beurteilungszeitpunkt zu werden.

Gerade bei den durch das Gericht festgelegten Zeitpunkten tritt zudem gegebenenfalls noch ein weiterer Aspekt hinzu, der den jeweiligen Zeitpunkt dann doch wieder zu einem direkten Beurteilungszeitpunkt werden lassen kann. Das zeigt sich bei der Anordnung des Zeitpunkts im Rahmen der Fortsetzung eines Pachtverhältnisses durch das Landwirtschaftsgericht: Bei dieser hat der Richter zu berücksichtigen, dass der betreffende Termin die in § 595 Abs. 3 Nr. 3 BGB genannten Fristen nicht übersteigen darf. Insofern muss auch schon zur Festlegung des Termins eine Beurteilung dahingehend vorgenommen werden, inwieweit diese zeitlichen Vorgaben eingehalten werden. Das führt in letzter Konsequenz dazu,

[119] Nach § 1 Abs. 1 Nr. 1 LwVG, § 9 LwVG entscheidet das Landwirtschaftsgericht im Verfahren der freiwilligen Gerichtsbarkeit nach dem FamFG, vgl. hierzu auch BeckOGK/*Wiese*, BGB § 595 Rn. 27.

[120] BT-Drs. 18/8486, S. 63.

[121] Vgl. zum Verzugseintritt bei Überschreitung des Termins ohne weitere Mahnung im Sinne des § 286 Abs. 2 Nr. 1 oder 2 BGB auch BeckOGK/*Merkle*, BGB § 650 k Rn. 39.

dass es sich bei diesem konkreten Zeitpunkt schon deshalb nicht um einen solchen ohne jegliche Beurteilung handelt. Vielmehr ist er von zentraler Bedeutung für die Vornahme einer Beurteilung in einem anderen Zeitpunkt, konkret denjenigen der richterlichen Beurteilung zur Terminfestlegung. Darüber hinaus erfolgt durch die Festlegung des Beendigungszeitpunktes des Pachtverhältnisses zugleich – wie im Fall des § 650 k BGB – die Festlegung eines möglichen neuen Beurteilungszeitpunkts: Kommt es nach Ende des Pachtverhältnisses etwa zum Streit über die in § 596b BGB geregelte Rücklassungspflicht, so wird genau dieser durch das Landwirtschaftsgericht zuvor festgelegte Beendigungszeitpunkt dann der Beurteilungszeitpunkt sein, in dem die Frage, welche landwirtschaftlichen Erzeugnisse bei Beendigung des Pachtverhältnisses vorhanden sind, zu bewerten sein wird.[122]

Insgesamt zeigt damit vor allem das Beispiel des § 650 k Abs. 3 BGB, dass im Bereich des BGB und seiner Nebengebiete neben den gesetzlich festgelegten Beurteilungszeitpunkten zudem auch Zeitpunkte normiert werden, bei denen die gesetzliche Formulierung zunächst nahelegt, dass keine Beurteilung stattfindet, da etwa lediglich die Festlegung oder Mitteilung eines Zeitpunkts gefordert wird. Derartigen Zeitpunkten kann jedoch das Potenzial innewohnen, sich im Laufe der Zeit zu einem Beurteilungszeitpunkt umzuwandeln etwa im Rahmen von Sekundäransprüchen. Man kann daher bei diesen Zeitpunkten, denen die Möglichkeit immanent ist, zeitlich nachgelagert zu einem Beurteilungszeitpunkt zu werden, von *potenziellen Beurteilungszeitpunkten* sprechen.

### bb) Zeitpunkte im Sinne einer reinen Zeitangabe

Im Gegensatz zu diesen potenziellen Beurteilungszeitpunkten wird an einzelnen Stellen des Gesetzes die Verwendung des Worts „Zeitpunkt" im Sinne einer reinen Zeitangabe verwendet. Das wird etwa deutlich in § 5 UWG, der in Absatz 1 S. 2 Nr. 1 eine Auflistung darüber enthält, wann eine geschäftliche Handlung irreführend ist. Hierbei wird unter anderem auf unwahre Angaben oder sonstige zur Täuschung geeignete Umstände über den Zeitpunkt der Herstellung abgestellt. Der Zeitpunkt der Herstellung hat in diesem Zusammenhang letztlich keine weitergehende Funktion, als im Rahmen des Tatbestandsmerkmals der Irreführung im Sinne einer reinen Zeitangabe herangezogen zu werden. Ähnlich findet sich in § 59 Abs. 7 S. 2 GWB für die Anordnung der Prüfung geschäftlicher Unterlagen das Erfordernis der Angabe des Zeitpunkts der Prüfung. Auch hier handelt es sich um eine bloße Zeitangabe. Denn die Angabe des Zeitpunkts ist in diesem Fall lediglich

[122] Auch über diesen wird das Amtsgericht als Landwirtschaftsgericht gem. § 1 Nr. 1a LwVfG wiederum zuständig sein, vgl. auch *Bauermeister* in: jurisPK-BGB, BGB § 596b Rn. 12.

eine notwendige Anpassung an die Praktikabilität und dient dazu, dass sich die Betroffenen einrichten können und die erforderlichen Personen anwesend sind.[123]

Ein umfassender Blick auf die gesetzlichen Regelungen zeigt allerdings, dass derartige Zeitpunkte im Sinne einer reinen Zeitangabe nur sehr vereinzelt im BGB und den Gesetzen seiner materiell-rechtlichen Nebengebiete zu finden sind.

## b) Der Beurteilungszeitraum

Im Gegensatz zu der soeben betrachteten Frage, ob es beurteilungsfreie Zeitpunkte gibt, stellt sich umgekehrt zudem die Frage, ob das Element des Zeitpunkts ausgetauscht werden kann. Oder anders ausgedrückt: Existieren in Abgrenzung zum Beurteilungszeitpunkt auch richterliche Beurteilungen, die mit einem zeitlichen Element verknüpft sind, das sich vom Zeitpunkt unterscheidet?

Wie gesehen, handelt es sich bei dem Zeitpunkt um ein Zeitmoment von sehr kurzer Dauer.[124] Demgegenüber stehen Zeitabschnitte von längerer Dauer. Der nicht nur im juristischen Bereich zumeist verwendete Ausdruck für einen solchen Zeitabschnitt ist der des Zeitraums. Im vorliegenden Kontext erscheint es ebenfalls grundsätzlich möglich, die Beurteilung eines derartigen Zeitraums vorzunehmen.

Dabei ist der Zeitraum grundsätzlich definiert als mehr oder weniger ausgedehnter, vom Wechsel der Ereignisse und Eindrücke bzw. vom Verlauf der Geschehnisse erfüllter Teil der Zeit.[125] In ähnlicher Weise findet sich, dass es sich um einen Zeitabschnitt von unbestimmter, meist längerer Dauer handelt.[126] In Bezug auf diese letztgenannte Definition erscheint problematisch, dass ein Zeitraum nicht zwangsläufig unbestimmt sein muss, etwa wenn auf eine Monatsfrist verwiesen wird. Hingegen bietet sich gerade die Wendung des Zeitabschnitts von (meist) längerer Dauer an, für die vorliegende Betrachtung herangezogen zu werden.

Damit ist im Folgenden fraglich, inwiefern von einem Beurteilungszeitpunkt abgrenzbare *Beurteilungszeiträume* im BGB und seinen materiell-rechtlichen Nebengebieten existieren. Es muss sich bei diesen, in Anlehnung an die Definition des Beurteilungszeitpunkts, um Zeitabschnitte von (meist) längerer Dauer handeln,

---

[123] Immenga/Mestmäcker/*Wirtz*, GWB § 59 Rn. 49.

[124] „Zeitpunkt", Bedeutung in: Digitales Wörterbuch der deutschen Sprache, abrufbar unter: https://www.dwds.de/wb/Zeitpunkt (zuletzt abgerufen: 8.1.2026). S. bereits Teil B/I./2.

[125] „Zeitraum" in: Duden, Deutsches Universalwörterbuch, 2107.

[126] „Zeitraum" in: Digitalen Wörterbuchs der Deutschen Sprache", abrufbar unter: https://www.dwds.de/wb/Zeitraum, Abschnitt Bedeutung (zuletzt abgerufen am 8.1.2026).

bezüglich derer eine wertende Begutachtung eines Sachverhalts, eines Subjekts oder eines Objekts, eines Umstands, einer Situation oder eines Vorgangs erfolgt.

### aa) Gesetzlich festgelegte Beurteilungszeiträume

Betrachtet man in Parallele zur Bestandsaufnahme der Beurteilungszeitpunkte im BGB und seiner materiell-rechtlichen Nebengebiete die Frage etwaiger gesetzlich festgelegter Beurteilungszeiträume, stellt man fest, dass sich, anders als etwa in einigen Richtlinien des Europarechts[127] oder im Bereich des Öffentlichen Rechts im Rahmen von dienstlichen Beurteilungen,[128] in den Normen des BGB und seiner materiell-rechtlichen Nebengebiete nicht explizit die Verwendung des Begriffs Beurteilungszeitraum finden lässt.

#### (1) „Zeitraum" und Zeitraumangabe

Allerdings wird des Öfteren der Ausdruck des Zeitraums verwendet.[129] Auch den diesbezüglichen Festlegungen wohnt in zahlreichen Fällen ein wertendes Element inne: Das kann zunächst ohne weitere begriffliche Ergänzung erfolgen, wie beispielsweise in § 504a Abs. 1 S. 1 BGB. Hiernach hat der Darlehensgeber dem Darlehensnehmer eine Beratung anzubieten, wenn der Darlehensnehmer eine ihm eingeräumte Überziehungsmöglichkeit ununterbrochen über einen Zeitraum von sechs Monaten und durchschnittlich in Höhe eines Betrags in Anspruch genommen hat, der 75 % des vereinbarten Höchstbetrags übersteigt. Folglich ist für die Frage der Beratungspflicht die Inanspruchnahme der Überziehungsmöglichkeit im Rahmen eines Beurteilungszeitraums von sechs Monaten zu betrachten.

Zudem existieren Vorschriften, in denen der Begriff des Zeitraums im Sinne eines Beurteilungszeitraums terminologisch noch weitergehend konkretisiert wird, wie etwa in § 556 Abs. 3 S. 1, 2 BGB. Dort wird zunächst in Satz 1 festgelegt, dass über die Vorauszahlung für Betriebskosten im Bereich der Wohnraummiete jährlich abzurechnen ist. Satz 2 greift sodann diesen Zeitraum auf und spricht von einem *Abrechnungszeitraum.*

In den beiden genannten Beispielen wurde jeweils der betreffende Beurteilungszeitraum konkret vorgegeben. Demgegenüber kann es aber auch vorkommen, dass ein gesetzlich festgelegter Beurteilungszeitraum noch hinsichtlich der Zeitspanne zu konkretisieren ist. Das kann etwa an § 126b Nr. 1 BGB verdeutlicht werden, der zur Definition des dauerhaften Datenträgers im Sinne der Textform darauf abstellt, dass die auf einem dauerhaften Datenträger gespeicherte Erklärung während eines

[127] Vgl. etwa Art. 12 der RL 2014/65/EU über Märkte für Finanzinstrumente.

[128] S. etwa § 22 Abs. 1 BBG.

[129] Vgl. etwa § 188 Abs. 2 BGB, § 191 BGB, § 327e Abs. 1 BGB, § 475b Abs. 2 BGB.

für ihren Zweck angemessenen Zeitraums durch den Empfänger zur Kenntnis genommen werden kann.[130]

Darüber hinaus finden sich Konstellationen, in denen Beurteilungszeiträume zwar nicht ausdrücklich als Zeitraum bezeichnet werden, jedoch aus der gesetzlichen Formulierung folgt, dass es sich um einen solchen handelt. Auch hier kann zur Illustration ein Beispiel aus dem Mietrecht herangezogen werden: So legt § 550 S. 1 BGB fest, dass der Mietvertrag für unbestimmte Zeit gilt, wenn er für längere Zeit als ein Jahr nicht in schriftlicher Form geschlossen wird. Folglich hat eine Beurteilung der Form zu erfolgen, die über einen bestimmten Zeitraum gegeben sein muss bzw. im konkreten Fall der Schriftlichkeit entbehrt. Für den gesamten Zeitraum – „länger als ein Jahr“ – wird dann eine Beurteilung vorgenommen. Insofern erfolgt hier, ähnlich wie bei der Festlegung von Beurteilungszeitpunkten durch temporale Präpositionen, die Festlegung eines Beurteilungszeitraums durch das Gesetz aufgrund der Angabe des tatsächlich relevanten Zeitraums. Dabei muss dieser Zeitraum nicht notwendigerweise durch einen Anfangs- und Endpunkt begrenzt sein, wie dieses Beispiel zeigt.

Dass dies aber auch möglich ist, verdeutlicht etwa ein Blick auf die materiellrechtlichen Nebengebiete des BGB, in denen sich Beurteilungszeiträume etwa durch Anführung einer zeitlichen Spanne finden. So besteht z. B. nach § 17 Abs. 1 S. 1 KSchG eine Anzeigepflicht des Arbeitgebers im Rahmen einer Massenentlassung nur dann, wenn ein nach der Betriebsgröße gestaffeltes Quorum an Entlassungen *innerhalb von 30 Kalendertagen* erfolgt. Bei diesem Entlassungszeitraum handelt es sich folglich um einen Beurteilungszeitraum für das Vorliegen der Anzeigepflicht, der durch die konkrete Angabe von 30 Kalendertagen mit einem Anfangs- und einem Endzeitpunkt begrenzt ist.

### (2) Signalworte mit zeitlicher Komponente

Nicht immer muss jedoch ein konkreter Zeitraum ausdrücklich genannt werden, um zu verdeutlichen, dass im Gesetz ein Beurteilungszeitraum angelegt ist. Das kann durch gänzlich andere Formulierungen erfolgen, insbesondere durch Nomen, die eine zeitliche Komponente beinhalten, die signalisiert, dass es sich eben nicht um eine punktuelle Betrachtung handelt, sondern um eine solche, die sich über einen gewissen Zeitraum zu erstrecken hat.

Als Beispiel hierzu kann das Nomen der „Durchführung“ herangezogen werden. Dieses ist in unterschiedlichem Kontext unter anderem im BGB zu finden. Beispielsweise verlangt § 630 c Abs. 1 BGB, dass der Behandelnde und der Patient zur „Durchführung der Behandlung“ zusammenwirken sollen. In § 651 h

[130] S. diesbezüglich etwa BeckOK BGB/*Wendtland,* BGB § 126b Rn. 12.

Abs. 3 S. 1 BGB wird zudem etwa von der „Durchführung der Pauschalreise" gesprochen. Dabei ist der Begriff der Durchführung in diesen Formulierungen synonym mit „Ausführung"[131] im Sinne eines Ablaufs zu verstehen, der sich eben in zeitlicher Hinsicht nicht auf einen einzigen Zeitpunkt fokussiert, sondern mehrere aufeinanderfolgende Handlungsabschnitte beinhaltet. Damit handelt es sich bei dem Begriff der Durchführung in diesen Kontexten folglich um ein Nomen, das eine zeitliche Komponente enthält. Da sich diese zeitliche Komponente auf einen Zeitabschnitt von längerer Dauer als lediglich einen Zeitpunkt bezieht, kann der Begriff damit, vergleichbar der Gruppe der Nomen der Zeit, die bereits im Rahmen der Untersuchung der Beurteilungszeitpunkte dargestellt wurde,[132] auch ein „Signalwort" für einen möglichen Beurteilungszeitraum sein.

Das zeigt sich etwa an § 611a Abs. 1 S. 6 BGB, bei dem durch dessen Einführung im Jahr 2017 die Kodifizierung eines bereits zuvor durch die Rechtsprechung[133] anerkannten Beurteilungszeitraums stattgefunden hat. Denn indem für die Frage, ob es sich um ein Arbeitsverhältnis handelt, auf die tatsächliche Durchführung des Vertragsverhältnisses abgestellt wird, findet eine Beurteilung eben nicht der Gegebenheiten in einem Zeitpunkt statt, die Beurteilung hat sich vielmehr über den Zeitraum der tatsächlichen Durchführung und damit einen Beurteilungszeitraum zu erstrecken.[134]

Gerade dieser Bezug auf einen Zeitraum verdeutlicht dabei zugleich, dass es sich bei der Regelung des § 611a Abs. 1 S. 6 BGB nicht um eine Kodifizierung der Rechtsfigur der falsa demonstratio non nocet[135] handelt.[136] Denn diese stellt auf den grundsätzlichen Willen der Parteien zum Zeitpunkt des Vertragsschlusses ab[137] und erfordert damit anders als die Beurteilung der tatsächlichen Durchführung des Vertrags die Beurteilung der Gegebenheiten in einem Zeitpunkt.

Neben Nomen mit einer zeitlichen Komponente können ebenso wie bei den Beurteilungszeitpunkten auch temporale Präpositionen auf das Vorliegen eines Beurteilungszeitraums hindeuten. Als Beispiel kann hier § 14 Abs. 2 S. 2 TzBfG herangezogen werden: Nach § 14 Abs. 2 S. 1 TzBfG ist die Befristung eines

---

[131] Vgl. „Durchführung", in: Duden, Das Synonymwörterbuch, 272.

[132] Vgl. Teil C/I./1./a).

[133] Vgl. etwa BAG, Beschl. v. 22.3.1995 – 5 AZB 21/94, NZA 1995, 823, 832; BAG, Urt. v. 12.9.1996 – 5 AZR 104/95, NZA 1997, 600, 602.; BAG, Urt. v. 11.8.2015 – 9 AZR 98/14, NZA-RR 2016, 288 Rn. 16; BAG, Urt. v. 24.8.2016 – 7 AZR 625/15, NZA 2017, 244 Rn. 16.

[134] Vgl. bereits *Rech,* ZfA 2023, 279, 291.

[135] S. zu dieser Rechtsfigur insgesamt *Rech,* AcP 2021, 219, 222ff.

[136] Vgl. *Rech,* ZfA 2023, 279, 291. A. A. BeckOK ArbR/*Joussen,* BGB § 611a Rn. 32.

[137] Vgl. *Schwarze, Roland* RdA 2020, 38, 39.

Arbeitsvertrags ohne Vorliegen eines sachlichen Grunds grundsätzlich bis zur Dauer von zwei Jahren gestattet. Der anschließende Satz 2 konstituiert jedoch ein Beschäftigungsverbot dergestalt, dass eine Befristung dann nicht möglich ist, wenn mit demselben Arbeitgeber bereits zuvor ein befristetes oder unbefristetes Arbeitsverhältnis bestand.[138] In dieser Vorschrift impliziert die temporale Präposition „zuvor", dass nicht nur ein Beurteilungszeitpunkt, sondern vielmehr ein

Beurteilungszeitraum dahingehend zu betrachten ist, ob in diesem eine relevante Vorbeschäftigung vorgelegen hat.

### (3) Erfordernis der Auslegung und deren Grenzen

Gerade anhand dieses Beispiels lässt sich zugleich veranschaulichen, dass der Mangel einer zeitlichen Spezifikation nicht nur im Rahmen der Beurteilungszeitpunkte, sondern auch im Rahmen der Beurteilungszeiträume Folgeprobleme nach sich ziehen kann. Denn die Präzisierung der Wendung „bereits zuvor" ist einer wechselvollen Interpretation unterlegen. So ging das BAG zunächst davon aus, dass diese Formulierung im Sinne von „jemals zuvor" zu verstehen sei.[139] Damit war für die Frage der Vorbeschäftigung folglich der gesamte zurückliegende Zeitraum der Berufstätigkeit des befristet beschäftigten Arbeitnehmers zu betrachten. Dieser stellte den Beurteilungszeitraum für die Frage der Vorbeschäftigung dar.

Das BAG änderte jedoch seine Rechtsprechung im Jahr 2011 dahingehend, dass eine Zuvor-Beschäftigung im Sinne des § 14 Abs. 2 S. 2 TzBfG dann nicht gegeben sein sollte, wenn das frühere Arbeitsverhältnis mehr als drei Jahre zurücklag.[140] Damit wurde der maßgebliche Beurteilungszeitraum auf drei Jahre verkürzt. Zur Begründung berief sich das Gericht auf Normzweck, Gründe der Praktikabilität, der Rechtssicherheit sowie insbesondere verfassungsrechtliche Erwägungen.[141] Dieser Rechtsprechung erteilte das BVerfG in der Folge eine Absage mit der Begründung, diese Auslegung der Wendung „bereits zuvor" überschreite die Grenzen der zulässigen Rechtsfortbildung und verstoße damit gegen Art. 2 Abs. 1 i. V. m.

[138] Vgl. hierzu auch insgesamt *Rech,* AP TzBfG § 14 Nr. 186.

[139] Vgl. etwa BAG, Urt. v. 13.5.2004 – 2 AZR 426/02, BeckRS 2004, 30802380 Rn. 25. S. zu der Wendung „jemals zuvor" auch die Ausführungen in BAG, Urt. v. 6.4.2011 – 7 AZR 716/09, NZA 2011, 905 Rn. 17.

[140] BAG, Urt. v. 6.4.2011 – 7 AZR 716/09, NZA 2011, 905 insbes. Rn. 13, 16 und 27. S. hierzu auch *Rech,* AP TzBfG § 14 Nr. 186.

[141] Vgl. BAG, Urt. v. 6.4.2011 – 7 AZR 716/09, NZA 2011, 905 Rn. 16ff.

Art. 20 Abs. 3 GG.[142] Eine Einschränkung des Anwendungsbereichs – und damit des Beurteilungszeitraums – des Art. 14 Abs. 2 S. 2 TzBfG sah es im Falle der Unzumutbarkeit im Wege der verfassungskonformen Auslegung als möglich an.[143]

Dieses Beispiel verdeutlicht wiederum die oftmals erforderliche Auslegung der gesetzlichen Formulierungen, die das Vorliegen eines Beurteilungszeitpunkts oder -zeitraums implizieren. Es zeigt aber zugleich auch die Grenzen auf, in denen sich die Gesetzesauslegung zu bewegen hat. Im konkreten Fall hatte das BVerfG festgestellt, dass eine sich über den klar erkennbaren Willen des Gesetzgebers hinwegsetzende Auslegung unzulässig sei[144] und damit der subjektiven Auslegung zum einen den Vorrang vor den übrigen Auslegungskriterien eingeräumt, zum anderen den Gesetzgeberwillen als äußerste Grenze noch zulässiger Rechtsfortbildung festgelegt.[145]

### bb) Merkmalimmanente Zeitraumfestlegung

Neben den vorgenannten, in verschiedenster Weise in den gesetzlichen Formulierungen angelegten Beurteilungszeiträumen lassen sich zudem, entsprechend der im Rahmen der Bestandsaufnahme zu den Beurteilungszeitpunkten des BGB und seiner materiell-rechtlichen Nebengebiete herausgearbeiteten Beobachtung, merkmalimmanente Zeitraumfestlegungen finden, die darauf gründen, dass das betreffenden Tatbestandsmerkmal merkmalimmanente Zeitraumerfordernisse enthält. Es handelt sich dabei in Parallele zu den merkmalimmanenten Zeitpunktfestlegungen bzw. Zeitpunkterfordernissen um solche Konstellationen, in denen zwar weder im Gesetz eine ausdrückliche Verwendung des Begriffs „Zeitraum" erfolgt noch andere Formulierungen das Vorliegen eines Beurteilungszeitraums implizieren, die jedoch bezüglich des betreffenden Tatbestandsmerkmals zwingend die Festlegung eines Beurteilungszeitraums erfordern, um dieses Tatbestandsmerkmal in rechtsstaatlicher Art und Weise subsumieren zu können.

Im BGB kann diesbezüglich das Tatbestandsmerkmal des Unterhalts zur Verdeutlichung herangezogen werden. Dieses enthält nicht in gleicher Weise wie etwa der Begriff der Durchführung bereits eine zeitliche Komponente. Auch kann es im BGB entsprechend seiner allgemeinen Konnotation in unterschiedlicher Weise vorkommen: So kann der Begriff des Unterhalts zum einen etwa bedeuten, dass ein

---

[142] BVerfG v. 6.6.2018 – 1 BvL 7/14 u. 1BvR 1375/14- AP TzBfG § 14 Nr. 170 Rn. 34. S. hierzu ebenfalls *Rech*, AP TzBfG § 14 Nr. 186.

[143] Vgl. BVerfG v. 6.6.2018 – 1 BvL 7/14 u. 1BvR 1375/14- AP TzBfG § 14 Nr. 170 Rn. 63.

[144] BVerfG v. 6.6.2018 – 1 BvL 7/14 u. 1BvR 1375/14- AP TzBfG § 14 Nr. 170 Rn. 73.

[145] Vgl. *Rech*, RdA 2019, 31, 34.

grundsätzlicher Beitrag zum Erhalt der Lebensgrundlage erfolgt.[146] Wird der Begriff derart im Gesetz verwendet, ist in der Regel keine Berechnung erforderlich und damit auch nicht zwangsläufig ein zeitliches Element dem Begriff immanent. Das zeigt der Blick auf § 833 S. 2 BGB. Dort ist lediglich zu beurteilen, ob das einen Schaden verursachende Haustier dem Unterhalt des Tierhalters zu dienen bestimmt ist. Hier geht es folglich im Rahmen der Definition des Begriffs darum festzustellen, ob das betreffende Tier einem kommerziellen Zweck zu dienen bestimmt ist.[147]

Zum anderen kann der Begriff aber auch im Sinne der Verpflichtung zu einer Unterhaltszahlung verwendet werden[148] – und in der Folge damit relevant werden für die Einordnung in die Gruppe der merkmalimmanenten Beurteilungszeiträume: Gerade im Familienrecht steht der Begriff des Unterhalts mehrfach im Zentrum von Normen, die den Anspruch auf Unterhaltszahlung betreffen wie z. B. § 1361 Abs. 1 S. 1 BGB, § 1570 Abs. 1 S. 1 BGB oder § 1601 BGB. In diesen Fällen wird in der Rechtsprechung teilweise bei der Unterhaltsberechnung bereits ausdrücklich der Begriff des Beurteilungszeitraums verwendet,[149] bisweilen aber auch, parallel zur bislang bestehenden undifferenzierten Terminologie zum Beurteilungszeitpunkt, derjenige des „maßgeblichen Zeitraums“.[150]

Das gründet darauf, dass zur Ermittlung des unterhaltsrechtlich relevanten Einkommens in der Regel nicht allein auf einen Zeitpunkt abzustellen, sondern vielmehr ein Beurteilungszeitraum zu betrachten sein wird: Der allgemeine Grundsatz des Unterhaltsrechts, dass ein Unterhaltsanspruch nur besteht, wenn die Bedürftigkeit des Berechtigten und die Leistungsfähigkeit des Verpflichteten zu bejahen sind, gilt beispielsweise für den Trennungsunterhalt nach § 1361 BGB.[151] Zur Berechnung des geschuldeten Unterhalts wird eine Zukunftsprognose erstellt, die auf Werten der Vergangenheit beruht.[152] Dabei bemisst sich das in der Vergangenheit liegende Monatseinkommen, das zum Ausgangspunkt der Unterhaltsberechnung

[146] Vgl. etwa „Unterhalt“ Nr. 1 a), in: Duden, Deutsches Universalwörterbuch, 1887 i. V. m. „Unterhalt“ in: Duden, Das Synonymwörterbuch, 950.

[147] Vgl. MüKoBGB/*Wagner*, BGB § 833 Rn. 51.

[148] Vgl. „Unterhalt“ Nr. 1 b), in: Duden, Deutsches Universalwörterbuch, 1898.

[149] Vgl. etwa AG Saarlouis, Beschl. vom 2.12.2011 – 21 F 255/11 UK, BeckRS 2012, 212148 Rn. 10, der einen Anspruch auf Verwandtenunterhalt nach § 1601 BGB betraf.

[150] S. etwa *Dose* in: Wendl/Dose, Das Unterhaltsrecht in der familienrichterlichen Praxis, § 1 Rn. 1170; Johannsen/Henrich/Althammer/*Hammermann*, Familienrecht, vor § 1361 BGB Rn. 37.

[151] BeckOK BGB/*Beutler*, BGB § 1361 Rn. 8.

[152] *Dose* in: Wendl/Dose, Das Unterhaltsrecht in der familienrichterlichen Praxis, § 1 Rn. 24.

für die Zukunft genommen wird, aufgrund möglicher Unregelmäßigkeiten bei nahezu allen Einkünften bei Arbeitnehmern in der Regel nach dem Durchschnitt des letzten (vollen) Jahreseinkommens.[153] Da die Einkünfte bei Freiberuflern oder Gewerbetreibenden zumeist noch größeren Schwankungen unterlegen sind, wird bei ihnen in der Regel ein Durchschnitt aus den letzten drei Jahren gebildet[154] und damit ein Beurteilungszeitraum von drei Jahren herangezogen. Die Festlegung dieser Zeiträume ist folglich erforderlich, um eine möglichst genaue Zukunftsprognose erstellen zu können. Das Erfordernis der Festlegung eines Beurteilungszeitraums ist damit dem Merkmal des Unterhalts im Rahmen der betreffenden Anspruchsgrundlagen merkmalimmanent.

Auch in den materiell-rechtlichen Nebengebieten des BGB ist ein vergleichbarer Befund zu konstatieren, hier sind ebenfalls merkmalimmanente Zeitraumfestlegungen zu finden. So hat etwa der Arbeitnehmer nach § 109 Abs. 1 S. 1 GewO einen Anspruch auf Zeugniserteilung. Im Fall eines qualifizierten Zeugnisses nach § 109 Abs. 1 S. 3 GewO erfolgt eine Bewertung von Leistung und Verhalten des Arbeitnehmers bzw. der Arbeitnehmerin. Dabei muss die Beurteilung den gesamten Tätigkeitszeitraum erfassen.[155] Es handelt sich somit um einen Beurteilungszeitraum. Dieser ist aber nicht explizit im Gesetz festgeschrieben, vielmehr dem Tatbestandsmerkmal des qualifizierten Zeugnisses immanent.

### cc) Zusammentreffen von Beurteilungszeitpunkten und Beurteilungszeiträumen

War die bisherige Betrachtung im Kern darauf gerichtet, eine Bestandsaufnahme im Hinblick auf das grundsätzliche Vorkommen des Beurteilungszeitraums in Abgrenzung zum Beurteilungszeitpunkt vorzunehmen, soll im Folgenden der Blickwinkel erweitert werden und die Frage der Verbindung von Beurteilungszeitpunkten und -zeiträumen in den Fokus genommen werden.

[153] BGH, Urt. v. 29.6.1983 – IV b ZR 391/81, NJW 1983, 2243; *Dose* in: Wendl/Dose, Das Unterhaltsrecht in der familienrichterlichen Praxis, § 1 Rn. 25; *Niepmann,* in: Niepmann/Kerscher, Die Rechtsprechung zur Höhe des Unterhalts, 2. Teil Rn. 678.

[154] BGH, Urt. v. 4.11.1981 – IV b ZR 624/80, NJW 1982, 1645, 1646; BGH, Urt. v. 2.6.2004 – XII ZR 217/01, NJW-RR 2004, 1227, 1228; *Dose* in: Wendl/Dose, Das Unterhaltsrecht in der familienrichterlichen Praxis, § 1 Rn. 27; *Niepmann* in: Niepmann/Kerscher, Die Rechtsprechung zur Höhe des Unterhalts, 2. Teil Rn. 680. A. A. *Spieger* in: Wendl/Dose, Das Unterhaltsrecht in der familienrichterlichen Praxis, § 1 Rn. 420, der einen grundsätzlichen Zeitraum von 5 Jahren befürwortet.

[155] ErfK/*Müller-Glöge,* GewO § 109 Rn. 30. Vgl. auch Hess LAG, Beschl. v. 16.7.2015 – 12 Ta 510/14, BeckRS 2016, 65644; BeckOGK/*Novak,* GewO § 109 Rn. 48.

Denn bei der Betrachtung der Beurteilungszeiträume im BGB und seinen materiell-rechtlichen Nebengebieten zeigt sich, dass bei einer Vielzahl von Fällen eine Gemengelage von Beurteilungszeitpunkten und Beurteilungszeiträumen zu verzeichnen ist. Das ist der grundsätzlichen, bereits unabhängig von juristischen Kontexten festzustellen Verbindung von Zeitpunkten und Zeiträumen geschuldet: Zeiträume werden in der Regel durch Anfangs- und Endzeitpunkt begrenzt.[156] Damit bedarf es, um einen Beurteilungszeitraum festzulegen, zumeist auch der Festlegung eines Beurteilungszeitpunkts bzw. zweier Beurteilungszeitpunkte. Das lässt sich bereits anhand des unter Teil C/I./4./b)/aa)/(1) angeführten Beispiels des § 504a Abs. 1 S. 1 BGB veranschaulichen, der den sechsmonatigen Beurteilungszeitraum hinsichtlich der Inanspruchnahme der Überziehungsmöglichkeit betrifft, die gegebenenfalls zu einer Beratungspflicht des Darlehensgebers führen kann. In dessen Folge enthält § 504a Abs. 1 S. 2 BGB Vorgaben zur Berechnung des Zeitraums der Inanspruchnahme der Überziehungsmöglichkeit.[157] Konkret wird angeführt, dass der maßgebliche Zeitpunkt für das Vorliegen der Voraussetzungen nach Satz 1 der jeweilige Rechnungsabschluss ist, wenn der Rechnungsabschluss für das laufende Kalenderjahr vierteljährlich erfolgt.

Insofern ist hier die zusätzliche Festlegung eines Beurteilungszeitpunkts zur Bestimmung des konkreten Beurteilungszeitraumes erforderlich. Sowohl Anfangs- als auch Endzeitpunkt können dann je nach betrachteter Konstruktion als Beurteilungszeitpunkt infrage kommen.

### (1) Zeitraum mit widerleglicher Vermutung zwischen zwei Beurteilungszeitpunkten

Dabei kann es sogar vereinzelt vorkommen, dass durch die Festlegung zweier Beurteilungszeitpunkte ein Rückschluss auf einen Zeitraum ermöglicht wird, ohne dass in diesem Zeitraum eine weitergehende Beurteilung zu erfolgen hat. Prominentes Beispiel hierfür ist die Vorschrift des § 938 BGB, wonach vermutet wird, dass der Eigenbesitz bei jemandem, der eine Sache am Anfang und am Ende eines Zeitraums im Eigenbesitz gehabt hat, auch in der Zwischenzeit bestanden hat. Diese Regelung entspricht der auch rechtshistorisch relevanten Parömie „olim possessor, hodie possessor, semper possessor".[158] Sie knüpft an § 937 Abs. 1 BGB an

---

[156] Eine Ausnahme bildet hier das Konzept der Unendlichkeit in der Philosophie und der Mathematik, vgl. vertiefend hierzu etwa *Engler*, Aspekte des Unendlichen bei Kant und Wittgenstein, passim.

[157] Vgl. auch BeckOGK/*Knops*, BGB § 504a Rn. 11.

[158] Vgl. Staudinger/*C Heinze*, BGB § 938 Rn. 1. S. zu dieser Parömie auch etwa *Dernsburg*, Pand I, § 186, S. 424; *Koch, C.F.*, Die Lehre vom Besitz nach Preußischem Rechte, 264.

und begründet eine gesetzliche Vermutung für die zur Ersitzung erforderliche zehnjährige, ununterbrochene Besitzzeit.[159] Derjenige, der sich auf Ersitzung beruft, muss folglich lediglich beweisen, dass er die Sache zu Beginn und Ende der Ersitzungszeit in Eigenbesitz hatte, d. h. die tatsächliche Verfügungsgewalt innehatte und Eigenbesitzwille bestand.[160] Als Rechtsfolge wird dann die Vermutung begründet, dass er auch in der Zwischenzeit Eigenbesitzer war.[161] Diese Vermutung ist zwar widerlegbar: Der Gegner kann hiergegen den Beweis des Gegenteils im Sinne des § 292 ZPO dahingehend führen, dass Besitz oder Eigenbesitzerwille zu einem – beliebigen – Zeitpunkt innerhalb der Ersitzungszeit gefehlt haben.[162] Im Rahmen dieser Untersuchung verdeutlicht diese Konstellation aber, dass, solange nicht der Beweis des Gegenteils angetreten wird, der Richter für die Frage des Eigenbesitzes im Rahmen der Ersitzung lediglich eine Beurteilung im Anfangs- und im Endzeitpunkt des betreffenden Zeitraums vorzunehmen hat, somit also nur Beurteilungszeitpunkte relevant sind. Und selbst im Rahmen des § 292 ZPO muss nicht zwangsläufig die Frage eines Beurteilungszeitraums bedeutsam werden: Der Gegner muss sich zur Widerlegung der Vermutung ebenfalls nur auf einen Zeitpunkt beziehen – seien es der Anfangs- oder Endzeitpunkt, sei es ein beliebiger zwischen diesen liegender.[163]

#### (2) Verknüpfung aufgrund gesetzlicher Formulierungen

Zumeist enthält jedoch die gesetzliche Festlegung eine Kombination von einem tatsächlichen Beurteilungszeitpunkt und einem tatsächlichen Beurteilungszeitraum: Zum Beispiel legt § 35 Abs. 1 GWB fest, dass die Vorschriften über die Zusammenschlusskontrolle Anwendung finden, wenn im letzten Geschäftsjahr vor dem Zusammenschluss die beteiligten Unternehmen insgesamt weltweit Umsatzerlöse von mehr als 500 Mio. Euro und im Inland ein beteiligtes Unternehmen Umsatzerlöse von mehr als 50 Mio. Euro und ein anderes beteiligtes Unternehmen Umsatzerlöse von mehr als 17,5 Mio. Euro erzielt haben. Beurteilungszeitpunkt für die Zusammenschlusskontrolle ist also derjenige des Zusammenschlusses, d. h. derjenige des Vollzugs.[164] In diesem Beurteilungszeitpunkt wird nun aber wieder-

[159] *Lenders* in: jurisPK-BGB, BGB § 938 Rn. 1; Staudinger/*C Heinze*, BGB § 938 Rn. 1.

[160] Staudinger/*C Heinze*, BGB § 938 Rn. 1.

[161] BeckOGK/*Buchwitz*, BGB, § 938 Rn. 3; Erman/*Ebbing*, BGB § 938 Rn. 1.

[162] Vgl. MüKoBGB/*Harndorf*, BGB § 938 Rn. 2; BeckOGK/*Buchwitz*, BGB § 938 Rn. 4.

[163] S. auch BeckOGK/*Buchwitz*, BGB § 938 Rn. 4.

[164] *Steinvorth* in: Wiedemann, Handbuch des Kartellrechts, § 19 Rn. 137. Vgl. zum Begriff des Zusammenschlusses im Sinne von Vollzug auch Immenga/Mestmäcker/*Thomas*, GWB § 38 Rn. 21–23.

um ein Beurteilungszeitraum betrachtet, nämlich das letzte Geschäftsjahr. In diesem müssen die betreffenden Umsätze erzielt worden sein. Insofern werden hier dann durch die Formulierung „im letzten Geschäftsjahr vor dem Zusammenschluss“ ein Beurteilungszeitpunkt und ein Beurteilungszeitraum kombiniert.

Eine andere Kombination kann nunmehr aus zwei bislang beleuchteten Einzelaspekten zusammengeführt werden. So wurde im Rahmen der gesetzlich festgelegten Beurteilungszeitpunkte festgehalten, dass eine spezielle Terminologie etwa im Unterhaltsrecht besteht, in der der Begriff des Einsatzzeitpunkts verwendet wird.[165] Diesbezüglich wurde § 1572 BGB als Beispiel herangezogen, wonach die Voraussetzungen für einen nachehelichen Unterhaltsanspruch wegen Krankheit zum Zeitpunkt der Scheidung oder einem weiteren im Gesetz genannten Voraustatbestand erfüllt sein müssen.[166] Damit handelt es sich, wie bereits dargelegt,[167] bei diesem als Einsatzzeitpunkt bezeichneten Beurteilungszeitpunkt grundsätzlich um denjenigen für das Vorliegen der Anspruchsvoraussetzungen. Im Rahmen dieser Anspruchsvoraussetzungen ist dann wiederum die Frage nach der Bedürftigkeit des Unterhaltsberechtigten und der Leistungsfähigkeit des Unterhaltsverpflichteten zu prüfen. Folglich hat dann, wie im Rahmen der Ausführungen zu den merkmalimmanenten Beurteilungszeiträumen ausgeführt,[168] die Ermittlung der Höhe des Unterhaltsanspruchs selbst, die ab diesem Zeitpunkt beansprucht werden kann, unter Einbeziehung der Begutachtung eines Beurteilungszeitraums zu erfolgen.

### (3) Prognose

In einigen der bisher angeführten Kombinationen lag der zu beurteilende Zeitraum selbst in der Vergangenheit, ein zukunftsgerichteter Beurteilungszeitraum war der jeweiligen Konstellation nicht immanent. Das kann an § 504 a BGB verdeutlicht werden, der den sechsmonatigen Beurteilungszeitraum hinsichtlich der Inanspruchnahme der Überziehungsmöglichkeit in der Retrospektive betrifft und als mögliche Rechtsfolge die Beratungspflicht enthält.

Zieht man aber das schon mehrfach bemühte Bild eines Zeitstrahls heran, so muss vorliegend auch die Frage einer möglichen Kombination von Beurteilungszeitpunkt(en) und zukünftigen Beurteilungszeiträumen in die Betrachtung mit aufgenommen werden. Um diese Konstellation näher zu untersuchen, können als Ansatzpunkt die Ausführungen zu § 1361 BGB im Rahmen der Betrachtung mög-

---

[165] Teil C/I./1./b).

[166] Ähnlich *Graba*, NJW 2016, 1212; s. zudem bereits oben Teil C/I./1./b).

[167] Teil C/I./1./b).

[168] Teil C/I./4./b)/bb).

licher Gesetzesformulierungen für das Vorliegen von Beurteilungszeiträumen dienen. Denn dort wurde unter anderem festgestellt, dass zur Berechnung des geschuldeten Unterhalts eine Zukunftsprognose erstellt wird, die auf Werten der Vergangenheit beruht.[169] Im Hinblick auf künftiges Geschehen wurde folglich der Terminus der Prognose herangezogen. Dabei existiert zwar – soweit ersichtlich – keine Legaldefinition des Begriffs der Prognose.[170] Er wird jedoch, wie in den Begriffsklärungen[171] erläutert, schon im allgemeinen Sprachgebrauch dahingehend definiert, dass es sich um die „(wissenschaftlich begründete) Voraussage einer künftigen Entwicklung, künftiger Zustände, des voraussichtlichen Verlaufs"[172] handelt.

Aufgrund dieser bereits der allgemeinen Definition immanenten Zukunftsgerichtetheit der Prognose rückt damit nun diese Rechtsfigur im Rahmen der vertieften Untersuchung möglicher Konstellationen des Zusammentreffens von Beurteilungszeitpunkten und Zeiträumen ins Zentrum der Untersuchung. Im vorliegenden Kontext ist somit der Frage nachzugehen, in welchem Verhältnis Beurteilungszeitpunkt(e) und Beurteilungszeiträum(e) im Umfeld einer (privatrechtlich zu verortenden) Prognose zueinander stehen. Dazu ist zunächst erforderlich, die grundsätzlichen Erkenntnisse zu Struktur und Charakteristika einer privatrechtlichen Prognose zusammenzutragen bzw. herauszuarbeiten. Im Anschluss daran kann untersucht werden, ob bzw. wie diese grundsätzlichen Erkenntnisse in der bisher gefundenen Struktur von Beurteilungszeitpunkten und -zeiträumen abgebildet werden können bzw. sich in diese einfügen.

#### (a) Prognose und Prognoseprinzip im Zivilrecht

Die Prognosethematik betrifft aus wissenschaftlicher Perspektive zahlreiche Fachgebiete.[173] Innerhalb der Rechtswissenschaften spielt sie in allen drei Fachsäulen

---

[169] *Dose* in: Wendl/Dose, Das Unterhaltsrecht in der familienrichterlichen Praxis, § 1 Rn. 24. Vgl. Teil C/I./4./b)/bb).

[170] Vgl. ebenfalls *Schmidt,* Der Beurteilungszeitpunkt der Kündigung des Arbeitsverhältnisses und die Berücksichtigung nachträglicher Umstände, 100.

[171] Vgl. Teil B/I./2.

[172] Vgl. „Prognose", in: Duden, Deutsches Universalwörterbuch, 1418.

[173] Vgl. etwa die Beiträge in Bachleitner/Weichbold/Pausch (Hrsg.), Empirische Prognoseverfahren in den Sozialwissenschaften, die neben der Thematik der Prognose zu den Sozialwissenschaften auch z. B. Fragestellungen der Psychotherapiewissenschaften (*Giampieri-Deutsch,* Ansätze zur Frage der Voraussage in der Psychoanalyse und in den Psychotherapiewissenschaften vom geschichtsphilosophischen, klinischen und empirischen Standpunkt, 202ff.) und der Raumplanung (*Haslauer/Strobl,* GIS-basiertes Backcasting: Ein Instrument zur effektiven Raumplanung und für ein nachhaltiges Ressourcenmanagement, 278ff.)

eine Rolle[174]: Dort, wo es um die rechtliche Beurteilung eines künftigen Geschehens geht, bedarf es in der Regel einer Prognose.[175]

Dabei können Bezugspunkt einer prognostischen Entscheidung verschiedene Gegenstände sein. So kommt aus verwaltungsrechtlicher Perspektive eine beabsichtigte Planung ebenso in Betracht wie die Einschätzung eines künftig eintretenden Schadens etwa im Sinne einer Gefahrenprognose oder die Beurteilung von Personen, sodass beispielsweise eine Unterscheidung zwischen Planungs-, Gefahren- und Beurteilungsprognosen erwogen wird.[176] Auch im Zivilrecht finden sich zahlreiche Situationen, die eine Prognose erfordern: Verbleibt man im Umfeld des Begriffs des „Unterhalts", lässt sich auch hier die Berücksichtigung sogar zweier „Prognosezeiträume" in § 844 Abs. 2 BGB finden. Denn bei der Berechnung des Unterhaltsschadensausgleichs darf das Gericht nicht ohne Weiteres das bisher erzielte Einkommen zugrunde legen, es muss vielmehr die zukünftige Einkommensentwicklung abschätzen.[177] Zugleich ist eine – weitere – Prognose in Bezug auf die Einkommensentwicklung des Hinterbliebenen anzustellen.[178]

Als weiteres Beispiel aus dem Bereich der gesetzlichen Schuldverhältnisse kann etwa § 1004 Abs. 1 S. 2 BGB angeführt werden, der einen Anspruch zur präventiven Verhinderung künftiger rechtswidriger Eigentumsbeeinträchtigungen gewährt.[179] Bei diesem unterliegt die erforderliche Beeinträchtigungsgefahr einer Prognoseentscheidung.[180]

enthalten. S. zur Prognose in der Meteorologie etwas *Klose/Klose*, Meteorologie, 2ff. S. hierzu insgesamt auch *Holthusen,* Das Prognoseprinzip im vertraglichen Dauerschuldverhältnis, 19ff.

[174] So etwa im Öffentlichen Recht *Nierhaus*, DVBl 1977, 19ff.; *Tettinger*, DVBl 1982, 421. Vgl. zum Strafrecht beispielsweise *Dahle*, Psychologische Kriminalprognose, 1ff.; *Pollähne*, Kriminalprognostik 2011, 1ff., 20ff. Für das Privatrecht vgl. etwa *Gentges,* Prognoseprobleme im Kündigungsschutzrecht, 24ff.; *Honstetter*, Die Prognoseentscheidung des Arbeitgebers im Kündigungsrecht (passim); *Nicklaus*, Das Prognoseprinzip im arbeitsrechtlichen Kündigungsschutzrecht (passim); *Schmidt*, Der Beurteilungszeitpunkt der Kündigung des Arbeitsverhältnisses und die Berücksichtigung nachträglicher Umstände, insbes. 101ff.

[175] *Preis*, Prinzipien des Kündigungsrechts bei Arbeitsverhältnissen, 323.

[176] *Gentges*, Prognoseprobleme im Kündigungsschutzrecht, 42.

[177] MüKoBGB/*Wagner,* BGB § 844 Rn. 37.

[178] MüKoBGB/*Wagner,* BGB § 844 Rn. 37. Vgl. zu dieser Beziehung insgesamt auch etwa OLG Frankfurt, Urteil vom 26.7.2005 – 17 U 18/05, BeckRS 2011, 20439.

[179] BeckOGK/*Spohnheimer,* BGB § 1004 Rn. 255.

[180] BeckOK BGB/*Fritzsche,* BGB § 1004 Rn. 88. S. zu diesem Beispiel ebenfalls *Holthusen,* Das Prognoseprinzip im vertraglichen Dauerschuldverhältnis, 50; *Honstetter,* Die Prognoseentscheidung des Arbeitgebers im Kündigungsrecht, 109.

Im Umfeld der vertraglichen Schuldverhältnisse finden sich Prognoseentscheidungen häufig im Vertragsstadium der Beendigung.[181] Beispielhaft kann hier § 651 h Abs. 3 S. 1 BGB angeführt werden, der den Rücktritt vor Reisebeginn betrifft. Dort muss zum Kündigungszeitpunkt eine Prognoseentscheidung dergestalt getroffen werden, ob die erhebliche Beeinträchtigung zum eigentlichen Reisezeitpunkt vorliegen wird.[182]

Gerade im Arbeitsrecht wird im Rahmen der Diskussion um den Beurteilungszeitpunkt für die arbeitsrechtliche Kündigung die Frage der Prognose in mehreren Untersuchungen intensiv beleuchtet.[183] Grundlegend hat dabei insgesamt *Preis* den Begriff des „Prognoseprinzips" geprägt,[184] auch wenn die Idee der Prognoseabhängigkeit arbeitgeberseitiger Kündigungen schon seit Beginn des 20. Jahrhunderts existiert.[185] Nach diesem Prognoseprinzip sind für die Rechtfertigung einer Kündigung nicht in der Vergangenheit liegende Ereignisse, sondern allein die zukünftigen Auswirkungen vergangener oder gegenwärtiger Ereignisse ausschlaggebend.[186]

*Holthusen*[187] hat in jüngerer Zeit den Blickwinkel erweitert und das Prognoseprinzip im Kontext vertraglicher Schuldverhältnisse allgemein betrachtet. Er hat dabei aufgezeigt, dass – unter Berücksichtigung von Einschränkungen des An-

---

[181] Vgl. hierzu *Holthusen,* Das Prognoseprinzip im vertraglichen Dauerschuldverhältnis, 55 f.

[182] MüKoBGB/*Tonner,* BGB § 651 h Rn. 73.

[183] *Honstetter*, Die Prognoseentscheidung des Arbeitgebers im Kündigungsrecht (passim); *Loth,* Prognoseprinzip und Vertragskontrolle im befristeten Arbeitsverhältnis, 75ff.; *Nicklaus*, Das Prognoseprinzip im arbeitsrechtlichen Kündigungsschutzrecht (passim); *Schmidt*, Der Beurteilungszeitpunkt der Kündigung des Arbeitsverhältnisses und die Berücksichtigung nachträglicher Umstände, insbes. 101ff.

[184] *Preis,* Prinzipien des Kündigungsrechts bei Arbeitsverhältnissen, 322ff.

[185] Vgl. hierzu *Holthusen,* Das Prognoseprinzip im vertraglichen Dauerschuldverhältnis, 72. Dabei wird die vorläufige Landarbeitsverordnung von 1919 (RGBl. I 1919 (Nr. 21 S. 111ff.), insbesondere deren § 16 als erster normativer Anknüpfungspunkt für diese Idee gesehen, s. *Loth,* Prognoseprinzip und Vertragskontrolle im befristeten Arbeitsverhältnis, 95; vgl. hierzu ebenfalls *Holthusen,* Das Prognoseprinzip im vertraglichen Dauerschuldverhältnis, 72 Rn. 261. Der insofern bestehende Streit um die Belastung des Prognoseprinzips mit nationalsozialistischen Prägungen (vgl. hierzu insbesondere *Rüthers,* NJW 1998, 1433ff. und die Replik von *Preis*, NJW 1998, 1889ff. und die Darstellung des Streits bei *Nicklaus*, Das Prognoseprinzip im arbeitsrechtlichen Kündigungsschutzrecht, 1ff.) dürfte inzwischen überwunden sein, vgl. hierzu auch *Schmidt,* Der Beurteilungszeitpunkt der Kündigung des Arbeitsverhältnisses und die Berücksichtigung nachträglicher Umstände, 101.

[186] *Preis,* Prinzipien des Kündigungsrechts bei Arbeitsverhältnissen, 322.

[187] *Holthusen,* Das Prognoseprinzip im vertraglichen Dauerschuldverhältnis (passim).

wendungsbereichs – insgesamt von einem derartigen Prinzip in vertraglichen Dauerschuldverhältnissen gesprochen werden kann.[188]

Blickt man nochmals auf den arbeitsrechtlichen Bereich, so findet sich dort eine auch für die vorliegende Untersuchung fruchtbar zu machende Beschreibung eines Prognosemodells: das „Modell einer zweistufigen Entscheidungsfindung."[189] Nach diesem ist es der Prognose immanent, dass auf der ersten Stufe vergangene und gegenwärtige Geschehnisse festzustellen sind, die zugleich die Basis für die im Folgenden dann vorzunehmende Zukunftsprognose bilden.[190] Steht damit – aus arbeitsrechtlicher Perspektive – fest, dass das Vertragsverhältnis durch kündigungsrelevante Umstände nachhaltig gestört ist, erfolgt die Prüfung der zweiten Stufe.[191] Auf dieser zweiten Stufe wird dann geprüft, wie die Vertragsbeziehung zwischen Arbeitgeber und Arbeitnehmer künftig beeinträchtigt wird und damit projiziert, wie sich die weitere Entwicklung der Vertragsbeziehung aufgrund der festgestellten Tatsachen nach objektiven Gesetzlichkeiten und Erfahrungswerten wahrscheinlich darstellt.[192]

Auch wenn diese Beschreibung für den arbeitsgerichtlichen Bereich vorgenommen wurde, so ist diese zunächst grundsätzliche Zweistufigkeit auch anderen Prognoseentscheidungen immanent: Letztlich wird rechtsgebietsübergreifend davon ausgegangen, dass die in der Gegenwart gewonnene Erkenntnis der Zukunft auf der Grundlage der Geschehnisse der Vergangenheit gewonnen wird.[193] Insofern erfolgt hier eine „Synthese" von Vergangenheit, Gegenwart und Zukunft.[194]

---

[188] *Holthusen,* Das Prognoseprinzip im vertraglichen Dauerschuldverhältnis (passim), insbes. 165.

[189] *Feuerborn,* Sachliche Gründe im Arbeitsrecht, 225; *Honstetter,* Die Prognoseentscheidung des Arbeitgebers im Kündigungsrecht, 15. S. hierzu insgesamt ebenfalls *Nicklaus,* Das Prognoseprinzip im arbeitsrechtlichen Kündigungsschutzrecht, 37.

[190] S. ebenfalls *Feuerborn,* Sachliche Gründe im Arbeitsrecht, 225; *Honstetter,* Die Prognoseentscheidung des Arbeitgebers im Kündigungsrecht, 15. S. hierzu insgesamt ebenfalls *Nicklaus,* Das Prognoseprinzip im arbeitsrechtlichen Kündigungsschutzrecht, 37.

[191] Vgl. *Nicklaus,* Das Prognoseprinzip im arbeitsrechtlichen Kündigungsschutzrecht, 37.

[192] *Feuerborn,* Sachliche Gründe im Arbeitsrecht, 225; *Honstetter,* Die Prognoseentscheidung des Arbeitgebers im Kündigungsrecht, 15. S. hierzu insgesamt ebenfalls *Nicklaus,* Das Prognoseprinzip im arbeitsrechtlichen Kündigungsschutzrecht, 37.

[193] S. etwa *Nierhaus,* DVBl 1977, 19, 22; *Picot,* DB 1977, 2149; *Tettinger,* DVBl 1982, 421, 423.

Vgl. hierzu insgesamt *Schmidt,* Der Beurteilungszeitpunkt der Kündigung des Arbeitsverhältnisses und die Berücksichtigung nachträglicher Umstände, 102.

[194] *Honstetter,* Die Prognoseentscheidung des Arbeitgebers im Kündigungsrecht, 14.

Charakteristisch für eine Prognose ist damit, dass eine Aussage über den zukünftigen Eintritt eines Zustands oder Ereignisses getroffen wird, die auf vergangenen Vorkommnissen oder Erkenntnissen beruht, ohne dass die Entwicklung mit vollkommener Sicherheit vorhergesagt werden kann.[195] Insofern ist der Prognose inhärent, dass sie sich aufgrund neuer tatsächlicher Entwicklungen als unzutreffend herausstellen kann.[196] Welcher Wahrscheinlichkeitsgrad dabei im Rahmen der jeweiligen Prognose zu fordern ist, stellt rechtsgebietsübergreifend eine der zentralen Problematiken dar.[197]

Insgesamt grenzt sich die Prognose damit in zweierlei Hinsicht von der Diagnose ab, die eine Erklärung von Ursache-Wirkungszusammenhängen der Vergangenheit oder Gegenwart zum Gegenstand hat.[198] Dieser ermangelt es zum einen an der Zukunftsgerichtetheit, zum anderen bezieht sich die Diagnose im Wesentlichen auf die Analyse von Gesetzlichkeiten, Fakten und Erfahrungswerten und damit auf die Feststellung und Bewertung vorhandener Tatsachen, sodass ihr damit nicht die Antizipation künftiger Geschehnisse immanent ist.[199]

#### (b) Prognose im Kontext des Beurteilungszeitpunkts

Es stellt sich nun die Frage, wie sich diese grundsätzlichen Erkenntnisse in den Kontext der vorliegend betrachteten Thematik einfügen, insbesondere in die Konstellationen der Verbindungen von Beurteilungszeitpunkten und Beurteilungszeiträumen. Hierbei kann das Modell der zweistufigen Entscheidungsfindung als Ansatzpunkt dienen. Insofern sind zunächst die vergangenheits- bzw. gegenwartsbezogene Prognosegrundlage einerseits und die zukunftsgerichtete Projektion der weiteren Entwicklung andererseits daraufhin zu untersuchen, ob es sich bei diesen um Beurteilungszeiträume handelt, bevor dann zudem der Prognosezeitpunkt in den Blick genommen werden wird.

---

[195] Vgl. diesbezüglich auch *Nicklaus*, Das Prognoseprinzip im arbeitsrechtlichen Kündigungsschutzrecht, 3, der jedoch die Wendung der „vergangenen Erkenntnisse" nicht mit einbezieht.

[196] BAG, Urt. v. 7.3.1996 – 2 AZR 298/95, juris Rn. 16.

[197] Vgl. hierzu insbesondere die rechtsgebietsübergreifende Darstellung von *Holthusen,* Das Prognoseprinzip im vertraglichen Dauerschuldverhältnis, 173ff. S. ebenfalls zu der Frage des Maßes an Gewissheit speziell im zivilrechtlichen Bereich *Regenfus,* JR 2012, 137, 139ff.

[198] Vgl. hierzu *Tettinger,* DVBl 1982, 421, 423.

[199] *Nierhaus,* DVBl 1977, 19, 23; *Tettinger,* DVBl 1982, 421, 423. Vgl. ebenfalls *Honstetter,* Die Prognoseentscheidung des Arbeitgebers im Kündigungsrecht, 13.

(aa) Prognosegrundlage

Fraglich ist daher in einem ersten Schritt, ob die Prognosegrundlage allgemein als Beurteilungszeitraum angesehen werden kann. Dabei ist zunächst festzustellen, dass bisweilen für die Vornahme einer Prognoseentscheidung die Betrachtung eines Zeitraums als erforderlich angesehen wird. Das kann am Beispiel der personenbedingten Kündigung nach § 1 Abs. 2 S. 1 KSchG wegen Krankheit verdeutlicht werden: Die personenbedingte Kündigung gibt dem Arbeitgeber die Möglichkeit, das Arbeitsverhältnis aufzulösen, wenn der Arbeitnehmer Eigenschaften oder Fähigkeiten nicht (mehr) besitzt, die zur Erbringung der geschuldeten Arbeitsleistung in Zukunft erforderlich sind.[200] Auch wenn damit der Grund für die Kündigung aus der Sphäre des Arbeitnehmers stammt, soll diese Kündigung folglich keine Sanktion für ein bestimmtes Verhalten sein.[201]

Ein spezieller Fall dieser personenbedingten Kündigung ist derjenige der Kündigung wegen Krankheit des Arbeitnehmers.[202] Wie grundsätzlich im Rahmen einer arbeitgeberseitigen Kündigung im Sinne des Kündigungsschutzgesetzes ist auch hier für das Vorliegen der sozialen Rechtfertigung unter anderem eine negative Prognose erforderlich.[203] Konkret ist dabei eine nach medizinischen Grundsätzen begründete negative Gesundheitsprognose Voraussetzung für die soziale Rechtfertigung einer solchen Kündigung.[204] Diese ist dann zu bejahen, wenn zum Zeitpunkt des Zugangs der Kündigung bezogen auf die bisher ausgeübte Tätigkeit aufgrund objektiver Tatsachen die Besorgnis weiterer krankheitsbedingter Fehlzeiten im bisherigen Umfang besteht.[205] Und genau für die „nach medizinischen Grundsätzen" begründete Prognose werden die bisherigen, objektiv feststellbaren Krankheitszeiten relevant.[206] Denn es werden hierbei die in der Vergangenheit liegenden Fehlzeiten miteinbezogen, wobei sich Fallgruppen unter anderem zu Langzeiterkrankungen und häufigen Kurzerkrankungen gebildet haben.[207] Damit werden

[200] *Junker,* Grundkurs Arbeitsrecht, Rn. 365.

[201] MüKoBGB/*Hergenröder,* KSchG § 1 Rn. 150.

[202] Vgl. hierzu etwa *Waltermann,* Arbeitsrecht, Rn. 363. S. ebenfalls *Richter,* Neues zur krankheitsbedingten Kündigung, ArbRAktuell, 2023, 255ff.

[203] Vgl. zur Voraussetzung der negativen Prognose etwa *Schmidt,* Der Beurteilungszeitpunkt der Kündigung des Arbeitsverhältnisses und die Berücksichtigung nachträglicher Umstände, 102 f. Vgl. ebenfalls *Linck* in: Schaub, Arbeitsrechts-Handbuch, § 130 Rn. 34.

[204] APS/*Vossen,* KSchG, § 1 Rn. 139.

[205] APS/*Vossen,* KSchG § 1 Rn. 140.

[206] APS/*Vossen,* KSchG § 1 Rn. 139. Vgl. ebenfalls *Richter,* Neues zur krankheitsbedingten Kündigung, ArbRAktuell, 2023, 255, 256.

[207] *Junker,* Grundkurs Arbeitsrecht, Rn. 367.

im Rahmen dieser Fallgruppe als Prognosegrundlage dann bestimmte, in der Vergangenheit liegende Zeiträume betrachtet, um eine Aussage über die künftige Entwicklung treffen zu können. Zwar kann aus den Fehlzeiten der Vergangenheit allein nicht gefolgert werden, dass der Arbeitnehmer zwingend auch in Zukunft eine derartige Fehlquote aufweisen wird, sie können aber für eine gleichartige Fortführung des Krankheitsbilds in Zukunft sprechen.[208]

In diesem speziellen Fall der Kündigung haben sich bestimmte Zeitraumfenster herausgebildet, die im Rahmen der Prognose zu betrachten sind. Sie werden häufig als „Referenzzeitraum" bezeichnet.[209] So beträgt beispielsweise der bei der Prognose zu berücksichtigende Referenzzeitraum für die Gruppe der „häufigen Kurzerkrankungen", d. h. bei Vorliegen von Leistungsausfällen des Arbeitnehmers von jeweils kurzer Dauer,[210] nach Ansicht des BAG in der Regel drei Jahre vor Kündigungszugang.[211] Dieser Referenzzeitraum ist dann zugleich ein Beurteilungszeitraum, der im Rahmen der Prognosegrundlage zu betrachten ist und der dem nach überwiegender Ansicht maßgeblichen Beurteilungszeitpunkt des Kündigungszugangs unmittelbar vorausgeht.

Dieses für den speziell betrachteten Einzelfall gefundene Ergebnis ist jedoch nicht verallgemeinerungsfähig. Das zeigt bereits ein Blick auf die verhaltensbedingte Kündigung des Arbeitgebers. Diese zweite Alternative der Kündigungsgründe des § 1 Abs. 2 S. 1 KSchG liegt dann vor, wenn der Arbeitnehmer eine vertragliche Haupt- oder Nebenpflicht nicht unerheblich verletzt, sodass eine hierauf gestützte Kündigung dann sozial gerechtfertigt sein kann, wenn eine störungsfreie Vertragserfüllung in Zukunft nicht zu erwarten ist, mildere Mittel ausgeschöpft sind und die Lösung des Arbeitsverhältnisses angemessen ist.[212] Auch die verhaltensbedingte Kündigung hat damit keinen Sanktionscharakter, erfordert vielmehr eine negative Prognose.[213] Sie erfordert, dass aus der konkreten Vertragspflichtverletzung und der daraus resultierenden Vertragsstörung ge-

---

[208] *Nicklaus*, Das Prognoseprinzip im arbeitsrechtlichen Kündigungsschutzrecht, 58.

[209] Vgl. etwa MüKoBGB/*Hergenröder*, KSchG § 1 Rn. 197; APS/*Vossen*, KSchG § 1 Rn. 206 f.

[210] Vgl. auch *Nicklaus*, Das Prognoseprinzip im arbeitsrechtlichen Kündigungsschutzrecht, 57.

[211] Vgl. etwa BAG, Urt. v. 25.4.2018 – 2 AZR 6/18, NZA 2018, 1056 Rn. 23. A. A. etwa LAG Düsseldorf, das zwei Jahre als ausreichend ansieht, vgl. LAG Düsseldorf, Urt. v. 17.5.2022 – 14 Sa 825/21, NZA-RR 2022, 522 Rn. 50. S. hierzu insgesamt auch *Richter*, Neues zur krankheitsbedingten Kündigung, ArbRAktuell, 2023, 255, 256.

[212] *Junker*, Grundkurs Arbeitsrecht, Rn. 368.

[213] *Linck* in: Schaub, Arbeitsrechts-Handbuch, § 133 Rn. 5.

schlossen werden kann, dass der Arbeitnehmer auch nach einer in der Regel zuvor erfolgten Abmahnung den Arbeitsvertrag auch in Zukunft erneut in gleicher oder ähnlicher Weise verletzen wird.[214] Die – objektiv festzustellende – Vertragspflichtverletzung stellt die Basis für die Zukunftsprognose dar und betrifft folglich die erste Stufe im Sinne des Modells einer zweistufigen Entscheidungsfindung.[215] Dabei kann zwar ebenfalls ein schwerwiegendes Fehlverhalten in der Vergangenheit allein die Kündigung noch nicht rechtfertigen, ihm kommt aber (ähnlich wie den Fehlzeiten im Rahmen einer personenbedingten Kündigung wegen Krankheit für die Fortführung des betreffenden Krankheitsbilds für die Zukunft) eine Indizwirkung für künftiges Fehlverhalten zu.[216]

Eine solche Vertragspflichtverletzung kann jedoch in vielfältiger Weise erfolgen: Sie kann ebenso in einer lang andauernden Schlechtleistung[217] liegen wie etwa auch in einer Arbeitsverweigerung,[218] der Beleidigung des Vorgesetzten[219] oder einem Diebstahl.[220] Während nun die erstgenannte Beispielfallgruppe die Betrachtung eines Zeitraums erfordert und dies bei der zweitgenannten auch in der Regel der Fall sein wird, stellt sich das Erfordernis eines Zeitraums bei den beiden letztgenannten schon als problematischer dar. Gegebenenfalls lässt sich anführen, dass auch der Ausspruch einer Beleidigung ebenfalls nicht auf einen kurzen Zeitpunkt begrenzt sein kann und sich ein Diebstahl auch über eine längere Zeitspanne als nur einen kurzen Zeitpunkt erstrecken kann. Dennoch zeigen bereits diese beiden Beispiele, dass hier eben nicht ein an den für die Kündigung maßgeblichen Beurteilungszeitpunkt direkt angeschlossener, vorgelagerter Zeitraum zu betrachten sein wird, allenfalls ein hiervon getrennter.

Dass insgesamt bezüglich der Prognosegrundlage keine verallgemeinernde Aussage mit Blick auf den Beurteilungszeitraum möglich ist, wird noch deutlicher, wenn man auf die Prognose im Rahmen des § 1004 Abs. 1 S. 2 BGB schaut. Ent-

---

[214] BAG, Urt. v. 23.6.2009 – 2 AZR 103/08, NZA 2009, 1198 Rn. 32; *Linck* in: Schaub, Arbeitsrechts-Handbuch, § 133 Rn. 5.

[215] Vgl. auch *Nicklaus*, Das Prognoseprinzip im arbeitsrechtlichen Kündigungsschutzrecht, 106.

[216] Vgl. etwa *Preis*, Prinzipien des Kündigungsrechts bei Arbeitsverhältnissen, 330; *Schmidt*, Der Beurteilungszeitpunkt der Kündigung des Arbeitsverhältnisses und die Berücksichtigung nachträglicher Umstände, 106.

[217] BAG, Urt. v. 11.12.2003 – 2 AZR 667/02, BB 2004, 1682, 1683 f.

[218] BAG, Urt. v. 22.10.2015 – 2 AZR 569/14, NZA 2016, 417ff.

[219] BAG, Urt. v. 24.6.2004 – 2 AZR 63/03, NZA 2005, 158ff.

[220] S. zum Diebstahl etwa BAG, Urt. v. 20.9.1984 – 2 AZR 233/83, NJW 1985, 1852, 1853; BAG, Urt. v. 21.6.2012 – 2 AZR 153/11 NJW 2012, 3594 Rn. 14ff. Vgl. hierzu insgesamt auch BeckOK GewO/*Hoffmann*, GewO § 105 Rn. 269.

gegen dem Wortlaut dieser Norm ist anerkannt, dass ein (vorbeugender) Unterlassungsanspruch auch dann bestehen kann, wenn es noch nicht zu einer Beeinträchtigung gekommen ist.[221] Als Beispiel für einen hierauf zu stützenden Unterlassungsanspruch können etwa die Konstellationen angeführt werden, in denen eine Grenzmauer oder ein grenznaher Baum auf ein Grundstück zu fallen droht.[222] Hier ist auf der Stufe der Prognosegrundlage folglich ein Zustand zu betrachten. Dieser Zustand ist dann im Beurteilungszeitpunkt im Hinblick auf die Wahrscheinlichkeit des Eintritts der Beeinträchtigung zu begutachten,[223] damit also eine Projektion der zukünftigen Ereignisse im Sinne der zweiten Stufe des Modells der zweistufigen Entscheidungsfindung vorzunehmen.

Die Beurteilung dieses Zustands wird dann aber nicht zwangsläufig die Geschehnisse im Vorfeld miteinbeziehen. Sie kann es gegebenenfalls, wenn etwa in dem genannten Beispielsfall ein Naturereignis zur Gefahrensituation geführt hat. Sie muss es aber nicht, vielmehr kann auch eine auf allgemeinen Erkenntnissen beruhende Projektion der künftigen Entwicklung einzig aufgrund der aktuellen Zustandsbetrachtung und den konkreten derzeitigen Umständen[224] vorgenommen werden: Grundlegend ist dabei, dass eine Prognose bzw. Prognoseentscheidung zur Vermeidung von Willkür auf Tatsachen und Erfahrungssätzen beruhen muss.[225] Dazu wird zwar zum einen die Entwicklung der zu prognostizierenden Umstände in der Vergangenheit zentral für die Prognosegrundlage sein können.[226] Zum anderen können je nach Konstellation aber auch allgemeine Erfahrungssätze, Kenntnisse und Erfahrungen etwa aus vergleichbaren Vertragsverhältnissen oder Branchen die (einzige) Grundlage einer sachlich gerechtfertigten Prognose bilden.[227] Als Prognosegrundlage kommen damit neben Geschehnissen, die mit dem konkret zu betrachtenden Fall verbunden sind, auch bzw. alternativ Erkenntnisse in Be-

---

[221] Vgl. etwa BGH, Urt. v. 17.9.2004 – V ZR 230/03, NJW 2004, 3701, 3702; s. auch *Bayer* in: jurisPK-BGB, BGB § 1004 Rn. 21; Jauernig/*Berger*, BGB § 1004 Rn. 11; Eckpfeiler/*Klinck*, U 214; Staudinger/*Thole*, BGB § 1004 Rn. 464.

[222] Vgl. hierzu auch BeckOGK/*Spohnheimer*, BGB § 1004 Rn. 256.2. S. zum „Umstürzende Bäume-Fall" *Frank*, ZUR 2019, 518, 519.

[223] MüKoBGB/*Raff*, BGB § 1004 Rn. 297.

[224] Vgl. zur Prognoseentscheidung im Rahmen des § 1004 BeckOK BGB/*Fritzsche*, BGB § 1004 Rn. 88.

[225] Ebenroth/Boujong/*Semmler*, HGB, § 89 b Rn. 45.

[226] BGH, Urt. v. 6.8.1997 – VIII ZR 150/96, NJW 1998, 66, 68; Ebenroth/Boujong/*Semmler*, HGB, § 89b Rn. 45.

[227] Vgl. speziell zur Prognosegrundlage im Rahmen des § 89b HGB Ebenroth/Boujong/*Semmler*, HGB, § 89 b Rn. 45. S. zur Rechtfertigung einer Prognose durch Anwendung allgemeiner Erfahrungssätze auf Ebene der Prognosegrundlage auch *Koller*, Theorie des Rechts, 208 f.

tracht, die in gänzlich anderem Zusammenhang gewonnen wurden und die dann auf den zu betrachtenden Fall übertragen werden, indem die aktuell vorliegenden Umstände betrachtet werden. In diesem Fall ist dann der Prognoseentscheidung kein konkreter, mit dem Fall verbundener Beurteilungszeitraum vorgelagert. Es wird vielmehr ein bestehender Zustand betrachtet und gegebenenfalls aufgrund anderweitig gewonnener Erkenntnisse beurteilt.

Folglich kann die Prognosegrundlage in Form eines Beurteilungszeitraums auftreten, sie muss es aber nicht. Letzteres wird zumeist dann gegeben sein, wenn ausschließlich eine Beurteilung der zukünftigen Entwicklung eines aktuellen Zustands vorzunehmen ist, der sich auf allgemeine Erfahrungssätze stützt.

#### (bb) Projektion künftiger Entwicklungen

Damit ist nun der Blick auf die zweite Stufe des Modells der zweistufigen Entscheidungsfindung zu richten und die zukunftsgerichtete Projektion der künftigen Entwicklung vor dem Hintergrund ihrer möglichen Einordnung als Beurteilungszeitraum zu betrachten. Hier könnte bereits die Wendung der „künftigen Entwicklung“ das Vorliegen eines Zeitraums implizieren. Zudem wird im Gesetz selbst für diese Projektion auch bisweilen der Begriff des „Prognosezeitraums“ gewählt wie etwa in § 18 Abs. 2 S. 2 InsO. Dieser legt die Frist für die Prognose der drohenden Zahlungsunfähigkeit des Schuldners als Eröffnungsgrund für das Insolvenzverfahren in einer gesetzlichen Regelvermutung auf 24 Monate fest.[228] In Rechtsprechung[229] und Literatur wird der Begriff des Prognosezeitraums ebenfalls des Öfteren im Zusammenhang mit unterschiedlichen Normen, die eine Prognose erfordern, gewählt.[230]

#### (aaa) Grundsätzliche Einordnung

Problematisch in Bezug auf die Einordnung dieser Stufe der Prognoseentscheidung als Beurteilungszeitraum erscheinen dabei die Fälle, in denen die Prognose für den Eintritt eines bestimmten Ereignisses zu erstellen ist wie etwa der Eintritt einer Beeinträchtigung im Sinne des § 1004 Abs. 1 S. 2 BGB oder auch der Zahlungsunfähigkeit im Sinne des § 18 Abs. 2 InsO. Gerade das letztgenannte Beispiel verdeutlicht dabei aber, dass zwischen dem, insofern punktuellen, Eintritt des Ereignisses

---

[228] Vgl. hierzu etwa BeckOK InsR/*Wolfer*, InsO § 18 Rn. 23.

[229] Vgl. etwa BGH, Urt. v. 22.3.2006 – VIII ZR 173/04, NJW-RR 2006, 1328 Rn. 19 f.; BGH, Urt. v. 28.6.2022 – II ZR 112/21, NZI 2022, 787 Rn. 14.

[230] Vgl. etwa Ebenroth/Boujong/*Semmler*, HGB § 89b Rn. 44; MüKoWettbR/*Montag/von Bonin*, FKVO Art. 2 Rn. 223; MüKoHGB/*Palmes*, HGB § 289 Rn. 91; Immenga/Mestmäcker/*Thomas*, GWB § 39 Rn. 37ff.

selbst und dem Zeitraum, der zu betrachten ist, in dem das betreffende Ereignis mit einer bestimmten Wahrscheinlichkeit eintreten wird, getrennt werden muss. Dieser in diesem konkreten Fall sogar bereits durch das Gesetz in § 18 Abs. 2 S. 2 InsO als Prognosezeitraum bezeichnete Zeitraum ist ein Beurteilungszeitraum und auch dann in der Prognose zu betrachten, wenn es um den Eintritt eines Ereignisses geht.

Ähnlich stellt sich die Situation in § 1004 Abs. 1 S. 2 BGB dar: Hier ist neben dem Grad der Wahrscheinlichkeit, mit der die befürchtete Störung eintreten wird, die zeitliche Nähe, mit der der Eintritt der befürchteten Störung zu erwarten ist, das elementare Kriterium für die Frage der Erstbeeinträchtigungsgefahr.[231] Dabei wird eine relevante Erstgefahr grundsätzlich dann angenommen, wenn der Eintritt der befürchteten Störung alsbald zu erwarten ist.[232] Sowohl die Verwendung des Terminus „zeitliche Nähe" als auch „alsbald" implizieren zwar die Betrachtung einer kürzeren Zeitspanne. Diese ist aber nicht dergestalt, dass nur eine zeitlich punktuelle Betrachtung im Sinne einer „sehr kurzen Dauer" von Zeitpunkten erforderlich wäre. Vielmehr ist auch der Konstellation der vorbeugenden Unterlassungsklage die Betrachtung eines Schadensrisikos „bezogen auf einen bestimmten Zeitabschnitt"[233] und damit eines Zeitraums von gewisser Dauer, die über denjenigen des reinen Zeitpunktes hinausgeht, immanent. Da damit folglich auch bei den zunächst fraglichen Konstellationen ein Beurteilungszeitraum zu bejahen ist, ist letztlich davon auszugehen, dass es sich in der Regel bei einem Prognosezeitraum um einen Beurteilungszeitraum handeln wird.

#### (bbb) Gesetzliche Festlegung, insbesondere Prognosezeiträume

Dabei zeigt aber nicht zuletzt auch der Blick auf das Beispiel des vorbeugenden Unterlassungsanspruchs im Sinne von § 1004 Abs. 1 S. 2 BGB, dass die betreffenden Prognosezeiträume zumeist gerade nicht wie im Fall des 2021 neu gefassten § 18 Abs. 2 S. 2 InsO normiert sind. Sie können zudem sehr unterschiedlich ausgestaltet sein. Ähnlich wie in der Zeit vor der gesetzlichen Festlegung des Prognosezeitraums[234] in § 18 Abs. 2 S. 2 InsO besteht dann oftmals Uneinigkeit über die Länge des zu betrachtenden Zeitfensters. Das kann anhand von § 252 Abs. 1 Nr. 2 HGB veranschaulicht werden. Nach diesem gilt bei der Bewertung der im Jahresabschluss ausgewiesenen Vermögensgegenstände und Schulden, dass von der Fortführung der Unternehmenstätigkeit auszugehen ist, sofern dem nicht tat-

---

[231] Vgl. BeckOGK/*Spohnheimer*, BGB § 1004 Rn. 271.

[232] Staudinger/*Thole*, BGB § 1004 Rn. 465.

[233] Vgl. *Frank*, ZUR 2019, 518, 520.

[234] Vgl. zu den unterschiedlichen Ansichten vor der Kodifizierung etwa *Salm-Hoogstraeten* in: Braun, Insolvenzordnung, InsO § 18 Rn. 9; K. Schmidt/*K. Schmidt*, InsO § 18 Rn. 27.

sächliche oder rechtliche Gegebenheiten entgegenstehen. Nun gibt aber der Wortlaut der Vorschrift keinen Hinweis darauf, auf welchen genauen Zeitraum sich die Annahme der Fortführung der Unternehmenstätigkeit bezieht.[235] Daher wird etwa die Ansicht vertreten, dass der Beurteilungszeitraum 12 Monate betrage.[236] Wiederum andere erachten auch kürzere Zeiträume für ausreichend.[237]

Zudem ist selbst dann, wenn eine ausdrückliche Festlegung wie in § 18 Abs. 2 S. 2 InsO erfolgt, der betreffende Prognosezeitraum kein absolut starrer.[238] Das zeigt schon die in dieser Norm verwendete Formulierung „in aller Regel".[239] Aufgrund dessen wird man folglich im Einzelfall in Abhängigkeit von etwaigen Besonderheiten des Schuldners oder des jeweiligen Geschäftsbetriebs auf kürzere oder längere Zeiträume abstellen können.[240]

Im Hinblick auf die Entwicklung einer umfassenden Terminologie und Systematik ist damit vorliegend festzuhalten, dass teilweise bereits eine übereinstimmende Begrifflichkeit existiert: Grundsätzlich wird – wie gesehen – oftmals der Oberbegriff der „Prognosezeiträume" verwendet. Diese sind entweder explizit im Gesetz festgelegt wie im Fall des § 18 Abs. 2 S. 2 InsO. Bisweilen klingen sie implizit durch die verwendete Formulierung im Gesetzeswortlaut an, wie etwa in dem Begriff der „Fortführung" in § 252 HGB. In diesem Fall wird insbesondere in der Literatur übereinstimmend der Terminus der „Prognosebegriffe" verwendet und dieser dahingehend definiert, dass es sich um solche Begriffe handele, deren Anwendung die Prognose künftiger Ereignisse erfordert bzw. verlangt.[241]

#### (ccc) Speziell: Merkmalimmanente Prognosezeitraumerfordernisse

Aber nicht immer findet sich auch im Umfeld der Prognosezeiträume ein Hinweis auf deren Erforderlichkeit durch die Formulierung des Gesetzes. Diesbezüglich

---

[235] S. hierzu insbesondere *Baetge/Ziesemer/Schmidt* in: Baetge/Kirsch/Thiele, Bilanzrecht, § 252 HGB Rn. 58.

[236] BGH, Urt. v. 26.1.2017 – IX ZR 285/13, NJW 2017, 1611 Rn. 24; Beck Bil-Komm/*Kliem /Büssow*, HGB, § 252 Rn. 16.

[237] ADS, Rechnungslegung und Prüfung der Unternehmen, 6. Aufl., § 252 HGB Rn. 24.

[238] Vgl. diesbezüglich zur Regelung des § 18 Abs. 2 S. 2 InsO etwa *Salm-Hoogstraeten* in: Braun, Insolvenzordnung Rn. 9; K. Schmidt/*K. Schmidt,* InsO § 18 Rn. 27.

[239] K. Schmidt/*K. Schmidt,* InsO § 18 Rn. 27.

[240] *Bremen* in: Graf-Schlicker, InsO, § 18 Rn. 14; *Salm-Hoogstraeten* in: Braun, Insolvenzordnung Rn. 9.

[241] *Koller,* Theorie des Rechts, 208. S. zu der Terminologie des Prognosebegriffs ebenfalls *Koch/Rüßmann,* Juristische Begründungslehre, 206 f., *Holthusen,* Das Prognoseprinzip im vertraglichen Dauerschuldverhältnis, 38; *Röhl/Röhl,* Allgemeine Rechtslehre, 3. Auflage, 159; *Regenfus,* JR 2012, 137.

hatte *Regenfus* etwa festgestellt, dass sich in manchen Fällen die Notwendigkeit einer Prognose aus dem Normzusammenhang oder aus der Natur der Sache ergebe.[242] Im Kontext dieser Untersuchung fügen sich diese Konstellationen in die bisher herausgearbeitete Systematik und Terminologie ein und lassen sich als der Kategorie der merkmalimmanenten Zeitraumerfordernisse, konkret hier dann im Sinne einer Untergruppe als *merkmalimmanente Prognosezeitraumerfordernisse,* einordnen. Es handelt sich bei diesen folglich um Beurteilungszeiträume im Rahmen der Projektion künftiger Entwicklungen, die nicht aus der gesetzlichen Formulierung hervorgehen, die aber erforderlich sind, um die Subsumtion des jeweiligen Tatbestandsmerkmals in rechtsstaatlicher Art und Weise vornehmen zu können.[243] Als Beispiel kann hier etwa die negative Prognose, die allen Kündigungsgründen des § 1 KSchG immanent ist,[244] angeführt werden. Sie ist Teil der Beurteilung der sozialen Rechtfertigung[245] einer Kündigung. In der gesetzlichen Formulierung des § 1 KSchG findet sich weder ein ausdrücklicher Hinweis auf dieses Erfordernis, noch ist ein „Prognosebegriff" enthalten, der insbesondere aufgrund einer zeitlichen Komponente, die Durchführung der negativen Prognose implizieren würde. Die Betrachtung eines solchen Prognosezeitraums ist jedoch aufgrund der Zukunftsbezogenheit aller in § 1 KSchG geregelten Kündigungsgründe zwingend erforderlich,[246] denn nur so kann die soziale Rechtfertigung einer Kündigung in rechtsstaatlicher Weise beurteilt und subsumiert werden. Dabei werden dann in der Regel sowohl bei diesen merkmalimmanenten Prognosezeitraumerfordernissen als auch im Fall der „Prognosebegriffe", ebenso wie im Bereich der merkmalimmanenten Zeitraumerfordernisse festgestellt, die klassischen Auslegungsmethoden eine zentrale Rolle einnehmen zur weiteren Konkretisierung.[247]

---

[242] *Regenfus*, JR 2012, 137.

[243] Speziell für den Bereich der Prognose wurde diese Situation auch bereits etwa von *Holthusen,* Das Prognoseprinzip im vertraglichen Dauerschuldverhältnis, 38, für das Zivilrecht dahingehend beschrieben, dass der Prognosenormcharakter einer Vorschrift in vielen Fällen erst durch Auslegung der Norm ausfindig zu machen sei. Im Strafrecht trifft in ähnlicher Weise *Pollähne*, Kriminalprognostik, 13ff. eine Differenzierung, indem er bestimmte „Schlüsselbegriffe" und -wendungen einerseits beschreibt und von „versteckten Prognoseklauseln" andererseits spricht.

[244] Vgl. etwa *Junker*, Grundkurs Arbeitsrecht, Rn. 363; *Linck* in: Schaub, Arbeitsrechts-Handbuch, § 130 Rn. 34.

[245] Vgl. etwa *Junker*, Grundkurs Arbeitsrecht, Rn. 363.

[246] *Preis,* Prinzipien des Kündigungsrechts bei Arbeitsverhältnissen, 322.

[247] Vgl. zur Bedeutung der Auslegung zur Feststellung von Prognosetatbeständen auch *Holthusen,* Das Prognoseprinzip im vertraglichen Dauerschuldverhältnis, 42ff.

### (cc) Prognosezeitpunkt

Neben der Prognosegrundlage und dem Prognosezeitraum enthält jede Prognoseentscheidung – insofern das Modell der zweistufigen Entscheidungsfindung erweiternd und als drittes grundlegendes Element hinzutretend – den Prognosezeitpunkt. In diesem erfolgt die Projektion der künftigen Entwicklung.[248] Folglich handelt es sich bei diesem um einen Beurteilungszeitpunkt.

Dieser Prognosezeitpunkt kann der Schluss der mündlichen Verhandlung sein wie etwa im Fall des § 1004 Abs. 1 S. 2 BGB.[249] Auch hinsichtlich des nunmehr kodifizierten Prognosezeitraums des § 18 Abs. 2 S. 2 InsO geht das AG Köln von diesem Zeitpunkt aus.[250]

Das Zusammenfallen von Prognosezeitpunkt und Schluss der mündlichen Verhandlung ist jedoch nicht zwingend. Vielmehr kann auch der Zeitpunkt, ab dem der Prognosezeitraum sich in die Zukunft hinein erstreckt, ein von dem Schluss der mündlichen Verhandlung verschiedener sein. Für diese Fälle hat das zur Konsequenz, dass der Richter sich bildlich gesprochen in diesen Zeitpunkt (zurück-)versetzen muss, um auf der Grundlage der zu diesem Zeitpunkt vorliegenden Erkenntnisse die Prognoseentscheidung zu treffen.

Das kann insbesondere dann zu problematischen Ergebnissen führen, wenn sich ab dem betreffenden Prognosezeitpunkt eine andere Entwicklung vollzogen hat, als diejenige, die in dem betreffenden Zeitpunkt anzunehmen war. Klassisches Beispiel hierzu ist der Beurteilungszeitpunkt der arbeitgeberseitigen Kündigung: Die insofern bestehende Diskussion um den maßgeblichen Zeitpunkt für die Kündigung des Arbeitsverhältnisses ist damit gleichsam eine Diskussion um die Festlegung des konkreten Prognosezeitpunkts. Zwischen dem von der überwiegenden Ansicht verorteten Zugangszeitpunkt der Kündigung[251] und dem Ablauf der

---

[248] Vgl. zu den unterschiedlichen Aspekten einer Prognoseentscheidung auch MüKoBGB/*Ernst,* § 323 Rn. 144, der neben der Prognosegrundlage und dem Prognosezeitpunkt als dritte grundlegende Frage einer Prognoseentscheidung den Grad der Wahrscheinlichkeit anführt.

[249] BeckOK BGB/*Fritzsche,* § 1004 Rn. 88; Grüneberg/*Herrler,* Bürgerliches Gesetzbuch, BGB § 1004 Rn. 32.

[250] Vgl. hierzu AG Köln, Beschl. v. 3.3.2021 – 83 RES 1/21, NZI 2021, 433 Rn. 9.

[251] Vgl. etwa BAG, Urt. v. 29.4.1999 – 2 AZR 431/98, NZA 1999, 978, 980; BAG, Urt. v. 13.2.2008 – 2 AZR 543/06, NZA 2008, 821 Rn. 20; BAG, Urt. v. 16.2.2012 – 8 AZR 693/10, NZA-RR 2012, 465, 468 Rn. 40; BAG v. 17.2.2016 – 2 AZR 613/14, BeckRS 2016, 67744 Rn. 26. MüKoBGB/*Hergenröder*, KSchG § 1 Rn. 381; *Hoefs,* Die Verdachtskündigung, 270; APS/*Kiel,* KSchG § 1 Rn. 448; *Nicklaus,* Das Prognoseprinzip im arbeitsrechtlichen Kündigungsschutzrecht, 23; ErfK/*Oetker*, KSchG § 1 Rn. 91; BeckOK ArbR/*Rolfs*, KSchG § 1 Rn. 74; *Schmidt,* Der Beurteilungszeitpunkt der Kündigung des Arbeitsverhältnisses und

Kündigungsfrist[252] bzw. dem Schluss der mündlichen Verhandlung kann eine längere Zeitspanne verstreichen. In dieser kann dann etwa bei einer personenbedingten Kündigung wegen Krankheit diese Krankheit einen anderen Verlauf genommen haben, gegebenenfalls eine Heilung eingetreten sein.[253] Dennoch bilden einzig das Geschehen und die Erkenntnisse, die zum Zeitpunkt des Kündigungszugangs vorlagen, die Prognosegrundlage; die Kündigung ist dann bei Vorliegen der übrigen Voraussetzungen rechtmäßig erfolgt.[254]

Ein weiteres Beispiel für einen gegebenenfalls vom Schluss der mündlichen Verhandlung abweichenden Prognose- und damit Beurteilungszeitpunkt stellt die Regelung des § 252 HGB dar: Die Ansicht, die von einem Prognosezeitraum von 12 Monaten ausgeht,[255] ist hinsichtlich des Prognosezeitpunkts nicht homogen. So wird einerseits unter Hinweis auf das Stichtagsprinzip des § 252 Abs. 1 Nr. 3 HGB davon ausgegangen, dass dieser Beurteilungszeitraum ab dem Bilanzstichtag beginnt.[256] Andere verorten den Prognosezeitpunkt im Zeitpunkt der Aufstellung des Abschlusses mit der systematischen Begründung, dass dies auch dem Zeitraum entspreche, der mindestens bei einer ggf. erforderlichen Erstellung einer insolvenzrechtlichen Fortbestehungsprognose zu Grunde zu legen sei.[257]

Da somit bei dieser besonderen Verknüpfung von Beurteilungszeitpunkt und Beurteilungszeitraum der betreffende Beurteilungszeitpunkt nicht mit dem Schluss der mündlichen Verhandlung identisch sein muss, ist die betreffende Thematik vorliegend auch (schon) in diesem Teil der Untersuchung zu verorten: Es handelt sich hierbei um diejenigen Prognosen, die bei der Anwendung des materiellen Rechts zu treffen sind und sich so direkt auf die betreffende Sachentscheidung auswirken.[258]

Die jeweilige zeitliche Verortung des Prognosezeitpunkts ist eng verknüpft mit der Unterscheidung zwischen solchen Normen, bei denen das Gericht selbst die

---

die Berücksichtigung nachträglicher Umstände, 170.

[252] Dieser ist maßgeblich für das gegebenenfalls greifende Korrektiv des Wiedereinstellungsanspruchs, vgl. MAH ArbR/*Reinfeld*, § 34 Rn. 110.

[253] S. zu diesem Beispiel etwa *Oberhofer*, RdA 2006, 92, 93.

[254] Als Korrektiv kann dann aber gegebenenfalls der Wiedereinstellungsanspruch in Betracht kommen. Vgl. zum Wiedereinstellungsanspruch etwa *Oberhofer*, RdA 2006, 92ff.; *Preis*, Prinzipien des Kündigungsrechts bei Arbeitsverhältnissen, 349ff.

[255] Vgl. zu diesem Meinungsstreit bereits Teil C/I./4./b)/cc)/(3)/(b)/(bb)/(bbb).

[256] Vgl. *Pföhler/Seidler*, BB 2021, 299, 303, die allerdings für den Fall, dass eine Fortbestehungsprognose aufgestellt werden muss auf ebenfalls auf den Zeitpunkt der Beendigung des Aufstellungsbeschlusses abstellen.

[257] Beck Bil-Komm/*Kliem/Büssow*, HGB, § 252 Rn. 16.

[258] Vgl. *Regenfus*, JR 2012, 137. S. hierzu ebenfalls *Holthusen*, Das Prognoseprinzip im vertraglichen Dauerschuldverhältnis, 35.

Prognose vorzunehmen hat wie beispielsweise § 1004 Abs. 1 S. 2 BGB, und denjenigen Normen, die an eine Prognose anknüpfen und bezüglich derer das Gericht dann ihre Vertretbarkeit zu kontrollieren hat wie etwa § 1 Abs. 2 KSchG.[259] Bei ersterer handelt es sich um eine „originäre Prognoseentscheidung“ des Zivilrichters, hier wird in der Regel auf den Zeitpunkt des Schlusses der letzten mündlichen Verhandlung in der Tatsacheninstanz abzustellen sein.[260] Hat das Gericht hingegen die Vertretbarkeit einer Prognose zu überprüfen, wird hingegen der damalige Erkenntnisstand im Sinne eines zeitlich vor dem Schluss der mündlichen Verhandlung liegenden Beurteilungszeitpunkts maßgeblich sein, es handelt sich um eine „Prognosekontrolle“.[261]

Auch diese Unterscheidung führt nicht zu einer Einordung der Problematik als eine verfahrensrechtliche. Zwar kann es im prozessrechtlichen Bereich ebenfalls zu Prognosen kommen, konkret dann, wenn der Zivilrichter das Prozessverhalten der Parteien zu projektieren hat.[262] Diese Situation ist aber streng von den hier betrachteten Konstellationen der Prognosenormen des materiellen Rechts zu trennen.

#### (dd) Zwischenergebnis zur Prognose

Somit lässt sich festhalten, dass auch bei der Prognose grundsätzlich ein Beurteilungszeitpunkt mit einem in die Zukunft gerichteten Beurteilungszeitraum – dem Prognosezeitraum – verbunden ist. Dem Beurteilungszeitpunkt kann zudem ein Beurteilungszeitraum vorgelagert sein, wenn die Prognosegrundlage die Betrachtung von Geschehnissen beinhaltet. Dieser muss allerdings nicht unbedingt direkt an den Prognosezeitpunkt (vorgelagert) anknüpfen. Ist hingegen die zukünftige Entwicklung eines aktuellen Zustands zu bewerten, muss kein vorgelagerter Beurteilungszeitraum gegeben sein, er wird insbesondere fehlen, wenn sich die Prognose bei der Beurteilung der Entwicklung eines aktuellen Zustands auf allgemeine Erfahrungssätze stützen wird.

### (4) Der Schluss der mündlichen Verhandlung bei einem Zusammentreffen von Beurteilungszeitpunkten und -zeiträumen

In Parallele zu der Untersuchung des Verhältnisses des Schlusses der mündlichen Verhandlung im Umfeld der Beurteilungszeitpunkte des BGB und seiner materiell-

---

[259] Vgl. zu dieser Unterscheidung bereits *Regenfus*, JR 2012, 137, 138. S. auch *Tettinger*, DVBL 1982, 421, 424.

[260] *Holthusen*, Das Prognoseprinzip im vertraglichen Dauerschuldverhältnis, 35.

[261] S. zum Begriff der Prognosekontrolle *Nierhaus*, DVBl 1977, 19, 25; *Tettinger*, DVBL 1982, 421, 424. Vgl. insgesamt hierzu *Regenfus*, JR 2012, 137, 138.

[262] Vgl. *Regenfus*, JR 2012, 137.

rechtlichen Nebengebiete ist auch im Rahmen der Betrachtung des Zusammentreffens von Beurteilungszeitpunkten und -zeiträumen das Verhältnis dieser Konstellationen zum Schluss der mündlichen Verhandlung – insofern erweiternd zur bereits betrachteten speziellen Prognosesituation – zu betrachten. Hier zeigt sich, dass in den Konstellationen der Verbindung von Beurteilungszeitpunkten und Beurteilungszeiträumen ebenfalls allgemein festgestellt werden kann, dass der Schluss der mündlichen Verhandlung mit dem Anfangs- bzw. Endzeitpunkt einer Verknüpfung eines Beurteilungszeitraum zusammenfallen kann, aber nicht muss.

So kann etwa der Beurteilungszeitraum mit dem Schluss der mündlichen Verhandlung enden. Zur Verdeutlichung kann ein Beispiel aus dem Bereich des Markenrechts herangezogen werden: Dieses Rechtsgebiet ist von dem Grundsatz beherrscht, dass der Ausschließlichkeitsschutz einer Marke zwar mit deren Eintragung entsteht, er aber nur insoweit erhalten bleibt, als die Marke innerhalb einer bestimmten Frist auch wirklich für die eingetragenen Waren oder Dienstleistungen benutzt wird.[263] Diesbezüglich steht im Falle eines Verletzungsprozesses dem Beklagten dann unter anderem die Nichtbenutzungseinrede des § 25 Abs. 2 S. 2 MarkenG zu. Dieser formuliert, dass für den Fall, dass der (maßgebliche) Zeitraum der Nichtbenutzung von fünf Jahren nach Erhebung der Klage endet, der Kläger auf Einrede des Beklagten nachzuweisen hat, dass die Marke innerhalb der letzten fünf Jahre vor dem Schluss der mündlichen Verhandlung im Sinne des Gesetzes benutzt worden ist oder berechtigte Gründe für die Nichtbenutzung vorlagen. Der zu beurteilende „maßgebliche (wandernde) Benutzungszeitraum“[264] von fünf Jahren der Nichtbenutzung bzw. der rechtserhaltenden Benutzung[265] der betreffenden Marke ist damit ein Beurteilungszeitraum, dessen Endpunkt der Schluss der mündlichen Verhandlung ist.

Ein Beginn des Beurteilungszeitraums mit dem Schluss der mündlichen Verhandlung ist in erster Linie im Fall der zukunftsgerichteten „originären Prognoseentscheidungen“ denkbar, wie etwa im Fall des § 1004 Abs. 1 S. 2 BGB.

Darüber hinaus existieren aber auch zahlreiche Verknüpfungen, in denen der Beurteilungszeitpunkt, der mit einem Beurteilungszeitraum verbunden ist, nicht mit dem Schluss der mündlichen Verhandlung identisch ist. Zur Verdeutlichung kann nochmals auf das Beispiel des § 504a Abs. 1 S. 2 BGB verwiesen werden, der den maßgeblichen Zeitpunkt für das Vorliegen der Voraussetzungen nach Satz 1 – und damit insbesondere die ununterbrochene Inanspruchnahme der dem Darle-

---

[263] *Dück/Hoppe* in: Ekey/Bender/Fuchs-Wissemann, Markenrecht, § 25, 1. Einführung Rn. 1.

[264] Vgl. BeckOK MarkenR/*Bogatz,* MarkenG § 25 Rn. 24; Fezer/*Fezer/Hackbarth,* Markenrecht, § 25 Rn. 10.

[265] Vgl. BeckOK MarkenR/*Bogatz,* MarkenG § 25 Rn. 20.

hensnehmer eingeräumten Überziehungsmöglichkeit über einen Zeitraum von sechs Monaten – auf den jeweiligen Rechnungsabschluss festlegt, wenn der Rechnungsabschluss für das laufende Kalenderjahr vierteljährlich erfolgt.

### (5) Unbestimmte Rechtsbegriffe und Beurteilungszeitraum

Die Betrachtung des Zusammentreffens von Beurteilungszeitpunkten und Beurteilungsspielräumen abschließend, ist – ebenfalls in Parallele zu der Bestandsaufnahme der Beurteilungszeitpunkte im BGB und seiner materiell-rechtlichen Nebengebiete – noch die Gruppe der unbestimmten Rechtsbegriffe mit in die Betrachtung einzubeziehen. Denn diese können nicht nur merkmalimmanente Zeitpunkterfordernisse enthalten, es sind ebenfalls merkmalimmanente Zeitraumerfordernisse möglich. Diese können zudem in Form einer Verknüpfung von Beurteilungszeitpunkten und -zeiträumen gegeben sein.

#### (a) Verknüpfung von Beurteilungszeitpunkt und Beurteilungszeitraum aufgrund merkmalimmanenter Zeitpunkt- bzw. Zeitraumerfordernisse

Diesbezüglich kann zur Veranschaulichung nochmals auf das Beispiel der Verwirkung als Fallgruppe des § 242 BGB zurückgegriffen werden. Hier besteht, wie dargestellt,[266] einerseits die Frage, auf welchen Zeitpunkt für die Frage der Beurteilung des Verstoßes gegen § 242 BGB abzustellen ist. Zugleich zeigen die Voraussetzungen dieser Fallgruppe, dass in dem dann jeweils maßgeblichen Beurteilungszeitpunkt des § 242 BGB in die vorzunehmende Beurteilung zudem ein Beurteilungszeitraum miteinzubeziehen ist. Denn ein Recht ist dann verwirkt, wenn der Berechtigte es über einen längeren Zeitraum hinweg nicht geltend macht, obwohl er dazu in der Lage wäre (Zeitmoment), und der Verpflichtete sich mit Rücksicht auf das gesamte Verhalten des Berechtigten darauf einrichten durfte und eingerichtet hat, dass dieser sein Recht auch in Zukunft nicht mehr geltend machen werde (Umstandsmoment).[267] Das Zeitmoment betrifft folglich einen (Beurteilungs-)Zeitraum, wird doch eine Situation über längere Zeit betrachtet und dann wertend im Sinne der Verwirkung eingeordnet.

Hier ist folglich ein Zusammentreffen eines Beurteilungszeitraums und eines Beurteilungszeitpunkts aufgrund eines Tatbestandsmerkmals in Form eines unbestimmten Rechtsbegriffs zu konstatieren. Letztlich hat der unbestimmte Rechts-

---

[266] Vgl. Teil C/I./2./a)/cc)/(2).

[267] St. Rspr., vgl. etwa BGH, Urt. v. 27.6.1957 – II ZR 15/56; BGH, Urt. v. 16.6.1982 – IV b ZR 709/80, NJW 1982, 1999; BGH, Urt. v. 23.10.2002 – XII ZR 266/99, NJW 2003, 128; BGH, Urt. v. 12.7.2016 – XI ZR 564/15, NJW 2016, 3512 Rn. 37. S. auch Jauernig/*Mansel*, BGB § 242 Rn. 54.

begriff von „Treu und Glauben" dann in seiner Konkretisierung der „Verwirkung" in zeitlicher Hinsicht mehrere Dimensionen: Die Möglichkeit dazu folgt aus der bereits bei der Betrachtung der Beurteilungszeitpunkte angeführten „Reservefunktion" unbestimmter Rechtsbegriffe, den Rechtsanwender in die Lage zu versetzen, auf die Umstände des Einzelfalls reagieren zu können.[268] Das durch den Gesetzgeber insofern gewährte Konkretisierungsmandat[269] äußert sich in der vorliegend betrachteten Fallgruppe[270] dadurch, dass mehrere zeitliche Elemente zur Konkretisierung zusammentreffen.

#### (b) Grenzfälle: Speziell Lohnwucher gem. § 138 BGB

Dass dieses Konkretisierungsmandat in Bezug auf unbestimmte Rechtsbegriffe in zeitlicher Hinsicht bisweilen sogar die Grenzen zwischen Beurteilungszeitpunkt und Beurteilungszeitraum aufweichen bzw. zu einer Alternativität von Beurteilungszeitpunkt und -zeitraum je nach Blickwinkel führen kann, kann anhand des Merkmals der Sittenwidrigkeit nach § 138 BGB, konkret im Rahmen der Fallgruppe des sogenannten „Lohnwuchers", verdeutlicht werden: Eine Vergütungsabrede kann grundsätzlich wegen eines wucherähnlichen Rechtsgeschäfts nach § 138 Abs. 1 BGB oder wegen Wuchers nach § 138 Abs. 2 BGB nichtig sein.[271] Insofern ist jedoch streitig, ob eine ursprünglich vereinbarte Entgelthöhe sittenwidrig nach § 138 BGB werden kann.[272] Eine derartige Fragestellung impliziert bereits eine Vermischung von Beurteilungszeitpunkt und Beurteilungszeitraum: Wie bereits angeführt, ist zur Beurteilung der Sittenwidrigkeit grundsätzlich[273] auf den Zeitpunkt des Vertragsschlusses abzustellen. Diesen Grundsatz möchte ein Teil der Literatur auch im arbeitsrechtlichen Bereich der Lohnabreden anwenden[274] – und stellt damit einzig auf den Beurteilungszeitpunkt der Vornahme des Rechtsgeschäfts ab. Demgegenüber hat jedoch das BAG bereits mehrfach angeführt, dass bei arbeitsvertraglichen Vergütungsvereinbarungen auf den jeweils streitgegen-

[268] S. zu dieser Funktion auch *Barczak,* JuS 2020, 905, 910.

[269] *Middelschulte,* Unbestimmte Rechtsbegriffe und das Bestimmtheitsgebot, 68.

[270] Vgl. zur Konkretisierung durch Fallgruppenbildung etwa MüKo BGB/*Finkenauer,* § 313 Rn. 7; Dreier/*Schulze-Fielitz,* GG Art. 20 Artikel 20 Rn. 133ff.

[271] Vgl. auch Schaub/*Koch*, Arbeitsrecht von A-Z, Stichwort „Wucher" Rn. 1.

[272] S. hierzu insgesamt *Joussen*, SAE 2010, 95ff.

[273] Vgl. etwa BGH, Urt. v. 15.4.1987 – VIII ZR 97/86, NJW 1987, 1878, 1879; BGH, Urt. v. 28.2.1989 – IX ZR 130/88, NJW 1989, 1276, 1277; BGH, Urt. v. 5.10.2001 – V ZR 237/00, NJW 2002, 429, 431; *Stadler,* Allgemeiner Teil des BGB, § 26 Rn. 32.Vgl. bereits Teil A/I.

[274] Vgl. MüKoBGB/*Armbrüster*, BGB § 138 Rn. 260; *Fischinger,* JZ 2012, 546, 548; *Rieble/Picker,* ZfA 2014, 152, 201; Staudinger/*Fischinger*, BGB § 138 Rn. 560.

ständlichen Zeitraum abzustellen sei.[275] Nach seiner Ansicht könne eine Entgeltvereinbarung bei Vertragsschluss noch wirksam sein, jedoch im Laufe der Zeit, wenn sie nicht an die allgemein Lohn- und Gehaltsentwicklung angepasst werde, gegen § 138 BGB verstoßen.[276] Die überwiegende Ansicht in der Literatur[277] hat sich dieser Auffassung des BAG angeschlossen.[278]

Folglich ist nach Auffassung des BAG und der überwiegenden Literaturmeinung nicht der Zeitpunkt des Vertragsschlusses maßgeblich, vielmehr können diesem nachfolgende Entwicklungen berücksichtigt werden. Damit konkretisiert diese Auffassung den unbestimmten Rechtsbegriff der Sittenwidrigkeit in der Fallgruppe des Lohnwuchers anhand eines Beurteilungszeitraums, während die Gegenansicht auf einen Beurteilungszeitpunkt abstellt.

(c) Zwischenergebnis

Im Rahmen von unbestimmten Rechtsbegriffen kommen *merkmalimmanente Zeiterfordernisse* sowohl in Form von Beurteilungszeitpunkten als auch -zeiträumen vor. Zwischen diesen kann eine Verbindung bestehen. In anderen Konstellationen ist die (zeitliche) Konkretisierung entweder anhand eines Beurteilungszeitpunkts oder anhand eines Beurteilungszeitraums möglich, teilweise führt gerade die Unbestimmtheit des Rechtsbegriffs dazu, dass sowohl ein Beurteilungszeitpunkt als auch ein Beurteilungszeitraum möglich ist, was insbesondere anhand der Fallgruppe des Lohnwuchers in § 138 BGB deutlich wird. Dabei ist – der Konkretisierung im Einzelfall geschuldet – die Betrachtung für jede Fallgruppe unbestimmter Rechtsbegriffe gesondert vorzunehmen.

---

[275] Vgl. BAG, Urt. v. 26.4.2006 – 5 AZR 549/05, NZA 2006, 1354, 1356 Rn. 17; BAG, Urt. v. 22.4.2009 – 5 AZR 436/08, NZA 2009, 837, 838 Rn. 10; BAG, Urt. v. 18.11.2015 – 5 AZR 814/14, NZA 2016, 494, 495 Rn. 20. S. zur Frage der Sittenwidrigkeit der Arbeitsvergütung in einer Privatschule auch BAG, Urt. v. 19.8.2015 – 5 AZR 500/14, NJOZ 2016, 226, 230 Rn. 30. Vgl. ebenfalls LAG Hamm, Urt. v. 18.3.2009 – BeckRS 2009, 8487, 1.3.1.6; LAG Mecklenburg-Vorpommern, Urt. v. 31.8.2011 – 2 Sa 79/11, BeckRS 2012, 65884.

[276] BAG, Urt. v. 26.4.2006 – 5 AZR 549/05, NZA 2006, 1354, 1356 Rn. 17; BAG, Urt. v. 22.4.2009 – 5 AZR 436/08, NZA 2009, 837, 838 Rn. 10.

[277] S. etwa *Brecht-Heitzmann,* EZA § 138 BGB 2002 Nr. 5, Anmerkung/ II.; Grüneberg/*Ellenberger*, Bürgerliches Gesetzbuch, BGB § 138 Rn. 9; *Joussen,* SAE 2010, 95, 98; BeckOK ArbR/*Joussen*, BGB § 612 Rn. 10; *Linck* in: Schaub, Arbeitsrecht-Handbuch, § 34 Rn. 13; MüKoBGB/*Müller-Glöge*, BGB § 612 Rn. 32; ErfK/*Preis*, BGB § 612 Rn. 3; *Zachert,* AP Nr. 63 zu § 138 BGB.

[278] Einen gänzlich anderen Weg wählt *Maties*, der vorliegend ein Eingreifen von § 313 Abs. 1 BGB bejaht, vgl. BeckOGK/*Maties,* BGB § 611 Rn. 154.

### dd) Potenzielle Beurteilungszeiträume

Wendet man nun den Blick weg von den Konstellationen möglicher Verknüpfungen von Zeitpunkten und Zeiträumen, so ist in einem nächsten Schritt in Parallele zu der Untersuchung der Charakteristika von Beurteilungszeitpunkten des BGB und seiner materiell-rechtlichen Nebengebiete auch im Bereich der Beurteilungszeiträume die Frage nach der Möglichkeit von Zeiträumen im BGB und seinen materiell-rechtlichen Nebengebieten, denen das Element der Beurteilung fehlt, zu stellen.

Dabei zeigt sich, vergleichbar dem Befund im Umfeld der Beurteilungszeitpunkte, zunächst, dass es auch hier Konstellationen gibt, in denen das Gesetz zwar ausdrücklich von einem „Zeitraum" spricht, in diesem Zeitraum aber (zunächst) tatsächlich keine Beurteilung erfolgt, allerdings im Folgenden eine Umwandlung zu einem Beurteilungszeitraum möglich ist. Zur Verdeutlichung kann wiederum § 651 h BGB herangezogen werden, der hinsichtlich seines Absatzes 3 bereits für die Untersuchung von Signalworten[279] und Prognoseentscheidungen[280] als Beispiel gedient hat. Nunmehr ist dessen Absatz 1 BGB näher zu betrachten. Nach diesem steht dem Reiseveranstalter unter bestimmten Voraussetzungen ein Entschädigungsanspruch gegen den Reisenden zu, wenn dieser vor Reisebeginn vom Vertrag zurücktritt. Im Hinblick auf eine angemessene Entschädigungspauschale bestimmt § 651 h Abs. 2 Nr. 1 BGB, dass diese sich unter anderem nach dem Zeitraum zwischen der Rücktrittserklärung und dem Reisebeginn bemessen kann. Folglich können vertraglich nach Zeiträumen gestaffelte[281] Entschädigungspauschalen festgelegt werden. Die dort genannten Zeiträume sind zunächst reine Zeitraumangaben. Diese Zeiträume haben allerdings dann, wenn tatsächlich ein Entschädigungsanspruch geltend gemacht wird, Relevanz für die Berechnung dieses Anspruchs. Dadurch werden sie zu Beurteilungszeiträumen. Denn die Parteien sind zwar in der vertraglichen Ausgestaltung der Pauschalen weitgehend frei, sodass verbindliche Höchstsätze nicht existieren und sich letztlich auch im Hinblick auf den einzelfallbezogenen Ansatz des Gesetzes verbieten.[282] Der Reiseveranstalter muss dieses Kriterium allerdings mit den weiteren Kriterien der zu erwartenden Ersparnis von Aufwendungen des Reiseveranstalters (§ 651 h Abs. 2 Nr. 2 BGB) und dem zu erwartenden Erwerb durch anderweitige Verwendung der Reiseleistungen (§ 651 h Abs. 2 Nr. 3 BGB) so kombinieren, dass realistisch die

[279] Vgl. Teil C/I./4./b)/aa)/(2).

[280] Vgl. Teil C/I./4./b)/cc)/(3)/(a).

[281] Vgl. etwa Soergel/*Eckert*, BGB § 651 h Rn. 16.

[282] Vgl. etwa *Steinrötter* in: jurisPK-BGB, BGB § 651 h BGB Rn. 58.

konkret zu erwartenden Umstände abgedeckt werden, wobei der Bewertung nachvollziehbare Erfahrungswerte zugrunde zu legen sind.[283] Im Rahmen dessen erfolgt dann wiederum eine Beurteilung – auch diejenige des zuvor festgelegten Zeitraums.

Damit korrespondiert dieser Befund mit demjenigen im Bereich der Beurteilungszeitpunkte: Im Rahmen der Beurteilungszeiträume existieren *potenzielle Beurteilungszeiträume*. Diese sind in Anlehnung an die Definition im Bereich der Beurteilungszeitpunkte dadurch gekennzeichnet, dass sich der betreffende Zeitraum zwar zunächst als ein Zeitraum ohne jegliche Beurteilung darstellt, er aber im Rahmen einer weiteren Frage doch zu einem Beurteilungszeitpunkt werden kann.

Ein weiteres Beispiel für einen derartigen potenziellen Beurteilungszeitraum findet sich in § 80 Abs. 2 S. 2 BGB: Nach § 80 Abs. 2 S. 1 BGB ist eine Stiftung dann als rechtsfähig anzuerkennen, wenn neben weiteren Anforderungen der Stiftungszweck gesichert ist. Dabei erscheint nach Satz 2 bei einer Stiftung, die für eine bestimmte Zeit errichtet und deren Vermögen für die Zweckverfolgung verbraucht werden soll (Verbrauchsstiftung), die dauernde Erfüllung des Stiftungszwecks als gesichert, wenn die Stiftung für einen im Stiftungsgeschäft festgelegten Zeitraum bestehen soll, der mindestens zehn Jahr umfasst. In diesem Fall legen folglich die Parteien zunächst einen Zeitraum fest, für den die Stiftung bestehen soll. Geht es allerdings um die Feststellung der Rechtsfähigkeit der Stiftung, so wird dieser vereinbarte Zeitraum zu einem Beurteilungszeitraum.

### ee) Zeiträume ohne Beurteilung

Fraglich ist damit wiederum in Parallele zu den Zeitpunkten ohne Beurteilung zudem, ob neben diesen potenziellen Beurteilungszeiträumen auch Zeiträume ohne jegliches bewertende Element existieren. Hier zeigt die überblicksartige Auswertung ebenfalls, dass vergleichbar der Feststellung im Rahmen der Betrachtung von Zeitpunkten ohne Beurteilung, die im BGB oder seinen Nebengebieten zu findenden Zeiträume in der Regel potenzielle Beurteilungszeiträume darstellen.

Gegebenenfalls könnten in den Vorschriften für die Fristberechnung Zeiträume ohne Beurteilung zu sehen sein: § 188 Abs. 2 BGB legt etwa abstrakt fest, wie diese zu erfolgen hat, wenn eine Frist – rechtsgeschäftlich oder gesetzlich[284] – dahingehend bestimmt wurde, dass sie Wochen, Monate oder einen mehrere Monate umfassenden Zeitraum betrifft. Es handelt sich damit um eine reine Berechnungsvorschrift.[285] In ähnlicher Weise abstrakt bleibt auch die Vorschrift des § 191 BGB, die explizit die „Berechnung von Zeiträumen" betrifft.

---

[283] Erman/*Blankenburg*, BGB § 651 h BGB Rn. 4.

[284] Vgl. BeckOGK/*Fervers*, BGB § 188 Rn. 1.

[285] Vgl. auch MüKoBGB/*Grothe*, BGB § 188 Rn. 3.

Bei diesen Vorschriften ist jedoch zu beachten, dass die betreffenden Fristen in der Einzelfallbeurteilung zu Beurteilungszeiträumen erwachsen können. Insofern nähern sie sich den potenziellen Beurteilungszeiträumen an. Dennoch unterscheiden sich diese Normen zumindest dahingehend von denjenigen, die eindeutig in die Kategorie der potenziellen Beurteilungszeiträume einzuordnen sind, dadurch, dass sie als Auslegungsvorschriften für die Fristberechnung[286] nicht nur des Bürgerlichen Rechts, sondern aufgrund von Verweisungen auch zahlreicher weiterer Rechtsgebiete[287] einen deutlich höheren Grad an Abstraktion aufweisen.[288]

### c) Andere zeitbezogene Rechtsinstitute des BGB und seiner materiell-rechtlichen Nebengebiete

Zum Abschluss dieser auf die Beurteilungszeitpunkte des BGB und seiner materiell-rechtlichen Nebengebiete bezogenen Bestandsaufnahme stellt sich noch die Frage danach, ob neben der zuvor vorgenommenen, an den Wortbestandteilen des Beurteilungszeitpunkts ansetzenden Abgrenzung eine klare Trennung zwischen den anderen zeitbezogenen Rechtsinstituten des BGB und den Beurteilungszeitpunkten möglich ist. Jedoch spiegelt sich bezüglich dieser großen Menge an möglichen Instituten das bereits bei der Betrachtung von „Zeiträumen ohne Beurteilung" zutage tretende Problem wider, dass eben nicht nur Beurteilungszeiträume, sondern vor allem Beurteilungszeitpunkte in der Regel Bestandteil weiterer Rechtsinstitute der Zeit sind. Um dies zu verdeutlichen, soll aufgrund der Vielzahl der zeitbezogenen Rechtsinstitute grundsätzlich der Einteilung nach Oberkategorien zu „Zeit und Recht" von *Winkler* gefolgt werden, der unter anderem nach rechtlichen Zeitpunkten, rechtlichen Zeitspannen und rechtlichen Zeitrahmen differenziert.[289] Zudem sollen die mit der Frist als Teil der rechtlichen Zeitspannen verbundenen Rechtsinstitute, die zu einer Rechtsänderung durch Zeitablauf[290] führen, gesondert betrachtet werden.

286 Vgl. auch BeckOGK/*Fervers*, BGB § 186 Rn. 1.

287 Eine Auflistung findet sich bei BeckOGK/*Fervers*, BGB § 186 Rn. 3.

288 Vgl. zur Abstraktheit dieser Normen auch *Winkler*, Zeit und Recht, 50 f.

289 Vgl. *Winkler*, Zeit und Recht, 37–123.

290 Vgl. zu dieser Kategorisierung *Piekenbrock*, Befristung, Verjährung, Verschweigung und Verwirkung, 1ff.

### aa) Rechtliche Zeitpunkte

Zu den rechtlichen Zeitpunkten[291] zählen dabei etwa der Termin, der Stichtag oder der Werktag. Für den Termin wird mehrfach in den Vorschriften des BGB und seiner materiell-rechtlichen Nebengebiete ein spezifischer rechtlicher Tag als rechtlicher Zeitpunkt normiert.[292] Bei diesem handelt es sich grundsätzlich um einen bestimmten Zeitpunkt, an dem eine Handlung auszuführen oder etwas zu dulden ist bzw. Rechtswirkungen eintreten.[293] Dabei sind Termine sowohl als materiellrechtliche als auch als verfahrensrechtliche möglich.[294] In Bezug auf den vorliegend betrachteten Bereich der Termine im BGB und seinen materiell-rechtlichen Nebengebieten ist zunächst festzustellen, dass in den jeweiligen Gesetzen in der Regel auf Termine abstrakt Bezug genommen wird, wie etwa im Rahmen des § 163 BGB,[295] der für den Fall, dass für die Wirkung eines Rechtsgeschäfts, für das ein Anfangs- oder End*termin* bestimmt worden ist, die entsprechende Anwendbarkeit der §§ 158, 160 und 161 BGB festlegt. Das liegt darin begründet, dass Terminfestlegungen zumeist von den Parteien im jeweils konkreten Rechtsgeschäft durch Parteiabrede vorgenommen werden.[296] Termine können aber auch gesetzlich oder durch gerichtliche Verfügungen festgelegt werden, wie sich bereits aus § 186 BGB ergibt, der für diese und die rechtsgeschäftlichen Terminfestsetzungen insgesamt die Auslegungsvorschriften der §§ 187 bis 193 BGB für anwendbar erklärt.

Der jeweilige Termin ist dann in der Regel zugleich wieder Beurteilungszeitpunkt bzw. zumindest potenzieller Beurteilungszeitpunkt im jeweiligen Kontext. Das kann an der Festlegung der Termine zur Mietzinszahlung verdeutlicht werden: § 543 Abs. 2 Nr. 3 a) BGB sieht beispielsweise das Vorliegen eines wichtigen Grunds zur außerordentlichen fristlosten Kündigung dann als gegeben an, wenn der Mieter für zwei aufeinanderfolgende Termine mit der Entrichtung des Mietzinses in Verzug ist. Der jeweilige Termin ist damit Beurteilungszeitpunkt für das Vorliegen der Entrichtung des Mietzinses. Für die Frage des wichtigen Grunds ist er bei der ursprünglichen Festlegung zunächst potenzieller, im Falle des aktuell Werdens der Frage des Kündigungsrechts direkter Beurteilungszeitpunkt. Dass hierbei zugleich auch eine Verknüpfung mit einem Zeitraum vorliegen kann, wird

---

291 S. zu dieser Gruppe etwa *Winkler,* Zeit und Recht, 37ff.

292 Vgl. auch *Winkler,* Zeit und Recht, 42.

293 Vgl. für die ins Zivilrecht übertragbare Definition aus der AO Koenig/*Koenig,* Abgabenordnung, § 108 Rn. 14. Vgl. ebenfalls *Löhnig,* Fristen und Termine, Rn. 17.

294 Vgl. *Löhnig,* Fristen und Termine, Rn. 17ff.

295 Weitere Beispiele sind etwa § 323 Abs. 2 Nr. 2 BGB, § 327 c Abs. 3 Nr. 3 BGB, § 367 Abs. 3 HGB, § 559 Abs. 2 HGB, § 90 Abs. 2 Nr. 2 InsO.

296 Vgl. hierzu ebenfalls *Löhnig,* Fristen und Termine, Rn. 17.

bereits daran deutlich, dass die Termine im Rahmen des § 542 Abs. 2 Nr. 3 a) BGB aufeinanderfolgend sein müssen.

Zudem ist zu beachten, dass der rechtliche Termin zugleich mit dem sogenannten natürlichen Termin des Kalenders verknüpft wird.[297] Daher steht für die Wahrnehmung des Termins bisweilen eine längere Zeitspanne zu Verfügung, beispielsweise etwa der rechtlich nutzbare Tag im Sinne eines Werktags.[298] Dann kann der Termin zugleich als rechtlicher Zeitpunkt – und damit in der Regel ebenfalls als (potenzieller) Beurteilungszeitpunkt – und auch als rechtliche „Zeitspanne" im Sinne eines Zeitraums fungieren.[299] Eine vergleichbare Situation findet sich bei dem gesetzlichen Institut des Stichtags, der etwa in § 558d Abs. 2 BGB ausdrücklich als Begriff für den näher definierten „maßgeblichen Zeitpunkt" für die Anpassung an einen qualifizierten Mietspiegel bzw. dessen Neuerstellung normiert wird.[300]

### bb) Rechtliche Zeitspannen

Eine ähnlich enge Verbindung zwischen Beurteilungszeitpunkten und weiteren zeitbezogenen Rechtsinstituten des BGB und seiner materiell-rechtlichen Nebengebiete ist bei den rechtlichen Zeitspannen[301] zu verzeichnen. In deren Zentrum steht die Frist als eine schematisierte rechtliche Zeitspanne für die rechtliche Zeitmessung und Zeit(be)rechnung.[302] Damit ist nochmals ein Blick auf die soeben[303] angesprochenen Normen der Fristberechnung des BGB zu werfen. Wie bereits dargelegt, sind diese abstrakt formuliert; unmittelbar durch Gesetz festgelegte Fristen sind verhältnismäßig selten.[304] Gerade die Normen zur Fristberechnung werden dann wiederum in zahlreichen weiteren Vorschriften relevant, die zeitliche Aspekte betreffen. Dabei ist grundlegend, dass es sich bei einer Frist um einen abgegrenzten, d. h. bestimmten oder bestimmbaren, Zeitraum handelt.[305] Insofern zeigt diese De-

---

[297] *Winkler,* Zeit und Recht, 42, 45.

[298] *Winkler,* Zeit und Recht, 43. Zur Verwendung der Begrifflichkeit des Werktags vgl. etwa § 556b Abs. 1 BGB, § 573b Abs. 2 BGB, § 584 Abs. 1 BGB, § 556 HGB, § 104 Abs. 2 Nr. 1 und 2 InsO, § 121 Abs. 7 AktG, § 3 Abs. 1und 2 BUrlG.

[299] Vgl. zur Kombination von rechtlichem Zeitpunkt und rechtlicher Zeitspanne auch *Winkler,* Zeit und Recht, 43.

[300] Vgl. zum Begriff des „Stichtags" ebenfalls etwa § 252 Abs. 1 Nr. 3 HGB, § 267 Abs. 1, 2 und 4 HGB, § 22a Abs. 1 Nr. 2 InsO, § 57e Abs. 1 GmbHG.

[301] *Winkler,* Zeit und Recht, 50 ff.

[302] *Winkler,* Zeit und Recht, 50.

[303] Teil C/I./4./b)/ee).

[304] Vgl. auch *Winkler,* Zeit und Recht, 50.

[305] Vgl. *Löhnig,* Fristen und Termine im Zivilrecht, Rn. 1, der zudem noch darauf hinweist,

finition, dass durch das Element des abgegrenzten Zeitraums wiederum grundsätzlich sowohl ein Anfangs- als auch ein Endzeitpunkt existieren. Diese sind dann Beurteilungszeitpunkte für Fristbeginn und -ende. Folglich sind dem Rechtsinstitut der Frist ebenfalls Beurteilungszeitpunkte immanent.

#### cc) Rechtsinstitute, die zu einer Rechtsänderung durch Zeitablauf führen

Die Frist wiederum ist Teil mehrerer Rechtsinstitute, die zu einer Rechtsänderung durch Zeitablauf[306] führen. Diese sind im Folgenden zu betrachten. Hier sind etwa die Verjährung und die Befristung zu nennen, die allein auf das Zeitmoment abstellen[307]: Ist beispielsweise die Verjährung eines Anspruchs fraglich, hat eine Berechnung des Zeitpunkts des Verjährungseintritts zu erfolgen. Dieser Zeitpunkt wird dann zu einem Beurteilungszeitpunkt für die Frage der Verjährung – gegebenenfalls neben einem weiteren streitgegenständlichen Zeitpunkt, in dem beurteilt werden muss, ob zu diesem Zeitpunkt die Verjährung bereits eingetreten ist.

Ähnliche Überschneidungen lassen sich für die Befristung feststellen, d. h. der auf dem Parteiwillen beruhenden Gestaltung des Rechtsgeschäfts, kraft deren seine Wirkungen entweder erst von einem künftigen zeitlich bestimmten Augenblick ab oder nur bis zu einem solchen bestehen sollen.[308] Folglich treten die Wirkungen eines befristeten Rechtsgeschäfts entweder mit einem eventuellen Anfangstermin ein oder enden zu dem etwa vorgesehenen Endtermin.[309] Der betreffende Anfangs- bzw. Endtermin ist dann seinerseits wiederum Beurteilungszeitpunkt, etwa für einen eventuellen Schadensersatzanspruch. Denn derjenige, der beispielsweise ein Recht nach einem bestimmten Zeitpunkt erwerben oder nach Eintritt eines bestimmten Zeitpunktes zurückerhalten soll, kann nach § 160 Abs. 1 BGB analog Schadensersatz verlangen, wenn dieser das Recht vor dem maßgeblichen Termin schuldhaft vereitelt oder beeinträchtigt.[310]

Aber auch dann, wenn das „Ob" des Eintritts des Ereignisses ungewiss ist, folglich eine Bedingung[311] im Sinne der §§ 158 ff. BGB vorliegt, liegt eine enge Verknüpfung zu der Rechtsfigur des Beurteilungszeitpunkts vor: Bedingt sind hier die

---

dass dieser Zeitraum nicht zwingend ununterbrochen sein muss, vgl. § 191 BGB.

[306] Vgl. zu dieser Kategorisierung *Piekenbrock*, Befristung, Verjährung, Verschweigung und Verwirkung, 1ff.

[307] Vgl. hierzu *Piekenbrock*, Befristung, Verjährung, Verschweigung und Verwirkung, 22ff.

[308] S. zu dieser Definition etwa Staudinger/*Bork*, BGB § 163 Rn. 1.

[309] HK-BGB/*Dörner*, BGB § 163 Rn. 2.

[310] Vgl. ebenfalls HK-BGB/*Dörner*, BGB § 163 Rn. 2.

[311] Vgl. zu den Voraussetzungen der Bedingung etwa Jauernig/*Mansel*, BGB § 158 Rn. 1.

Rechtswirkungen eines Rechtsgeschäfts.[312] Tritt nun die Bedingung ein, ist der Zeitpunkt dieses Eintritts wiederum zugleich der „maßgebliche Zeitpunkt" für die betreffenden Rechtswirkungen, zuvor handelt es sich um einen potenziellen Beurteilungszeitpunkt.

Als weiteres Rechtsinstitut, das zu einer Rechtsänderung durch Zeitablauf führt, ist dasjenige der Verwirkung zu nennen.[313] Dieses wurde bereits als Fallgruppe des § 242 BGB in Bezug auf dessen merkmalimmenente Zeitpunkt- bzw. Zeitraumerfordernisse betrachtet.[314] Aber auch im Gesetz findet sich der Begriff der Verwirkung in § 339 BGB, zudem ist er in § 654 BGB in der nachträglich eingefügten amtlichen Überschrift enthalten.[315] Bei diesem Rechtsinstitut ist letztlich der Beurteilungszeitpunkt ein notwendiges Erfordernis zur Beurteilung der Verwirkung – er ist untrennbar mit ihr verknüpft.

Insgesamt lässt sich daher festhalten, dass bei all diesen Rechtsinstituten, die zu einer Rechtsänderung durch Zeitablauf führen, dem jeweiligen zeitlichen Bezugspunkt die Schaffung eines (potenziellen) Beurteilungszeitpunkts immanent bzw. derart eng mit ihm verbunden ist, dass eine klare Trennung nicht möglich ist.

#### dd) Rechtliche Zeitrahmen

Ein vergleichbares Bild zeigt sich, wenn man auf die, ebenfalls von *Winkler* gewählte, weitere Kategorie der rechtlichen Zeitrahmen blickt.[316] Die in dieser Kategorie zusammengefassten Rechtsinstituten der Zeit haben gemein, dass sie eine Verbindung von rechtlichen Zeitspannen durch rechtliche Zeitpunkte darstellen.[317] Insofern ist ihnen bereits per definitionem das Vorliegen von Zeitpunkten immanent. Zur Verdeutlichung ihrer intensiven Verbindung mit (potenziellen) Beurteilungszeitpunkten kann das Rechtsinstitut der Arbeitszeit herangezogen werden.[318] So definiert § 2 Abs. 1 ArbZG die Arbeitszeit im arbeitsschutzrechtlichen Sinn als diejenige Zeit vom Beginn bis zum Ende der Arbeitszeit ohne Ruhe-

---

[312] Staudinger/*Bork*, BGB § 163 Rn. 6.

[313] Vgl. zu dieser Einordnung auch *Piekenbrock*, Befristung, Verjährung, Verschweigung und Verwirkung, 148ff.

[314] Vgl. Teil C/I./2./a)/cc)/(2)/(b) und Teil C/I./4./b)/cc)/(5)/(a).

[315] Vgl. zur Verwirkung und ihrer Kodifizierung insgesamt *Piekenbrock*, Befristung, Verjährung, Verschweigung und Verwirkung, 148ff., s. zu § 654 BGB dort 152.

[316] S. zu dieser Kategorie *Winkler*, Zeit und Recht, 70ff.

[317] *Winkler*, Zeit und Recht, 70.

[318] Vgl. zur Einordnung dieser in die Fallgruppen der rechtlichen Zeitraumen *Winkler*, Zeit und Recht, 74ff. Als weitere Rechtsinstitute rechtlicher Zeitrahmen können zudem etwa Ruhezeit, Nachtzeit, Waschzeit oder auch Umkleidezeit genannt werden.

pausen.[319] Damit werden schon gesetzlich die Beurteilungszeitpunkte für den Beginn und das Ende der Arbeitszeit und damit für die Berechnung der Arbeitszeit insgesamt festgelegt. Ähnlich stellt sich die Situation bei den weiteren dieser Oberkategorie der rechtlichen Zeitrahmen unterfallenden Instituten wie etwa der Ruhezeit, Dienstreisezeit oder Wegezeit dar. Dabei ist der Begriff der Ruhezeit zwar nicht in § 5 ArbZG definiert, unter ihm wird jedoch grundsätzlich der Zeitraum zwischen dem Ende der täglichen Arbeitszeit und dem Beginn der nächsten täglichen Arbeitszeit bzw. zwischen zwei Schichten desselben Arbeitnehmers verstanden.[320] Auch hier werden damit per definitionem zwei Beurteilungszeitpunkte festgelegt: derjenige des Endes der täglichen Arbeitszeit und derjenige des Beginns der nächsten täglichen Arbeitszeit bzw. der die zeitlich vorhergehende Schicht abschließende Zeitpunkt und derjenige des Beginns der zeitlich nachfolgenden Schicht. Bezüglich der Dienstreisezeit und der Wegezeit enthält zwar die jeweilige Definition nicht ausdrücklich einen Zeitpunkt. So ist die Dienstreisezeit als diejenige Zeit definiert, die der Arbeitnehmer benötigt, um von dem Betrieb- oder Wohnort an einen vom Arbeitgeber bestimmten Ort außerhalb der Gemeindegrenzen des Betriebs- oder Wohnorts zu gelangen, an dem die Dienstgeschäfte zu erledigen sind,[321] Wegezeit ist grundsätzlich diejenige Zeit, die der Arbeitnehmer für den Weg von seiner Wohnung zum Betrieb und zurück benötigt.[322] Der Wortbestandteil „Zeit“ ist jedoch bereits Ausdruck dessen, dass die konkrete Berechnung des jeweiligen Begriffs die zeitliche Komponente des Wegs in den Vordergrund stellt. Es sind folglich sowohl der Zeitpunkt des Beginns der Wegstrecke als auch derjenige des Endes der Wegstrecke von zentraler Relevanz. Sie stellen zugleich jeweils einen Beurteilungszeitpunkt eben für diesen Beginn und dieses Ende der Wegstrecke dar.

#### ee) Zwischenergebnis

Es zeigt sich damit insgesamt, dass in der Regel sowohl den im Gesetz verankerten Rechtsinstituten der Zeit ebenso wie denjenigen, die sich wie die Verwirkung als merkmalimmanent darstellen, stets ein zeitliches Moment immanent ist. Daher

---

[319] Vgl. zu den weiteren Arbeitszeitbegriffen im Sinne von vergütungsrechtlichem bzw. arbeitsvertraglichem und mitbestimmungsrechtlichem Arbeitszeitbegriff etwa ErfK/*Roloff*, ArbZG § 2 Rn. 8ff.

[320] *Baeck/Deutsch/Winzer*, Arbeitszeitgesetz, § 2 Rn. 56 und § 5 Rn. 6. BeckOK ArbR/*Kock*, ArbZG § 5 Rn. 2.

[321] *Vogelsang* in: Schaub, Arbeitsrechts-Handbuch, § 156 Rn. 14.

[322] BeckOGK/*Maschmann*, GewO § 106 Rn. 170. S. hierzu ebenfalls *Joussen*, ZMV 2024, 237, 238.

sind sie untrennbar mit einem Zeitpunkt bzw. einem Zeitraum verbunden. Wie gesehen, existieren zudem nur sehr wenige Konstellationen, in denen die im BGB und seinen materiell-rechtlichen Nebengebieten zu findenden Zeitpunkte bzw. Zeiträume nicht zumindest potenzielle Beurteilungszeitpunkte bzw. -zeiträume sind. Folglich ist eine klare Trennung der (übrigen) Institute des Zeitregimes in erster Linie von (Beurteilungs-)zeitpunkten, gegebenenfalls auch von Beurteilungszeiträumen in der Regel nicht möglich. Sie sind vielmehr miteinander verknüpft und daher im Einzelfall in ihrer individuellen Verbindung zu betrachten.

## 5. Zwischenergebnis zur Bestandsaufnahme des BGB und seiner materiell-rechtlichen Nebengebiete

Im BGB und seinen materiell-rechtlichen Nebengebieten finden sich zahlreiche ausdrücklich festgelegte Beurteilungszeitpunkte. Diese geben dem Richter grundsätzlich vor, welcher Zeitpunkt der maßgebliche ist, um das betreffende Tatbestandsmerkmal zu begutachten.

Zum Teil ergibt sich das Erfordernis eines Beurteilungszeitpunkts bereits aus der Formulierung des Gesetzes. Bisweilen wird dabei ausdrücklich der Begriff des Zeitpunkts verwendet und gegebenenfalls nachfolgend konkretisiert. Zudem kann das Vorhandensein eines Beurteilungszeitpunkts auch durch die Verwendung einer temporalen Präposition oder eines Nomens der Zeit angezeigt werden.

In einer Vielzahl von Fällen ist allerdings kein ausdrücklicher Ansatzpunkt durch die Gesetzesformulierung zu finden. Dennoch existieren zahlreiche Tatbestandsmerkmale, für die die Festlegung eines Beurteilungszeitpunkts zwingend erforderlich ist. Sie enthalten ein merkmalimmanentes Zeitpunkterfordernis. Dieses ist immer dann zu bejahen, wenn das Tatbestandsmerkmal zwar allgemein einer Definition oder näheren Bestimmung zugänglich ist, eine Entscheidung im konkreten Einzelfall aber nur dann in rechtsstaatlicher Art und Weise möglich ist, wenn feststeht, auf welchen Zeitpunkt für das Vorliegen der Voraussetzungen des Tatbestandsmerkmals abzustellen ist. Nur dann ist eine Subsumtion des zu beurteilenden Sachverhalts unter das Tatbestandsmerkmal in eindeutiger Weise möglich. Der aufgrund des im Rechtsstaatsprinzip wurzelnden Grundsatzes der Rechtssicherheit und Rechtsklarheit zwingend erforderliche merkmalimmanente Beurteilungszeitpunkt ist dann jeweils individuell für die betreffende Norm zu bestimmen.

Die Festlegung eines derartigen merkmalimmanenten Beurteilungszeitpunkts ist stets strikt von der Festlegung bzw. Auslegung der zu subsumierenden Begriffe selbst bzw. der Bildung von Fallgruppen zur Konkretisierung im Rahmen unbestimmter Rechtsbegriffe zu trennen. Zugleich ist die Frage der Festlegung des maßgeblichen Zeitpunkts in der Regel der eigentlichen Subsumtion des Tatbestandsmerkmals vorgelagert: Nur wenn feststeht, auf welchen Zeitpunkt bezogen der Sachverhalt zu subsumieren ist, können eindeutige Ergebnisse im Sinne eines rechtsstaatlichen Verfahrens erzielt werden.

Dabei ist die Bestimmung des betreffenden Zeitpunkts oftmals problematisch und bedarf der Anwendung klassischer Auslegungsmethoden. Nicht zuletzt die sehr umfangreiche Literatur,[323] die bislang zu einzelnen Beurteilungszeitpunkten ergangen ist, ist eine Folge dieser Thematik. Besonders schwierig gestaltet sich die notwendige Festlegung, wenn in einem unbestimmten Rechtsbegriff das zeitliche Element zur Beurteilung festzulegen ist. Zwar existieren auch bei den unbestimmten Rechtsbegriffen Konstellationen, in denen diese Festlegung insgesamt einheitlich erfolgt wie beispielsweise im Rahmen des Zeitpunkts der Abnahme im Rahmen des „arglistigen Verschweigens“[324] nach § 634a BGB.[325] Oftmals wird jedoch gerade hier eine umfassende Diskussion geführt werden. Außerhalb des BGB zeigt sich das etwa bei der Bestimmung des Beurteilungszeitpunkts für die Rechtmäßigkeit der Kündigung des Arbeitsverhältnisses.[326] In besonderem Maße gilt dies auch

---

[323] Vgl. etwa *Adenauer,* Der Zeitpunkt des guten Glaubens beim Eigentumserwerb vom Nichtberechtigten (passim); *Brockmann,* Der Anspruch auf Erteilung des Erbscheins und der für den Erbscheinsinhalt maßgebende Zeitpunkt (passim); *Goßler,* Der Zeitpunkt der Schadensbemessung (passim); *Gwose*, Der Beurteilungszeitpunkt der Kündigung nach dem Kündigungsschutzgesetz (passim); *Haberzettl,* JA 2019, 801–807;); *Hwang,* Der maßgebliche Zeitpunkt für die Beurteilung der Wirksamkeit der Kündigung des Arbeitgebers (passim); *Krichbaum,* Der Zeitpunkt der Schadensberechnung nach bürgerlichem Recht (passim); *Schmidt*, Der Beurteilungszeitpunkt der Kündigung des Arbeitsverhältnisses und die Berücksichtigung nachträglicher Umstände, (passim); *Sonnenschein,* Der maßgebende Zeitpunkt für die Auslegung des Rechtsgeschäfts (passim).

[324] Die „arglistige Täuschung“ ist insofern als unbestimmter Rechtsbegriff anzusehen, vgl. etwa *Arnold,* JuS 2013, 865, 866.

[325] Hier gehen sowohl Rechtsprechung (vgl. etwa BGH, Urt. v. 20.12.1973 – VII ZR 184/72, NJW 1974, 553; OLG München, Urt. v. 8.2.2011 – 9 U 1758/10, NJW 2011, 2524, 2525) als auch Literatur (vgl. etwa MüKoBGB/*Busche,* BGB § 634a Rn. 42; BeckOGK/*Raab-Gaudin,* BGB § 634a Rn. 444; Grüneberg/*Retzlaff,* Bürgerliches Gesetzbuch, BGB § 634a Rn. 12) davon aus, dass der maßgebliche Zeitpunkt für das Vorliegen der Arglist die Abnahme bzw. für den Fall, dass eine Abnahme nicht erfolgt ist, die Vollendung des Werkes sei, vgl. bereits oben Teil C/I./2./a)/aa).

[326] Dabei stellt zwar die Sozialwidrigkeit keinen unbestimmten Rechtsbegriff ist, der „nach Belieben“ ausgefüllt werden kann, sondern ein rechtstechnischer Begriff, der in den Regelungen des § 1 Abs. 2 bis 5 KSchG konkretisiert wird, vgl. BAG, Urt. v. 20.1.1961 – 2 AZR 495/59, NJW 1961, 940, 941; s. hierzu insgesamt *Weingarth* in: Römermann, Insolvenzordnung, § 113 InsO Rn. 105; a. A. ErfK/*Koch,* ArbGG § 73 ArbGG, Rn. 5. Allerdings

für das Merkmal der Sittenwidrigkeit im Sinne des § 138 BGB. Ebenso wie bei der Frage der Treuwidrigkeit im Rahmen von § 242 BGB geht es bei diesem im Kern um die Frage, welche Wertvorstellungen in zeitlicher Hinsicht der Beurteilung zugrunde zu legen sind.

Im Rahmen der Bestandsaufnahme ist in diesem Kontext zudem zunächst festzuhalten, dass diese Beurteilungszeitpunkte, die in den Gesetzestexten des BGB und seiner materiell-rechtlichen Nebengebiete zu finden sind, in den unterschiedlichsten Zeitpunkten verortet werden. Gerade der Zeitpunkt des Schlusses der mündlichen Verhandlung steht aber vielfach zur Diskussion, wenn es um die Festlegung des „maßgeblichen Beurteilungszeitpunkts" geht.[327] Die Bestandsaufnahme hat jedoch gezeigt, dass zahlreiche Beurteilungszeitpunkte vom Schluss der mündlichen Verhandlung verschieden sind. Deutlich wird das vor allem bei den gesetzlich festgelegten Beurteilungszeitpunkten des BGB und seiner materiell-rechtlichen Nebengebiete. Aber auch bei den merkmalimmanenten Zeitpunktfestlegungen ist oftmals ein Abweichen von diesem Zeitpunkt zu konstatieren.

In einigen Fällen sind die betrachteten Zeitpunkte in einem Zeitpunkt verankert, der ebenfalls verfahrensrechtliche Aspekte beinhaltet. Zum einen ist ein Zusammenfallen mit dem Zeitpunkt des Schlusses der mündlichen Verhandlung möglich, wie etwa im Fall des maßgeblichen Zeitpunkts für die Frage der Dürftigkeit nach § 1990 BGB, der im Zeitpunkt der Entscheidung über die Einrede und damit in der Regel im Zeitpunkt der letzten mündlichen Verhandlung vor dem Tatrichter verankert wird.[328] Zum anderen wurden auch weitere mit verfahrensrechtlichen Aspekten verbundene Beurteilungszeitpunkte in diesem Teil der Untersuchung identifiziert: Beispielsweise wurde herausgearbeitet, dass die Eigentümerstellung im Rahmen des § 985 BGB grundsätzlich zur Zeit des Herausgabeverlangens bzw. zum Zeitpunkt der Rechtshängigkeit zu beurteilen ist.[329] Gerade der Zeitpunkt der

---

werden die Regelungen in § 1 Abs. 2 und Abs. 3 nach der st. Rspr. des BAG als unbestimmte Rechtsbegriffe erachtet, vgl. etwa BAG, Urt. v. 26.5.2011 – 8 AZR 37/10, NZA 2011, 1143 Rn. 30; BAG, Urt. v. 14.3.2013 – 8 AZR 154/12, NJOZ 2013, 1990 Rn. 29; s. hierzu insgesamt auch ErfK/*Oetker,* KSchG § 1 Rn. 62.

[327] Vgl. etwa zum „maßgeblichen Beurteilungszeitpunkt der Unangemessenheit" i.S.d. § 307 BGB BeckOK BGB/*H. Schmidt,* § 307 Rn. 41. S. ebenfalls die Darstellung des Meinungsstreits zum Berechnungszeitpunkt des Wertersatzes nach § 346 Abs. 2 BGB bei BeckOGK/*Schall,* BGB § 346 Rn. 570ff.; vgl. zudem etwa die Diskussion um den Beurteilungszeitpunkt des Tatbestandsmerkmals der Unverhältnismäßigkeit nach § 439 Abs. 4 BGB in BeckOGK/*Höpfner,* BGB § 439 Rn. 175 f.

[328] BGH, Urt. v. 10.11.1982 – IV a ZR 29/81, NJW 1983, 1485, 1486; BeckOK BGB/*Lohmann,* BGB § 1990 Rn. 5; MüKoBGB/*Küpper,* BGB § 1990 Rn. 4.

[329] MüKoBGB/*Baldus,* BGB § 985 Rn. 13; HK-BGB/*Schulte-Nölke,* BGB, § 985 Rn. 8. Vgl.

Rechtshängigkeit zeigte sich zudem bei weiteren Beurteilungszeitpunkten als relevant, beispielsweise im Rahmen von § 291 S. 1 BGB.

Diese Erkenntnisse zu den unterschiedlichen Verknüpfungen materiellrechtlicher und verfahrensrechtlicher Aspekte werfen einige zentrale Fragen auf, die im Laufe der weiteren Untersuchung einer Lösung zugeführt werden sollen. Zunächst stellt sich insbesondere in Bezug auf den Zeitpunkt des Schlusses der mündlichen Verhandlung die Frage, ob diesbezüglich lediglich eine Vermischung verschiedener Zeitpunkte aus dem materiell-rechtlichen und verfahrensrechtlichen Bereich vorliegt, die aber grundsätzlich strikt voneinander zu trennen sind. Insofern könnte hier möglicherweise eine weitergehende Differenzierung als diejenige, dass „im Zivilprozess das Urteil immer auf Grund der Sach- und Rechtslage im Zeitpunkt der letzten mündlichen Verhandlung ergeht"[330] ansetzen. Dabei ist die Erkenntnis, dass im Rahmen der Subsumtion grundsätzlich[331] zu prüfen ist, ob alle Tatbestandsmerkmale einer Norm durch Angaben im Sachverhalt gedeckt sind[332] und damit für jedes Tatbestandsmerkmal ein irgendwie gearteter Beurteilungszeitpunkt vorliegen muss, grundlegend für die weitere Untersuchung. Diesbezüglich wurde die Vermutung geäußert, dass für Tatbestandsmerkmale, bei denen zum einen keine gesetzliche Festlegung eines vom Zeitpunkt des Schlusses der mündlichen Verhandlung verschiedenen Beurteilungszeitpunkts vorliegt und denen zum anderen keine zwingende Festlegung eines (gegebenenfalls auch vom Schluss der mündlichen Verhandlung abweichenden) Zeitpunkts immanent ist, der Schluss der mündlichen Verhandlung der relevante Zeitpunkt für deren Beurteilung sein wird.

Darüber hinaus verlangen aber auch die weiteren dargestellten Fälle des Zusammentreffens materiell-rechtlicher und verfahrensrechtlicher Aspekte die Klärung der Frage, ob insgesamt eine eindeutige Terminologie zur Einordnung der jeweiligen Beurteilungszeitpunkte möglich ist. Auf diese Fragen wird im weiteren Verlauf der Untersuchung zurückzukommen sein.[333]

In der bislang erfolgten Bestandsaufnahme zu den Beurteilungszeitpunkten im BGB und seinen materiell-rechtlichen Nebengebieten konnte zudem aufgezeigt werden, dass eine Abgrenzung des Beurteilungszeitpunkts vor dem Hintergrund

---

bereits Teil C/I./2./a)/bb).

[330] Vgl. *Pinckernelle,* BB 1950, 767.

[331] Eine Ausnahme kann sich im Fall von alternativen Tatbestandsmerkmalen ergeben, bei denen von mindestens zwei Tatbestandsmerkmalen nur eines vorliegen muss. Vgl. zum Begriff der alternativen Tatbestandsmerkmale etwa *Beaucamp/Beaucamp*, Methoden und Technik der Rechtsanwendung, Rn. 51 und 55 f.

[332] *Möllers,* Juristische Methodenlehre, § 4 Rn. 5.

[333] S. insbes. Teil C/III./2./b)/bb)/(4).

seiner Definition in zwei Richtungen erfolgen kann: zum einen im Hinblick auf Zeitpunkte ohne das Element des Beurteilens, zum anderen im Hinblick auf zeitliche Konstruktionen im Recht, die zwar das beurteilende Element enthalten, jedoch nicht dasjenige des Zeitpunkts. Bezüglich erster Kategorisierung finden sich Zeitpunkte im Sinne einer reinen Zeitangabe, bezüglich letzterer Beurteilungszeiträume. Im Rahmen der Betrachtung der Zeitpunkte im Sinne einer reinen Zeitangabe hat sich allerdings gezeigt, dass solche nur sehr vereinzelt im BGB und den Gesetzen seiner materiell-rechtlichen Nebengebiete zu finden sind. In der weit überwiegenden Zahl der Fälle wird es sich bei einem Zeitpunkt, der zunächst durch seine gesetzliche Formulierung nahelegt, dass in ihm keine Beurteilung stattfindet, etwa weil nur seine Festlegung normiert ist oder weil er eine Mitteilungspflicht betrifft, um einen potenziellen Beurteilungszeitpunkt handeln. Bei diesem handelt es sich um einen Zeitpunkt, dem das Potenzial innewohnt, sich im Lauf der Zeit in einen Beurteilungszeitpunkt umzuwandeln, beispielsweise im Rahmen von Sekundäransprüchen.

Bei Beurteilungszeiträumen handelt es sich – in Abgrenzung zu Beurteilungszeitpunkten – um Zeitabschnitte von längerer Dauer, bezüglich derer eine wertende Begutachtung eines Sachverhalts, eines Subjekts oder eines Objekts, eines Umstands, einer Situation oder eines Vorgangs erfolgt. Bei der Untersuchung dieser Rechtsfigur haben sich mehrfach Parallelen zu den Erkenntnissen aus dem Bereich des Beurteilungszeitpunkts gezeigt: Auch Beurteilungszeiträume können gesetzlich festgelegt sein. Das kann dadurch erfolgen, dass explizit der Begriff des Zeitraums verwendet wird. Eine gesetzliche Festlegung ist ebenfalls möglich durch die Formulierung konkreter Zeiträume, wobei diese nicht notwendigerweise von einem Anfangs- und Endzeitpunkt begrenzt sein müssen, vielmehr gegebenenfalls nur einer dieser beiden Zeitpunkte erforderlich ist. Darüber hinaus können Beurteilungszeiträume im Gesetz dadurch anklingen, dass Signalworte mit einer zeitlichen Komponente verwendet werden. Weiterhin existieren in Parallele zu dem Befund im Bereich der Beurteilungszeitpunkte auch merkmalimmanente Zeitraumfestsetzungen, d. h. Konstellationen, in denen zwar im Gesetz keine Formulierung erfolgt, die das Vorliegen eines Beurteilungszeitraums impliziert, bei denen jedoch bezüglich des betreffenden Tatbestandsmerkmals zwingend die Festlegung eines Beurteilungszeitraums erforderlich ist, um dieses Tatbestandsmerkmal in rechtsstaatlicher Art und Weise subsumieren zu können.

Die weitere Parallelbetrachtung von Beurteilungszeitpunkten und -räumen hat zudem gezeigt, dass in der Regel die im BGB und seinen materiell-rechtlichen Nebengebieten zu findenden Zeiträume zumindest potenzielle Beurteilungszeiträume sind. Folglich handelt es sich bei denjenigen Zeiträumen, die nicht bereits grundsätzlich als Beurteilungszeiträume zu identifizieren sind, in der Regel um solche Zeiträume, die im Rahmen einer weiteren rechtlichen Fragestellung zu einem Beurteilungszeitpunkt werden können. Hingegen finden sich reine Zeiträume ohne Beurteilung grundsätzlich nicht. Gegebenenfalls kommt bei den Normen zur Fristberechnung aufgrund ihres hohen Grades an Abstraktheit eine Einordnung in diese Kategorie infrage. Bei diesen ist aber zu berücksichtigen, dass sie in den konkreten Vorschriften, in denen sie dann aktuell werden, wiederum zu Beurteilungszeiträumen erwachsen können.

Neben dieser Abgrenzung der Beurteilungszeiträume von den Beurteilungszeitpunkten hat diese Untersuchung zudem das Verhältnis dieser beiden Rechtsinstitute in den Blick genommen. Dabei wurde deutlich, dass bei Vorliegen eines Beurteilungszeitraums dieser in der Regel eng mit einem oder mehreren Beurteilungszeitpunkten verknüpft ist. Das liegt darin begründet, dass Beurteilungszeiträumen aufgrund des Vorliegens von in der Regel mindestens Anfangs- oder Endpunkt das Element des Zeitpunkts bereits immanent ist.[334] Dabei können sie dann auch mit dem Schluss der mündlichen Verhandlung verbunden sein. Zwingend ist das allerdings nicht. Es ist auch möglich, dass sämtliche mit einem Beurteilungszeitraum in Verbindung stehende Beurteilungszeitpunkte von dem Schluss der mündlichen Verhandlung verschieden sind.

Als eine besondere Konstellation des Zusammentreffens von Beurteilungszeiträumen und -zeitpunkten wurde diejenige der Prognose bzw. Prognoseentscheidung identifiziert. Dabei wurde herausgearbeitet, dass bei einer rechtlichen Prognose grundsätzlich ein Beurteilungszeitpunkt mit einem in die Zukunft gerichteten Beurteilungszeitraum, dem Prognosezeitraum, verbunden ist. Darüber hinaus kann dem Beurteilungszeitpunkt auch ein Beurteilungszeitraum vorgelagert sein. Das wird zumeist in den Fällen, in denen die Prognosegrundlage die Betrachtung von Geschehnissen beinhaltet, gegeben sein. Bildet hingegen ein zu bewertender Zustand die Prognosegrundlage, muss kein vorgelagerter Beurteilungszeitraum gegeben sein. Das liegt darin begründet, dass auch allgemeine Erfahrungssätze die Prognosegrundlage bilden können. Zudem wurden in diesem Teil der Bestandsanalyse als Untergruppe der merkmalimmanenten Zeitraumerfordernisse die merkmalimmanenten Prognosezeitraumerfordernisse identifiziert. Es handelt sich bei diesen um Beurteilungszeiträume im Rahmen der Projektion künftiger Entwicklungen, die nicht aus der gesetzlichen Formulierung hervorgehen, die aber erforderlich sind, um die Subsumtion des jeweiligen Tatbestandsmerkmals in rechtsstaatlicher Art und Weise vornehmen zu können.

---

[334] Eine Ausnahme würde nur bei einem Beurteilungszeitpunkt bestehen, der das Konzept der Unendlichkeit abbilden würde. S. hierzu bereits Teil C/I./4./b)cc).

Weiterhin wurde im Rahmen der Betrachtung des Zusammentreffens von Beurteilungszeitpunkten und Beurteilungszeiträumen deutlich, dass unbestimmte Rechtsbegriffe neben merkmalimmanenten Zeitpunkterfordernissen auch merkmalimmanente Zeitraumerfordernisse enthalten können, gegebenenfalls zwischen diesen zudem eine Verbindung zu verzeichnen ist. Dabei kann die Bestimmung der konkreten Art der zeitlichen Komponente gerade aufgrund der Unbestimmtheit eines Rechtsbegriffs im Einzelfall problematisch sein, sodass sowohl das Vorliegen eines merkmalimmanenten Zeitpunkterfordernisses als auch alternativ das Vorliegen eines merkmalimmanenten Zeitraumerfordernisses angenommen werden kann. Das wurde verdeutlicht am Beispiel der Sittenwidrigkeit nach § 138 BGB und deren Fallgruppe des Lohnwuchers.

Diesen Teil der Bestandsaufnahme abschließend wurde zudem noch der Frage nachgegangen, ob eine klare Abgrenzung der Beurteilungszeitpunkte von anderen zeitbezogenen Rechtsinstituten des BGB und seiner materiell-rechtlichen Nebengebiete, die zuvor nicht in die Betrachtung miteinbezogen waren, möglich ist. Dabei wurde aufgrund der Vielzahl dieser Institute eine Betrachtung entlang der Oberkategorien von rechtlichen Zeitpunkten, wie etwa dem Termin, Stichtag oder Werktag, rechtlichen Zeitspannen und rechtlichen Zeitrahmen vorgenommen. Innerhalb der rechtlichen Zeitspannen rückte die Frist als schematisierte rechtliche Zeitspanne in das Zentrum der Betrachtung. Da diese wiederum aufgrund ihrer Abstraktheit Teil weiterer Rechtsinstitute ist, die zu einer Rechtsänderung durch Zeitablauf führen, wurden auch zentrale Rechtsinstitute aus diesem Bereich wie die Verjährung, Befristung, Bedingung und Verjährung mit in diese Betrachtung einbezogen. In Bezug auf die rechtlichen Zeitrahmen wurde exemplarisch die Arbeitszeit betrachtet. Bei allen betrachteten Rechtsinstituten zeigte sich, dass in der Regel eine klare Trennung zwischen diesen und demjenigen des Beurteilungszeitpunkts nicht möglich ist. Vielmehr ist den betrachteten, weiteren Rechtsinstituten der Zeit grundsätzlich das Vorliegen eines Beurteilungszeitpunkts immanent. Damit ist festzustellen, dass Beurteilungszeitpunkte und die weiteren zeitbezogenen Rechtsinstitute des BGB und seiner materiell-rechtlichen Nebengebiete mit Ausnahme des Beurteilungszeitraums in der Regel nicht als getrennte, gleichgeordnete Kategorien angesehen werden können, sondern im Einzelfall in ihrer individuellen Verbindung betrachtet werden müssen, um Aussagen bezüglich ihres Verhältnisses treffen zu können.

# II. Beurteilungszeitpunkte in Gesetzestexten und Ordnungen des verfahrensrechtlichen Bereichs des Privatrechts

Nicht nur im BGB und seinen materiell-rechtlichen Nebengebieten finden sich sogenannte maßgebliche Zeitpunkte bzw. Beurteilungszeitpunkte. Auch in den Vorschriften der Gesetzestexte und Ordnungen des verfahrensrechtlichen Bereichs des Privatrechts sind diese anzutreffen.

Wie bereits in den Begriffsklärungen angeklungen, weisen insbesondere die Bereiche des Prozessrechts und des materiellen Rechts im Sinne der heutigen dualistischen Sichtweise starke Wechselwirkungen auf,[1] obschon sie nicht wechselseitig austauschbar oder ersetzbar sind.[2] Dabei kann es vorkommen, dass dem Wortlaut nach identische Begriffe des Prozess- bzw. des Verfahrensrechts und des materiellen Rechts eine abweichende Bedeutung haben.[3] Dass dies ebenfalls den vorliegend betrachteten Bereich betreffen kann, zeigt etwa das im Rahmen der Begriffsbestimmungen genannte Beispiel von *Dorndorf,* der sich nicht auf die Anführung der Begrifflichkeit des „maßgeblichen Zeitpunkts" beschränkt, sondern explizit zwischen „materiellrechtlich" und „prozessrechtlich maßgeblichem Zeitpunkt" differenziert.[4]

Auch wenn aus Sicht der Gesamtrechtsordnung das Zivilprozessrecht ebenso wie das gesamte Verfahrensrecht dem Öffentlichen Recht zuzuordnen ist,[5] muss daher eine Bestandsaufnahme zunächst die Beurteilungszeitpunkte und ihre

---

[1] Vgl. Teil B/II/1.

[2] *Häsemeyer,* AcP 188 (1988), 140, 141.

[3] Vgl. hierzu vertiefend etwa *Schilken/Brinkmann,* Zivilprozessrecht, § 1 Rn. 9 ff.

[4] *Dorndorf* in: Heidelberger Kommentar zum Kündigungsschutzgesetz, § 1 Rn. 302. S. Teil B/II.

[5] Vgl. etwa *Prütting* in: Münch (Hrsg.), Liber Amicorum für Wolfram Henckel, 261, 262.



A. Rech, *Der Beurteilungszeitpunkt im Privatrecht*, Juridicum - Schriften zum Arbeitsrecht, https://doi.org/10.1007/978-3-658-51181-4_10

Charakteristika im zivilprozessualen Bereich mit in den Blick nehmen. Mehr noch: Ihre Erfassung und Einbeziehung in die vorliegende Untersuchung sind zwingend, um eine umfassende und konsistente Systematik der Beurteilungszeitpunkte, die den privatrechtlichen Bereich betreffen, entwickeln zu können. Dabei kann aber die Betrachtung nicht auf das Prozessrecht begrenzt sein. Denn es besteht nicht nur zwischen den Bereichen des materiellen Rechts und des Prozessrechts, sondern darüber hinaus auch zwischen denjenigen des materiellen Rechts und des Verfahrensrechts allgemein ein enger Sinnzusammenhang – sie müssen zusammenwirken, um bei der Bewältigung von Konflikten zu einem möglichst gerechten Ergebnis zu gelangen.[6] Somit hat eine umfassende Betrachtung ebenfalls etwaige weitere, dem verfahrensrechtlichen Teil des privatrechtlichen Bereichs zuzuordnende Beurteilungszeitpunkte miteinzubeziehen.

Dabei ist zu deren Auffinden und zum Herausarbeiten ihrer Charakteristika auch hier zunächst eine Betrachtung von Normtexten vorzunehmen, die klassischerweise[7] in ihrer Gesamtheit als dem verfahrensrechtlichen Bereich zugehörig angesehen werden, auch wenn einzelne Normen oder Normteile in diesen Normtexten als materiell-rechtlich einzuordnen sind. Das korrespondiert mit der auch für das BGB und seine materiell-rechtlichen Nebengebiete vorgenommenen Aufteilung in Obergruppen, die noch grundlegende Ergebnisse erwarten lässt.

Im Zuge dieser Betrachtung sollen, ebenso wie im Rahmen der Bestandsaufnahme zu den Beurteilungszeitpunkten in den Normen des BGB und seiner Nebengebiete, zugleich erste konkrete Beziehungen und Wechselwirkungen herausgearbeitet werden, die im weiteren Verlauf der Arbeit unter strikter Einhaltung der dieser Untersuchung zugrunde liegenden Kategorisierungen von materiellem Recht, Prozessrecht und Verfahrensrecht im Sinne einer Gesamtbetrachtung vertieft werden können. Auf dieser Ebene hat dann insbesondere eine weitergehende Differenzierung im Hinblick auf materiell-rechtlich einzuordnende Normen oder Normbestandteile in verfahrensrechtlichen Normtexten zu erfolgen.

Im Zentrum der nun zunächst vorzunehmenden Bestandsaufnahme von Beurteilungszeitpunkten in grundsätzlich dem verfahrensrechtlichen Bereich zuzuordnenden Gesetzestexten steht zwar die ZPO. Darüber hinaus ist aber im Sinne einer umfassenden Betrachtung zudem ein Blick auf weitere prozessrechtliche Gesetzestexte zu werfen wie etwa das FamFG und das ArbGG. Auch wenn gerade diese beiden Gesetze teilweise auf die Normen der ZPO verweisen,[8] enthalten sie

[6] *Leipold,* BGB I, § 1 Rn. 25.

[7] *Henkel* spricht von einer „historischen Zuordnung", vgl. *Henkel,* Prozessrecht und materielles Recht, 5.

[8] Vgl. etwa § 95 Abs. 1 FamFG, § 113 Abs. 1, 2 FamFG und § 46 Abs. 2 ArbGG.

doch gegebenenfalls in den für die jeweiligen Verfahren besonderen Vorschriften Aspekte, die im vorliegenden Kontext relevant sein könnten. In prozessualer Hinsicht ist dabei zwar die Arbeitsgerichtsbarkeit eine von der Zivilgerichtsbarkeit organisatorisch getrennte und selbstständige Gerichtsbarkeit.[9] Jedoch sind die Gerichte für Arbeitssachen schon aufgrund ihrer Historie[10] „besondere Zivilgerichte".[11] Da zudem das Arbeitsrecht, unabhängig von bzw. trotz seiner genuinen Intradisziplinarität in Bezug auf das Öffentliche Recht,[12] gerade im Rahmen der juristischen Ausbildung vor dem Hintergrund der drei Säulen der Teilrechtsordnungen als Teil des Zivilrechts eingeordnet wird, soll der Blick in verfahrensrechtlicher Hinsicht diesen Bereich ebenfalls miteinbeziehen, ebenso wie dies bereits in materiell-rechtlicher Hinsicht erfolgt ist.[13] Weiterhin sollen die die ZPO ergänzenden verfahrensrechtlichen Gesetze wie etwa das ZVG oder das GVG,[14] soweit hier Besonderheiten zu verzeichnen sein sollten oder sie zur Verdeutlichung der vorzunehmenden Systematisierung dienlich sein können, miteinbezogen werden.

Komplettierend soll ein Blick auf etwaige weitere verfahrensrechtliche Normen geworfen werden, sofern sie vorliegend von Relevanz sein können. Vieles ist hierbei aufgrund der Privatautonomie jedoch der Regelung durch die jeweiligen Parteien überlassen.[15] Dennoch sollen insbesondere die Vorschriften für das schiedsrichterliche Verfahren in seiner gesetzlichen Verankerung in den §§ 1025–1066 ZPO Berücksichtigung finden, aber auch etwaige Regelungen zu Verfahren vor den unterschiedlichen Einigungsstellen des Arbeitsrechts können gegebenenfalls für die vorliegende Untersuchung sachdienlich sein.

Die Bestandsaufnahme der verfahrensrechtlichen Beurteilungszeitpunkte soll dabei im Sinne der Vergleichbarkeit in den Grundstrukturen an die Bestandsaufnahme im BGB und seinen materiell-rechtlichen Nebengebieten angelehnt sein.

---

[9] *Junker,* Grundkurs Arbeitsrecht, Rn. 835.

[10] S. hierzu etwa *Dütz/Thüsing,* Arbeitsrecht, § 15 I 1., Rn. 1006.

[11] *Dütz/Thüsing,* Arbeitsrecht, § 15 I 2. a) Rn. 1007. Vgl. hierzu insgesamt auch *Windel* in: Henssler/Joussen/Maties/Preis (Hrsg.), Festschrift für Rolf Wank, 679, 680 und 683.

[12] Vgl. *Rech,* Das Arbeitsrecht als genuin intradisziplinäres Rechtsgebiet, Tagungsband Ruhr-Universität, Intradisziplinarität, III., noch nicht erschienen.

[13] Vgl. Teil C/I./4./b)/cc)/(5)/(b).

[14] Als weitere Beispiele sind zudem etwa zu nennen RPflG, DRiG oder die BRAO. Eine umfassende Auflistung der Nebengesetze der ZPO findet sich in HK-ZPO/*Saenger,* Einführung ZPO Rn. 10.

[15] Vgl. etwa die Regelungen des § 1029 ZPO und des § 76 Abs. 4 BetrVG. S. bspw. auch zu notwendigem und fakultativem Inhalt der Schiedsvereinbarung HK-ZPO/*Saenger,* ZPO § 1029 Rn. 10–13.

Hiervon ausgehend sind dann etwaige Besonderheiten und Abweichungen herauszuarbeiten.

## 1. Ausdrücklich geregelte Beurteilungszeitpunkte

Damit ist zunächst ein Blick auf etwaige ausdrücklich gesetzlich festgelegte Beurteilungszeitpunkte in den verfahrensrechtlichen Gesetzestexten und Ordnungen des Privatrechts zu werfen. Hierbei zeigt sich, dass in diesen ebenso wie in den Gesetzestexten des BGB und seiner materiell-rechtlichen Nebengebiete zahlreiche Beurteilungszeitpunkte ausdrücklich im Gesetz verankert sind.

So werden bereits zu Beginn der ZPO einige von ihnen genannt. § 4 Abs. 1 ZPO regelt etwa, dass für die Wertberechnung der Zeitpunkt der Einreichung der Klage, in der Rechtsmittelinstanz der Zeitpunkt der Einlegung des Rechtsmittels und bei der Verurteilung der Zeitpunkt des Schlusses der mündlichen Verhandlung, auf die das Urteil ergeht, entscheidend ist. Diese Norm legt damit den Zeitpunkt fest, der der Bestimmung des Werts von wertveränderlichen Gegenständen wie etwa Aktien oder Anlagegüter zugrunde zu legen ist, wenn von diesen der Zuständigkeits-, Rechtsmittel- oder Verurteilungsstreitwert abhängt.[16] Die Beurteilung des betreffenden Werts ist damit für bzw. „in" dem betreffenden Zeitpunkt vorzunehmen.

Im Bereich des schiedsrichterlichen Verfahrens der ZPO findet sich etwa in § 1060 Abs. 2 S. 1 ZPO, dass Aufhebungsgründe bezüglich des Schiedsspruchs nicht zu berücksichtigen sind, soweit im Zeitpunkt der Zustellung des Antrags auf Vollstreckbarkeitserklärung ein auf sie gestützter Aufhebungsantrag rechtskräftig abgewiesen ist. Damit wird dann der Zeitpunkt der Zustellung des Antrags auf Vollstreckbarkeitserklärung[17] zum Beurteilungszeitpunkt dafür, ob in ihm ein auf die betreffenden Gründe gestützter Aufhebungsantrag vorhanden ist, der bereits in Rechtskraft erwachsen ist.

Wie in diesen Beispielen wird auch in zahlreichen weiteren Fällen in der ZPO explizit der Begriff des Zeitpunkts angeführt.[18] Ebenso stellt sich dies im FamFG dar. Dort regelt beispielsweise § 88 Abs. 1 FamFG für die Vollstreckung von

---

[16] MüKoZPO/*Wöstmann*, ZPO § 4 Rn. 2.

[17] Teilweise wird entgegen dem Wortlaut angenommen, dass maßgeblich der Zeitpunkt der Entscheidung über den Antrag auf Vollstreckbarkeitserklärung sei, vgl. Thomas/Putzo/*Nordmeier*, Zivilprozessordnung, ZPO § 1060 Rn. 2.

[18] Vgl. etwa § 29c Abs. 4 ZPO, § 38 Abs. 3 Nr. 2 ZPO, § 115 Abs. 1 S. 4 ZPO, § 128 Abs. II S. 2 ZPO, § 189 ZPO, § 321 a Abs. 2 S. 1 ZPO, § 390 Abs. 2 S. 1 ZPO, § 553 Abs. 2 ZPO, § 611 Abs. 4 ZPO, § 721 Abs. 7 ZPO.

Entscheidungen über die Herausgabe von Personen und die Regelung des Umgangs die örtliche Gerichtszuständigkeit dahingehend, dass sie durch das Gericht erfolgt, in dessen Bezirk die herauszugebende Person zum Zeitpunkt der Einleitung der Vollstreckung ihren gewöhnlichen Aufenthalt hat.[19] Eine vergleichbare Situation ist auch für das ZVG zu konstatieren.[20] In geringerem Umfang findet sich hingegen die ausdrückliche Festlegung eines derartigen maßgeblichen Zeitpunkts im ArbGG.[21]

Die Verwendung des Begriffs des Beurteilungszeitpunkts erfolgt allerdings insgesamt weder in der ZPO noch im FamFG oder im ArbGG. In anderen Normen verfahrensrechtlicher Gesetzestexte ist dieser Begriff soweit ersichtlich ebenfalls nicht zu finden.

Mehrfach angeführt wird hingegen, ebenso wie im BGB, die Wendung *zur Zeit,* beispielsweise in § 33 Nr. 3 GVG, § 466 Abs. 1 FamFG, § 29c Abs. 1 ZPO oder § 393 ZPO[22] zur Kenntlichmachung eines Beurteilungszeitpunkts. So ordnet etwa § 393 ZPO an, dass Personen, die zur Zeit der Vernehmung das 16. Lebensjahr noch nicht vollendet oder wegen mangelnder Verstandesreife oder wegen Verstandesschwäche von dem Wesen und der Bedeutung des Eides keine genügende Vorstellung haben, unvereidigt zu vernehmen sind. Damit ist der Zeitpunkt der Vernehmung zugleich Beurteilungszeitpunkt für die Frage der Eidesmündigkeit bzw. -unmündigkeit.[23]

Darüber hinaus sind, ebenfalls vergleichbar dem Befund zu den Beurteilungszeitpunkten des BGB und seiner materiell-rechtlichen Nebengebiete, auch im verfahrensrechtlichen Bereich gesetzliche Normierungen durch die Anführung temporaler Präpositionen zu finden. Diesbezüglich kann etwa § 325 Abs. 1 ZPO angeführt werden, wonach sich die Rechtskraft einer Entscheidung unter anderem auf Personen erstreckt, die *nach* dem Eintritt der Rechtshängigkeit Rechtsnachfolger der Partei geworden sind. Insofern wird hier mit dem Eintritt der Rechtshängigkeit ein Beurteilungszeitpunkt festgelegt: Liegt eine Rechtsnachfolge vor

[19] Vgl. MüKoFamFG/*Zimmermann,* FamFG § 88 Rn. 4.Weitere Normen, die explizit den Begriff des „Zeitpunkts" im Sinne eines Beurteilungszeitpunktes im FamFG verwenden sind etwa § 44 Abs. 2 S. 1 FamFG, § 98 Abs. 2 FamFG, § 108 Abs. 3 FamFG, § 122 Nr. 6 FamFG, § 129a S. 3 FamFG, § 180 S. 2 FamFG, § 209 Abs. 3 S. 2, 3 FamFG, § 216 Abs. 2 S. 2, 3 FamFG, § 229 Abs. 5 S. 2 FamFG.

[20] Vgl. etwa § 22 Abs. 1 S. 1 und S. 2, Abs. 2 S. 2 ZVG, § 30e Abs. 1 S. 2 ZVG, § 31 Abs. 2 lit. b) ZVG, § 73 Abs. 1 S. 1 ZVG, § 130a Abs. 2 S. 2 ZVG oder § 171 k ZVG.

[21] Dies erfolgt nur in § 46c Abs. 5 S. 2 und Abs. 6 S. 3 ArbGG, § 78a Abs. 2 S. 1 und Abs. 5 S. 3 ZPO, § 100 Abs. 1 S. 3 ArbGG.

[22] Weitere Beispiele sind etwa § 68 ZPO, § 796a Abs. 1 ZPO oder § 1099 Abs. 2 S. 2 ZPO.

[23] MüKoZPO/*Weinland,* ZPO § 393 Rn. 2.

Rechtshängigkeit vor, so war der Vorgänger „im maßgeblichen Zeitpunkt" nicht mehr Rechteinhaber.[24]

Zudem wird mehrfach die Präposition *bei* im temporalen Sinne dergestalt verwendet, dass sie einen Beurteilungszeitpunkt anzeigt. Das veranschaulicht der Blick auf § 450 Abs. 1 S. 2 ZPO, wonach die Partei, die *bei* der Verkündung eines Beschlusses über ihre Vernehmung nicht persönlich anwesend ist, zu der Vernehmung unter Mitteilung des Beweisbeschlusses von Amts wegen zu laden ist.[25] Damit wird der Zeitpunkt der Verkündung des Beschlusses zu einem Beurteilungszeitpunkt für die Frage der Ladung von Amts wegen über diesen Beschluss. Ebenso finden sich temporale Verwendungen weiterer Präpositionen, die das Vorliegen eines Beurteilungszeitpunkts anzeigen. Hier kann etwa auf die Wendungen *„ab" dem Verlangen* (des Führens eines Zahlungskontos als Pfändungsschutzkonto) im Rahmen des § 901 Abs. 1 ZPO oder *„bis" zum Ende des Kalendermonats* in § 899 Abs. 1 S. 1 ZPO verwiesen werden.

Zudem werden gleichermaßen wie in der Bestandsaufnahme des BGB und seiner materiell-rechtlichen Nebengebiete in den verfahrensrechtlichen Gesetzestexten und Ordnungen Beurteilungszeitpunkte durch die Verwendung von Nomen der Zeit festgelegt was z. B. die Formulierung *Beginn der mündlichen Verhandlung* in § 269 Abs. 1 ZPO[26] für die Beurteilung der Möglichkeit der Klagerücknahme ohne Einwilligung des Beklagten oder die Wendung *Beginn der Amtszeit im höheren Rechtszug* in § 21 Abs. 4 ArbGG für die Beurteilung des Endes der Amtszeit eines ehrenamtlichen Richters im niedrigeren Rechtszug verdeutlichen. Ebenso kann dies an der Formulierung *im Versteigerungstermin* in § 59 Abs. 1 ZVG veranschaulicht werden. Als weiteres Beispiel kann aus dem Bereich des schiedsrichterlichen Verfahrens der ZPO § 1059 Abs. 3 S. 2 ZPO angeführt werden, wonach die Frist für die Einreichung des Aufhebungsantrags für den Schiedsspruch mit dem *Tag, an dem der Antragsteller den Schiedsspruch empfangen hat,* beginnt. Damit wird durch das im Folgenden näher konkretisierte Nomen des *Tags* der Beurteilungszeitpunkt für den Fristbeginn der Regelfrist von drei Monaten zur Einreichung des Aufhebungsantrags festgelegt.

---

[24] BeckOK ZPO/*Gruber,* ZPO § 325 Rn. 20.

[25] Vgl. zur temporalen Ausrichtung des § 450 ZPO auch etwa BeckOK ZPO/*Bechteler,* ZPO § 450 Rn. 3. Weitere temporale Verwendungen der Präposition *bei* enthalten etwa § 497 Abs. 2 S. 1 ZPO, § 688 Abs. 2 Nr. 1 ZPO, § 768 ZPO, § 796 Abs. 3 ZPO, § 195 GVG und § 56 Abs. 1 FamFG.

[26] Weitere Beispiele für Nomen der Zeit, die das Vorliegen eines Beurteilungszeitpunkts anzeigen finden sich etwa in § 155 Abs. 2 S. 2 FamFG (nach „Beginn des Verfahrens") oder § 208 FamFG (vor „Abschluss des Verfahrens").

## 2. Merkmalimmanente Zeitpunkterfordernisse

In der Bestandsaufnahme zu den Zeitpunkten des BGB und seiner materiellrechtlichen Nebengebiete wurde zudem herausgearbeitet, dass dort merkmalimmanente Zeitpunkterfordernisse zu verzeichnen sind. Ob diese auch im verfahrensrechtlichen Bereich des Privatrechts existieren, ist damit im Sinne einer parallelen Bestandsaufnahme nun im Folgenden zu betrachten. Konkret stellt sich die Frage, ob in diesem Teil der Normen des privatrechtlichen Bereichs ebenfalls Tatbestandsmerkmale zu finden sind, die zwar zunächst grundsätzlich unabhängig von einem zeitlichen Aspekt allgemein einer Definition oder näheren Bestimmung zugänglich sind, bezüglich derer aber eine Entscheidung im konkreten Einzelfall nur dann in rechtsstaatlicher Art und Weise möglich ist, wenn feststeht, auf welchen Zeitpunkt für das Vorliegen der Voraussetzungen des Tatbestandsmerkmals abzustellen ist.

Diesbezüglich wird man ebenfalls in der ZPO fündig: Beispielsweise regelt § 811 ZPO zwar die grundsätzliche Unpfändbarkeit der dort aufgezählten Sachen und Tiere. Die Vorschrift äußert sich aber nicht dazu, auf welchen Zeitpunkt es für die Beurteilung der Pfändbarkeit ankommt. Bezüglich dieser Thematik wird grundsätzlich davon ausgegangen, dass der Gerichtsvollzieher die Pfändbarkeit nach den Verhältnissen zum Zeitpunkt der Pfändung beurteilt.[27] Zwar wird die Frage, ob nachträgliche Veränderungen, die die Pfändbarkeit beeinflussen, zu berücksichtigen sind, unterschiedlich beantwortet.[28] Diese Problematik ist aber unabhängig von der Feststellung, dass die grundsätzliche Festlegung eines Zeitpunkts zur Beurteilung der Unpfändbarkeit erforderlich ist, um eine Pfändung in rechtsstaatlicher Art und Weise durchführen zu können. Denn je nach angenommenem Zeitpunkt kann sich die Beantwortung der Frage der Pfändbarkeit bzw. Unpfändbarkeit einer Sache oder eines Tiers ändern. Folglich handelt es sich bei dem Tatbestandsmerkmal der Pfändung bzw. Pfändbarkeit um ein merkmalimmanentes Zeitpunkterfordernis. Die strittige Frage der Berücksichtigung diesem Zeitpunkt nachfolgender Veränderungen ist vergleichbar etwa mit der ähnlich gelagerten Problematik im

---

[27] Musielak/Voit/*Flockenhaus*, Zivilprozessordnung, ZPO § 811 Rn. 7; Prütting/Gehrlein/*Flury*, Zivilprozessordnung, ZPO § 811 Rn. 6; Kindl/Meller-Hannich/*Kindl*, Gesamtes Recht der Zwangsvollstreckung, ZPO § 811 Rn. 8; Thomas/Putzo/*Seiler*, Zivilprozessordnung, ZPO § 811 Rn. 3a.

[28] S. zu den vertretenen Auffassungen etwa Prütting/Gehrlein/*Flury*, Zivilprozessordnung, ZPO § 811 Rn. 7 ff.

Umfeld der Sittenwidrigkeit[29] oder der arbeitsrechtlichen Kündigung[30] im materiell-rechtlichen Bereich.

Als weiteres Beispiel kann darüber hinaus § 114 Abs. 1 ZPO angeführt werden. Diese Vorschrift enthält zwar die grundsätzlichen Voraussetzungen der Bewilligung von Prozesskostenhilfe. Allerdings findet sich dort keine Normierung, auf welchen Zeitpunkt für das Tatbestandsmerkmal der Erfolgsaussicht abzustellen ist. Diesbezüglich wird überwiegend vertreten, dass grundsätzlich der Erkenntnisstand zum Zeitpunkt der Entscheidung über das Prozesskostenhilfegesuch maßgeblich sei.[31] Zumeist wird jedoch eingeschränkt, dass im Fall zwischenzeitlich eingetretener Verschlechterung der Erfolgsprognose auf den Zeitpunkt der Entscheidungsreife abzustellen sei, wenn die Entscheidung nicht alsbald nach dieser Entscheidungsreife erfolge.[32] Andernfalls sei der Zeitpunkt der Bewilligungsreife der maßgebliche Beurteilungszeitpunkt.[33] Teilweise wird ein derartiger „fiktiver Zeitpunkt der Bewilligungsreife" aber auch abgelehnt.[34]

Die Anwendbarkeit der Vorschriften über die Prozesskostenhilfe und damit auch § 114 ZPO bleibt nicht auf die ZPO begrenzt. Er ist vielmehr gemäß § 76 Abs. 1 FamFG im Rahmen der Bewilligung von Verfahrenskostenhilfe in Familiensachen und nach § 11a ArbGG in Verfahren vor den Gerichten für Arbeitssachen entsprechend anzuwenden. Auch hier bietet sich kein einheitliches Bild in Bezug auf die Frage des Beurteilungszeitpunkts für die Erfolgsaussichten des Antrags. So wird im Bereich der Arbeitsgerichtsbarkeit etwa vertreten, dass die Erfolgsaussichten nach dem Stand des Rechtsstreits im Zeitpunkt der Antragstellung zu beur-

[29] Vgl. bereits Teil A/I.

[30] Vgl. bereits Teil B/Einführung.

[31] Vgl. etwa BGH, Beschl. v. 10.12.2014 – XII ZB 232/13, BeckRS 2015, 1273 für Verfahrenskostenhilfe i. S. d. FamFG; OLG Dresden, Beschl. v. 10.10.2016 – 20 WF 1110/16, BeckRS 2016, 19093; Johannsen/Henrich/Althammer/*Markwardt,* Familienrecht, ZPO § 114 Rn. 16; MüKoZPO/*Wache,* ZPO § 114 Rn. 75; Thomas/Putzo/*Seiler,* Zivilprozessordnung, ZPO § 119 Rn. 4; Zöller/*Schultzky,* Zivilprozessordnung, ZPO § 127 Rn. 15; Prütting/Gehrlein/*Zempel,* Zivilprozessordnung, ZPO § 119 Rn. 21.

[32] S. etwa OLG Dresden, Beschl. v. 10.10.2016 – 20 WF 1110/16, BeckRS 2016, 19093; Prütting/Gehrlein/*Zempel,* Zivilprozessordnung, ZPO § 119 Rn. 21.

[33] OLG Saarbrücken, Beschl. v. 20.7.2009 – 9 WF 75/09, juris; OLG Hamm, Beschl. v. 7.2.2011–8 WF 236/10, BeckRS 2011, 7431; Prütting/Gehrlein/*Zempel,* Zivilprozessordnung, ZPO § 119 Rn. 21.

[34] Johannsen/Henrich/Althammer/*Markwardt,* Familienrecht, § 114 ZPO Rn. 16.

teilen seien.[35] Andere stellen auf den Zeitpunkt der (erstmaligen) Entscheidungsreife des Antrags ab.[36]

Auch[37] bezüglich dieser Diskussion soll es nicht Aufgabe dieser Untersuchung sein, die einzelne Streitfrage einer Lösung zuzuführen. Die Darstellung der Diskussion soll vielmehr im vorliegenden Kontext zum einen der Verdeutlichung dienen, dass im Rahmen der merkmalimmanenten Zeitpunkterfordernisse der Beurteilungszeitpunkte in Gesetzestexten des verfahrensrechtlichen Bereichs die klassischen Auslegungsmethoden ebenfalls zentral werden können. Zum anderen zeigt gerade die erstgenannte Ansicht, wonach als maßgeblicher Zeitpunkt derjenige der Entscheidung über das Prozesskostenhilfegesuch angesehen wird, dass hier ebenfalls wiederum ein Zusammenfallen von mehreren Zeitpunkten möglich ist, von denen einer grundsätzlich stets – wie im Falle des Schlusses der mündlichen Verhandlung – am Ende des Verfahrens liegt.

Unabhängig von diesen Verweisungen auf die ZPO kann zudem festgestellt werden, dass auch im Übrigen der Blick in Gesetzestexte des verfahrensrechtlichen Bereichs das Vorhandensein merkmalimmanenter Zeitpunkterfordernisse in größerem Umfang bestätigt: Beispielsweise bestimmt § 61 Abs. 1 FamFG für die dort geregelte Beschwerde, dass diese in vermögensrechtlichen Angelegenheiten nur zulässig ist, wenn der Wert des Beschwerdegegenstandes 600 € übersteigt. Eine etwa § 4 Hs. 1 ZPO vergleichbare Vorschrift existiert hier nicht. Dennoch ist die Festlegung eines Zeitpunkts zur Feststellung des Beschwerdewerts erforderlich, um dem Anspruch auf Rechtssicherheit Genüge zu tun. Sowohl Rechtsprechung als auch Literatur stellen hier überwiegend auf den Zeitpunkt der Einlegung des Rechtsmittels ab.[38]

Mehrere merkmalimmanente Zeitpunkterfordernisse sind auch in § 33 GVG zu finden, der normiert, in welchen Fällen Personen nicht zu dem Amt eines Schöffen

---

[35] LAG Köln, Beschl. v. 27.9.2006 – 2 Ta 383/06, BeckRS 2006, 44461.

[36] LAG Rheinland-Pfalz, Beschl. v. 3.8.2007–8 Ta 186/07, BeckRS 2007, 47248; ErfK/*Ahrend,* ArbGG § 11a Rn. 3. Vgl. ebenfalls GMP/*Künzl,* ArbGG § 11a Rn. 93; *Liebscher* in: Schwab/Weth, Arbeitsgerichtsgesetz, ArbGG § 11a Rn. 92. S. auch HWK/*Kalb,* Arbeitsrecht Kommentar, § 11a ArbGG, 3. Verfahren, Rn. 8, der vom Zeitpunkt der „Bewilligungsreife“ spricht.

[37] Vgl. Teil C/I./2./a)/cc)/(2)/(a).

[38] Vgl. etwa BGH, Beschl. v. 14.1.2016 – IX ZB 57/15, NJW-RR 2016, 433 Rn. 7 ff.; Johannsen/Hennrich/Althammer/*Althammer,* Familienrecht, FamFG § 61 Rn. 6; Sternal/*Göbel,* FamFG, § 61 Rn. 18; BeckOK FamFG/*Obermann,* FamFG § 61 Rn. 23; a. A. LAG Nürnberg, Beschl. v. 31.7.2017 – 4 Ta 51/17, BeckRS 2017, 146448, das unter Hinweis auf § 182 InsO als maßgeblichen Zeitpunkt für die Streitwertfestsetzung auf denjenigen der Klageerhebung abstellt.

berufen werden sollen. Die ersten drei Nummern geben insofern durch den Gesetzeswortlaut den jeweiligen Beurteilungszeitpunkt vor: Nr. 1 spricht von Personen, die *bei Beginn der Amtsperiode* das fünfundzwanzigste Lebensjahr noch nicht vollendet haben, Nr. 2 führt Personen an, die das siebzigste Lebensjahr vollendet oder *bis zum Beginn der Amtsperiode* vollenden würden und Nr. 3 betrifft Personen, die *zur Zeit der Aufstellung der Vorschlagsliste* nicht in der Gemeinde wohnen. In den folgenden Nummern finden sich hingegen keinerlei zeitbezogenen Anknüpfungspunkte. So betrifft Nr. 4 Personen, die aus gesundheitlichen Gründen und Nr. 5 Personen, die mangels ausreichender Beherrschung der deutschen Sprache für das Amt nicht geeignet sind. Für beide Personengruppen wird etwa angeführt, dass *bei Aufstellung der Listen* eine Geeignetheitsprognose anzustellen sei.[39] Insofern verbindet diese Auffassung folglich eine Prognoseentscheidung mit einem merkmalimmanenten Zeitpunkterfordernis. Bezüglich Nr. 6, der Personen betrifft, die in Vermögensverfall geraten sind, wird als Anknüpfungspunkt die Eintragung in das Schuldnerverzeichnis angeführt,[40] andere wollen auch hier eine Prognoseentscheidung wie in Nr. 4 und 5.[41] Hier ist ebenfalls unabhängig von der konkreten Entscheidung dieser Diskussion im Kontext der vorliegenden Untersuchung festzuhalten, dass ebenso wie in den ersten drei auch in den nachfolgenden drei Aufzählungspunkten die Festlegung eines Beurteilungszeitpunkts zwingend erforderlich ist, um über die Berufungsfähigkeit eines Schöffen rechtssicher entscheiden zu können.

## 3. Mit dem BGB verbundene Beurteilungszeitpunkte in Gesetzestexten und Ordnungen des verfahrensrechtlichen Bereichs des Privatrechts

Im Sinne der nun umgekehrten Parallelstruktur zum ersten Teil der Bestandsaufnahme sind in einem nächsten Schritt Konstellationen zu betrachten, in denen Beurteilungszeitpunkte in Gesetzestexten und Ordnungen des verfahrensrechtlichen Bereichs mit Aspekten des BGB bzw. seiner materiell-rechtlichen Nebengebiete verbunden sind. Ähnlich der im Rahmen der Bestandsaufnahme zum BGB angeführten Gruppe, bei der in einem Beurteilungszeitpunkt auch verfahrensrechtliche Elemente relevant wurden, ist damit vorliegend im Gegenzug die Einbezie-

[39] MüKoStPO/*Schuster*, GVG § 33 Rn. 12.

[40] Löwe/Rosenberg/*Gittermann*, Die Strafprozeßordnung und das Gerichtsverfassungsgesetz, Elfter Band GVG, EGGVG § 33 Rn. 9.

[41] MüKoStPO/*Schuster*, GVG § 33 Rn. 12.

hung materiell-rechtlicher Aspekte in Beurteilungszeitpunkte der Gesetztestexte und Ordnungen des verfahrensrechtlichen Bereichs näher zu untersuchen.

Dass auch hier eine vergleichbare Situation dergestalt zu konstatieren ist, dass Beurteilungszeitpunkte zu finden sind, in denen sowohl materiell-rechtliche als auch verfahrensrechtliche Aspekte zusammentreffen, zeigt bereits der Blick auf § 22 Abs. 1 ZVG, wonach die Beschlagnahme des Grundstücks mit dem Zeitpunkt wirksam wird, in welchem der Beschluss, durch den die Zwangsversteigerung angeordnet ist, dem Schuldner zugestellt wird. Dabei ist nach § 13 Abs. 4 S. 1 ZVG bei mehreren Beschlagnahmen stets der erste Zeitpunkt maßgebend. Dieser Zeitpunkt stellt damit den Beurteilungszeitpunkt für die Wirksamkeit der Beschlagnahme dar und ist sowohl materiell- als auch verfahrensrechtlich von Bedeutung[42]: Materiell-rechtlich zeigt sich dies darin, dass nach § 23 Abs. 1 S. 1 ZPO die Beschlagnahme die Wirkung eines Veräußerungsverbots[43] hat. Dabei erstreckt sich die Beschlagnahme nach § 20 Abs. 2 ZVG grundsätzlich auf die nach § 1120 BGB dem Haftungsverband der Hypothek zugehörigen Gegenstände. Insofern ist der Zeitpunkt der Beschlagnahme und im vorliegenden Kontext dann konkret der Beurteilungszeitpunkt für die Wirksamkeit der Beschlagnahme, materiell-rechtlich zentral beispielsweise bei der Frage der Enthaftung nach § 1121 BGB. In verfahrensrechtlicher Hinsicht entscheidet der Beschlagnahmezeitpunkt z. B. mit über die Rangordnung eines etwaigen Rechts auf Befriedigung aus dem Grundstück, vgl. § 10 Abs. 1 Nr. 6 ZVG.[44]

Dieses Beispiel ist ebenfalls wieder von elementarer Bedeutung in Bezug auf die im Rahmen der Begriffsklärungen[45] geäußerte Hypothese, dass eine Differenzierung an den übergeordneten Kategorien des materiellen Rechts und Prozessrechts bzw. des Verfahrensrechts für die Entwicklung einer differenzierten Terminologie ansetzen muss. Denn hierdurch wird deutlich, dass Beurteilungszeitpunkte in Gesetztestexten des verfahrensrechtlichen Bereichs nicht nur verfahrensrechtliche, sondern auch materiell-rechtliche Auswirkungen haben können.

Umgekehrt zeigt sich eine ähnliche Gemengelage dahingehend, dass eine Festlegung von Beurteilungszeitpunkten in der ZPO teilweise durch materiell-rechtliche Faktoren erfolgt. Beispielsweise legt § 721 Abs. 7 S. 2 ZPO im Rahmen der Räumung von Wohnraum fest, dass bei der Beendigung eines Mietverhältnisses im Sinne des § 575 BGB durch außerordentliche Kündigung eine

[42] S. hierzu insgesamt auch BeckOK ZVG/*Fischinger/Schröer*, § 22 ZVG Rn. 1.

[43] Im Sinne eines terminologisch präzisieren „Verfügungsverbotes", vgl. BeckOK ZVG/*Fischinger/Schöer*, § 23 ZVG Rn. 2; Böttcher/*Böttcher*, ZVG § 23 Rn. 2.

[44] Vgl. hierzu und zu weiteren Beispielen BeckOK ZVG/*Fischinger/Schröer*, ZVG § 22 Rn. 1.

[45] Teil B/II.

Räumungsfrist höchstens bis zum vertraglich bestimmten Zeitpunkt der Beendigung gewährt werden kann. Beurteilungszeitpunkt für das – längstmögliche – Ende einer Räumungsfrist ist daher die im materiellen Recht zu verortende vertragliche Bestimmung der Beendigung des Mietverhältnisses. Gleiches gilt nach § 794a Abs. 5 S. 2 ZPO für die Zwangsvollstreckung aus einem Räumungsvergleich.

Weiterhin bestimmt etwa § 343 Abs. 1 FamFG für die Nachlass- und Teilungssachen im Sinne von § 342 FamFG, dass das Gericht örtlich zuständig ist, in dessen Bezirk der Erblasser im Zeitpunkt seines Todes seinen gewöhnlichen Aufenthalt hatte. Auch wenn nicht explizit im BGB niedergelegt, richtet sich hier die Bestimmung des Zeitpunkts des Todes doch nach natürlichen Kriterien[46] und wird damit letztlich durch das materielle Recht bestimmt.

Prominentes Beispiel für ein Zusammenspiel materiell-rechtlicher und verfahrensrechtlicher Aspekte aus verfahrensrechtlicher Perspektive ist zudem § 325 ZPO. Dieser verweist in Absatz 2 auf die Vorschriften des bürgerlichen Rechts zugunsten derjenigen, die Rechte von einem Nichtberechtigten herleiten. Folglich bestimmt sich der Zeitpunkt, in dem der gute Glaube vorliegen muss, damit ausnahmsweise keine Rechtskrafterstreckung auf den Rechtsnachfolger erfolgt, nach den Vorschriften des BGB und somit nach materiellem Recht.[47] Die Festlegung dieses verfahrensrechtlich relevanten Zeitpunkts erfolgt damit durch materiell-rechtliche Faktoren. Diese Bezugnahme wird sodann auch in der ZPO für die Vollstreckungsnachfolge für anwendbar erklärt, indem in § 727 Abs. 1 ZPO festgelegt wird, dass die vollstreckbare Ausfertigung nur gegen denjenigen Besitzer der streitbefangenen Sache erteilt werden darf, gegen den das Urteil nach § 325 ZPO wirksam ist.[48] Insofern sind auch im verfahrensrechtlichen Bereich Auswirkungen der materiell-rechtlichen Festlegung zu konstatieren.

Die Mehrzahl der in der ZPO und den entsprechenden Nebengesetzen anzutreffenden Beurteilungszeitpunkte ist zwar hinsichtlich ihrer Festlegung und Auswirkungen durch verfahrensrechtliche Aspekte bestimmt. Als Beispiel kann etwa § 802e ZPO herangezogen werden. Dieser legt bezüglich der Zwangsvollstreckung wegen Geldforderungen fest, dass für die Abnahme der Vermögensauskunft und der eidesstattlichen Versicherung der Gerichtsvollzieher bei dem Amtsgericht zuständig ist, in dessen Bezirk der Schuldner im Zeitpunkt der Auftragserteilung seinen Wohnsitz oder in Ermangelung eines solchen seinen Aufenthaltsort hat. Maßgeblich zur Ermittlung des zuständigen Gerichtsvollziehers ist damit der Zeit-

[46] S. hierzu etwa MüKoBGB/*Leipold*, BGB § 1922 Rn. 12; Erman/*Lieder*, BGB § 1922 Rn. 1; BeckOGK/*Preuß*, BGB § 1922 Rn. 90–92.

[47] BeckOK ZPO/*Gruber*, ZPO § 325 Rn. 24, 27.

[48] MüKoZPO/*Wolfsteiner/M. Volmer*, ZPO § 727 Rn. 51.

punkt, in dem der Antrag auf Einholung der Vermögensauskunft gestellt wird.[49] Folglich wird der maßgebliche Zeitpunkt durch einen verfahrensrechtlichen Antrag bestimmt; die Auswirkungen sind mit der Festlegung der Zuständigkeit des Gerichtsvollziehers ebenfalls verfahrensrechtlicher Art.

Insgesamt zeigt dieser Überblick jedoch, dass auch im verfahrensrechtlichen Bereich Beurteilungszeitpunkte existieren, die mit materiell-rechtlichen Aspekten verknüpft sind, ebenso wie dies umgekehrt bereits für die Beurteilungszeitpunkte des BGB und seiner materiell-rechtlichen Nebengebiete herausgearbeitet worden ist. Das verdeutlicht nochmals, dass die sowohl dort als auch in der Begriffsbestimmung angeführte Problematik der Grenzziehung zwischen materiellem Recht und den diesem gegenübergestellten Bereichen des Prozessrechts bzw. Verfahrensrechts ebenfalls die Kategorisierung von Beurteilungszeitpunkten betrifft. Zugleich zeigt es die zwingende Erforderlichkeit der Entwicklung einer eindeutigen Systematik für diesen Bereich. Diese kann jedoch erst entwickelt werden, wenn die Bestandaufnahme auch dieses Teils abgeschlossen ist, da gegebenenfalls noch weitere für eine umfassende Terminologie dienliche Aspekte herausgearbeitet werden können. Daher soll und kann eine umfassende Terminologie und Systematik erst im Rahmen einer übergreifenden Betrachtung entwickelt werden.

## 4. Zeitpunkte am Ende des Verfahrens

Vorliegend ist aber zunächst die bisherige Parallelstruktur der Untersuchung zu verlassen. Bevor eine Abgrenzung der Beurteilungszeitpunkte in Gesetzestexten des verfahrensrechtlichen Bereichs anhand der Definition des Beurteilungszeitpunkts erfolgen wird, sollen zunächst noch die Charakteristika der Beurteilungszeitpunkte des verfahrensrechtlichen Bereichs weiter vertieft werden.

Das liegt darin begründet, dass bereits mehrfach der Zeitpunkt des Schlusses der mündlichen Verhandlung thematisiert worden ist. Er ist jedoch nicht der einzige Zeitpunkt, der am Ende der verschiedenen Verfahren relevant wird, vielmehr sind unter anderem in seinem zeitlichen Umfeld zahlreiche weitere Zeitpunkte sowohl in der ZPO als auch in den übrigen Verfahrensordnungen zu finden. Sie nehmen letztlich eine besondere Rolle im Rahmen der Zeitpunkte des verfahrensrechtlichen Bereichs ein. Daher sollen diese Zeitpunkte am Ende des (jeweiligen) Verfahrens als eine gesonderte Gruppe von Zeitpunkten im vorliegenden Kontext klassifiziert werden und im Folgenden ihre Bedeutung für die Beurteilungszeitpunkte des Privatrechts untersucht werden.

---

[49] BeckOK ZPO/*Fleck*, ZPO § 802e Rn. 5.

### a) Vorauswahl und Untersuchungsstruktur

Aufgrund der Vielzahl der Verfahren und der anzutreffenden Zeitpunkte an ihrem jeweiligen Ende muss dabei aber zunächst eine Vorauswahl dahingehend getroffen werden, welche Verfahren dieser Bestandsaufnahme dienlich sind und welche gegebenenfalls aus der Betrachtung auszuscheiden haben. Zugleich soll die Frage einer Systematisierung der Untersuchungsstruktur in diesem Bereich an dieser Stelle mit in den Blick genommen werden.

Als Ausgangspunkt bietet sich wiederum die ZPO als zentrales zivilverfahrensrechtliches Gesetz an. Dabei ist grundlegend, dass das Verfahren vor dem Landgericht als Regelfall angesehen wird, §§ 253 ff. ZPO; zudem sind in den §§ 495 ff. ZPO besondere Vorschriften für das Verfahren vor dem Amtsgericht enthalten.[50] Insgesamt werden dann im Laufe des Verfahrens eine Reihe von Entscheidungen gefällt, sei es als Urteil, als Beschluss oder als Verfügung.[51]

Zwar erscheint eine abstrakte Systematisierung, wann welche dieser Entscheidungsformen zu wählen ist, nahezu nicht möglich.[52] Jedoch werden diesbezüglich von *Bach* zwei Differenzierungsansätze angeführt: Zum einen führt er das Kriterium der streitbeendenden Wirkung, zum anderen dasjenige der mündlichen Verhandlung an.[53] Beide Kriterien ermöglichen Differenzierungen im vorliegend betrachteten Bereich und können grundsätzlich in den unterschiedlichen Konstellationen zu Gliederungszwecken herangezogen werden.

Dabei stellen sie sich insbesondere als sachdienlich für eine erste Strukturierung dieses Teils der Arbeit dar. Allerdings bietet es sich zugleich an, diese Kriterien in einem Verhältnis der Über-Unterordnung anzuordnen: Die Frage der streitbeendenden Wirkung betrifft in erster Linie die Frage, ob das jeweils betrachtete Verfahren insgesamt eine derartige Wirkung hat. Insbesondere die Zielrichtung der Wirkung spricht dafür, dass etwa durch eine hieran orientierte Vorauswahl der Verfahren diejenigen ausgeschlossen werden können, die eher von nachrangiger Bedeutung sind. Zugleich liegt dabei die Vermutung nahe, dass die in diesen Verfahren ohne streitbeendende Wirkung relevant werdenden Zeitpunkte selbst von eher nachrangiger Bedeutung sind für die Frage der Charakterisierung der Zeitpunkte am Ende des Verfahrens insgesamt.

---

[50] *W. Lüke,* Zivilprozessrecht I, § 46 Rn. 1.

[51] *W. Lüke,* Zivilprozessrecht I, § 28 Rn. 1–4. Vgl. auch § 160 Abs. 3 Nr. 6 ZPO.

[52] BeckOK ZPO/*Bach,* ZPO § 329 Rn. 3.

[53] BeckOK ZPO/*Bach,* ZPO § 329 Rn. 3.

Das Kriterium der mündlichen Verhandlung betrifft hingegen die *Ausgestaltung* des Verfahrens, also das „Wie“. Dieses Kriterium kann grundsätzlich sowohl im Rahmen streitbeendender Verfahren und solcher, die nicht streitbeendend sind, relevant werden. Da aber gerade die streitbeendende Wirkung im Zusammenhang mit den Zeitpunkten am Ende des (jeweiligen) Verfahrens von herausgehobener Bedeutung ist, bietet es sich vorliegend an, das Kriterium der mündlichen Verhandlung erst dann – und nur, wenn es sich als sachdienlich erweist – auf einer zum erstgenannten Kriterium untergeordneten Systematisierungsebene anzuwenden.

Legt man damit nun das Kriterium der streitbeendenden Wirkung der grundsätzlichen Verfahrensauswahl zugrunde und wendet dieses zunächst auf die Verfahren der ZPO an, ergibt sich folgendes Bild: Streitbeendende Entscheidungen in der ZPO sind grundsätzlich in Urteilsform zu fällen, prozessleitende Entscheidungen in Beschlussform.[54] Allerdings existieren auch Verfahren, die als abschließende Entscheidung einen Beschluss vorsehen.[55] Verfügungen verbleibt hingegen der vergleichsweise unbedeutende Anwendungsbereich der prozessleitenden Entscheidungen; durch sie werden im Regelfall die den Prozessbetrieb bestimmenden Anordnungen getroffen, die vom Vorsitzenden oder vom beauftragten oder ersuchten Richter erlassen werden[56] und die zumeist nicht anfechtbar sind.[57] Sie sollen daher bei der Betrachtung der Zeitpunkte am Ende des Verfahrens außer Acht gelassen werden.

Im Hinblick auf die daher im Folgenden vor dem Hintergrund dieser Bestandsaufnahme näher zu betrachtenden Urteile und Beschlüsse kann dann das von *Bach* zweitgenannte Kriterium der mündlichen Verhandlung für die Untersuchungsstruktur herangezogen werden, soweit dieses sich als sachdienlich erweist. Dabei ist zu berücksichtigen, dass die Urteilsform grundsätzlich für Entscheidungen vorgesehen ist, die aufgrund einer vorgeschriebenen mündlichen Verhandlung ergehen mit Ausnahme der gegebenenfalls gewährten Möglichkeit des schriftlichen Verfahrens.[58] Sieht hingegen das Gesetz nur eine fakultative mündliche oder überhaupt keine Verhandlung vor, ergeht die Entscheidung in Beschlussform.[59] Damit wird dieses Kriterium zwar im Rahmen der Zeitpunkte am Ende des Verfahrens im Urteilsverfahren herangezogen werden können, im Beschlussverfahren wird eine Orientierung hieran jedoch zentraler sein.

---

[54] BeckOK ZPO/*Bach,* ZPO § 329 Rn. 3.

[55] S. hierzu etwa Stein/Jonas/*Muthorst,* 23. Aufl., ZPO § 91 Rn. 10.

[56] *Musielak/Voit,* Grundkurs ZPO, § 7 Rn. 873.

[57] *W. Lüke,* Zivilprozessrecht I, § 28 Rn. 4.

[58] *W. Lüke,* Zivilprozessrecht I, § 28 Rn. 2.

[59] BeckOK ZPO/*Bach,* ZPO § 329 Rn. 3.

Für die folgende Untersuchungsstruktur ist damit zunächst zusammenfassend festzuhalten, dass in einem ersten Schritt eine Betrachtung der Zeitpunkte am Ende des Urteilsverfahrens und anschließend die Bestandsaufnahme der Zeitpunkte am Ende des Beschlussverfahrens zu erfolgen hat. Innerhalb dieser getrennt voneinander durchzuführenden Bestandsaufnahmen sind dann jeweils die einzelnen relevanten Zeitpunkte am Ende des Verfahrens herauszuarbeiten. Dabei kann gegebenenfalls als weiteres Differenzierungskriterium eine Anlehnung an die jeweiligen gesetzlich eingeräumten Möglichkeiten der Beendigungsform im Sinne von Verkündung oder schriftlichem Verfahren erfolgen.

Diese Struktur kann aber nur ein erstes Prüfungsgerüst darstellen. Denn zum einen können gegebenenfalls die entlang der Prüfung gewonnen Erkenntnisse die weitere Untersuchung beeinflussen, zum anderen sind etwa im Bereich des Beschlussverfahrens noch weitere Aspekte zu berücksichtigen, wie beispielsweise durch wen der jeweilige Beschluss erlassen wird. Dabei können dann auch Verfahren außerhalb der ZPO relevant werden. Das wird im Folgenden ebenfalls mitzuberücksichtigen sein.

Diese bisherigen Ausführungen zur Vorauswahl und Untersuchungsstruktur betreffen insgesamt nur den Bereich der staatlichen Verfahren. Darüber hinaus macht es die Wahl der streitbeendenden Wirkung als zentrales Differenzierungskriteriums vor dem Hintergrund des Anspruchs einer umfassenden Betrachtung der Beurteilungszeitpunkte und damit auch derjenigen der Zeitpunkte am Ende des Verfahrens nicht nur im prozessualen, sondern auch im verfahrensrechtlichen Sinn erforderlich, den Blick noch auf die Verfahren der nicht-staatlichen Streitbeilegung zu weiten. Deren Untersuchung in Bezug auf etwaige Charakteristika ihrer Zeitpunkte am Ende des Verfahrens soll diesen Teilbereich der Untersuchung vervollständigen. Allerdings wird dort, aufgrund der Vielzahl der Verfahren, nochmals eine Vorauswahl zu treffen sein. Zugleich unterliegt die konsensuale Streitbeilegung in diesem Bereich nicht zuletzt aufgrund des Grundsatzes der Privatautonomie deutlich weniger klaren Strukturen, sodass sich auch dies auf die Struktur der Untersuchung auswirken wird.

## b) Urteilsverfahren

Da das Urteilsverfahren von der ZPO als Regelfall angesehen wird, soll mit diesem begonnen werden. In diesem sind nun die maßgeblichen Zeitpunkte am Ende des Verfahrens zu identifizieren und einer eingehenden Betrachtung zu unterziehen. Zugleich soll dadurch eine Vergleichsbasis für die weitere Betrachtung geschaffen werden.

### aa) Zeitpunkt des Schlusses der mündlichen Verhandlung

Dabei soll der Einstieg in diese konkrete Betrachtung mit dem Zeitpunkt des Schlusses der mündlichen Verhandlung erfolgen. Denn zum einen zeigt bereits seine Bezeichnung an sich, dass er der nun umfassend zu betrachtenden Gruppe der Zeitpunkte am Ende des Verfahrens angehört. Zum anderen legt aber auch gerade der bisherige Verlauf der Untersuchung nahe, dass er eine zentrale Rolle im Kontext der Beurteilungszeitpunkte des Privatrechts einnehmen könnte: So war er in Bezug auf die von *Ule* geäußerte Ansicht, dass im Zivilrecht der Grundsatz gelte, dass das Gericht über den Sachverhalt und nach der Rechtslage entscheide, die am Schluss der mündlichen Verhandlung gegeben seien,[60] nicht nur Teil des Ansatz- und Kritikpunkts zur Verfassung dieser Arbeit, er ist auch bereits mehrfach in der Bestandsaufnahme zu den Beurteilungszeitpunkten des BGB und seiner materiell-rechtlichen Nebengebiete in das Zentrum der Ausführungen gerückt.

Insofern ist im Folgenden der Zeitpunkt des Schlusses der mündlichen Verhandlung einer näheren Charakterisierung im Kontext dieser Untersuchung zu unterziehen. Zugleich sollen dabei etwaige relevante Aspekte in Bezug auf diesen Zeitpunkt herausgearbeitet werden, die im weiteren Verlauf der Untersuchung insbesondere zu Vergleichszwecken sachdienlich sein können.

#### (1) Verfahren mit obligatorischer mündlicher Verhandlung

Ausgangspunkt ist dabei, dass ein Urteil in der Regel nur aufgrund einer mündlichen Verhandlung ergehen kann.[61] Zur näheren Betrachtung des Zeitpunkts des Schlusses der mündlichen Verhandlung bietet es sich – nunmehr anlehnend an das von *Bach*[62] genannte, untergeordnete Kriterium der mündlichen Verhandlung – an, zunächst § 296a ZPO heranzuziehen. Nach dieser Vorschrift dürfen in Verfahren mit obligatorischer mündlicher Verhandlung nach Schluss der mündlichen Verhandlung, auf die das Urteil ergeht, Angriffs- und Verteidigungsmittel grundsätzlich nicht mehr vorgebracht werden. Diese Norm hat aus verfahrensrechtlicher Sicht mehrere Funktionen, die in der weiteren Betrachtung der Zeitpunkte am Ende des Verfahrens ebenfalls relevant werden könnten: Sie sichert dem Gegner ausreichend rechtliches Gehör, dient der Prozessförderungspflicht der Parteien,

---

[60] *Ule,* Verwaltungsprozessrecht, 9. Auflage, 302; vgl. auch *Pinckernelle,* BB 1950, 767.

[61] *W. Lüke,* Zivilprozessrecht I, § 2 Rn. 25.

[62] BeckOK ZPO/*Bach,* ZPO § 329 Rn. 3.

dem Verhandlungsgrundsatz, der Rechtssicherheit und ist zudem sowohl Ausdruck des Grundsatzes der Mündlichkeit und als auch der Verhandlungsmaxime.[63]

### (a) Charakterisierung

Um nun in einem ersten Schritt eine Charakterisierung des Zeitpunkts des Schlusses der mündlichen Verhandlung an sich vornehmen zu können, ist im Kontext dieser Untersuchung in erster Linie von Bedeutung, dass die mündliche Verhandlung dann geschlossen ist, wenn das Gericht zu erkennen gibt, dass es keine weiteren mündlichen Erörterungen mehr für erforderlich hält, was auch konkludent durch die Bestimmung eines Termins zur Verkündung einer Entscheidung möglich ist.[64] Somit muss in diesem Zeitpunkt der entscheidungserhebliche Tatsachenstoff hinreichend geklärt worden sein, um das Urteil darauf zu stützen.[65] Voraussetzung für den Beurteilungszeitpunkt des Schlusses der mündlichen Verhandlung ist folglich die Entscheidungsreife. Diese ist grundsätzlich dann zu bejahen, sobald das Gericht darüber befinden kann, ob der Klage stattzugeben ist oder ob sie als unzulässig oder unbegründet abgewiesen werden muss.[66] Hierzu muss der Sachverhalt aufgeklärt und müssen die Beweise erschöpft sein und gegebenenfalls weiteres Vorbringen darf nicht mehr zu berücksichtigen oder muss rechtmäßig zurückgewiesen worden sein.[67] Diesbezüglich ist der Begriff des Angriffs- und Verteidigungsmittels der §§ 296 ZPO und 296a ZPO weit zu verstehen[68] und umfasst alles, was eine Partei zur Begründung ihrer eigenen oder zur Widerlegung der gegnerischen Prozessbegehren vorträgt, insbesondere tatsächliche Behauptungen, Bestreiten, Einwendungen, Einreden, Beweismittel und Beweiseinreden, nicht aber den Angriff oder die Verteidigung selbst,[69] rechtliche Erwägungen, Erledigungserklärungen oder von Amts wegen zu prüfende Voraussetzungen.[70]

[63] Anders/Gehle/*Bünnigmann,* Zivilprozessordnung, ZPO § 296a Rn. 2; Prütting/Gehrlein/*Deppenkemper,* Zivilprozessordnung, ZPO § 296a Rn. 1.

[64] BeckOK ZPO/*Bacher,* ZPO § 296a Rn. 5.

[65] Vgl. *Musielak/Voit,* Grundkurs ZPO, § 3 Rn. 193 f.

[66] BeckOK ZPO/*Elzer,* ZPO § 300 Rn. 6; *Musielak/Voit,* Grundkurs ZPO, § 3 Rn. 194.

[67] Anders/Gehle/*Hunke,* Zivilprozessordnung, ZPO § 300 Rn. 4; Thomas/Putzo/*Seiler,* Zivilprozessordnung, ZPO § 300 Rn. 2.

[68] BGH, Urt. v. 16.12.1981 – IV a ZR 282/80, NJW 1982, 1533, 1534; BT-Drs. 7/2729 S. 73.

[69] Wie z. B. die Widerklage, vgl. hierzu BT-Drs. 7/2729 S. 73; weiterhin werden hierunter z. B. die Klageänderung, die Klageerweiterung, die Erledigungserklärung, die Widerklage und der Berufungsantrag nicht erfasst, vgl. Musielak/Voit/*Röß,* Zivilprozessordnung, ZPO § 296 Rn. 6.

[70] HK-ZPO/*Saenger,* ZPO § 296 Rn. 8.

Diese Ausführungen verdeutlichen, dass § 296a ZPO damit in letzter Konsequenz den Schluss der mündlichen Verhandlung als maßgeblichen Zeitpunkt für die Beurteilung des Rechtsstreits insgesamt festlegt.[71] Insofern unterscheidet sich dieser Zeitpunkt signifikant von den bisher betrachteten, bei denen der Zeitpunkt des Schlusses der mündlichen Verhandlung nicht zwingend der Zeitpunkt der Beurteilung sein muss.[72] Das kann als erstes Zwischenergebnis festgehalten werden.

Im Rahmen der vorliegend vorzunehmenden Charakterisierung im Umfeld der Zeitpunkte am Ende des Verfahrens kann diese Unterscheidung aber noch konkretisiert werden. Denn der Gesetzgeber hat es, nicht zuletzt auch verdeutlicht durch den Gesetzesaufbau,[73] als Idealfall angesehen hat, dass das Urteil sofort nach Schluss der mündlichen Verhandlung als sogenanntes „Stuhlurteil"[74] verkündet wird.[75] Die Besonderheit des Zeitpunkts des Schlusses der mündlichen Verhandlung besteht folglich darin, dass – im vom Gesetzgeber intendierten Idealfall – in ihm selbst bzw. allenfalls von diesem durch eine „juristische bzw. logische Sekunde"[76] getrennt die zur Entscheidung befugte Person bzw. das jeweils befugte Gremium eine rechtliche Beurteilung der Zulässigkeit und Begründetheit des betreffenden Verfahrens vorzunehmen hat. Er unterscheidet sich damit von den bislang betrachteten Beurteilungszeitpunkten über das angeführte Zwischenergebnis hinausgehend darin, dass in diesem die Entscheidung des Rechtsstreits auch in tatsächlicher Hinsicht unter Beurteilung aller entscheidungsrelevanter Aspekte ge-

---

[71] Vgl. bereits BeckOK ZPO/*Bacher*, ZPO § 296a Vorbemerkung.

[72] Vgl. Teil C/I./2./b).

[73] Vgl. BeckOK ZPO/*Elzer*, ZPO § 310 Rn. 10.

[74] BGH, Urt. v. 6.2.2004 – V ZR 249/03, NJW 2004, 1666; Zöller/*Feskorn*, Zivilprozessordnung, ZPO § 310 Rn. 3; HK-ZPO/*Saenger*, ZPO § 310 Rn. 3.

[75] S. hierzu insgesamt Musielak/Voit/*Wolff*, Zivilprozessordnung, ZPO § 310 Rn. 1.

[76] Hierunter versteht man kein real messbares, sondern ein lediglich gedachtes Zeitintervall; dabei wird diese Rechtsfigur vor allem verwendet, um durch eine Handlung mehrere Rechtsfolgen in einer bestimmten Reihenfolge ablaufen zu lassen, vgl. *Riehm*, JuS Lern-CD Zivilrecht I, Definitionen zum Zivilrecht, Logische Sekunde. Grundlegend hierzu etwa *Kuhnel*, Die juristische Sekunde – Bedeutung einer Konstruktion, 1992, passim. Vgl. ebenfalls *Winkler*, Zeit und Recht, 319. Zur Verwendung des Begriffs in der Rechtsprechung vgl. etwa BGH, Urt. v. 28.4.2010 – IV ZR 73/08, NJW 2010, 3232. Zu Beispielskonstellationen der Rechtsfigur der logischen Sekunde bereits im römischen Recht vgl. *Kaser*, Römische Rechtsquellen und angewandte Juristenmethode, 1986, 291 ff. S. ebenfalls die kritische Auseinandersetzung mit dieser Rechtsfigur von *Wieacker* in: Württenberger/Maihofer/Hollerbach (Hrsg.), Festschrift für Erik Wolf zum 60. Geburtstag, 421 ff.

troffen wird bzw. zumindest nach dem vom Gesetzgeber intendierten Idealfall getroffen werden soll.

Diese Charakteristik soll im Folgenden als Ansatzpunkt dazu dienen, eine zunächst unter die Begrifflichkeit der *Beurteilungszeitpunkte am Ende des Verfahrens* zu fassende Gruppe zu bilden. Sie ist Teilmenge der Gruppe der *Zeitpunkte am Ende des Verfahrens* und kann gegebenenfalls hinsichtlich ihrer Charakteristika noch präzisiert werden. Zugleich kann aber bereits an dieser Stelle festgehalten werden, dass als ein erster relevanter Zeitpunkt dieser Kategorie eben der Zeitpunkt des Schlusses der mündlichen Verhandlung zu identifizieren ist.

#### (b) Verhältnis zum „Zeitpunkt der Entscheidungsreife"

Dabei ist, wie gesehen, Voraussetzung des Zeitpunkts des Schlusses der mündlichen Verhandlung die Entscheidungsreife. Bezüglich dieser findet sich teilweise auch die Wendung „Zeitpunkt der Entscheidungsreife".[77] Insofern stellt sich die Frage, wie sich das Verhältnis des Schlusses der mündlichen Verhandlung zur Terminologie des „Zeitpunkts der Entscheidungsreife" darstellt.

Diesbezüglich ist zunächst festzustellen, dass in Ausnahmefällen die Entscheidungsreife von dem grundsätzlichen Schluss der mündlichen Verhandlung verschieden sein kann. So kann ein Anerkenntnisurteil im Fall des § 307 Abs. 2 ZPO schon vor der mündlichen Verhandlung ergehen; in ähnlicher Weise ist die Situation im Fall des Versäumnisurteils nach § 331 Abs. 3 ZPO einzuordnen.[78] Allerdings erfolgt die Verwendung des Begriffs des „Zeitpunkts der Entscheidungsreife" in der Regel im Sinne einer alternativen Begrifflichkeit zum Zeitpunkt des Schlusses der mündlichen Verhandlung. Das zeigt sich etwa daran, dass ausgeführt wird, dass sich die Endentscheidungsreife immer nach dem maßgeblichen Entscheidungszeitpunkt beurteile, in der Regel dem Schluss der mündlichen Verhandlung.[79] Zudem findet sich, dass maßgebender Zeitpunkt für die Entscheidungsreife der Schluss der mündlichen Verhandlung, im schriftlichen Verfahren der ihr entsprechende Zeitpunkt sei.[80] Besonders deutlich wird diese alternative Verwendung

---

[77] Vgl. etwa VGH München, Beschl. v. 3.1.2018–10 C 17.2195, BeckRS 2018, 60; Prütting/Gehrlein/*Zempel*, Zivilprozessordnung, ZPO § 119 Rn. 21.

[78] Prütting/Gehrlein/*Thole*, Zivilprozessordnung, ZPO § 300 Rn. 3.

[79] Prütting/Gehrlein/*Thole*, ZPO, Zivilprozessordnung, ZPO § 300 Rn. 3.

[80] Thomas/Putzo/*Seiler*, Zivilprozessordnung, ZPO § 300 Rn. 5 i. V. m. Thomas/Putzo/*Seiler*, Zivilprozessordnung, ZPO § 253 Vorbemerkung Rn. 37.

auch dann, wenn es sich um Verfahren ohne mündliche Verhandlung handelt.[81] Daher soll aufgrund der prinzipiellen Identität der beiden Zeitpunkte und der entsprechenden terminologischen Verwendung der „Zeitpunkt der Entscheidungsreife" im Folgenden als grundsätzlich synonym für den Begriff des Zeitpunkts des Schlusses der mündlichen Verhandlung verwendet werden und keine weitergehende Differenzierung zwischen diesen beiden Begriffen erfolgen.

#### (c) Ausnahmekonstellationen in speziellen Urteilsverfahren

Die Ausführungen zum Begriff des „Zeitpunkts der Entscheidungsreife" haben aber für die Charakterisierung der Beurteilungszeitpunkte am Ende des Verfahrens noch einen Aspekt zutage gebracht, der im Sinne einer Untergruppe von „Ausnahmekonstellationen" festzuhalten ist. Das betrifft zum einen das Anerkenntnisurteil nach § 307 ZPO. Hier hat das Gericht zwar grundsätzlich[82] die Prozessvoraussetzungen zu prüfen,[83] entsprechend der Reichweite der Dispositionsbefugnis der Parteien hat das Gericht jedoch nach dem Anerkenntnis des Beklagten ohne rechtliche und tatsächliche Prüfung darüber hinaus das Urteil zu erlassen – soweit der Anspruch eine Rechtsfolge zum Inhalt hat, die das geltende Recht zulässt und der Anspruch mit zwingendem Recht vereinbar ist.[84] Insoweit wird hier dann die Prüfung des Gerichts in diesem speziellen, dem Schluss der mündlichen Verhandlung im Ergebnis gleichgestellten, Beurteilungszeitpunkt am Ende des Verfahrens eingeschränkt.

Ähnlich verhält es sich bei einem Versäumnisurteil. Auch hier ist das Prüfprogramm im Zeitpunkt der Beurteilung des Rechtsstreits insgesamt eingeschränkt. Sowohl bei dem Versäumnisurteil gegen den Kläger nach § 330 ZPO als auch bei demjenigen gegen den Beklagten nach § 331 ZPO findet zwar eine Prüfung der Zulässigkeit insgesamt statt.[85] Im Rahmen der Begründetheit des Versäumnisurteils

---

[81] Vgl. Prütting/Gehrlein/*Zempel*, Zivilprozessordnung, ZPO § 119 Rn. 21 zum PKH-Verfahren, in dem nach § 127 Abs. 1 S. 1 ZPO Entscheidungen ohne mündliche Verhandlung ergehen.

[82] Dies betrifft die Prozessvoraussetzungen und Prozesshandlungsvoraussetzungen, hingegen sind die Rechtsschutzvoraussetzungen wie Klagbarkeit, Rechtsschutzbedürfnis oder Feststellungsinteresse nicht zu prüfen, wenn der Beklagte nicht dadurch eine Prüfung verlangt, dass er sein Anerkenntnis eben gerade von der Erfüllung dieser Voraussetzungen abhängig macht, vgl. Musielak/Voit/*Wolff*, Zivilprozessordnung, ZPO § 307 Rn. 15.

[83] Prütting/Gehrlein/*Thole*, Zivilprozessordnung, ZPO § 307 Rn. 13.

[84] Vgl. insgesamt Musielak/Voit/*Wolff*, Zivilprozessordnung, ZPO § 307 Rn. 15.

[85] Vgl. etwa *Musielak/Voit*, Grundkurs ZPO § 4 Rn. 325 f. und 341 ff.

gegen den Kläger erfolgt jedoch, auch wenn es sich bei dieser Entscheidung um ein Sachurteil handelt, keine materiell-rechtliche Prüfung der Klage, das Gericht prüft vielmehr grundsätzlich lediglich das Vorliegen eines Antrags und die Säumnis des Klägers.[86] Bei der Begründetheitsprüfung des Versäumnisurteils gegen den Beklagten ist das Prüfprogramm zwar insofern erweitert, als eine Schlüssigkeitsprüfung der Klage erfolgt – das tatsächliche mündliche Vorbringen des Klägers gilt als zugestanden, auf dieser Basis prüft das Gericht, ob die tatsächlichen Behauptungen des Klägers seinen Antrag materiell-rechtlich begründen.[87] Damit entfällt dann aber insbesondere die Beweisbedürftigkeit des tatsächlichen Vorbringens des Klägers.[88] Insofern findet wie im Rahmen des Erlasses des Anerkenntnisurteils keine Beurteilung aller entscheidungsrelevanten Aspekte statt.

Darüber hinaus existieren in den §§ 301 ff. ZPO auch Ausnahmekonstellationen dergestalt, dass Entscheidungsreife nur auf einen Teilaspekt des Prozessstoffs bezogen vorliegt. So stellt etwa § 301 Abs. 1 ZPO hinsichtlich des Teilurteils fest, dass es sich bei diesem um ein Endurteil handelt. Insofern kann hier dann über einen Teil des Prozessstoffs vorab entschieden werden und das Verfahren in zwei (oder mehr) Abschnitte getrennt werden.[89] Im vorliegenden Kontext bedeutet dies, dass es in derartigen Konstellationen zu mehreren Beurteilungszeitpunkten am Ende des Verfahrens im bisher identifizierten Sinn kommen kann.

Damit ist bezüglich etwaiger Ausnahmesituationen bei speziellen Arten des Urteilserlasses zum einen festzuhalten, dass in ihnen der Prüfungsumfang in einem Beurteilungszeitpunkt am Ende des Urteilsverfahrens eingeschränkt sein kann. Es findet aber auch in diesen Konstellationen immer noch eine umfangreichere Prüfung statt als bei den bislang betrachteten Beurteilungszeitpunkten, in denen es um die Beurteilung von Einzelaspekten geht. Zum anderen kann in (weiteren) Ausnahmesituationen wie etwa dem Teilurteil auch mehrmals der Zeitpunkt des Schlusses der mündlichen Verhandlung gegeben sein. Gegebenenfalls können beide Möglichkeiten der Ausnahmesituation kombiniert sein, etwa bei einem Teilanerkenntnisurteil.[90]

[86] *Pohlmann,* Zivilprozessrecht, § 11 Rn. 581. Zudem sind noch die §§ 335 und 337 ZPO zu berücksichtigen, vgl. *Musielak/Voit,* Grundkurs ZPO § 4 Rn. 342.

[87] *Pohlmann,* Zivilprozessrecht, § 11 Rn. 578.

[88] MüKoZPO/*Prütting,* ZPO § 331 Rn. 10.

[89] Vgl. etwa BeckOK ZPO/*Elzer,* ZPO § 301 Vorbemerkung.

[90] Vgl. zum Teilanerkenntnisurteil etwa BeckOK ArbR/*Hamacher,* ArbGG § 55 Rn. 14.

### (d) Vorbringen nach „Schluss der mündlichen Verhandlung"

Bevor der Blick auf andere Zeitpunkte am Ende des Verfahrens gelenkt werden kann, soll die Betrachtung des Zeitpunkts des Schlusses der mündlichen Verhandlung und seiner Konsequenzen noch vertieft werden. Denn gerade eventuelle (weitere) Erkenntnisse zu diesem zentralen Zeitpunkt können zur Konturierung dieser Gruppe von Beurteilungszeitpunkten insgesamt hilfreich und gegebenenfalls zur Charakterisierung und Abgrenzung von weiteren Zeitpunkten dienlich sein.

Insbesondere sind dabei die zeitliche Komponente und ihre Auswirkungen von Bedeutung: Der Zeitpunkt des Schlusses der mündlichen Verhandlung stellt eine Zäsur dar, nach der zumindest Tatsachen nicht mehr in das Verfahren eingeführt werden können; das Gericht darf in seinem Urteil nur solche Tatsachen berücksichtigen, die sich bis zu diesem Zeitpunkt ereignet haben.[91] Entsprechende Schriftsätze sind zwar dennoch zur Akte zu nehmen und dem Gegner nach § 270 ZPO formlos zu übermitteln.[92] Jedoch kann grundsätzlich für den vorliegend betrachteten Zusammenhang zunächst festgehalten werden, dass dieser Beurteilungszeitpunkt am Ende des Verfahrens einen (zeitlichen) Endpunkt bildet zur Berücksichtigung von Tatsachen.

#### (aa) Ausnahmefälle des späteren Vorbringens

Lediglich in wenigen Ausnahmefällen schadet das Vorbringen zu einem späteren Zeitpunkt nicht. Nach § 296a S. 2 ZPO bleiben die Vorschriften der §§ 139 Abs. 5, 156 und 283 ZPO unberührt. Dabei hat zum einen nach § 139 Abs. 5 ZPO das Gericht auf Antrag eine Frist zu bestimmen, in der eine Partei, der eine sofortige Erklärung zu einem gerichtlichen Hinweis nicht möglich ist, die betreffende Erklärung in einem Schriftsatz nachbringen kann. Zum anderen kann das Gericht nach § 283 ZPO auf Antrag ebenfalls eine Frist bestimmen, in der eine Erklärung in einem Schriftsatz nachgebracht werden kann, wenn eine Partei in der mündlichen Verhandlung sich auf ein Vorbringen des Gegners nicht erklären kann, weil es ihr nicht rechtzeitig vor dem Termin mitgeteilt worden ist. Wenn die betreffende Partei dann den nachgelassenen Schriftsatz fristgerecht einreicht, muss das Gericht in beiden Fällen Tatsachenvorbringen, das nach dem Schluss der letzten mündlichen Verhandlung in den Prozess eingeführt wird, ausnahmsweise berücksichtigen.[93] Auch hat der Richter bei einem Vorbringen neuer Angriffs- und Verteidigungsmittel zu prüfen, ob eine Wiedereröffnung der Verhandlung nach § 296a S. 2 ZPO

[91] Vgl. Musielak/Voit/*Wolff*, Zivilprozessordnung, ZPO § 322 Rn. 28.

[92] BeckOK ZPO/*Bacher*, ZPO § 296a Rn. 8.

[93] MüKoZPO/*Prütting*, ZPO § 296a Rn. 6.

i. V. m. § 156 ZPO in Betracht kommt.[94] Bei positiver Bejahung dessen hat dies aber wiederum Auswirkungen auf den Zeitpunkt des Schlusses der mündlichen Verhandlung: Dieser ist dann erneut festzulegen.

Problematisch stellt sich die Situation im Hinblick auf Rechtsansichten dar. Wie gesehen, gehören diese nicht zu den Angriffs- und Verteidigungsmitteln und fallen daher nicht unter § 296a ZPO.[95] Sie sind damit zwar nicht präkludiert, können aber letztlich ohnehin nur als Anregung zur Prüfung an das Gericht verstanden werden.[96] Allerdings können sie im Ergebnis doch dazu führen, dass das Gericht dem Gegner nochmals Gelegenheit zur Stellungnahme geben muss, konkret dann, wenn das Gericht sich auf die neuen Rechtsausführungen bei seiner Entscheidung stützen möchte; insofern ist gegebenenfalls auch die mündliche Verhandlung nochmals zu eröffnen.[97] Auch das ist dann folglich wiederum von Einfluss auf die Lage des Zeitpunkt des Schlusses der mündlichen Verhandlung.

#### (bb) Rechtliches Gehör

Eine etwaige Handlungspflicht des Gerichts im Fall des nach Schluss der mündlichen Verhandlungen eingehenden Vorbringens gründet verfassungsrechtlich auf dem Anspruch auf rechtliches Gehör nach Art. 103 Abs. 1 GG.[98] Dieser allgemeine rechtsstaatliche Grundsatz ist zwar in der ZPO nicht ausdrücklich normiert, er wird aber letztlich im Sinne einer „allgemeinen Grundregel" jedes gerichtlichen Verfahrens[99] vorausgesetzt und in mehreren verfahrensrechtlichen Vorschriften wie etwa § 321a ZPO näher ausgestaltet.[100] Damit liegt die Vermutung nahe, dass dieser Grundsatz auch im Rahmen der nachfolgenden Betrachtung noch mehrfach in den Fokus der Betrachtung auch der Zeitpunkte am Ende des Verfahrens rücken wird.

---

[94] Musielak/Voit/*Röß*, Zivilprozessordnung ZPO § 296a Rn. 4; MüKoZPO/*Prütting*, ZPO § 296a Rn. 6.

[95] Weit überwiegende Meinung, vgl. etwa BeckOK ZPO/*Bacher*, ZPO § 296a Rn. 10; MüKoZPO/*Prütting*, ZPO § 296a Rn. 8; *Fischer, Frank O.* NJW 1994, 1315, 1316. A. A. *Schneider*, MDR 1986, 903. S. Teil C/II./4./b)/aa)/(1)/(a).

[96] Stein/Jonas/*Thole*, 23. Aufl., ZPO § 296a Rn. 11.

[97] Prütting/Gehrlein/*Deppenkemper*, Zivilprozessordnung, ZPO § 296a Rn. 2; Stein/Jonas/*Thole*, 23. Aufl., ZPO § 296a Rn. 11. Vgl. ebenfalls *Fischer, Frank O.* NJW 1994, 1315, 1317.

[98] BAG, Beschl. v. 18.12.2008 – 6 AZN 646/08, NJW 2009, 1163, 1164; Musielak/Voit/*Röß*, Zivilprozessordnung, ZPO § 296a Rn. 4.

[99] S. hierzu auch BVerfG, Beschl. v. 29.11.1989 – 1 BvR 1011/88, NJW 1990, 1104.

[100] HK-ZPO/*Saenger*, Einführung ZPO Rn. 44.

Konkret gewährt der Anspruch auf rechtliches Gehör dabei jedem Beteiligten das Recht darauf, Gelegenheit zu erhalten, sich vor dem Erlass einer Entscheidung zu dem Sachverhalt zu äußern, der der betreffenden Entscheidung zugrunde gelegt wird.[101] Das wiederum setzt voraus, dass er bzw. sie von dem Sachverhalt (und dem Verfahren, in dem dieser verwertet werden soll) überhaupt Kenntnis erhält.[102] Zugleich darf das Gericht seiner Entscheidung nur solche Tatsachen und Beweisergebnisse zugrunde legen, zu denen Gehör gewährt wurde.[103]

(e) „Sach- und Rechtslage"

Gerade vor dem Hintergrund der bisweilen unterschiedlichen Behandlung von Tatsachen und Rechtsansichten ist zudem im Hinblick auf die nachfolgende Untersuchung noch die im Zusammenhang mit der Präklusion des § 296a ZPO und damit auch mit dem Zeitpunkt des Schlusses der mündlichen Verhandlung bisweilen verwendete Formulierung der „Sach- und Rechtslage" näher zu beleuchten. Beispielsweise findet sich in der Literatur die Aussage: „Die Entscheidung des Gerichts stellt [...] die Sach- und Rechtslage für diesen historischen Zeitpunkt fest."[104]

Diesbezüglich ist zu berücksichtigen, dass grundsätzlich zwischen dem „maßgeblichen Zeitpunkt" für den Prozessstoff einerseits und demjenigen für das anzuwendende Recht andererseits getrennt werden muss: Grundlage der Entscheidung ist der gesamte Prozessstoff, der beim Schluss der mündlichen Verhandlung vorliegt.[105] Dabei wird vonseiten der Rechtsprechung stets betont, dass sich die Schlüssigkeit einer Klage nach dem Vorbringen im Zeitpunkt der letzten mündlichen Tatsachenverhandlung beurteilt.[106] Der Begriff des Prozessstoffs meint somit die Tatsachengrundlage.[107]

---

[101] St. Rspr. des BVerfG, vgl. etwa BVerfG, Beschl. v. 20.7.1971 – 1 BvR 13/69, NJW 1971, 2301; BVerfG, Beschl. v. 29.11.1989 – 1 BvR 1011/88, NJW 1990, 1104.

[102] BVerfG, Beschl. v. 29.11.1989 – 1 BvR 1011/88, NJW 1990, 1104.

[103] St. Rspr. d. BVerfG, vgl. etwa BVerfG v. 7.10.1908–2 BvR 158/79, BVerfGE 55, 95, 98. S. auch HK-ZPO/*Saenger*, Einführung ZPO Rn. 46.

[104] MüKoZPO/*Gottwald*, ZPO § 322 Rn. 140.

[105] *Baumeister*, JURA 2005, 655, 657; Zöller/*Feskorn*, Zivilprozessordnung, ZPO § 300 Rn. 3; Stein/Jonas/*Leipold*, 22. Aufl., ZPO § 300 Rn. 19; Thomas/Putzo/*Reichold*, Zivilprozessordnung, 39. Aufl., Vorbemerkung ZPO § 253 Rn. 37.

[106] Vgl. etwa BGH, Urt. v. 5.7.1995 – KZR 15/94, NJW-RR 1995, 1340; BGH, Urt. v. 13.8.1997 – VIII ZR 246–96, NJW-RR 1998, 712.

[107] Vgl. *Pohlmann*, Zivilprozessrecht, § 14 Rn. 770; Thomas/Putzo/*Reichold*, Zivilprozessordnung, 39. Aufl., Vorbemerkung ZPO § 253 Rn. 35.

Demgegenüber wird für das anzuwendende Recht in der Regel[108] auf den Zeitpunkt des Urteilserlasses abgestellt.[109] Damit meint der Zeitpunkt des Urteilserlasses denjenigen der Verkündung des Urteils.[110] Dieser Zeitpunkt wird im Folgenden noch näher zu betrachten sein. Im vorliegend betrachteten Zusammenhang ist aber bereits festzustellen, dass eine Gesetzesänderung, die (in den Konstellationen, in denen kein Stuhlurteil ergeht) in die Zeit zwischen der letzten mündlichen Verhandlung und der Verkündung des Urteils fällt, grundsätzlich zu berücksichtigen ist.[111] Insofern wird in der öffentlich-rechtlichen Literatur auch zutreffend darauf hingewiesen, dass „die Zivilrechtlehre [...] zwischen Rechts- und Sachlageänderungen [trennt].“[112] Da sich diese Trennung auf einen jahrzehntelangen Grundkonsens stützt, kann damit die Bezugnahme auf die „Sach- und Rechtslage“ miss-

[108] Hiervon zu trennen sind Konstellationen der Beurteilung von Entscheidungen von Privatrechtssubjekten in der Retrospektive. Dort kann gegebenenfalls auf Normierungen Bezug genommen werden, die in der Zwischenzeit einer Veränderung erfahren hat. Konkret kann diesbezüglich etwa das Beispiel der Kündigung aufgrund von Loyalitätsanforderungen, die sich in einer kirchlichen Ordnung finden, herangezogen werden. In diesem Fall ist zu beurteilen, ob die Kündigung im von der überwiegenden Ansicht als maßgeblich erachteten Zeitpunkt des Zugangs der Kündigungserklärung rechtmäßig war. Galten nun in diesem Zeitpunkt andere Loyalitätsanforderungen aufgrund einer im Arbeitsvertrag in Bezug genommenen Regelung wie der Grundordnung des kirchlichen Diensts (GrO) als im Zeitpunkt der Urteilsfällung, so sind diese Loyalitätsanforderungen der Kündigung – und damit der Überprüfung ihrer Rechtmäßigkeit – zugrunde zu legen. Im Rahmen der Prüfung der sozialen Rechtfertigung der Kündigung können diese dann auf ihre Wirksamkeit hin überprüft werden, insbesondere können sie selbst wiederum einer Rechtfertigungsprüfung vor dem Hintergrund der RL 2000/78/EG bzw. des diese umsetzenden AGG, unterzogen werden. Dabei ist auf den Stand der Ordnung zum Zeitpunkt der Kündigung abzustellen, vgl. LAG Hessen, Urteil v. 1.3.2022–8 Sa 1092/20, BeckRS 2022, 53564 Rn. 45 ff.; BAG, Urt. v. 20.2.2019 – 2 AZR 746/14, NZA 2019, 901 Rn. 12 ff.; BAG, Vorlagebeschl. v. 1.2.2024–2 AZR 196/22 (A), NZA 2024, 543 Sachverhalt.

Gerade dieses Beispiel verdeutlicht zugleich wiederum die Notwendigkeit einer klaren Systematik und Terminologie im Bereich der Beurteilungszeitpunkte, ist doch nicht zuletzt der Beurteilungszeitpunkt der Kündigung mehrfach Gegenstand wissenschaftlicher Arbeiten und Diskussionen gewesen.

[109] *Baumeister,* JURA 2005, 655, 657; Stein/Jonas/*Leipold,* 22. Aufl., ZPO § 300 Rn. 28; Thomas/Putzo/*Reichold,* Zivilprozessordnung, 39. Aufl., Vorbemerkung ZPO § 300 Rn. 55; Zöller/*Feskorn,* Zivilprozessordnung, ZPO § 300 Rn. 3.

[110] Anders/Gehle/*Hunke,* Zivilprozessordnung, ZPO § 300 Rn. 32.

[111] Stein/Jonas/*Leipold,* 22. Aufl., ZPO § 300 Rn. 28. S. grundlegend hierzu bereits *Wach,* Handbuch des Civilprozessrechts, § 18 II.

[112] *Baumeister,* JURA 2005, 655, 658.

verständlich sein.[113] Letztlich wird man diese Wendung im Privatrecht auch in anderer Weise verstehen können: Bereits aufgrund der Änderung der Sachlage kann ohne Gesetzesänderung die Rechtslage dergestalt beeinflusst werden, dass sich die rechtliche Beurteilung des Sachverhalts verändert. Diese Änderung wäre jedoch im Gegensatz zu einer Änderung des anzuwendenden Rechts nach dem Zeitpunkt des Schlusses der mündlichen Verhandlung nicht mehr zu berücksichtigen

### (2) Schriftliches Verfahren

Bevor der Blick auf weitere Zeitpunkte am Ende des Verfahrens gerichtet werden kann, ist im Sinne der (untergeordneten) Differenzierung nach dem Aspekt der mündlichen Verhandlung noch festzuhalten, dass in Ausnahmefällen der Zeitpunkt des Schlusses der mündlichen Verhandlung nicht am Ende einer tatsächlich durchgeführten mündlichen Verhandlung zu verorten sein wird. Denn obwohl der Mündlichkeitsgrundsatz einer der zentralen Grundsätze des Zivilprozesses ist, eröffnet die ZPO auch die Möglichkeit eines Verfahrens ohne mündliche Verhandlung.[114] Das wird deutlich an § 128 Abs. 2 ZPO, der bestimmt, dass das Gericht mit der Zustimmung der Parteien eine Entscheidung ohne mündliche Verhandlung treffen kann. Allerdings bezieht sich die Einverständniserklärung immer nur auf die nächste Entscheidung; das kann zum einen ein Endurteil sein, zum anderen kommen aber auch andere Entscheidungen, die dieses sachlich vorbereiten, in Betracht.[115] Diesbezüglich bestimmt dann nach § 128 Abs. 2 S. 2 ZPO das Gericht den Zeitpunkt, bis zu dem Schriftsätze eingereicht werden können, und den Termin zur Verkündung der Entscheidung.

Im Zusammenhang mit den Zeitpunkten am Ende des Verfahrens und vor dem Hintergrund des – insofern nun wieder im übergeordneten Sinn zu heranzuziehenden – Differenzierungskriteriums der streitbeendenden Wirkung ist daher vorliegend einzig die Situation in den Blick zu nehmen, bei der es sich bei der nächsten Entscheidung um ein Endurteil handelt: In dieser Situation entspricht dann der vom Gericht mit dem Verkündungstermin zu bestimmende Zeitpunkt, bis zu dem Schriftsätze noch eingereicht werden dürfen, dem Schluss der mündlichen

---

[113] Vgl. auch *Baumeister,* JURA 2005, 655, 657, der von einer einheitlichen Annahme diesbezüglich ausgeht.

[114] Vgl. auch *W. Lüke,* Zivilprozessrecht I, § 34 Rn. 1, 2; HK-ZPO/*Wöstmann,* ZPO § 128 Rn. 15.

[115] *W. Lüke,* Zivilprozessrecht I, § 34 Rn. 2.

Verhandlung[116] – § 296a ZPO ist im schriftlichen Verfahren nach § 128 Abs. 2 ZPO entsprechend anwendbar.[117]

Ähnliches ist im Verfahren nach § 495a ZPO zu konstatieren: Auch dort wird von § 128 Abs. 1 ZPO abgewichen, jedoch unabhängig von den Voraussetzungen des § 128 Abs. 2 ZPO.[118] Allerdings ist mit der Anordnung des schriftlichen Verfahrens den Parteien rechtzeitig entsprechend § 128 Abs. 2 S. 2 ZPO mitzuteilen, bis zu welchem Zeitpunkt Schriftsätze eingereicht werden können und wann eine abschließende Entscheidung erlassen werden soll.[119] Dann entspricht der Zeitpunkt, bis zu dem Schriftsätze eingereicht werden können, ebenfalls dem Schluss der mündlichen Verhandlung[120] und stellt sich gleichfalls als ein Beurteilungszeitpunkt am Ende des Verfahrens dar. Er ist jedoch aufgrund der inhaltlichen Identität nicht weiter vom Zeitpunkt des Schlusses der mündlichen Verhandlung zu trennen, sondern vielmehr als ein ihm gleichgestellter Zeitpunkt zu behandeln.

#### (3) Zusammenfassung zum Zeitpunkt des Schlusses der mündlichen Verhandlung

Der Zeitpunkt des Schlusses der mündlichen Verhandlung konnte als ein erster Beurteilungszeitpunkt am Ende des Verfahrens identifiziert werden. Diesem Zeitpunkt des Schlusses der mündlichen Verhandlung entspricht der ihm gleichstellte, vom Gericht im Rahmen des Verfahrens nach § 128 Abs. 2 ZPO bzw. § 495a ZPO bestimmte Zeitpunkt, bis zu dem Schriftsätze eingereicht werden dürfen.[121]

Kennzeichnend für ihn ist, dass nach der Idealvorstellung des Gesetzgebers in ihm selbst bzw. allenfalls von diesem durch eine juristische Sekunde getrennt, die zur Entscheidung befugte Person bzw. das jeweils befugte Gremium eine rechtliche Beurteilung der Zulässigkeit und Begründetheit des betreffenden Verfahrens vorzunehmen hat. Er unterscheidet sich von den bislang betrachteten Beurteilungszeitpunkten dadurch, dass in ihm die Entscheidung auch in tatsächlicher Hinsicht unter Beurteilung aller entscheidungsrelevanten Aspekte getroffen wird bzw. zumindest nach dem vom Gesetzgeber intendierten Idealfall getroffen werden soll.

---

[116] Zöller/*Greger*, Zivilprozessordnung, ZPO § 128 Rn. 14; *W. Lüke*, Zivilprozessrecht I, § 34 Rn. 2. Vgl. hierzu auch bereits *Baur*, Anm. zu BGH, Urt. v. 21.10.1965 – III ZR 189/64, JZ 1966, 70, 72.

[117] BeckOK ZPO/*Bacher*, ZPO § 296a, Rn. 3.

[118] Stein/Jonas/*Thole*, 23. Aufl., ZPO § 296a Rn. 3; BeckOK ZPO/*Toussaint*, ZPO § 495a Rn. 16.

[119] BeckOK ZPO/*Toussaint*, ZPO § 495a Rn. 16a.

[120] Vgl. auch OLG Karlsruhe, Beschluss vom 5.8.2005–15 W 40/05, NJOZ 2005, 3989.

[121] S. ebenfalls OLG Karlsruhe, Beschluss vom 5.8.2005–15 W 40/05, NJOZ 2005, 3989.

Diese Feststellungen sollen im Folgenden auch insgesamt als Ansatzpunkt zur Identifikation eventueller weiterer Zeitpunkte dienen, die zunächst unter die Bezeichnung der Beurteilungszeitpunkte am Ende des Verfahrens zu fassen sind. Zugleich ist festzuhalten, dass es zum einen bei speziellen Arten des Urteilserlasses gegebenenfalls zu einer Einschränkung des Prüfumfangs, zum anderen etwa bei Erlass eines Teilurteils zu mehreren Beurteilungszeitpunkten in diesem Sinne innerhalb eines Verfahrens kommen kann.

Weiterhin wurde verdeutlicht, dass die Wendung der „Sach- und Rechtslage“ in Verbindung mit dem Zeitpunkt des Schlusses der mündlichen Verhandlung missverständlich sein kann. Für den Fortgang der Untersuchung kann daher an dieser Stelle festgehalten werden, dass das Gericht grundsätzlich gehalten ist, Tatsachen, die ihm nach dem Zeitpunkt des Schlusses der mündlichen Verhandlung bzw. dem ihm gleichgestellten Zeitpunkt im schriftlichen Verfahren bekannt werden, außer in den wenigen angeführten Ausnahmefällen, nicht mehr zu berücksichtigen. Es kann und darf seine Erkenntnis nur auf die ihm bis zu diesem Termin zur Kenntnis gekommenen Tatsachen stützen.[122]

### bb) Zeitpunkt der tatsächlichen Entscheidung

Vor diesem Hintergrund stellt sich die Frage, ob noch weitere Beurteilungszeitpunkte am Ende des Verfahrens existieren. Ansatzpunkt für die Beantwortung dieser Frage kann möglicherweise gerade die zeitliche Einschränkung der Berücksichtigungsfähigkeit von Tatsachen sein, indem diese „natürlichen Grenze für die richterliche Erkenntnis“[123] konkretisiert und von weiteren Zeitpunkten abgegrenzt wird.

Zur Überprüfung und Vertiefung dieser Annahme kann wiederum des übergeordnete Kernkriterium der streitbeendenden Wirkung sachdienlich sein: Für die streitbeendende Wirkung im Rahmen des Urteilsverfahrens ist signifikant, dass der Richter bzw. der zur Entscheidung berufene Spruchkörper sein Urteil grundsätzlich erst dann fällen können wird, wenn der Rechtsstreit entscheidungsreif ist.[124] Diese Entscheidungsreife hat bereits im Rahmen der Einordnung des Zeitpunkts des Schlusses der mündlichen Verhandlung eine entscheidende Rolle gespielt. Sie ist aber zudem in § 300 Abs. 1 ZPO ein zentrales Tatbestandsmerkmal. Denn dieser formuliert, dass das Gericht ein Endurteil eben auch zu erlassen hat, wenn der Rechtsstreit zur Endentscheidung reif ist. Ausgehend hiervon stellt sich daher nun

---

[122] Vgl. BGH, Urt. v. 25.2.1985 – VIII ZR 116/84, NJW 1985, 2481, 2482; MüKoZPO/*Gottwald*, ZPO § 322 Rn. 139.

[123] Musielak/Voit/*Wolff*, Zivilprozessordnung, ZPO § 322 Rn. 28.

[124] Vgl. etwa Musielak/Voit/*Wolff*, Zivilprozessordnung, ZPO § 300 Rn. 10.

die Frage, ob möglicherweise der tatsächliche Urteilserlass an sich ebenfalls eine zentrale Rolle für einen weiteren Beurteilungszeitpunkt am Ende des Verfahrens spielen kann.

#### (1) Verkündung nach mündlicher Verhandlung

Um das zu analysieren, soll – wiederum anlehnend an die Überlegungen zu einer (untergeordneten) Untersuchungsstruktur – im ersten Schritt die Konstellation einer Verkündung nach mündlicher Verhandlung betrachtet werden. Damit rückt § 310 Abs. 1 S. 1 ZPO in den Fokus, der dem Gericht für die Verkündung des Urteils zwei Möglichkeiten eröffnet: Sie kann einerseits im Termin der mündlichen Verhandlung, andererseits in einem gesondert anberaumten Verkündungstermin erfolgen. Welchen Weg das Gericht beschreitet, liegt in dessen Ermessen.[125]

Wie angeführt, hatte es der Gesetzgeber als Idealfall angesehen, dass das Urteil sofort nach dem Schluss der mündlichen Verhandlung verkündet wird.[126] Zur Begründung wurde angeführt, dass hierfür nicht nur die Raschheit des Verfahrens, sondern auch der Umstand spreche, dass eine Garantie für die Güte des Urteils darin zu finden sei, dass die richterliche Beratung über das Urteil der Verhandlung möglichst schnell folge.[127] Weiterhin wurde betont, dass der Entwurf Wert darauf lege, dass als Regel die sofortige Verkündung des Urteils festgehalten werde.[128]

Das in der Gesetzesbegründung formulierte Ziel der Verfahrensbeschleunigung ist auch heute noch aktuell.[129] Zudem spricht für eine Verkündung im unmittelbaren Anschluss an die letzte mündliche Verhandlung, dass diese zugleich dem Zweck der Anschaulichkeit des Verfahrens dient, falls die Parteien persönlich anwesend sind.[130]

Dennoch wird der Richter in einer Vielzahl der Fälle sein Urteil nicht „in" diesem Zeitpunkt fällen und verkünden, sondern vielmehr nach § 310 Abs. 1 S. 1, Alt. 2 ZPO vorgehen. Dabei liegt diese gesetzlich normierte Möglichkeit einer späteren

---

[125] BeckOK ZPO/*Elzer*, ZPO § 310 Rn. 9.

[126] Vgl. bereits oben Teil C/II./4./b)/aa)/(1)/(a). S. hierzu insgesamt Musielak/Voit/*Wolff*, Zivilprozessordnung, ZPO § 310 Rn. 1.

[127] Vgl. Hahn (Hrsg.), Die gesammten Materialien zu den Reichs-Justizgesetzen, Zweiter Band, Erste Abteilung: Die gesammten Materialien zur Civilprozeßordnung und dem Einführungsgesetz zu derselben vom 30. Januar 1877, Mat. II 1, zu § 271, S. 286.

[128] S. ebenfalls Hahn (Hrsg.), Die gesammten Materialien zu den Reichs-Justizgesetzen, Zweiter Band, Erste Abteilung: Die gesammten Materialien zur Civilprozeßordnung und dem Einführungsgesetz zu derselben vom 30. Januar 1877, Mat. II 1, zu § 271, S. 286.

[129] Vgl. etwa Anders/Gehle/*Hunke*, Zivilprozessordnung, ZPO § 310 Rn. 1–2; HK-ZPO/*Saenger*, ZPO § 310 Rn. 3.

[130] Stein/Jonas/*Althammer*, ZPO, ZPO § 310 Rn. 7.

Verkündung nicht zuletzt darin begründet, dass der Richter die angeführten Vorteile einer zügigen Verkündung gegen die Gefahr abzuwägen hat, bei einer schnellen Entscheidung wichtige Gesichtspunkte zu übersehen, die zu einem anderen Ergebnis führen können.[131] Auch kann im Einzelfall das Bedürfnis nach Beratung eines Spruchkörpers oder die Notwendigkeit weiterer Klärungen bestehen.[132]

Es zeigt sich somit, dass zwischen dem Zeitpunkt des Schlusses der mündlichen Verhandlung bzw. dem ihm gleichgestellten und demjenigen Zeitpunkt, in dem der Richter bzw. der Spruchkörper seine Entscheidung dann tatsächlich trifft, eine gewisse Zeit vergehen kann. Folglich muss bei der Betrachtung der verfahrensrechtlich relevanten Beurteilungszeitpunkte am Ende des Verfahrens zwischen dem *Zeitpunkt* des Schlusses der mündlichen Verhandlung und demjenigen der *tatsächlichen Entscheidung*[133] unterschieden werden. Das ist hier zunächst einmal festzuhalten. Die Beziehung dieser beiden Zeitpunkte zueinander soll im weiteren Verlauf der Untersuchung noch weiter konkretisiert werden.

#### (a) Zeitpunkt(e) im Umfeld des Zeitpunkts der tatsächlichen Entscheidung

Gerade der Blick auf § 310 Abs. 1 ZPO zeigt aber zudem, dass im Umfeld dieser beiden Zeitpunkte noch ein weiterer existiert: derjenige der *Urteilsverkündung*. Gerade die Formulierung des Gesetzes in § 310 Abs. 1 Alt. 2 ZPO – „oder in einem sofort anzuberaumenden Termin verkündet“ – verdeutlicht dabei aber zugleich, dass dieser Zeitpunkt nicht identisch ist mit einem der beiden zuvor identifizierten. Denn für den Fall, dass die mündliche Verhandlung mit der Anberaumung des Verkündungstermins geschlossen wird, stellt die Verkündung dann selbst einen besonderen Termin und insofern auch Zeitpunkt im Sinne dieser Untersuchung dar, zu dem das Urteil nach § 310 Abs. 2 ZPO vorliegen muss.[134] Dieser wird im ebenfalls noch näher zu betrachten sein.

---

[131] Musielak/Voit/*Musielak/Wolff*, Zivilprozessordnung, ZPO § 310 Rn. 2. S. ebenfalls Stein/Jonas/*Althammer*, 23. Aufl., ZPO § 310 Rn. 7.

[132] BeckOK ZPO/*Elzer*, ZPO § 310 Rn. 11.

[133] Ähnlich bezeichnet *Gestefeld* in seiner verwaltungsrechtlichen Dissertation denjenigen Zeitpunkt, in dem die Entscheidung über die Genehmigungsfähigkeit eines Vorhabens getroffen wird als „Entscheidungszeitpunkt“. Diesem stellt er allerdings den bereits in den Begriffsbestimmungen angeführten, nicht weiter differenzierten Terminus des Beurteilungszeitpunkts im Sinne eines Zeitpunkts, in dem die für die Beurteilung der Genehmigungsfähigkeit maßgebliche Sach- oder Rechtslage vorliegen muss, gegenüber, vgl. *Gestefeld,* Genehmigungsanspruch und Verfahrensdauer im Immissionsschutzrecht, 6.

[134] Vgl. zum Vorliegen eines besonderen Termins auch BGH, Urt. v. 6.2.2004 – V ZR 249/03, NJW 2004, 1666; Zöller/*Feskorn,* Zivilprozessordnung, ZPO § 310 Rn. 3; MüKoZPO/*Musielak/Hüntemann,* ZPO § 310 Rn. 5.

Hingegen wird als Verkündung „am Schluss der Sitzung" gemäß § 310 Abs. 1 Alt. 1 ZPO zumeist auch diejenige angesehen, die noch im Laufe des Sitzungstags, gegebenenfalls nach der Verhandlung weiterer Sachen und nach erneutem Aufruf der Sache erfolgt, falls die Verhandlung selbst nicht mit der Anberaumung eines gesonderten Verkündungstermins geschlossen wurde.[135] Dieses in der Gerichtspraxis häufig vorkommende Verfahren[136] ist nicht unproblematisch und wirft im hier betrachteten Zusammenhang die Frage auf, ob diese Situation einen Ansatzpunkt bietet, im Umfeld der Zeitpunkte des Schlusses der mündlichen Verhandlung, der tatsächlichen Entscheidung und der Verkündung noch einen weiteren, von diesen zu unterscheidenden aber eng mit diesen verknüpften Zeitpunkt zu identifizieren.

Insbesondere *Fischer* hatte dieses Vorgehen bereits 1994 als problematisch eingestuft; er ist jedoch zugleich davon ausgegangen, dass sich diese Verfahren „gewohnheitsrechtlich" eingebürgert habe.[137] Auch das OLG Frankfurt hatte die grundsätzliche Möglichkeit eines solchen Vorgehens infrage gestellt.[138] Sowohl *Fischer* als auch das OLG Frankfurt haben die Konstellation der Verkündung „am Schluss der Sitzung" sodann zumindest dahingehend eingeschränkt, dass sich eine Erstreckung der organisatorischen Einheit der Verhandlung auf den „natürlichen Tagesrhythmus"[139] begrenzen müsse, d. h. dass die Sitzung bis zum Ende des Tages beendet sein müsse und sich nicht über mehrere Tage hinweg oder über Nacht erstrecken dürfe.[140]

Diese Vorgehensweise hat den Vorteil, dass § 310 Abs. 2 ZPO, wonach das Urteil, das nicht in dem Termin, in dem die mündliche Verhandlung geschlossen wird, verkündet wird, bei Verkündung in vollständiger Form abgefasst sein muss, nicht eingreift. Es geht dann nämlich nur um die Verkündung der schriftlich niedergelegten Urteilsformel.[141] Dabei muss, wie angeführt, aber eben noch ein weiteres hinzukommen: Das Gericht darf die Sitzung nicht zuvor geschlossen haben. Andernfalls handelt es sich nach dem eindeutigen Gesetzeswortlaut eben doch um

[135] So für das sogenannte Protokollurteil nach § 540 Abs. 1 S. 2 ZPO unter Bezugnahme auf § 310 ZPO BGH, Urt. v. 6.2.2004 – V ZR 249/03, NJW 2004, 1666; für das Stuhlurteil nach § 310 ZPO vgl. OLG München, Urt. v. 21.1.2011 – 10 U 3446/10, NJW 2011, 689; s. hierzu insgesamt auch BeckOK ZPO/*Elzer*, ZPO § 310 Rn. 13–15; Zöller/*Feskorn*, Zivilprozessordnung, ZPO § 310 Rn. 3.

[136] Vgl. HK-ZPO/*Saenger*, ZPO § 310 Rn. 4.

[137] *Fischer, Frank O.*, DRiZ 1994, 95, 97.

[138] OLG Frankfurt, Urt. v. 10.2.1987 – 8 U 114/86, NJW-RR 1988, 128.

[139] S. ebenfalls OLG Frankfurt, Urt. v. 10.2.1987 – 8 U 114/86, NJW-RR 1988, 128.

[140] *Fischer, Frank O.*, DRiZ 1994, 95, 97.

[141] BeckOK ZPO/*Elzer*, ZPO § 310 Rn. 10, ZPO § 311 Rn. 12, 13.

einen besonderen Termin der Verkündung[142] mit allen erforderlichen formalen Voraussetzungen. Gerade dieser Aspekt verdeutlicht vorliegend zugleich, dass es sich bei dieser Problematik letztlich nicht um die Frage eines weiteren Zeitpunkts handelt, sondern vielmehr formale Aspekte des Verkündungszeitpunkts selbst betroffen sind.

#### (b) Zwischenergebnis

Festzuhalten ist damit, dass der Zeitpunkt der tatsächlichen Entscheidung sowohl vom Zeitpunkt des Schlusses der mündlichen Verhandlung als auch vom Verkündungszeitpunkt zu unterscheiden ist. Zugleich zeigen die weiteren Ausführungen zum Zeitpunkt der tatsächlichen Entscheidung, dass es sich bei diesem ebenfalls um einen Beurteilungszeitpunkt am Ende des Verfahrens handelt. Denn in dem Moment, in dem der Richter bzw. der Spruchkörper seine Entscheidung trifft, erfolgt die (für die jeweilige Instanz grundsätzlich) abschließende Beurteilung des Falls in tatsächlicher Hinsicht. Dieser Zeitpunkt kann in unmittelbarer zeitlicher Nähe zum *Verkündungszeitpunkt* liegen, wie es etwa oft im Falle der „Verkündung am Schluss der Sitzung" bis zum Ende des Verhandlungstages gegeben sein wird.

### (2) Zustellung

In gleicher Weise sind auch die Situationen zu beurteilen, in denen die Zustellung an die Stelle der Verkündung tritt, treten kann oder zumindest eine Zustellung nicht die Unwirksamkeit der Entscheidung zur Konsequenz hat. Dabei ist nach § 166 Abs. 1 ZPO unter Zustellung grundsätzlich die Bekanntgabe eines Dokuments, vorliegend folglich eines Urteils, an eine Person in der in diesem Titel bestimmten Form zu verstehen.

Diese Zustellung ersetzt nun gemäß § 310 Abs. 3 S. 1 ZPO bei einem Anerkenntnis- oder Versäumnisurteil, die nach §§ 307, 331 Abs. 3 ZPO ohne mündliche Verhandlung ergehen, die Verkündung.[143] Weiterhin ist das Gericht im vereinfachten Verfahren nicht gehalten, seine Urteile zu verkünden, es steht ihm vielmehr frei, seine Urteile durch Zustellung an die Parteien nach § 317 ZPO zu erlassen.[144] Auch ist zwar nach § 128 Abs. 2 S. 2 ZPO im Rahmen des konsensualen schriftlichen Verfahrens die Entscheidung zu verkünden; insofern fallen Urteile, die im schriftlichen Verfahren nach § 128 Abs. 2, 3 ZPO ergehen nicht unter die Regelung

---

[142] MüKoZPO/*Musielak/Hüntemann*, ZPO § 310 Rn. 5.

[143] Vgl. Anders/Gehle/*Hunke*, Zivilprozessordnung, ZPO § 310 Rn. 11.

[144] MüKoZPO/*Deppenkemper*, ZPO § 495a Rn. 49; Anders/Gehle/*Hunke*, Zivilprozessordnung, ZPO § 310 Rn. 38.

des § 310 Abs. 3 ZPO.[145] Allerdings ist ein Urteil nicht deshalb unwirksam, weil es nicht verkündet, sondern stattdessen zugestellt wird.[146]

In all diesen Konstellationen ist im vorliegend betrachteten Zusammenhang entscheidend, dass hier ebenfalls zwischen dem Schluss der mündlichen Verhandlung bzw. dem ihm in diesen Fällen gleichgestellten Zeitpunkt, dem Zeitpunkt der tatsächlichen Entscheidung und – in Parallele zum Zeitpunkt der Verkündung – dem hier betrachteten *Zustellungszeitpunkt* zu differenzieren ist.

### cc) Zeitpunkt der Verkündung

Ist aber der Zeitpunkt der Verkündung bzw. in den genannten Ausnahmefällen derjenige der Zustellung des Urteils von dem der tatsächlichen Entscheidung und demjenigen des Schlusses der mündlichen Verhandlung zu trennen, so stellt sich die Frage, welche Rolle der Zeitpunkt der Verkündung (und damit auch derjenige der diese ersetzenden Zustellung) im Gefüge der Zeitpunkte am Ende eines Verfahrens und konkret auch derjenigen der Beurteilungszeitpunkte am Ende des Verfahrens einnimmt. Das ist im Folgenden näher zu beleuchten.

#### (1) Verkündungszeitpunkt als potenzieller Beurteilungszeitpunkt

Bezüglich der Beurteilungszeitpunkte am Ende des Verfahrens wurde bereits dargelegt, dass es sich bei diesen nur um solche handeln kann, in denen die zur Entscheidung befugte Person bzw. das jeweils befugte Gremium eine rechtliche Beurteilung der Zulässigkeit und Begründetheit des betreffenden Verfahrens insgesamt vorzunehmen hat bzw. das Gesetz dies für den Idealfall vorsieht. Im Zeitpunkt der Verkündung bzw. in dem ihm gleichgestellten Zeitpunkt der Zustellung des Urteils selbst findet jedoch grundsätzlich keine wertende Begutachtung eines Sachverhalts, eines Subjekts, Objekts, Umstands, einer Situation oder eines Vorgangs statt.

Zwar ist wie dargelegt eine Gesetzesänderung, die in die Zeit zwischen der letzten mündlichen Verhandlung und der Verkündung des Urteils fällt, zu berücksichtigen.[147] Für den Fall einer derartigen Gesetzesänderung muss damit die zur Entscheidung befugte Person bzw. das zur Entscheidung befugte Gremium eine Beurteilung dahingehend vornehmen, ob diese Einfluss auf die getroffene Entscheidung hat. Diese Beurteilung wird jedoch nicht „im" Zeitpunkt der Verkündung selbst erfolgen, vielmehr zeitnah vor diesem. Gegebenenfalls wird das Gericht dann eine neue Entscheidung treffen müssen – unter Beachtung des Grundsatzes des rechtlichen Gehörs. Damit verschiebt sich dann der Zeitpunkt der tatsächlichen Ent-

---

[145] MüKoZPO/*Musielak/Hüntemann*, ZPO § 310 Rn. 9.

[146] BeckOK ZPO/*von Selle*, ZPO § 128 Rn. 35.

[147] Vgl. Teil C/II./4./b)/aa)/(1)/(e).

scheidung. Im Zeitpunkt der Verkündung selbst erfolgt aber auch in dieser Sonderkonstellation keine Beurteilung. Er ist folglich insgesamt nicht als Beurteilungszeitpunkt am Ende des Verfahrens einzuordnen.

Allerdings stellt sich der Zeitpunkt der Verkündung in der Gruppe der Zeitpunkte am Ende des Verfahrens als ein solcher von zentraler Bedeutung dar und nimmt im Prozess in verschiedenen Konstellationen eine entscheidende Rolle ein. So ist beispielsweise im Kostenfestsetzungsverfahren nach § 105 Abs. 3 ZPO ein Festsetzungsantrag entbehrlich, wenn die Partei vor der Verkündung des Urteils die Berechnung ihrer Kosten eingereicht hat.[148] Insoweit wird hier der Verkündungszeitpunkt relevant für die Beurteilung der Erforderlichkeit des Festsetzungsantrags. Ist diese zu bejahen, ist dann zudem nach § 104 Abs. 1 S. 2 ZPO auszusprechen, dass die festgesetzten Kosten von der Verkündung des Urteils ab mit fünf Prozentpunkten über dem Basiszinssatz nach § 247 BGB zu verzinsen sind. Das hat zur Konsequenz, dass der Verkündungszeitpunkt für die Beurteilung des Verzinsungsbeginns zu einem maßgeblichen Zeitpunkt wird.

Weiterhin spielt der Verkündungszeitpunkt dann eine zentrale Rolle, wenn ordentliche Anfechtungsmöglichkeiten vorhanden sind.[149] Das betrifft z. B. die Berufungsfrist nach § 517 ZPO bzw. die Revisionsfrist nach § 548 ZPO. Diese Fristen beginnen jeweils mit der Zustellung des in vollständiger Form abgefassten Urteils der Vorinstanz, spätestens jedoch mit dem Ablauf von fünf Monaten nach der Verkündung. Insofern kann hier zum einen der Verkündungszeitpunkt, zum anderen der Zustellungszeitpunkt der maßgebliche Anknüpfungspunkt für die Berechnung der Rechtsmittelfrist und somit für die Beurteilung des Beginns dieser Fristen. In ähnlicher Weise findet sich eine Regelung für die Bestimmung der Berufungsbegründungsfrist in § 520 Abs. 1 S. 2 ZPO bzw. der Revisionsbegründungsfrist in § 551 Abs. 2 S. 3 ZPO.

Diese Beispiele verdeutlichen, dass der Verkündungszeitpunkt, auch wenn im Zeitpunkt seines tatsächlichen Stattfindens keine Beurteilung insbesondere des Tatbestandsmerkmals der Verkündung selbst erfolgt, dennoch im Rahmen weiterer Beurteilungen relevant werden kann. Insofern ist die Situation vergleichbar mit den bereits im Rahmen der Betrachtung der Zeitpunkte des BGB und seiner Nebengebiete identifizierten potenziellen Beurteilungszeitpunkten. Dort handelt es sich um solche Zeitpunkte, bei denen die gesetzliche Formulierung zunächst nahelegt, dass keine Beurteilung in ihnen stattfindet. Als Charakteristikum hat sich für diese

[148] Vgl. zur Bezugnahme von § 105 Abs. 3 ZPO auf den Festsetzungsantrag nach den §§ 103, 104 ZPO etwa BeckOK ZPO/*Jaspersen*, ZPO § 105 Rn. 5.

[149] Vgl. zu diesen insgesamt etwa HK-ZPO/*Kindl*, ZPO § 705 Rn. 3 und BeckOK ZPO/*Ulrici*, ZPO § 705 Rn. 4.

herausgestellt, dass ihnen das Potential innewohnt, sich im Laufe der Zeit zu einem Beurteilungszeitpunkt umwandeln zu können etwa im Rahmen von Sekundäransprüchen.

Aufgrund dieser Ähnlichkeit ist der Zeitpunkt der Verkündung ebenfalls als ein potenzieller Beurteilungszeitpunkt zu kategorisieren. Konkret für diesen kann im Rahmen der Bestandsaufnahme zu den Beurteilungszeitpunkten in Gesetztestexten des Verfahrensrechts anlehnend an die Charakteristik im Bereich des BGB und seiner Nebengebiete dabei festgehalten werden: Im Zeitpunkt seines in zeitlicher Perspektive tatsächlichen Geschehens erfolgt in diesem keine Beurteilung. Bei Fortführung des Verfahrens oder in einem weiteren Verfahren kann dieser Zeitpunkt jedoch zu einem direkten Beurteilungszeitpunkt werden.

Ob diese Erkenntnis auf weitere Zeitpunkte am Ende des Verfahrens und gegebenenfalls darüber hinaus auf weitere Zeitpunkte in Gesetzestexten des verfahrensrechtlichen Bereichs allgemein zutrifft und damit im Sinne der Entwicklung einer übergreifenden Systematik eine gemeinsame Gruppe von potenziellen Beurteilungszeitpunkten zu verzeichnen ist, wird im weiteren Verlauf der Arbeit zu überprüfen sein.

### (2) Parallelzeitpunkt der Zustellung als potenzieller Beurteilungszeitpunkt

Dabei kann eine erste Überprüfung bereits im Rahmen dieses Unterpunkts erfolgen anhand des in Parallele zum Verkündungszeitpunkt bereits identifizierten *Zustellungszeitpunkts.* Hierzu ist der Blick auf weitere, vom eigentlichen Urteilsverfahren getrennte Verfahren zu richten, konkret etwa dem Kostenfestsetzungsverfahren.[150] In diesem Verfahren ist die sofortige Beschwerde binnen einer Frist von zwei Wochen einzulegen.[151] Das richtet sich nach § 569 Abs. 1 ZPO.[152] Folglich wird die Beschwerdefrist in der in der Regel gemäß § 569 Abs. 1 S. 2 ZPO mit der Zustellung des Kostenfestsetzungsbeschlusses in Lauf gesetzt.[153] Im Zeitpunkt der Zustellung des Kostenfestsetzungsbeschlusses findet allerdings keine Beurteilung statt. Dieser Zeitpunkt wird jedoch dann relevant bzw. kann zumindest theoretisch relevant werden, wenn es etwa um die Beurteilung geht, ob die betreffende Rechtsmitteleinlegung die Beschwerdefrist gewahrt hat. Damit entspricht auch diese

[150] Vgl. zur Ausgestaltung des Kostenfestsetzungsverfahrens als selbstständiges Verfahren BeckOK ZPO/*Jaspersen,* ZPO § 103 Rn. 1.

[151] Musielak/Voit/*Flockenhaus,* Zivilprozessordnung, ZPO § 104 Rn. 28.

[152] Musielak/Voit/*Flockenhaus,* Zivilprozessordnung, ZPO § 104 Rn. 28; BeckOK ZPO/*Jaspersen,* ZPO § 104 Rn. 65.

[153] MüKoZPO/*Schulz,* ZPO § 104 Rn. 91.

Konstellation des Zustellungszeitpunkts als Parallele zum Verkündungszeitpunkt den geäußerten Anforderungen für einen potenziellen Beurteilungszeitpunkt im Rahmen der Zeitpunkte am Ende des Verfahrens.

#### (3) Zwischenergebnis

Im Sinne einer weitergehenden Systematisierung ist damit festzuhalten, dass auch in diesem Teilbereich der Bestandsaufnahme potenzielle Beurteilungszeitpunkte identifiziert werden konnten. Auch bei ihnen legt die Formulierung des Gesetzes zunächst nahe, dass in ihnen selbst keine Beurteilung stattfindet. Sie können sich jedoch in der Folge in weiteren, auch theoretisch gedachten, Konstellationen zu direkten Beurteilungszeitpunkten entwickeln.

Dabei erweist sich bezüglich der bislang gefundenen potenziellen Beurteilungszeitpunkte in den Normen verfahrensrechtlicher Gesetze und Ordnungen zudem als charakteristisch, dass gerade auch zum Zeitpunkt des tatsächlichen Geschehens keine Beurteilung, insbesondere nicht des betreffenden Tatbestandsmerkmals erfolgt. Dieser Aspekt ist im Rahmen der Bestandsaufnahme des BGB und seiner materiell-rechtlichen Nebengebiete bislang nicht als signifikant hervorgetreten. Das liegt insbesondere darin begründet, dass es gerade im Verlauf von Verfahren typisch ist, dass in ihnen aktiv gehandelt wird: „Für ein Verfahren bedarf es jemandes, der verfährt."[154] Insofern erfolgt dann auch in den betreffenden Zeitpunkten in der Regel grundsätzlich ein tatsächliches Handeln. Hingegen kann es im materiellrechtlichen Bereich des Öfteren vorkommen, dass ein betreffender Zeitpunkt zwar festgelegt wird, er aber ohne jegliches Handeln verstreicht. Dann kann in der Folge gerade dieses Nichthandeln der Aspekt der Beurteilung sein, etwa bei der Fragestellung: Wurde im entsprechenden Zeitpunkt eine Handlung vorgenommen? Zur Verdeutlichung dessen kann das in der Bestandsaufnahme des BGB und seiner materiell-rechtlichen Nebengebiete angeführte Beispiel des § 650 k Abs. 3 BGB, der den Zeitpunkt der Fertigstellung betrifft, herangezogen werden: Bei etwaigen Schadensersatzansprüchen, kann es dort gerade darauf ankommen, dass die entsprechende Zeitangabe nicht eingehalten wurde und damit der Zeitpunkt der Fertigstellung verstrichen ist, ohne dass gehandelt wurde. Hier können also auch passive Aspekte eine Rolle spielen.

### dd) Weitere relevante Zeitpunkte am Ende des Verfahrens

Neben den bisher dargestellten existieren noch weitere relevante Zeitpunkte am Ende des Verfahrens. Die zentralen unter ihnen sollen im Folgenden zunächst

---

[154] *Reimer,* Verfahrenstheorie, 16; s. hierzu ebenfalls *Popp,* Verfahrenstheoretische Grundlagen der Fehlerkorrektur im Strafverfahren, 81 ff.

präzise herausgearbeitet und sodann kategorisiert werden insbesondere vor dem Hintergrund der bisherigen Untersuchungsergebnisse. Als Ausgangspunkt kann dabei der Zeitpunkt der Verkündung dienen, steht er doch in enger Verbindung mit weiteren Zeitpunkten am Ende des Verfahrens.

Identifiziert wurde schon der *Zustellungszeitpunkt.* Im Umfeld des *Verkündungszeitpunkts* werden aber zudem weitere, von diesem zu unterscheidende, gegebenenfalls aber durch diesen signifikant beeinflusste, Zeitpunkte in Rechtsprechung und Literatur genannt: Konkret handelt es sich hierbei insbesondere um den *Zeitpunkt des Existentwerdens* der Entscheidung sowie denjenigen des *Zeitpunkts der Bindung des Gerichts.*[155] Darüber hinaus wird vielfach auch der *Zeitpunkt der „Wirksamkeit"*[156] in diesem Kontext relevant. Da diese häufig in engem Zusammenhang miteinander stehen, sollen sie nun gemeinsam im Zentrum der Betrachtung stehen. Die gemeinsame Betrachtung ist auch deshalb vonnöten, weil diese Begriffe oftmals nicht einheitlich verwendet werden,[157] und dadurch gegebenenfalls vermeidbare Widersprüche bzw. Missverständnisse entstehen.

Somit ist es im Rahmen dieser Untersuchung erforderlich, dass zunächst eine Begriffsklärung und gegebenenfalls weitere Differenzierung innerhalb dieser Zeitpunkte erfolgt, auch vor dem Hintergrund, dass diese Zeitpunkte nicht nur im zivilprozessualen Urteilsverfahren, sondern darüber hinaus in weiteren Verfahren im Rahmen dieser Bestandsaufnahme näher untersucht werden sollen. Erst dann können die betreffenden Zeitpunkte – im Kontext des jeweiligen Verfahrens – näher betrachtet, insbesondere im Gefüge der Zeitpunkte am Ende des Verfahrens zeitlich eingeordnet und in Beziehung gesetzt und zudem kategorisiert werden.

#### (1) Begriffsklärung: bindend – existent – wirksam

Hierzu ist Ausgangspunkt, dass eine gerichtliche Entscheidung mit ihrem Erlass existent wird,[158] sie gelangt zum rechtlichen Dasein.[159] Vom Zeitpunkt des Existentwerdens an ist das Gericht an seine Entscheidung gebunden, sie ist kein bloßes Internum mehr.[160] Insofern stellt sich der Zeitpunkt der Bindung des Gerichts als

---

[155] Vgl. etwa *Toussaint,* Anm. zu BGH v. 29.8.2017 – XI ZR 318/16, FD-ZVR 2017, 395024.

[156] BeckOK ZPO/*Bach,* ZPO § 329 Rn. 9 ff.; Musielak/Voit/*Wolff,* Zivilprozessordnung, ZPO § 329 Rn. 7; *Schneider,* NJW 1978, 832 f.; *Toussaint,* Anm. zu BGH v. 29.8.2017 – XI ZR 318/16, FD-ZVR 2017, 395024.

[157] Vgl. bereits *Schneider,* NJW 1978, 832, 833, allerdings bezogen auf Beschlüsse.

[158] Vgl. für den Beschluss Zöller/*Feskorn,* Zivilprozessordnung, ZPO § 329 Rn. 5 und 19; Stein/Jonas/*Roth,* 23. Aufl., ZPO § 329 Rn. 6.

[159] *Schneider,* NJW 1978, 832.

[160] Vgl. für den Beschluss Stein/Jonas/*Roth,* 23. Aufl., ZPO § 329 Rn. 6.

Rechtsfolge[161] aus dem Zeitpunkt des Existentwerdens dar; er kennzeichnet den Zeitpunkt, ab dem das Gericht nicht mehr befugt ist, die Entscheidung abzuändern.[162] Um für das Gericht existent und bindend zu sein, muss die Entscheidung „erlassen" worden sein, d. h. den inneren Bereich des Gerichts mit der unmittelbaren Zweckbestimmung verlassen haben, den Parteien bekannt gegeben worden zu sein.[163] Das kann, wie im Folgenden zu zeigen sein wird, in den verschiedenen Verfahren zu unterschiedlichen Zeitpunkten erfolgen. Im Hinblick auf das Verhältnis des Zeitpunkts des Existentwerdens zu demjenigen der Bindung des Gerichts an seine Entscheidung ist jedoch zunächst festzuhalten, dass diese zwar einander bedingen, allerdings grundsätzlich in einem Zeitpunkt zusammentreffen werden,[164] verbunden bzw. allenfalls getrennt im Sinne der Rechtsfigur der „juristischen bzw. logischen Sekunde".[165]

Aufgrund des grundsätzlichen Zusammentreffens dieser beiden Zeitpunkte werden sie in der Regel als ein Stadium des Entstehens einer Entscheidung zusammengefasst und von dem weiteren Stadium der Wirksamkeit abgegrenzt; letzteres wird zutreffend als entscheidend angesehen für die bestimmungsgemäßen Rechtsfolgen der Entscheidung.[166] Vom Zeitpunkt des Existentwerdens bzw. der Bindung des Gerichts ist damit grundsätzlich der Zeitpunkt der Wirksamkeit zu unterscheiden. Hier muss allerdings noch weiter spezifiziert werden: Denn zumeist wird zwar vom Wirksamwerden der Entscheidung gesprochen, wenn die Entscheidung den Parteien, für die sie bestimmt ist, in der erforderlichen Form bekannt gemacht worden ist.[167] Es findet sich jedoch – etwa im Zusammenhang mit § 318 ZPO – in der Literatur ebenfalls der Hinweis, dass mit Verlautbarung eines Urteils eine vom Gericht getroffene Entscheidung des Rechtsstreits „existent und nach

---

[161] Vgl. für den Beschluss Zöller/*Feskorn,* Zivilprozessordnung, ZPO § 329 Rn. 19.

[162] Vgl. für das Urteil hierzu insgesamt Stein/Jonas/*Althammer,* 23. Aufl., ZPO § 318 Rn. 9 ff. und 19 ff.; s. für den Beschluss BeckOK ZPO/*Bach,* ZPO § 329 Rn. 9; Zöller/*Feskorn,* Zivilprozessordnung, ZPO § 329 Rn. 9.

[163] BGH, Urt. v. 1.4.2004 – IX ZR 117/03, NJW-RR 2004, 1575; Zöller/*Feskorn,* Zivilprozessordnung, ZPO § 329 Rn. 6; *Toussaint,* Anm. zu BGH v. 29.8.2017 – XI ZR 318/16, FD-ZVR 2017, 395024.

[164] Vgl. bzgl. § 318 ZPO MüKoZPO/*Musielak/Hüntemann,* ZPO § 318 Rn. 9.

[165] S. zur Rechtsfigur der „juristischen bzw. logischen Sekunde" bereits Teil C/II./4./b)/(aa)/(1)/(a).

[166] Vgl. für den Beschluss BeckOK ZPO/*Bach,* ZPO § 329 Rn. 9.

[167] Vgl. für gerichtliche Entscheidungen allgemein BGH, Urt. v. 19.10.2005 – VIII ZR 217/04, NJW 2005, 3724, 3725. S. hierzu ebenfalls *Toussaint,* Anm. zu BGH v. 29.8.2017 – XI ZR 318/16, FD-ZVR 2017, 395024. Vgl. für den Beschluss Zöller/*Feskorn,* Zivilprozessordnung, ZPO § 329 Rn. 7.

außen wirksam" wird.[168] Der in diesem Sinne angesprochene Zeitpunkt der Wirksamkeit wird damit wiederum an das Existentwerden der Entscheidung angeknüpft. Folglich würde dann im Ergebnis keine Differenzierung der beiden Stadien einer Entscheidung mehr erfolgen.

Eine derartige Vermischung der Begrifflichkeiten kann allerdings widersprüchliche bzw. missverständliche Verwendungen des Begriffs der Wirksamkeit zur Konsequenz haben. Daher soll im Folgenden hinsichtlich des Zeitpunkts der Wirksamkeit weitergehend terminologisch differenziert werden: Handelt es sich um den Zeitpunkt, ab dem eine Entscheidung überhaupt rechtliche Wirkungen, wie die Bindungswirkung des Gerichts, entfalten kann, so ist vom *Zeitpunkt der grundsätzlichen Rechtswirksamkeit* zu sprechen. Ist hingegen der Zeitpunkt gemeint, in dem die Bekanntmachung an die Parteien in der jeweils erforderlichen Form erfolgt und damit die Entscheidung gegenüber der bzw. den Parteien wirksam ist, so handelt es sich um den *Zeitpunkt der Wirksamkeit gegenüber den Parteien.*

#### (a) Situation bei Verkündung nach mündlicher Verhandlung

Die Bedeutung und Auswirkungen dieser hier zunächst abstrakt durchgeführten Differenzierung wird deutlich, wenn man sich im Kontext der vorliegenden Untersuchung konkret die Situation der einzelnen mit dem Zeitpunkt der Verkündung in Verbindung stehenden Zeitpunkte am Ende des Verfahrens vor Augen führt. Besonders deutlich veranschaulichen lässt sich das in der Konstellation des Urteilsverfahrens mit Verkündung nach mündlicher Verhandlung: Im Fall der Verkündung nach mündlicher Verhandlung fallen, wie bereits angeführt, der Zeitpunkt des Existentwerdens der Entscheidung und der Zeitpunkt der Bindung des Gerichts mit demjenigen der Verkündung zusammen[169]: Bis zum Zeitpunkt der Verkündung bleibt das Urteil eine innere Angelegenheit des Gerichts, es stellt lediglich einen Entscheidungsentwurf dar, der allenfalls den Rechtsschein eines Urteils erzeugen kann.[170] Ein Urteil wird erst durch seine förmliche Verlautbarung mit allen prozessualen und materiell-rechtlichen Wirkungen im Sinne einer innerprozessualen

---

[168] Vgl. BeckOK ZPO/*Elzer,* ZPO § 318 Rn. 2.

[169] MüKoZPO/*Musielak,* ZPO § 310 Rn. 1.

[170] BGH, Beschl. v. 14.6.1954 – GSZ 3/54, NJW 1954, 1281; BGH, Beschl. v. 8.2.2012 – XII ZB 165/11, NJW 2012, 1591; BGH, Beschl. v. 21.4.2015 – VI ZR 132/13, NJW 2015, 2342 Rn. 9; OLG Brandenburg, Urt. v. 13.9.2018 – 12 U 164/16, BeckRS 2018, 38078 Rn. 10; Anders/Gehle/*Hunke,* Zivilprozessordnung, ZPO § 310 Rn. 4.

Wirkung[171] existent und bindend.[172] Hieraus resultieren zum einen das negative Abänderungs-, Ergänzungs- und Aufhebungsverbot[173] für das erlassende Gericht, zum anderen das positive Abweichungsverbot[174] dergestalt, dass das erlassende Gericht seine eigene Entscheidung, vor allem im Hinblick auf Teil-, Grund-, Zwischen- oder Vorbehaltsurteile, dem weiteren Verfahren zugrunde legen muss.[175] Dabei stellt die Verkündung von Urteilen ähnlich wie die Verkündung von Gesetzen nach Art. 82 GG zugleich ein maßgebliches Wirksamkeitserfordernis dar.[176] Durch die Verlautbarung der Entscheidung wird diese damit auch nach außen wirksam.[177]

Werden Fehler bei der Verkündung begangen, ist das Urteil grundsätzlich nicht unwirksam, sondern nur anfechtbar.[178] Das folgt aus § 312 Abs. 2 ZPO, der die Wirksamkeit der Verkündung betrifft.[179] Die Parteien haben folglich ab dem Verkündungszeitpunkt die Möglichkeit, das Verfahren fortzusetzen, d. h. etwa eine Kostenfestsetzung zu verlangen oder aber in anderer Weise von dem Urteil Gebrauch zu machen, da eine Fortsetzung grundsätzlich nicht von der Zustellung des Urteils, sondern von der Verkündung abhängig ist.[180]

Zu beachten ist jedoch in diesem Zusammenhang § 317 ZPO, wonach Urteile den Parteien zugestellt werden: Zwar ist nach § 312 Abs. 2 ZPO die Befugnis einer Partei, aufgrund eines verkündeten Urteils das Verfahren fortzusetzen oder von dem Urteil in anderer Weise Gebrauch zu machen, prinzipiell nicht von der Zustellung an den Gegner abhängig. Jedoch bedürfen die Parteien, damit sie ihre rechtskräftig zuerkannten Rechte wahren und gegenüber Dritten urkundlich belegen

[171] S. zum Begriff der „Innerprozessualen Bindungswirkung" etwa *Schilken/Brinkmann*, Zivilprozessrecht, § 10 Rn. 62 f.

[172] Vgl. BGH, Beschl. v. 21.4.2015 – VI ZR 132/13, NJW 2015, 2342 Rn. 9.

[173] Stein/Jonas/*Althammer*, 23. Aufl., ZPO § 318 Rn. 9 ff.; Zöller/*Feskorn*, Zivilprozessordnung, ZPO § 318 Rn. 10; *Jacoby*, Zivilprozessrecht, Kap. 15 Rn. 41; Prütting/Gehrlein/*Thole*, Zivilprozessordnung, ZPO § 318 Rn. 5.

[174] Stein/Jonas/*Althammer*, 23. Aufl., ZPO § 318 Rn. 19 ff.; Zöller/*Feskorn*, Zivilprozessordnung, ZPO § 318 Rn. 11; *Jacoby*, Zivilprozessrecht, Kap. 15 Rn. 41; Prütting/Gehrlein/*Thole*, Zivilprozessordnung, ZPO § 318 Rn. 5.

[175] BeckOK ZPO/*Elzer*, ZPO § 318 Rn. 2 und 39; *Jauernig/Hess*, Zivilprozessrecht, § 58 Rn. 10.

[176] Anders/Gehle/*Hunke*, Zivilprozessordnung, ZPO § 310 Rn. 4.

[177] BeckOK ZPO/*Elzer*, ZPO § 318 Rn. 2.

[178] Musielak/Voit/*Musielak/Wolff*, Zivilprozessordnung, ZPO § 310 Rn. 8.

[179] BeckOK ZPO/*Elzer*, ZPO § 312 Rn. 8. Vgl. auch Zöller/*Feskorn*, Zivilprozessordnung, ZPO § 312 Rn. 1.

[180] BeckOK ZPO/*Elzer*, ZPO § 312 Rn. 8.

können, regelmäßig einer schriftlichen Fassung des Urteils.[181] Die Zustellung ist damit etwa maßgeblich für den Beginn der Rechtsmittelfristen nach §§ 517 und 548 ZPO; sie werden bei fehlender Zustellung von Amts wegen nicht in Gang gesetzt.[182] Diese gesetzlichen Fristen laufen erst mit Zustellung an die betreffende Partei, sodass sie für die Parteien bei unterschiedlicher Zustellung zu verschiedenen Zeitpunkten beginnen können.[183]

Diese Ausführungen verdeutlichen den Unterschied zwischen dem Zeitpunkt der grundsätzlichen Rechtswirksamkeit und demjenigen der Wirksamkeit gegenüber den Parteien. Denn mit der Verkündung sind bereits rechtliche Folgen verbunden, insbesondere kann das Urteil schon angefochten werden[184] bzw. die Parteien können das Verfahren in der beschriebenen Weise fortsetzen. Für weitere rechtliche Wirkungen bedarf es aber noch der Zustellung des Urteils an die Parteien.[185] Beispielsweise beginnen zentrale Fristen erst in Relation zum jeweiligen Zeitpunkt der Zustellung des verkündeten Urteils zu laufen.[186] Insofern ist dann der jeweilige Zeitpunkt der Zustellung zugleich auch derjenige Zeitpunkt der Wirksamkeit des Urteils gegenüber der betreffenden Partei; er ist dem Zeitpunkt der grundsätzlichen Rechtswirksamkeit zeitlich nachgelagert.

#### (b) Situation bei Ersetzung der Verkündung durch Zustellung des Urteils

Die Festlegung dieser einzelnen Zeitpunkte am Ende des Verfahrens ist nicht starr. Das zeigt sich im Urteilsverfahren vor allem dann, wenn die Verkündung durch die Zustellung des Urteils, vor allem nach § 310 Abs. 3 ZPO ersetzt wird. Gerade in diesem Bereich besteht eine Reihe von Kontroversen bezüglich der einzelnen Zeitpunkte, die oftmals nicht ausdrücklich auf die Thematik von Zeitpunkten ausgerichtet und zudem teilweise durch eine unterschiedliche Verwendung der einzelnen Begrifflichkeiten der Existenz, Bindung und Wirksamkeit bedingt sind.

---

[181] BeckOK ZPO/*Elzer,* ZPO § 317 Rn. 6.

[182] BGH, Beschluss v. 27.1.2016 – XII ZB 684/14, NJW 2016, 1180 Rn. 16; BeckOK ZPO/*Elzer,* ZPO § 317 Rn. 6 f., wobei für die nach dem Inkrafttreten der Neufassung des § 317 zum 1.7. 2014 zugestellten Urteile die Zustellung von Amts wegen einer beglaubigten Abschrift des in vollständiger Form abgefassten Urteils genügt, vgl. BGH, Beschl. v. 15.2.2018 – V ZR 76/17, NJOZ 2018, 1145 Rn. 4; BGH, Beschluss v. 27.1.2016 – XII ZB 684/14, NJW 2016, 1180 Rn. 16. S. auch Prütting/Gehrlein/*Röhl,* Zivilprozessordnung, ZPO § 517 Rn. 4.

[183] Musielak/Voit/*Stadler,* Zivilprozessordnung, ZPO § 221 Rn. 6.

[184] Vgl. *Jauernig/Hess,* Zivilprozessrecht, § 58 Rn. 15.

[185] Vgl. auch *Jauernig/Hess,* Zivilprozessrecht, § 58 Rn. 11.

[186] S. hierzu auch *Löhnig,* Fristen und Termine im Zivilrecht, 139 ff.

Beispielsweise wird in dieser Konstellation bereits die Frage des Zeitpunkts der Bindung des Gerichts nicht einheitlich beantwortet. Überwiegend wird vertreten, dass der maßgebliche Zeitpunkt derjenige der Zustellung des Urteils sei und damit für die Bindungswirkung eine Gleichsetzung zwischen dem die Verkündung ersetzenden Zeitpunkt und demjenigen der Zustellung vorgenommen.[187] Teilweise wird der Zeitpunkt der Bindung des Gerichts jedoch schon früher angesetzt und angeführt, dass Urteile dann nicht mehr abänderbar seien, wenn sie aus dem inneren Bereich des Gerichts gelangten, auch wenn keine Zustellung erfolge.[188] Zur Begründung wird auf eine Parallele zum Beschlussverfahren abgestellt, in dem diese Trennung entscheidend ist und im weiteren Verlauf der Untersuchung noch näher zu betrachten sein wird.[189] Dieser Ansicht kann bereits mit grundlegenden Erwägungen begegnet werden: Ihr wird zu Recht entgegengehalten, dass Urteile, im Gegensatz zu Beschlüssen, bei denen nach § 329 Abs. 2 S. 1 ZPO gegebenenfalls auch noch die Möglichkeit der formlosen Mitteilung gegeben ist, nur durch Verkündung oder Zustellung verlautbart werden und daher auch nur auf einem dieser beiden Wege den internen Bereich des Gerichts als nach außen erkennbare Entscheidung verlassen können.[190] Es ist deshalb für den Zeitpunkt der Bindung des Gerichts auf den Zeitpunkt der Zustellung abzustellen; sie fallen in dieser Konstellation in einem Zeitpunkt zusammen.

Dabei bedarf es auch im Rahmen dieser Bestandsaufnahme noch weiterer Konkretisierungen im Hinblick auf den Zustellungszeitpunkt, insbesondere um die einzelnen Zeitpunkte in Relation zueinander setzen zu können. In einem ersten Schritt betrifft diese Frage den konkreten Eintritt des Zeitpunkts der Bindungswirkung des Gerichts. Teilweise wird es genügen gelassen, dass nur an eine Partei zugestellt wird.[191] Andere stellen auf die Zustellung an die letzte Partei ab.[192] Diesbezüglich wurde bereits von *Blomeyer* 1985 für die erstgenannte Ansicht angeführt, dass mit

---

[187] S. etwa *Blomeyer,* Zivilprozessrecht, § 81 I 2 b; MüKoZPO/*Musielak/Hüntemann,* ZPO § 318 Rn. 9. S. ebenfalls Stein/Jonas/*Althammer,* 23. Aufl., ZPO § 318 Rn. 2; hier erfolgt jedoch eine abweichende Auffassung bezüglich § 495a ZPO.

[188] LG Bückeburg, Beschl. v. 12.3.1986 – 2 O 505/85, NJW-RR 1986, 1508; *Schneider,* NJW 1978, 832, 833.

[189] *Schneider,* NJW 1978, 832, 833.

[190] MüKoZPO/*Musielak/Hüntemann,* ZPO § 318 Rn. 9; Musielak/Voit/*Wolff,* Zivilprozessordnung, ZPO § 318 Rn. 7.

[191] *Blomeyer,* Zivilprozessrecht, § 81 I 2 b; Musielak/Voit/*Musielak/Wolff,* Zivilprozessordnung, ZPO § 318 Rn. 7; Stein/Jonas/*Althammer,* 23. Aufl., ZPO § 318 Rn. 2; Prütting/Gehrlein/*Thole,* Zivilprozessordnung, ZPO § 318 Rn. 3.

[192] *Jauernig/Hess* Zivilprozessrecht § 58 I 2b Rn. 8; Wieczorek/Schütze/*Rensen,* ZPO § 318 Rn. 17; Zöllner/*Feskorn,* ZPO, ZPO § 310 Rn. 1.

der Zustellung an eine Partei eine „Kundgabe“ des Urteils begonnen habe und damit das Gericht aufgrund § 318 ZPO an das Urteil gebunden sei.[193] Diese Argumentation erfolgt unter Hinweis auf eine Entscheidung des BGH des Jahres 1960.[194] Dabei wird weiterhin festgestellt, dass das Urteil jedoch noch der anderen Partei zuzustellen sei, auch wenn inzwischen ein Rechtsmittel eingelegt worden sei; das Urteil werde erst mit der letzten Zustellung existent.[195] Insofern würde nach diesen ergänzenden Ausführungen die Situation eintreten, dass das Gericht an eine Entscheidung gebunden wäre, die aber noch gar nicht als existent angesehen wird. In Bezug auf die im Rahmen der Begriffsklärung angeführte Beziehung der Zeitpunkte der Bindung und des Existentwerdens der Entscheidung wäre das allerdings widersprüchlich: Der Zeitpunkt der Bindungswirkung stellt gerade eine Rechtsfolge aus dem Zeitpunkt des Existentwerdens dar. Ist aber das Existentwerden zu verneinen, so kann dann auch dessen Rechtsfolge nicht eintreten. Deshalb können diese Ausführungen nicht für die Bejahung der Bindungswirkung mit Zustellung an die erste Partei herangezogen werden. Gegebenenfalls handelt es sich hier allerdings um eine – gerade im Umfeld dieser Zeitpunkte am Ende des Verfahrens häufig anzutreffende – Frage der missverständlichen Verwendung der Begrifflichkeiten. Denn in der angeführten Entscheidung führt der BGH explizit an: „Die Zustellung eines nach § 310 Abs. ZPO [a. F.] bisher nur einer Partei zugestellten Urt. an die andere kann nachgeholt und damit das Urt. wirksam werden.“ Dies entspräche der vorzunehmenden Trennung zwischen dem Zeitpunkt der Bindung des Gerichts, der eng verbunden ist mit demjenigen der grundsätzlichen Rechtswirksamkeit, und dem Zeitpunkt der Wirksamkeit gegenüber den Parteien. Damit würde in diesem Urteil dann im Ergebnis die Bindung des Gerichts bejaht mit der ersten Zustellung, der Zeitpunkt der Wirksamkeit gegenüber den Parteien aber auf die zweite Zustellung gelegt.[196]

Neben dieser terminologischen Ungenauigkeit können die weiteren Ausführungen der Argumentation von *Blomeyer* aber auch getrennt werden von dem Kern der Argumentation, dass mit der Zustellung an die erste Partei eine „Kundgabe“ vorliege. Hierauf bezieht sich ebenfalls die aktuelle Literatur.[197] Dieses Argument trägt

[193] S. hierzu und zum folgenden Satz *Blomeyer,* Zivilprozessrecht, § 81 I 2 b.

[194] BGH, Urt. v. 15.6.1960 – IV ZR 16/60, NJW 1960, 1763.

[195] *Blomeyer,* Zivilprozessrecht, § 81 I 2 b.

[196] In diesem Sinne versteht auch *Zugehör* diese Entscheidung, vgl. *Zugehör,* NJW 1992, 2261, 2262 f. Dabei stellt er aber im Ergebnis für die Möglichkeit der Einspruchseinlegung vor der letzten Zustellung auf den durch die erste Zustellung eingetretenen Rechtsscheintatbestand ab. Vgl. hierzu auch BeckOK ZPO/*Toussaint,* ZPO § 339 Rn. 24.3 m. w. N.

[197] Vgl. Stein/Jonas/*Althammer,* 23. Aufl., ZPO § 318 Rn. 2.

noch heute: Wie aufgezeigt, sind mit dem Zeitpunkt der Bindung des Gerichts bereits rechtliche Wirkungen verbunden. Würde man diese aber erst eintreten lassen, wenn an beide Parteien zugestellt ist, so würde, falls die Zustellung zu unterschiedlichen Zeitpunkten erfolgt, zwischen der ersten und der letzten Zustellung ein Zeitraum liegen, in dem das Urteil bereits in tatsächlicher Weise kundgetan wäre und es dem Gericht dennoch möglich wäre, etwaige Abänderungen vorzunehmen. Insofern könnte dann die zweite Zustellung erfolgen mit einem inhaltlich von der ersten Zustellung abweichenden Urteil. Das wäre im Hinblick auf das Rechtsstaatsprinzip, konkret dessen Aspekt der Rechtssicherheit,[198] der gerade Normzweck des § 318 ZPO[199] ist, nicht hinnehmbar. Damit ist für den Zeitpunkt der Bindungswirkung des Gerichts und damit den Zeitpunkt der grundsätzlichen Rechtswirksamkeit auf den Zeitpunkt der ersten Zustellung abzustellen.

Von diesem Zeitpunkt der grundsätzlichen Rechtswirksamkeit zu trennen ist jedoch, wie es letztlich schon der Argumentation des BGH in seiner Entscheidung des Jahres 1960 zur früheren Rechtslage immanent war, der Zeitpunkt der Wirksamkeit gegenüber den Parteien. Auch hier besteht eine ähnliche Kontroverse, auf welche Zustellung für den Lauf etwaiger[200] Rechtsmittelfristen gegenüber der jeweiligen Partei konkret abzustellen ist. Vereinzelt wird dabei ebenfalls angeführt, dass für jede Partei der Beginn der Beschwerde- oder Einspruchsfrist für nicht verkündete Anerkenntnis- und Versäumnisurteile durch die an sie erfolgte Zustellung bestimmt werde.[201] Die überwiegende Ansicht stellt jedoch zu Recht darauf ab, dass diese Fristen erst mit dem Zeitpunkt beginnen, in dem auch der zweiten Partei das Urteil zugestellt wurde, sofern das nicht gegenüber beiden Parteien gleichzeitig geschehen ist.[202] Das entspricht insbesondere dem Willen des Gesetzgebers.

---

[198] S. zum Aspekt der Rechtssicherheit als Teilaspekt des Rechtsstaatsprinzips Dürig/Herzog/Scholz/*Scholz*, Art. 23 GG Rn. 76.

[199] Vgl. bezüglich des Normzwecks des § 318 ZPO auch Prütting/Gehrlein/*Thole*, Zivilprozessordnung, ZPO § 318 Rn. 1.

[200] So wird ein im Verfahren nach § 495a ZPO erlassenes (streitiges) Urteil regelmäßig nicht mit der Berufung anfechtbar sein, weil die notwendige Berufungssumme von 600,00 € nicht erreicht sein wird, vgl. BeckOK ZPO/*Toussaint*, ZPO § 495a Rn. 28; Musielak/Voit/*Wittschier*, Zivilprozessordnung, ZPO § 495a Rn. 11.

[201] Schneider, NJW 1978, 832, 833.

[202] Musielak/Voit/Wolff, Zivilprozessordnung, ZPO § 310 Rn. 7. S. konkret für das Versäumnisurteil BGH, Beschl. v. 8.2.2012 – XII ZB 165/11, NJW 2012, 1591 Rn. 17; OLG Hamm, Beschl. v. 8.11.2016 – I-15 W 424/16, NJOZ 2017, 1630 = BeckRS 2016, 116831 Rn. 6; MüKoZPO/Prütting, ZPO § 339 Rn. 6; Musielak/Voit/Stadler, Zivilprozessordnung, ZPO § 339 Rn. 1; Zugehör, NJW 1992, 2261, 2263. Vgl. auch Zöller/Feskorn, Zivilprozessordnung, ZPO § 307 Rn. 13, der auf den Beginn des Laufs der Rechtsmittelfristen hier verweist.

Denn in der Gesetzesbegründung zur Vereinfachungsnovelle wurde explizit geäußert, dass Versäumnisurteile, die nicht verkündet, sondern nur zugestellt werden, beiden Parteien zugestellt werden müssten.[203] Diese Aussagen werden ausdrücklich in einen Gegensatz zu § 317 ZPO gesetzt, der, wie dargestellt,[204] den Zeitpunkt der Wirksamkeit der Entscheidung gegenüber den Parteien betrifft.

Diese Ausführungen verdeutlichen im Rahmen dieser Bestandsaufnahme der Zeitpunkte am Ende des Verfahrens die Doppelfunktion der Zustellung in denjenigen (Urteils-)Verfahren, in denen die Verkündung durch die Zustellung ersetzt wird[205]: Sie bewirkt zum einen die Existenz des Urteils bzw. die Bindungswirkung des Gerichts und führt damit zu ersten Rechtswirkungen. Insofern stellt sie dann das Pendant zur Verkündung dar. Zum anderen kommt ihr aber auch die Funktion zu, den Zeitpunkt der Wirksamkeit gegenüber den Parteien zu bestimmen. Diese Funktion stellt in denjenigen Urteilsverfahren, bei denen eine Verkündung erfolgt, die Kernfunktion der Zustellung dar.

Diese Doppelfunktion wird insofern komplexer, als es nicht „die Zustellung" gibt, sondern diese wiederum der jeweiligen Partei gegenüber erfolgen muss. Das bedingt dann auch die Möglichkeit einer Diskrepanz zwischen dem Zeitpunkt der Bindung des Gerichts und dem Zeitpunkt der Wirksamkeit eines Urteils, bei dem die Verkündung durch die Zustellung ersetzt wird, für die Parteien: Zwar treten Bindungswirkung und Wirksamkeit mit „der Zustellung" des Urteils ein. Erfolgt nun aber beispielsweise die Zustellung an die eine Partei am 1. Februar und diejenige an die andere Partei am 2. Februar, so können der Zeitpunkt der Bindung für das Gericht und damit auch der Zeitpunkt der grundsätzlichen Rechtswirksamkeit und derjenige der Wirksamkeit gegenüber den Parteien auseinanderfallen.[206]

#### (2) Kategorisierung

Fraglich ist im Rahmen dieser Untersuchung daher nun, wie diese weiteren identifizierten Zeitpunkte am Ende des Verfahrens, d. h. diejenigen des Existentwerdens der Entscheidung, der Bindung des Gerichts, der grundsätzlichen Rechtswirksamkeit und der Wirksamkeit gegenüber den Parteien, zu klassifizieren sind. Insgesamt unterfallen sie zunächst der Gruppe der Zeitpunkte am Ende des Verfahrens. Inner-

---

[203] BT-Drs. 7/2729 S. 79.

[204] Teil C/II./4./b)/dd)/(1)/(a).

[205] Vgl. bereits *Schneider,* NJW 1978, 832, 833, der jedoch auf die Begrifflichkeiten des „wirksam Machens" und der des Ingangsetzens der Rechtsmittelfrist abstellt.

[206] So im Ergebnis auch Musielak, vgl. Musielak/Voit/*Wolff,* Zivilprozessordnung, ZPO § 318 Rn. 7 und Musielak/Voit/*Wolff,* Zivilprozessordnung, ZPO § 310 Rn. 7.

halb dieser Gruppe wurden zudem bislang zwei besondere Teilmengen herausgearbeitet, bezüglich derer im Folgenden die Zugehörigkeit der jeweiligen Zeitpunkte herauszuarbeiten ist: zum einen diejenige der Beurteilungszeitpunkte am Ende des Verfahrens, zum anderen diejenige der potenziellen Beurteilungszeitpunkte.

#### (a) Zeitpunkt des Existentwerdens und Zeitpunkt der Bindung des Gerichts

Betrachtet man zunächst den Zeitpunkt des Existentwerdens und denjenigen der Bindung des Gerichts, die grundsätzlich zeitlich zusammentreffen, vor diesem Hintergrund, so ist festzuhalten, dass die Entscheidung des Gerichts im Zeitpunkt ihres tatsächlichen Stattfindens bereits getroffen worden ist. Prinzipiell ist damit auch die abschließende Begutachtung des Falls erfolgt, das Gericht selbst trifft in diesen Zeitpunkten keine (weitere) Entscheidung mehr, beurteilt insbesondere nicht mehr, weder einen Einzelaspekt noch das gesamte Verfahren. Insofern zählen sie nicht zu den Beurteilungszeitpunkten am Ende des Verfahrens.

Allerdings können diese Zeitpunkte im weiteren Verlauf des Verfahrens wiederum relevant werden für Beurteilungen, etwa für die Frage der Abänderungsbefugnis des Gerichts. Diese wird zu verneinen sein, wenn das Urteil existent und bindend geworden ist.[207] Folglich besteht die Möglichkeit, dass diese Zeitpunkte zeitlich nach ihrem tatsächlichen Vorliegen in anderem Kontext für eine Beurteilung maßgeblich werden. Das wiederum bedeutet, dass es sich bei ihnen grundsätzlich um potenzielle Beurteilungszeitpunkte handelt: Im Rahmen anderer Verfahren oder im Fortgang des Verfahrens, in dem sie tatsächlich erfolgen, können sie zu direkten Beurteilungszeitpunkten im allgemeinen Sinn, hingegen nicht im Sinn der Gruppe der Beurteilungszeitpunkte am Ende des Verfahrens werden.

Bei dem Zeitpunkt des Existentwerdens besteht nun die Besonderheit, dass das Gesetz ihn nicht ausdrücklich im Sinn eines Zeitpunkts festlegt. Zwar betrifft das in ähnlicher Weise auch den bislang betrachteten Zeitpunkt der Verkündung: Bei diesen wird zumeist nur von „der Verkündung"[208] gesprochen. Jedoch gibt dort mehrfach bereits die gesetzliche Wendung etwa durch temporale Präpositionen zu erkennen, dass es sich grundsätzlich um einen Zeitpunkt handelt, wie etwa aus der

---

[207] Vgl. bereits oben Teil C/II./4./b)/dd)/(1)/(a).

[208] Vgl. etwa § 104 Abs. 1 S. 1 ZPO, § 128 Abs. 2 S. 2 ZPO. In Bezug auf die Zustellung wird bisweilen bereits im Gesetz eine Verbindung mit einem Zeitpunkt dergestalt hergestellt, dass ausdrücklich vom „Zeitpunkt der Zustellung" gesprochen wird, wenn auch im Hinblick auf unterschiedliche zuzustellende Dokumente, vgl. § 169 Abs. 1 ZPO, § 193a Abs. 2 S. 2 ZPO, § 1060 Abs. 2 S. 2 ZPO.

Formulierung des § 104 Abs. 1 S. 2 ZPO ersichtlich wird, der formuliert von der Verkündung des Urteils ab.

Die Formulierung Zeitpunkt des Existentwerdens bzw. allein die Formulierung, dass eine Entscheidung existent wird, findet sich hingegen nicht in der ZPO.[209] Es handelt sich jedoch bei der Frage des Existentwerdens einer Entscheidung dennoch um eine Frage, über deren grundsätzliche Notwendigkeit ein Konsens besteht, selbst wenn über deren konkrete Ausgestaltung Uneinigkeit herrscht. Insofern kann hier zwar nicht davon gesprochen werden, dass die gesetzliche Formulierung zunächst keinen Hinweis auf eine Beurteilung gibt, obwohl sie auf einen Zeitpunkt hindeutet. Jedoch ist es die grundsätzliche juristische Bezeichnung an sich, die einen Zeitpunkt, jedoch keine Beurteilung impliziert. Dabei liegt nicht nur die ausdrücklich in dieser Untersuchung gewählte Formulierung des Zeitpunkts des Existentwerdens,[210] das beinhaltete zeitliche Element nahe. Auch wenn davon gesprochen wird, dass eine Entscheidung bzw. ein Urteil „existent wird"[211] impliziert die Formulierung, dass ein zeitlicher Aspekt zwingend erforderlich ist. Der BGH spricht in diesem Zusammenhang dann auch ausdrücklich davon, dass „Entscheidungen existent [...] in dem Zeitpunkt,... [werden)."[212] Insofern handelt es sich auch bei diesem Zeitpunkt am Ende des Verfahrens, der nicht ausdrücklich in einer gesetzlichen Formulierung enthalten ist, nicht um ein merkmalimmanentes Zeitpunkterfordernis. Denn bei diesen beinhaltet bereits der juristisch relevante Begriff an sich kein zeitliches Element.

### (b) Zeitpunkt der grundsätzlichen Rechtswirksamkeit der Entscheidung

In Bezug auf den Zeitpunkt der grundsätzlichen Rechtswirksamkeit der Entscheidung ist ebenfalls zu konstatieren, dass eine Beurteilung in diesem selbst nicht erfolgt. Damit unterfällt auch er nicht der Gruppe der Beurteilungszeitpunkte am Ende des Verfahrens.

Dieser Zeitpunkt entfaltet aber ebenso Fernwirkung für andere Beurteilungen, beispielsweise wenn es sich um ein Zwischenurteil handelte und eine Begutachtung der Frage erfolgen muss, ab welchem Zeitpunkt etwa weiteres Vorbringen zu dem Gegenstand der Entscheidung unzulässig und für das weitere Verfahren unbe-

---

[209] In Bezug auf die Bindung des Gerichts findet sich zumindest in der amtlichen Überschrift, vgl. BGBl 2005 I, S. 3257 des § 318 ZPO diese Formulierung. Zudem spricht § 281 Abs. 2 S. 4 ausdrücklich davon, dass der Beschluss für das Gericht „bindend" sei.

[210] Der ebenfalls von *Roth* verwendet wird, vgl. Stein/Jonas/*Roth*, 23. Aufl., ZPO § 329 Rn. 6.

[211] Vgl. etwa BGH, Urt. v. 1.4.2004 – IX ZR 117/03, NJW-RR 2004, 1575; MüKoZPO/*Musielak/Hüntemann*, ZPO § 318 Rn. 9.

[212] Vgl. BGH, Urt. v. 1.4.2004 – IX ZR 117/03, NJW-RR 2004, 1575.

achtlich ist.[213] Damit ist auch der Zeitpunkt der grundsätzlichen Rechtswirksamkeit ebenfalls zunächst ein potenzieller Beurteilungszeitpunkt. Er kann insbesondere im weiteren Verfahrensverlauf zu einem direkten Beurteilungszeitpunkt werden.

Bezüglich diesem findet sich zwar ebenfalls zunächst keine ausdrückliche Bezeichnung eines Zeitpunkts der Wirksamkeit im Gesetz. Dieses spricht aber etwa in § 325 Abs. 1 ZPO davon, dass das Urteil „für und gegen die Parteien wirkt, die nach dem Eintritt der Rechtshängigkeit...". Insofern wird hier, selbst wenn die Formulierung in erster Linie den Zeitpunkt der Rechtshängigkeit betrifft, gleichsam impliziert, dass es auch einen Zeitpunkt der Wirksamkeit für diese Personen geben muss. In ähnlicher Weise ergibt sich das grundsätzliche Vorliegen eines solchen Zeitpunkts ebenfalls aus den Formulierungen des BGH.[214] Insgesamt ist es in erster Linie aber auch hier die konsensuale juristische Verwendung des Begriffs des Zeitpunkts der Wirksamkeit bzw. des Wirksamwerdens der Entscheidung[215] an sich, die das Vorliegen eines Zeitpunkts, aber keine in diesem Zeitpunkt erforderliche Beurteilung impliziert.

Hier tritt im vorliegenden Kontext noch die Besonderheit hinzu, dass für diesen Zeitpunkt aufgrund der missverständlichen Verwendungen des Begriffs der Wirksamkeit die Notwendigkeit besteht, ihn nochmals begrifflich zu präzisieren. Dies ändert jedoch nichts daran, dass dieser Begriff in seiner grundsätzlichen – hier nun präzisierten – juristischen Verwendung zunächst zwar das Vorliegen eines Zeitpunkts, nicht aber notwendigerweise einer Beurteilung impliziert.

### (c) Zeitpunkt der Wirksamkeit gegenüber den Parteien

Das trifft ebenfalls auf den (weiteren) Zeitpunkt der Wirksamkeit gegenüber den Parteien zu. Ihm ist zudem gleichfalls keine eigenständige Beurteilung im Zeitpunkt seines tatsächlichen Vorliegens immanent. Auch er ist folglich kein Beurteilungszeitpunkt am Ende des Verfahrens.

Ebenso wie die vorherigen betrachteten Zeitpunkte ist er jedoch als potenzieller Beurteilungszeitpunkt mit der Möglichkeit einer späteren Umwandlung in einen direkten Beurteilungszeitpunkt im weiteren Verfahren einzuordnen: Wie bereits festgestellt, fällt im Falle des verkündeten Urteils der jeweilige Zeitpunkt der Zustellung mit dem Zeitpunkt der Wirksamkeit des Urteils gegenüber der betreffenden

---

[213] S. zur Unzulässigkeit und Unbeachtlichkeit weiteren Vorbringens bei Zwischenurteilen Prütting/Gehrlein/*Thole,* Zivilprozessordnung, ZPO § 303 Rn. 8 und § 318 Rn. 6.

[214] BGH, Urt. v. 19.10.2005 – VIII ZR 217/04, NJW 2005, 3724, 3725.

[215] Vgl. etwa *Toussaint,* Anm. zu BGH v. 29.8.2017 – XI ZR 318/16, FD-ZVR 2017, 395024; vgl. für den Beschluss Zöller/*Feskorn,* Zivilprozessordnung, ZPO § 329 Rn. 7.

Partei zusammen.[216] Insofern ist er dann etwa für die Beurteilung des Laufs von Rechtsmittelfristen maßgeblich.[217]

#### (d) Zwischenergebnis

Damit ist für eine weitergehende Kategorisierung zusammenfassend festzuhalten, dass es sich bei keinem der mit der Verkündung bzw. der sie ersetzenden Zustellung in Verbindung stehenden Zeitpunkte am Ende des Verfahrens um einen Beurteilungszeitpunkt am Ende des Verfahrens handelt. Sie stellen jedoch potenzielle Beurteilungszeitpunkte dar und können im weiteren Verfahrensverlauf und gegebenenfalls in anderen Verfahren direkte Beurteilungszeitpunkte sein. Auch auf diese potenziellen Beurteilungszeitpunkte in Normen verfahrensrechtlicher Gesetze und Ordnungen trifft dabei die Annahme zu, dass zum Zeitpunkt ihres tatsächlichen Geschehens keine Beurteilung insbesondere des betreffenden Tatbestandsmerkmals erfolgt.

### (3) Insbesondere: Zeitpunkt der Rechtskraft

Die Aufzählung der relevanten Zeitpunkte am Ende des Verfahrens ist nicht abschließend. Insbesondere ein weiterer steht mit den Zeitpunkten der Zustellung und der Wirksamkeit gegenüber den Parteien wiederum in Verbindung und soll aufgrund seiner Relevanz daher noch in diesen Teil der Untersuchung mit einbezogen werden. Dieser Zeitpunkt gründet darauf, dass die in Urteilsform erlassenen Entscheidungen zwar für das Gericht nach § 318 ZPO im Sinn einer Innenbindung selbst bindend sind,[218] sie können aber in der Regel von den Parteien durch Rechtsmittel oder andere Rechtsbehelfe angefochten werden.[219] Damit rückt dann möglicherweise der Zeitpunkt der Rechtskraft in den Fokus der Betrachtung: Nach § 705 S. 1 ZPO tritt die formelle Rechtskraft der Urteile vor Ablauf der für die Einlegung des zulässigen Rechtsmittels oder des zulässigen Einspruchs bestimmten Frist nicht ein. Die positive Voraussetzung der Rechtskraft[220] ist weiterhin in § 19 EGZPO geregelt, wonach Endurteile rechtskräftig sind, die mit einem ordentlichen Rechtsmittel nicht mehr angefochten werden können. Folglich wird ein Urteil nur dann sofort mit der Verkündung, d. h. mit dem Verlesen der Urteilsformel bzw. in den Fällen des § 310 Abs. 3 ZPO mit der Zustellung des Urteils,

---

[216] Teil C/II./4./b)/dd)/(1)/(a).

[217] Vgl. zur Berufungsfrist etwa Musielak/Voit/*Ball*, Zivilprozessordnung, ZPO § 517 Rn. 5.

[218] Zöller/*Vollkommer*, Zivilprozessordnung, Vorbemerkung zu ZPO § 322 Rn. 6.

[219] MüKoZPO/*Gottwald*, ZPO § 322 Rn. 1.

[220] S. hierzu auch BeckOK ZPO/*Ulrici*, ZPO § 705 Rn. 3.

rechtskräftig, wenn es bereits im Zeitpunkt seines Erlasses keiner ordentlichen Anfechtungsmöglichkeit unterliegt.[221]

Die formelle Rechtskraft ist zudem Voraussetzung für die materielle Rechtskraft,[222] nach welcher der Inhalt der Entscheidung für die Parteien und Gerichte eine inhaltliche Bindungswirkung entfaltet und damit für die Parteien und ein neu angerufenes Gericht maßgeblich ist, soweit es in einem späteren Verfahren um dieselbe Rechtsfolge geht.[223] Dabei zeigt sich die Verbindung auch zu einem weiteren bereits als zentral identifizierten verfahrensrechtlichen Zeitpunkt, konkret demjenigen des Schlusses der mündlichen Verhandlung: Dieser ist letztlich der zeitliche Bezugspunkt für die materielle Rechtskraft.[224] Das wird zwar nicht ausdrücklich im Gesetz festgelegt, ergibt sich aber dennoch mittelbar aus § 767 Abs. 2 ZPO, der eine allgemeine Grenze der Tatsachenpräklusion beschreibt.[225]

In Bezug auf die Kategorisierung des Zeitpunkts der Rechtskraft vor dem Hintergrund der bislang ersichtlichen Systematik der Beurteilungszeitpunkte ist damit zunächst Folgendes festzustellen: Sowohl im Zeitpunkt der formellen als auch demjenigen der materiellen Rechtskraft selbst trifft das entscheidende Gericht keine (weitere) Entscheidung mehr, beurteilt insbesondere nicht mehr. Insofern zählen sie nicht zu den Beurteilungszeitpunkten am Ende des Verfahrens.

Weiterhin ist aber etwa der Zeitpunkt der formellen Rechtskraft zunächst ein rechnerisch zu ermittelnder Zeitpunkt bezogen auf den Ablauf der Rechtsmittelfrist. Dabei kann dieser konkrete Zeitpunkt grundsätzlich für sich stehen, indem in ihm beurteilt wird, ob in diesem bereits die Rechtskraft eingetreten ist. Das wird aber nur in den wenigsten Fällen mit dem tatsächlichen Zeitpunkt des Eintritts der Rechtskraft zusammenfallen. Erst nachfolgend wird es in der Regel es zu einer weitergehenden Beurteilung kommen, ob bis zu einem konkreten Zeitpunkt eventuell die Einlegung eines Rechtsmittels erfolgt ist.

---

[221] Kindl/Meller-Hannich/*Giers/Scheuch*, Gesamtes Recht der Zwangsvollstreckung, ZPO § 705 Rn. 3; MüKoZPO/*Götz*, ZPO § 705 Rn. 5; HK-ZPO/*Kindl*, ZPO § 705 Rn. 5; BeckOK ZPO/*Ulrici*, ZPO § 705 Rn. 4.

[222] Zöller/*Vollkommer*, Zivilprozessordnung, Vorbemerkung zu ZPO § 322 Rn. 6.

[223] MüKoZPO/*Gottwald*, ZPO § 322 Rn. 1 und 24.

[224] MüKoZPO/*Gottwald*, ZPO § 322 Rn. 140.

[225] BGH, Urt. v. 19.11.2003 – VIII ZR 60/03, NJW 2004, 1252, 1253; BGH, Beschl. v. 22.9.2016 – V ZR 4/16, NJW 2017, 893 Rn. 17; BGH Urt. v. 29.9.2017 – V ZR 19/16, NJW-RR 2018, 719 Rn. 15; MüKoZPO/*Gottwald*, ZPO § 322 Rn. 140; Stein/Jonas/*Leipold*, 22. Aufl., ZPO § 322 Rn. 232; Musielak/Voit/*Wolff*, Zivilprozessordnung, ZPO § 322 Rn. 28; Zöller/*Vollkommer*, Zivilprozessordnung, Vorbemerkung zu ZPO § 322 Rn. 53. Vgl. auch *Eicker*, JA 2019, 132, 134 insbes. Fn. 16.

Jedoch ist dennoch zu konstatieren, dass in Bezug auf die Frage, ob in den betreffenden Zeitpunkten am Ende des Verfahrens zum Zeitpunkt ihres tatsächlichen Geschehens keine Beurteilung stattfindet, hier eine Einschränkung erfolgen muss. Diese erklärt sich dadurch, dass in den bisher betrachteten Konstellationen in irgendeiner Weise in dem betreffenden Zeitpunkt tatsächlich gehandelt wurde, sei es durch Verkündung, Zustellung oder durch eine allgemeine Herausgabe aus dem inneren Geschäftsbereich. Vorliegend ist jedoch eine Handlung im tatsächlichen Stattfinden des Zeitpunktes der formellen Rechtskraft dann nicht erforderlich, wenn es sich um anfechtbare Entscheidungen handelt.[226] Die betreffende Handlung durch verfahrensrechtlich zuständige Organe hat vielmehr stattgefunden, um die entsprechende Rechtsbehelfsfrist in Gang zu setzen. Insofern handelt es sich zwar um eine zeitliche Koinzidenz und damit einen eher seltenen Ausnahmefall, wenn im Zeitpunkt des Eintritts der formellen Rechtskraft eine Beurteilung stattfindet. Dennoch zeigt diese Konstellation, dass das vermutete Charakteristikum der bislang identifizierten potenziellen Beurteilungszeitpunkte im Bereich der Zeitpunkte am Ende des Verfahrens dahingehend eingeschränkt werden muss, dass nur bei Zeitpunkten, in denen – in der Regel durch die verfahrensrechtlich zuständigen Organe – auch tatsächlich gehandelt werden muss, im Zeitpunkt ihres tatsächlichen Geschehens keine Beurteilung des betreffenden Tatbestandsmerkmals erfolgt.

Ähnlich stellt sich die Situation bezüglich des Zeitpunkts der materiellen Rechtskraft dar: Diese wird in der Regel erst in Folgeprozessen festzustellen sein. Kommt es zu der Frage des Eintritts der materiellen Rechtskraft ist wiederum der betreffende Zeitpunkt ein Beurteilungszeitpunkt. Auch hier handelt es sich nicht um einen Zeitpunkt, in dem eine tatsächliche Handlung durch die verfahrensrechtlich zuständigen Organe erforderlich ist. Die erforderliche Handlung ist ebenfalls zeitlich vorgelagert. Daher ist auch in diesem Fall die Möglichkeit einer Beurteilung am Tag des Eintritts der materiellen Rechtskraft, wenn auch im Sinn einer zeitlichen Koinzidenz, möglich.

Insgesamt kann damit festgehalten werden, dass sowohl der Zeitpunkt der formellen als auch derjenige der materiellen Rechtskraft ebenfalls keine Beurteilungszeitpunkte am Ende des Verfahrens sind. In beiden Fällen wird im Regelfall der betreffende Zeitpunkt erst in der Folge als Beurteilungszeitpunkt relevant werden. Es wird sich bei diesen in der Regel um potenzielle Beurteilungszeitpunkte handeln, wobei der Zeitpunkt der formellen Rechtskraft zumeist im weiteren Verlauf des

---

[226] Unterliegt hingegen ein Urteil bereits im Zeitpunkt seines Erlasses keiner ordentlichen Anfechtungsmöglichkeit (vgl. § 19 Abs. 2 EGZPO), wird es sofort mit seiner Verkündung, folglich mit dem Verlesen der Urteilsformel oder Zustellung des Urteils nach § 310 Abs. 3 ZPO rechtskräftig, vgl. BeckOK ZPO/*Ulrici*, ZPO § 705 Rn. 4.

Verfahrens, der Zeitpunkt der materiellen Rechtskraft in weiteren Verfahren zu einem direkten Beurteilungszeitpunkt werden können.

Dennoch hat die Betrachtung dieser Zeitpunkte eine mögliche weitere Erkenntnis gebracht: Für das Vorliegen des Charakteristikums von potenziellen Beurteilungszeitpunkten im Bereich der Zeitpunkte am Ende des Verfahrens, dass im Zeitpunkt ihres tatsächlichen Stattfindens keine Beurteilung erfolgt, erscheint es als erforderlich, dass in dem Zeitpunkt selbst auch tatsächlich eine Handlung erfolgen muss.

#### (4) Zwischenergebnis

Die Betrachtung der zunächst begrifflich präzisierten und zentralen weiteren relevanten Zeitpunkte am Ende des Verfahrens hat gezeigt, dass sich unter diesen kein weiterer Beurteilungszeitpunkt am Ende des Verfahrens mehr befindet. Auch darüber hinaus ist kein weiterer ersichtlich, der in diese Kategorie eingeordnet werden könnte. Damit handelt es sich bei dem Zeitpunkt des Schlusses der mündlichen Verhandlung und demjenigen der tatsächlichen Entscheidung um die beiden Beurteilungszeitpunkte am Ende des Urteilsverfahrens.

Zugleich haben aber alle neben diesen beiden näher untersuchten relevanten Zeitpunkte am Ende des Verfahrens die bislang herausgearbeiteten Anforderungen an potenzielle Beurteilungszeitpunkte erfüllt. Als signifikant für die potenziellen Beurteilungszeitpunkte aus der Gruppe der Zeitpunkte am Ende des Verfahrens hat sich zudem zunächst herausgestellt, dass zum Zeitpunkt ihres tatsächlichen Geschehens in der Regel keine Beurteilung erfolgt. Sie können sich vielmehr in der Folgezeit in anderen, auch theoretisch gedachten, Konstellationen zu direkten Beurteilungszeitpunkten entwickeln. Dabei ist allerdings ein etwaiges Zusammenfallen von Beurteilung und tatsächlichem Zeitpunkt bezüglich der Zeitpunkte der formellen und der materiellen Rechtskraft denkbar. Zwar wird es sich hierbei eher um eine zeitliche Koinzidenz und damit um einen Ausnahmefall handeln. Dennoch ist die Hypothese, dass bei potenziellen Beurteilungszeitpunkten im Bereich der Zeitpunkte am Ende des Verfahrens und gegebenenfalls im Bereich der Ordnungen und Gesetzestexte des verfahrensrechtlichen Bereichs insgesamt, im Zeitpunkt ihres tatsächlichen Stattfindens keine Beurteilung erfolgt, dahingehend einzuschränken, dass dies zumindest für solche Zeitpunkte Geltung beanspruchen kann, in denen auch tatsächlich eine Handlung, in der Regel durch die verfahrensrechtlich zuständigen Organe, stattfinden muss.

Diese mögliche Ergänzung zur bisherigen Definition von potenziellen Beurteilungszeitpunkten stellt sich damit im vorliegend betrachteten Bereich als ein Aspekt der bereits angesprochenen Charakteristik von Verfahren dar, dass es grundsätzlich für ein Verfahren jemandes bedarf, der verfährt.[227] Im Folgenden muss somit bezüglich der in den Blick genommenen potenziellen Beurteilungszeitpunkte stets ebenfalls die Frage des tatsächlich erforderlichen Handelns miteinbezogen werden.

### ee) Zeitpunkte am Ende des Urteilsverfahrens in der Arbeitsgerichtsbarkeit

Die Betrachtung der Zeitpunkte am Ende des Urteilsverfahrens abschließend ist im Folgenden nicht zuletzt vor dem Hintergrund der ebenfalls noch vorzunehmenden intradisziplinären Untersuchung der Blick auf das Arbeitsrecht zu richten und das Urteilsverfahren der Arbeitsgerichtsbarkeit, die nach Art. 95 Abs. 1 GG eine eigenständige und gegenüber den anderen Fachgerichtsbarkeiten gleichwertige Gerichtsbarkeit darstellt,[228] mit einzubeziehen.

Diese weist zwar im Vergleich zum Urteilsverfahren der Zivilgerichtsbarkeit einige Besonderheiten auf.[229] Bezüglich der im Rahmen der Zeitpunkte am Ende des Urteilsverfahrens herausgearbeiteten Erkenntnisse zeigt sich aber, dass sich auch in der Arbeitsgerichtsbarkeit entsprechende Konstellationen finden lassen: So normiert § 60 Abs. 1 S. 1 ArbGG, dass zur Verkündung des Urteils ein besonderer Termin nur bestimmt werden kann, wenn die sofortige Verkündung in dem Termin, aufgrund dessen es erlassen wird, aus besonderen Gründen nicht möglich ist. Auch hier zeigt sich die grundsätzliche Intention des Gesetzes, dass das Urteil sofort verkündet werden soll. Dies wird sogar noch deutlicher gefordert als in der ZPO, lässt doch die Vorschrift einen gesonderten Verkündungstermin nur unter besonderen Voraussetzungen zu.[230] Zudem kann das Urteil ebenfalls unmittelbar nach Schließung der mündlichen Verhandlung oder am Schluss der Sitzung, d. h. am Ende des Sitzungstages verkündet werden, wobei vor der Verkündung die Kammer nach den §§ 192 GVG ff. zu beraten und abzustimmen hat.[231] Insofern ist ebenfalls die Trennung zwischen den drei genannten Zeitpunkten des Schlusses der mündlichen Verhandlung, demjenigen der tatsächlichen Entscheidung und dem Zeitpunkt der

---

[227] Vgl. zur Aussage, „Für eines Verfahrens bedarf es jemandes, der verfährt" *Reimer*, Verfahrenstheorie, 16; s. hierzu ebenfalls *Popp*, Verfahrenstheoretische Grundlagen der Fehlerkorrektur im Strafverfahren, 81 ff. S. bereits Teil C/II./4./a)/cc)/(3).

[228] Vgl. *Junker*, Grundkurs Arbeitsrecht, Rn. 835. Kritisch im Hinblick auf eine zukünftige Selbstständigkeit der Arbeitsgerichtsbarkeit *Windel* in: Henssler/Joussen/Maties/Preis (Hrsg.), Festschrift für Rolf Wank, 679, 694.

[229] S. diesbezüglich etwa *Junker*, Grundkurs Arbeitsrecht, Rn. 836 ff.

[230] BeckOK ArbR/*Hamacher*, ArbGG § 60 Rn. 8.

[231] BeckOK ArbR/*Hamacher*, ArbGG § 60 Rn. 9; GMP/*Schleusener*, ArbGG § 60 Rn. 6.

Verkündung erforderlich. Auch hier handelt es sich aber nur bei dem Zeitpunkt des Schlusses der mündlichen Verhandlung und dem Zeitpunkt der tatsächlichen Entscheidung um Beurteilungszeitpunkte am Ende des Verfahrens. Dabei gilt insbesondere § 296a ZPO über die Verweisung des § 46 Abs. 2 S. 1 ArbGG, ggf. in Verbindung mit § 495 ZPO.[232]

Weitere Beurteilungszeitpunkte am Ende des Verfahrens sind im arbeitsgerichtlichen Verfahren ebenfalls nicht ersichtlich. Im Übrigen existieren aber auch in diesem Verfahren die gleichen Zeitpunkte am Ende des Verfahrens wie im zivilprozessualen Urteilsverfahren. Diese sind im arbeitsgerichtlichen Urteilsverfahren in Parallele hierzu ebenfalls in der Regel als potenzielle Beurteilungszeitpunkte einzuordnen.

### ff) Zwischenergebnis mit ersten Begriffsfestlegungen

Zusammenfassend ist festzuhalten, dass sich für das Urteilsverfahren zwei Zeitpunkte am Ende des Verfahrens als zentral erweisen und von anderen Zeitpunkten am Ende des Verfahrens dadurch abzugrenzen sind, dass in ihnen selbst eine Entscheidung unter Einbeziehung aller entscheidungsrelevanten Aspekte getroffen wird bzw. zumindest vom Gesetzgeber das Treffen der Entscheidung in diesem Zeitpunkt intendiert war. Diese Beurteilungszeitpunkte am Ende des Verfahrens sollen terminologisch unter der Begrifflichkeit der *Dezisionszeitpunkte* erfasst werden: Zum einen handelt es sich hierbei um den Zeitpunkt des Schlusses der letzten mündlichen Verhandlung bzw. den ihm gleichgestellten Zeitpunkt im schriftlichen Verfahren, nach denen, mit wenigen Ausnahmefällen, die zur Entscheidung berufene Person bzw. das zur Entscheidung berufene Gremium ihr oder ihm bekanntwerdende Tatsachen nicht mehr berücksichtigen darf. Grundlage der Entscheidung ist damit der gesamte Prozessstoff im Sinne einer Tatsachengrundlage, der bis zu diesem Zeitpunkt vorliegt.[233] Die betreffende Entscheidung stellt dann die rechtlich erhebliche Sachlage für diesen historischen Zeitpunkt fest.[234] Damit stützt die zur Entscheidung berufene Person bzw. das zur Entscheidung berufene Gremium seine Erkenntnis auf diesen Zeitpunkt. Dieser Beurteilungszeitpunkt soll daher im

---

[232] S. zu dieser Verweisungskette etwa ArbG Gelsenkirchen, Urt. v. 10.12.2021 – 5 Ca 1321/21, BeckRS 2021, 63117. Vgl. zudem etwa BeckOK ArbR/*Hamacher*, ArbGG § 46 Rn. 2; ErfK/*Koch*, ArbGG § 46 Rn. 1.

[233] Vgl. insbes. zum Zeitpunkt des Schlusses der mündlichen Verhandlung *Baumeister*, JURA 2005, 655, 657; Zöller/*Feskorn*, Zivilprozessordnung, ZPO § 300 Rn. 3; Stein/Jonas/*Leipold*, 22. Aufl., ZPO § 300 Rn. 19; Thomas/Putzo/*Reichold*, Zivilprozessordnung, 39. Aufl., Vorbemerkung ZPO § 253 Rn. 37.

[234] S. zum Begriff des historischen Zeitpunkts MüKoZPO/*Gottwald*, ZPO § 322 Rn. 139.

Folgenden als *Erkenntnishorizont* bezeichnet werden. In speziellen Fällen des Urteilserlasses wie etwa dem Anerkenntnisurteil oder dem Versäumnisurteil kann dabei der Prüfumfang des Erkenntnishorizonts eingeschränkt sein.

Zum anderen ist derjenige Zeitpunkt, in dem der Richter tatsächlich seine Entscheidung trifft, als Dezisionszeitpunkt einzuordnen. Er soll im Folgenden als *Zeitpunkt der tatsächlichen Entscheidung* bezeichnet werden. Beide Dezisionszeitpunkte können in speziellen Konstellationen wie dem Teilurteil, in denen über einen Teil des Prozessstoffs vorab entschieden wird, mehrmals vorkommen. Insofern handelt es sich dann um Zeitpunkte am Ende des jeweiligen Teils des Verfahrens.

Diese beiden Dezisionszeitpunkte können zwar im Fall des vom Gesetz zunächst präferierten sog. Stuhlurteils zusammenfallen bzw. sind allenfalls durch eine juristische Sekunde voneinander getrennt. Oftmals erfolgt jedoch eine gesonderte Verkündung. Damit werden dann auch die beiden Dezisionszeitpunkte in einer Vielzahl der Fälle in rein tatsächlich-zeitlicher Hinsicht auseinanderfallen: Der Richter bzw. das zur Entscheidung berufene Gremium muss in der letztgenannten Konstellation nicht unverzüglich im Anschluss an den Schluss der mündlichen Verhandlung die Entscheidung treffen, das kann auch zu einem späteren Zeitpunkt, der näher an demjenigen der Verkündung liegt, erfolgen. Dabei trifft dann in diesem Fall die zur Entscheidung berufene Person bzw. das zur Entscheidung berufene Gremium seine Entscheidung unter tatsächlicher Beurteilung der entscheidungserheblichen Aspekte derart, dass er bzw. es sich in den Zeitpunkt des Erkenntnishorizonts hineinversetzen und grundsätzlich alles Nachfolgende ausblenden muss. Insofern sind zwar die zu berücksichtigenden Tatsachen in den beiden Dezisionszeitpunkten identisch. Wie gesehen, wäre aber bezüglich der „Rechtslage" etwa eine Gesetzesänderung zu berücksichtigen. Folglich ist sowohl inhaltlich als auch terminologisch klar zwischen diesen beiden Zeitpunkten zu differenzieren.

In Bezug auf diese Dezisionszeitpunkte des Urteilsverfahrens sind dabei in der bisherigen Untersuchung zwei weitere Aspekte deutlich geworden. Zum einen ist nicht zuletzt im Hinblick auf eine noch vertiefend zu entwickelnde Terminologie festzuhalten, dass in ihnen zumeist sowohl verfahrensrechtliche als auch materiellrechtliche Aspekte beurteilt werden: Schon die überblicksartige Betrachtung zeigt, dass bei den zu treffenden Entscheidungen sowohl materiell-rechtliche als auch verfahrensrechtliche Faktoren im Zeitpunkt der Beurteilung am Ende eines Verfahrens eine Rolle spielen können. Das spiegelt sich bereits in der Definition wider, handelt es sich doch um den Zeitpunkt am Ende des Verfahrens, in dem die Entscheidung unter Beurteilung aller entscheidungsrelevanten Aspekte getroffen wird bzw. zumindest nach dem vom Gesetzgeber intendierten Idealfall getroffen werden soll. Insofern kommt es dann für die Beurteilung der Zulässigkeit und Begründetheit der Klage maßgeblich auf den Erkenntnisstand des Gerichts zum Zeitpunkt des Schlusses der mündlichen Verhandlung an. Dann erfolgt zwar zunächst eine umfassende Beurteilung der verfahrensrechtlichen Aspekte der Klage[235]: Wird eine Klage als unzulässig abgewiesen oder ein Rechtsmittel als unzulässig durch Prozessurteil verworfen, so bildet nur die Zulässigkeitsfrage den Gegenstand der Entscheidung.[236] Das bedeutet jedoch nicht, dass das Gericht bei dem Erlass eines Prozessurteils ausschließlich auf die Beurteilung verfahrensrechtlicher Aspekte beschränkt ist. Möglicherweise müssen auch Vorfragen materiell-rechtlicher Art, aus denen sich der Unzulässigkeitsgrund ableiten lässt, beurteilt werden.[237] Als Beispiel möge hier etwa die Prozessfähigkeit dienen. Nach § 52 ZPO ist eine Person prozessfähig, als sie sich durch Verträge verpflichten kann. Das wiederum richtet sich grundsätzlich nach den Vorschriften der §§ 104 ff. BGB.[238] Somit knüpft das Zivilprozessrecht hier an das materiell-rechtliche Vorbild der Geschäftsfähigkeit an, die Prozessfähigkeit folgt der sich aus dem materiellen Recht ergebenden Geschäftsfähigkeit[239] – ein Abweichen ist nur dort möglich, wo dies aus prozessualer Betrachtung zwingend geboten erscheint.[240] Ergeht ein Sachurteil, wird das Bestehen oder Nichtbestehen des Anspruchs selbst festgestellt.[241] Hier werden folglich materiell-rechtliche Fragen umfassend beurteilt.

Zum anderen ist für das Urteilsverfahren festzustellen, dass die tatsächliche zeitliche Festlegung der Dezisionszeitpunkte grundsätzlich durch den Richter bzw. das zur Entscheidung berufene Gremium erfolgt. Zwar ist insbesondere für den Erkenntnishorizont dazu die Entscheidungsreife maßgeblich. Dennoch obliegt es eben der zur Entscheidung berufenen Person bzw. dem zur Entscheidung berufenen Gremium, diese festzustellen und damit den betreffenden Zeitpunkt festzulegen.

---

[235] Vgl. auch Rosenberg/Schwab/Gottwald/*Gottwald*, Zivilprozessrecht, § 94 Rn. 37.

[236] Vgl. Stein/Jonas/*Althammer*, 23. Aufl., ZPO § 322 Rn. 126; *W. Lüke*, Zivilprozessrecht I, § 28 Rn. 8.

[237] Stein/Jonas/*Althammer*, 23. Aufl., ZPO § 322 Rn. 126; s. hierzu auch BGH, Beschl. v. 17.1.2007 – XII ZB 134/03, NJW-RR 2007, 578 ff.

[238] *Pohlmann*, Zivilprozessrecht, § 5 Rn. 243.

[239] Vgl. BeckOK ZPO/*Kersting*, Vorbemerkung zu ZPO § 52.

[240] Wie etwa bei der Verfahrensfähigkeit des Minderjährigen nach § 9 Abs. 1 Nr. 3 FamFG; s. hierzu insgesamt auch Stein/Jonas/*Brehm*, 23. Aufl., Einleitung ZPO Rn. 38. Zudem ist hier beispielsweise eine Anpassung der materiellen Strukturen dahingehend zu verzeichnen, dass es keine vollständige Prozessunfähigkeit geben kann, weil man jedenfalls um die eigene Prozessfähigkeit stets selbst streiten darf, vgl. *Häsemeyer*, AcP 188 (1988), 140, 147 und 151; s. hierzu auch etwa BGH, Urt. v. 10.10.1985 – IX ZR 73/85, NJW-RR 1986, 157.

[241] *W. Lüke*, Zivilprozessrecht I, § 28 Rn. 8.

Neben den Dezisionszeitpunkten konnten bei der Betrachtung der Zeitpunkte am Ende des Verfahrens noch weitere im Gefüge der Beurteilungszeitpunkte bedeutsame Zeitpunkte identifiziert werden. Bei diesen handelt es sich zunächst um denjenigen der Verkündung und denjenigen der Zustellung des Urteils, wobei letzterem bei den Verfahren, in denen die Verkündung durch die Zustellung des Urteils ersetzt wird, eine Doppelwirkung zukommt. Diese Zeitpunkte stehen in engem Zusammenhang mit dem Zeitpunkt des Existentwerdens der Entscheidung, demjenigen der Bindung des Gerichts, demjenigen der grundsätzlichen Rechtswirksamkeit und dem Zeitpunkt der Wirksamkeit gegenüber den Parteien.

Bei all diesen Zeitpunkten wurde die Frage der Einordnung als Dezisionszeitpunkt grundsätzlich verneint. Jedoch können alle genannten Zeitpunkte selbst wiederum Fernwirkung für zahlreiche verfahrensrechtliche Beurteilungen haben: All diese Zeitpunkte haben grundsätzlich gemein, dass die gesetzliche Formulierung oder die juristische Bezeichnung des Zeitpunkts an sich nahelegt, dass in ihnen selbst keine Beurteilung stattfindet. Sie können sich jedoch in der Folge in anderen, auch theoretisch gedachten, Konstellationen zu direkten Beurteilungszeitpunkten entwickeln. Sie sind daher als potenzielle Beurteilungszeitpunkte einzuordnen. Ebenso stellt sich die Situation grundsätzlich für den mit dem Zeitpunkt der Verkündung und mit demjenigen des Schlusses der mündlichen Verhandlung in enger Beziehung stehenden Zeitpunkt der Rechtskraft dar.

Diese Zeitpunkte gleichen denjenigen, die auch im Rahmen der Bestandsaufnahme des BGB und seiner Nebengebiete identifiziert und dort ebenfalls als potenzielle Beurteilungszeitpunkte eingestuft wurden. Bei den vorliegend betrachteten potenziellen Beurteilungszeitpunkten in Gesetzestexten und Ordnung des verfahrensrechtlichen Bereichs, trat jedoch als charakteristisch hervor, dass gerade im Moment des zeitlich tatsächlichen Geschehens in der Regel eine Handlung der verfahrensrechtlich zuständigen Organe ohne Beurteilung erfolgt, wenn für diesen Zeitpunkt auch die tatsächliche Vornahme einer Handlung erforderlich ist. Dass sich diese Charakteristik bei der Betrachtung der Beurteilungszeitpunkte im Bereich des BGB und seiner Nebengebiete nicht als charakteristisch erwiesen hat, liegt darin begründet, dass dort gerade auch der betreffende Zeitpunkt ebenfalls durch ein Nichthandeln geprägt sein kann, insbesondere für die potenziell nachfolgende Beurteilung. Ob diese Feststellung bezüglich der bisher betrachteten potenziellen Beurteilungszeitpunkten auch verallgemeinerungswürdig ist, soll im Folgenden weiter überprüft werden.

Darüber hinaus wurde ein erweiternder Blick auf das Urteilsverfahren der Arbeitsgerichtsbarkeit geworfen. Dieser hat deutlich gemacht, dass die bislang herausgearbeitete Terminologie und Systematik auch für diesen Gerichtszweig zutreffend ist.

### c) Beschlussverfahren

Neben dem Urteilsverfahren wurde auch das Beschlussverfahren, sofern es im konkreten Einzelfall auf eine streitbeendende Entscheidung gerichtet ist, als sachdienlich für die Entwicklung einer Terminologie und Systematik von Beurteilungszeitpunkten erkannt.[242] Bei der Betrachtung dieses Verfahrens können nun die im Bereich der Zeitpunkte am Ende des Urteilsverfahrens gewonnenen Erkenntnisse für die Untersuchungsstruktur herangezogen werden. Dort wurde insbesondere deutlich, dass in dieser Gruppe der Zeitpunkte die besondere Gruppe der Dezisionszeitpunkte zu verzeichnen ist.

Dabei ist grundlegend, dass im Beschlussverfahren grundsätzlich ebenfalls die beiden als zentral identifizierten Dezisionszeitpunkte existieren: Auch hier hat die zur Entscheidung berufene Person bzw. das zur Entscheidung berufene Gremium eine tatsächliche Entscheidung zu treffen. Insofern findet sich der Zeitpunkt der tatsächlichen Entscheidung in diesem Verfahren. Zudem hat die entscheidende Person bzw. das zur Entscheidung berufene Gremium für den der Entscheidung zugrunde zu legenden Sachverhalt auf einen bestimmten Zeitpunkt abzustellen. Dieser wird zwar im Rahmen der unterschiedlichen Ausgestaltung der Beschlussverfahren gegebenenfalls in unterschiedlichen Zeitpunkten zu verorten sein. Unabhängig von der Verortung dieses Zeitpunkts ist aber die grundsätzliche Existenz eines Erkenntnishorizonts auch im Beschlussverfahren zu konstatieren.

Ziel von Teils C dieser Arbeit ist die Entwicklung einer differenzierten Terminologie und umfassenden Systematik für die Beurteilungszeitpunkte des Privatrechts insgesamt. Daher wird im Anschluss an die getrennte Bestandsaufnahme zu den Beurteilungszeitpunkten des BGB und seiner materiell-rechtlichen Nebengebiete und derjenigen der Beurteilungszeitpunkte in Gesetzestexten und Ordnungen des verfahrensrechtlichen Bereichs des Privatrechts im Rahmen einer übergreifenden Betrachtung zum einen eine gesamthafte Terminologie und Systematik der insgesamt identifizierten Arten von Beurteilungszeitpunkten herauszuarbeiten sein. Gerade für die Gruppe der Dezisionszeitpunkte ist es jedoch bereits an dieser Stelle der Untersuchung möglich, die Systematik dieser Beurteilungszeitpunkte zu vertiefen. Das liegt darin begründet, dass diese Zeitpunkte im Rahmen der Bestandsaufnahme der Beurteilungszeitpunkte des BGB und seiner materiell-rechtlichen Nebengebiete nicht identifiziert werden konnten, sich vielmehr auf den Bereich der Beurteilungszeitpunkte in Gesetzestexten und Ordnungen des verfahrensrechtlichen Bereichs und hier wiederum auf die Gruppe der Zeitpunkte am

---

[242] Vgl. Teil C/II./4./a).

Ende des Verfahrens beschränken. Daher sollen das Beschlussverfahren und auch die anschließend noch zu betrachtende nicht-staatliche Streitbeilegung bereits in diesem Teil der Arbeit – ebenso wie es in der Betrachtung des Urteilsverfahrens letztlich durch die Ausführungen im Rahmen der Betrachtung des „Zeitpunkts der tatsächlichen Entscheidung“[243] und dem Zwischenergebnis mit ersten Begriffsfestlegungen bezüglich des Urteilsverfahrens[244] implizit erfolgt ist – dahingehend untersucht werden, wie sich die dort anzutreffenden Dezisionszeitpunkte zueinander verhalten und wodurch dieses Verhältnis beeinflusst wird.

Darüber hinaus hat die Bestandsaufnahme zu den Zeitpunkten am Ende des Urteilsverfahrens verdeutlicht, dass die im Bereich des BGB und seiner materiellrechtlichen Nebengebiete identifizierten potenziellen Beurteilungszeitpunkte dort ebenfalls zu finden sind. Insofern ist auch im Beschlussverfahren ein Blick auf weitere, neben den Dezisionszeitpunkten bestehende Zeitpunkte am Ende des Verfahrens zu werfen und eine Klassifizierung dieser Zeitpunkte vorzunehmen.

### aa) Systematik der Dezisionszeitpunkte

Damit soll im nächsten Schritt dieser Bestandsaufnahme der Frage nachgegangen werden, ob sich die herausgearbeitete erste Systematisierung und Abgrenzung von Dezisionszeitpunkten des zivil- bzw. arbeitsgerichtlichen Urteilsverfahrens ebenfalls in den Beschlussverfahren des privatrechtlichen Bereichs wiederfindet oder ob hier gegebenenfalls Besonderheiten zu konstatieren sind. Dabei soll sich die Betrachtung nicht nur auf das Beschlussverfahren der ZPO konzentrieren, sondern es sind vielmehr auch etwaige besondere Verfahren der Beschlussfassung miteinzubeziehen: Zum einen wird hier ein Blick auf das arbeitsgerichtliche Beschlussverfahren zu werfen sein, zum anderen ist das Verfahren der freiwilligen Gerichtsbarkeit näher zu beleuchten.

Im Zentrum soll jedoch zunächst das Beschlussverfahren der ZPO stehen. Als Ansatzpunkt zur Analyse der dortigen Systematik der Dezisionszeitpunkte kann das Zivilprozessreformgesetz des Jahres 2001 dienen. Dieses hat mit der Einführung einer „Generalklausel“[245] in § 128 Abs. 4 ZPO einen „Systemwechsel im Bereich der Gesetzestechnik“[246] mit sich gebracht. Nach dieser können Entscheidungen des Gerichts, die nicht Urteile sind, ohne mündliche Verhandlung ergehen, soweit nicht das Gesetz die Notwendigkeit der mündlichen Verhandlung

243 Teil C/II./4./b)/bb).

244 Teil C/II./4./b)/ff).

245 Vgl. die Begründung zum Zivilprozessreformgesetz (ZPO-RG), BT-Drs. 14/4722, S. 76. S. auch Musielak/Voit/*Stadler*, Zivilprozessordnung, ZPO § 128 Rn. 24.

246 Stein/Jonas/*Kern*, 23. Aufl., ZPO § 128 Rn. 108.

vorschreibt, während es zuvor gerade umgekehrt jeweils im Gesetz anzugeben war, wenn die betreffenden Entscheidungen ohne vorhergehende mündliche Verhandlung erlassen werden konnten.[247] Folglich ist die Frage der mündlichen Verhandlung von der Form der zu treffenden Entscheidung abhängig[248]: Immer dann, wenn aus dem Gesetz hervorgeht, dass nicht durch Urteil zu entscheiden ist, folgt aus § 128 Abs. 4 ZPO, dass eine vorherige mündliche Verhandlung grundsätzlich nicht obligatorisch ist, sofern nicht ausnahmsweise das Gesetz eine solche ausdrücklich anordnet.[249] Konkret betroffen sind davon somit alle Beschlüsse des Gerichts und Verfügungen des Vorsitzenden oder eines beauftragten oder ersuchten Richters.[250]

Wie angeführt,[251] existieren unter diesen auch Verfahren, die als abschließende Entscheidung einen Beschluss vorsehen, beispielsweise die Kostenentscheidung nach Erledigung nach § 91a ZPO,[252] der Beschluss über den Kostenfestsetzungsantrag nach § 104 ZPO, der Beschluss bei Klagerücknahme nach § 269 Abs. 4 ZPO oder derjenige über die Nichtzulassungsbeschwerde nach § 544 Abs. 6 ZPO.[253] Für die Charakterisierung von verfahrensrechtlichen Beurteilungszeitpunkten am Ende des Verfahrens sind diese daher zunächst an den unterschiedlichen Ausgestaltungsmöglichkeiten im Hinblick auf das Vorliegen einer mündlichen Verhandlung orientiert näher zu beleuchten.

#### (1) Dezisionszeitpunkte bei Beschlüssen nach obligatorischer mündlicher Verhandlung

Um im Folgenden einen Vergleich zwischen den für das Urteilsverfahren gefundenen Ergebnissen zu den relevanten Zeitpunkten am Ende des Verfahrens und insbesondere zu den Dezisionszeitpunkten und ihrer zeitlichen Lage am Ende des Verfahrens im Rahmen dieser Bestandsaufnahme ziehen zu können, sind dabei – dem nachgelagerten Differenzierungskriterien für die Zeitpunkte am Ende des

---

[247] Vgl. die Begründung zum Zivilprozessreformgesetz (ZPO-RG), BT-Drs. 14/4722, S. 69. S. hierzu insgesamt Stein/Jonas/*Kern,* ZPO, ZPO § 128 Rn. 108.

[248] Vgl. die Begründung zum Zivilprozessreformgesetz (ZPO-RG), BT-Drs. 14/4722, S. 76. Vgl. auch Musielak/Voit/*Stadler,* Zivilprozessordnung, ZPO § 128 Rn. 24.

[249] Stein/Jonas/*Kern,* 23. Aufl., ZPO § 128 Rn. 109; *W. Lüke,* Zivilprozessrecht I, § 2 Rn. 25; Thomas/Putzo/*Seiler,* Zivilprozessordnung, ZPO § 128 Rn. 12; HK-ZPO/*Wöstmann,* ZPO § 128 Rn. 15.

[250] Stein/Jonas/*Kern,* 23. Aufl., ZPO § 128 Rn. 109.

[251] Teil C/II./4./a).

[252] Vgl. etwa BeckOK ZPO/*Jaspersen,* ZPO § 91a ZPO Einleitung.

[253] Eine umfassende Aufzählung der betreffenden Beschlüsse enthält etwa Stein/Jonas/*Muthorst,* 23. Aufl., ZPO § 91 Rn. 10.

Verfahrens folgend – in einem ersten Schritt diejenigen Beschlüsse zu betrachten, die nach obligatorischer mündlicher Verhandlung erfolgen.

Diesbezüglich ist zunächst festzustellen, dass für das Beschlussverfahren im Privatrecht insgesamt nur wenige Fälle zu verzeichnen sind, in denen das Gesetz eine solche obligatorische mündlichen Verhandlung ausdrücklich festschreibt.[254] Beispielsweise findet sich im FamFG ein Bereich, in dem Beschlüsse aufgrund zwingender mündlicher Verhandlung zu ergehen haben: Nach § 38 Abs. 1 S. 1 FamFG erfolgen Endentscheidungen grundsätzlich durch Beschluss. Dabei *kann* dann zwar nach § 32 Abs. 1 S. 1 FamFG das Gericht die Sache prinzipiell mit den Beteiligten in einem Termin erörtern, dem Richter ist insofern die sachliche Gestaltung des Verfahrens weitgehend überlassen und der Grundsatz der Mündlichkeit gilt nicht.[255] Jedoch ist diese Vorschrift nach § 113 Abs. 1 S. 1 FamFG in Ehe- und Familienstreitsachen nicht anzuwenden, vielmehr gelten nach § 113 Abs. 1 S. 2 FamFG die allgemeinen Vorschriften der ZPO und die Vorschriften der ZPO über das Verfahren vor den Landgerichten und damit dann § 128 ZPO entsprechend.[256] Folglich kann zum einen dieses Verfahren vorliegend für die Ausgangsbetrachtung des Beschlussverfahrens nach der ZPO herangezogen werden. Zum anderen ist für die Auswahl an dieser Stelle entscheidend, dass neben § 38 FamFG die Vorschrift des § 116 FamFG tritt, die ebenfalls festhält, dass in Familiensachen das Gericht durch Beschluss entscheidet.[257] In diesen Verfahren muss dem Beschluss dann insgesamt grundsätzlich eine mündliche Verhandlung vorausgehen.[258]

In einer solchen Konstellation ist im Beschlussverfahren ebenfalls zu trennen zwischen dem Zeitpunkt der Verkündung und demjenigen, bis zu dem das Vorbringen der Parteien noch zu berücksichtigen ist, dem Erkenntnishorizont: Nach § 329 Abs. 1 ZPO müssen die aufgrund einer mündlichen Verhandlung ergehenden Beschlüsse des Gerichts verkündet werden. Da es sich hier – wie im Urteilsverfahren – um eine obligatorische mündliche Verhandlung handelt, ist zudem § 296a

---

[254] Vgl. Stein/Jonas/*Kern*, 23. Aufl., ZPO § 128 Rn. 108 ff.

[255] Bumiller/Harders/Schwamb/*Bumiller*, FamFG § 32 Rn. 1.

[256] Dabei finden dann nach § 113 Abs. 1 S. 1 FamFG etwa die §§ 2–37 FamFG keine Anwendung, vgl. Bassenge/Roth/*Walter*, FamFG/RPflG, FamFG § 113 Rn. 2, sodass hier nicht der Amtsermittlungsgrundsatz des § 26 FamFG gilt, sondern der Beibringungsgrundsatz, vgl. Sternal/*Weber*, FamFG § 113 Rn. 7.

[257] Bassenge/Roth/*Walter*, FamFG/RPflG, FamFG § 116 Rn. 2.

[258] OLG Hamm, Beschl. v. 14.6.2011 – 6 WF 178/11, BeckRS 2011, 22016; Prütting/Helms/*Helms*, FamFG § 113 Rn. 14 (**5.A.**); Stein/Jonas/*Kern*, 23. Aufl., ZPO § 128 Rn. 115.

ZPO anzuwenden.[259] Folglich hat die zur Entscheidung befugte Stelle ebenfalls nur Angriffs- und Verteidigungsmittel zu berücksichtigen, die bis zum Schluss der mündlichen Verhandlung vorgebracht worden sind. Nur das Vorbringen bis zu diesem Zeitpunkt ist bei der Entscheidung zu beachten und zu beurteilen. Zugleich wird zumeist der Zeitpunkt der tatsächlichen Entscheidung diesem Zeitpunkt nachgelagert sein – und muss auch wieder unterschieden werden von demjenigen der Verkündung. Damit existiert im Verfahren der Beschlüsse nach obligatorischer mündlicher Verhandlung wie dem vorliegend betrachteten eine Parallelsituation zum Urteilsverfahren bezüglich Erkenntnishorizont und Zeitpunkt der tatsächlichen Entscheidung.

#### (2) Dezisionszeitpunkte bei Beschlüssen im schriftlichen Verfahren

In der weit überwiegenden Zahl der Fälle des Beschlussverfahrens ist allerdings die mündliche Verhandlung freigestellt. Dann können Beschlüsse ohne mündliche Verhandlung ergehen: Das Gericht hat im Rahmen des § 128 Abs. 4 ZPO nach pflichtgemäßem Ermessen zu entscheiden, ob es schriftlich oder mündlich verhandelt.[260]

Im Zivilprozessrecht lassen sich diesbezüglich zahlreiche Konstellationen anführen. Beispielsweise liegt die mündliche Verhandlung im Beschwerdeverfahren (§§ 572 Abs. 4, 577 Abs. 6 i. V. m. § 128 Abs. 4 ZPO) im Ermessen des Gerichts, ebenso im Berufungs- und Revisionsverfahren, wenn es um die Zulässigkeit der Rechtsmittel geht, vgl. § 522 Abs. 1 S. 3, Abs. 2 ZPO i. V. m. § 128 Abs. 4 ZPO, sodass das Gericht von der mündlichen Verhandlung absehen kann, wenn von dieser keine weitere Aufklärung zu erwarten ist, weil etwa die Unzulässigkeit des Rechtsmittels wegen Verstreichens der Rechtsmittelfrist schon aus den Akten ersichtlich ist.[261] Im Rahmen dieser Bestandsaufnahme stellt sich daher im Sinne einer Systematisierung die Frage, ob auch hier die soeben konstatierte Parallelsituation der Dezisionszeitpunkte zu bejahen ist oder ob es zu Abweichungen von den bisherigen Ergebnissen kommt.

##### (a) Aufforderung zur schriftlichen Äußerung und Berücksichtigungsfähigkeit des betreffenden Vorbringens

Dabei kann als Ansatzpunkt zur Beantwortung dieser Frage dienen, dass dann, wenn das Gericht in den Verfahren der fakultativen mündlichen Verhandlung keine

---

[259] Anders/Gehle/*Bünnigmann*, Zivilprozessordnung, ZPO § 296a Rn. 3; Stein/Jonas/*Thole*, 23. Aufl., ZPO § 296a Rn. 3; Cepl/Voß/*Schilling*, Prozesskommentar, ZPO § 296a Rn. 3; Musielak/Voit/*Röß*, Zivilprozessordnung, ZPO § 296a Rn. 2.

[260] BeckOK ZPO/*von Selle*, ZPO § 128 Rn. 19.

[261] *W. Lüke*, Zivilprozessrecht I, § 2 Rn. 25.

mündliche Verhandlung anordnet, zwar der Akteninhalt die Entscheidungsgrundlage bildet.[262] Allerdings hat das Gericht auf das Gesuch einer Partei dem Antragsgegner regelmäßig Gelegenheit zur schriftlichen Äußerung zu geben, ihn somit zu einer schriftlichen Äußerung aufzufordern.[263]

Die rechtliche Behandlung einer solchen Aufforderung ist umstritten und im hier betrachteten Kontext der Beurteilungszeitpunkte am Ende des Verfahrens von elementarer Bedeutung, hat sie doch signifikanten Einfluss auf die Lage der Dezisionszeitpunkte zueinander: So wird teilweise gefordert, dass es dem Gericht möglich sein müsse, in analoger Anwendung des § 128 Abs. 2 S. 2 ZPO „in geeigneten Fällen für beide Parteien einen Zeitpunkt zu bestimmen, bis zu dem Schriftsätze eingereicht werden können."[264] Dabei besteht allerdings keine Einigkeit über die Konsequenz aus dieser Forderung: Einerseits wird angeführt, dass nach diesem Zeitpunkt eingehende Schriftsätze dennoch nicht unberücksichtigt bleiben dürften, solange der Beschluss noch nicht existent und nach außen erkennbar erlassen sei.[265] Andererseits wird vertreten, dass verspätet eingegangene Schriftsätze nicht mehr zu berücksichtigen seien.[266]

Letzteres würde im Ergebnis einer Anwendung des § 296a ZPO entsprechen. Hiergegen spricht jedoch bereits die Gesetzesentstehung: Im Rahmen der Vereinfachungsnovelle der ZPO wurde in der Stellungnahme des Bundesrats des Jahres 1974 hinsichtlich der Fassung des § 128 ZPO gefordert, dass an dessen Absatz 2 S. 2 der Halbsatz „§ 296a gilt entsprechend." angefügt werden sollte.[267] Zur Begründung wurde angeführt, dass hierdurch klargestellt werden solle, dass Schriftsätze, die nach dem vom Gericht bestimmten Zeitpunkt eingehen, nach § 296a ZPO (in der Fassung des Entwurfs) grundsätzlich nicht mehr berücksichtigt werden, wenn ein Urteil ergeht.[268] In der Gegenäußerung der Bundesregierung[269] hielt diese eine solche Klarstellung jedoch für entbehrlich: Vorliegend relevant ist im Rahmen dieser Gegenäußerung die Feststellung, dass „eine entsprechende Anwendung des § 296a ZPO im schriftlichen Verfahren nicht allgemein, sondern nur dann

---

[262] MüKoZPO/*Fritsche,* ZPO § 128 Rn. 23; Stein/Jonas/*Kern,* 23. Aufl., ZPO § 128 Rn. 120; BeckOK ZPO/*von Selle,* ZPO § 128 Rn. 22.

[263] MüKoZPO/*Fritsche,* ZPO § 128 Rn. 23; Stein/Jonas/*Kern,* 23. Aufl., ZPO§ 128 Rn. 120.

[264] S. ebenfalls MüKoZPO/*Fritsche,* ZPO § 128 Rn. 23; Stein/Jonas/*Kern,* 23. Aufl., ZPO § 128 Rn. 120.

[265] MüKoZPO/*Fritsche,* ZPO § 128 Rn. 23.

[266] Stein/Jonas/*Kern,* 23. Aufl., ZPO § 128 Rn. 120.

[267] BT-Drs. 7/2729, S. 128.

[268] BT-Drs. 7/2729, S. 128.

[269] BT-Drs. 7/2729, S. 141 ff.

in Betracht [kommt], wenn das Gericht ein Urteil erläßt."[270] Eine Ergänzung im Sinne der Forderung des Bundesrats unterblieb bei der Neufassung des § 128 ZPO. Hieraus folgt, dass die Aufforderung zur Äußerung zwar mit oder ohne Fristsetzung erfolgen kann. Erfolgt aber eine Fristsetzung, so hat diese aufgrund des Gesetzgeberwillens im schriftlichen Beschlussverfahren keine Präklusionswirkung, sondern lediglich die Bedeutung einer Ankündigung, dass das Gericht nach Fristablauf entscheiden wird.[271]

Im schriftlichen Beschlussverfahren sind damit Schriftsätze zu berücksichtigen, solange der Beschluss noch nicht nach außen erkennbar erlassen ist, unabhängig davon, ob eine Fristsetzung erfolgt ist oder nicht. Folglich muss dann, wenn nach der Beschlussfassung ein Schriftsatz mit entscheidungserheblichem Vorbringen eingeht, die beratene und gegebenenfalls abgesetzte Entscheidung, die sich aber noch im inneren Geschäftsbetrieb befindet, zurückgefordert und die betreffenden Ausführungen zur Kenntnis genommen und in Erwägung gezogen werden und damit für die Entscheidung berücksichtigt werden.[272] Und das wiederum hat Auswirkungen auf die grundsätzliche Situation der Dezisionszeitpunkte.

#### (b) Rechtliches Gehör und Ausnahmefälle

Bevor diese näher betrachtet werden kann, muss in einem Zwischenschritt noch ein Blick auf die verfassungsrechtlichen Grundlagen dieser Pflicht zur Berücksichtigung dieses entscheidungserheblichen Vorbringens geworfen werden: Diese findet ihre grundgesetzliche Verankerung in Art. 103 Abs. 1 GG, dem Anspruch auf rechtliches Gehör.[273]

Aufgrund dieser verfassungsrechtlichen Garantie kann nur in eng begrenzten Ausnahmefällen eine vorherige Anhörung nicht erforderlich sein[274]: Das betrifft etwa das Eilverfahren nach §§ 922 Abs. 1 ZPO, in dem ein Arrestbeschluss nach freigestellter mündlicher Verhandlung ergehen kann.[275] In diesen Fällen gebietet aber zum einen die Pflicht zur umfassenden Gewährung rechtlichen Gehörs, dass

[270] BT-Drs. 7/2729, S. 141.

[271] Vgl. auch MüKoZPO/*Fritsche,* ZPO § 128 Rn. 23; Stein/Jonas/*Kern,* 23. Aufl., ZPO § 128 Rn. 120.

[272] Stein/Jonas/*Kern,* 23. Aufl., ZPO § 329 Rn. 6.

[273] Vgl. ebenfalls Stein/Jonas/*Kern,* 23. Aufl., ZPO § 329 Rn. 6.

[274] Vgl. dazu auch BVerfG, Beschl. v. 30.9.2018 – 1 BvR 1783/17 Rn. 15; BVerfG, Beschl. v. 22.12.2020 – 1 BvR 2740/20, NJW 2021, 615 Rn. 19.

[275] Vgl. auch Zöller/*Vollkommer,* Zivilprozessordnung, ZPO § 922 Rn. 1.

ein Rechtsbehelf zur Verfügung steht.[276] Zum anderen ist eine Verweisung auf eine nachträgliche Anhörung nur dann möglich, wenn ansonsten der Zweck des einstweiligen Verfügungsverfahrens, konkret etwa der wirksame Rechtsschutz in Eilfällen, vereitelt würde.[277]

Auch kann es gegebenenfalls zu einer Präklusion von Parteivorbringen kommen. Im Hinblick auf die Zeitpunkte am Ende des Verfahrens sind dabei insbesondere die §§ 296, 296a ZPO bzw. § 530 ZPO die zentralen Normen. Wie gesehen,[278] bestimmt dann vor allem § 296a ZPO, deren Verfassungsmäßigkeit in Bezug auf Art. 103 Abs. 1 GG das BVerfG ausdrücklich festgestellt hat,[279] maßgeblich den Erkenntnishorizont im Urteilsverfahren und bei Beschlüssen mit obligatorischer mündlicher Verhandlung. Ist dieser aber wie in der hier betrachteten Konstellation des Beschlusses im schriftlichen Verfahren nicht einschlägig, bedeutet das zugleich, dass auch der *Erkenntnishorizont* anderen Regeln unterfallen muss, die nun im Folgenden näher zu konkretisieren sind.

#### (c) Innerer Geschäftsbetrieb

Um eine derartige Konkretisierung vornehmen zu können, ist aufgrund der festgestellten Verpflichtung des Gerichts, Schriftsätze mit entscheidungserheblichem Vorbringen auch nach Beschlussfassung zu berücksichtigen, zunächst die Frage danach zu beantworten, wie hier die zeitliche Grenze dieser Pflicht zu bestimmen ist.

Wie festgestellt, muss im Fall des Eingangs eines Schriftsatzes mit entscheidungserheblichem Vorbringen nach der Beschlussfassung solange sich die beratene und gegebenenfalls abgesetzte Entscheidung noch im inneren Geschäftsbetrieb befindet, zurückgefordert und die betreffenden Ausführungen für die Entscheidung berücksichtigt werden.[280] Damit ist in Bezug auf die zeitliche Grenze problematisch, wann genau eine Entscheidung im schriftlichen Beschlussverfahren den inneren Geschäftsbetrieb des Gerichts verlässt.

Dabei ist Ausgangspunkt, dass nach § 329 Abs. 2 S. 1 ZPO nicht verkündete Beschlüsse des Gerichts den Parteien grundsätzlich formlos mitzuteilen sind. Diese werden somit in dem Zeitpunkt existent, in dem der Beschluss die Geschäftsstelle

[276] MüKoZPO/*Drescher*, ZPO § 922 Rn. 16; HK-ZPO/*Saenger*, Einführung ZPO, Rn. 48, dort ebenfalls zu § 937 Abs. 2 ZPO und § 834 ZPO.

[277] BVerfG, Beschl. v. 30.9.2018 – 1 BvR 1783/17 Rn. 15; BVerfG, Beschl. v. 22.12.2020 – 1 BvR 2740/20, NJW 2021, 615 Rn. 19.

[278] S. Teil C/II./4./b)/aa) und Teil C/II./4./c)/aa)/(1).

[279] BVerfG v. 24.4.1985 – 2 BvR 1248/82, BVerfGE 69, 248, 253.

[280] Stein/Jonas/*Kern*, 23. Aufl., ZPO § 329 Rn. 6.

mit der unmittelbaren Zweckbestimmung verlassen hat, den Parteien bekannt gegeben zu werden.[281] Sie sind ab diesem Moment kein bloßes Internum mehr und können nicht mehr abgeändert werden.[282]

Um nun den Zeitpunkt des Verlassens des inneren Geschäftsbereichs näher zu bestimmen, ist darauf abzustellen, dass das Gericht den Beschluss in einer der Verkündung vergleichbaren Weise entäußert hat.[283] Dabei ist zunächst grundlegend, dass zu verkündende Entscheidungen prinzipiell mit der in öffentlicher Sitzung erfolgenden Verkündung existent und bindend werden, da sie dadurch aus dem inneren Geschäftsbetrieb heraustreten.[284] Im schriftlichen Verfahren kann sich diese abstrakte Vorgabe des Verlassens des inneren Geschäftsbetriebs „in einer der Verkündung vergleichbaren Weise" in unterschiedlicher Form vollziehen und folgt keinen starren Regeln. Daher hat die Rechtsprechung für dieses Verlassen des inneren Geschäftsbetriebs beispielhaft zutreffend einige Konstellationen benannt: So kann das etwa der Fall sein, wenn eine Ausfertigung des Beschlusses in das Gerichtsfach eines Prozessbevollmächtigten eingelegt wurde, aber auch schon dann, wenn der Gerichtswachtmeister eine Ausfertigung bei der Geschäftsstelle abgetragen hat, um sie in das Gerichtsfach des Prozessbevollmächtigen einzulegen oder zur Post(-stelle) zu geben.[285] Hingegen ist dieser Zeitpunkt noch nicht zu bejahen, wenn der Geschäftsstellenbeamte den Nichtannahmebeschluss auf den Abtrag gelegt hat, da er ihn von dort wieder wegnehmen könnte.[286]

Zudem wurden diese Fälle, die die Entäußerung einer schriftlichen Form des Beschlusses betreffen, noch um eine (fern-)mündliche Konstellation erweitert. In dem konkret entschiedenen Fall ging es um die Situation, dass ein Beschluss sich noch im inneren Geschäftsgang des Gerichts befand, jedoch der Erlass und der Inhalt des Beschlusses einer Partei telefonisch mitgeteilt worden war.[287] Der BGH stellte diesbezüglich fest, dass für eine formlose Bekanntgabe im Sinne des § 329

[281] BGH, Urt. v. 1.4.2004 – IX ZR 117/03, NJW-RR 2004, 1575; BGH, Beschl. v. 10.11.2011 – IX ZB 165/10, NJW-RR 2012, 179 Rn. 13; BGH, Beschl. v. 29.8.2017 – XI ZR 318/16, NJW 2017, 3239 = BeckRS 2017, 124946 Rn. 3; Stein/Jonas/*Roth,* 23. Aufl., ZPO § 329 Rn. 6; Prütting/Gehrlein/*Völzmann-Stickelbrock,* Zivilprozessordnung, ZPO § 329 Rn. 4.

[282] Stein/Jonas/*Roth,* 23. Aufl., ZPO § 329 Rn. 6.

[283] BGH Urt. v. 1.4.2004 – IX ZR 117/03, NJW-RR 2004, 1575; Stein/Jonas/*Roth,* 23. Aufl., ZPO § 329 Rn. 6.

[284] BGH Urt. v. 1.4.2004 – IX ZR 117/03, NJW-RR 2004, 1575.

[285] BGH Urt. v. 1.4.2004 – IX ZR 117/03, NJW-RR 2004, 1575, bestätigt durch BGH, Beschl. v. 12.7.2012 – IX ZB 270/11, NJW-RR 2012, 1533 Rn. 8. Vgl. hierzu auch Thomas/Putzo/*Seiler,* ZPO § 329 Rn. 5.

[286] BGH, Urt. v. 1.4.2004 – IX ZR 117/03, NJW-RR 2004, 1575.

[287] BGH, Beschl. v. 26.5.2011 – V ZB 248/10, NJW-RR 2011, 1282.

Abs. 2 S. 1 BGB nur der objektive Tatbestand dergestalt maßgeblich sei, dass der Inhalt einer von den Mitgliedern des Gerichts beschlossenen, schriftlich abgefassten und mit ihren Unterschriften versehenen Entscheidung der Partei ausdrücklich und bewusst und daher mit dem Willen des Gerichts bekanntgegeben werde; das könne auch fernmündlich geschehen.[288]

Dieser Auffassung ist zuzustimmen. Es handelt sich hierbei nicht um eine bloße Auskunft, die keine Rechtswirkungen hervorruft. Vielmehr hatte der BGH schon 1954 unter Abkehr von der reichsgerichtlichen Rechtsprechung[289] zutreffend festgestellt, dass im Fall der ausdrücklichen Anordnung durch das Gesetz, dass keine Form nötig sei, man nicht im Gegensatz dazu verlangen könnte, dass etwa die Ausfertigung in der Regel übergeben und zugesandt werde.[290] Ist nun der Beschluss von dem Richter bzw. dem Spruchkörper gefasst und unterschrieben, so ist bekundet, dass der Beschluss von dem zuständigen Gremium gefasst worden ist. Dabei ist aber bereits die äußere Form eines Beschlusses grundsätzlich in das Ermessen des Gerichts gestellt.[291] Davon zu trennen ist die Frage der Entäußerung aus dem Inneren des Geschäftsbetriebs: Selbst wenn die schriftliche Form sich noch in diesem Bereich befindet, kann die Bekanntgabe auch mündlich, und insofern eben ohne besondere Form, erfolgen.

Der Grundsatz, dass der Beschluss in dem Zeitpunkt existent wird, in dem er mit dem Willen des Gerichts aus dessen inneren Betrieb herausgelangt ist, gilt für Beschlüsse insgesamt und betrifft damit auch die Konstellation, in der ein nicht zu verkündender Beschluss nach § 329 Abs. 2 S. 2 bzw. § 329 Abs. 3 ZPO zuzustellen ist.[292] Hier liegt folglich in Bezug auf die Zustellung eine abweichende Situation zu derjenigen im Urteilsverfahren vor. Dort kommt der Zustellung in gewissen Konstellationen eine Doppelfunktion zu, konkret dann, wenn die Zustellung die Verkündung ersetzt. In diesem Fall bewirkt die Zustellung erst das Existentwerden des Urteils.[293] Im Beschlussverfahren bewirkt hingegen die Zustellung in keiner Konstellation das Existentwerden der Entscheidung. Vielmehr ist dieser Zeitpunkt im-

---

288 BGH, Beschl. v. 26.5.2011 – V ZB 248/10, NJW-RR 2011, 1282 Rn. 15.

289 RG, Beschl. v. 7.5.1934 – IV B 24/34, RGZ 144, 125 ff. insbes. 258.

290 BGH, Urt. v. 5.7.1954 – IV ZR 69/54, NJW 1954, 1604.

291 Musielak/Voit/*Wolff*, Zivilprozessordnung, ZPO § 329 Rn. 2. Vgl. zur Frage der Unterschrift aller Richter als Wirksamkeitsvoraussetzung Musielak/Voit/*Wolff*, Zivilprozessordnung, ZPO § 329 Rn. 3, 4.

292 BGH, Beschl. v. 27.10.1999 – XII ZB 18/99, NJW-RR 2000, 877, 878; BeckOK ZPO/*Bach*, ZPO § 329 Rn. 10; Zöller/*Feskorn*, Zivilprozessordnung, ZPO § 329 Rn. 6.

293 S. Teil C/II./4./b)/dd)/(1)/(b). S. insbesondere zur Unterscheidung zwischen Urteil und Beschluss auch MüKoZPO/*Musielak/Hüntemann*, ZPO § 318 Rn. 9.

mer der Zustellung vorgelagert: Entweder handelt es sich um zu verkündende Beschlüsse. Dann wird dieser bereits mit der Verkündung existent. Handelt es sich hingegen um nicht zu verkündende Beschlüsse, so werden diese schon dann existent, wenn sie, wie dargestellt, den inneren Geschäftsbetrieb verlassen haben. Insofern gilt die oben angeführte Rechtsprechung bezüglich der Existenz eines Beschlusses insbesondere auch im Hinblick auf die (fern-)mündliche Kommunikation einer Entscheidung, deren Inhalt bereits vom Gericht gefasst und unterschrieben war, auch dann, wenn die Entscheidung hätte zugestellt werden müssen.[294]

Darüber hinaus gilt der Grundsatz, dass der Beschluss in der Regel in dem Zeitpunkt existent wird, in dem er mit dem Willen des Gerichts aus dessen inneren Bereich herausgelangt ist, ebenfalls dann, wenn der betreffende Beschluss zu verkünden ist.[295] Prinzipiell treten zwar wie festgestellt die Existenz und Bindung des Gerichts im Beschlussverfahren nach mündlicher Verhandlung ähnlich wie im Urteilsverfahren mit der Verkündung der Entscheidung ein[296] und ein – beschwerdefähiger – Beschluss kann von diesem Zeitpunkt an angefochten werden.[297] Verlässt aber im Falle der mündlichen Verhandlung, unabhängig davon, ob diese freigestellt oder obligatorisch ist, der Beschluss das Innere des Gerichtsbetriebs ausnahmsweise in der beschriebenen Konstellation der (fern-)mündlichen Bekanntgabe, kann folglich auch hier das Existentwerden des Beschlusses vor der Verkündung eintreten.

Dabei ist in allen Konstellationen des Beschlussverfahrens für die Bejahung des Existentwerdens die Bekanntgabe an nur eine Partei ausreichend.[298] Zur Begründung kann, unabhängig von der Frage, wann die jeweilige Entscheidungsform das Innere des Gerichtsbetriebes verlassen hat, eine Anlehnung an die Erläuterungen zum Zeitpunkt der Bindungswirkung des Gerichts bei Ersetzung der Verkündung durch Zustellung des Urteils[299] erfolgen: Hier wäre es ebenfalls mit dem im Rechtsstaatsprinzip verankerten Aspekt der Rechtssicherheit nicht vereinbar, wenn es dem Gericht noch möglich wäre, nach der Bekanntgabe der Entscheidung an eine

[294] S. BGH, Beschl. v. 26.5.2011 – V ZB 248/10, NJW-RR 2011, 1282 Rn. 13 ff., insbes. Rn. 16; vgl. ebenfalls Stein/Jonas/*Roth*, 23. Aufl., ZPO § 329 Rn. 7.

[295] BGH, Beschl. v. 27.10.1999 – XII ZB 18/99, NJW-RR 2000, 877, 878; BeckOK ZPO/*Bach*, ZPO § 329 Rn. 10.

[296] Musielak/Voit/*Wolff*, Zivilprozessordnung, ZPO § 329 Rn. 8.

[297] BeckOK ZPO/*Bach*, ZPO § 329 Rn. 9; Musielak/Voit/*Wolff*, Zivilprozessordnung, ZPO § 329 Rn. 8.

[298] BGH, Beschl. v. 27.10.1999 – XII ZB 18/99, NJW-RR 2000, 877, 878; Stein/Jonas/*Roth*, 23. Aufl., ZPO § 329 Rn. 7.

[299] Vgl. oben Teil C/II./4./b)/dd)/(1)/(b).

Partei diese abzuändern. Diese Situation veranschaulicht insbesondere die Konstellation der (fern-)mündlichen Bekanntgabe.

#### (d) Auswirkungen auf die Situation der Beurteilungszeitpunkte am Ende des Verfahrens

Die Verpflichtung zur Berücksichtigung des Vorbringens der Parteien, bis die Entscheidung den inneren Bereich des Gerichts verlassen hat und damit existent geworden ist, hat im schriftlichen Beschlussverfahren zugleich Auswirkungen auf die Situation der Dezisionszeitpunkte und zeigt eine Abweichung von der Konstellation im Urteilsverfahren bzw. im Beschlussverfahren mit obligatorischer mündlicher Verhandlung: Vor allem in zeitlicher Hinsicht wird bei Beschlüssen im schriftlichen Verfahren von der Struktur des Urteilsverfahrens aber auch des Beschlussverfahrens mit obligatorischer mündlicher Verhandlung abgewichen. Denn der Erkenntnishorizont fällt bei Beschlüssen im schriftlichen Verfahren zunächst mit dem Zeitpunkt der tatsächlichen Entscheidung zusammen. Dabei handelt es sich aber nicht um ein starres Konstrukt. Vielmehr kann die Situation eintreten, dass entscheidungserhebliches Vorbringen auch nach der tatsächlichen Entscheidung zu berücksichtigen ist, eben dann, wenn es vorgebracht wird, bevor der gefasste und unterschriebene Beschluss den inneren Geschäftsbereich des Gerichts verlassen hat.

Insofern wäre dann sogar der Zeitpunkt der tatsächlichen Entscheidung dem Erkenntnishorizont zunächst zeitlich vorgelagert. Ist das der Fall, wird allerdings eine neue Entscheidung erforderlich, sodass dann der (neuerliche) Zeitpunkt der tatsächlichen Entscheidung wieder mit demjenigen des Erkenntnishorizonts zusammenfällt. Dabei ist aufgrund des verfahrensrechtlichen Grundsatzes der Gewährung rechtlichen Gehörs gegebenenfalls nochmals der Gegenseite Gelegenheit zur Stellungnahme zu geben.

Im Ausnahmefall besteht die Möglichkeit, dass sich diese Situation (mehrfach) wiederholt bis zur Entäußerung des Beschlusses durch das Gericht, da erneut Vorgebrachtes wiederum in einer neuerlichen Entscheidung, unter Berücksichtigung von Art. 103 Abs. 1 GG, zu beachten ist. In diesen Fällen der Erforderlichkeit der erneuten Entscheidung kommt es zu einer gemeinsamen Verschiebung der beiden, im Urteilsverfahren und im Beschlussverfahren mit obligatorischer mündlicher Verhandlung trotz ursprünglich anderer Intention des Gesetzgebers doch meist auseinanderfallenden Beurteilungszeitpunkte des Erkenntnishorizonts und des Zeitpunkts der tatsächlichen Entscheidung.

Damit wirken folglich im Gegensatz zum Urteilsverfahren weitere Aspekte auf die tatsächliche zeitliche Verortung des Erkenntnishorizonts ein. Sie ist insbesondere ebenfalls abhängig davon, wann die Entscheidung, zumeist durch die

Geschäftsstelle, vom Gericht nach außen gegeben wird. Das wiederum gründet darauf, dass hier § 296a ZPO nicht anwendbar ist und damit eine Präklusion von Parteivorbringen nicht im Rahmen dieser gesetzlichen Vorgaben möglich ist. Dabei hat das Zusammentreffen der Dezisionszeitpunkte zur Folge, dass die Problematik, ob eventuell nach dem Erkenntnishorizont liegende Geschehnisse oder Vorbringen noch bis zum Zeitpunkt der tatsächlichen Entscheidung zu berücksichtigen sind, nicht aktuell werden kann. Durch die dargestellte Verpflichtung ist das grundsätzlich der Fall. Zugleich ist jedoch zu beachten, dass die grundsätzliche Feststellung der Entscheidungsreife aufgrund der verfassungsrechtlich in Art. 97 Abs. 1 GG garantierten richterlichen Unabhängigkeit weiterhin dem Richter oder dem betreffenden Spruchkörper obliegt.[300]

### (3) Dezisionszeitpunkte bei Beschlüssen nach freigestellter mündlicher Verhandlung

Neben dem bislang betrachteten Verfahren der Beschlussfassung nach obligatorischer mündlicher Verhandlung und demjenigen im schriftlichen Verfahren existiert zudem noch die Möglichkeit, dass das Gericht in einem freigestellten Verfahren die mündliche Verhandlung anordnet. Auch hier ist näher zu beleuchten, wie sich in dieser Konstellation die relevanten Beurteilungszeitpunkte am Ende des Verfahrens zueinander verhalten.

#### (a) Vorbringen von Angriffs- und Verteidigungsmitteln – der maßgebliche Zeitpunkt

Dabei ist Ausgangspunkt der Betrachtung, dass auch im Rahmen der Beschlüsse nach freigestellter mündlicher Verhandlung die Frage streitig ist, bis zu welchem Zeitpunkt Angriffs- und Verteidigungsmittel vorgebracht werden können. Einerseits wird vertreten, dass diese, wenn die Entscheidung grundsätzlich ohne mündliche Verhandlung ergehen kann, auch für den Fall, dass eine mündliche Verhandlung stattfindet, bis zum Erlass der „gerichtlichen Entscheidung" vorgebracht werden können.[301] Grundlage für die zu erlassende Sachentscheidung sei der gesamte Akteninhalt bei Erlass der Entscheidung.[302] Maßgeblich sei der Zeitpunkt der Ab-

---

[300] Vgl. für die Entscheidung im Rahmen von § 80 Abs. 5 VwGO Schoch/Schneider/*Schoch*, Verwaltungsrecht, VwGO § 80 Rn. 524.

[301] BGH, Beschl. v. 12.7.2012 – IX ZB 270/11, NJW-RR 2012, 1533 Rn. 7, 8, offengelassen hingegen BGH, Urt. v. 28.7.2011 – VII ZR 180/10, NJW-RR 2011, 1528 Rn. 13; BeckOK ZPO/*Bacher*, ZPO § 296a Rn. 4; Stein/Jonas/*Thole*, 23. Aufl., ZPO § 296a Rn. 4; Cepl/Voß/*Schilling*, Prozesskommentar, ZPO § 296a Rn. 3.

[302] Musielak/Voit/*Stadler*, Zivilprozessordnung, ZPO § 128 Rn. 25.

sendung der Entscheidung an eine Partei, bis zu diesem Zeitpunkt sei auch das gesamte schriftsätzliche Vorbringen zu berücksichtigen.[303] Teilweise wird jedoch einschränkend angeführt, dass für den Fall, dass analog § 128 Abs. 2 S. 2 ZPO ein Schlusszeitpunkt für die Einreichung von Schriftsätzen festgelegt wurde, späteres Vorbringen entsprechend § 296a ZPO als unzulässig anzusehen sei.[304]

Andere differenzieren danach, ob die mündliche Verhandlung stattgefunden hat. In diesem Fall sei § 296a ZPO anzuwenden.[305] Diese Auffassung stützt sich auf den „eindeutigen Wortlaut des § 296a" ZPO und führt an, dass es in der ZPO keine Vorschrift gäbe, die – anders etwa als im Fall des § 296 ZPO – die Anwendung des § 296a ZPO ausschließen würde.[306] Dabei wird jedoch unter Bezugnahme auf einen Beschluss des BVerfG des Jahres 1983 zwischen den in der ZPO geregelten Verfahren und denjenigen anderer Verfahrensordnungen unterschieden. In dieser Entscheidung hatte das BVerfG die Nichtanwendbarkeit des § 296a S. 1 ZPO im Höfeverfahrensrecht festgestellt, da bei der enumerativen Verweisung des einschlägigen Verfahrensrechts auf die ZPO die Vorschrift des § 296a ZPO nicht genannt wurde.[307] In derartigen Fällen gelte, so das BVerfG, „nach Rechtsprechung und Literatur der Grundsatz, daß der gesamte, bis zum Erlaß des Hauptsachebeschlusses geltend gemachte Vortrag der Beteiligten bei der Entscheidung zu berücksichtigen ist; erlassen ist der Beschluß dann, wenn die Ausfertigung mit Billigung des Gerichts zum Zweck der Bewirkung der Bekanntmachung an die Post ausgehändigt wird."[308] Aufgrund dessen wird § 296a ZPO folglich nur bei Beschlüssen, deren Verfahrensregelung entweder in der ZPO selbst erfolgt, oder deren Verfahrensregelung in anderen Verfahrensordnungen mit explizitem Verweis auf § 296a ZPO vorgenommen wird, als anwendbar angesehen.[309]

Gegen eine Anwendung des § 296a ZPO allgemein in den Fällen des fakultativen mündlichen Beschlussverfahrens und damit für die erstgenannte Auffassung, die eine Anwendung ohne weitergehende Differenzierung ablehnt, spricht jedoch

---

303 OLG München, Beschl. v. 6.8.1981–25 W 1636/81, OLGZ 1981, 489, 491; vgl. auch Stein/Jonas/*Thole,* 23. Aufl., ZPO § 296a Rn. 4, allerdings unter Anführung von „Urteil".

304 Stein/Jonas/*Thole,* 23, Aufl., ZPO § 296a Rn. 4.

305 Anders/Gehle/*Bünnigmann,* Zivilprozessordnung, ZPO § 296a Rn. 3; Musielak/Voit/*Röß,* Zivilprozessordnung, ZPO § 296a Rn. 2; MüKoZPO/*Prütting,* ZPO § 296a Rn. 3.

306 MüKoZPO/*Prütting,* ZPO § 296a Rn. 3.

307 BVerfG, Beschl. v. 26.1.1983 – 1 BvR 614/80, NJW 1983, 2017.

308 BVerfG, Beschl. v. 26.1.1983 – 1 BvR 614/80, NJW 1983, 2017.

309 Musielak/Voit/*Röß,* Zivilprozessordnung, ZPO § 296a Rn. 2; MüKoZPO/*Prütting,* ZPO § 296 Rn. 27 und ZPO § 296a Rn. 3.

zum einen bereits der Wortlaut des § 296a ZPO. Dieser führt eben explizit nur den Begriff des „Urteils" an.

Vor allem aber steht eine zentrale verfahrensrechtliche Funktion des § 296a ZPO einer Anwendung bei fakultativer mündlicher Verhandlung entgegen: der Grundsatz der Mündlichkeit[310] und damit zugleich auch die in der ZPO gewählte Systematik. Das Mündlichkeitsprinzip wurde 1879 beim Erlass der ZPO in dieser verankert[311] und löste das zuvor im „gemeinen [...] Prozess"[312] geltende Schriftlichkeitsprinzip ab.[313] Bis heute ist das Urteil die Form der Endentscheidung, die nach § 128 Abs. 1 ZPO grundsätzlich aufgrund obligatorischer mündlicher Verhandlung erlassen wird und für die der Mündlichkeitsgrundsatz als gesetzliche Regel vorgesehen ist – darauf wurde auch in der Begründung zum Zivilprozessreformgesetz im Jahr 2001 explizit hingewiesen.[314] Allerdings wurde im Laufe der Jahre der Mündlichkeitsgrundsatz abgemildert und mehrere Ausnahmen wurden ausdrücklich gesetzlich normiert.[315]

Und zu diesen Ausnahmen zählt eben das hier betrachtete Beschlussverfahren mit seiner Möglichkeit der fakultativen mündlichen Verhandlung. Das zeigt ein Blick auf die Ausführungen des Gesetzgebers beim Erlass des Zivilprozessreformgesetzes des Jahres 2001. Denn dort wurde letztlich auf den (Rück-) Ausnahmecharakter des Beschlussverfahrens mit obligatorischer mündlicher Verhandlung hingewiesen.[316] Nur bei diesem ist der Grundsatz der Mündlichkeit anwendbar. Das bedeutet aber im Umkehrschluss, dass es im Übrigen im Rahmen des

---

[310] Vgl. hierzu bereits oben Teil C/II./4./b)/aa)/(1). S. zum Grundsatz der Mündlichkeit im Rahmen des § 296a ZPO auch Anders/Gehle/*Bünnigmann,* Zivilprozessordnung, ZPO § 296a Rn. 2; Prütting/Gehrlein/*Deppenkemper,* Zivilprozessordnung, ZPO § 296a Rn. 1.

[311] Vgl. § 119 der Civilprozeßordnung des Jahres 1879. S. auch *W. Lüke,* Zivilprozessrecht I, § 2 Rn. 21.

[312] Vgl. die „Begründung des Entwurfs einer Civilprozeßordnung und des Einführungsgesetzes" (Deutscher Reichstag, II. Legislatur-Periode, II. Session 1874/Zu Nr. 6), in: Hahn (Hrsg.), Die gesammten Materialien zu den Reichs-Justizgesetzen, Zweiter Band, Erste Abteilung: Die gesammten Materialien zur Civilprozeßordnung und dem Einführungsgesetz zu derselben vom 30. Januar 1877, Mat. II 1, zu § 1, S. 114.

[313] S. hierzu ebenfalls die „Begründung des Entwurfs einer Civilprozeßordnung und des Einführungsgesetzes" (Deutscher Reichtstag, II. Legislatur-Periode, II. Session 1874/Zu Nr. 6), in: Hahn (Hrsg.), Die gesammten Materialien zu den Reichs-Justizgesetzen, Zweiter Band, Erste Abteilung: Die gesammten Materialien zur Civilprozeßordnung und dem Einführungsgesetz zu derselben vom 30. Januar 1877, Mat. II 1, zu § 3, S. 118. S. ebenfalls *W. Lüke,* Zivilprozessrecht I, § 2 Rn. 21.

[314] Vgl. die Begründung zum Zivilprozessreformgesetz (ZPO-RG), BT-Drs. 14/4722, S. 76.

[315] Vgl. hierzu auch *Pohlmann,* Zivilprozessrecht, § 2 III 3., Rn. 87.

[316] S. die Begründung zum Zivilprozessreformgesetz (ZPO-RG), BT-Drs. 14/4722, S. 76, 77.

Beschlussverfahrens, d. h. nicht nur bei Beschlüssen im schriftlichen Verfahren, sondern ebenso im Rahmen des Beschlussverfahrens mit fakultativer mündlicher Verhandlung, bei der Ausnahme vom Mündlichkeitsgrundsatz verbleibt. Die Zulässigkeit der Anwendung des § 296a ZPO wäre dann aber widersprüchlich und würde diesen Ausnahmecharakter konterkarieren.

Folglich ist § 296a ZPO im Beschlussverfahren im Fall der fakultativen mündlichen Verhandlung nicht anwendbar. Die Anordnung der mündlichen Verhandlung bewirkt damit nicht, dass nunmehr der Grundsatz der Mündlichkeit wie im Rahmen der obligatorischen Mündlichkeit zu gelten hätte und nur das mündlich Vorgetragene zu berücksichtigen wäre; vielmehr gilt hier: „Die Rede ergänzt die Schrift."[317] Daher kann der schon vorliegende Prozessstoff durch die ggf. nachträgliche Anordnung des mündlichen Verfahrens nicht rückwirkend seine rechtliche Natur wieder verlieren, vielmehr zeigt sich hierin eine Besonderheit im Vergleich zur obligatorischen mündlichen Verhandlung.[318] Zudem können in allen Fällen der fakultativen mündlichen Verhandlung, auch wenn mündlich verhandelt worden ist, schriftlich vorgetragene Tatsachen berücksichtigt werden[319]: Entscheidungsgrundlage ist damit neben dem Inhalt der Verhandlung und einer etwaigen Beweisaufnahme ebenfalls der gesamte schriftliche Akteninhalt im Zeitpunkt des Entscheidungserlasses.[320] Das muss insgesamt gelten, auch für den Fall, dass eine Frist gesetzt wird. Denn ansonsten würde entgegen der vom Gesetzgeber intendierten Systematik hierdurch letztlich doch eine Annäherung an das Urteilsverfahren mit grundsätzlich obligatorischer mündlicher Verhandlung erfolgen und der Mündlichkeitsgrundsatz in dieses Verfahren eingeführt werden.

#### (b) Auswirkungen auf die Situation der Dezisionszeitpunkte

Auch in dieser Konstellation hat die Berücksichtigung des Vorbringens der Parteien bis zum Entscheidungserlass Auswirkungen auf das Verhältnis der vorliegend betrachteten Beurteilungszeitpunkte am Ende des Verfahrens: Nach § 329 Abs. 1 S. 1 ZPO sind Beschlüsse zu verkünden, wenn sie aufgrund einer mündlichen Verhandlung ergehen. Das betrifft Beschlüsse aufgrund fakultativer mündlicher Verhandlung ebenso wie Beschlüsse aufgrund obligatorischer mündlicher Verhandlung.[321] Insofern tritt hier ebenfalls neben den Erkenntnishorizont und den Zeit-

[317] Stein/Jonas/*Kern,* 23. Aufl., ZPO § 128 Rn. 125.

[318] Stein/Jonas/*Kern,* 23. Aufl., ZPO § 128 Rn. 124, 125.

[319] Anders/Gehle/*Anders,* Zivilprozessordnung, ZPO § 128 Rn. 19; *W. Lüke,* Zivilprozessrecht I, § 2 Rn. 25; BeckOK ZPO/*von Selle,* ZPO § 128 Rn. 28.

[320] Thomas/Putzo/*Seiler,* Zivilprozessordnung, ZPO § 128 Rn. 17.

[321] Vgl. auch BeckOK ZPO/*Bach,* ZPO § 329 Rn. 13; HK-ZPO/*Wöstmann,* ZPO § 128 Rn. 15.

punkt der tatsächlichen Entscheidung wiederum der, nicht als Dezisionszeitpunkt zu klassifizierende, Verkündungszeitpunkt.

Er erhält im Beschlussverfahren nach freigestellter mündlicher Verhandlung jedoch eine zentralere Rolle im Verhältnis zu den Beurteilungszeitpunkten am Ende des Verfahrens: So werden Beschlüsse, die aufgrund einer mündlichen Verhandlung ergehen, mit der Verkündung existent, weil sie damit den inneren Bereich des Gerichts verlassen.[322] Dieses Verlassen des inneren Bereichs des Gerichts markiert im Beschlussverfahren nach freigestellter mündlicher Verhandlung ebenso wie im Beschlussverfahren im schriftlichen Verfahren den Zeitpunkt, bis zu dem entscheidungserhebliches Vorbringen noch berücksichtigt werden muss. Insofern wird hier, noch deutlicher als im schriftlichen Beschlussverfahren, erkennbar der Zeitpunkt der tatsächlichen Entscheidung diesem vorgelagert sein.

In ähnlicher Weise ist zudem eine Verschiebung des Zeitpunkts der tatsächlichen Entscheidung vorzunehmen, wenn zwischen den Zeitpunkten der tatsächlichen Entscheidung und der Verkündung von einer oder beiden Parteien entscheidungserhebliches Vorbringen erfolgt. Auch hier wird dann möglicherweise eine neue Entscheidung erforderlich sein. Und ebenfalls wird dabei gegebenenfalls die Gegenseite nochmals Gelegenheit zur Äußerung erhalten müssen, um den Verfahrensgrundsatz des rechtlichen Gehörs aus Art. 103 Abs. 1 GG zu wahren. Damit ist dann ebenso wie im Fall des Beschlusses im schriftlichen Verfahren der Erkenntnishorizont dem Zeitpunkt der tatsächlichen Entscheidung nicht vorgelagert, sie fallen vielmehr zusammen.

#### (4) Dezisionszeitpunkte bei Entscheidungen des Rechtspflegers

Im Rahmen der zivilverfahrensrechtlichen Gesetze können Entscheidungen grundsätzlich nur durch das zuständige Gericht und durch die bei diesem zuständige Person bzw. das zuständige Gremium getroffen werden.[323] In zahlreichen Fällen obliegt aber nicht dem Richter bzw. Spruchkörper, sondern dem Rechtspfleger die funktionale Zuständigkeit. Dieser ist ein selbstständiges Organ der Rechtspflege im Rahmen der Gerichtsverfassung, das die ihm zugewiesenen Aufgaben grundsätzlich in sachlicher Unabhängigkeit erledigt.[324] Dabei ist der Erlass von Urteilen dem Richter vorbehalten, der Rechtspfleger wird regelmäßig in Form des Beschlusses entscheiden.[325] Es stellt sich damit die Frage, ob in diesen Konstellationen

---

[322] Prütting/Gehrlein/*Völzmann-Stickelbrock*, Zivilprozessordnung, ZPO § 329 Rn. 4.

[323] Vgl. zum Kindschaftsrecht etwa *Heilmann*, Praxiskommentar Kindschaftsrecht, § 1 RPflG Rn. 1.

[324] Bassenge/Roth/*Roth*, FamFG/RPflG, Einleitung Rn. 7.

[325] Arnold/Meyer-Stolte/*Georg*, Rechtspflegergesetz, RPflG § 1 Rn. 122, 124.

die bisherigen Ergebnisse gegebenenfalls durch die jeweilige funktionale Zuständigkeit beeinflusst werden können.

Diesbezüglich kann als Ansatzpunkt dienen, dass sich zwar in § 3 RPflG ein Überblick über die dem Rechtspfleger übertragenen Geschäfte findet.[326] Aufgrund der Vielzahl der angeführten Konstellationen ist eine Betrachtung jeder Einzelkonstellation in dieser Untersuchung nicht möglich. Es ist jedoch zugleich für die hier vorzunehmende Bestandsaufnahme festzuhalten, dass es keine besonderen Bestimmungen gibt, in welcher Form der Rechtspfleger die ihm obliegenden Entscheidungen zu treffen hat, vielmehr grundsätzlich die allgemeinen Vorschriften für den Erlass und den Inhalt gerichtlicher Entscheidungen gelten.[327] Insofern sind hier grundsätzlich die bisherigen Ergebnisse zum zivilprozessualen Beschlussverfahren in Bezug auf die Dezisionszeitpunkte zu übertragen.

#### (5) Insbesondere: Dezisionszeitpunkte im arbeitsgerichtlichen Beschlussverfahren

Im Folgenden ist nun, ebenso wie bei der Betrachtung der Zeitpunkte am Ende des Urteilsverfahrens, der Blick auf das Arbeitsrecht zu richten. Dort findet sich ein als Beschlussverfahren bezeichnetes Rechtsprechungsverfahren[328] für die in § 2a ArbGG genannten, kollektivarbeitsrechtlichen Streitigkeiten.

Dieses Verfahren unterscheidet sich jedoch deutlich von dem Beschlussverfahren der ZPO. So findet zwar begrifflich nach § 87 Abs. 1 ArbGG gegen die Beschlüsse der Arbeitsgerichte die Beschwerde an das Landesarbeitsgericht statt, allerdings entspricht diese Beschwerde nicht der sofortigen Beschwerde nach § 567 ff. ZPO, sondern der Berufung im Urteilsverfahren; insofern gelten nach § 87 Abs. 2 ArbGG die Vorschriften über das Berufungsverfahren entsprechend.[329] Bisweilen wird daher die Begrifflichkeit „Beschlussverfahren" in diesem Zusammenhang als „missglückt" bezeichnet.[330] Gerade aufgrund seiner Besonderheiten ist es aber im vorliegenden Kontext in die Bestandsaufnahme miteinzubeziehen, nicht zuletzt, um die bisher gefundenen Ergebnisse vor dem Hintergrund der Möglichkeit einer Allaussage zu hinterfragen. Zugleich kann die Betrachtung dieses ebenfalls instanzbeendenden[331] Verfahrens des privatrechtlichen Bereichs

---

[326] Vgl. auch Arnold/Meyer-Stolte/*Rellermeyer*, Rechtspflegergesetz, RPflG § 3 Rn. 1.

[327] Arnold/Meyer-Stolte/*Georg*, Rechtspflegergesetz, RPflG § 1 Rn. 122.

[328] GMP/*Spinner*, ArbGG § 80 Rn. 5; *Weth*, Das arbeitsgerichtliche Beschlussverfahren, 19 ff., insbes. 26; *ders.* in: Schwab/Weth, Arbeitsgerichtsgesetz, ArbGG § 80 Rn. 4.

[329] Vgl. hierzu insgesamt *Preis/Greiner*, Kollektivarbeitsrecht, Rn. 3097.

[330] Vgl. etwa *Weth* in: Schwab/Weth, Arbeitsgerichtsgesetz, ArbGG § 80 Rn. 1.

[331] S. etwa ErfK/*Koch*, ArbGG § 80 Rn. 1.

gegebenenfalls hilfreiche Ansatzpunkte für die in Teil D vorzunehmende intradisziplinäre Untersuchung liefern. Das liegt darin begründet, dass im Gegensatz zum Beschlussverfahren der ZPO § 83 Abs. 1 ArbGG für das arbeitsgerichtliche Beschlussverfahren festschreibt, dass das Gericht den Sachverhalt im Rahmen der gestellten Anträge von Amts wegen erforscht.

#### (a) Grundsätzliche Vorliegen von Dezisionszeitpunkten

Ausgangspunkt der Untersuchung dieses Verfahrens im vorliegenden Kontext der Dezisionszeitpunkte ist zunächst, dass für das arbeitsrechtliche Beschlussverfahren nach § 80 Abs. 2 S. 1 ZPO die Vorschriften des Urteilsverfahrens des Arbeitsgerichtsprozesses anwendbar sind, soweit sich aus den §§ 81 bis 84 ArbGG nichts anderes ergibt. Grundsätzlich erfolgt somit eine mündliche Anhörung der Beteiligten vor der Kammer nach § 80 Abs. 2 ArbGG i. V. m. § 137 ZPO.[332] Zudem wird durch die Verweisung in § 84 S. 3 ArbGG auf § 60 ArbGG klargestellt, dass der Beschluss zu verkünden ist.[333] Dabei besteht zwar nach § 83 Abs. 4 S. 3 ArbGG ebenfalls die Möglichkeit der Entscheidung im schriftlichen Verfahren, wenn alle Beteiligten damit einverstanden sind und das Gericht nach seinem Ermessen sich für diese Verfahrensform entscheidet.[334] Für die dann durch die Kammer zu treffende Entscheidung ist jedoch dennoch ein Termin zu bestimmen und sie ist zu verkünden.[335] Folglich sind arbeitsgerichtliche Beschlüsse immer zu verkünden.[336]

Diese Ausführungen zeigen, dass auch im arbeitsgerichtlichen Verfahren zunächst grundsätzlich ebenfalls wie in den bisher betrachteten Verfahren der Erkenntnishorizont und der Zeitpunkt der tatsächlichen Entscheidung als Dezisionszeitpunkte existieren. Daneben stellt sich der Verkündungszeitpunkt als relevanter Zeitpunkt am Ende des Verfahrens dar, ohne jedoch selbst ein Dezisionszeitpunkt zu sein.

#### (b) Eingeschränkter Untersuchungsgrundsatz

Zugleich rücken für die Frage der Konstellation der Beurteilungszeitpunkte am Ende des Verfahrens die Vorschriften der §§ 84 und 83 ArbGG in das Zentrum der Betrachtung. Insofern ist zunächst grundlegend, dass nach § 84 in Satz 1 ArbGG das Gericht nach seiner freien, aus dem Gesamtergebnis des Verfahrens gewonnen

---

[332] Vgl. auch BeckOK ArbR/*Roloff*, ArbGG, ArbGG § 83 Rn. 34.

[333] GMP/*Spinner*, ArbGG § 84 Rn. 16.

[334] BeckOK ArbR/*Roloff*, ArbGG § 83 Rn. 35; GMP/*Spinner*, ArbGG § 83 Rn. 116.

[335] BeckOK ArbR/*Roloff*, ArbGG § 83 Rn. 35; GMP/*Spinner*, ArbGG § 83 Rn. 116.

[336] BAG, Beschl. v. 17.8.2022 – 7 ABR 3/21, NZA 2023, 125 Rn. 22; ErfK/*Koch*, ArbGG § 84 Rn. 1.

Überzeugung entscheidet. Dabei trifft das Gericht auch im arbeitsgerichtlichen Beschlussverfahren eine Rechtsentscheidung und ist nicht freier gestellt als im Urteilsverfahren.[337]

Zu einer grundlegenden Abweichung vom zivilprozessualen und arbeitsgerichtlichen Urteilsverfahren im verfahrensrechtlichen Bereich führt dann, wie bereits angesprochen, allerdings der in § 83 Abs. 1 S. 1 ArbGG niedergelegte Untersuchungsgrundsatz. Der Grund für diese Abweichung von dem im Zivilprozess ansonsten vorherrschenden Beibringungsgrundsatz liegt darin begründet, dass die Entscheidungen im arbeitsgerichtlichen Beschlussverfahren zumeist nicht nur Bedeutung für die unmittelbar Verfahrensbeteiligten haben, sondern auch für alle Betriebsangehörigen und den Arbeitgeber, gegebenenfalls darüber hinaus für Außenstehende wie etwa Gewerkschaften.[338]

Es handelt sich bei dieser Vorgabe zwar um einen Untersuchungsgrundsatz, der dem Gericht die Verantwortung für die Ermittlung des Sachverhalts auferlegt: Es ist nicht verpflichtet, allein die von den Beteiligten vorgebrachten Tatsachen der Entscheidung zugrunde zu legen, sondern es kann selbst entscheidungserhebliche Tatsachen ermitteln.[339] Dieser Grundsatz wird jedoch begrenzt durch § 83 Abs. 1 S. 2 ArbGG, wonach die Beteiligten an der Aufklärung des Sachverhalts mitzuwirken haben. Verletzen die Beteiligten diese Mitwirkungspflicht und bestehen Aufklärungsmöglichkeiten ohne Mitwirkung der Beteiligten, hat das Gericht diese auszuschöpfen.[340] Ist hingegen ohne Mitwirkung der Beteiligten keine weitere Aufklärung möglich, kann das Gericht auf der Grundlage des vorgetragenen Streitstands entscheiden, wobei es den bis dahin ermittelten Sachverhalt seiner Entscheidung zu Grunde zu legen hat.[341]

Man spricht hier aufgrund der dem Gericht gesetzten Grenzen insgesamt von einem „eingeschränkten Untersuchungsgrundsatz".[342] Es handelt sich dabei um eine „Mischform" zwischen Untersuchungs- und Beibringungsgrundsatz, die den

---

[337] *Weth,* Das arbeitsgerichtliche Beschlussverfahren, 344.

[338] Helml/Pessinger/*Helml,* Arbeitsgerichtsgesetz, ArbGG § 83 Rn. 2.

[339] BeckOK ArbR/*Poeche,* ArbGG, ArbGG § 83 Rn. 1.

[340] Helml/Pessinger/*Helml,* Arbeitsgerichtsgesetz, ArbGG § 83 Rn. 4.

[341] Helml/Pessinger/*Helml,* Arbeitsgerichtsgesetz, ArbGG § 83 Rn. 4; *Preis/Greiner,* Kollektivarbeitsrecht, § 179 Rn. 3088.

[342] Vgl. etwa BAG v. 21.9.2016 – – 10 ABR 33/15, NZA-Beilage 2017, 12 Rn. 87; GWBG/*Greiner,* ArbGG, ArbGG § 83 Rn. 4; ErfK/*Koch,* § 83 ArbGG Rn. 1; Düwell/Lipke/*Reinfelder,* ArbGG § 83 Rn. 1; *Weth* in: Schwab/Weth, Arbeitsgerichtsgesetz, ArbGG § 83 Rn. 4.

Untersuchungsgrundsatz jedoch im Kern nicht infrage stellt.[343] Denn das Gericht trägt letztlich die Verantwortung dafür, dass die Entscheidung auf einem vollständig aufgeklärten und inhaltlich zutreffenden Sachverhalt beruht; hieran ändert auch die Mitwirkungspflicht der Beteiligten nichts.[344]

#### (c) Verhältnis der Dezisionszeitpunkte zueinander

Fraglich ist damit im vorliegenden Zusammenhang, ob dieser eingeschränkte Untersuchungsgrundsatz Auswirkungen auf die Dezisionszeitpunkte des Erkenntnishorizonts und der tatsächlichen Entscheidung hat. Das wiederum kann nur beantwortet werden, wenn in einem ersten Schritt die grundlegende Frage geklärt ist, wie der Erkenntnishorizont in diesem Verfahren eben aufgrund des eingeschränkten Untersuchungsgrundsatzes zu bestimmen ist.

Bei der tatsächlichen Festlegung des Erkenntnishorizonts ist zunächst zu berücksichtigen, dass das Gericht nach seiner freien Überzeugung entscheidet, wobei es an Recht und Gesetz sowie den Antrag gebunden ist.[345] Damit bestimmen folglich die Beteiligten durch ihre Anträge, worüber das Gericht entscheiden soll; das Gericht hat dann nur denjenigen Sachverhalt aufzuklären, der für die Entscheidung über den betreffenden Antrag erforderlich ist, insofern verbleibt die Disposition über den Verfahrensgegenstand bei den Parteien.[346] Dabei hat der Antragsteller mit der Antragsschrift Tatsachen vorzutragen, aus denen das Gericht den Verfahrensgegenstand und weitere Verfahrensbeteiligte bestimmen kann; es ist dann Aufgabe des Gerichts, im Rahmen des in dieser Form konkretisierten Verfahrensgegenstands die entscheidungserheblichen Tatsachen zu ermitteln.[347]

Da das Ziel der Amtsermittlung darin besteht, die Streitsache der Spruchreife zuzuführen,[348] ist das Gericht gleichfalls verpflichtet, nicht nur diejenigen Tatsachen aufzuklären, die den Antrag stützen, sondern auch diejenigen, die einer stattgebenden Entscheidung entgegenstehen könnten.[349] Dabei hat zudem die Ermittlung derjenigen Tatsachen zu erfolgen, die zuvor noch von keinem der Beteiligten in das Verfahren eingeführt wurden, wenn und soweit sie für die Entscheidung erheblich sind.[350] Über die Anträge ist dann bei Entscheidungsreife zu erken-

[343] GWBG/*Greiner*, ArbGG § 83 Rn. 4.

[344] GMP/*Spinner*, ArbGG § 83 Rn. 82.

[345] GWBG/*Greiner*, ArbGG § 84 Rn. 1.

[346] GMP/*Spinner*, ArbGG § 83 Rn. 83.

[347] Helml/Pessinger/*Helml*, Arbeitsgerichtsgesetz, ArbGG § 83 Rn. 2.

[348] Vgl. für den Amtsermittlungsgrundsatz nach der VwGO *Gärditz/Orth*, JURA 2013, 1100.

[349] ErfK/*Koch*, ArbGG § 83 Rn. 1; GMP/*Spinner*, ArbGG § 83 Rn. 83.

[350] ErfK/*Koch*, ArbGG § 83 Rn. 1.

nen[351] auf der Entscheidungsgrundlage des von Amts wegen unter Mitwirkung der Beteiligten festgestellten Sachverhalts.[352]

Insgesamt kann das Gericht die Endentscheidung aber nur treffen, wenn es die Beteiligten zu einem ausreichenden Sachvortrag angehalten hat.[353] Insofern sind hier wiederum zwei Konstellationen beachtlich, die den diesem Teil zugrunde liegenden Differenzierungskriterien folgen: zum einen diejenige der mündlichen Anhörung der Beteiligten vor der Kammer, die den Regelfall bildet,[354] zum anderen diejenige im schriftlichen Verfahren nach § 83 Abs. 4 S. 3 ArbGG.

#### (aa) Erkenntnishorizont und Zeitpunkt der tatsächlichen Entscheidung bei mündlicher Anhörung

Im Fall der mündlichen Anhörung können die Parteien grundsätzlich bis zum Schluss des Anhörungstermins vor der Kammer neue Tatsachenbehauptungen und neue Beweismittel vorbringen.[355] Weil das in vielen Fällen zu einer erheblichen Verzögerung des Beschlussverfahrens führte, da bei Vorbringen neuer Tatsachen im Anhörungstermin das Gericht diesen nachgehen und ggf. von Amts wegen neue Beweismittel beigezogen werden müssen, wurde im Jahr 2000 im Rahmen des Arbeitsgerichtsbeschleunigungsgesetzes[356] § 83 Abs. 1a ArbGG eingefügt.[357] Hiernach kann der Vorsitzende den Beteiligten eine Frist für ihr Vorbringen setzen, nach Ablauf dieser Frist kann das Vorbringen zurückgewiesen werden, wenn nach der freien Überzeugung des Gerichts seine Zulassung die Erledigung des Beschlussverfahrens verzögern würde und der Beteiligte die Verspätung nicht genügend entschuldigt.

Somit unterscheidet sich der Untersuchungsgrundsatz im arbeitsgerichtlichen Verfahren von demjenigen des Strafprozesses. Bei letzterem trägt das Gericht die alleinige Verantwortung für die tatsächlichen Urteilsgrundlagen, es hat von sich aus und unabhängig von den Parteien den Sachverhalt vollständig aufzuklären, das Verhalten des Angeklagten hat keinerlei Einfluss auf die Aufklärungspflichten des Gerichts.[358] Hingegen erfordert die Aufklärungspflicht im arbeitsgerichtlichen Beschlussverfahren keine unbegrenzte Amtsermittlungstätigkeit und Beweisaufnah-

---

[351] Düwell/Lipke/*Reinfelder*, ArbGG § 84 Rn. 2; *Schwarze, Hartwig* JuS 2005, 1089, 1091.

[352] GMP/*Spinner*, ArbGG § 84 Rn. 8.

[353] Vgl. ErfK/*Koch*, ArbGG § 83 Rn. 1.

[354] Vgl. etwa BeckOK ArbR/*Roloff*, ArbGG § 83 Rn. 34.

[355] Vgl. BT-Drs. 13/11289, S. 10, 11.

[356] BGBl. 2000 Teil I, S. 333 ff.

[357] Vgl. auch die Begründung in BT-Drs. 13/11289, S. 11.

[358] *Weth* in: Schwab/Weth, Arbeitsgerichtsgesetz, ArbGG § 83 Rn. 3.

me.[359] Insgesamt ähnelt der eingeschränkte Untersuchungsgrundsatz damit vielmehr demjenigen in § 86 Abs. 1 VwGO.[360] Auch bei diesem wird der Amtsermittlungsgrundsatz durch die in § 85 S. 2 und 3 VwGO, § 86 Abs. 1 S. 1 Hs. 2, Abs. 3 und 4 VwGO und § 87 Abs. 1 Nr. 2, 4 und 5 VwGO normierten Mitwirkungspflichten der Verfahrensbeteiligten sowie die bereits 1990[361] durch die Einfügung von § 87b VwGO und § 128a VwGO geschaffene Möglichkeit, den Beteiligten für einzelne Mitwirkungsobliegenheiten eine Präklusionsfrist zu setzen, relativiert.[362]

Insofern wurde im Gesetzgebungsverfahren zur Einführung von § 83 Abs. 1a ArbGG seitens des Bundesrats zunächst vorgeschlagen, dass das Gesetz hier nicht den Regelungsgehalt des § 87b Abs. 3 VwGO, der eben die Zurückweisung von Vorgebrachtem nach Fristablauf im verwaltungsgerichtlichen Verfahren normiert, übernehmen, sondern die Mitwirkungspflicht durch Bezugnahme auf § 56 Abs. 2 ArbGG konkretisieren solle[363]; daher wurde eine entsprechende Anwendung von § 56 Abs. 2 ArbGG durch Verweisung vorgeschlagen.[364] Diesem Vorschlag wurde jedoch eine Absage erteilt und das Zurückweisungsrecht durch die Einführung der Regelung des § 83 Abs. 1a ArbGG an den im Beschlussverfahren geltenden Untersuchungsgrundsatz angepasst unter explizitem Hinweis darauf, dass diese Regelung der Präklusionsvorschrift des § 87b Abs. 3 VwGO im verwaltungsgerichtlichen Verfahren entspreche.[365]

Das spiegelt sich bezüglich der Frage der Zurückweisung einer einmal gesetzten Frist nach § 83 Abs. 1a ArbGG in den Formulierungen der Normen von § 56 Abs. 2 ArbGG einerseits und den Vorschriften des § 83 Abs. 1a ArbGG bzw. § 87b Abs. 3 VwGO andererseits wider: Sowohl § 87b Abs. 3 VwGO als auch § 83 Abs. 1a ArbGG sprechen davon, dass nach Ablauf der Frist verspätet eingegangene Erklärungen und Beweismittel bzw. Vorbringen zurückgewiesen werden können, wenn die im Folgenden konkret angeführten Gründe vorliegen. Hingegen sind nach § 56 Abs. 2 ArbGG nach Fristablauf vorgebrachte Angriffs- und Ver-

---

[359] Düwell/Lipke/*Reinfelder*, ArbGG § 83 Rn. 1.

[360] Ebenso wie demjenigen in § 76 Abs. 1 FGO und § 103 SGG, vgl. insgesamt *Weth* in: Schwab/Weth, Arbeitsgerichtsgesetz, ArbGG § 83 Rn. 4.

[361] 4. VwGO-Änderungsgesetz v. 17.12.1990, BGBl. 1990 I S. 2809, 2812.

[362] Schoch/Schneider/*Steinbeiß-Winkelmann/Naumann*, Verwaltungsrecht, VwGO § 173 Rn. 84.

[363] Gesetzentwurf des Bundesrates, BT-Drs. 14/626, S. 11.

[364] Gesetzentwurf des Bundesrates, BT-Drs. 14/626, S. 5.

[365] Beschlussempfehlung und Bericht des Ausschusses für Arbeit und Sozialordnung, BT-Drs. 14/2490, S. 12.

teidigungsmittel nur zuzulassen, wenn die näher konkretisierten Anforderungen vorliegen. Insofern steht die Entscheidung nach § 83 Abs. 1a ArbGG anders als im Urteilsverfahren nach § 56 Abs. 2 ArbGG im pflichtgemäßen Ermessen des Gerichts; ihm wird damit ein Ermessensspielraum eingeräumt, der ihm eine Abwägung zwischen seiner Verpflichtung zur Amtsermittlung und einer Verfahrensbeschleunigung ermöglicht.[366] Folglich verdrängt die Vorschrift des § 83 Abs. 1a ArbGG mit Ausnahme der §§ 122 Abs. 2 S. 3, 126 Abs. 2 S. 2 InsO die Präklusionsvorschriften in §§ 56, 61a ArbGG und §§ 282, 296 ZPO.[367] Eine spezielle Präklusionsvorschrift findet sich in § 87 Abs. 3 ArbGG.[368]

§ 83 Abs. 1a ArbGG steht letztlich in einem Spannungsverhältnis zum Untersuchungsgrundsatz.[369] Die Bestimmung ändert jedoch nichts am Vorrang der richterlichen Aufklärungspflicht.[370] Es verbleibt vielmehr die Pflicht des Gerichts, alle Möglichkeiten der Sachverhaltsaufklärung auszuschöpfen; eine Nichtberücksichtigung von verspätetem Vorbringen kann nur dann erfolgen, wenn die Mitwirkung eines Beteiligten hierzu erforderlich ist.[371] Aber auch dann, wenn der oder die Beteiligte(n) an der Aufklärung des Sachverhalts nicht mitwirkt bzw. mitwirken, bleibt die Aufklärungspflicht des Gerichts bestehen.[372] Zugleich ist das Gericht jedoch nicht verpflichtet, den Beteiligten fristgebundene Auflagen für ihr Vorbringen zu setzen, das kann vielmehr nach seinem pflichtgemäßen Ermessen erfolgen[373] – immer unter Berücksichtigung der ihm obliegenden Aufgabe, die Mitwirkung der Beteiligten durch gezielte Auflagen zu fördern bzw. zu steuern.[374]

Dieses Spannungsverhältnis hat Auswirkungen auf den Erkenntnishorizont. Zwar wird in der Rechtsprechung als „maßgeblicher Zeitpunkt“ derjenige der „mündlichen Verhandlung“ angeführt.[375] Auch in der Literatur findet sich, dass

---

[366] GK-ArbGG/*Ahrend,* ArbGG § 83 Rn. 22; ErfK/*Koch,* ArbGG § 83 Rn. 3; HWK/*Vogelsang,* Arbeitsrecht Kommentar, ArbGG § 83 Rn. 8.

[367] Vgl. Düwell/Lipke/*Reinfelder,* ArbGG § 83 Rn. 10; HWK/*Vogelsang,* Arbeitsrecht Kommentar, ArbGG § 83 Rn. 8. Zum Beschlussverfahren nach § 122 InsO und § 126 InsO vgl. etwa BeckOK ArbR/*Roloff,* ArbGG § 80 Rn. 13.

[368] Vgl. GWBG/*Greiner,* ArbGG § 83 Rn. 9.

[369] Zum Spannungsverhältnis von Untersuchungsgrundsatz und Mitwirkungspflicht vgl. etwa GWBG/*Greiner,* ArbGG § 83 Rn. 3 f.

[370] ErfK/*Koch,* ArbGG § 83 Rn. 3.

[371] Düwell/Lipke/*Reinfelder,* ArbGG § 83 Rn. 9.

[372] *Poncelet,* Die Mitwirkungspflicht der Beteiligten, 153.

[373] Düwell/Lipke/*Reinfelder,* ArbGG § 83 Rn. 11.

[374] Vgl. zu dieser Aufgabe Düwell/Lipke/*Reinfelder,* ArbGG § 83 Rn. 2.

[375] So etwa LAG Thüringen v. 23.2.2022 – 4 TaBV 17/19, BeckRS 2022, 16127 für die Beschwerde/Anschlussbeschwerde.

„die Entscheidungsgrundlage […] wie im originären Zivilprozess grds. die Sach- und Rechtslage im Zeitpunkt der (letzten) Anhörung“ bilde.[376] Insofern könnten gegebenenfalls die für das Urteilsverfahren im Zivilprozess gefundenen Ergebnisse in Bezug auf den Erkenntnishorizont und den Zeitpunkt der tatsächlichen Entscheidung im arbeitsgerichtlichen Beschlussverfahren ebenfalls Anwendung finden.

Jedoch ist gerade aufgrund der dem Gericht durch den eingeschränkten Untersuchungsgrundsatz eröffneten, vom zivilprozessualen Urteilsverfahren abweichenden Handlungsmöglichkeiten und der in ebenfalls abweichendem Umfang normierten Präklusionsmöglichkeit vorliegend eine differenziertere Betrachtung vorzunehmen: Geht nach der von dem Gericht aufgrund des Vorliegens der Entscheidungsreife festgelegten letzten mündlichen Verhandlung ein Schriftsatz nach einer festgelegten Schriftsatzfrist ein, so kann das Gericht diesen bei Vorliegen der Voraussetzungen des § 83 Abs. 1a ArbGG zurückweisen. Da es das aber nicht muss, kann es durch die Berücksichtigung eines solchen Schriftsatzes den Erkenntnishorizont verschieben. Wegen des Grundsatzes des rechtlichen Gehörs wird es dann gegebenenfalls die mündliche Verhandlung wieder eröffnen und der Gegenseite nochmals die Möglichkeit zur Erwiderung geben, möglicherweise auch schriftlich. Aufgrund dieses dem Gericht eingeräumten Ermessens ist folglich bereits grundsätzlich eine Abweichung von der im Urteilsverfahren festgestellten Konstellation zwischen Erkenntnishorizont und tatsächlichem Entscheidungshorizont zu verzeichnen.

Gerade die Vorschrift des § 83 Abs. 1a ArbGG führt für dieses Verfahren aber noch zu einer weiteren Besonderheit: Da das Gericht gegebenenfalls aufgrund seiner richterlichen Aufklärungspflicht noch zu weiteren Nachforschungen verpflichtet sein kann, zugleich aber parallel hierzu ein berechtigtes Zurückweisen nach § 83 Abs. 1a ArbGG möglich ist, stellt sich die Frage, wie diese Konstellation in Bezug auf die Situation der Dezisionszeitpunkte zu bewerten ist.

Das könnte zunächst darauf hindeuten, dass in Bezug auf den zurückgewiesenen Teil eine richterliche Festlegung eines einzelnen Beurteilungszeitpunkts für ein oder mehrere Tatbestandsmerkmale vorliegen könnte. Jedoch sprechen sowohl die systematische Ausgestaltung der Norm als auch die gesetzgeberische Begründung für die Annahme, dass hierdurch eine Aufspaltung des Erkenntnishorizonts zumindest theoretisch denkbar ist. Denn zum einen bezieht sich die Fristsetzung auf jegliches Vorbringen unabhängig von einer etwaigen Darlegungslast.[377] Zum anderen ist die Vorschrift von gesetzgeberischer Seite als Präklusionsvorschrift ausgestaltet

[376] NK-ArbR/*Schoob*, ArbGG § 84 Rn. 1.

[377] Vgl. diesbezüglich BeckOK ArbR/*Roloff*, § 83 ArbGG Rn. 6.

worden, die Gesetzesbegründung erörtert insbesondere die Einhaltung der verfassungsmäßigen Zulässigkeit von Präklusionsvorschriften durch die ausdrückliche Regelung der Fristsetzungsbefugnis des Vorsitzenden.[378]

Grundsätzlich wird das Gericht bis zu seiner tatsächlichen Entscheidung aufgrund des Untersuchungsgrundsatzes jegliches Vorbringen berücksichtigen können, sodass hier letztlich eine zeitliche Annäherung der beiden als zentral identifizierten Beurteilungszeitpunkte am Ende des Verfahrens erfolgen kann: Hält das Gericht das betreffende Vorbringen für entscheidungsrelevant, wird es das aufgrund des Grundsatzes des rechtlichen Gehörs den Beteiligten mitteilen. Diesbezüglich kann es dann die mündliche Verhandlung in dem Sinne wieder eröffnen, dass eine erneute Anhörung erfolgt. Es kann aber auch aufgrund von § 83 Abs. 4 S. 3 ArbGG – mit Einverständnis der Beteiligten – im schriftlichen Verfahren entscheiden. Das führt im Ergebnis dazu, dass sich dann der Erkenntnishorizont und der Zeitpunkt der tatsächlichen Entscheidung stark annähern, letztlich zusammenfallen. Zugleich nimmt in diesem Fall die Bedeutung des Zeitpunkts der mündlichen Anhörung für den Erkenntnishorizont ab.

#### (bb) Erkenntnishorizont und Zeitpunkt der tatsächlichen Entscheidung bei schriftlichem Verfahren

Auch für den Ausnahmefall, dass ein Verfahren gänzlich nach § 83 Abs. 4 S. 3 ArbGG schriftlich erfolgen sollte, stellt sich die Situation nicht anders dar. Zunächst wird das Gericht zumeist von dieser Möglichkeit nur dann Gebrauch machen, wenn bei vollständig aufgeklärtem Sachverhalt Rechtsfragen bestehen, die einer Entscheidung bedürfen.[379] Für die durch die Kammer zu treffende Entscheidung ist jedoch gleichfalls ein Termin zu bestimmen und sie ist zu verkünden.[380] Hier führen der eingeschränkte Untersuchungsgrundsatz und die im Ermessen des Gerichts stehende Präklusion ebenfalls dazu, dass im Zeitpunkt der tatsächlichen Entscheidung grundsätzlich der gesamte Prozessstoff zu berücksichtigen ist und damit der Erkenntnishorizont sich dem Zeitpunkt der tatsächlichen Entscheidung annähert und letztlich mit diesem zusammenfällt – außer in den Fällen, in denen das Gericht rechtmäßig nach § 83 Abs. 1a ArbGG von der Möglichkeit der Präklusion Gebrauch gemacht hat. Letzteres bedingt dann wiederum ein Auseinanderfallen von Erkenntnishorizont und tatsächlichem Entscheidungshorizont, theoretisch

---

[378] Beschlussempfehlung und Bericht des Ausschusses für Arbeit und Sozialordnung, BT-Drs. 14/2490, S. 12.

[379] Vgl. Helml/Pessinger/*Helml*, Arbeitsgerichtsgesetz, ArbGG § 83 Rn. 38; ErfK/*Koch*, ArbGG § 83 Rn. 10.

[380] BeckOK ArbR/*Roloff*, ArbGG, § 83 Rn. 35.

zumindest denkbar ist gegebenenfalls sogar wiederum ein Auseinanderfallen des Erkenntnishorizonts selbst.

#### (d) Zwischenergebnis bezüglich des Beschlussverfahrens im Arbeitsrecht

Das arbeitsgerichtliche Beschlussverfahren unterscheidet sich einerseits aufgrund der Geltung des eingeschränkten Untersuchungsgrundsatzes grundlegend von dem zivilgerichtlichen Beschlussverfahren und dem zivil- bzw. arbeitsgerichtlichen Urteilsverfahren. Andererseits wurden durch die Einführung des § 83 Abs. 1a ArbGG Elemente des zivilgerichtlichen Urteilsverfahrens in die Systematik des Beschlussverfahrens implementiert.[381]

Das hat Auswirkungen auf das Verhältnis von Erkenntnishorizont und Zeitpunkt der tatsächlichen Entscheidung: Ist § 83 Abs. 1a ArbGG nicht einschlägig, so nähern sich aufgrund der Berücksichtigung des Grundsatzes des rechtlichen Gehörs Erkenntnishorizont und tatsächlicher Entscheidungshorizont einander an, können letztlich zusammenfallen. Macht das Gericht von seiner Möglichkeit einer – berechtigten – Zurückweisung des verspäteten Vortrags des bzw. der Beteiligten Gebrauch, so besteht zumindest theoretisch die Möglichkeit eines zweigeteilten Erkenntnishorizonts, der möglicherweise nur teilweise mit dem Zeitpunkt der tatsächlichen Entscheidung zusammenfällt. Insgesamt zeigt sich damit, dass eine stärkere Verschiebung der maßgeblichen Beurteilungszeitpunkte am Ende des Verfahrens als im zivilprozessualem Urteilsverfahren möglich ist.

Zugleich kann zudem aufgrund der Option des Wechsels in das schriftliche Verfahren die Bedeutung des Zeitpunkts der (letzten) Anhörung in den Hintergrund treten. Insgesamt nimmt damit das arbeitsgerichtliche Beschlussverfahren in Bezug auf die Beurteilungszeitpunkte am Ende des Verfahrens eine Zwischenstellung zwischen Urteilsverfahren und zivilprozessualem Beschlussverfahren ein.

### (6) Insbesondere: Entscheidungen in Sachen der freiwilligen Gerichtsbarkeit

Gerade in Bezug auf die Möglichkeit einer Zwischenstellung ist abschließend noch der Blick auf die Entscheidungen in Sachen der freiwilligen Gerichtsbarkeit zu richten. Denn bei diesem handelt es sich zwar gleichfalls um ein staatlich geregeltes gerichtliches Verfahren für zumeist privatrechtliche Angelegenheiten, es wird allerdings teils auf Antrag, teils von Amts wegen eingeleitet.[382] Das spiegelt sich dann auch in den anzuwendenden Verfahrensgrundsätzen wider: Während,

[381] S. hierzu auch *Trittin/Backmeister,* DB 2000, 618, 620, die von einer „systemwidrigen Veränderung des Beschlussverfahrens“ sprechen.

[382] *Groh* in: Weber, Rechtswörterbuch, Stichwort „Freiwillige Gerichtsbarkeit“.

wie im Rahmen der Darstellung der Beschlüsse nach obligatorischer mündlicher Verhandlung dargestellt, teilweise der Beibringungsgrundsatz in den Verfahren der §§ 113 ff. FamFG gilt,[383] herrscht im Übrigen aufgrund von § 26 FamFG weitgehend der Amtsermittlungsgrundsatz. Damit leitet und steuert das Gericht die Beschaffung der tatsächlichen Entscheidungsgrundlagen, ohne an das Vorbringen der Beteiligten gebunden zu sein, vgl. § 29 Abs. 1 S. 2 FamFG.[384]

Aufgrund des Eingreifens des Amtsermittlungsgrundsatzes ist das Verfahren der freiwilligen Gerichtsbarkeit zunächst dem Beschlussverfahren der Arbeitsgerichtsbarkeit ähnlich, beide sind Ausnahmen von dem im Übrigen grundsätzlich geltenden Beibringungsgrundsatz in zivilprozessualen Verfahren. Sie unterscheiden sich jedoch in einem zentralen Punkt, denn die Entscheidungsgrundlage in den dem Amtsermittlungsgrundsatz unterfallenden Verfahren der freiwilligen Gerichtsbarkeit findet keine Begrenzung dahingehend, dass verspätet ins Verfahren eingeführte Tatsachen ausgeschlossen sind, eine § 83 Abs. 1a ArbGG vergleichbare Vorschrift existiert nicht.[385] Fraglich ist daher, welche Konsequenz das für den Erkenntnishorizont und den Zeitpunkt der tatsächlichen Entscheidung hat.

Die Beantwortung dieser Frage muss bei der Problematik ansetzen, wann genau der Zeitpunkt des „Erlasses" nach § 38 Abs. 3 S. 3 FamFG vorliegt. Denn anders als in Ehe- und Familienstreitsachen werden in den vorliegend betrachteten Verfahren Beschlüsse im Sinne des § 38 Abs. 1 FamFG nicht verkündet.[386] Vielmehr findet sich in § 38 Abs. 3 S. 3 FamFG die Legaldefinition, dass unter Erlass die Übergabe des Beschlusses an die Geschäftsstelle oder die Bekanntgabe durch Verlesen zu verstehen ist.

Teilweise wird daher angeführt, dass das Gericht jegliches Vorbringen, das bis zum Erlass der Entscheidung eingeht, zu berücksichtigen habe.[387] Andere formulieren, dass Schriftsätze so lange zu berücksichtigen seien, bis die Entscheidung „zur Poststelle des Gerichts übergeben wird".[388] Auch findet sich die Äußerung, dass im Fall der schriftlichen Bekanntgabe die Übergabe des fertig abgefassten und unterschriebenen Beschlusses an die Geschäftsstelle zur Veranlassung der Bekanntgabe den maßgeblichen Zeitpunkt darstelle, der Beschluss aber erst wirksam

[383] S. Teil C/II./4./c)/aa)/(1).

[384] MüKoFamFG/*Ulrici*, FamFG § 26 Rn. 1; vgl. auch HK-ZPO/*Kemper*, FamFG § 29 Rn. 5.

[385] S. hierzu auch MüKoFamFG/*Ulrici*, FamFG § 26 Rn. 1 und 3.

[386] Vgl. zur „Verkündung" in Ehe- und Familiensachen BGH, Beschl. v. 13.6.2012 – XII ZB 592/11, NJW-RR 2012, 1025 Rn. 15. S. hierzu insgesamt MüKoFamFG/*Ulrici*, FamFG § 38 Rn. 29.

[387] BGH, Beschl. v. 15.7.2015 – XII ZB 525/14, NJW-RR 2015, 1090 Rn. 8.

[388] Musielak/Borth/Frank/*Borth*, FamFG § 32 Rn. 3.

werde, wenn er den Einflussbereich des Gerichts verlasse, sodass bis zu diesem Zeitpunkt eingehende Schriftstücke noch zu berücksichtigen seien.[389]

Wie gesehen, ist der Grundsatz des rechtlichen Gehörs nach Art. 103 Abs. 1 GG für die Bestimmung von Erkenntnishorizont und tatsächlichem Entscheidungshorizont in den einzelnen bislang betrachteten Verfahren zentral. Ebenso muss er bei der Präzisierung der zeitlichen Dimension des Erlass-Begriffs aus § 38 Abs. 3 S. 3 FamFG eine herausgehobene Stellung einnehmen.[390] Letztlich wird man sich daher für den Zeitpunkt des Erlasses auch in diesem Beschlussverfahren an die Formel anlehnen können, dass die Entscheidung den „inneren Geschäftsbetrieb des Gerichts verlassen haben muss".[391]

Erfolgt somit die Bekanntgabe des Beschlusses durch Verlesen der Entscheidungsformel nach § 41 Abs. 2 FamFG, ist die Entscheidung im Zeitpunkt des Verlesens erlassen.[392] Für den Fall, dass die Bekanntgabe schriftlich erfolgt, wurde im Gesetzgebungsverfahren angeführt: „Soll der Beschluss den Beteiligten nur schriftlich nach § 41 Abs. 1 bekanntgegeben werden, ist die Übergabe des fertig abgefassten und unterschriebenen Beschlusses an die Geschäftsstelle zur Veranlassung der Bekanntgabe der für den Erlass maßgebliche Zeitpunkt."[393] Gerade aufgrund der Verwendung des Begriffs „Veranlassung" kann daher für den Fall der Übergabe an die Geschäftsstelle weitergehend konkretisiert werden: Es ist auf den Zeitpunkt abzustellen, in dem die Übergabe an die Geschäftsstelle mit dem Ziel erfolgt, den Übergang von dem inneren Geschäftsbetrieb zum äußeren Geschäftsgang zu vollziehen.[394] Diese Übergabe an die Geschäftsstelle, so der BGH zutreffend, ist erst durch die Empfangnahme durch den Urkundsbeamten vollendet.[395]

---

[389] Holzer/*Holzer*, Kommentar zum FamFG, FamFG § 38 Rn. 13.

[390] Vgl. dazu auch BGH, Beschl. v. 15.7.2015 – XII ZB 525/14, NJW-RR 2015, 1090 Rn. 8; OLG Zweibrücken, Beschl. v. 7.3.2002–3 W 14/02, FamRZ 2003, 187; Musielak/Borth/Frank/*Borth*, FamFG § 32 Rn. 3.

[391] Vgl. hierzu Teil C/II./4./c)/aa)/(1)/(a).

[392] BT-Drs. 16/6308, S. 195.

[393] BT-Drs. 16/6308, S. 195.

[394] Bumiller/Harders/Schwamb/*Bumiller*, FamFG § 38 Rn. 4.

[395] BGH, Beschl. v. 3.11.2021 – XII ZB 289/21, NZFam 2022, 63 Rn. 10. Der BGH präzisiert hier noch weitergehend: „Entäußert sich der Richter des von ihm unterschriebenen Beschlusses dadurch, dass er diesen auf seinen eigenen Aktenabtrag oder auf den Aktenzutrag der Geschäftsstelle oder auf den Schreibtisch des Urkundsbeamten legt, so vollendet sich die Übergabe erst in dem Moment der Empfangnahme durch den Urkundsbeamten [...] der dieses als Übergabezeitpunkt vermerkt und sodann die Bekanntgabe veranlasst." Vgl. hierzu insgesamt auch Bumiller/Harders/Schwamb/*Bumiller*, FamFG § 38 Rn. 4.

Für die Beurteilungszeitpunkte am Ende des Verfahrens hat das zur Konsequenz, dass auch im Beschlussverfahren der freiwilligen Gerichtsbarkeit Erkenntnishorizont und tatsächlicher Entscheidungshorizont zusammenfallen. Hier kann ebenfalls die Situation eintreten, dass entscheidungserhebliches Vorbringen zu berücksichtigen ist, das nach einer bereits getroffenen und gegebenenfalls unterzeichneten[396] Entscheidung eingeht, solange eben der betreffende Beschluss noch nicht an die Geschäftsstelle übergeben worden ist. Dann ist eine neue Entscheidung zu treffen – Erkenntnishorizont und tatsächlicher Entscheidungshorizont verschieben sich gemeinsam.

### bb) Weitere relevante Zeitpunkte am Ende des Beschlussverfahrens

Wie im Urteilsverfahren sind auch in den Beschlussverfahren des privatrechtlichen Bereichs insgesamt außer dem Erkenntnishorizont und dem Zeitpunkt der tatsächlichen Entscheidung keine anderen Dezisionszeitpunkte ersichtlich. Allerdings finden sich in gleicher Weise wie im Urteilsverfahren weitere relevante Zeitpunkte am Ende des Beschlussverfahrens. Diese sind daher nun ebenso wie in den Urteilsverfahren des privatrechtlichen Bereichs in den Blick zu nehmen und einer – vergleichenden – Charakterisierung zu unterziehen.

Der Untersuchungsstruktur der Dezisionszeitpunkte im Beschlussverfahren folgend soll daher in Bezug auf weitere relevante Zeitpunkte am Ende des Beschlussverfahrens zunächst allgemein das Beschlussverfahren der ZPO betrachtet und sodann noch ein Blick auf das arbeitsgerichtliche Beschlussverfahren und die Verfahren der freiwilligen Gerichtsbarkeit geworfen werden.

#### (1) Beschlussverfahren der ZPO

Neben den in der Untersuchung der Dezisionszeitpunkte des Beschlussverfahrens der ZPO bereits angesprochenen Zeitpunkten des Existentwerdens des Beschlusses,[397] der Bindung des Gerichts,[398] demjenigen der Verkündung des Beschlusses[399] und der Zustellung des Beschlusses[400] sind hier gleichfalls die Zeitpunkte der grundsätzlichen Rechtswirksamkeit, der Wirksamkeit gegenüber den Parteien und der Rechtskraft relevant. Auch hier ist der Zeitpunkt des Existent-

---

[396] S. hierzu auch BGH, Beschl. v. 15.7.2015 – XII ZB 525/14, NJW-RR 2015, 1090 Rn. 8.

[397] Vgl. Teil C/II./4./c)/aa)/(2)/(c).

[398] Vgl. Teil C/II./4./c)/aa)/(2)/(c).

[399] Vgl. etwa Teil C/II./4./c)/aa)/(1).

[400] Vgl. Teil C/II./4./c)/aa)/(2)/(c).

werdens bedeutsam für die Möglichkeit der Anfechtung des Beschlusses[401] und trifft damit zusammen mit dem Zeitpunkt der grundsätzlichen Rechtswirksamkeit. Dabei ist letzterer gleichermaßen streng zu trennen von dem Zeitpunkt der Wirksamkeit gegenüber den Parteien, der entscheidend ist für die bestimmungsgemäßen Rechtsfolgen der Entscheidung.[402] Dieser ist im Beschlussverfahren der ZPO ebenfalls davon abhängig, dass der Beschluss den Betroffenen mitgeteilt, d. h. in der verfahrensrechtlich vorgeschriebenen Form bekannt gegeben wird.[403] Hier ist zu differenzieren zwischen zu verkündenden und nicht zu verkündenden Beschlüssen: Ist bei zu verkündenden Beschlüssen eine Zustellung nicht vorgeschrieben, wird der Beschluss zugleich mit der Verkündung wirksam; ansonsten tritt die Wirksamkeit mit der Zustellung ein und zwar in der Regel bereits mit der Zustellung an eine Partei.[404] Beschlüsse, die weder zu verkünden noch zuzustellen sind, werden mit der – formlosen – Mitteilung wirksam.[405] Bei der formlosen Mitteilung ist darauf zu achten, ob die Wirksamkeit wie etwa bei dem Verweisungsbeschluss nach § 281 ZPO[406] von der Mitteilung an beide Parteien abhängt[407] oder ob die Rechtsfolgen ausschließlich eine Partei treffen.[408]

Weiterhin kennt auch das Beschlussverfahren den Zeitpunkt der Rechtskraft: Formell rechtskräftig und damit unanfechtbar sind zum einen Beschlüsse, die einer befristeten selbstständigen Anfechtung unterworfen sind, nach Ablauf der betreffenden Frist, zum anderen diejenigen Beschlüsse, für die im Gesetz eine An-

---

[401] Vgl. etwa Zöller/*Feskorn*, Zivilprozessordnung, ZPO § 329 Rn. 10.

[402] Vgl. auch BeckOK ZPO/*Bach*, ZPO § 329 Rn. 9; HK-ZPO/*Saenger*, ZPO § 329 Rn. 11.

[403] BGH, Urt. v. 19.10.2005 – VIII ZR 217/04, NJW 2005, 3724, 3725; Musielak/Voit/*Wolff*, Zivilprozessordnung, ZPO § 329 Rn. 8; *Toussaint*, Anm. zu BGH v. 29.8.2017 – XI ZR 318/16, FD-ZVR 2017, 395024.

[404] MüKoZPO/*Musielak/Hüntemann*, ZPO § 329 Rn. 7; Musielak/Voit/*Wolff*, Zivilprozessordnung, ZPO § 329 Rn. 8; Prütting/Gehrlein/*Völzmann-Stickelbrock*, Zivilprozessordnung, ZPO § 329 Rn. 5. S. zu den Ausnahmen Zöller/*Feskorn*, Zivilprozessordnung, ZPO § 329 Rn. 20. A. A. Stein/Jonas/*Roth*, 23. Aufl., ZPO § 329 Rn. 12, wonach für die Wirksamkeit des (existenten) Beschlusses erforderlich, aber auch ausreichend ist, wenn er an die von der angeordneten Rechtsfolge betroffenen Partei mitgeteilt oder zugestellt ist.

[405] MüKoZPO/*Musielak/Hüntemann*, ZPO § 329 Rn. 9.

[406] BGH, Beschl. v. 22.2.1995 – XII ARZ 2/95, NJW-RR 1995, 641.

[407] MüKoZPO/*Musielak/Hüntemann*, ZPO § 329 Rn. 9; Prütting/Gehrlein/*Völzmann-Stickelbrock*, Zivilprozessordnung, ZPO § 329 Rn. 5.

[408] BeckOK ZPO/*Bach*, ZPO § 329 Rn. 12; Stein/Jonas/*Roth*, 23. Aufl., ZPO § 329 Rn. 11; HK-ZPO/*Saenger*, ZPO § 329 Rn. 14.

fechtung ausgeschlossen ist, mit ihrer Verkündung.[409] Grundsätzlich sind Beschlüsse ebenfalls der materiellen Rechtskraft fähig, allerdings nur dann, wenn neben der eingetretenen formellen Rechtskraft auch eine Bindungswirkung besteht und sie einen rechtskraftfähigen Inhalt haben wie z. B. der Kostenfestsetzungsbeschluss.[410]

Ebenso wie im Urteilsverfahren sind alle letztgenannten Zeitpunkte grundsätzlich potenzielle Beurteilungszeitpunkte, sie können im weiteren Verfahrensverlauf oder in anderen Verfahren zu direkten Beurteilungszeitpunkten werden. Zugleich findet auch bei diesen Zeitpunkten am Ende des Verfahrens in der Regel keine Beurteilung im Zeitpunkt ihres tatsächlichen Geschehens statt, sofern von den verfahrensrechtlich zuständigen Organen ein tatsächliches Handeln erforderlich ist.

#### (a) Zeitpunkte der Zustellung, Verkündung, der grundsätzlichen Rechtswirksamkeit und der Wirksamkeit gegenüber den Parteien

Beispielsweise ist der Zeitpunkt der Zustellung relevant für die Berechnung der Frist nach § 569 Abs. 1 ZPO und damit für die Beurteilung, ob eine sofortige Beschwerde fristgerecht eingelegt wurde. Hier kann, bei fehlender oder fehlerhafter Zustellung, gegebenenfalls auch der Verkündungszeitpunkt relevant werden für die Beurteilung der fristgerechten Einlegung, da in diesem Fall nach § 569 Abs. 1 S. 2, Alt. 2 ZPO die Notfrist spätestens mit dem Ablauf von fünf Monaten nach der Verkündung des Beschlusses beginnt.

Auch in diesen Konstellationen zeigt sich wie im Urteilsverfahren die enge Verbindung dieser Zeitpunkte mit denjenigen der grundsätzlichen Rechtswirksamkeit und der Wirksamkeit gegenüber den Parteien, die in diesem Zusammenhang dann Fernwirkungen für die Beurteilung der Anfechtbarkeit bzw. des Fristlaufs für Rechtsmittel Bedeutung erlangen können im Sinne potenzieller Beurteilungszeitpunkte.

#### (b) Zeitpunkte des Existentwerdens und der Bindung des Gerichts

Die Zeitpunkte des Existentwerdens und der Bindung des Gerichts als Beurteilungszeitpunkte können ebenfalls relevant werden, wenn es um die Frage der Abänderungsbefugnis geht, sie stellen folglich gleichfalls potenzielle Beurteilungszeitpunkte dar. Auch für sie ist charakteristisch, dass im Zeitpunkt ihres tatsächlichen Geschehens keine Beurteilung erfolgt. Dabei ist zwar grundsätzlich die Be-

[409] Stein/Jonas/*Althammer*, 23. Aufl., ZPO § 322 Rn. 3 f.; MüKoZPO/*Musielak/Hüntemann*, ZPO § 329 Rn. 13; HK-ZPO/*Saenger*, ZPO § 329 Rn. 22.

[410] *Jacoby*, Zivilprozessrecht, Kap. 17 Rn. 10; HK-ZPO/*Saenger*, ZPO § 329 Rn. 22. S. zum Kostenfestsetzungsbeschluss auch BGH, Urt. v. 5.12.1996 – IX ZR 67/96, NJW 1997, 743.

antwortung der Frage, ob das Gericht in Beschlussverfahren selbst seine Entscheidung nochmals abändern kann, wenn diese existent geworden ist, ungleich komplexer zu beantworten als im Urteilsverfahren.

Gerade für die vorliegend im Fokus stehenden Beschlüsse, mit denen ein Verfahren abgeschlossen wird, ist jedoch wiederum eine eindeutige Aussage möglich. Im Urteilsverfahren enthält bereits § 318 ZPO ein Änderungsverbot für das Gericht.[411] Inwieweit § 318 ZPO auf Beschlüsse analog anwendbar sein kann, unterliegt im Ergebnis einer Einzelfallprüfung, abhängig vom Inhalt des jeweiligen Beschlusses.[412] Insofern zeigen die gesetzlichen Regelungen, dass es diesbezüglich zwar grundsätzlich keine einheitliche Antwort geben kann: So gestattet etwa § 150 ZPO dem Gericht, von ihm erlassene Beschlüsse über die Trennung, Verbindung oder Aussetzung des Verfahrens aufzuheben.[413] Die Problematik einer eventuellen einheitlichen Regel ähnlich dem Urteilsverfahren verdeutlicht zudem der Blick auf § 360 ZPO, auch wenn dieser nicht zu den hier insgesamt betrachteten verfahrensbeendenden Beschlüssen zählt. Unter den Voraussetzungen von § 360 S. 2 und S. 3 ZPO kann das Gericht eine Änderung des Beweisbeschlusses vornehmen.[414] In diesen beiden Fällen kann das Gericht die Abänderung von Amts wegen unter Einhaltung der jeweiligen Voraussetzungen vornehmen.[415] Der Blick auf § 572 Abs. 1 S. 1 ZPO zeigt in der Gesamtschau mit den zuvor genannten Vorschriften dann die Uneinheitlichkeit der Abänderungsbefugnis im Beschlussverfahren insgesamt. Nach dieser hat im Fall einer sofortigen Beschwerde das erlassende Gericht einer angefochtenen Entscheidung abzuhelfen, wenn es diese für begründet erachtet.[416] Das ist aber nur möglich, wenn das Gericht nicht nach § 572 Abs. 1 S. 2 ZPO i. V. m. § 318 ZPO an seine Entscheidung gebunden ist. Eine solche Bindung liegt hingegen vor bei Beschwerden gegen ein Urteil etwa in Form der Anfechtung eines Zwischenurteils nach § 378 Abs. 3 ZPO, bei Kostenentscheidungen nach § 99 Abs. 2 ZPO und in denjenigen Fällen, in denen der angefochtene Beschluss materiell rechtskräftig geworden ist.[417]

---

[411] Vgl. etwa Prütting/Gehrlein/*Thole,* Zivilprozessordnung, ZPO § 318 Rn. 5.

[412] Vgl. hierzu etwa Stein/Jonas/*Althammer,* 23. Aufl., ZPO § 318 Rn. 8; vgl. auch HK-ZPO/*Saenger,* ZPO § 329 Rn. 18 ff.

[413] MüKoZPO/*Musielak/Hüntemann,* ZPO § 329 Rn. 11.

[414] S. ebenfalls MüKoZPO/*Musielak/Hüntemann,* ZPO § 329 Rn. 11.

[415] Für die Aufhebung eines Beschlusses nach § 150 ZPO vgl. etwa HK-ZPO/*Wöstmann,* § 150 Rn. 1; zu den unterschiedlichen Anforderungen im Rahmen von § 360 ZPO s. Musielak/Voit/*Stadler,* Zivilprozessordnung, ZPO § 360 Rn. 4 ff.

[416] S. hierzu ebenfalls MüKoZPO/*Musielak/Hüntemann,* ZPO § 329 Rn. 11.

[417] S. hierzu BeckOK ZPO/*Wulf,* § 572 Rn. 5.

In den übrigen Fällen kann das Gericht aber auch nicht von Amts wegen die Entscheidung ändern, vielmehr ist Voraussetzung, dass der Beschluss von Parteiseite angefochten wurde.[418] Insofern entfalten Beschlüsse, die einem ordentlichen Rechtsmittel unterliegen, Bindungswirkung für das Ausgangsgericht.[419] Hingegen sind unanfechtbare Beschlüsse zwar grundsätzlich frei abänderbar, allerdings nur so lange das Ausgangsgericht mit dem Verfahren befasst ist und der Beschluss nicht überholt ist.[420] Diese letztgenannte Einschränkung zeigt folglich, dass Beschlüsse, mit denen ein Verfahren abgeschlossen wird, und nur diese sind hier vorliegend zu betrachten, stets bindend sind.[421] Das verdeutlicht zugleich, dass in diesen Konstellationen der potenzielle Beurteilungszeitpunkt der Zeitpunkt der Bindung des Gerichts gegeben ist.

#### (c) Zeitpunkt der Rechtskraft des Beschlusses

Im Falle von rechtskraftfähigen Beschlüssen, und um diese wird es sich bei den vorliegend betrachteten, die ein Verfahren abschließen, in der Regel handeln, erfolgt ebenfalls grundsätzlich im Zeitpunkt ihres tatsächlichen Geschehens keine Beurteilung. In Parallele zu den Ergebnissen des Urteilsverfahrens ist hier ebenfalls davon auszugehen, dass es etwa im Falle der anfechtbaren Beschlüsse in der Regel erst nachfolgend zu einer weitergehenden Beurteilung dahingehend kommen wird, ob bis zu einem konkreten Zeitpunkt eventuell die Einlegung eines Rechtsmittels erfolgt ist. Im Rahmen dieser Beurteilung wird dann der potenzielle Beurteilungszeitpunkt der formellen Rechtskraft zu einem tatsächlichen Beurteilungszeitpunkt. Handelt es sich um einen Beschluss, der zudem der materiellen Rechtskraft fähig ist, so wird auch die Frage des Eintritts dieser materiellen Rechtskraft und konkret deren Zeitpunkt grundsätzlich erst in Folgeverfahren relevant werden.

Allerdings besteht hier ebenfalls die Möglichkeit, dass es im Ausnahmefall, da wie im Urteilsverfahren in diesen Zeitpunkten grundsätzlich kein Handeln durch das verfahrensrechtlich zuständige Organ erforderlich ist, dennoch in diesen Zeitpunkten selbst zur Beurteilung des Vorliegens der Rechtskraft kommen kann.

---

[418] MüKoZPO/*Musielak/Hüntemann*, ZPO § 329 Rn. 11.

[419] BeckOK ZPO/*Bach*, ZPO § 329 Rn. 38.

[420] BeckOK ZPO/*Bach*, ZPO § 329 Rn. 39; Stein/Jonas/*Roth*, 23. Aufl., ZPO § 329 Rn. 19. Insofern ist ein Vorgehen gegen bindende Beschlüsse, gegen die kein Rechtsmittel zur Verfügung steht, allenfalls nach § 321a ZPO möglich, im Übrigen verbleibt der Weg der Verfassungsbeschwerde, vgl. MüKoZPO/*Musielak/Hüntemann*, ZPO § 329 Rn. 12. S. hierzu auch BGH, Beschl. v. 7.3.2002 – IX ZB 11/02, NJW 2002, 1577.

[421] BeckOK ZPO/*Bach*, ZPO § 329 Rn. 39.

### (2) Insbesondere: Weitere relevante Zeitpunkte im arbeitsgerichtlichen Beschlussverfahren

Im arbeitsgerichtlichen Beschlussverfahren existieren, wie bereits festgestellt, ebenfalls neben den beiden Dezisionszeitpunkten des Erkenntnishorizonts und der tatsächlichen Entscheidung keine weiteren Dezisionszeitpunkte.

Zugleich sind auch in diesem Verfahren die für das Urteilsverfahren insgesamt und das Beschlussverfahren der ZPO identifizierten Zeitpunkte am Ende des Verfahrens im arbeitsgerichtlichen Beschlussverfahren zu finden: Wie im Urteilsverfahren ist hier der Verkündungszeitpunkt ein zentraler Zeitpunkt am Ende des Verfahrens.[422] Darüber hinaus werden die Beschlüsse des arbeitsgerichtlichen Beschlussverfahrens mit der Verkündung mit allen prozessualen und materiell-rechtlichen Wirkungen existent[423] – insofern ist in diesem Verfahren der Verkündungszeitpunkt gleichfalls mit dem Zeitpunkt des Existentwerdens und demjenigen der Bindung des Gerichts verknüpft.

Zudem sind arbeitsgerichtliche Beschlüsse zuzustellen.[424] Dies impliziert damit das Vorliegen des Zeitpunkts der Zustellung in diesem Verfahren. Da wie dargelegt,[425] arbeitsgerichtliche Beschlüsse immer zu verkünden sind,[426] kann hier aber die im zivilprozessualen Urteilsverfahren beschriebene Doppelfunktion der Zustellung im Fall derjenigen Verfahren, in denen die Verkündung durch Zustellung ersetzt wird, nicht aktuell werden. Zugleich ist jedoch „der“ Zustellungszeitpunkt im arbeitsgerichtlichen Beschlussverfahren zum einen eng verbunden mit dem Zeitpunkt der grundsätzlichen Rechtswirksamkeit der Entscheidung, ebenso wie „der jeweilige“ Zustellungszeitpunkt auch in diesem Verfahren bestimmend ist für den Zeitpunkt der Wirksamkeit gegenüber den Parteien bzw. gegenüber der jeweiligen Partei.[427] Darüber hinaus können Beschlüsse des arbeitsgerichtlichen Beschlussverfahrens formelle und materielle Rechtskraft entfalten.[428] Es existiert damit hier ebenfalls ein Zeitpunkt der formellen bzw. materiellen Rechtskraft.

---

[422] S. zur Verkündung des Beschlusses insgesamt etwa GMP/*Spinner*, ArbGG § 84 Rn. 16.

[423] BAG, Beschl. v. 17.8.2022 – 7 ABR 3/21, NJW 2023, 540 Rn. 22 u. 24.

[424] Vgl. etwa ErfK/*Koch*, ArbGG § 84 Rn. 1; GMP/*Spinner*, ArbGG § 84 Rn. 18.

[425] Teil C/II./4./c)/aa)/(5)/(a).

[426] BAG, Beschl. v. 17.8.2022 – 7 ABR 3/21, NZA 2023, 125 Rn. 22; ErfK/*Koch*, ArbGG § 84 Rn. 1.

[427] Vgl. zur Verbindung von Zustellung und „Wirksamkeit“ auch in diesem Verfahren etwa GMP/*Spinner*, ArbGG § 84 Rn. 19.

[428] BAG, Beschl. v. 20.3.1996 – 7 ABR 41/95, NZA 1996, 1058; ErfK/*Koch*, ArbGG § 84 Rn. 2.

Es handelt sich bei diesen Zeitpunkten am Ende des Verfahrens insgesamt ebenso wie in den zuvor betrachteten Verfahren grundsätzlich um potenzielle Beurteilungszeitpunkte, die im weiteren Verlauf auch direkte Beurteilungszeitpunkte sein können: Auch hier können etwa der Zeitpunkt der Zustellung und der Zeitpunkt der Verkündung und die mit ihnen eng verknüpften Zeitpunkte der grundsätzlichen Rechtswirksamkeit und der Rechtswirksamkeit gegenüber den Parteien in anschließenden Rechtsmittelverfahren insbesondere im Rahmen der Berechnung der Rechtsmittelfristen, beispielsweise nach §§ 87 Abs. 2, 66 Abs. 1 S. 2 ArbGG, im Sinne von tatsächlichen Beurteilungszeitpunkten relevant werden, während im Zeitpunkt ihres tatsächlichen Geschehens im Ausgangsverfahren grundsätzlich keine Beurteilung erfolgt.

Die Zeitpunkte des Existentwerdens des arbeitsgerichtlichen Beschlusses und der Bindung des Gerichts können ebenfalls bei ihnen zeitlich nachfolgenden, in der Regel im weiteren Verfahrensgang oder in anderen Verfahren liegenden, Fragestellungen zur Abänderungsbefugnis des Beschlusses relevant werden. Zudem kann der Zeitpunkt der (jeweiligen) Rechtskraft zu einem direkten Beurteilungszeitpunkt im Rahmen weiterer Verfahren werden,[429] auch hier ist im Ausnahmefall ein Zusammenfallen im tatsächlichen Zeitpunkt des Eintritts der Rechtskraft mit der Beurteilung seines Vorliegens denkbar.

### (3) Insbesondere: Weitere Zeitpunkte in der freiwilligen Gerichtsbarkeit

Im Verfahren der freiwilligen Gerichtsbarkeit finden sich ebenfalls weitere relevante Zeitpunkte am Ende des Verfahrens. Zwar ist im Rahmen der Beschlüsse nach § 38 FamFG kein Verkündungszeitpunkt gegeben, denn diese werden, wie bereits dargestellt,[430] nicht verkündet.[431] Mit ihrem Erlass, d. h. durch Übergabe an die Geschäftsstelle oder durch Verlesen der Beschlussformel, vgl. § 38 Abs. 3 S. 3 FamFG,[432] werden die betreffenden Beschlüsse aber existent, das Gericht ist in den gesetzlichen Grenzen an seine Entscheidung gebunden.[433] Insofern liegt dort der Zeitpunkt des Existentwerdens des Beschlusses. Zudem kann die betreffende Ent-

---

[429] Vgl. etwa ErfK/*Koch*, ArbGG § 84 Rn. 2.

[430] Teil C/II./4./c)/aa)/(6).

[431] S. etwa BeckOK FamFG/*Obermann*, FamFG § 41 Rn. 12; MüKoFamFG/*Ulrici*, FamFG § 38 Rn. 29.

[432] Vgl. auch BeckOKFamFG/*Obermann*, FamFG § 38 Rn. 84.

[433] BGH, Beschl. v. 8.7.2015 – XII ZB 586/14, NJW-RR 2015, 1346 Rn. 5; MüKoFamFG/*Ulrici*, FamFG § 38 Rn. 31.

scheidung grundsätzlich Gegenstand eines Rechtsmittels sein,[434] folglich ist auch der Zeitpunkt der grundsätzlichen Rechtswirksamkeit in diesem Verfahren zu bejahen. Weiterhin tritt der Zeitpunkt der Rechtswirksamkeit gegenüber den Parteien mit der Bekanntgabe an den jeweiligen Adressaten ein,[435] was aus § 40 Abs. 1 FamFG folgt.

Darüber hinaus ordnet etwa § 41 Abs. 1 S. 2 FamFG die förmliche Zustellung für anfechtbare Beschlüsse gegenüber demjenigen an, dessen erklärtem Willen er nicht entspricht. Damit muss der Beschluss den Beteiligten zugestellt werden, die durch den Beschluss in ihren Rechten beeinträchtigt werden und deshalb nach § 59 Abs. 1 FamFG beschwerdeberechtigt sind.[436] Insofern existiert in diesem Verfahren dann ebenfalls der Zeitpunkt der Zustellung. Im Übrigen kann die Bekanntgabe durch Aufgabe zur Post,[437] vgl. auch § 15 Abs. 2 S. 1 und 2 FamFG, oder, wenn Beteiligte anwesend sind, durch Verlesen der Beschlussformel erfolgen.[438] Gegebenenfalls kommt auch eine öffentliche Zustellung in Betracht.[439] Hier handelt es sich dann jeweils um spezielle Zeitpunkte der Bekanntgabe der Entscheidung.

Auch der Zeitpunkt der formellen Rechtskraft existiert im Verfahren der freiwilligen Gerichtsbarkeit, ist ausdrücklich in § 45 FamFG geregelt. Hingegen enthält das FamFG keine den §§ 322, 325 ZPO entsprechenden Vorschriften zur materiellen Rechtskraft.[440] Insofern wird die materielle Rechtskraft für einige Verfahren der freiwilligen Gerichtsbarkeit abgelehnt.[441] Diesbezüglich soll keine weitergehende Diskussion dieser umstrittenen Thematik erfolgen. Für den vorliegenden Kontext kann jedoch festgehalten werden, dass für die Frage der Möglichkeit des Vorliegens des Zeitpunkts der materiellen Rechtskraft jeweils der Einzelfall zu betrachten ist.

Alle genannten Zeitpunkte am Ende des Verfahrens der freiwilligen Gerichtsbarkeit liegen nach dem Zeitpunkt des Erlasses der Entscheidung und stellen keine Beurteilungszeitpunkte am Ende des Verfahrens mehr dar. Allerdings können auch sie im Rechtsmittelverfahren oder in anderen Verfahren zu direkten Beurteilungs-

[434] S. ebenfalls BGH, Beschl. v. 8.7.2015 – XII ZB 586/14, NJW-RR 2015, 1346 Rn. 5; MüKoFamFG/*Ulrici*, FamFG § 38 Rn. 31.

[435] S. zu dieser Form der Wirksamkeit ebenfalls MüKoFamFG/*Ulrici*, FamFG § 38 Rn. 31.

[436] BeckOK FamFG/*Obermann*, FamFG § 41 Rn. 7.

[437] BeckOKFamFG/*Obermann*, FamFG § 41 Rn. 10.

[438] BeckOKFamFG/*Obermann*, FamFG § 41 Rn. 12.

[439] BeckOKFamFG/*Obermann*, FamFG § 41 Rn. 11.

[440] Sternal/*Jokisch*, FamFG § 45 Rn. 26.

[441] S. hierzu etwa Prütting/Gehrlein/*Prütting*, Zivilprozessordnung, FamFG § 45 Rn. 5. Vgl. ebenfalls Sternal/*Jokisch*, FamFG, § 45 Rn. 26 ff.

zeitpunkte werden. Beispielsweise kann etwa der Zustellungszeitpunkt im Rahmen der Berechnung der Beschwerdefrist nach § 63 FamFG relevant werden. Zudem besteht etwa im Fall des Zeitpunkts der formellen Rechtskraft, ebenso wie für den Fall der Bejahung der materiellen Rechtskraft die Möglichkeit, dass in diesen Zeitpunkten im Ausnahmefall das Vorliegen der Rechtskraft beurteilt wird.

#### cc) Zwischenergebnis bezüglich des Beschlussverfahrens insgesamt

Zwar ist es wegen der Vielfalt der Entscheidungen, die in Beschlussform ergehen, kaum möglich, einheitliche Standards für alle Beschlüsse zu formulieren.[442] Fokussiert man sich jedoch bei der Betrachtung der Beschlüsse auf diejenigen Verfahren, die als abschließende Entscheidung einen Beschluss vorsehen, so lassen sich im Vergleich mit dem Zwischenergebnis der Zeitpunkte am Ende des Urteilsverfahrens zwar einige Gemeinsamkeiten, aber auch signifikante Unterschiede feststellen.

Zentral für die vorliegende Betrachtung ist, dass sich in allen betrachteten Konstellationen des Beschlussverfahrens ebenso wie im Urteilsverfahren zwei Dezisionszeitpunkte finden: der Erkenntnishorizont und der Zeitpunkt der tatsächlichen Entscheidung. Weitere Dezisionszeitpunkte treten hier ebenfalls nicht hinzu. Dabei können unabhängig von der konkreten Art des Erlasses der Entscheidung ebenso wie im Urteilsverfahren im Erkenntnishorizont und im Zeitpunkt der tatsächlichen Entscheidung bei den Beurteilungen am Ende eines Beschlussverfahrens sowohl materiell-rechtliche als auch verfahrensrechtliche Aspekte relevant werden. Als Beispiel kann etwa der Beschluss über die Nichtzulassungsbeschwerde nach § 544 Abs. 6 S. 1 ZPO dienen. Bei diesem prüft das Revisionsgericht die Zulässigkeit und Begründetheit der Beschwerde und entscheidet im Anschluss daran ohne mündliche Verhandlung durch Beschluss.[443] Auch bei diesem wird zum einen eine Beurteilung der verfahrensrechtlichen Aspekte des betreffenden Beschlusses stattfinden: Im Rahmen der Zulässigkeitsprüfung erfolgt eine Begutachtung dahingehend, ob die Beschwerde form- und fristgerecht eingelegt und begründet worden ist und ob der Wert des Beschwerdegegenstands die Wertgrenze von 20.000 € übersteigt.[444] Innerhalb der Begründetheit prüft das Gericht sodann, ob die Voraussetzungen der Zulassung der Revision nach § 543 Abs. 2 ZPO erfüllt sind und damit in einem entscheidungserheblichen Punkt ein gesetzlicher Zulassungs-

[442] BeckOK ZPO/*Bach*, ZPO § 329 Rn. 2.

[443] Vgl. etwa BeckOK ZPO/*Kessal-Wulf*, ZPO § 544 Rn. 23.

[444] Vgl. Musielak/Voit/*Ball*, Zivilprozessordnung, ZPO § 544 Rn. 21.

grund vorliegt.[445] Unabhängig von der strittigen Frage, ob das Beschwerdegericht bei seiner Prüfung auf die von dem Beschwerdeführer dargelegten Zulassungsgründe beschränkt ist,[446] sind sowohl bei dem Zulassungsgrund der grundsätzlichen Bedeutung nach § 543 Abs. 2 S. 1 Nr. 1 ZPO als auch bei demjenigen der Rechtsfortbildung nach § 543 Abs. 2 S. 1 Nr. 2 ZPO und demjenigen der Sicherung der Einheitlichkeit der Rechtsprechung nach § 543 Abs. 2 S. 1 Nr. 2 ZPO verfahrensrechtliche und materiell-rechtliche Aspekte denkbar.[447]

Als weitere Gemeinsamkeit hat sich zudem gezeigt, dass zahlreiche potenzielle Beurteilungszeitpunkte zu finden sind. Dabei trat als charakteristisch für die betrachteten Zeitpunkte am Ende des Verfahrens hervor, dass im Zeitpunkt ihres tatsächlichen Geschehens in der Regel keine Beurteilung erfolgte, sofern für diesen Zeitpunkt des tatsächlichen Geschehens auch eine Handlung durch die verfahrensrechtlich zuständigen Organe erforderlich war.

Betrachtet man einzig die Konstellation der Beschlussfassung nach obligatorischer mündlicher Verhandlung, so zeigt sich eine Parallelstruktur in der Systematik der Dezisionszeitpunkte im Vergleich zu derjenigen im Urteilsverfahren: Der Erkenntnishorizont ist aufgrund der Anwendbarkeit des § 296a ZPO dem Zeitpunkt der tatsächlichen Entscheidung vorgelagert. In dem Zwischenzeitraum erfolgendes Vorbringen ist grundsätzlich nicht mehr zu berücksichtigen. Bezieht man die weiteren Zeitpunkte am Ende des Verfahrens, die potenzielle Beurteilungszeitpunkte darstellen, mit ein, so zeigen sich allerdings Abweichungen vom Urteilsverfahren: Im Beschlussverfahren nach obligatorischer mündlicher Verhandlung kann im Ausnahmefall der Zeitpunkt der Verkündung nicht mit demjenigen des Existentwerdens der Entscheidung bzw. demjenigen der Bindungswirkung des Gerichts zusammenfallen; konkret ist das dann der Fall, wenn ein inhaltlich gefasster und unterschriebener Beschluss auf anderem Wege, vor allem (fern-)mündlich das Innere des Geschäftsbetriebs verlassen hat. Zudem kommt im Beschlussverfahren nach obligatorischer mündlicher Verhandlung ebenso wenig wie in den weiteren Konstellationen der Beschlussfassung der Zustellung bzw. dem Zeitpunkt der Zustellung eine Doppelfunktion zu.

---

[445] Vgl. Musielak/Voit/*Ball,* Zivilprozessordnung, ZPO § 544 Rn. 22; MüKoZPO/*Krüger,* ZPO § 544 Rn. 25.

[446] S. zu diesem Meinungsstreit etwa MüKoZPO/*Krüger,* ZPO § 544 Rn. 25.

[447] Vgl. bezüglich der Anforderungen an Verfahrensmängel und materiell-rechtliche Rechtsfehler Musielak/Voit/*Ball,* Zivilprozessordnung, ZPO § 543 Rn. 9; hinsichtlich der „Fortbildung des Rechts" s. etwa BeckOK ZPO/*Kessal-Wulf,* ZPO § 543 Rn. 23; zur Sicherung einer einheitlichen Rechtsordnung vgl. BeckOK ZPO/*Kessal-Wulf,* ZPO § 543 Rn. 24 ff., insbes. Rn. 29.

Darüber hinaus ist gerade im schriftlichen Beschlussverfahren und im Verfahren nach fakultativer mündlicher Verhandlung eine weitergehende abweichende Situation bezüglich der Dezisionszeitpunkte zu konstatieren. In beiden Konstellationen fallen der Erkenntnishorizont und der Zeitpunkt der tatsächlichen Entscheidung zeitlich in der Regel zusammen. Da in beiden Situationen das Vorbringen der Parteien bis zu dem Zeitpunkt zu berücksichtigen ist, bis zu dem die Entscheidung den inneren Bereich des Gerichts mit der unmittelbaren Zweckbestimmung verlassen hat, den Parteien bekannt gegeben zu werden, handelt es sich jedoch nicht um ein starres Konstrukt. Insbesondere der Erkenntnishorizont kann sich hierbei verschieben. Das führt dann in der Konsequenz auch zur Verschiebung des Zeitpunkts der tatsächlichen Entscheidung. Denn neues Vorbringen ist in die Erwägungen miteinzubeziehen. Dabei ist grundsätzlich zunächst zu entscheiden, ob das neue Vorbringen eine Abänderung des sich noch im Inneren des Gerichtsbetriebs befindlichen Beschlusses erforderlich macht. Ist das der Fall, so ist ein erneuter Beschluss zu fassen. Ist das nicht der Fall, verbleibt es zwar bei der getroffenen Entscheidung. Es wird aber dennoch eine erneute Entscheidung darüber getroffen, die betreffende Entscheidung weder in verfahrensrechtlicher noch materiellrechtlicher Hinsicht zu ändern. Diese Entscheidung bezieht sich damit inhaltlich auf die gesamte Entscheidungsgrundlage. Insofern verschieben sich bei erneutem Vorbringen der Parteien Erkenntnishorizont und tatsächlicher Entscheidungshorizont stets gemeinsam.

Der Grund für diese Abweichung liegt zunächst in der fehlenden Anwendbarkeit von § 296a ZPO: Im Urteilsverfahren und im Beschlussverfahren nach obligatorischer mündlicher Verhandlung existiert eine zeitliche Zäsur, nach der Angriffs- und Verteidigungsmittel nicht mehr vorgebracht werden können. Ein dennoch erfolgender Vortrag erfordert zwar insofern ein Tätigwerden des Gerichts, als eine Überprüfung der Ausnahmefälle des § 296a S. 2 ZPO erforderlich wird. Es wird jedoch nicht mehr eine Überprüfung der gesamten Entscheidungsgrundlage erfolgen. Dieser Weg eröffnet sich grundsätzlich nur bei Eingreifen der gesetzlich normierten Ausnahmeregelungen. Insofern ist in diesen Verfahren das zeitliche Auseinanderfallen von Erkenntnishorizont und Zeitpunkt der tatsächlichen Entscheidung der Regelfall, wenn auch gegebenenfalls im Fall des Stuhlurteils ein Zusammenfallen möglich ist, während bei Beschlüssen im schriftlichen Verfahren und nach freigestellter mündlicher Verhandlung gerade deren zeitliches Zusammentreffen der Regelfall ist.

Insgesamt sind damit für diesen unterschiedlichen Befund zudem zwei prozessrechtliche Grundsätze ausschlaggebend: einerseits derjenige der Mündlichkeit, der nur im Beschlussverfahren mit obligatorischer mündlicher Verhandlung, nicht aber in den übrigen Konstellationen des Beschlussverfahrens anzuwenden ist. Und andererseits der Grundsatz des rechtlichen Gehörs, der im letztgenannten Bereich keine Begrenzung im Sinne einer Präklusion erfährt. Anders als im Rahmen von § 296a ZPO, bei dem, bis auf die gesetzlich niedergelegten Ausnahmen, die einmal eingetretene, vom Gericht festgestellte Entscheidungsreife durch Festlegung eines konkreten Zeitpunkts manifestiert wird, kann damit weiteres Vorbringen der Beteiligten dazu führen, dass das Gericht dieses nochmals miteinzubeziehen hat und damit der Erkenntnishorizont aufgrund der obligatorischen Einbeziehung weiteren Prozessstoffs verschoben wird.

Eine weitere besondere Komponente bei den Beurteilungszeitpunkten am Ende des Verfahrens zeigt sich im Beschlussverfahren der Arbeitsgerichtsbarkeit. Denn bei diesem gilt der eingeschränkte Untersuchungsgrundsatz. Zudem gibt § 83 Abs. 1a ArbGG dem Gericht zwar die Möglichkeit der Präklusion an die Hand, sie stellt sie aber in letzter Konsequenz in sein Ermessen. Insofern können hier der Erkenntnishorizont und der Zeitpunkt der tatsächlichen Entscheidung im Falle des Eingreifens und Gebrauchmachens von § 83 Abs. 1a ArbGG auseinanderfallen, es ist sogar theoretisch eine Aufspaltung des Erkenntnishorizonts denkbar. Andernfalls ist jedoch auch eine Annäherung von Erkenntnishorizont und Zeitpunkt der tatsächlichen Entscheidung möglich, gegebenenfalls ein Zusammenfallen.

Insgesamt kann damit festgehalten werden, dass das arbeitsgerichtliche Beschlussverfahren im Hinblick auf die Beurteilungszeitpunkte am Ende des Verfahrens eine Zwischenstellung zwischen Urteilsverfahren und zivilprozessualem Beschlussverfahren einnimmt. Im Beschlussverfahren der freiwilligen Gerichtsbarkeit, in dem ebenfalls der Amtsermittlungsgrundsatz gilt, fallen der Erkenntnishorizont und der Zeitpunkt der tatsächlichen Entscheidung stets zusammen, hier existiert insbesondere keine § 83 Abs. 1a ArbGG vergleichbare Norm.

### d) Nicht-staatliche Streitbeilegung

Neben den bisher betrachteten Formen der Entscheidung durch staatliche Institutionen stehen gerade im Bereich des Privatrechts aufgrund des Grundsatzes der Privatautonomie den Rechtssubjekten noch weitere, nicht-staatliche, Formen der Streitbeilegung zur Verfügung. Teilweise erfordern diese gerade zur Streitbeilegung ebenfalls die Vornahme von Beurteilungen. Dann existieren auch bei diesen relevante Zeitpunkte am Ende des jeweiligen Verfahrens. Aufgrund der im Rahmen dieses Grundlagenteils vorzunehmenden umfassenden Betrachtung, sind diese nicht-staatlichen Formen der Streitbeilegung daher grundsätzlich ebenfalls[448] in die Betrachtung der Zeitpunkte am Ende des Verfahrens miteinzubeziehen, soweit sie für die Untersuchung sachdienliche Ergebnisse versprechen.

Dabei ist allerdings zu berücksichtigen, dass sich gerade die konsensuale Streitbeilegung weitgehend losgelöst von gesetzgeberischen Bemühungen entwickelt hat.[449] Darüber hinaus besteht eine solch große Anzahl derartiger Verfahren bzw. an Alternativen, diese privatautonom zu schaffen und auszugestalten, dass die Betrachtung der zahlreichen einzelnen Verfahren im Rahmen dieser Untersuchung nicht möglich erscheint. Insofern ist bereits eine erste Einschränkung für die nachfolgende Betrachtung in diesem Bereich vorzunehmen: Da eine wertende Beurteilung in der Regel durch eine unabhängige dritte Person erfolgt, sind vorliegend nur solche Verfahren der alternativen Konfliktbeilegung von Interesse, die unter Beteiligung eines Dritten stattfinden. Damit stehen dann die Schiedsgerichtsverfahren, die Schlichtung, die Mediation und die Moderation im Zentrum. Bei diesem Kriterium kann eine Vorauswahl jedoch nicht stehen bleiben, vielmehr ist die Gruppe der sachdienlichen Verfahren weiter einzuschränken.

#### aa) Vorauswahl geeigneter Verfahren alternativer Konfliktbeilegung

Dabei ist zunächst zu berücksichtigen, dass hinsichtlich der Geeignetheit zur Lieferung sachdienlicher Ergebnisse zu Beginn dieses Unterkapitels für die staatlichen Verfahren der Aspekt der streitbeendenden Wirkung als ein zentrales Auswahlkriterium angeführt wurde. Aufgrund der starken Formalisierung der Verfahren im staatlichen Bereich konnte dieses auch als Primärkriterium dienen. Gerade diese Formalisierung ist jedoch in den nicht-staatlichen Verfahren oftmals nicht gegeben: In der Regel können die Parteien bei der alternativen Konfliktbeilegung das Verfahren selbst bestimmen und auf ihre individuellen Fähigkeiten und Bedürfnisse sowie die Art des Konflikts zuschneiden.[450] Um im vorliegenden Kontext der (Beurteilungs-)Zeitpunkte am Ende des Verfahrens sachdienliche Ergebnisse für die Untersuchung herausarbeiten zu können, bedarf es aber letztlich gerade des Vorliegens verallgemeinerungsfähiger formaler Strukturen zur Streitbeendigung.

Um damit zu (weiteren) geeigneten, das Kriterium der Streitbeendigung ergänzenden oder abändernden Kriterien für eine Vorauswahl zu gelangen, kann eine

---

[448] Im Rahmen der Bestandsaufnahme zu den Gesetzestexten und Ordnungen wurden gleichfalls Beispiele aus diesem Bereich mitaufgenommen, vgl. insbes. Teil C/II./1.

[449] *Prütting,* MDR 2016, 965.

[450] Vgl. *Greger,* ZKM 2014, 140.

in der Literatur[451] entwickelte Systematik zur Unterscheidung der einzelnen Verfahren außergerichtlicher Streitbeilegung herangezogen werden. Nach dieser wird darauf abgestellt, mit welchen Rechten bzw. Kompetenzen der Dritte im Verfahren ausgestattet ist.[452] Insofern wird dann auf das Vorliegen von Verfahrensmacht, Gestaltungsmacht und Entscheidungs- bzw. Schiedsmacht des Dritten[453] abgestellt. Letztere liegt vor, wenn der Dritte Verantwortung für das Entscheidungsergebnis trägt[454]; er bestimmt damit nicht nur, wie das Verfahren durchgeführt wird, sondern auch wann es endet und zu welchem Ergebnis es kommt.[455] Das erscheint als geeigneter Ansatzpunkt für eine weitergehende Unterscheidung und Vorauswahl der zu betrachtenden Verfahren: Nur wenn dem oder der Dritten auch eine Entscheidungsmacht eingeräumt wird, wird er bzw. sie am Ende des Verfahrens eine Beurteilung vornehmen, nur dann sind die betreffenden Zeitpunkte überhaupt relevant.

Insofern soll zum einen weiterhin der Aspekt der Streitbeendigung vorliegend herangezogen werden, allerdings nicht im Sinne der Beendigung durch das gewählte Verfahren. Dieses Ziel ist den alternativen Konfliktbeilegungsverfahren bereits begrifflich gemein. Vielmehr soll es hier um die Befugnis des Dritten gehen, das Verfahren selbst einem Ende zuzuführen. Zum anderen soll aber darüber hinaus noch der Aspekt der Formalisierung des Verfahrens zur Vorauswahl miteinbezogen werden, denn je größer das Maß an privatautonomen Regelungen in diesen Verfahren ist, desto weniger ist eine prinzipielle Aussage möglich. Insofern kann nur dann, wenn ein gewisses Maß an Formalisierung zu verzeichnen ist, überhaupt eine Untersuchung im Sinne einer Vergleichbarkeit erfolgen. Diesbezüglich bietet es sich an, im Bereich der noch auszuwählenden Verfahren nach solchen Regelungswerken zu suchen, für die durch formelle Gesetze allgemeine Anforderungen zwingender oder fakultativer Art formuliert werden und dann die betreffenden formellen Gesetze näher zu betrachten. Auch wenn diese oftmals keine zwingenden Normierungen enthalten, kommen in ihnen dennoch grundlegende Regeln zum Ausdruck, die für eine größere Anzahl an Verfahren Geltung erlangen, die sich an die gesetzlichen Vorgaben anlehnen.

---

[451] Vgl. etwa *Kracht/Rüssel,* JA 2003, 725, 727 f. und *v. Schlieffen* in: v. Schlieffen/Wegmann (Hrsg.), Mediation in der notariellen Praxis, 7.

[452] *Kracht/Rüssel,* JA 2003, 725, 727.

[453] *Kracht/Rüssel,* JA 2003, 725, 727 und *v. Schlieffen* in: v. Schlieffen/Wegmann (Hrsg.), Mediation in der notariellen Praxis, 7.

[454] *Kracht/Rüssel,* JA 2003, 725, 727.

[455] *v. Schlieffen* in: v. Schlieffen/Wegmann (Hrsg.), Mediation in der notariellen Praxis, 4.

### (1) Moderation und Mediation

Blickt man nun auf die im ersten Schritt ausgewählten Verfahren, so zeigt sich, dass sich bereits anhand des Kriteriums der Entscheidungsmacht sowohl die Moderation als auch die Mediation als nicht geeignet für die vorliegende Betrachtung erweisen: Bei der Moderation steht im Kern des Verfahrens, dass ein Dritter die Kommunikation zwischen Parteien mäßigt, d. h. strukturiert und überschaubar hält.[456] Sie dient zum einen dazu, die durch den Konflikt beeinträchtigte Kommunikation wieder zu ermöglichen oder zu verbessern, zum anderen, den Parteien die Möglichkeit zu geben, den Konflikt durch eine einverständliche Regelung zu lösen, wobei aber die Lösung in den Händen der Parteien liegt.[457] Charakteristisch ist, dass der Moderatorin allein Verfahrensmacht zukommt,[458] Entscheidungs- bzw. Schiedsmacht besteht hingegen nicht.[459] Sie soll daher vorliegend nicht weiter miteinbezogen werden.

Und auch wenn die Mediation normiert[460] und damit stärker formalisiert ist, ist auch sie vorliegend außer Acht zu lassen: Die Mediation geht zwar weiter als die Moderation, sie ist mehr als eine bloße Vermittlung durch einen Dritten im Rahmen eines Konflikts, stellt vielmehr eine strukturierte Konfliktlösungsmethode dar, bei der der Verfahrensablauf bestimmten Phasen folgt.[461] Allerdings besitzt auch die Mediatorin keine Entscheidungsbefugnis.[462]

### (2) Schiedsverfahren der ZPO

Anders stellt sich die Situation in Bezug auf Schiedsverfahren dar. Dabei existieren zwar neben dem in der ZPO in den §§ 1025 ff. niedergelegten Schiedsverfahren noch weitere schiedsrichterliche Verfahren im privatrechtlichen Bereich.[463] Jedoch wird zumeist unter dem Begriff des Schiedsverfahrens das in der ZPO geregelte Verfahren verstanden.[464] Das liegt nicht zuletzt darin begründet, dass diese

---

[456] *Kracht/Rüssel,* JA 2003, 725, 727; s. ebenfalls *Husemann,* Der moderierte Vertrag, 3.

[457] *Husemann,* Der moderierte Vertrag, 4; vgl. ebenfalls *Eisele,* ZRP 2011, 113.

[458] *Kracht/Rüssel,* JA 2003, 725, 727 und *v. Schlieffen* in: v. Schlieffen/Wegmann (Hrsg.), Mediation in der notariellen Praxis, 3.

[459] Vgl. *Husemann,* Der moderierte Vertrag, 4; s. auch das Schaubild in *v. Schlieffen* in: v. Schlieffen/Wegmann (Hrsg.), Mediation in der notariellen Praxis, 7.

[460] Vgl. MediationsG; s. auch *Greger,* ZKM 2014, 140.

[461] *Eisele,* ZRP 2011, 113.

[462] *Eisele,* ZRP 2011, 113; s. auch das Schaubild in *v. Schlieffen* in: v. Schlieffen/Wegmann (Hrsg.), Mediation in der notariellen Praxis, 7.

[463] Vgl. diesbezüglich Prütting/Gehrlein/*Prütting,* Zivilprozessordnung, ZPO § 1025 Rn. 5 ff.

[464] *Joussen,* Schlichtung als Leistungsbestimmung und Vertragsgestaltung durch einen Dritten, 18.

Regelungen für einen signifikanten Teil der privatrechtlichen Schiedsverfahren maßgeblich sind und insofern für diese den gesetzlichen Rahmen für den Schiedsvertrag, den Ablauf des Schiedsverfahrens an sich, den Schiedsspruch und die Vollstreckung des Schiedsspruchs bilden.[465] In diesem schiedsrichterlichen Verfahren nach den §§ 1025 ff. ZPO wird dem Dritten die Entscheidungsbefugnis ausdrücklich übertragen.[466] Damit existieren dort Vorgaben zur Regelung von Rechtsstreitigkeiten dergestalt, dass private Schiedsgerichte an die Stelle der staatlichen Gerichte tretend eine bindende Streitentscheidung vornehmen, wobei sie ihre Kompetenz aus einer Vereinbarung der Streitparteien beziehen.[467] Folglich erfüllt das Schiedsverfahren der ZPO zum einen das Erfordernis der Streitbeendigung im Sinne der Entscheidungsbefugnis des Dritten.

Zum anderen sind seine grundlegenden Anforderungen eben gerade in der ZPO und damit durch ein formelles Gesetz normiert. Die Vorschriften sind zwar oftmals nicht zwingend und greifen nur dann ein, wenn die Parteien zu bestimmten Punkten (z. B. der Abberufung eines Schiedsrichters wegen Befangenheit) keine Regelung getroffen haben,[468] vgl. § 1042 Abs. 3 und 4 ZPO.[469] Dieser fakultative Charakter der betreffenden Normen ist nicht zuletzt der Tatsache geschuldet, dass es sich bei diesem Verfahren eben um eines des nicht-staatlichen Bereichs handelt, in dem sich die Kompetenz der streitentscheidenden Personen aus der privatautonomen Entscheidung der Parteien ergibt.[470] Allerdings enthalten die Vorschriften vereinzelt auch zwingende Regelungen, von denen die Parteien nicht abweichen können,[471] was bereits aus der Formulierung des § 1042 Abs. 3 ZPO ersichtlich wird. Vor allem aber handelt es sich durch die Normierungen in der ZPO um die rechtliche Grundlage zahlreicher Schiedsverfahren, sodass die vorliegend ebenfalls notwendige Voraussetzung der Formalisierung des Verfahrens als gegeben anzusehen ist. Damit soll dieses Verfahren im Folgenden zur Betrachtung etwaiger

---

[465] Vgl. in Bezug auf den gesetzlichen Rahmen *W. Lüke,* Zivilprozessrecht I, § 51 Rn. 1.

[466] *Kracht/Rüssel,* JA 2003, 725, 728; vgl. auch HK-ZPO/*Saenger,* ZPO § 1029 Rn. 12.

[467] *Joussen,* Schlichtung als Leistungsbestimmung und Vertragsgestaltung durch einen Dritten, 17 f.; *Kahlert,* SchiedsVZ 2023, 2.

[468] Vgl. Information des BMJV zu „Schiedsverfahren und Durchsetzung von Schiedssprüchen in Deutschland", abrufbar unter: https://www.bmjv.de/DE/themen/wege_zum_recht/schiedsgsrichtsbarkeit/schiedsgsrichtsbarkeit_node.html (zuletzt abgerufen: 8.1.2026).

[469] S. diesbezüglich ebenfalls Thomas/Putzo/*Nordmeier,* Zivilprozessordnung, ZPO § 1042 Rn. 1.

[470] Vgl. bezüglich der Kompetenz der streitentscheidenden Personen auch BeckOK ZPO/*Wolf/Eslami,* 56. Ed. 2022, ZPO, § 1025 Rn. 1.

[471] Vgl. Information des BMJV zu „Schiedsverfahren und Durchsetzung von Schiedssprüchen in Deutschland", abrufbar unter: https://www.bmjv.de/DE/themen/wege_zum_recht/schiedsgsrichtsbarkeit/schiedsgsrichtsbarkeit_node.html (zuletzt abgerufen: 8.1.2026).

(Beurteilungs-)Zeitpunkte am Ende des Verfahrens für das Schiedsverfahren herangezogen werden.

### (3) Schlichtung

Problematischer stellt sich die Situation in Bezug auf die letzte verbleibende Gruppe, diejenige der Schlichtung, dar.[472] Diese Form der nicht staatlich getragenen Streitbeilegung kommt im Fall von Regelungsstreitigkeiten in Betracht.[473] Bei diesen wird nicht über die Anwendbarkeit oder die Auslegung geltender Rechtsnormen entschieden, sondern über eine Regelung befunden, die die Beteiligten selbst zu treffen haben, über die sie sich aber nicht einigen können.[474] Insofern ist für die Tätigkeit des Schlichters bzw. des Schlichtergremiums prägend, dass diese bei ihrer Tätigkeit kein Recht subsumieren, da dieses noch gar nicht vorhanden ist; sie sind primär gestalterisch tätig.[475] Dabei ist die Schlichtung in erster Linie auf Kompromisse angelegt,[476] Schlichtungsstellen sollen in der Regel nur vermittelnd helfen, sind berufen einen Interessenausgleich herbeizuführen.[477]

Allerdings ist die grundsätzliche Zielrichtung der Schlichtung, dass eine zwischen zwei Parteien bestehende Regelungsstreitigkeit durch einen Dritten dadurch beigelegt werden soll, dass dieser eine Leistungsbestimmung vornimmt und dadurch den künftigen Vertrag gestaltet, der zwischen den Streitenden bestehen soll.[478] Damit kann hier gegebenenfalls dennoch in gewisser Weise die Entscheidungsbefugnis auf eine übergeordnete Stelle delegiert werden: Je nach Art des Schlichtungsverfahrens ist die gefundene Einigung entweder per se verbindlich oder sie muss durch Erklärung der Parteien verbindlich werden.[479] Zumindest die

---

[472] Vgl. zur Begriffsbestimmung *Joussen,* Schlichtung als Leistungsbestimmung und Vertragsgestaltung durch einen Dritten, 16–31.

[473] Vgl. etwa *Joussen,* Schlichtung als Leistungsbestimmung und Vertragsgestaltung durch einen Dritten, 15, 17.

[474] *Kissel/Schick,* RdA 1991, 321; s. hierzu ebenfalls *Joussen,* Schlichtung als Leistungsbestimmung und Vertragsgestaltung durch einen Dritten, 11.

[475] *Joussen,* Schlichtung als Leistungsbestimmung und Vertragsgestaltung durch einen Dritten, 539.

[476] S. zur Einigungsstelle nach § 76 BetrVG HWK/*Kliemt,* Arbeitsrecht Kommentar, § 76 BetrVG Rn. 1.

[477] Vgl. *Joussen,* Schlichtung als Leistungsbestimmung und Vertragsgestaltung durch einen Dritten, 23.

[478] *Joussen,* Schlichtung als Leistungsbestimmung und Vertragsgestaltung durch einen Dritten, 538 f.

[479] *Joussen,* Schlichtung als Leistungsbestimmung und Vertragsgestaltung durch einen Dritten, 30.

erstgenannte Konstellation erscheint vorliegend zunächst geeignet, ebenfalls in die Betrachtung miteinbezogen werden.

Problematisch für die hier vorzunehmende Vorauswahl ist jedoch zudem, dass die Schlichtung keinem bestimmten Verfahren folgt[480] und letztlich auch keine derart zentralen Normen wie diejenigen der §§ 1025 ff. ZPO existieren, die grundlegend für einen großen Kreis unterschiedlicher Verfahren wären. Allerdings finden sich im Bereich der Schlichtung Verfahren, für die ebenfalls grundlegende Vorschriften in formellen Gesetzen existieren. Auf diese hat sich vorliegend die Betrachtung zu fokussieren.

Im Rahmen dieser Gruppe wiederum scheint das Einigungsstellenverfahren nach § 76 Abs. 5 BetrVG geeignet: In diesem ersetzt der Spruch der Einigungsstelle die Einigung zwischen Arbeitgeber und Betriebsrat und ist für beide Seiten bindend.[481] Dieses Verfahren soll daher vorliegend in die Untersuchung miteinbezogen werden. Dabei ist aber bereits an dieser Stelle festzuhalten, dass aufgrund der Vielzahl der (weiteren) Schlichtungsverfahren, die eben gerade nicht auf diese Norm zurückzuführen sind, die Möglichkeit für das Auffinden verallgemeinerungsfähiger Aussagen für den vorliegend betrachteten Problemkreis fraglich erscheint. Dennoch soll eine Einbeziehung dieses Teils der Schlichtungsverfahren erfolgen, nicht zuletzt vor dem Hintergrund, dass dessen Analyse gegebenenfalls sachdienlich sein kann für das Auffinden von Aspekten zur Abgrenzung etwa zum schiedsgerichtlichen Verfahren der ZPO.

Gerade in Bezug auf etwaige Abgrenzungsaspekte ist noch ein weiteres Gesetz aus dem Bereich der Schlichtung mit in den Blick zu nehmen: So weist das Gesetz über die alternative Streitbeilegung in Verbrauchersachen (VSBG) ebenfalls einen hohen Grad an Formalisierung auf, die entsprechenden Verfahren gründen auf einem formellen Gesetz. Dieses Gesetz setzt die RL 2013/11/EU um, die die Mitgliedstaaten dazu verpflichtet, dafür zu sorgen, dass Verbrauchern bei Streitigkeiten mit Unternehmen außergerichtliche Streitbelegungsstellen zu Verfügung stehen.[482] Allerdings ist bei diesem Gesetz, das insofern Vorgaben für die einzelnen Verbraucherschlichtungsordnungen enthält, in Bezug auf die hier vorzunehmende Vorauswahl bereits problematisch, dass nach § 5 Abs. 2 VSBG diejenigen Verfahren ausgeschlossen werden, die dem Verbraucher eine verbindliche Lösung aufer-

---

[480] *Eisele*, ZRP 2011, 113.

[481] S. diesbezüglich etwa *Joussen*, Schlichtung als Leistungsbestimmung und Vertragsgestaltung durch einen Dritten, 23.

[482] Vgl. Art. 1 und 5 RL 2013/11/EU; s. ebenfalls BT-Drs. 18/5089, Gesetzesbegründung, I. Ziel des Gesetzentwurfs. Vgl. zur Umsetzung der EU-Richtlinie auch Prütting/Gehrlein/*Prütting*, Zivilprozessordnung, Vorbemerkung vor VSBG Rn. 1 ff.

legen.[483] Insofern mangelt es im Rahmen der gesetzlichen Regelung dann an der Entscheidungsbefugnis.[484] Und damit hat dieses Gesetz für die grundlegende Untersuchung etwaiger Aspekte zu den Zeitpunkten am Ende des Verfahrens grundsätzlich auszuscheiden. Wie angeführt, enthält das VSBG jedoch als aktuelles Gesetz, in einem umfangreichen Maße grundlegende Vorschriften zur Formalisierung des Verfahrens. Daher soll dieses Verfahren zumindest im Hinblick auf Einzelaspekte in diese Untersuchung miteinbezogen werden, nicht zuletzt, weil der Vergleich mit einem formalisierten Verfahren, das nicht die Auswahlkriterien erfüllt, gegebenenfalls hilfreiche Rückschlüsse – insbesondere eben durch Abgrenzung – liefern könnte.

### bb) Dezisionszeitpunkte

In Bezug auf die ausgewählten Verfahren stellt sich daher die Frage, ob auch für den dermaßen eingegrenzten nicht-staatlichen Bereich unter Einbeziehung der bislang erfolgten Ergebnisse noch grundlegende Aussagen für die Beurteilungszeitpunkte am Ende des Verfahrens und ihre jeweiligen Konstellationen getroffen werden können.

#### (1) Grundsätzliches Vorliegen von Dezisionszeitpunkten

Gerade aufgrund der vorhandenen Entscheidungsbefugnis bedingen das Schiedsverfahren der ZPO und das Verfahren nach § 76 Abs. 5 BetrVG ebenfalls die Vornahme von Beurteilungen. Auch bei diesen können damit relevante Zeitpunkte am Ende des jeweiligen Verfahrens existieren. Konkret spricht das Gesetz in § 76 Abs. 3 S. 1 BetrVG davon, dass die Einigungsstelle ihre Beschlüsse nach mündlicher Beratung mit Stimmenmehrheit fasst. § 1054 Abs. 1 S. 1 ZPO schreibt vor, dass der Schiedsspruch schriftlich zu erlassen ist.

Damit liegen insbesondere auch die Dezisionszeitpunkte des Erkenntnishorizonts und des Zeitpunkts der tatsächlichen Entscheidung grundsätzlich vor: Die zur Entscheidung berufene Person bzw. das zur Entscheidung berufene Gremium wird auf einen bestimmten Zeitpunkt abzustellen haben, auf den es seine Entscheidung stützt und „in“ dem es die rechtlich erhebliche Sachlage feststellt

---

[483] Vgl. hierzu auch *Greger* in: Greger/Unberath/Steffek, Recht der alternativen Konfliktlösung, § 5 VSBG Rn. 3.

[484] Zwar wird diesbezüglich in der Literatur angeführt, dass die Verbindlichkeit für den Unternehmer durch die jeweilige Verfahrensordnung vorgeschrieben werden könne, vgl. *Greger* in: Greger/Unberath/Steffek, Recht der alternativen Konfliktlösung, § 5 VSBG Rn. 4. Selbst wenn man dem folgen möchte, ist dies dennoch zu trennen von der Möglichkeit einer insgesamt verbindlichen Entscheidung.

und bewertet. Zugleich wird die betreffende Entscheidung auch in einem bestimmten Zeitpunkt tatsächlich getroffen.

In diesem Punkt zeigt sich zudem ein Unterschied zu den für die Untersuchung ausgeschiedenen nicht-staatlichen Verfahren insbesondere im Rahmen der Schlichtung: So sind etwa nach dem VSBG sowohl Mediation, vgl. § 18 VSBG, als auch Verfahren mit Schlichtungsvorschlägen, vgl. § 19 VSBG, möglich.[485] Im Falle eines Schlichtungsvorschlags hat die Verbraucherschlichtungsstelle aber insbesondere nach § 19 Abs. 3 S. 2 VSBG auf die Möglichkeit hinzuweisen, den Vorschlag nicht anzunehmen und die Gerichte anzurufen. Das hat im vorliegenden Kontext zur Konsequenz, dass es zwar auch in diesen Verfahren einen Zeitpunkt gibt, auf den für die Unterbreitung des Schlichtungsvorschlags auf die rechtlich erhebliche Sachlage abzustellen ist. Diesbezüglich spricht § 19 Abs. 1 S. 1 VSBG davon, dass der Vorschlag auf der sich aus dem Streitbeilegungsverfahren ergebenden Sachlage beruhe. Hierüber trifft der Streitmittler ebenfalls eine Entscheidung. Diese ist aber nicht abschließend – es bindet die Parteien nicht, vielmehr liegt es in deren Hand, den weiteren Verlauf des Verfahrens zu bestimmen. Insofern sind in diesen Verfahren dann auch keine Dezisionzeitpunkte im vorliegend definierten Sinn zu verzeichnen.

### (2) Grundsatz des rechtlichen Gehörs

Mit Blick auf die bisherigen Untersuchungsergebnisse soll in einem nächsten Schritt geklärt werden, wie sich die betreffenden Dezisionszeitpunkte im Schiedsverfahren der ZPO und im Einigungsstellenverfahren nach § 76 Abs. 5 BetrVG jeweils zueinander verhalten. Da in der bisherigen Betrachtung deutlich wurde, dass gerade der Grundsatz des rechtlichen Gehörs maßgeblich für die Lage und Beziehung von Erkenntnishorizont und Zeitpunkt der tatsächlichen Entscheidung ist, rückt daher zunächst die Frage in den Blick, ob dieser Grundsatz auch in den ausgewählten, nicht-staatlichen Verfahren überhaupt Anwendung finden kann.

Grundlegend für die Beantwortung dieser Frage ist, dass die staatliche Rechtsordnung private Gerichte nur dann akzeptieren darf, wenn diese rechtsstaatliche Mindeststandards einhalten.[486] Zu diesen Mindeststandards gehört die Garantie der Gewährung rechtlichen Gehörs – das ist für das Schiedsverfahren der ZPO auch

---

[485] S. hierzu auch Prütting/Gehrlein/*Prütting*, Zivilprozessordnung, Vorbemerkung vor VSBG Rn. 11.

[486] Vgl. bereits oben Teil B/II./2. S. auch Dürig/Herzog/Scholz/*Remmert*, GG, Art. 103 Abs. 1 Rn. 56. *Traulsen*, Rechtsstaatlichkeit, 74 ff.; zum Erfordernis rechtsstaatlicher Mindeststandards im kirchengerichtlichen Bereich vgl. auch *Rech*, Die Arbeitsgerichtsbarkeit der evangelischen Kirche, 183 ff. Zum Schiedsverfahren vgl. *Kahlert*, SchiedsVZ 2023, 2, 20.

explizit in § 1042 Abs. 1 S. 2 ZPO gesetzlich niedergelegt.[487] Das gründet vor allem darauf, dass gerade die Gewährung rechtlichen Gehörs in der Menschenwürdegarantie und im Rechtsstaatsprinzip wurzelt[488] und damit sämtliche Spruchkörper bindet, die Rechtsprechungsfunktion ausüben.[489] Bisweilen wird von einem „prozessualen Urrecht" des Menschen gesprochen.[490] Insofern sind mit der Bezeichnung „Gericht" in Art. 103 Abs. 1 GG zwar grundsätzlich nur staatliche Gerichte gemeint, allerdings haben auch private Schiedsgerichte rechtliches Gehör zu gewähren.[491]

Schlichtungsverfahren sind ebenfalls als legitime Teile eines gegliederten Rechtsschutzsystems anzusehen, wenn die Neutralität Dritter als Schlichter gewährleistet ist und die Effektivität des Rechtsschutzes erhalten bleibt.[492] Auch hier gilt letztlich, dass die staatliche Rechtsordnung diese nur akzeptieren darf, wenn diese rechtsstaatliche Mindeststandards einhalten.[493] Dies impliziert dann im Schlichtungsverfahren in gleicher Weise wie im schiedsgerichtlichen Verfahren die Einhaltung des Erfordernisses der Gewährung rechtlichen Gehörs.

Vorliegend kann insofern festgestellt werden, dass nach allgemeiner Auffassung sowohl in Rechtsprechung als auch Literatur der Grundsatz des rechtlichen Gehörs ebenfalls für die Einigungsstelle nach § 76 Abs. 1 BetrVG gilt.[494] Zur Begründung

---

[487] Vgl. insgesamt zur Anwendbarkeit des Grundsatzes des rechtlichen Gehörs in der Schiedsgerichtsbarkeit etwa OLG Frankfurt a. M., Beschl. v. 11.4.2014 – 26 Sch 13/13, SchiedsVZ 2014, 154, 157; Zöller/*Geimer*, Zivilprozessordnung, ZPO § 1042 Rn. 5; *Kahlert*, SchiedsVZ 2023, 2, 20; *Möller*, Echte Schiedsgerichtsbarkeit im Verwaltungsrecht, 119; *Stumpf*, Alternative Streitbeilegung im Verwaltungsrecht, 2006, 43–46; BeckOK ZPO/*Wilske/Markert*, ZPO § 1042 Rn. 7.

[488] *Möller*, Echte Schiedsgerichtsbarkeit im Verwaltungsrecht, 119; Huber/Voßkuhle/*Aust*, GG Art. 103 Rn. 19; Schmidt-Bleibtreu/Hofmann/Henneke/*Hofmann* GG, Art. 103 Rn. 13.

[489] *Möller*, Echte Schiedsgerichtsbarkeit im Verwaltungsrecht, 119.

[490] Vgl. BVerfG, Beschl. v. 30.4.2003 – – 1 PBvU 1/02, NJW 2003, 1924, 1926.

[491] Dürig/Herzog/Scholz/*Remmert*, GG, Art. 103 Abs. 1 Rn. 56.

[492] Rosenberg/Schwab/Gottwald/*Gottwald*, Zivilprozessrecht, § 88 Rn. 14; vgl. auch *Prütting*, JZ 1985, 261, 270.

[493] Dürig/Herzog/Scholz/*Remmert*, GG, Art. 103 Abs. 1 Rn. 56: *Traulsen*, Rechtsstaatlichkeit, 74 f.; zum Erfordernis rechtsstaatlicher Mindeststandards im kirchengerichtlichen Bereich vgl. auch *Rech*, Die Arbeitsgerichtsbarkeit der evangelischen Kirche, 183 ff. Zum Schiedsverfahren vgl. *Kahlert*, SchiedsVZ 2023, 2, 20. Zur Problematik der „Wahrung fundamentaler Verfahrensgarantien" in der Schlichtung vgl. auch *Prütting*, JZ 1985, 261, 270.

[494] Vgl. etwa BAG, Beschl. v. 4.7.1989–1 ABR 40/88, DB 1990, 127 Rn. 35; BAG, Beschl. v. 11.2.1992 – 1 ABR 51/91, AP BetrVG 1972 § 76 Nr. 50; Fitting, BetrVG § 76 Rn. 69; *Joussen*, Schlichtung als Leistungsbestimmung und Vertragsgestaltung durch einen Dritten, 89, 90; Richardi/*Maschmann*, Betriebsverfassungsgesetz, BetrVG § 76 Rn. 86; BeckOK

dessen wird zutreffend angeführt, dass damit ein faires Procedere sichergestellt werde, dies zudem dem optimalen Interessenausgleich diene.[495] Darüber hinaus sei die verpflichtende Berücksichtigung der Belange des Betriebs und der betroffenen Arbeitnehmer nur möglich, wenn der Einigungsstelle die Stellungsnahmen und Ansichten der streitenden Parteien bekannt seien.[496]

### (3) Auswirkungen auf Dezisionszeitpunkte

Ist damit grundsätzlich in den hier ausgewählten nicht-staatlichen Verfahren ebenfalls rechtliches Gehör zu gewähren, damit diese von der staatlichen Rechtsordnung Anerkennung finden, so ist noch nichts über die Reichweite dieser Anforderung ausgesagt. Diese hat aber, wie sich in der bisherigen Untersuchung gezeigt hat, Auswirkungen auf die Lage und Beziehung von Erkenntnishorizont und tatsächlichem Entscheidungshorizont.

Will man in den Verfahren der nicht-staatlichen Streitbeilegung Aussagen über Erkenntnishorizont und tatsächlichen Entscheidungshorizont treffen, so ist als Ausgangspunkt die Betrachtung der Anforderungen zu wählen, die an den Grundsatz des rechtlichen Gehörs zu stellen sind, damit ein nicht-staatliches Verfahren von staatlicher Seite anerkannt werden kann. Insofern ist grundlegend, dass sich aus verfassungsrechtlicher Perspektive der Anspruch auf rechtliches Gehör aus drei Elementen zusammensetzt: Die Berechtigten sind vom Gericht bis zu einem gewissen Grad über die Sach- und Rechtslage zu informieren, ihnen muss Gelegenheit gegeben werden, sich hierzu zu äußern und diese Stellungnahme der Beteiligten muss das Gericht hinreichend bei seiner Urteilsfindung würdigen.[497]

Dabei sind die Modalitäten der Gewährung rechtlichen Gehörs grundgesetzlich nicht festgelegt.[498] Allerdings enthält gerade Art. 103 Abs. 1 GG weitergehende

---

ArbR/*Werner*, BetrVG § 76 Rn. 29. Vgl. zur Berücksichtigung der essenziellen Grundsätze der Rechtsstaatlichkeit im Verfahren der Einigungsstelle nach § 76 BetrVG insgesamt auch *Joussen*, Schlichtung als Leistungsbestimmung und Vertragsgestaltung durch einen Dritten, 88.

[495] *Joussen*, Schlichtung als Leistungsbestimmung und Vertragsgestaltung durch einen Dritten, 90.

[496] Fitting, BetrVG § 76 Rn. 69.

[497] Vgl. BVerfG, Beschl. v. 30.4.2003 – 1 PBvU 1/02, NJW 2003, 1924, 1926; Sachs/*Degenhart*, GG Art. 103 Rn. 11; Huber/Voßkuhle/*Aust*, GG Art. 103 Rn. 28; Dürig/Herzog/Scholz/*Remmert*, GG Art. 103 Abs. 1 Rn. 62. S. hierzu insgesamt auch *Rech*, Die Arbeitsgerichtsbarkeit der evangelischen Kirche, 210.

[498] Vgl. BVerfG, Beschl. v. 13.11.1956 – 1 BvR 513/56, BVerfGE 6, 19, 20; Beschl. v. 27.7.1971 – 2 BvR 443/70, BVerfGE 31, 364, 370; Sachs/*Degenhart*, GG Art. 103 Rn. 22. S. hierzu insgesamt ebenfalls *Rech*, Die Arbeitsgerichtsbarkeit der evangelischen Kirche, 210 f.

Garantien als diejenige, sich „irgendwie“ zur Sache einlassen zu können, denn umfasst ist vielmehr auch der Schutz vor Überraschungsentscheidungen.[499] Insofern ist elementarer Bestandteil dieses Rechts, dass einerseits den Beteiligten Gelegenheit gegeben wird, sich zum Verfahrensstoff zu äußern, um auf das Verfahren Einfluss nehmen zu können, und andererseits das Gericht nur solche Tatsachen seiner Entscheidung zugrunde legt, zu denen sich die Beteiligten äußern konnten.[500]

Zu dem erforderlichen Mindestmaß für nicht-staatliche Gerichtsbarkeiten hat sodann das BVerfG mehrfach ausgeführt[501]: Dieser Grundsatz gebiete es, dass sowohl die normative Ausgestaltung des Verfahrensrechts wie auch das (gerichtliche) Verfahren im Einzelfall ein Ausmaß an rechtlichem Gehör eröffne, das sachangemessen sei, um dem Erfordernis eines wirkungsvollen Rechtsschutzes gerecht zu werden und den Beteiligten die Möglichkeit gebe, sich im Prozess mit tatsächlichen und rechtlichen Argumenten zu behaupten.[502]

#### (a) Schiedsgerichtliches Verfahren der ZPO

Diese grundlegenden Vorgaben erlauben nun zunächst konkretisierende Feststellungen zu den beiden Beurteilungszeitpunkten am Ende des schiedsgerichtlichen Verfahrens der ZPO. Denn gerade Schiedsgerichte müssen rechtliches Gehör im gleichen Umfang wie staatliche Gerichte gewähren.[503] Das betont der BGH zutreffend unter Hinweis darauf, dass das Gehörsrecht als Teil des verfahrensrechtlichen ordre public gleichermaßen für Verfahren vor staatlichen Gerichten und Schiedsgerichten gelte.[504] Existiert dann in diesen Verfahren keine Präklusionsregelung, so ist aufgrund des Gleichklangs mit der staatlichen Gerichtsbarkeit davon auszugehen, dass der Erkenntnishorizont und der Zeitpunkt der tatsächlichen Entscheidung grundsätzlich zusammenfallen.

Gegebenenfalls wird aber auch hier das Vorbringen der Parteien präkludiert, sodass dann Erkenntnishorizont und tatsächlicher Entscheidungshorizont auseinanderfallen. Dabei ist eine Präklusion im nicht-staatlichen Bereich ebenfalls zuläs-

---

[499] Vgl. BVerfG, Beschl. v. 30.4.2003 – 1 PBvU 1/02, NJW 2003, 1924, 1927.

[500] BVerfG, Beschl. v. 27.10.1999 – 1 BvR 385/90, BVerfGE 101, 106, 129; Sachs/*Degenhart,* GG Art. 103 Rn. 11.

[501] Vgl. hierzu auch *Rech,* Die Arbeitsgerichtsbarkeit der evangelischen Kirche, 211.

[502] BVerfG, Beschl. v. 21.4.1982 – 2 BvR 810/81, BVerfGE 60, 305, 310; Beschl. v. 10.2.1987 – 2 BvR 314/86, BVerfGE 74, 220, 224.

[503] BGH, Beschl. v. 26.11.2020 – I ZB 11/20 BeckRS 2020, 39395 Rn. 23; Zöller/*Geimer,* ZPO, ZPO § 1042 Rn. 5. S. auch BeckOK ZPO/*Wilske/Markert,* ZPO § 1042 Rn. 7.

[504] BGH, Beschl. v. 18.7.2019 – I ZB 90/18 Rn. 32, SchiedsVZ 2020, 46; BGH, Beschl. v. 26.11.2020 – I ZB 11/20 BeckRS 2020, 39395 Rn. 23.

sig.[505] Das verdeutlicht bereits die Regelung des § 1046 Abs. 2 ZPO, der eine Zurückweisungsbefugnis des Schiedsgerichts für verspätetes Parteivorbringen enthält, das nicht genügend entschuldigt ist. Auch ist hierbei zu berücksichtigen, dass es der Anspruch auf rechtliches Gehör nicht rechtfertigt, in einem Schiedsverfahren an die Zurückweisung verspäteten Vorbringens höhere Anforderungen zu stellen, als in einem vor einem staatlichen Zivilgericht geführten Rechtsstreit.[506]

#### (b) Schlichtung

Im Rahmen von Schlichtungsverfahren ist zwar insbesondere im Bereich derjenigen Verfahren, in denen durch den Schlichter bzw. die Schlichter eine bindende Entscheidung getroffen wird, unter Zugrundelegung der staatlichen Mindestanforderungen davon ausgehen, dass dann, wenn derartigen Verfahren die Anerkennung der staatlichen Rechtsordnung zuteilwerden soll, Erkenntnishorizont und tatsächliche Entscheidung sich zumindest deutlich anzunähern haben und im Optimalfall zusammenfallen, solange keine Präklusionsregel vorliegt. Denn der Entscheidung ist im Sinne rechtsstaatlicher Anforderungen nur dasjenige zugrunde zu legen, zu dem sich die Beteiligten äußern konnten. Liegt aber eine entscheidungserhebliche Äußerung vor, so muss letztlich wiederum der Gegenseite Gelegenheit zur Äußerung gegeben werden, wenn sie dies zu diesem Punkt noch nicht getan hat.[507] Auch hier muss die Möglichkeit einer Präklusion gegeben sein, denn auch hier können keine strengeren Anforderungen gestellt werden als an staatliche Verfahren.

Allerdings manifestieren sich nun an diesem Prüfungspunkt die bereits eingangs zum Verfahren der Schlichtung geäußerten Bedenken, dass darüber hinausgehende allgemeine Aussagen zur Schlichtung nicht getroffen werden können. Das zeigt bereits der Blick auf das Einigungsstellenverfahren des § 76 BetrVG: So gilt in diesem Verfahren nach überwiegender Ansicht grundsätzlich die Offizialmaxime.[508] Zudem hat die Einigungsstelle von Amts wegen den Sachver-

---

[505] S. etwa OLG Frankfurt a. M., Beschl. v. 11.4.2014 – 26 Sch 13/13, SchiedsVZ 2014, 154, 157.

[506] Vgl. hierzu ebenfalls OLG Frankfurt a. M., Beschl. v. 11.4.2014 – 26 Sch 13/13, SchiedsVZ 2014, 154, 157.

[507] S. insofern zur Situation im VSBG HK-VSBG/*Borowski*, Verbraucherstreitbeilegungsgesetz, VSBG § 17 Rn. 19 f.

[508] Vgl. etwa ErfK/*Kania*, BetrVG § 76 Rn. 17; BeckOK ArbR/*Werner*, BetrVG § 76 Rn. 27; a. A. *Hennige*, Das Verfahrensrecht der Einigungsstelle, 191.

halt in dem für die betreffende Sachentscheidung benötigten Umfang aufzuklären.[509]

Insofern könnten dann gegebenenfalls die Erkenntnisse zum arbeitsgerichtlichen Beschlussverfahren heranzuziehen sein. Das erscheint vorliegend allerdings problematisch. Denn im arbeitsgerichtlichen Beschlussverfahren gilt ein *eingeschränkter* Untersuchungsgrundsatz. Ob dies auch auf das Einigungsstellenverfahren zutrifft, ist nicht ausdrücklich im Gesetz geregelt, wird aber teilweise angenommen.[510] Wie im Vergleich zwischen dem arbeitsgerichtlichen Beschlussverfahren und demjenigen der freiwilligen Gerichtsbarkeit gesehen, hat die Frage, ob diese „Einschränkung" des Untersuchungsgrundsatzes vorliegt, jedoch signifikanten Einfluss auf die Lage der Dezisionszeitpunkte.

Wie in der bisherigen Untersuchung ersichtlich, sind es gerade die konkreten formalen Vorgaben in diesem Bereich, insbesondere auch zur Frage der Präklusion, die erst genaue Aussagen zum Verhältnis von Erkenntnishorizont und Zeitpunkt der tatsächlichen Entscheidung möglich machen. Damit sind trotz der grundsätzlichen gesetzlichen Niederlegung dieses Verfahrens dennoch die für die Beurteilung der vorliegenden Problematik erforderlichen Vorschriften nicht in ausreichendem Maße vorhanden.

Ist das aber schon für das Einigungsstellenverfahren, d. h. in einem für die konkreten Verfahren als Ausgangsbasis dienenden Gesetz niedergelegten, grundsätzlich formalisierten Verfahren festzustellen, so ist letztlich in Anbetracht der übrigen Bandbreite der von den Parteien privatautonom zu treffenden, möglichen Regelungen für das Schlichtungsverfahren allgemein davon auszugehen, dass hier keine weiteren verallgemeinerbaren Aussagen mehr getroffen werden können. Insofern, und das ist im Ergebnis maßgeblich, hindert die Vielzahl der möglichen Ausgestaltungsformen dieser privatrechtlichen Verfahren in Verbindung mit der primär gestalterischen Aufgabe des Schlichters im Bereich von Regelungsstreitigkeiten letztlich die Möglichkeit, über das Erfordernis der Notwendigkeit der Annäherung der Dezisionszeitpunkte zur Erreichung rechtsstaatlicher Anerkennung hinausgehende allgemeingültige Aussagen in diesem Verfahren treffen zu können.

---

[509] Vgl. Fitting, BetrVG § 76 Rn. 65; BeckOK ArbR/*Werner*, BetrVG § 76 Rn. 27.

[510] Insofern geht aber etwa *Maschmann* davon aus, dass die Parteien aus ihrer Pflicht zur Zusammenarbeit nach § 2 Abs. 1 BetrVG daran gebunden sind, der Einigungsstelle die erforderlichen Unterlagen zu Verfügung zu stellen, vgl. Richardi/*Maschmann*, Betriebsverfassungsgesetz, BetrVG § 76 Rn. 90.

### cc) Weitere relevante Zeitpunkte am Ende der Verfahren der nicht-staatlichen Streitbeilegung

In ähnlicher Weise problematisch erscheinen auch allgemeine Aussagen zu weiteren relevanten Zeitpunkten am Ende des Verfahrens. Im Rahmen des zivilgerichtlichen Schiedsgerichtsverfahrens regelt § 1054 Abs. 4 ZPO, dass jeder Partei ein von den Schiedsrichtern unterschriebener Schiedsspruch zu übermitteln ist. Diesbezüglich ist keine bestimmte Form vorgeschrieben. Daher ist hier ebenfalls im Hinblick auf die relevanten Zeitpunkte am Ende des Verfahrens keine derart umfassende Aussage wie im staatlichen Bereich möglich.

Allerdings findet sich etwa in der Literatur, dass „mit der Übersendung [...] die Schiedsrichter auch den Parteien gegenüber an den Spruch gebunden [sind], wird er diesen gegenüber existent."[511] Insofern ist hier ebenfalls davon auszugehen, dass grundsätzlich der Zeitpunkt des Existentwerdens gegeben ist, ebenso wie der Zeitpunkt der grundsätzlichen Wirksamkeit und derjenige der Wirksamkeit gegenüber den Parteien. Wie im staatlichen Bereich liegen diese Zeitpunkte nach den *Dezisionszeitpunkten.* Damit wird grundsätzlich auch in ihnen selbst oftmals keine weitere Beurteilung stattfinden, sie können aber etwa im Vollstreckbarkeitserklärungs- oder Aufhebungsverfahren zu direkten Beurteilungszeitpunkten werden.[512] Insofern handelt es sich dann im nicht-staatlichen Bereich in der Regel ebenfalls um potenzielle Beurteilungszeitpunkte.

Auch im Rahmen der Schlichtung ist davon auszugehen, dass dort eine Reihe von Zeitpunkten am Ende des Verfahrens existieren, zumindest wenn dem zur Schlichtung berufenen Dritten bzw. dem zur Schlichtung berufenen Gremium in gewissem Umfang Entscheidungsmacht zukommt und die betreffende Entscheidung, nachdem sie gefällt wurde, den beteiligten Parteien zur Kenntnis gelangen muss. Allerdings enthält dort bereits § 76 BetrVG keine umfassende Regelung für das Verfahren der Einigungsstelle: Insofern schreibt § 76 Abs. 3 S. 4 BetrVG lediglich (zwingend)[513] die mündliche Beratung, das Abstimmungsverfahren und die Niederlegung sowie die Zuleitung der Beschlüsse vor.[514] Auch wenn der damit gewährte Freiraum durch elementare Verfahrensgrundsätze begrenzt wird,[515] verbleiben doch einige Möglichkeiten der Ausgestaltung, die verallgemeinerbare

---

[511] Thomas/Putzo/*Nordmeier,* Zivilprozessordnung, ZPO § 1054 Rn. 9.

[512] S. zur Überprüfung etwaiger Förmlichkeiten des schiedsrichterlichen Verfahrens der ZPO etwa Thomas/Putzo/*Nordmeier,* Zivilprozessordnung, ZPO § 1054 Rn. 10.

[513] Vgl. *Woitaschek,* NZA 2021, 324.

[514] BAG, Beschl. v. 27.6.1995 – 1 ABR 3/95, NZA 1996, 161, 162.

[515] Vgl. hierzu ebenfalls BAG, Beschl. v. 27.6.1995 – 1 ABR 3/95, NZA 1996, 161, 162. S. hierzu ebenfalls *Woitaschek,* NZA 2021, 324.

Aussagen hier nicht möglich erscheinen lassen, zumal in weiteren Verfahren grundsätzlich andere Verfahrensvorschriften denkbar sind.[516]

### dd) Zwischenergebnis zu den Beurteilungszeitpunkten am Ende der Verfahren nicht-staatlicher Streitbeilegung

Bereits die Vorauswahl hat zunächst die zu betrachtenden Verfahren reduziert und sodann insbesondere im Bereich der Schlichtung deutlich gemacht, dass dort vor allem aufgrund des Grundsatzes der Privatautonomie die Möglichkeit von verallgemeinerbaren Aussagen fraglich erscheint. Dennoch sind aufgrund der Betrachtung des nicht-staatlichen Bereichs für die vorliegende Arbeit einige, wenn auch wenige charakteristische Ergebnisse zu verzeichnen: So ist grundsätzlich davon auszugehen, dass in Verfahren mit Entscheidungsbefugnis für den zur Entscheidung berufenen Dritten bzw. für das zur Entscheidung berufene Gremium Dezisionszeitpunkte existieren. Auch muss grundsätzlich davon ausgegangen werden, dass der Grundsatz des rechtlichen Gehörs in ausreichendem Maße gewährt werden muss, um die rechtsstaatliche Mindeststandards zur staatlichen Anerkennung der jeweiligen Verfahren zu erfüllen. Für den Bereich des Schiedsverfahrens der ZPO ist es darüber hinaus möglich, Aussagen zur Lage der Dezisionszeitpunkte zueinander zu treffen: Diese fallen grundsätzlich zusammen, wenn keine Präklusionsregelung existiert. Ist hingegen das Vorbringen der Parteien präkludiert, so fallen diese auseinander.

Hinsichtlich der Schlichtung sind derart eindeutige Aussagen insofern problematisch, als hier eine deutlich größere Anzahl an Verfahren existiert, die sich nicht an die Vorschriften eines zentralen formellen Gesetzes anlehnen. Auch hier ist aber im Ergebnis unter Zugrundelegung der staatlichen Mindestanforderungen davon ausgehen, dass dann, wenn derartigen Verfahren die Anerkennung der staatlichen Rechtsordnung zuteilwerden soll, Erkenntnishorizont und tatsächliche Entscheidung sich zumindest deutlich anzunähern haben und im Optimalfall zusammenfallen, solange keine Präklusionsregel vorliegt. Im Übrigen hat aber gerade der Blick auf das Verfahren nach § 76 Abs. 5 BetrVG gezeigt, dass in diesem Verfahren bereits das Vorliegen des Amtsermittlungsgrundsatzes problematisch für allgemeine Aussagen in Bezug auf den privatrechtlichen Bereich insgesamt ist. Diese können zwar ebenfalls in weiterem Umfang nicht für das Schiedsverfahren allgemein getroffen werden. Jedoch decken gerade die Regelungen der ZPO zum schiedsrichterlichen Verfahren einen signifikanten Teil der betreffenden Verfahren in diesem Bereich ab.

---

[516] S. zu den formalen Erfordernissen etwa Richardi/*Maschmann,* Betriebsverfassungsgesetz, BetrVG § 76 Rn. 108c.

Sowohl im schiedsrichterlichen Verfahren nach der ZPO als auch im Einigungsstellenverfahren nach § 76 Abs. 5 BetrVG ist davon auszugehen, dass weitere Zeitpunkte am Ende des Verfahrens vorliegen. Auch hier muss aber zu eindeutigen Aussagen, um welche es sich genau handelt, letztlich immer noch die jeweilige Ausgestaltung des Verfahrens durch die Parteien betrachtet werden, solange es sich bei den gesetzlichen Vorgaben nicht um zwingende handelt. Bezüglich des Schiedsverfahrens der ZPO kann jedoch zumindest festgestellt werden, dass aufgrund des Gebundenseins der Schiedsrichter gegenüber den Parteien mit der Übersendung des Spruchs etwa der Zeitpunkt des Existentwerdens zu bejahen ist.

## e) Zwischenergebnis zu den Zeitpunkten am Ende eines Verfahrens

Es konnten zahlreiche relevante Zeitpunkte am Ende des Verfahrens identifiziert werden. Dabei erweisen sich zwei von diesen in allen betrachteten Konstellationen als besonders signifikant: derjenige des Erkenntnishorizonts und der Zeitpunkt der tatsächlichen Entscheidung. Sie sind unter dem Begriff der Dezisionszeitpunkte zusammenzufassen und in den Verfahren des staatlichen Bereichs grundsätzlich vorzufinden. Im nicht-staatlichen Bereich ist davon auszugehen, dass sie zumindest in den Verfahren, in denen einem zu einer Entscheidung berufenen Dritten bzw. einem betreffende Gremium Entscheidungsmacht eingeräumt wird, vorliegen.

Die Besonderheit dieser beiden Zeitpunkte am Ende des Verfahrens liegt darin, dass in ihnen selbst eine Entscheidung unter Einbeziehung aller entscheidungserheblichen Aspekte sowohl verfahrensrechtlicher als auch materiell-rechtlicher Art getroffen wird bzw. zumindest vom Gesetzgeber das Treffen einer Entscheidung in diesem Zeitpunkt selbst intendiert war. Hierdurch grenzen sie sich von den übrigen identifizierten relevanten Zeitpunkten am Ende des Verfahrens wie etwa demjenigen der Verkündung oder demjenigen des Existentwerdens der Entscheidung ab. Diese wiederum sind systematisch als potenzielle Beurteilungszeitpunkte einzuordnen: Bezüglich dieser stellte sich bei den Zeitpunkten am Ende des Verfahrens als charakteristisch heraus, dass die gesetzliche Formulierung oder die juristische Bezeichnung des Zeitpunkts an sich zunächst nahelegt, dass keine Beurteilung stattfindet, sie jedoch im weiteren Verlauf desselben Verfahrens oder in anderen Verfahren direkte Beurteilungszeitpunkte sein können. Sie gleichen damit denjenigen potenziellen Beurteilungszeitpunkten, die schon in der Bestandsaufnahme des BGB und seiner Nebengebiete identifiziert wurden und finden sich sowohl im staatlichen als auch im nicht-staatlichen Bereich in der Gruppe der Zeitpunkte am Ende des Verfahrens. Dabei stellte sich zudem für diejenigen potenziellen Beurteilungszeitpunkte, in denen grundsätzlich die Handlung eines verfahrensrechtlich zuständigen Organs erforderlich ist, als charakteristisch heraus, dass in der Regel im Zeitpunkt ihres tatsächlichen Geschehens keine Beurteilung des betreffenden Tatbestandsmerkmals erfolgt.

Im Rahmen der Betrachtung der Dezisionszeitpunkte in den einzelnen Verfahrensarten wurde zugleich bereits eine weitergehende Systematisierung in Bezug auf die Lage der beiden dort zentralen Zeitpunkte vorgenommen. Es zeigte sich, dass gerade im Urteilsverfahren eine klare zeitliche Trennung von Erkenntnishorizont und dem Zeitpunkt der tatsächlichen Entscheidung möglich ist. Nur im Fall des Stuhlurteils fallen diese, allenfalls getrennt durch eine logische Sekunde, zusammen, im Übrigen fallen sie auseinander. Ebenso stellt sich die Situation im Rahmen des Beschlussverfahrens mit obligatorischer mündlicher Verhandlung dar.

In den übrigen vorliegend betrachteten Konstellationen des zivilprozessualen Beschlussverfahrens ist hingegen eine zeitliche Trennung nicht gegeben. Vielmehr fallen in der Regel beide Zeitpunkte zusammen. Dieser unterschiedliche Befund ist Ausdruck grundlegender verfassungsrechtlicher Prinzipien: Zum einen besteht eine Korrelation zwischen einer klaren Trennung dieser beiden Beurteilungszeitpunkte und der Anwendbarkeit des § 296a ZPO. Zum anderen liegen die Abweichungen in der Reichweite des Grundsatzes der Mündlichkeit begründet.

Eine Zwischenstellung nimmt das durch den eingeschränkten Untersuchungsgrundsatz geprägte arbeitsgerichtliche Beschlussverfahren ein. Auch hier kann wie im Rahmen der zivilprozessualen Beschlussverfahren ohne obligatorische mündliche Verhandlung grundsätzlich ein zeitliches Zusammentreffen der beiden Beurteilungszeitpunkte gegeben sein. Jedoch ist ausnahmsweise ein Auseinanderfallen dieser Zeitpunkte denkbar, wenn das Gericht von seinem Ermessen im Rahmen der Präklusionsvorschrift des § 83 Abs. 1a ArbGG Gebrauch macht, und das Vorbringen eines Beteiligten berechtigterweise zurückweist. Mangels einer vergleichbaren Präklusionsvorschrift fallen hingegen in den ebenfalls dem Amtsermittlungsgrundsatz unterfallenden Verfahren der freiwilligen Gerichtsbarkeit die Dezisionszeitpunkte zusammen. Dabei dokumentiert auch dies die zentrale Bedeutung des Grundsatzes des rechtlichen Gehörs.

Die zentrale Rolle dieses Grundsatzes für das Verhältnis der beiden Beurteilungszeitpunkte am Ende des Verfahrens zeigte sich zwar ebenso in den aufgrund des Vorliegens von Entscheidungsmacht des zu einer Entscheidung berufenen Dritten bzw. des betreffenden Gremiums als sachdienlich für die Untersuchung erachteten und ausgewählten Verfahren der nicht-staatlichen Streitbeilegung. Allerdings verdeutlicht gerade der Bereich der Schlichtung, dass eindeutige Aussagen zur Lage der Dezisionszeitpunkte dann nicht mehr getroffen werden können, wenn auf das betreffende Verfahrensrecht in signifikantem Umfang privatautonom eingewirkt werden kann. Hier ist allenfalls eine Einzelfallbeurteilung der jeweiligen Verfahrensordnung möglich.

## 5. Abgrenzung des Beurteilungszeitpunkts aufgrund seiner Definition in Gesetzestexten und Ordnungen des verfahrensrechtlichen Bereichs

Korrespondierend zur Betrachtung von Beurteilungszeitpunkten im BGB und dessen Nebengebieten hat im nächsten Schritt der Untersuchung auch im Rahmen dieses Teils eine Abgrenzung orientiert an der Definition des Beurteilungszeitpunkts zu erfolgen: Es ist ebenfalls einerseits zu klären, ob Zeitpunkte ohne das Element des „Beurteilens“ existieren, andererseits ist zu untersuchen, ob zeitliche Konstruktionen zu finden sind, die zwar das beurteilende Element enthalten, jedoch nicht dasjenige des Zeitpunkts.

### a) Reine Zeitpunkte ohne Beurteilung

Fraglich ist damit zunächst, ob sich reine Zeitpunkte finden lassen, die keinerlei gutachterliche Bewertung erfordern und die auch nicht unter die Kategorie der potenziellen Beurteilungszeitpunkte zu fassen sind.

Hier lassen sich nur sehr wenige Zeitpunkte finden, die grundsätzlich in Betracht kommen. Beispielsweise regelte § 298a Abs. 1 ZPO in der bis zum 31.12.2025 geltenden Form, dass Bundesregierung und Landesregierungen für ihren Bereich durch Rechtsverordnung den Zeitpunkt bestimmen, von dem an elektronische Akten geführt werden. Dieser Zeitpunkt wurde in der Folge konkretisiert, sodass in § 298a Abs. 1a ZPO a. F. festgelegt wurde, dass ab dem 1.1.2026 Prozessakten elektronisch zu führen sind. Zum 1.1.2026 wurden Abs. 1 und Abs. 1a dann aufgehoben und § 298a Abs. 1 ZPO n. F. im Sinne des vorherigen Abs. 1a neugefasst. Parallele Vorschriften hierzu fanden sich darüber hinaus etwa in § 46e Abs. 1 S. 2 ArbGG a. F. bzw. § 46e Abs. 1a ArbGG a. F. und finden sich zudem in § 14 Abs. 4 S. 1 FamFG bzw. § 14 Abs. 4a FamFG. In ähnlicher Weise legt § 703c Abs. 3 ZPO fest, dass die Landesregierungen durch Rechtsverordnung den Zeitpunkt bestimmen, in dem bei einem Amtsgericht die maschinelle Bearbeitung der Mahnverfahren eingeführt wird.[517]

[517] Eine derartige Festlegung ist zwischenzeitlich in allen Bundesländern erfolgt, BeckOK ZPO/*Dörndorfer*, ZPO § 703c Rn. 3.

Handelt es sich im Rahmen der Verordnungsermächtigung grundsätzlich um die Ermächtigung zur Festlegung eines reinen Zeitpunkts, ändert sich die Einordnung allerdings bereits dann, wenn dieser festgelegt ist bzw. bei der verpflichtenden Führung dieser Akten etwa ab dem 1.1.2026. Das zeigt beispielsweise der Blick auf § 299 Abs. 3 ZPO, wonach für den Fall, dass die Prozessakten elektronisch geführt werden, die Gewährung von Akteneinsicht durch Bereitstellung des Inhalts der Akten zum Abruf oder durch Übermittlung des Inhalts der Akten auf einem sicheren Übermittlungsweg zu erfolgen hat. Insofern wird der betreffende Zeitpunkt dann doch zu einem Beurteilungszeitpunkt, konkret zu der Frage, in welchem Verfahren eine Einsichtnahme ab welchem Zeitpunkt zu erfolgen hat. Das wird zwar nur in einem eng begrenzten Zeitfenster um diesen Zeitpunkt, ab dem die Führung der Akten als elektronische Akte verpflichtend ist, akut werden. Dennoch verdeutlicht dieses Beispiel, dass gerade im verfahrensrechtlichen Bereich das Vorliegen von reinen Zeitpunkten noch schwieriger zu finden ist als im Rahmen der Beurteilungszeitpunkte des BGB. Dies wird auch bestätigt durch einen darüber hinaus gehenden, umfassenden Blick auf weitere verfahrensrechtliche Gesetze, insbesondere das FamFG, ArbGG, GVG, ZVG, RPflG oder das DRiG. Im Ergebnis wird daher festzuhalten sein, dass im verfahrensrechtlichen Bereich eine Zeitpunktfestlegung in der Regel nicht ohne Verknüpfung mit einer, wenn auch gegebenenfalls *potenziellen Beurteilung* erfolgt.

### b) (Weitere) Potenzielle Beurteilungszeitpunkte in verfahrensrechtlichen Normen

Derartige potenzielle Beurteilungszeitpunkte wurden bereits bei der Bestandsaufnahme des BGB und seiner Nebengebiete ebenso wie im Rahmen der Betrachtung der Zeitpunkte am Ende des Verfahrens mehrfach identifiziert. Bislang konnte festgehalten werden, dass die betreffenden Zeitpunkte in den separat betrachteten Oberkategorien die grundlegende Gemeinsamkeit hatten, dass ihnen zunächst nur das Potenzial für einen direkten Beurteilungszeitpunkt innewohnt. Dabei stellte sich im Rahmen dieses Teils der Bestandsaufnahme bezogen auf die Zeitpunkte am Ende des Verfahrens zudem als charakteristisch heraus, dass im Zeitpunkt ihres tatsächlichen Geschehens in der Regel keine Beurteilung des betreffenden Tatbestandsmerkmals stattfindet, sofern es sich um Zeitpunkte handelt, in denen grundsätzlich das Handeln eines verfahrensrechtlich zuständigen Organs erforderlich ist. Insofern ist nun der Blick auf weitere potenzielle Beurteilungszeitpunkte in verfahrensrechtlichen Vorschriften zu richten, auch vor dem Hintergrund der angeführten Charakteristik.

Betrachtet man die Normen der Gesetzestexte und Ordnungen des verfahrensrechtlichen Bereichs insgesamt, so lassen sich zahlreiche weitere Beispiele für potenzielle Beurteilungszeitpunkte finden: So ist etwa nach § 46c Abs. 5 S. 2 ArbGG dem Absender eines elektronischen Dokuments eine automatisierte Bestätigung über den Zeitpunkt des Eingangs zu erteilen. Im Zeitpunkt des Eingangs der Bestätigung selbst findet keine Beurteilung statt, auch besteht keine Erforderlichkeit für staatliche Organe in diesem Zeitpunkt zu handeln. Allerdings kann dieser Zeitpunkt für spätere Fristberechnungen und damit für die Beurteilung, ob die jeweilige Frist eingehalten wurde, zentral werden. Zudem kann er gegebenenfalls Fernwirkung entfalten, wenn es um die Betrachtung anwaltlicher Sorgfaltspflichten geht.[518]

Weiterhin ist § 36 Abs. 3 S. 2 GVG zu nennen, wonach der Zeitpunkt für die Auflegung der Vorschlagsliste für Schöffen vor der einwöchigen Auflegung öffentlich bekanntzumachen ist. Dieser Zeitpunkt kann dann bei der Beurteilung des Richters nach § 39 S. 2 GVG, ob die Vorschriften des § 36 Abs. 3 GVG eingehalten wurden, zu einem ein direkten Beurteilungszeitpunkt werden. Auch wird im Zeitpunkt der Auflegung selbst noch keine Beurteilung vorgenommen, obwohl es sich hierbei um einen Zeitpunkt handelt, in dem das Handeln des verfahrensrechtlich zuständigen Organs erforderlich ist.

Daneben ist aus weiteren verfahrensrechtlichen Normen beispielsweise § 250 Abs. 1 Nr. 4 FamFG anzuführen, der verlangt, dass im Antrag auf Unterhaltsfestsetzung im vereinfachten Verfahren über den Unterhalt Minderjähriger anzugeben ist, ab welchem Zeitpunkt Unterhalt verlangt wird. Auch hier erfolgt zunächst eine reine Zeitangabe. Sie ist sogar entbehrlich, sofern nur laufender Unterhalt geltend gemacht wird.[519] Fehlt sie im Übrigen, wird davon ausgegangen, dass lediglich Unterhalt für die Zukunft geltend gemacht wird vom Ersten des Monats an, in welchem der eingereichte Antrag dem Antragsteller zugestellt wird.[520]

Die gegebenenfalls nur fakultative Möglichkeit der reinen Zeitpunktangabe könnte nun aufgrund der gesetzlichen Formulierung nahelegen, dass es sich nicht um einen Beurteilungszeitpunkt handelt. Jedoch kann sich dieser Zeitpunkt gerade bei der Vornahme der Unterhaltsberechnung von einem potenziellen Beurteilungszeitpunkt in einen direkten Beurteilungszeitpunkt umwandeln. Denn in diesem Fall hat der Rechtspfleger sich – wiederum bildlich gesprochen – in diesen Zeitpunkt hineinzuversetzen und „in" diesem Zeitpunkt das Bestehen des Unterhaltsanspruchs

---

[518] Vgl. hierzu etwa BeckOK ArbR/*Hamacher,* ArbGG § 46c Rn. 9.

[519] BeckOK FamFG/*Weber,* FamFG § 250 Rn. 5.

[520] OLG Brandenburg, Beschl. v. 14.8.2001 – 10 UF 133/01, BeckRS 2001, 30199070; BeckOK FamFG/*Weber,* FamFG § 250 Rn. 5.

„ab“ diesem Zeitpunkt zu prüfen. Zwar ermöglicht es § 250 Abs. 1 Nr. 4 FamFG, im vereinfachten Verfahren auch Unterhalt für die Vergangenheit nach § 1613 BGB zu verlangen.[521] Wird aber Unterhalt für die Zukunft verlangt, so kann es vorkommen, dass die Beurteilung, ob dieser Anspruch gegeben ist, dann genau an dem Tag des Beginns der verlangten Unterhaltsfestsetzung erfolgt. Dies mag sich zwar eher als eine zufällige Koinzidenz darstellen vergleichbar derjenigen bei der Betrachtung des Zeitpunkts der formellen bzw. materiellen Rechtskraft.[522] Anders als dort ist hier aber das Handeln des verfahrensrechtlich zuständigen Organs erforderlich. Damit wird hier die bisherige Annahme, dass potenzielle Beurteilungszeitpunkte in Normen verfahrensrechtlicher Gesetze und Ordnungen in der Regel gemein haben, dass in ihnen im Zeitpunkt ihres tatsächlichen Geschehens keine Beurteilung erfolgt, wenn für diesen Zeitpunkt auch das Handeln des verfahrensrechtlich zuständigen Organs erforderlich ist, infrage gestellt.

Die zu untersuchende Hypothese soll aber an dieser Stelle dennoch nicht als widerlegt angesehen werden. Denn der anzugebende Zeitpunkt des § 250 Abs. 1 Nr. 4 FamFG betrifft, auch wenn er sich in einem Gesetz befindet, das grundsätzlich dem verfahrensrechtlichen Bereich zugeordnet wird, die Geltendmachung eines materiell-rechtlichen Anspruchs. Insofern scheinen für diesen Zeitpunkt gleichermaßen Aspekte der vorliegend zunächst getrennt betrachteten Bereiche der Beurteilungszeitpunkte des BGB und seiner materiell-rechtlichen Nebengebiete einerseits und der Beurteilungszeitpunkte in Gesetzestexten des verfahrensrechtlichen Bereichs des Privatrechts andererseits eine Rolle zu spielen. Aufgrund dessen soll die Betrachtung der Charakteristik der potenziellen Beurteilungszeitpunkte nochmals im Rahmen der im dritten Unterabschnitt vorzunehmenden übergreifenden Betrachtung aufgegriffen werden.

### c) Beurteilungszeiträume im Verfahrensrecht

Gerade das letztgenannte Beispiel schlägt zugleich die Brücke zu der zweiten in Parallele zur Bestandsaufnahme im BGB und seinen Nebengebieten von den Beurteilungszeitpunkten abzugrenzenden Gruppe, den Beurteilungszeiträumen. Denn gerade Unterhaltsforderungen werden in der Regel für einen bestimmten Zeitraum

[521] Musielak/Borth/Frank/*Borth,* FamFG § 250 Rn. 2. Dabei ist streitig, ob dies ausschließlich für die Vergangenheit erfolgen kann, s. etwa MüKoFamFG/*Macco,* FamFG § 250 Rn. 6 oder auch für die Zukunft begehrt werden muss vgl. etwa HK-ZPO/*Kemper,* FamFG § 250 Rn. 6.

[522] Vgl. Teil C/II./4./b)/dd)/(3).

geltend gemacht. Insofern ist nun im Folgenden der Frage von möglichen Beurteilungszeiträumen in den verfahrensrechtlichen Normen des privatrechtlichen Bereichs nachzugehen. Blickt man noch einmal auf die im Rahmen der Bestandsaufnahme des BGB und seiner Nebengebiete vorgenommene Kategorisierung, so zeigt sich, dass sich auch in den Gesetztestexten und Ordnungen des verfahrensrechtlichen Bereichs in ähnlicher Weise gesetzlich festgelegte Beurteilungszeiträume ebenso wie merkmalimmanente Zeitraumfestsetzungen finden lassen.

### aa) Gesetzlich festgelegte Beurteilungszeiträume

Dabei ist in Bezug auf die gesetzliche Festlegung von Beurteilungszeiträumen, zunächst festzustellen, dass in den Normen der Gesetztestexte und Ordnungen des Verfahrensrechts grundsätzlich ebenfalls nicht explizit von „Beurteilungszeiträumen" gesprochen wird.

#### (1) „Zeitraum" und Zeitraumangabe

Es findet sich aber vielfach die Verwendung des Worts *Zeitraum,* der dann wiederum die Vornahme von Beurteilungen erfordert bzw. erfordern kann. Beispielhaft sei diesbezüglich § 348 Abs. 1 Nr. 1 ZPO angeführt, wonach dasjenige Mitglied einer Zivilkammer nicht als Einzelrichter entscheiden darf, wenn es Richter auf Probe ist und noch nicht über einen Zeitraum von einem Jahr geschäftsverteilungsplanmäßig Rechtsprechungsaufgaben in bürgerlichen Rechtsstreitigkeiten wahrzunehmen hatte. Damit wird folglich vor der Übertragung auf den Einzelrichter der Zeitraum der geschäftsplanmäßigen Zuteilung zu beurteilen sein.[523]

Ebenfalls im Gleichklang mit den Erkenntnissen aus der Betrachtung der Beurteilungszeiträume im BGB und seinen Nebengebieten zeigt sich in den Normen des verfahrensrechtlichen Bereichs, dass bisweilen eine terminologische Konkretisierung des betreffenden Beurteilungszeitraums erfolgt, wie etwa in § 850e Nr. 1 ZPO mit dem Begriff des Auszahlungszeitraums oder in § 904 Abs. 3 ZPO mit demjenigen des Bewilligungszeitraums.

Darüber hinaus korrespondiert mit den Erkenntnissen des vorhergehenden Teils, dass in den hier betrachteten Normen in zeitlicher Hinsicht mehrfach keine Konkretisierung der Zeitspanne vorgenommen wird, auch nicht mit einem eventuellen Bezugspunkt wie beispielsweise dem vorgenannten Bewilligungszeitraum. Das kann etwa an § 850i Abs. 1 S. 1 ZPO verdeutlicht werden, der den Pfändungsschutz für sonstige Einkünfte die kein Arbeitseinkommen sind bzw. für nicht wiederkehrend zahlbare Vergütungen für persönlich geleistete Arbeiten oder Dienste. Bezüglich dieser hat das Gericht dem Schuldner während eines *an-*

[523] Ein weiteres Beispiel wäre etwa § 850c Abs. 1 ZPO.

*gemessenen Zeitraums*[524] so viel zu belassen, als ihm nach freier Schätzung des Gerichts verbleiben würde, wenn sein Einkommen aus laufendem Arbeits- oder Dienstlohn bestünde. Damit muss dem Schuldner beispielsweise von einer Abfindung so viel verbleiben, wie ihm für den betreffenden angemessenen Zeitraum bei laufendem Einkommen verbleiben würde[525] und er für den notwendigen Unterhalt und den seiner unterhaltsberechtigten Personen bedarf.[526] Damit handelt es sich bei diesem Zeitraum um denjenigen Beurteilungszeitraum für das vergleichbare laufende Einkommen. Die Dauer dieses Zeitraums bestimmt wiederum das Vollstreckungsgericht unter Würdigung aller Umstände des Einzelfalls nach freiem Ermessen.[527]

Zwar ebenfalls keine genaue Zeitraumangabe, allerdings eine exakt bestimmbare findet sich in § 8 ZPO, der die pauschalierte Berechnung des Zuständigkeitsstreitwerts bzw. des Werts der Rechtsmittelbeschwer in Rechtsstreitigkeiten über das Bestehen und die Dauer von Miet- und Pachtverhältnissen betrifft. Dabei wird im Rahmen der gesetzlichen Begrenzung der auf die gesamte streitige Zeit entfallende Miet- oder Pachtzins maßgeblich.[528] Hier erfolgt damit die Beurteilung eines Zeitraums zur Ermittlung eines verfahrensrechtlichen Aspekts,[529] seine Dauer ist durch den streitgegenständlichen Zeitraum bestimmt.

Zudem ist es möglich, dass ein zuvor genannter Zeitraum durch eine zeitbezogene Wendung unter Normierung eines Beurteilungszeitraums aufgegriffen wird. Zur Verdeutlichung kann etwa auf das im VSBG geregelte Verfahren der Schlichtung und damit der nicht-staatlichen Streitbeilegung zurückgegriffen werden: Dort wird in § 14 Abs. 5 S. 1 VSBG geregelt, dass der Streitmittler das Streitbeilegungsverfahren aussetzt, wenn der Antragsgegner geltend macht, dass seit der Geltendmachung des streitigen Anspruchs durch den Antragsteller gegenüber dem Antragsgegner nicht mehr als zwei Monate vergangen sind und der Antragsgegner den streitigen Anspruch in dieser Zeit weder anerkannt noch abgelehnt hat. Hier wird folglich für die Frage der Anerkennung oder Ablehnung des streitigen Anspruchs der Beurteilungszeitraum von zwei Monaten durch die Wendung *in dieser Zeit* festgelegt.

---

524 Eine ebensolche Formulierung findet sich in § 551 Abs. 2 S. 6 Hs. 2 ZPO.

525 Vgl. Musielak/Voit/*Flockenhaus,* Zivilprozessordnung, ZPO § 850i Rn. 6.

526 Vgl. AG Dortmund, Beschl. v. 19.3.2021 – 254 IK 39/15, juris – Rn. 7, 11.

527 Vgl. Musielak/Voit/*Flockenhaus,* Zivilprozessordnung, ZPO § 850i Rn. 6. Vgl. ebenfalls Zöller/*Seibel,* Zivilprozessordnung, ZPO § 850i Rn. 2.

528 Vgl. hierzu insgesamt auch BeckOK ZPO/*Wendtland,* ZPO § 8 Vorbemerkung.

529 Ebenso stellt sich die Situation etwa bei § 708 Nr. 8 ZPO dar.

Häufig finden sich ebenfalls Anführungen von Zeitspannen zur Normierung und gleichzeitiger Konkretisierung von Beurteilungszeiträumen. Aus dem Bereich der nicht-staatlichen Gerichtsbarkeit kann zur Veranschaulichung etwa § 1034 Abs. 2 S. 2 ZPO angeführt werden. Dort regelt § 1034 Abs. 2 ZPO insgesamt das Antragsverfahren zur Bestellung von Schiedsrichtern bei einem „Übergewicht"[530] in der Zusammensetzung des Schiedsgerichts zugunsten der anderen Partei. In S. 2 ist dabei der Beurteilungszeitraum für die Rechtmäßigkeit in zeitlicher Perspektive dergestalt geregelt, dass der Antrag spätestens bis zum Ablauf von zwei Wochen, nachdem der Partei die Zusammensetzung des Schiedsgerichts bekannt geworden ist, zu stellen ist. Insofern wird der Beurteilungszeitraum grundsätzlich auf die Zeitspanne von zwei Wochen festgelegt.

### (2) Signalworte mit zeitlicher Komponente

Das letztgenannte Beispiel verdeutlicht aber zugleich auch weitere Aspekte zur Festlegung von Beurteilungszeiträumen in Parallele zum Bereich des BGB und seiner materiell-rechtlichen Nebengebiete. Denn hier finden sich ebenfalls die temporalen Präpositionen *bis* und *nachdem* zur Kenntlichmachung des Beurteilungszeitraums. Auch findet sich mit dem Begriff der *Wochen* ein Nomen der Zeit.

Darüber hinaus können Beurteilungszeiträume durch weitere Signalworte normiert werden, bei denen die zeitliche Komponente zunächst nicht so deutlich hervortritt. Als Beispiel für ein solches Signalwort, bei dem sich die zeitliche Komponente allenfalls auf einer nachgeordneten Ebene befindet, ist in § 48 Abs. 1a ArbGG zu finden. Dieser regelt, dass für einige, in der Norm näher bestimmte Streitigkeiten das Arbeitsgericht zuständig ist, in dessen Bezirk der Arbeitnehmer *gewöhnlich* seine Arbeit verrichtet oder zuletzt *gewöhnlich* verrichtet hat. Dabei ist der gewöhnliche Arbeitsort derjenige, an dem „regelmäßig" bzw. „normalerweise" gearbeitet wird bzw. bei ausgeschiedenen Arbeitnehmern zuletzt gearbeitet wurde.[531] Bereits diese Betrachtung beinhaltet schon die Beurteilung einer längeren Zeitspanne und kann nicht durch eine nur punktuelle zeitliche Betrachtung bestimmt werden. Dieser zeitliche Aspekt tritt aber noch deutlicher hervor, wenn die Arbeitsleistung gewöhnlich an mehreren Orten erbracht wird, denn dann ist nach der Gesetzesbegründung[532] der Ort zu bestimmen, an dem die Arbeitsleitung über-

[530] Dabei meint „Übergewicht" bei der Besetzung, dass die Entscheidung einer Schiedsverfahrenspartei größere Auswirkungen auf die Besetzung des Schiedsgerichts hat als die der gegnerischen Partei, vgl. BeckOK ZPO/*Wolf/Eslami*, ZPO § 1034 Rn. 7. S. ebenfalls Thomas/Putzo/*Nordmeier*, Zivilprozessordnung, ZPO § 1034 Rn. 2.

[531] *Walker* in: Schwab/Weth, Arbeitsgerichtsgesetz, ArbGG § 48 Rn. 118.

[532] BT-Drs. 16/7716, S. 24.

wiegend erbracht wird.[533] Dabei bezieht sich die überwiegende Erbringung der Arbeitsleistung auf den zeitlichen Umfang der Tätigkeit.[534] Und damit ist dann für die Beurteilung der überwiegenden Erbringung der Tätigkeit zur Subsumtion unter das Tatbestandsmerkmal „gewöhnlich" ein Zeitraum in den Blick zu nehmen.

## bb) Merkmalimmanente Zeitraumerfordernisse

Die letztgenannte Konstellation kann je nach Einordnung des Worts „gewöhnlich" gegebenenfalls auch unter die ebenfalls noch in Parallele zur bisherigen Untersuchung zu betrachtende Gruppe der merkmalimmanenten Zeitraumerfordernisse eingeordnet werden. Wie bereits definiert, muss es sich bei diesen um solche Konstellationen handeln, in denen zwar weder im Gesetz eine ausdrückliche Verwendung des Begriffs „Zeitraum" erfolgt noch andere Formulierungen, die das Vorliegen eines Beurteilungszeitraums implizieren, zu verzeichnen sind, die jedoch bezüglich des betreffenden Tatbestandsmerkmals zwingend die Festlegung eines Beurteilungszeitraums erfordern, um dieses Tatbestandsmerkmal in rechtsstaatlicher Art und Weise subsumieren zu können. Die Bedeutung des Worts *gewöhnlich* hat, wie angeführt, keine direkte zeitliche Komponente, wird es doch grundsätzlich im Sinne von „durchschnittlich", „normal" bzw. „gewohnt" verstanden.[535] Erst in Ausfüllung dieser Begrifflichkeit tritt die Betrachtung einer Zeitspanne hervor. Insofern könnte man auch argumentieren, dass das Tatbestandsmerkmal „gewöhnlich" das Vorliegen eines Beurteilungszeitraums nicht direkt impliziert, dennoch aber nur dann in rechtsstaatlich erforderlicher Art und Weise subsumiert werden kann, wenn dieses Tatbestandsmerkmal mit der Betrachtung eines entsprechenden Beurteilungszeitraums ausgefüllt wird. Damit wird man dieses Beispiel als einen Grenzfall zwischen der Festlegung von Beurteilungszeiträumen durch Signalworte und derjenigen der merkmalimmanenten Beurteilungszeiträume anzusehen haben, der verdeutlicht, wie stark auch das jeweilige Begriffsverständnis die betreffende Einordnung beeinflusst.

Deutlicher stellt sich die Einordnung als merkmalimmanentes Zeitraumerfordernis im Rahmen des § 44 Abs. 1 ZPO dar. Dieser betrifft das Ablehnungsgesuch bezüglich eines zur Entscheidung (mit-)berufenen Richters im Zivilprozess. Nach dieser Vorschrift ist das Ablehnungsgesuch bei dem Gericht, dem der Richter angehört, anzubringen. Dabei regelt § 44 ZPO entgegen der Überschrift insgesamt das Ablehnungsverfahren.[536] Teilweise enthält diesbezüglich zwar § 43 ZPO eine

---

[533] *Walker* in: Schwab/Weth, Arbeitsgerichtsgesetz, ArbGG § 48 Rn. 118.

[534] Vgl. ebenfalls *Walker* in: Schwab/Weth, Arbeitsgerichtsgesetz, ArbGG § 48 Rn. 118.

[535] Vgl. „gewöhnlich", in: Duden, Deutsches Universalwörterbuch, 742.

[536] HK-ZPO/*Bendtsen*, ZPO § 44 Rn. 1.

Zeitgrenze ebenso wie § 44 Abs. 4 S. 2 ZPO eine Einschränkung dahingehend, dass das Ablehnungsersuchen unverzüglich nach Kenntniserlangung von den Ablehnungsgründen geltend zu machen ist.[537] Die Einhaltung einer bestimmten Frist zur Anbringung des Ablehnungsgesuchs über diese Einschränkungen hinaus sieht das Gesetz aber nicht vor.

Im vorliegend untersuchten Kontext bedeutet dies, dass das Gesetz grundsätzlich keinen Beurteilungszeitraum für die zeitlich wirksame Geltendmachung des Ablehnungsersuchens vorsieht. Insofern könnte angenommen werden, dass die Geltendmachung des Ablehnungsgesuchs, unter Beachtung der Einschränkungen in den §§ 43 und 44 Abs. 4 ZPO, zeitlich unbegrenzt möglich ist. Gerade das ist aber vor dem Hintergrund des Rechtsstaatsprinzips problematisch: Dieses fordert nach der Rechtsprechung des Bundesverfassungsgerichts für das gerichtliche Verfahren grundsätzlich zwar einerseits einen wirkungsvollen Rechtsschutz des einzelnen Rechtsuchenden, andererseits aber auch die Herstellung von Rechtssicherheit, die voraussetzt, dass strittige Rechtsverhältnisse in angemessener Zeit geklärt werden.[538] Wäre vorliegend die Geltendmachung des Ablehnungsgesuchs ohne zeitliche Grenze möglich, würde dem Rechtsschutzbedürfnis des Rechtssuchenden eine unverhältnismäßig hohe Gewichtung gegenüber dem Aspekt der Rechtssicherheit eingeräumt.

Gerade Fristenregelungen sind geeignet, um einen Ausgleich zwischen Rechtsschutzbedürfnis und Rechtssicherheit in Konstellationen wie der vorliegenden zu schaffen und unangemessene Verzögerungen zu verhindern.[539] Dieser Ausgleich wird letztlich von Rechtsprechung und Literatur auch für den konkreten Fall mittels zeitlicher Eingrenzung vorgenommen: So wird teilweise angeführt, dass der Ablehnungsantrag grundsätzlich von der Anhängigkeit des Rechtsstreits bis zu dem Zeitpunkt gestellt werden könne, in dem der abzulehnende Richter noch Entscheidungen zu treffen habe, somit in der Regel bis zum vollständigen Abschluss der jeweiligen Instanz.[540] Zudem wird teilweise angenommen, dass der betreffende Zeitraum über den Zeitpunkt des Erlasses der instanzbeendenden Entscheidung hinaus möglich sein solle, wenn von dem abgelehnten Richter noch weitere Ent-

[537] Vgl. auch BeckOK ZPO/*Vossler*, ZPO § 44 Rn. 18.

[538] BVerfG, Beschl. v. 2.3.1993–1 BvR 249/92, BVerfGE 88, 118, 124.

[539] Vgl. zur Verfassungsgemäßheit von Fristenregelungen in vergleichbaren Situationen auch BVerfG, Beschl. v. 2.3.1993–1 BvR 249/92, BVerfGE 88, 118, 124.

[540] BVerfG, Beschl. v. 28.4.2011 – 1 BvR 2411/10, NJW 2011, 2191, 2192; BGH, Beschl. v. 11.7.2007 – IV ZB 38/06, NJW-RR 2007, 1653 Rn. 5. Vgl. insgesamt BeckOK ZPO/*Vossler*, ZPO § 44 Rn. 9.

scheidungen im Nebenverfahren zu treffen seien,[541] zumindest dann, wenn sich der Richter, gegen den sich das Ablehnungsgesuch richte, erneut sachlich mit dem Verfahrensgegenstand befassen müsse.[542] Andere formulieren, dass das Ablehnungsgesuch von der Anhängigkeit des Verfahrens bis zu dessen rechtskräftigen Abschluss angebracht werden könne.[543] Darüber hinaus ist streitig, ob das Ablehnungsgesuch auch im Rahmen einer Anhörungsrüge noch zulässig ist.[544]

Auch hier soll im Kontext der vorliegenden Untersuchung die Streitfrage der genauen Festlegung des betrachteten Beurteilungszeitraums nicht weiter vertieft werden. Jedoch verdeutlichen die angeführten Ansichten, dass für das Tatbestandsmerkmal des Ablehnungsgesuchs allgemein ein merkmalimmanenter Beurteilungszeitraum dahingehend angenommen wird, dass die Beurteilung der Zulässigkeit dieses Ablehnungsgesuchs die Einhaltung eines Zeitraums im Sinne der Frist beinhaltet.

Über dieses konkrete Beispiel hinausgehend zeigt die überblicksartige Betrachtung der Gesetzestexte und Ordnungen des verfahrensrechtlichen Bereichs, dass nur vereinzelt (weitere) Konstellationen merkmalimmanenter Zeitraumerfordernisse zu finden sind. Vielmehr ist die weit überwiegende Mehrzahl der Beurteilungszeiträume gesetzlich geregelt: Zwar dient ein merkmalimmanenter Beurteilungszeitraum gerade dazu die rechtsstaatlichen Anforderungen an das Verfahren zu wahren. Ohne ausdrückliche Regelung verbleibt jedoch stets eine Unsicherheit für den Rechtsanwender, wenn in Bezug auf die Konkretisierung unterschiedliche Ansichten vertreten werden. Das zeigt auch das gewählte Beispiel des § 44 ZPO. Insofern besteht durch die ausdrückliche gesetzliche Festlegung von Beurteilungszeiträumen insbesondere in Bezug auf das Erfordernis der Rechtssicherheit die Möglichkeit, die Anforderungen, die das Rechtsstaatsprinzip an die staatlichen Verfahren stellt, ebenso wie die rechtsstaatlichen Mindestanforderungen

541 HK-ZPO/*Bendtsen,* ZPO § 44 Rn. 4. Vgl. auch MüKo ZPO/*Stackmann,* ZPO § 44 Rn. 4, der formuliert, dass das Ablehnungsgesuch noch im Tatbestandsberichtigungsverfahren zulässig sei.

542 Vgl. hierzu BGH, Beschl. v. 19.1.2022 – XII ZB 357/21, NJW-RR 2022, 429 Rn. 13. Vgl. auch MüKo ZPO/*Stackmann,* ZPO § 44 Rn. 4.

543 Musielak/Voit/*Heinrich,* ZPO, ZPO § 44 Rn. 2.

544 Vgl. insgesamt HK-ZPO/*Bendtsen,* ZPO § 44 Rn. 3. Diesbezüglich wird teilweise angenommen, dass das Rechtsschutzinteresse nicht schon dann entfalle, wenn über eine nicht von vornherein unzulässige Anhörungsrüge noch nicht entschieden sei, vgl. BGH, Beschl. v. 14.10.2021 – LwZB 2/20, juris; s. ebenfalls Prütting/Gehrlein/*Graßnack,* Zivilprozessordnung, ZPO § 44 Rn. 4. Andere betrachten das Ablehnungsgesuch im Rahmen einer Anhörungsrüge nach Abschluss der Instanz als unzulässig, vgl. OLG Frankfurt, Beschl. v. 17.11.2020 – 20 WLw 3/20 – juris, Rn. 13.

an die nicht-staatlicher Verfahren in größerem Umfang zu berücksichtigen als durch merkmalimmanente Zeitraumerfordernisse.

#### cc) Zusammentreffen von Beurteilungszeitpunkten und Beurteilungszeiträumen

In Bezug auf das Zusammentreffen von Beurteilungszeitpunkten und -zeiträumen zeigt sich in den Normen des verfahrensrechtlichen Bereichs gleichfalls eine Übereinstimmung mit dem Befund der Betrachtung zu den Normen des BGB und seiner Nebengebiete. Das ist der bereits festgestellten grundsätzlichen Verbindung von Zeitpunkten und Zeiträumen geschuldet.[545]

Schreibt etwa § 811 Abs. 1 Nr. 3 ZPO vor, dass Bargeld in der in dieser Vorschrift näher spezifizierten Höhe „für jeden Kalendertag ab dem Zeitpunkt der Pfändung bis zum Ende des Monats, in dem die Pfändung bewirkt wird", nicht der Pfändung unterliegt, so bildet der Zeitpunkt der Pfändung den Anfangszeitpunkt, das Ende des Monats, in dem die Pfändung bewirkt wird, den Endzeitpunkt. Der Zeitpunkt der Pfändung stellt hier dann zugleich auch einen Beurteilungszeitpunkt dar – eben denjenigen für den Beginn der (Un-)Pfändbarkeit.[546] Der gesamte in der Vorschrift bezeichnete Zeitraum kann aber ebenfalls im Zentrum einer Beurteilung für die (Un-)Pfändbarkeit stehen.

Nicht immer kommen „nur" Anfangs- und Endzeitpunkt eines Beurteilungszeitraums als Beurteilungszeitpunkte in Betracht. Das wird deutlich an § 35 Nr. 2 a) GVG, der bestimmt, dass diejenigen die Berufung zum Schöffenamt ablehnen dürfen, die *in zwei aufeinanderfolgenden Amtsperioden* als ehrenamtliche Richter in der Strafrechtspflege tätig gewesen sind, sofern die letzte Amtsperiode *zum Zeitpunkt der Aufstellung der Vorschlagsliste* noch andauert. Hier wird folglich der Beurteilungszeitraum der beiden aufeinanderfolgenden Amtsperioden verknüpft mit einem weiteren Beurteilungszeitpunkt. Denn dieser Zeitpunkt der Aufstellung der Vorschlagsliste ist in der Regel nicht einer der Anfangs- oder Endzeitpunkte des Beurteilungszeitraums. Das wird nur im Ausnahmefall der Fall sein, nämlich dann, wenn es sich um den Anfangs- oder Endzeitpunkt der letzten Amtsperiode handelt.

Ebenfalls im Rahmen des Zusammentreffens von Beurteilungszeitpunkt(en) und Beurteilungszeiträumen wurde in der Bestandsaufnahme zum BGB und seinen Nebengebieten das Rechtsinstitut der Prognose näher beleuchtet. Konkret wurden Prognosekonstellationen betrachtet, die bei der Anwendung des materiellen Rechts zu treffen sind und sich so direkt auf die betreffende Sachentscheidung auswir-

---

[545] S. hierzu insgesamt Teil C/II./4./b)/cc).

[546] S. diesbezüglich auch MüKoZPO/*Gruber*, ZPO § 811 Rn. 18.

ken.[547] Insofern wurde herausgearbeitet, dass der das „Modell der zweistufigen Entscheidungsfindung" als (dritten) Punkt erweiternde Prognosezeitpunkt nicht identisch sein muss mit dem Schluss der mündlichen Verhandlung.[548] Zudem wurde bereits festgestellt, dass es im prozessrechtlichen Bereich ebenfalls zu Prognosen kommen kann: Diesbezüglich wurde die Konstellation angeführt, dass der Zivilrichter das Prozessverhalten der Parteien zu projektieren hat.[549] Diese letztgenannte Konstellation ist nunmehr in diesem Teil der Untersuchung aktuell. Konkret kann hier etwa die Entscheidung des Zivilrichters nach § 272 Abs. 2 ZPO dahingehend angeführt werden, ob er einen frühen ersten Termin bestimmt oder das schriftliche Vorverfahren anordnet.[550]

Darüber hinaus finden sich aber noch weitere Konstellationen der Prognose in den Gesetzestexten und Ordnungen des verfahrensrechtlichen Bereichs. Zum Beispiel normiert § 811c ZPO die Vorwegpfändung und bestimmt in seinem Absatz 1 Satz 1, dass dann, wenn zu erwarten ist, dass eine Sache demnächst pfändbar wird, diese gepfändet werden kann, aber im Gewahrsam des Schuldners zu belassen ist. Folglich ist eine Prognose in Bezug auf die alsbaldige Pfändbarkeit durch den Gerichtsvollzieher vorzunehmen.[551] Damit zeigt sich, dass – auch wenn der Schwerpunkt der Prognosesituationen und -problematiken im Bereich des materiellen Rechts zu verorten sein wird[552] – die Möglichkeit eines Zusammentreffens von Beurteilungszeitpunkt(en) und Beurteilungszeiträumen im Sinne einer Prognosekonstellation für diesen Bereich der Bestandsaufnahme ebenfalls festgestellt werden kann.

#### dd) Potenzielle Beurteilungszeiträume in verfahrensrechtlichen Normen

Weiterhin finden sich im Verfahrensrecht potenzielle Beurteilungszeiträume. Wie bereits im ersten Teil dieser Bestandsaufnahme herausgearbeitet, erfolgt bei diesen in der Regel zunächst die reine Festlegung eines Zeitraums, erst im weiteren Verlauf des Verfahrens oder in einem weiteren Verfahren kann ein derartiger Zeitraum dann zu einem Beurteilungszeitraum werden.[553] Dabei kann die Festlegung in ver-

[547] Vgl. Teil C/II./4./b)/cc)/(3)/(b)/(cc).

[548] Vgl. ebenfalls Teil C/II./4./b)/cc)/(3)/(b)/(cc).

[549] Vgl. ebenfalls Teil C/II./4./b)/cc)/(3)/(b)/(cc). S. zudem *Regenfus,* JR 2012, 137.

[550] *Regenfus,* JR 2012, 137.

[551] S. hierzu auch Anders/Gehle/*Czekalla,* Zivilprozessordnung, ZPO § 811c Rn. 2, 5.

[552] So zutreffend *Holthusen,* Das Prognoseprinzip im vertraglichen Dauerschuldverhältnis, 34 f.

[553] Vgl. Teil C./I./4./b)/dd).

schiedenster Art und Weise erfolgen, insbesondere durch Gesetz oder auch etwa die zur Entscheidung berufene Person bzw. das zur Entscheidung berufene Gremium erfolgen. Das kann beispielsweise an § 276 Abs. 1 ZPO verdeutlicht werden. Dieser enthält eine zweistufige Fristsetzung zur Formalisierung und Beschleunigung des schriftlichen Vorverfahrens im zivilprozessualen Urteilsverfahren[554]: In einem ersten Schritt legt das Gesetz eine Frist zur Verteidigungsanzeige von zwei Wochen ab Zustellung der Klageschrift fest. Da der bzw. die Beklagte zur Vorbereitung des Haupttermins auch inhaltlich zur Klage Stellung zu nehmen hat, ist ihm bzw. ihr vom Gericht nach § 276 Abs. 1 S. 2 ZPO eine weitere Frist von mindestens zwei Wochen zu setzen.[555]

In beiden Fällen handelt es sich zunächst um reine Zeitraumfestsetzungen. Wird allerdings die (Not-)frist versäumt, so führt das – sofern der Kläger bzw. die Klägerin dies beantragt hat[556] – nach § 331 Abs. 3 ZPO zum Erlass eines Versäumnisurteils.[557] Insofern erfolgt im Rahmen des Erlasses des Versäumnisurteils eine Beurteilung hinsichtlich der (Nicht-)Einhaltung der Frist – und damit des Zwei-Wochen-Zeitraums. Wird diese Frist zwar eingehalten, trägt der Beklagte oder die Beklagte jedoch nach Ablauf der Klageerwiderungsfrist vor, so kann dieses Vorbringen, soweit es Angriffs- oder Verteidigungsmittel betrifft, nach § 296 Abs. 1 ZPO zurückgewiesen werden.[558] Damit wird dieser Zeitraum der Klageerwiderungsfrist dann zu einem Beurteilungszeitraum bezüglich der Verspätung des Vorbringens.

Nicht immer wird jedoch die Dauer des Zeitraums bereits im Vorfeld präzisiert. Das zeigt etwa § 282 Abs. 2 ZPO, der die Einreichung vorbereitender Schriftsätze zur mündlichen Verhandlung betrifft. Dort spricht das Gesetz lediglich davon, dass diese „so zeitig mitzuteilen [sind], dass der Gegner die erforderlichen Erkundigungen noch einzuziehen vermag." Welcher Zeitraum erforderlich ist, hängt vom Einzelfall ab und ist nach den konkreten Umständen zu bemessen.[559] Hier kommt als Konsequenz für ein verspätetes Vorbringen die Zurückweisung nach § 296 Abs. 2 ZPO in Betracht.[560] Dabei ist dann eine Beurteilung dieses Zeitraums im Hinblick auf das Merkmal der Rechtzeitigkeit bzw. Verspätung vorzunehmen.

---

[554] Vgl. hierzu auch BeckOK ZPO/*Bacher*, ZPO § 276 Rn. 1, 2; MüKoZPO/*Prütting*, ZPO § 276 Rn. 1.

[555] Vgl. BeckOK ZPO/*Bacher*, ZPO § 276 Rn. 10.

[556] S. hierzu auch MüKoZPO/*Prütting*, ZPO § 276 Rn. 25.

[557] BeckOK ZPO/*Bacher*, ZPO § 276 Rn. 5.

[558] BeckOK ZPO/*Bacher*, ZPO § 276 Rn. 10; MüKoZPO/*Prütting*, ZPO § 276 Rn. 38.

[559] BeckOK ZPO/*Bacher*, ZPO § 282 Rn. 7; HK-ZPO/*Saenger*, ZPO § 282 Rn. 11.

[560] HK-ZPO/*Saenger*, ZPO § 282, Rn. 9.

### ee) Zeiträume ohne Beurteilung

Der Blick auf die *potenziellen Beurteilungszeiträume* verdeutlicht zugleich, dass in Normen des verfahrensrechtlichen Bereichs das Auffinden von Zeiträumen ohne jeglichen Bezug zu einem Beurteilungszeitraum ebenfalls nahezu nicht möglich ist: Zumeist wird ein Zeitraum, dem zunächst keine Beurteilung innewohnt, sich in einen Beurteilungszeitraum umwandeln können. Allenfalls denkbar erscheint gleichfalls eine Parallele zum Bereich der Zeiträume im BGB und seinen Nebengebieten[561] aufgrund von § 222 ZPO mit seinem Verweis auf die Normen des BGB – nunmehr aus der Perspektive einer Verweisungsnorm auf die Auslegungsvorschrift für die Fristberechnung. Auch hier ist jedoch immer mit zu berücksichtigen, dass die betreffenden Fristen schließlich doch im konkreten Einzelfall zu Beurteilungszeiträumen werden können.

## 6. „Abgrenzung" zu anderen zeitbezogenen Rechtsinstituten im Verfahrensrecht

Gerade die Einordnung der Vorschriften zur Fristberechnung verdeutlicht deshalb für Normen des verfahrensrechtlichen Bereichs zudem im Gleichklang zur Bestandsaufnahme im BGB und seinen Nebengebieten, dass nicht nur die Frage von zeitlichen Elementen ohne Bezug zu einer wie auch immer gearteten Beurteilung nur in seltenen Ausnahmefällen einmal zu bejahen sein wird. Darüber hinaus kann etwa an den unterschiedlichen Fristen des Verfahrensrechts gleichfalls verdeutlicht werden, dass in der Regel keine klare Abgrenzung von (potenziellen) Beurteilungszeitpunkten und Beurteilungszeiträumen zu anderen zeitbezogenen Rechtsinstituten in der ZPO möglich ist, vielmehr eine Verbindung von Beurteilungszeitpunkten bzw. Beurteilungszeiträumen mit den unterschiedlichen weiteren zeitbezogenen Rechtsinstituten vorliegen wird.

So kennt gerade das Zivilprozessrecht eine Reihe unterschiedlicher Fristen, wie Handlungsfristen, Notfristen, Gerichtsfristen oder Zwischenfristen.[562] Alle diese Fristen beinhalten das zeitliche Element des Zeitraums und werden begrenzt durch Anfangs- und Endzeitpunkte. Erstere können dann wiederum zu Beurteilungszeiträumen, letztere zu Beurteilungszeitpunkten werden – sie unterfallen folglich der

[561] Vgl. Teil C/I./4./b)/ee).

[562] S. hierzu näher *Löhnig,* Fristen und Termine im Zivilrecht, 31 f. Zudem findet sich die Unterteilung in eigentliche Fristen und uneigentliche Fristen, s. hierzu etwa BeckOK ZPO/*Jaspersen,* ZPO § 249 Rn. 8; Stein/Jonas/*Roth,* 23. Aufl., Vorbemerkung vor ZPO § 214 Rn. 23.

Kategorie der potenziellen Beurteilungszeiträume bzw. potenziellen Beurteilungszeitpunkte.

Ein anderes Feld zeitbezogener Rechtsinstitute im Verfahrensrecht ist dasjenige der Termine, d. h. bestimmter Zeitpunkte, an denen etwas geschehen soll oder eine Rechtswirkung eintritt.[563] Diese kommen nicht nur im materiell-rechtlichen Bereich vor,[564] gerade auch im Verfahrensrecht nehmen sie eine zentrale Rolle vor allem im Rahmen der §§ 214 ff. ZPO ein.

Wie eng nun beispielsweise eine verfahrensrechtliche Frist oder ein verfahrensrechtlicher Termin und die vorliegend zu betrachtenden Beurteilungszeitpunkte und darüber hinaus auch etwaige Beurteilungszeiträume miteinander verknüpft sind, zeigt exemplarisch der Blick auf die Ladungsfrist: Bei dieser handelt es sich um die Frist, die zwischen Zustellung der Ladung und dem Termintag liegt.[565] Bei der Ladungsfrist selbst handelt es sich zunächst um einen Zeitraum. Dieser kann dann zu einem Beurteilungszeitraum werden, wenn es beispielsweise um die Frage der Ordnungsgemäßheit der Ladung geht.[566] Zur Beurteilung dessen sind Anfangs- und Endzeitpunkt dieses Zeitraums erforderlich. Insofern kann z. B. die wirksame Zustellung der Ladung relevant werden zur Feststellung des Fristbeginns im Sinne von § 221 ZPO,[567] auch wenn der Zeitpunkt der Zustellung selbst letztlich bei der Berechnung der Frist nicht mit eingerechnet wird.[568] Damit stellt sich der Zustellungszeitpunkt der Ladung zumindest als *potenzieller Beurteilungszeitpunkt* dar.

## 7. Zwischenergebnis zu den Beurteilungszeitpunkten in Gesetztestexten und Ordnungen des verfahrensrechtlichen Bereichs und weitere Begriffsfestlegung

Insgesamt ist als Zwischenergebnis zu den Beurteilungszeitpunkten in den Gesetztestexten und Ordnungen des verfahrensrechtlichen Bereichs festzuhalten, dass dort ebenso wie im BGB und seinen Nebengebieten zahlreiche Beurteilungszeit-

[563] Vgl. zur Definition des Termins *Löhnig,* Fristen und Termine im Zivilrecht, 33.

[564] Vgl. bereits C/I./4./c)/aa). S. hierzu ebenfalls *Löhnig,* Fristen und Termine im Zivilrecht, 33.

[565] *Löhnig,* Fristen und Termine im Zivilrecht, 34.

[566] Vgl. *Löhnig,* Fristen und Termine im Zivilrecht, 34; MüKoZPO/*Stackmann,* ZPO § 217 Rn. 6.

[567] Vgl. hierzu BeckOK ZPO/*Jaspersen,* ZPO § 221 Rn. 4.

[568] S. zur Berechnung der Ladungsfrist etwa MüKoZPO/*Stackmann,* ZPO § 217 Rn. 5.

punkte zu finden sind. Dabei ist zunächst ein paralleler Befund zu konstatieren, denn auch hier werden einerseits einige Beurteilungszeitpunkte ausdrücklich geregelt, sei es durch die Anführung des Begriffs des Zeitpunkts, sei es durch Nomen der Zeit oder temporale Präpositionen. Weiterhin existieren ebenfalls merkmalimmanente Zeitpunkterfordernisse.

Zugleich ist in den Normen des Verfahrensrechts ebenfalls eine Abgrenzung zu dem Rechtsinstitut des Beurteilungszeitraums vor dem Hintergrund der Definition des Beurteilungszeitpunkts möglich. Dabei werden in diesem Teil des Privatrechts Beurteilungszeiträume zudem gleichfalls auf unterschiedliche Arten gesetzlich verankert. Insbesondere bei diesen zeigte sich, dass die Kenntlichmachung von Beurteilungserfordernissen auch durch etwaige Signalworte erfolgen kann, denen eine zeitliche Komponente immanent ist. Dabei wurde jedoch zugleich deutlich, dass es bisweilen schwierig sein kann, eine klare Abgrenzung zu merkmalimmanenten Zeitraumfestlegungen vorzunehmen. Diese merkmalimmanenten Zeitraumfestlegungen waren zwar ebenfalls in diesem Teil der Bestandsaufnahme zu finden, jedoch in geringem Umfang. Darüber hinaus konnte auch das Vorliegen von potenziellen Beurteilungszeiträumen im vorliegend betrachteten Bereich veranschaulicht werden.

Dabei verbleibt es bei der Feststellung, dass zumeist bei Vorliegen eines Beurteilungszeitraums dieser in der Regel eng mit einem oder mehreren Beurteilungszeitpunkten verknüpft ist, da bereits das Konstrukt des Zeitraums an sich mit Ausnahme des Konzepts der Unendlichkeit durch einen Anfangs- und einen Endzeitpunkt gekennzeichnet ist. Im Rahmen der Betrachtung eines derartigen Zusammentreffens konnte des Weiteren verdeutlich werden, dass in den Gesetzestexten und Ordnungen des verfahrensrechtlichen Bereichs ebenfalls die Rechtsfigur der Prognoseentscheidung zu finden ist.

Reine Zeitpunkte denen kein, auch kein zukünftiges, potenzielles Element der Beurteilung innewohnt, sind ebenso wie im Bereich des BGB und seiner materiellrechtlichen Nebengebiete äußerst rar. Darüber hinaus ist eine klare Abgrenzung zu weiteren, hier nun verfahrensrechtlichen, Rechtsinstituten der Zeit ebenfalls in der Regel nicht möglich, vielmehr verbleibt es nach der Betrachtung dieses Teilbereichs bei der Feststellung, dass diese eng mit dem Institut des Beurteilungszeitpunkts verbunden sind.

Über die Erkenntnisse der angeführten Parallelstrukturen hinaus zeigen sich jedoch in verfahrensrechtlichen Normen auch Besonderheiten. So konnte herausgearbeitet werden, dass zahlreiche relevante Zeitpunkte am Ende der verschiedenen Verfahren vorzufinden sind. Dabei zeigte sich zugleich, dass in allen betrachteten Verfahrensformen zwei zentrale Beurteilungszeitpunkte am Ende des Verfahrens existieren: der Erkenntnishorizont und der Zeitpunkt der tatsächlichen Entscheidung, die terminologisch unter den Oberbegriff der Dezisionszeitpunkte zu fassen sind. Ihnen gemein ist, dass in diesen selbst eine Entscheidung unter Einbeziehung aller entscheidungsrelevanten Aspekte getroffen wird bzw. zumindest vom Gesetzgeber das Treffen der Entscheidung in diesem Zeitpunkt intendiert war: Bei dem Erkenntnishorizont handelt es sich um denjenigen Zeitpunkt, nach dem die zur Entscheidung berufene Person bzw. das zur Entscheidung berufene Gremium Tatsachen nicht mehr berücksichtigen darf und der die Tatsachengrundlage für die Entscheidung dergestalt bildet, dass die zur Entscheidung berufene Person bzw. das zur Entscheidung berufene Gremium seine Erkenntnis hierauf stützt. In speziellen Arten des Urteilserlasses wie etwa dem Anerkenntnisurteil oder dem Versäumnisurteil kann dabei das Prüfprogramm des Erkenntnishorizonts eingeschränkt sein. Bei dem Zeitpunkt der tatsächlichen Entscheidung handelt es sich um denjenigen Zeitpunkt, in dem die zur Entscheidung berufene Person bzw. das zur Entscheidung berufene Gremium seine Entscheidung in zeitlicher Hinsicht tatsächlich trifft.

Beide Zeitpunkte werden im Urteilsverfahren durch die zur Entscheidung berufene Person bzw. das zur Entscheidung berufene Gremium in tatsächlicher zeitlicher Hinsicht festgelegt. Im Übrigen, insbesondere wenn keine Präklusionsvorschriften greifen, können weitere Aspekte ihre zeitliche Verortung mit beeinflussen, wie beispielsweise die tatsächliche Herausgabe der Entscheidung des Gerichts, zumeist durch die Geschäftsstelle, nach außen. Dabei ist jedoch zu berücksichtigen, dass die grundsätzliche Feststellung der Entscheidungsreife aufgrund der verfassungsrechtlich in Art. 97 Abs. 1 GG garantierten richterlichen Unabhängigkeit weiterhin dem Richter oder dem betreffenden Spruchkörper obliegt. Zudem wurde gezeigt, dass es in speziellen Konstellationen wie dem Teilurteil, in denen über einen Teil des Prozessstoffs vorab entschieden wird, vorkommen kann, dass diese Zeitpunkte mehrfach in einem Verfahren gegeben sind. Dort erfolgt dann eine Aufteilung des jeweils zu prüfenden Gesamtstoffs der Entscheidung.

Dass die betreffende umfassende Entscheidung in dem jeweiligen Zeitpunkt selbst erfolgt, trifft in der Regel auf den Zeitpunkt der tatsächlichen Entscheidung zu. Bezüglich des Erkenntnishorizontes war dies zumindest vonseiten des Gesetzgebers als „Idealfall" intendiert. Im Rahmen der Betrachtung dieser beiden Zeitpunkte in den unterschiedlichen Verfahren wurde aber deutlich, dass gerade dieser „Idealfall" des Zusammenfallens von Erkenntnishorizont und Zeitpunkt der tatsächlichen Entscheidung, nicht immer gegeben ist. Dabei spielt die Vorschrift des § 296a ZPO eine zentrale Rolle: Wenn diese anwendbar ist oder zumindest eine vergleichbare Regelung existiert, und von ihr auch Gebrauch gemacht wird, ist eine klare Trennung dieser beiden Zeitpunkte möglich. Fehlt es an einer derartigen

Regelung fallen die beiden Zeitpunkte zusammen oder nähern sich zumindest einander an.

Als Zwischenergebnis zu der Betrachtung der Normen in Gesetzestexten und Ordnungen des verfahrensrechtlichen Bereichs ist darüber hinaus festzuhalten, dass im Umfeld der Beurteilungszeitpunkte am Ende des Verfahrens noch zahlreiche weitere Zeitpunkte existieren, die für den Abschluss eines Verfahrens relevant sind. Im Gegensatz zu den angeführten Dezisionszeitpunkten zeigte sich jedoch, dass zumindest in denjenigen Konstellationen, in denen in dem betreffenden Zeitpunkt auch die tatsächliche Vornahme einer Handlung erforderlich ist, im Zeitpunkt ihres tatsächlichen Stattfindens in der Regel keine Beurteilung des betreffenden Tatbestandsmerkmals stattfindet, weder in Bezug auf sämtliche materiell-rechtlichen und verfahrensrechtlichen Aspekte noch in Bezug auf etwaige Einzelaspekte. Sie können jedoch im Verlauf des weiteren Verfahrens oder in anderen Verfahren selbst Beurteilungszeitpunkte sein bzw. werden. Insofern sind diese in die Kategorie der ebenfalls in der Bestandsaufnahme zu den Normen des BGB und seiner materiell-rechtlichen Nebengebiete bereits identifizierten potenziellen Beurteilungszeitpunkte einzuordnen.

Weitere potenzielle Beurteilungszeitpunkte sind – nunmehr wieder in Parallele zu den Ergebnissen des ersten Teils der Bestandsaufnahme – auch im Übrigen in verfahrensrechtlichen Normen enthalten, die nicht speziell durch ihre Nähe zum Verfahrensende gekennzeichnet sind. All diese Zeitpunkte haben gemein, dass die gesetzliche Formulierung oder die juristische Bezeichnung des Zeitpunkts an sich nahelegt, dass keine Beurteilung stattfindet. Ihnen wohnt jedoch das Potenzial inne, sich im Laufe der Zeit zu einem Beurteilungszeitpunkt umzuwandeln.

Die Hypothese, dass potenzielle Beurteilungszeitpunkte des verfahrensrechtlichen Bereichs grundsätzlich gemein haben, dass zum Zeitpunkt des tatsächlichen Geschehens keine Beurteilung erfolgt, wenn für diesen Zeitpunkt die Vornahme einer Handlung erforderlich ist, wurde durch § 250 Abs. 1 Nr. 4 FamFG in Frage gestellt. Allerdings wurde zugleich festgestellt, dass hier eine Vermischung materiell-rechtlicher und verfahrensrechtlicher Aspekte gegeben sein kann und damit zugleich ein Ansatzpunkt geliefert, die bisher getrennt durchgeführte Bestandsaufnahme zusammenzuführen und klarerer Kategorien zur Systematisierung zu entwickeln. Das soll in der nun anschließenden übergreifenden Betrachtung erfolgen.

# III. Übergreifende Betrachtung

Aufgrund der Vielzahl der Beurteilungszeitpunkte im Privatrecht war für die grundsätzliche Bestandsaufnahme zunächst eine grob vereinfachende Trennung nach dem BGB und seinen materiell-rechtlichen Nebengebieten einerseits und den Gesetzestexten und Ordnungen des verfahrensrechtlichen Bereichs des Privatrechts andererseits vonnöten. Aufgrund der dort gefundenen Ergebnisse kann nun zur Vornahme einer übergreifenden Betrachtung in einem ersten Schritt eine terminologische Grundlage gelegt und zugleich erste Systematisierungen vorgenommen werden. Dabei können bereits einige, auch übergreifende Charakteristika herausgearbeitet werden. Dies sollen als Grundlage dienen, um dann in einem nächsten Schritt eine Präzisierung von Terminologie und Systematik unter Berücksichtigung der in Teil B herausgearbeiteten Kategorisierungen im Bereich von materiellem Recht, Prozessrecht und Verfahrensrecht vornehmen zu können.

## 1. Erste Zusammenführung aufgrund der Ergebnisse der Bestandsaufnahme

Die bisherigen Untersuchungsergebnisse der Bestandsaufnahme haben verdeutlicht, dass sich die Beurteilungszeitpunkte in zwei große (Unter-)Gruppen trennen lassen: einerseits diejenige der Dezisionszeitpunkte und andererseits diejenige der übrigen Beurteilungszeitpunkte, die sowohl in den Normen des BGB und seiner Nebengebiete als auch in den verfahrensrechtlichen Normen zu finden sind. In Bezug auf erstere wurden im Rahmen der Bestandsaufnahme zudem weitergehende systematisierende Betrachtungen angestellt, insbesondere aufgrund ihrer Verortung ausschließlich im Bereich der Gesetzestexte und Ordnungen des



A. Rech, *Der Beurteilungszeitpunkt im Privatrecht*, Juridicum - Schriften zum Arbeitsrecht, https://doi.org/10.1007/978-3-658-51181-4_11

verfahrensrechtlichen Bereichs konnten bereits die Unterschiede in ihrer Lage zueinander in den einzelnen Verfahren untersucht werden.

Hinsichtlich der übrigen großen Gruppe von Beurteilungszeitpunkten hat die getrennte Bestandsaufnahme ebenfalls bereits verallgemeinerbare Erkenntnisse hervorgebracht: „In" diesen findet die Beurteilung eines einzelnen Merkmals einer Rechtsvorschrift statt. Die solchermaßen zahlreichen Beurteilungszeitpunkte weisen in mehrfacher Hinsicht parallele Strukturen und Merkmale in den Normen des BGB und seiner Nebengebiete und den Gesetzestexten und Ordnungen des verfahrensrechtlichen Bereichs auf. Zugleich wurde deutlich, dass nur wenige Zeitpunkte ohne eine irgendwie geartete Beurteilung sind. Vielmehr ist der Regelfall, dass die in den verfahrensrechtlichen Normen zu findenden Zeitpunkte letztlich doch als Beurteilungszeitpunkte zu klassifizieren sind. Denn auch diejenigen Zeitpunkte, die nicht direkt als Beurteilungszeitpunkte zu identifizieren sind, erweisen sich in der Regel als potenzielle Beurteilungszeitpunkte. Sie durchziehen das gesamte Privatrecht.

Um für den weiteren Verlauf der Untersuchung eine deutlichere Unterscheidung innerhalb der Beurteilungszeitpunkte treffen zu können, soll im Folgenden die große Gruppe an Beurteilungszeitpunkten insgesamt, die sich sowohl in Normen des BGB und seiner Nebengebiete als auch in den Gesetzestexten und Ordnungen des verfahrensrechtlichen Bereichs findet und sowohl direkte als auch potenzielle Beurteilungszeitpunkte mitumfasst, in Abgrenzung zu den Dezisionszeitpunkten als *Begutachtungszeitpunkte* bezeichnet werden.

Dabei sind diese Begutachtungszeitpunkte zumeist im Tatbestand der Norm verankert. Als Beispiel kann hierzu aus dem ersten Teil der Bestandsaufnahme etwa die Formulierung *bei der Abgabe einer Willenserklärung* in der Norm des § 119 Abs. 1 BGB herangezogen werden. Aus dem zweiten Teil der Bestandsaufnahme kann dies an § 393 ZPO verdeutlicht werden, wonach Personen, die *zur Zeit der Vernehmung* das 16. Lebensjahr noch nicht vollendet oder wegen mangelnder Verstandesreife oder wegen Verstandesschwäche von dem Wesen und der Bedeutung des Eides keine genügende Vorstellung haben, unvereidigt zu vernehmen sind.

Vereinzelt ist es aber auch möglich, dass ein potenzieller Begutachtungszeitpunkt auf der Rechtsfolgenseite steht. Das wird in der Regel dann der Fall sein, wenn als Rechtsfolge ein neuer Begutachtungszeitpunkt festgelegt wird. Als Beispiel diesbezüglich kann etwa die Regelung des § 650 k Abs. 3 BGB aus dem ersten Teil der Bestandsaufnahme angeführt werden. In Bezug auf den Bereich der Gesetzestexte und Ordnungen des verfahrensrechtlichen Bereichs verdeutlicht dies § 127 Abs. 3 S. 5 ZPO, der für die Beschwerdefrist der Staatskasse gegen die Bewilligung der Prozesskostenhilfe normiert, dass für den Fall, dass die Entscheidung nicht verkündet wird, an die Stelle der Verkündung der Zeitpunkt tritt, in dem die unterschriebene Entscheidung der Geschäftsstelle übermittelt wird. Insofern ist dieser – spezielle Zeitpunkt am Ende des Verfahrens, der als Rechtsfolge bei Nichtvorliegen der Verkündung diese ersetzt – der Beurteilungszeitpunkt für den Beginn der dreimonatigen Beschwerdefrist nach § 127 Abs. 3 S. 4 ZPO.

In beiden Teilen der Bestandsaufnahme wurde zudem noch eine Abgrenzung zu den Beurteilungszeiträumen vorgenommen, die in vergleichbarer Struktur das gesamte Privatrecht durchziehen. Bezüglich dieser soll vorliegend die Terminologie dahingehend geändert werden, dass diese – korrespondierend zur Terminologie der Begutachtungszeitpunkte – als *Begutachtungszeiträume* zu bezeichnen sind.

Damit kann die bislang herausgearbeitete (übergeordnete) Struktur der Beurteilungszeitpunkte folgendermaßen dargestellt werden:

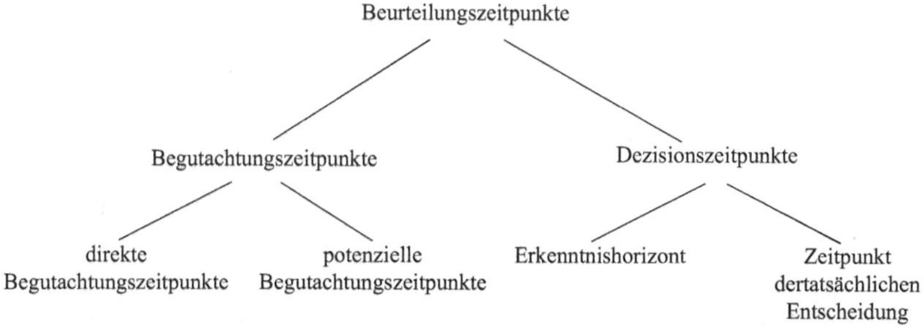


## 2. Präzisierung unter Berücksichtigung der Kategorisierungen im Bereich von materiellem Recht, Prozessrecht und Verfahrensrecht

Diese grundsätzliche Struktur und Terminologie sind im Folgenden weiter zu präzisieren, indem die bislang nur entlang der vereinfachten Trennung nach Gesetzestexten erfolgten Abgrenzungen unter strikter Beachtung der Kriterien zur Kategorisierung von materiellem Recht, Prozessrecht und Verfahrensrecht konkretisiert werden. Damit sind nun die bereits in den Begriffsklärungen erfolgten grundlegenden Feststellungen und Ausführungen zu diesem Bereich miteinzubeziehen.[1]

Diesbezüglich bietet die Zusammenführung zwei zentrale Ansatzpunkte. Zum einen hat sich gezeigt, dass in beiden Bereichen der Bestandsaufnahme Begutachtungszeitpunkte zu finden sind. Insofern können im Folgenden mögliche

[1] Teil B/II.

weitergehende Differenzierungskriterien in dieser gemeinsamen Gruppe von Beurteilungszeitpunkten in den Blick genommen werden. Hierdurch wird dann neben der bereits im Rahmen der Untersuchung zu den Beurteilungszeitpunkten in Gesetzestexten und Ordnungen erfolgten getrennten Betrachtung des Verhältnisses der Dezisionszeitpunkte zueinander nunmehr auch die insofern gleichgeordnete Ebene der Begutachtungszeitpunkte (zueinander) gesondert analysiert.

Um eine umfassende Untersuchung vorzunehmen, verbleibt damit dann zum anderen noch das Erfordernis der Betrachtung einer weiteren Dimension: die Analyse des Verhältnisses der Dezisionszeitpunkte zu den Begutachtungszeitpunkten. Diese soll den zweiten Komplex dieses präzisierenden Teils der übergreifenden Betrachtung darstellen.

## a) Begutachtungszeitpunkte

Somit ist zunächst der Fokus auf eine mögliche Konkretisierung der Terminologie der Begutachtungszeitpunkte zu richten. Herausgearbeitet wurde bereits in der getrennten Bestandsaufnahme, dass in beiden betrachteten Bereichen sowohl direkte als auch potenzielle Begutachtungszeitpunkte, die sich in der zeitlichen Nachfolge zu direkten Begutachtungszeitpunkten entwickeln können, zu finden sind. Konkret stellt sich damit nun die Frage, ob weitere Differenzierungskriterien hier Anwendung finden und zu klar abgrenzbaren Untergruppen führen können.

### aa) Befugnis zur Festlegung von Begutachtungszeitpunkten

Dabei ist zunächst festzustellen, dass eine derartige Differenzierung nicht an der Befugnis zur Festlegung von Begutachtungszeitpunkten ansetzen kann. Zwar hat die bisherige Untersuchung für die Gruppe der Dezisionszeitpunkte die Charakteristik hervorgebracht, dass deren tatsächliche zeitliche Festlegung grundsätzlich durch die zur Entscheidung berufene Person bzw. das zur Entscheidung berufene Gremium erfolgt, auch wenn insbesondere für diejenigen Konstellationen, in denen keine Präklusionsvorschriften greifen, die genaue zeitliche Verortung oftmals von weiteren Aspekten beeinflusst werden kann wie etwa der tatsächlichen Herausgabe der Entscheidung durch die Geschäftsstelle. Für den Bereich der Begutachtungszeitpunkte zeigen jedoch die Erkenntnisse der Bestandsaufnahme ein derart uneinheitliches Bild in Bezug auf deren Festlegung, dass dieser Aspekt als Abgrenzungskriterium auszuscheiden hat: Grundlegend wurde zunächst verdeutlicht, dass einige Begutachtungszeitpunkte durch den Gesetzgeber festgelegt werden.[2]

[2] Teil C/I./1. und Teil C/II./1.

Zudem wurde aber insbesondere im Rahmen der Betrachtung merkmalimmanenter Zeitpunkterfordernisse herausgearbeitet, dass eine Festlegung oftmals im Wege der Auslegung dieses Erfordernisses erfolgen wird.[3] Hier haben dann die Rechtsprechung und auch die Literatur signifikanten Einfluss auf die Festlegung.

Im Rahmen der Betrachtung von § 595 Abs. 6 BGB wurde wiederum deutlich, dass die Anordnung der Fortsetzung bzw. der restlichen Dauer eines Pachtverhältnisses durch das Landwirtschaftsgericht erfolgt, und damit die Festlegung dieses potenziellen Begutachtungszeitpunkts durch die Rechtsprechung vorgenommen wird.[4] In diesem Fall ermächtigt allerdings das Gesetz das Gericht ausdrücklich zur Festlegung eines derartigen Zeitpunkts. Weiterhin kann als Beispiel für die Festlegung eines Begutachtungszeitpunkts durch das Gericht § 9 Abs. 2 KSchG angeführt werden, der für den Fall, dass das Arbeitsverhältnis durch die Kündigung nicht aufgelöst ist, dem Arbeitnehmer jedoch die Fortsetzung des Arbeitsverhältnisses nicht zumutbar ist, anordnet, dass das (Arbeits-)Gericht für die Auflösung des Arbeitsverhältnisses den Zeitpunkt festzusetzen hat, an dem es bei sozial gerechtfertigter Kündigung geendet hätte. Dieser gerichtlich festgelegte Zeitpunkt wiederum kann dann als Begutachtungszeitpunkt relevant werden für die Frage der Erreichung des Lebensalters im Rahmen der Regelaltersrente, wenn die Höhe der Abfindung nach § 10 Abs. 2 KSchG infrage steht. Bezüglich der Gesetzestexte und Ordnungen des verfahrensrechtlichen Bereichs wurde ebenfalls deutlich, dass oftmals das Gericht nicht nur die Dezisionszeitpunkte bestimmt, sondern ebenfalls potenzielle Begutachtungszeitpunkt wie etwa denjenigen der Verkündung.

Im Rahmen der Betrachtung potenzieller Begutachtungszeitpunkte zeigte sich, dass es zudem möglich ist, dass Privatrechtssubjekten die Festlegung eines Zeitpunkts aufgetragen wird, der später zu einem Begutachtungszeitpunkt werden kann. Beispielhaft wurde das an dem nach § 650 k Abs. 3 BGB im Bauvertrag festzulegenden Fertigstellungszeitpunkt aufgezeigt.[5]

Wiederum eine gänzlich andere Ermächtigung zur Festlegung eines zumindest ab 1.1.2026 potenziellen Begutachtungszeitpunkts tritt in der Vorschrift des § 298a Abs. 1 bzw. 1a ZPO a. F. und dessen Parallelnormen zutage.[6] Bei diesen wurden bzw. werden die Bundesregierung und die Landesregierungen und damit die Exekutive zu Festlegung der betreffenden Zeitpunkte durch ihrerseits zu erlassende Rechtsverordnungen ermächtigt.

---

[3] Teil C/I./2./a) und Teil C/II./2.

[4] Vgl. Teil C/I./4./a)/aa).

[5] Vgl. Teil C/I./4./a)/aa).

[6] S. Teil C/II./5./a).

Insgesamt kann damit festgehalten werden, dass die Befugnis zur Festlegung von Begutachtungszeitpunkten je nach Einzelfall insbesondere sowohl Privatrechtssubjekten als auch der Legislative, der Judikative oder der Exekutive obliegen kann. Eine klaren Kriterien folgende Einteilung, durch wen eine Bestimmung zu erfolgen hat, ist nicht ersichtlich. Insofern ist die Befugnis zur Festlegung des betreffenden Zeitpunkts nicht als trennscharfes Differenzierungskriterium für Begutachtungszeitpunkte geeignet und daher abzulehnen.

Zugleich zeigen die unterschiedlichen Konstellationen, dass bei der Frage der Festlegung eines Begutachtungszeitpunkts und letztlich auch eines Beurteilungszeitpunkts insgesamt zwei Dimensionen zu trennen sind. Denn es ist stets zu differenzieren zwischen der abstrakten Festlegung und der tatsächlichen zeitlichen Festlegung des betreffenden Beurteilungszeitpunkts. Das kann anhand der arbeitsrechtlichen Kündigung verdeutlicht werden. Der dortige Meinungsstreit betrifft die abstrakte Verortung des Begutachtungszeitpunkts der Rechtmäßigkeit einer arbeitsvertraglichen Kündigung. Diese erfolgt mit der überwiegenden Ansicht[7] im Zeitpunkt des Zugangs der Kündigungserklärung. Auf die tatsächliche zeitliche Verortung im Einzelfall kann dann aber wiederum der Kündigende als Privatrechtssubjekt in erheblichem Umfang Einfluss nehmen. Denn er beeinflusst durch sein Handeln den tatsächlichen Zugangszeitpunkt, auch wenn eine gewisse Unsicherheit etwa durch Postlaufzeiten zu verzeichnen sein wird.

### bb) Differenzierung nach materiell-rechtlichen, prozessrechtlichen und verfahrensrechtlichen Aspekten

Scheidet damit die Festlegungsbefugnis der Begutachtungszeitpunkte als klares Differenzierungskriterium innerhalb dieser Gruppe von Beurteilungszeitpunkten aus, rückt ein weiterer Aspekt in den Fokus, der in dieser Arbeit bereits mehrfach angeklungen ist: Ein geeigneter Ansatzpunkt zu einer eindeutigen weitergehenden Differenzierung der Begutachtungszeitpunkte könnte die in der überblicksartigen Bestandsaufnahme zugunsten der Bildung von Obergruppen bislang zurückgestellte präzise Orientierung an materiell-rechtlichen, prozessrechtlichen und verfahrensrechtlichen Kriterien sein. Das gründet darauf, dass sowohl in der privatrechtlichen als auch in der verwaltungsrechtlichen Literatur bisweilen der Hinweis auf eine Trennung zwischen dem „materiellrechtlich erheblichen Zeitpunkt“ und

---

[7] S. etwa BAG, Urt. v. 29.4.1999 – 2 AZR 431/98, NZA 1999, 978, 980; BAG, Urt. v. 13.2.2008 – 2 AZR 543/06, NZA 2008, 821 Rn. 20; BAG, Urt. v. 16.2.2012 – 8 AZR 693/10, NZA-RR 2012, 465, 468 Rn. 40; BAG v. 17.2.2016 – 2 AZR 613/14, BeckRS 2016, 67744 Rn. 26. MüKoBGB/*Hergenröder*, KSchG § 1 Rn. 381; APS/*Kiel*, KSchG § 1 Rn. 448; ErfK/*Oetker*, KSchG § 1 Rn. 91; BeckOK ArbR/*Rolfs*, KSchG § 1 Rn. 74.

dem „prozeßrechtlich maßgeblichen Zeitpunkt" zu finden ist.[8] Dieser Ansatzpunkt ist im Rahmen der Vertiefung von Terminologie und Systematisierung auf unterschiedlichen Ebenen nun weiter zu verfolgen und einer differenzierten Betrachtung zu unterziehen.

### (1) Erkenntnisse der Bestandsaufnahmen

Ausgangspunkt zur Untersuchung dieses Aspekts im Rahmen einer umfassenden Betrachtung der Begutachtungszeitpunkte ist dabei der in den Begriffsklärungen herausgearbeitete grundlegende Begriff des Verfahrensrechts, der in einem weit verstandenen Sinn alle Verfahrens-, Kompetenz- und Organisationsnormen umfasst, die zum einen jegliches von einer staatlichen Stelle gesteuerte Handeln, das auf die Feststellung der Rechts- und Tatsachenlage bzw. die Setzung von Rechtsfolgen gerichtet ist, betreffen und zum anderen auch etwaige durch Private gesetzte Verfahrensordnungen, die rechtsstaatlichen Mindestanforderungen entsprechen, beinhaltet. Zugleich ist dieser Begriff des Verfahrensrechts vom materiellen Recht im Sinne eines Komplementärbegriffs abzugrenzen.

Diesbezüglich wurde bei der getrennten Betrachtung deutlich, dass oftmals die Zuordnung der Begutachtungszeitpunkte zu dem materiell-rechtlichen oder dem verfahrensrechtlichen Bereich unproblematisch ist und sich die ausdrückliche Frage der Zuordnung nicht stellt, da sowohl die Festlegung des Zeitpunkts als auch seine Auswirkungen eindeutig dem jeweiligen Bereich zuzuordnen sind. Exemplarisch kann dazu für den materiell-rechtlichen Bereich etwa § 119 Abs. 1 BGB herangezogen werden, der den Begutachtungszeitpunkt des Vorliegens eines Irrtums auf denjenigen der Abgabe der Willenserklärung festlegt. Hier ist sowohl die Abgabe der Willenserklärung als bestimmender Zeitpunkt für die Festlegung als auch das Vorliegen eines Irrtums als Auswirkung des betreffenden Zeitpunkts materiell-rechtlich. In Bezug auf den verfahrensrechtlichen Bereich ist beispielsweise § 67 S. 1 ZPO anzuführen: Die Festlegung des Begutachtungszeitpunkts des Beitritts ist verfahrensrechtlich determiniert. Auch die Auswirkung, die Annahme des Rechtsstreits zu dem betreffenden Zeitpunkt, ist eine verfahrensrechtliche.

Es wurden allerdings auch einige Grenzfälle identifiziert. In beiden Teilen der Bestandsaufnahme wurden Beispiele für Konstellationen mit Gemengelagen zwischen materiell-rechtlichen und verfahrensrechtlichen Aspekten angeführt, die in einem Begutachtungszeitpunkt zusammentreffen können: Insbesondere in der

---

[8] S. etwa *Dorndorf* in: Heidelberger Kommentar zum Kündigungsschutzgesetz, § 1 Rn. 302. Vgl. für den verwaltungsrechtlichen Bereich in ähnlicher Weise *W.-R. Schenke*, JuS 2019, 833, der von der „materiell-rechtlichen und prozessrechtlichen Dimension der Problematik" spricht.

Betrachtung der Normen aus den verfahrensrechtlichen Gesetzestexten zeigte sich, dass bei der Festlegung von Begutachtungszeitpunkten sowohl materiell-rechtliche als auch verfahrensrechtliche Aspekte eine Rolle spielen können, beispielsweise bei § 721 Abs. 7 S. 2 ZPO oder § 343 Abs. 1 FamFG.[9] Weiterhin können etwa bei § 325 ZPO nach dessen Absatz 2 für die Frage des ausnahmsweisen Ausschlusses der Rechtskrafterstreckung auf den Rechtsnachfolger die materiell-rechtlichen Vorschriften des Gutglaubenserwerbs relevant werden, wobei sich konkret auch die Frage, zu welchem Zeitpunkt der gute Glaube vorliegen muss, nach dem materiellen Recht bestimmt.[10] Die Möglichkeit von Auswirkungen eines Begutachtungszeitpunkts sowohl im materiellen Recht als auch im Verfahrensrecht wurden in vergleichbarer Weise an § 22 Abs. 1 ZVG aufgezeigt.[11]

Zudem kann der in § 261 Abs. 1 ZPO verankerte Zeitpunkt der Rechtshängigkeit sowohl im Verfahrensrecht als auch im materiellen Recht relevant werden. In verfahrensrechtlicher Hinsicht ist etwa Folge der Rechtshängigkeit, dass der streitgegenständliche Anspruch nicht mehr bei einem anderen Gericht geltend gemacht werden kann, vgl. § 261 Abs. 3 Nr. 1 ZPO. Damit ist dieser Zeitpunkt der maßgebliche für die Beurteilung der „anderweitigen Rechtshängigkeit“. Gerade in Bezug auf das materielle Recht konnte anhand des Zeitpunkts der Rechtshängigkeit aber auch verdeutlich werden, dass aus Perspektive der Begutachtungszeitpunkte des BGB und seiner materiell-rechtlichen Nebengebiete ein Zusammentreffen von materiell-rechtlichen und verfahrensrechtlichen Aspekten ebenfalls möglich ist, wie der Blick auf die Vorschriften der § 291 S. 1 BGB, § 818 Abs. 4 BGB oder der §§ 987, 989 BGB verdeutlicht hat.[12]

Als weiterer Fall des Zusammentreffens materiell- und verfahrensrechtlicher Aspekte kann hier zudem § 595 Abs. 6 BGB angeführt werden, der die Anordnung der Fortsetzung bzw. der (restlichen) Dauer eines Pachtverhältnisses durch das Landwirtschaftsgericht und damit die Festlegung eines Beendigungszeitpunkts im Sinne eines potenziellen Beurteilungszeitpunkts regelt.[13] Die betreffende Norm enthält eine Regelung bezüglich der Kompetenzen des Gerichts und könnte daher trotz ihrer Verortung im BGB aufgrund der vorliegend gefolgten Kategorisierung von materiellem Recht, Prozessrecht und Verfahrensrecht als eine verfahrensrechtliche zu kategorisieren sein. Zugleich stellt sich aber die Frage, wie der betreffende potenzielle Begutachtungszeitpunkt der Beendigung des Pachtverhältnisses

[9] Vgl. Teil C/II./3.

[10] BeckOK ZPO/*Gruber*, ZPO § 325 Rn. 27; vgl. ebenfalls Teil C/II./3.

[11] S. ebenfalls Teil C/II./3.

[12] Vgl. Teil C/I./3.

[13] S. hierzu Teil C/I./4./a)/aa).

einzuordnen ist, unterfällt doch die Frage der Beendigung des Pachtverhältnisses an sich dem materiellen Recht.

### (2) Terminologische Differenzierung

Diese Feststellungen aus der Bestandsaufnahme verdeutlichen, dass gerade entlang der Kategorien des Verfahrensrechts und des materiellen Rechts und gegebenenfalls auch derjenigen des Prozessrechts eine weitergehende Differenzierung der Begutachtungszeitpunkte möglich sein kann. Dabei werfen die dargestellten unterschiedlichen Gemengelagen zugleich die Frage danach auf, woran eine entsprechende Unterscheidung genau ansetzen könnte.

#### (a) Auswirkungen und Festlegung

Ausgehend von der Bestandsaufnahme kommen hierzu zunächst zwei Anknüpfungspunkte in Betracht. Einerseits kann auf die Auswirkungen für die Einordnung eines Begutachtungszeitpunkts als materiell-rechtlich oder verfahrensrechtlich abgestellt werden, andererseits auf die Festlegung.

In Bezug auf die Auswirkungen zeigen die angeführten Beispiele aus der Bestandsaufnahme, dass eine hieran orientierte Terminologie für den jeweils betrachteten Begutachtungszeitpunkt bisweilen zu mehrdeutigen Ergebnissen führen würde. Das zeigt etwa der Blick auf die dargestellten Auswirkungen des § 22 Abs. 1 ZVG,[14] die je nach Einzelfall verfahrensrechtlich oder materiell-rechtlich sind. Würde man nun einzig auf die Auswirkungen etwa des Beschlagnahmezeitpunkts abstellen, so wäre der Zeitpunkt selbst je nach konkret betrachteter Konstellation entweder als materiell-rechtlicher oder verfahrensrechtlicher einzuordnen. Das würde im Ergebnis zu einer Einzelfallkasuistik führen und erscheint daher im Sinne einer klaren Terminologie nicht als sachgerecht. Eine an den Auswirkungen orientierte Unterscheidung ist daher abzulehnen.

Bezüglich der Differenzierung nach der Festlegung des Begutachtungszeitpunktes könnte sich eine Unterscheidung danach richten, durch wen der betreffende Zeitpunkt festlegt wird. Es wäre folglich die Frage nach dem „Wer?" der Festlegung und damit der Festlegungskompetenz in persönlicher Hinsicht zentral. Dass dies nicht sachdienlich ist, wurde jedoch bereits zuvor im Rahmen der Frage nach der Befugnis zur Festlegung dargestellt[15] und ist damit ebenfalls abzulehnen.

---

[14] Teil C/II./3.

[15] Vgl. Teil C/III./2./a)/aa).

#### (b) Kompetenz in normativer Hinsicht

Ein weiterer Differenzierungsaspekt könnte sich daran orientieren, aufgrund welcher Norm die Festlegung erfolgt, d. h. worauf sich die Kompetenz in normativer Hinsicht stützen kann. Insofern müsste die betreffende Norm jeweils der Kategorie materiell-rechtlich oder verfahrensrechtlich zugeordnet werden. Dieser folgend wäre dann der Begutachtungszeitpunkt entsprechend einzuordnen. Konkret würde das etwa für den Begutachtungszeitpunkt aus § 595 Abs. 6 BGB bedeuten, dass dieser als verfahrensrechtlicher einzuordnen wäre: Wie soeben festgestellt, kann die Norm selbst anhand der dieser Arbeit zugrunde liegenden Definition des Verfahrensrechts als verfahrensrechtliche eingeordnet werden.[16] Dieser Einordnung folgend wäre dann auch der Begutachtungszeitpunkt, hier der Beendigungszeitpunkt des Pachtverhältnisses, als ein verfahrensrechtlicher einzuordnen. Der Beendigungszeitpunkt selbst ist aber wiederum ein materiell-rechtlicher. Aufgrund dessen erscheint dann jedoch die Einordnung des Begutachtungszeitpunkts als verfahrensrechtlicher als problematisch.

Neben der aufgezeigten Diskrepanz in diesem Einzelbeispiel spricht aber vor allem ein weiteres, systematisches Argument gegen eine Orientierung der Festlegung an der normativen Grundlage: Ein derartiges Vorgehen zur Einordnung würde die im Rahmen der Begriffsklärungen erläuterte Differenzierung zwischen der allgemeinen Ebene zur Abgrenzung der Bereiche des Verfahrensrechts und des materiellen Rechts, die in erster Linie formalen Kriterien zu folgen hat und in der Regel die Einordnung der betreffenden Norm an sich betrifft, und der nachgelagerten Ebene nivellieren. Letztlich würde eine Trennung zwischen der Frage, welchem der Teilgebiete eine Norm an sich zugehörig ist, und derjenigen, welchem Teilgebiet ein Einzelaspekt der Norm, vorliegend konkret der jeweilige Begutachtungszeitpunkt, zugeordnet werden kann, nicht erfolgen. Die Erforderlichkeit einer derartigen Differenzierung wurde aber bereits in der Begriffsklärung vor allem am Aspekt des Zweckgedankens verdeutlicht.

#### (c) Zweckgedanke

Insofern könnte hier nun eine Konstellation vorliegen, in der die Trennung zwischen grundlegender und nachgeordneter Ebene in Bezug auf die Zuordnung zu materiellem Recht und Verfahrensrecht relevant wird. Denn als Differenzierungsmöglichkeit innerhalb der Begutachtungszeitpunkte kommt ebenfalls noch die Frage nach der Zweckdienlichkeit des jeweiligen Begutachtungszeitpunkts in Betracht.

---

[16] Teil C/III./2./a)/bb)/(1).

### (aa) Allgemeine Überlegungen

Wie gesehen, werden teilweise unterschiedliche Zweckgesichtspunkte bereits zur Abgrenzung auf der übergeordneten Ebene der Einteilung von Normen an sich herangezogen.[17] Auch wenn dieses Vorgehen für diese allgemeine Ebene als problematisch identifiziert wurde, so kann gerade eine Orientierung hieran auf der nachgelagerten Ebene der Einordnung des Einzelaspekts einer Norm, hier folglich der Begutachtungszeitpunkte, zu sachdienlichen Ergebnissen führen. Das liegt darin begründet, dass es in diesem Fall um die konkrete Ausgestaltung der Norm und damit nicht mehr um das „Was?“ etwa der prozessualen oder verfahrensrechtlichen Charakteristik allgemein geht, vielmehr um das „Wie?“ eines Einzelaspekts.[18]

Insofern könnte es sich vorliegend anbieten, für die Kategorisierung eines Begutachtungszeitpunkts danach zu fragen, ob der Zweck des betreffenden Zeitpunkts ein verfahrensrechtlicher oder ein materiell-rechtlicher ist. Dabei könnte dann zur Konkretisierung wieder auf die Definition der übergeordneten Ebene zurückgegriffen werden. Konkret würde das für die Vornahme einer Differenzierung bedeuten: Als verfahrensrechtlicher Begutachtungszeitpunkt soll ein Zeitpunkt bezeichnet werden, der dazu dient, Verfahrens-, Kompetenz- und Organisationsnormen staatlicher Stellen oder nicht-staatlicher Stellen, die rechtsstaatsförmige Verfahren ausführen, zur Wirksamkeit zu verhelfen und insbesondere die betreffenden Stellen bei der Durchführung der Verfahren zu unterstützen. Handelt es sich nicht um einen solchen, liegt im Sinne eines Komplementärbegriffs ein materiell-rechtlicher Begutachtungszeitpunkt vor.

Dabei enthält diese im Folgenden anhand der angeführten Problemfälle auf ihre Sachdienlichkeit hin zu überprüfende Begriffsbestimmung auch die Einbeziehung der Verfahren des nicht-staatlichen Bereichs, sofern diese als den rechtsstaatlichen Mindestanforderungen entsprechende Verfahren anzusehen sind. Bezüglich dieser Verfahren wurde zwar bei der Betrachtung der Zeitpunkte am Ende des Verfahrens deutlich, dass zumeist eine Einzelfallbetrachtung der Dezisionszeitpunkte – soweit diese überhaupt zu verzeichnen sind, konkret also in den Verfahren mit entsprechender Entscheidungsbefugnis – und auch der Zeitpunkte am Ende des Verfahrens vorzunehmen ist. Im Hinblick auf das grundsätzliche Vorliegen etwaiger verfahrensrechtlicher Begutachtungszeitpunkte wurden jedoch bereits in der Bestandsaufnahme Beispiele aus diesem Bereich, insbesondere des schiedsrichterlichen Verfahrens mit § 1060 Abs. 2 S. 1 ZPO[19] und § 1059 Abs. 3 S. 2 ZPO,[20] an-

---

[17] Vgl. Teil B./II./1.

[18] Vgl. diesbezüglich ebenfalls bereits Teil B./II./1.

[19] Vgl. Teil C/II./1.

[20] Vgl. ebenfalls Teil C/II./1.

geführt. Blickt man in die Schlichtung so findet sich etwa in § 20 Abs. 2 VSBG, dass die Verbraucherschlichtungsstelle den Parteien den Schlichtungsvorschlag bzw. den Inhalt der Einigung über die Beilegung der Streitigkeit oder den Hinweis auf die Nichteinigung innerhalb von 90 Tagen nach Eingang der zuständigen Beschwerdeakte übermittelt. Insofern wird der Beurteilungszeitpunkt für den Beginn des 90-Tage-Zeitraums zur Übermittlung bestimmt mit dem Zeitpunkt des Eingangs der Beschwerdeakte. Diese Regelung betrifft zugleich ein Verfahren, dass mangels entsprechender Entscheidungsbefugnis für die nähere Betrachtung der Zeitpunkte am Ende des Verfahrens und konkret der Dezisionszeitpunkte auszuscheiden war. Dennoch findet sich selbst in ihm ein Begutachtungszeitpunkt, der der vorliegend intendierten Definition des verfahrensrechtlichen Begutachtungszeitpunkts unterfällt. Insofern ist letztlich von dem grundsätzlichen Vorliegen verfahrensrechtlicher Begutachtungszeitpunkte im Sinne der zu überprüfenden Definition auch in Normen des nicht-staatlichen Bereichs auszugehen. Das rechtfertigt im Ergebnis die Aufnahme des betreffenden Passus in einer derartigen Definition des verfahrensrechtlichen Begutachtungszeitpunkts.

#### (bb) Anwendung auf Konstellationen der Bestandsaufnahme

Damit ist nun im Folgenden die angeführte Definition vor dem Hintergrund der als problematisch identifizierten Fälle einer Prüfung auf Sachdienlichkeit hin zu unterziehen.

Insofern ist zunächst ein Blick auf § 721 Abs. 7 S. 2 ZPO werfen. Dieser legt für Mietverhältnisse im Sinne des § 575 BGB den vertraglich bestimmten Zeitpunkt der Beendigung des Mietverhältnisses als Beurteilungszeitpunkt für das (längstmögliche) Ende der Räumungsfrist im Falle einer außerordentlichen Kündigung fest. Er dient damit der Durchführung des Zwangsvollstreckungsverfahrens bei der Räumung von Wohnraum[21] und stellt daher einen verfahrensrechtlichen Begutachtungszeitpunkt im Sinne der dargestellten Differenzierung dar. Im Rahmen von § 343 Abs. 1 FamFG dient der gewöhnliche Aufenthaltsort des Erblassers im Zeitpunkt seines Todes der Bestimmung der örtlichen Zuständigkeit und damit einer verfahrensrechtlichen Regelung. Insofern ist auch dieser Begutachtungszeitpunkt ein verfahrensrechtlicher. Insgesamt erweist sich dabei für diese Konstellationen das anhand der präferierten Definition gefundene Ergebnis als sachdienlich, die jeweils gefundenen Ergebnisse erscheinen im Gesamtkontext konsistent.

Ähnlich stellt sich die Situation im Rahmen des § 325 ZPO dar: Dieser verweist zwar in Absatz 2 auf die Vorschriften des bürgerlichen Rechts. Jedoch liegt der

[21] Dieser Zweck, vor allem aber derjenige des Schutzes des Schuldners wird auch der Vorschrift des § 721 ZPO an sich zugeschrieben, vgl. MüKoZPO/*Götz*, ZPO § 721 Rn. 1.

Zweck dieser Vorschrift darin, einen möglichen Ausschluss der Rechtskrafterstreckung auf den Rechtsnachfolger festzustellen und damit im verfahrensrechtlichen Bereich Wertungswidersprüche zu dem vom materiellen Recht gewährten Gutglaubensschutz zu vermeiden.[22] Der Zweck des betreffenden Zeitpunkts wiederum besteht dann letztlich darin, die Frage der Wirkung des Urteils für den Rechtsnachfolger zu bestimmen. Insofern ist hier im Ergebnis der Zweck des Zeitpunkts ebenfalls ein verfahrensrechtlicher, es handelt sich um eine verfahrensrechtlichen Begutachtungszeitpunkt. Auch hier erscheint dieses Ergebnis sachdienlich und nicht widersprüchlich. Gleichermaßen ist die Einordnung des § 22 ZVG zu bewerten. Denn der Zweck des dortigen Beurteilungszeitpunkts besteht im Gleichklang mit dem Zweck der Norm an sich, die den Zeitpunkt bestimmt, in dem die Beschlagnahme wirksam wird[23] darin, eben gerade das Wirksamwerden der Beschlagnahme festzustellen. Damit handelt es sich um einen verfahrensrechtlichen Begutachtungszeitpunkt.

Problematischer stellt sich die Einordnung des Zeitpunkts der Rechtshängigkeit nach § 261 ZPO dar. Ein Vorgehen nach dem zweckorientierten Ansatz führt aber auch hier zu sachdienlichen Ergebnissen. Wie angeführt, wird der Begutachtungszeitpunkt der Rechtshängigkeit des § 261 ZPO[24] ebenfalls im materiell-rechtlichen Kontext aktuell und betrifft damit zunächst mehrere Zwecke. Zur Einordnung des Zeitpunkts der Rechtshängigkeit selbst erscheint dann eine Fokussierung auf den Zweck der Rechtshängigkeit an sich im verfahrensrechtlichen Umfeld als geeigneter Ansatzpunkt. Dabei ist grundlegend, dass die Klageerhebung als Einzelakt zur Folge hat, dass ein Verfahren mit bestimmten Dauerwirkungen beginnt, welches begrifflich zusammengefasst wird im Status der Rechtshängigkeit der Streitsache.[25] Folglich dient die Rechtshängigkeit insbesondere der Strukturierung des Verfahrens. Darüber hinaus beschreibt auch § 261 Abs. 3 ZPO die grundsätzlichen Wirkungen der Rechtshängigkeit mit der Sperre gegenüber einer erneuten Geltendmachung desselben Streitgegenstands und dem Fortbestand der Zuständigkeit des Prozessgerichts; damit dient sie im Kern der Prozesswirtschaftlichkeit.[26] Diese Zwecke der Strukturierung des Verfahrens und der Prozesswirtschaftlichkeit stehen zugleich im Zentrum des Zwecks des Begutachtungszeitpunkts der

[22] Vgl. zum Zweck der Vermeidung von Wertungswidersprüchen allgemein BeckOK ZPO/*Gruber*, ZPO § 325 Rn. 24. S. ebenfalls Musielak/Voit/*Wolff*, Zivilprozessordnung, ZPO § 325 Rn. 24.

[23] Vgl. diesbezüglich etwa BeckOK ZVG/*Fischinger/Schröer*, ZVG § 22 Rn. 1.

[24] Teil C/III./2./a)/bb)/(1).

[25] Rosenberg/Schwab/Gottwald/*Gottwald*, Zivilprozessrecht, § 99 Rn. 1.

[26] S. BeckOK ZPO/*Bacher*, ZPO § 261 Rn. 1.

Rechtshängigkeit an sich, erst nachfolgend werden die unterschiedlichen weiteren Auswirkungen relevant. Insofern erscheint es in einer derartigen Situation des Aufeinandertreffens sowohl materiell-rechtlicher als auch verfahrensrechtlicher Zwecke sinnvoll, das im Rahmen der Abgrenzung von Prozesshandlungen und materiell-rechtlichen Handlungen der Parteien zur Abgrenzung herangezogene Kriterium des Schwerpunkts ebenfalls für die vorliegende Thematik heranzuziehen[27] und auch für den Begutachtungszeitpunkt danach zu fragen, welchem Zweck der Begutachtungszeitpunkt im Kern dient. Damit ist der Begutachtungszeitpunkt der Rechtshängigkeit selbst aufgrund der angeführten Kernzwecke als ein verfahrensrechtlicher einzuordnen, unabhängig davon, dass er auch in materiell-rechtlichen Vorschriften des BGB aktuell wird.

Dieses Ergebnis erscheint ebenfalls sachdienlich, insbesondere vor folgendem Hintergrund: In den betrachteten Fällen, in denen die Normen des BGB den Zeitpunkt der Rechtshängigkeit in Bezug nehmen wie etwa § 291 S. 1 BGB, § 818 Abs. 4 BGB oder §§ 987, 989 BGB, wird der Zeitpunkt der Rechtshängigkeit dergestalt relevant, dass er die zeitliche Grenze bzw. den zeitlichen Ansatzpunkt für den jeweiligen Begutachtungszeitpunkt bildet. Er hat insofern „dienende“ Funktion für die zeitliche Festlegung der jeweiligen Begutachtungszeitpunkte. Geht es aber um die Einordnung der jeweiligen Begutachtungszeitpunkte selbst, bezüglich derer durch den Zeitpunkt der Rechtshängigkeit die zeitliche Komponente bestimmt wird, muss wiederum auf den Zweck dieser Begutachtungszeitpunkte geschaut werden. Konkret bedeutet das etwa im Rahmen des § 291 S. 1 BGB, dass – auch wenn der Begutachtungszeitpunkte für den Beginn der Verzinsung in zeitlicher Hinsicht durch den Zeitpunkt der Rechtshängigkeit determiniert wird – aufgrund der Zweckbetrachtung der Begutachtungszeitpunkt für den Beginn der Verzinsung ein materiell-rechtlicher ist. In gleicher Weise stellt sich die Einordnung der Begutachtungszeitpunkte für die Frage des Haftungsbeginns im Sinne der allgemeinen Vorschriften nach § 818 Abs. 4 BGB oder für die Frage, ab wann Nutzungen herauszugeben bzw. Schadensersatz im Eigentümer-Besitzer-Verhältnis zu leisten ist, im Sinne der §§ 987, 989 BGB dar.

Damit zeigt die Einordnung der bisherigen Grenzfälle, dass eine am Zweck des jeweiligen Begutachtungszeitpunkts orientierte Differenzierung nach materiell-rechtlichen und verfahrensrechtlichen Begutachtungszeitpunkten insgesamt zur Abgrenzung geeignet erscheint und zudem eine eindeutige Zuordnung des jeweiligen Begutachtungszeitpunkts in eine der Kategorien erlaubt. Dieser Ansatz

[27] Vgl. zu diesem Kriterium im Rahmen von Abgrenzungsschwierigkeiten bei der Unterscheidung von Prozesshandlungen und materiell-rechtlichen Handlungen der Parteien etwa *Pohlmann*, Zivilprozessrecht, § 6 Rn. 279.

ermöglicht die Einhaltung einer Trennung zwischen der allgemeinen Ebene der Kategorisierung von materiellem Recht, Prozessrecht und Verfahrensrecht einerseits und der nachgelagerten, einzig die Bestimmung des Begutachtungszeitpunkts betreffenden Ebene andererseits.

#### (cc) Insbesondere: Gemengelage im Bereich der potenziellen Begutachtungszeitpunkte

Das letztgenannte Beispiel hat darüber hinaus bereits die sowohl im materiellrechtlichen als auch verfahrensrechtlichen Bereich identifizierte Untergruppe der potenziellen Beurteilungszeitpunkte betroffen: Bei dem Zeitpunkt der Rechtshängigkeit handelt es sich im Ergebnis um einen solchen, wird doch im Zeitpunkt seines tatsächlichen Geschehens in der Regel noch keine Beurteilung vorgenommen, er kann vielmehr im weiteren Verlauf des Verfahrens in der Retrospektive für Beurteilungen „in" diesem Zeitpunkt relevant werden.

Insofern könnte diese Differenzierung ebenfalls auf die potenziellen Begutachtungszeitpunkte anwendbar und damit für eine Unterscheidung im Rahmen der Begutachtungszeitpunkte an sich geeignet sein. Gerade in dieser Kategorie von Begutachtungszeitpunkten waren jedoch (weitere) problematische Grenzfälle zu finden.

Hierbei handelt es sich zum einen um § 595 Abs. 6 BGB. Aber auch bei diesem zeigt sich, dass die herausgearbeitete Systematik zu sachgerechten Ergebnissen führt: Der dort festgelegte potenzielle Begutachtungszeitpunkt des Endes des Pachtverhältnisses dient nicht der Durchsetzung einer Verfahrens-, Kompetenz- oder Organisationsnorm, er betrifft vielmehr den materiell-rechtlichen Aspekt der Dauer des Pachtverhältnisses. Damit ist er als potenzieller materiell-rechtlicher Begutachtungszeitpunkt einzuordnen.

Zum anderen ist in der getrennten Betrachtung der potenziellen Beurteilungszeitpunkte noch eine weitere Frage in Bezug auf die verfahrensrechtlichen Begutachtungszeitpunkte bislang offengeblieben, die in diesem Kontext nunmehr abschließend betrachtet werden kann. So wurde untersucht, ob bezüglich dieser noch präzisiert werden kann, dass bei diesen in der Regel zum Zeitpunkt des tatsächlichen Geschehens keine Beurteilung erfolgt, wenn zugleich eine Handlung in diesem Zeitpunkt erforderlich ist. Das bestätigte sich zwar in der weit überwiegenden Zahl der betrachteten Konstellationen. Allerdings hat gerade der Blick auf § 250 Abs. 1 Nr. 4 FamFG diese Aussage infrage gestellt.[28]

Betrachtet man diesen Zeitpunkt unter Hinzuziehung der nunmehr erfolgten Differenzierung, so zeigt sich, dass der betreffende Begutachtungszeitpunkt als ein

[28] Teil C/II./5./b) und Teil C/II./7.

materiell-rechtlicher einzuordnen ist, obwohl die Norm selbst als Verfahrensnorm eine verfahrensrechtliche ist. Denn die Vorschrift dient insgesamt dazu, die Einzelheiten des Antrags auf Unterhaltsfestsetzung im vereinfachten Verfahren über den Unterhalt Minderjähriger und seine Prüfung zu regeln.[29] Hingegen dient der (Beurteilungs-)Zeitpunkt, ab welchem Unterhalt verlangt wird, nicht primär dazu, Verfahrens-, Kompetenz- und Organisationsnormen staatlicher Stellen oder nichtstaatlicher Stellen, die rechtsstaatsförmige Verfahren ausführen, zur Wirksamkeit zu verhelfen und insbesondere die betreffenden Stellen bei der Durchführung der Verfahren zu unterstützen. Seine Angabe kann, wie gezeigt, sogar für das Verfahren entbehrlich sein.[30] Dieser Zeitpunkt dient in erster Linie vielmehr der materiell-rechtlich einzuordnenden Unterhaltsberechnung. Folglich liegt hier der Schwerpunkt im materiell-rechtlichen Bereich, es handelt sich damit um einen potenziellen materiell-rechtlichen Begutachtungszeitpunkt, der in einer verfahrensrechtlichen Norm zu finden ist. Diese Einordnung erscheint widerspruchsfrei und verdeutlicht in besonderem Maße die Sachdienlichkeit der Differenzierung anhand des Zweckgedankens des jeweiligen Beurteilungszeitpunkts.

Insofern ergibt sich für die Charakterisierung potenzieller Begutachtungszeitpunkte im Ergebnis ein konsistentes Bild. Zugleich wird auch an dem zuletzt betrachteten Beispiel deutlich, dass sich die weitergehende Differenzierung in dieser Gruppe von Beurteilungszeitpunkten eben nicht daran zu orientieren hat, ob es sich um eine verfahrensrechtliche bzw. materiell-rechtliche Norm an sich handelt, sondern vielmehr an der Bestimmung des jeweiligen Begutachtungszeitpunkts.

#### (dd) Insbesondere: Begutachtungszeitpunkt der Erfolgsaussichten in § 114 Abs. 1 ZPO

Hinsichtlich eines möglichen Auseinanderfallens der Einordnung von Norm und einzelnem Begutachtungszeitpunkt in Bezug auf die Kategorie von materiellem Recht und Verfahrensrecht ist ebenfalls noch der Blick auf das im Rahmen der Bestandsaufnahme der Gesetzestexte und Ordnungen des Verfahrensrechts bereits betrachtete[31] Tatbestandsmerkmal der Erfolgsaussichten in § 114 Abs. 1 ZPO zu richten, das ein merkmalimmanentes Zeitpunkterfordernis enthält. Diesbezüglich ist zunächst festzustellen, dass hinsichtlich der Norm des § 114 ZPO an sich die Einordnung als eine verfahrensrechtliche in Betracht kommt, da diese, auch in Zusammenschau mit den nachfolgenden Normen, das Prozesskostenhilfeverfahren vor einem staatlichen Rechtspflegeorgan (mit)regelt. Bei dem Begutachtungszeitpunkt

---

[29] Musielak/Borth/Frank/*Borth,* FamFG § 250 Rn. 1.

[30] Teil C/II./5./b).

[31] Teil C/II./2.

für das Tatbestandsmerkmal der Erfolgsaussichten an sich handelt es sich jedoch um einen materiell-rechtlichen im Sinne der vorliegend entwickelten, am Zweckgedanken orientierten Definition: Der Zweck diese Begutachtungszeitpunkts besteht darin, einen möglichen Anspruch des Antragstellenden festzustellen.[32] Es geht damit um die Entstehung eines Rechts – der betreffende Begutachtungszeitpunkt dient hingegen nicht dazu, Verfahrens-, Kompetenz- oder Organisationsnormen einer staatlichen oder nicht-staatlichen Stelle auszuführen oder zur Wirksamkeit zu verhelfen.

Dieses Beispiel verdeutlicht, dass die Einordnung eines Begutachtungszeitpunkts umso komplexer wird, je mehr weitere zu prüfende Aspekte ausgehend von diesem zu betrachten sind, insbesondere wenn weitere Beurteilungen mit weiteren Begutachtungszeitpunkten ausgehend von diesem erfolgen. Dabei ist aber zudem im Kontext dieser Untersuchung festzuhalten, dass, auch wenn bei der Subsumtion des Tatbestandsmerkmals der Erfolgsaussichten gegebenenfalls wiederum zahlreiche Einzelaspekte zu subsumieren sein werden, es dennoch bei der Einordnung des betreffenden Beurteilungszeitpunkts in die Kategorie der Begutachtungszeitpunkte verbleibt und es sich nicht um einen Dezisionszeitpunkt handelt. Die vorzunehmende Subsumtion ist vergleichbar derjenigen eines wirksamen Vertrags beispielsweise im Rahmen eines Anspruchs aus § 433 Abs. 1 BGB. Auch dort werden bei der Prüfung möglicherweise zahlreiche Einzelaspekte zu prüfen sein wie etwa die wirksame Abgabe einer Willenserklärung oder eine wirksame Stellvertretung. In beiden Fällen geht es um die Betrachtung eines Tatbestandsmerkmals, das „in" einem bestimmten Zeitpunkt unter Berücksichtigung mehrerer weiterer zu subsumierender Aspekte zu beurteilen ist. Eine Entscheidung aller entscheidungsrelevanten Aspekte sowohl verfahrensrechtlicher als auch materiell-rechtlicher Art betrifft dies hingegen nicht. So sind etwa neben der Frage der Erfolgsaussichten in § 114 Abs. 1 ZPO noch weitere Fragen des betreffenden Prozesskostenhilfeverfahrens zu prüfen wie beispielsweise das Antragserfordernis, die Mutwilligkeit der Rechtsverfolgung nach § 114 Abs. 2 ZPO oder die Bedürftigkeit des Antragstellers.[33] Die Entscheidung aller entscheidungsrelevanten Aspekte insgesamt betrifft den Erkenntnishorizont. Als Teil dessen stellt sich die Beurteilung der Erfolgsaussichten dar. Und deren Beurteilung fällt nach überwiegender Meinung dann grundsätzlich mit dem rechtlichen Zeitpunkt des Erkenntnishorizonts in tatsäch-

[32] Vgl. diesbezüglich auch BGH, Beschl. v. 21.6.2017 – XII ZB 231/17, BeckRS 2017, 119118. Entscheidend für die Erfolgsaussichten ist, ob das in der Sache selbst verfolgte materiell-rechtliche Begehren Erfolg verspricht, vgl. BeckOK ZPO/*Reichling*, ZPO § 114 Rn. 28.

[33] Vgl. zu den Voraussetzungen etwa *W. Lüke*, Zivilprozessrecht I, § 53 Rn. 1 ff.

licher zeitlicher Hinsicht zusammen, ist von ihm im Ausnahmefall aber auch getrennt und diesem zeitlich vorgelagert.[34] In diesem Fall hat sich die zur Entscheidung berufene Person dann vom Erkenntnishorizont aus „in" diesen Zeitpunkt hineinzuversetzen und die Erfolgsaussichten des Antrags zu beurteilen

### (3) Zusammenfassung und graphische Darstellung

Zusammenfassend ist damit festzuhalten, dass die Gruppe der Begutachtungszeitpunkte zunächst unterteilt werden kann in verfahrensrechtliche und materiell-rechtliche Begutachtungszeitpunkte. Dabei ist als verfahrensrechtlicher Begutachtungszeitpunkt ein Zeitpunkt zu bezeichnen, der dazu dient, Verfahrens-, Kompetenz- und Organisationsnormen staatlicher Stellen oder nicht-staatlicher Stellen, die rechtsstaatsförmige Verfahren ausführen, zur Wirksamkeit zu verhelfen und insbesondere die betreffenden Stellen bei der Durchführung der Verfahren zu unterstützen. Handelt es sich nicht um einen solchen, liegt im Sinne eines Komplementärbegriffs ein materiell-rechtlicher Begutachtungszeitpunkt vor.

Diese Differenzierung nach verfahrensrechtlichen und materiell-rechtlichen Begutachtungszeitpunkten impliziert aufgrund den dieser Arbeit zugrunde liegenden Kategorisierungen zugleich die Möglichkeit einer Unterscheidung zwischen verfahrensrechtlichen und prozessrechtlichen Begutachtungszeitpunkten. Letztere sind als Teilmenge der verfahrensrechtlichen Begutachtungszeitpunkte zu verstehen und betreffen nur diejenigen Begutachtungszeitpunkte, die dazu dienen, Verfahrens-, Kompetenz- und Organisationsnormen, die menschliches Verhalten in einem auf ein Rechtspflegeziel ausgerichteten Verfahren von und vor staatlichen Rechtspflegeorganen staatlicher Gerichte betreffen, zur Wirksamkeit zu verhelfen und insbesondere die betreffenden Stellen bei der Durchführung der Verfahren zu unterstützen.

Zudem wurde gezeigt, dass diese Differenzierung auch auf die potenziellen Begutachtungszeitpunkte des Privatrechts insgesamt anzuwenden ist und insbesondere in den Konstellationen des Zusammentreffens von materiellen und verfahrensrechtlichen bzw. prozessrechtlichen Aspekten in einem Begutachtungszeitpunkt zu sachgerechten und eindeutigen Ergebnissen führt. Damit kann für die potenziellen Begutachtungszeitpunkte insgesamt, d. h. sowohl für die materiell-rechtlichen als auch für die verfahrensrechtlichen bzw. prozessrechtlichen, festgehalten werden, dass allen gemein ist, dass die gesetzliche Formulierung oder die juristische Bezeichnung des Zeitpunkts an sich zunächst nahelegt, dass keine Beurteilung stattfindet, ihnen jedoch das Potenzial innewohnt, sich im Laufe der Zeit zu einem direkten Begutachtungszeitpunkt umzuwandeln. Speziell für verfahrensrechtliche

[34] S. hierzu die Darstellung des Meinungsstreits in Teil C./II./2.

potenzielle Begutachtungszeitpunkte kann diesbezüglich nun abschließend noch präzisiert werden, dass bei diesen in der Regel zum Zeitpunkt des tatsächlichen Geschehens keine Beurteilung des betreffenden Tatbestandsmerkmals stattfinden wird, wenn für diesen Zeitpunkt auch die tatsächliche Vornahme einer Handlung erforderlich ist. Bei den materiell-rechtlichen Begutachtungszeitpunkten tritt dieser Aspekt etwas zurück, da hier gerade auch das passive Verstreichen(lassen) des betreffenden Zeitpunkts in der nachfolgenden Begutachtung im Zentrum stehen kann. Dennoch ist bei ihnen ebenfalls davon auszugehen, dass ein potenzieller Begutachtungszeitpunkt in der Regel dann zu bejahen sein wird, wenn sich der betreffende Zeitpunkt zunächst als reiner Zeitpunkt darstellt, eine Transformation in einen direkten Beurteilungszeitpunkt aber möglich ist, etwa im Rahmen möglicher Sekundäransprüche.

Insgesamt lässt sich eine Differenzierung der Begutachtungszeitpunkte graphisch folgendermaßen darstellen:

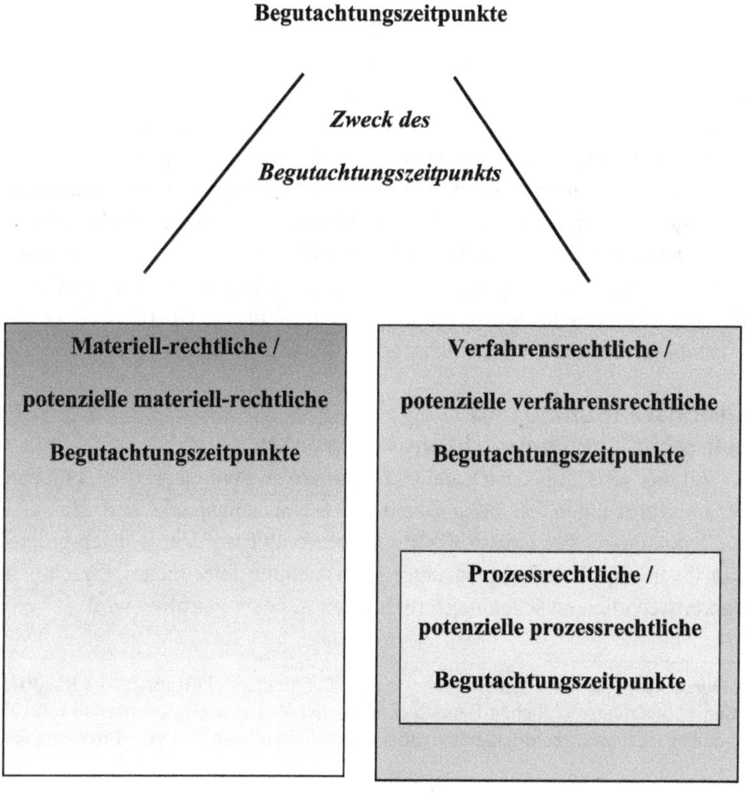

## b) Dezisionszeitpunkte und Begutachtungszeitpunkte

Ist damit eine Unterscheidung zwischen den komplementären materiell-rechtlichen und verfahrensrechtlichen Begutachtungszeitpunkten möglich, sowie eine den verfahrensrechtlichen Begutachtungszeitpunkten immanente und damit von diesen tatsächlich und terminologisch abtrennbare Gruppe von prozessrechtlichen Begutachtungszeitpunkten zu verzeichnen, so stellt sich die Frage, wie sich diese Systematisierung und Terminologie zu den bislang zumeist ohne weitere Erklärung verwendeten Begriffen des „materiellrechtlich erheblichen Zeitpunkts" und des „prozeßrechtlich maßgeblichen Zeitpunkts"[35] verhalten.

Zur Beantwortung dieser Frage bedarf es der nun zunächst vorzunehmenden Untersuchung der letzten Dimension der übergreifenden Betrachtung. Wurden bereits im Rahmen der Bestandsaufnahme der Gesetzestexte und Ordnungen des verfahrensrechtlichen Bereichs intensiv die Beziehungen der einzelnen Dezisionszeitpunkte zueinander herausgearbeitet und im Rahmen der Zusammenführung der betrachteten Teilbereiche die Charakteristika der Begutachtungszeitpunkte insgesamt untersucht, so fehlt zur umfassenden Analyse noch ein weiterer Schritt: die Betrachtung der grundlegenden Beziehungen zwischen Dezisionszeitpunkten und Begutachtungszeitpunkten. Auch hierdurch können gegebenenfalls noch weitere Aspekte der beiden großen Untergruppen von Dezisionszeitpunkten und Begutachtungszeitpunkten deutlich werden – einerseits für die jeweilige Gruppe an sich, andererseits in Relation zu der jeweils anderen Gruppe. Diese Betrachtung soll vorliegend getrennt nach der nunmehr präzisierten Differenzierung und entlang der umfassenden Gruppe von Komplementärbereichen von Dezisionszeitpunkten und materiell-rechtlichen Begutachtungszeitpunkten einerseits und Dezisionszeitpunkten und verfahrensrechtlichen Begutachtungszeitpunkten andererseits erfolgen.

### aa) Dezisionszeitpunkte und materiell-rechtliche Begutachtungszeitpunkte

Zunächst soll das Verhältnis der Dezisionszeitpunkte zu den materiell-rechtlichen Begutachtungszeitpunkten im Fokus stehen. Als Ausgangspunkt soll die festgestellte Charakteristik der Dezisionszeitpunkte gewählt werden, wonach grundsätzlich in ihnen eine Entscheidung unter Einbeziehung aller materiell-rechtlich und verfahrensrechtlich entscheidungserheblichen Aspekte getroffen wird.

---

[35] S. etwa *Dorndorf* in: Heidelberger Kommentar zum Kündigungsschutzgesetz, § 1 Rn. 302. Vgl. für den verwaltungsrechtlichen Bereich in ähnlicher Weise *W.-R. Schenke,* JuS 2019, 833, der von der „materiell-rechtlichen und prozessrechtlichen Dimension der Problematik" spricht.

Dabei rückt dann von den beiden Dezisionszeitpunkten der Erkenntnishorizont in den Fokus: Um den Zeitpunkt der tatsächlichen Entscheidung zu bestimmen, stehen dem Gericht größere Freiheiten zu Verfügung – er wird etwa im Urteilsverfahren grundsätzlich zunächst durch § 310 Abs. 1 S. 2 ZPO nur rein zeitlich begrenzt durch die Frist für den Verkündungstermin. Dabei ist diese Regelung nach dem Willen des Gesetzgebers zwar eine zwingende,[36] allerdings wird sie bereits durch die Abweichungsmöglichkeit aus wichtigen Gründen abgeschwächt und im Ergebnis zu einer Soll-Vorschrift.[37] Zudem wird in der Praxis auch die Verkündung eines Urteils zu einem späteren Verkündungstermin als wirksam angesehen.[38]

Der Erkenntnishorizont hat hingegen für die Parteien weitreichende Folgen, da etwa zumindest neues tatsächliches Vorbringen vorbehaltlich der Regelung des § 283 ZPO unberücksichtigt bleibt[39] und sich auch die zeitlichen Grenzen der Rechtskraft nach diesem Zeitpunkt richten.[40] Damit stellt sich in den Fällen des Auseinanderfallens von Erkenntnishorizont und Zeitpunkt der tatsächlichen Entscheidung der Erkenntnishorizont in mehrfacher Hinsicht als maßgebliche Grenze dar, die zudem zeitlich dem tatsächlichen Entscheidungszeitpunkt vorgelagert ist. Insofern soll der Erkenntnishorizont nun im Folgenden primär für das Verhältnis von Dezisionszeitpunkten und Begutachtungszeitpunkten herangezogen werden, ein erweiternder Blick erst in der Folge der jeweiligen Betrachtung den Zeitpunkt der tatsächlichen Entscheidung miteinbeziehen.

#### (1) Zusammentreffen von Erkenntnishorizont und materiell-rechtlichem Begutachtungszeitpunkt

Dabei ist zunächst festzustellen, dass ein materiell-rechtlicher Begutachtungszeitpunkt in zeitlicher Hinsicht mit dem Erkenntnishorizont bzw. bei Zusammentreffen von Erkenntnishorizont und tatsächlichem Entscheidungshorizont mit diesen beiden zusammentreffen kann. Das ist dann der Fall, wenn der „maßgebliche Zeit-

[36] BT-Drs. 7/5250, S. 10; vgl. ebenfalls BeckOK ZPO/*Elzer*, ZPO § 310 Rn. 23, Stein/Jonas/*Althammer*, 23. Aufl., ZPO § 310 Rn. 10. Teilweise wird sie jedoch als eine bloße Ordnungsvorschrift verstanden, vgl. BGH, Beschl. v. 29.9.1998 – K – ZB 11–98, NJW 1999, 143, 144; OLG Schleswig, Beschl. v. 23.6.2021 – 5 U 58/21, BeckRS 2021, 18917 Rn. 13; Zöller/*Feskorn*, Zivilprozessordnung, ZPO § 310 Rn. 5.

[37] Stein/Jonas/*Althammer*, 23. Aufl., ZPO § 310 Rn. 10.

[38] BGH, Beschl. v. 29.9.1998 – K – ZB 11–98, NJW 1999, 143, 144. Vgl. auch BeckOK ZPO/*Elzer*, ZPO § 310 Rn. 27.

[39] Vgl. hierzu bereits Teil C/II./4./b)/aa)/(1)/(d)/(aa).

[40] Vgl. § 767 Abs. 2 ZPO, § 323 Abs. 2 ZPO. S. hierzu insgesamt auch Musielak/Voit/*Stadler*, Zivilprozessordnung, ZPO § 136 Rn. 8.

punkt" für die Beurteilung des entsprechenden Tatbestandsmerkmals der Erkenntnishorizont ist.

### (a) Beispielsfälle

Das wird das Gesetz oftmals nicht ausdrücklich bestimmen. Deutlich wurde diese Konstellation aber etwa bereits bei den Ausführungen zur Einordnung des Begutachtungszeitpunkts des Merkmals der Erfolgsaussichten in § 114 Abs. 1 ZPO.[41] Zudem kann zur Verdeutlichung auch § 894 BGB herangezogen werden. Dieser Grundbuchberichtigungsanspruch setzt, wie alle dinglichen Rechtsverwirklichungsansprüche, einen gegenwärtigen unrechtmäßigen Zustand voraus.[42] Es handelt sich insofern um ein merkmalimmanentes Zeitpunkterfordernis: Nur wenn der betreffende Zeitpunkt auf den für den Grundbuchberichtigungsanspruch abzustellen ist, klar definiert ist, kann eine Subsumtion des (un-)rechtmäßigen Zustands in rechtsstaatlicher Art und Weise erfolgen. Folglich muss die Richterin bzw. das zur Entscheidung berufene Gremium eine gegenwärtige Unrichtigkeit prüfen.[43] Das wiederum bedeutet, dass die Unrichtigkeit des Grundbuchs in dem für die gerichtliche Entscheidung maßgeblichen Zeitpunkt, dem Erkenntnishorizont, vorliegen muss[44] – der Dezisionszeitpunkt des Erkenntnishorizonts und der entsprechende materiell-rechtliche Begutachtungszeitpunkt fallen zusammen. Für ähnliche Konstellationen wurden in dieser Arbeit weitere Beispiele angeführt, etwa im Rahmen der Untersuchung des Prognosezeitpunkts für den Fall des § 1004 Abs. 1 S. 2 BGB verdeutlicht.[45]

### (b) Unter Einbeziehung des Zeitpunkts der tatsächlichen Entscheidung

Geht man noch einen Schritt weiter und bezieht den Zeitpunkt der tatsächlichen Entscheidung mit ein, so zeigt sich, dass es möglich ist, dass (mindestens) drei der hier als signifikant anzusehenden Beurteilungszeitpunkte in einem tatsächlich erfolgenden Zeitpunkt vorliegen können. Fallen nämlich sowohl der Erkenntnishorizont als auch der Zeitpunkt der tatsächlichen Entscheidung zusammen, so überschneiden sich beide ebenfalls mit dem betreffenden materiell-rechtlichen Begutachtungszeitpunkt.

---

[41] Teil C/III./2./a)/bb)/(2)/(c)/(dd).

[42] Staudinger/*Picker*, BGB § 894 Rn. 64.

[43] Vgl. Staudinger/*Picker*, BGB § 894 Rn. 64.

[44] OLG München, BeckRS 2018, 29496 Rn. 21; BeckOK BGB/*Eckert*, BGB § 894 Rn. 7; BeckOGK/*Hertel*, BGB § 894 Rn. 34; MüKoBGB/*H. Schäfer*, BGB § 894, Rn. 4; Staudinger/*Picker*, BGB § 894 Rn. 64.

[45] Vgl. Teil C/I./4./b)/cc)/(3)/(b)/(cc).

Ist hingegen der Erkenntnishorizont dem Zeitpunkt der tatsächlichen Entscheidung vorgelagert, so verbleibt es beim Zusammenfallen von Erkenntnishorizont und materiell-rechtlichem Begutachtungszeitpunkt, der Zeitpunkt der tatsächlichen Entscheidung ist nachfolgend und damit getrennt vom Begutachtungszeitpunkt.

### (2) Auseinanderfallen von Erkenntnishorizont und materiell-rechtlichem Begutachtungszeitpunkt

Es gibt allerdings auch Konstellationen, in denen der Erkenntnishorizont und der materiell-rechtliche Begutachtungszeitpunkt zeitlich getrennt sind. Hier liegt dann der materiell-rechtliche Begutachtungszeitpunkt zeitlich vor dem Erkenntnishorizont: Die zur Entscheidung berufenen Person bzw. das zur Entscheidung berufene Gremium wird das betreffende Tatbestandsmerkmal unter Hineinversetzen in den zeitlich früheren materiell-rechtlichen Begutachtungszeitpunkt beurteilen.

#### (a) Beispielsfälle

Das ist vor allem dann der Fall, wenn das Gesetz explizit einen vom Erkenntnishorizont verschiedenen Zeitpunkt nennt, wie beispielsweise mit der Regelung des § 119 Abs. 1 BGB, der den Begutachtungszeitpunkt des Vorliegens eines Irrtums auf denjenigen der *Abgabe der Willenserklärung* festlegt. Hier hat der Richter sich dann eben bildlich gesprochen in den betreffenden, in zeitlicher Hinsicht bereits tatsächlich vergangenen Zeitpunkt hineinzuversetzen: Er wird die Frage des Vorliegens eines Irrtums nach den Umständen beurteilen, die im Zeitpunkt der Abgabe der Willenserklärung gegeben war.

Eine solche, vom Erkenntnishorizont verschiedene zeitliche Lage eines materiell-rechtlichen Begutachtungszeitpunktes, muss aber, wie verdeutlicht, nicht immer ausdrücklich normiert sein. Sie kann ebenfalls durch anderweitige Festlegung, insbesondere durch die Rechtsprechung wie teilweise im Rahmen des § 595 Abs. 6 BGB, erfolgen.[46] In beiden Konstellationen, gesetzliche oder richterliche Festlegung, tritt jedoch die Diskrepanz zwischen den beiden Zeitpunkten deutlich hervor. Weniger deutlich erkennbar ist sie hingegen im Bereich der merkmalimmanenten Zeitpunkterfordernisse: Hier kann nochmals auf die Frage der Sozialwidrigkeit der Kündigung zurückgegriffen werden. Auch wenn § 1 KSchG nicht ausdrücklich regelt, auf welchen Zeitpunkt diesbezüglich konkret abzustellen ist, ist die einheitliche Festlegung dessen vor dem Hintergrund rechtsstaatlicher Anforderungen jedoch zwingend erforderlich.[47] Der von der überwiegenden Meinung diesbezüglich

---

[46] Teil C/I./4./a)/aa) und Teil C/III./2./a)/aa).

[47] Vgl. bereits Teil C/I./2./a)/bb).

als maßgeblich angesehene ist nun derjenige des Zugangs der Kündigungserklärung – und damit vom Zeitpunkt des Schlusses der letzten mündlichen Verhandlung verschieden,[48] ihm zeitlich vorgelagert.

(b) Unter Einbeziehung des Zeitpunkts der tatsächlichen Entscheidung

In diesen Fällen werden damit, wenn der Erkenntnishorizont und der Zeitpunkt der tatsächlichen Entscheidung ebenfalls auseinanderfallen drei tatsächliche und rechtlich zu trennende Zeitpunkte relevant: zeitlich zuerst wird der materiell-rechtliche Begutachtungszeitpunkt liegen, danach folgt der Erkenntnishorizont, dann derjenige Zeitpunkt der tatsächlichen Entscheidung. In der Konstellation, dass der Erkenntnishorizont und der Zeitpunkt der tatsächlichen Entscheidung zusammenfallen, der materiell-rechtliche Begutachtungszeitpunkt aber von diesen getrennt ist verbleibt es, wie auch in allen übrigen Fällen, bei drei rechtlich voneinander zu unterscheidenden Zeitpunkten. In zeitlicher Hinsicht sind dann zwei Zeitpunkte betroffen.

### bb) Dezisionszeitpunkte und verfahrensrechtliche Begutachtungszeitpunkte

In einem nächsten Schritt ist ein Blick auf die Beziehungen zwischen den Dezisionszeitpunkten und den verfahrensrechtlichen Begutachtungszeitpunkten in Parallele zu der zuvor vorgenommenen Beziehungsbestimmung zu werfen. Dabei besteht die Besonderheit hier darin, dass es sich um die Beziehungen von Zeitpunkten zueinander handelt, die insgesamt verfahrensrechtlicher Natur sind.

#### (1) Zusammentreffen von Erkenntnishorizont und verfahrensrechtlichem Begutachtungszeitpunkt

Auch hier sind zunächst Begutachtungszeitpunkte zu verzeichnen, in denen das betreffende Merkmal einer Norm des Verfahrensrechts im Zeitpunkt des Erkenntnishorizonts zu beurteilen ist.

(a) Beispielsfälle

Beispielsweise müssen grundsätzlich die Prozessvoraussetzungen im „Zeitpunkt der letzten mündlichen Verhandlung“ in der Tatsacheninstanz vorliegen[49]: Insofern fällt etwa der Begutachtungszeitpunkt für die Parteifähigkeit nach § 50 ZPO[50]

---

[48] Vgl. ebenfalls bereits Teil C/I./2./a)/bb).

[49] BeckOK ZPO/*Bacher*, ZPO § 253 Rn. 12.

[50] S. hierzu etwa HK-ZPO/*Bendtsen*, ZPO § 50 Rn. 12.

ebenso wie derjenige der Prozessfähigkeit mit dem Erkenntnishorizont in tatsächlicher zeitlicher Hinsicht zusammen.[51]

Dabei ist im Rahmen des § 50 ZPO in der gesetzlichen Regelung keine Festlegung dieses Begutachtungszeitpunkts enthalten. Seine Festlegung ist jedoch erforderlich, um dieses Merkmal in rechtsstaatlicher Art und Weise feststellen zu können, es handelt sich um ein merkmalimmanentes Zeitpunkterfordernis. Damit wird deutlich, dass auch im verfahrensrechtlichen Bereich die Konstellation des Zusammenfallens von Erkenntnishorizont und verfahrensrechtlichen Begutachtungszeitpunkten mit merkmalimmanenten Zeitpunkterfordernissen gegeben ist.

#### (b) Unter Einbeziehung des Zeitpunkts der tatsächlichen Entscheidung

Ebenfalls können hier die rechtlichen Zeitpunkte des Erkenntnishorizonts und des verfahrensrechtlichen Begutachtungszeitpunkts wiederum von demjenigen der tatsächlichen Entscheidung zeitlich getrennt sein, falls der Erkenntnishorizont und der Zeitpunkt der tatsächlichen Entscheidung auseinanderfallen. In den übrigen Konstellationen fallen alle drei rechtlichen Zeitpunkte in zeitlicher Hinsicht in einem Zeitpunkt zusammen.

### (2) Auseinanderfallen von Erkenntnishorizont und verfahrensrechtlichem Begutachtungszeitpunkt

Demgegenüber ist ebenso ein Auseinanderfallen von Erkenntnishorizont und verfahrensrechtlichen Begutachtungszeitpunkten möglich. Auch hier wird dies oftmals nicht ausdrücklich im Gesetz geregelt sein, sondern aufgrund der Festlegung eines merkmalimmanenten Zeitpunkterfordernisse erfolgen.

#### (a) Beispielsfälle

Zur Veranschaulichung kann wiederum ein Beispiel aus der Bestandsaufnahme aufgegriffen werden: Dort wurde in Bezug auf § 811 ZPO verdeutlicht, dass die Beurteilung der Pfändbarkeit grundsätzlich nach den Verhältnissen zum Zeitpunkt der Pfändung erfolgt.[52] Kommt es nun im Prozess zu einer Überprüfung der Rechtmäßigkeit der Pfändung, hat der Richter bzw. das zur Entscheidung berufene Gremium für die Beurteilung dieses verfahrensrechtlichen Beurteilungszeitpunkts ebenfalls auf den Zeitpunkt der Pfändung abzustellen. Dieser liegt in zeitlicher Hinsicht in einem vom Erkenntnishorizont verschiedenen Zeitpunkt.

---

[51] S. hierzu insgesamt auch *Steinert/Theede/Knop,* Zivilprozess, 3. Kapitel Rn. 1, 2.

[52] Vgl. Teil C/II./2.

Darüber hinaus hat etwa nach § 67 S. 1 ZPO der Nebenintervenient den Rechtsstreit in der Lage anzunehmen, in der er sich zur Zeit seines Beitritts befindet. Der verfahrensrechtliche Beurteilungszeitpunkt des Beitritts ist folglich maßgeblich für Verfahrensstand an den der Nebenintervenient gebunden ist[53] und liegt zugleich vor dem Erkenntnishorizont.

In Bezug auf die Prozessvoraussetzungen ist jedoch die Besonderheit zu beachten, dass es bei einigen von ihnen genügt, wenn sie zu einem früheren Zeitpunkt vorgelegen haben und später weggefallen sind.[54] So kommt es etwa für die Zuständigkeitsbeurteilung im Rahmen der sachlichen Zuständigkeit nach § 1 ZPO zwar grundsätzlich auf den „Schluss der mündlichen Verhandlung" und damit auf den Zeitpunkt des Erkenntnishorizonts an.[55] Jedoch ist nach § 261 Abs. 3 Nr. 2 ZPO zu berücksichtigen, dass der Wegfall der einmal begründeten Zuständigkeit nicht schadet: Nach dem hier verankerten Grundsatz der „perpetuatio fori" bleibt damit die Zuständigkeit, die bei Eintritt der Rechtshängigkeit vorliegt, erhalten, auch wenn sich die sie begründenden Umstände anschließend verändern.[56] Das hat im vorliegend betrachteten Zusammenhang zur Konsequenz, dass das Gericht für den Fall, dass im Zeitpunkt des Erkenntnishorizonts die sachliche Zuständigkeit nicht gegeben ist, den Zeitpunkt der Rechtshängigkeit dahingehend zu beurteilen hat, ob in ihm die sachliche Zuständigkeit vorgelegen hat. Damit hat es sich dann wiederum gedacht in einen bereits vergangenen Zeitpunkt, in diesem Fall einem verfahrensrechtlichen Begutachtungszeitpunkt, zurückzuversetzen. In dieser Konstellation fallen folglich Erkenntnishorizont und verfahrensrechtlicher Begutachtungszeitpunkt auseinander.

Dabei zeigt sich gerade am Aspekt der Prozessvoraussetzungen zudem die Verbindung zu den materiell-rechtlichen Begutachtungszeitpunkten: Liegen die Prozessvoraussetzungen vor, kann ein Sachurteil ergehen. Und damit kann dann die Beurteilung der betreffenden materiell-rechtlichen Tatbestandsmerkmale im Zeitpunkt des Erkenntnishorizonts stattfinden – oder eben in der Retrospektive durch das „Hineinversetzen" in einen vorherigen Zeitpunkt, wie etwa dem des § 119 Abs. 1 BGB.

---

[53] Vgl. diesbezüglich ebenfalls MüKoZPO/*Schultes,* ZPO § 67 Rn. 9.

[54] BeckOK ZPO/*Bacher,* ZPO § 253 Rn. 12.

[55] Musielak/Voit/*Heinrich,* Zivilprozessordnung, ZPO § 1 Rn. 23; MüKoZPO/*Wöstmann,* ZPO § 1 Rn. 27.

[56] S. hierzu etwa *Groh* in: Weber, Rechtswörterbuch, Stichwort „perpetuatio fori".

#### (b) Unter Einbeziehung des Zeitpunkts der tatsächlichen Entscheidung

In tatsächlicher zeitlicher Hinsicht können damit letztlich der Erkenntnishorizont, der Zeitpunkt der tatsächlichen Entscheidung sowie der materiell-rechtliche und der verfahrensrechtliche Beurteilungszeitpunkt zusammenfallen. Damit liegen dann die vier rechtlich zu unterscheidenden Zeitpunkte zwar in einem tatsächlichen Zeitpunkt. Dabei wird es in der Regel nicht bei der Beurteilung lediglich eines materiell-rechtlichen oder verfahrensrechtlichen Zeitpunkts im Erkenntnishorizont verbleiben. Insofern können dann zahlreiche rechtliche Zeitpunkte in einem tatsächlichen Zeitpunkt zusammenfallen. Sie sind aber stets in rechtlicher Hinsicht voneinander zu trennen.

### (3) Erkenntnishorizont und nachfolgende potenzielle verfahrensrechtliche Begutachtungszeitpunkte aus der Gruppe der Zeitpunkte am Ende des Verfahrens

Ebenso wie im Rahmen der materiell-rechtlichen Begutachtungszeitpunkte herausgearbeitet, wird bei einem Auseinanderfallen von Erkenntnishorizont und verfahrensrechtlichem Begutachtungszeitpunkt der verfahrensrechtliche Begutachtungszeitpunkt ebenfalls in der Regel dem Erkenntnishorizont vorgelagert sein. Auch hier wird grundsätzlich gerade eine Beurteilung des verfahrensrechtlichen Tatbestandsmerkmals durch die zur Entscheidung berufene Person oder durch das zur Entscheidung berufene Gremium nach seinem tatsächlichen Stattfinden erfolgen. Denn in der Regel wird es zur Beurteilung verfahrensrechtlicher Aspekte insbesondere dann kommen, wenn ein bereits erfolgtes verfahrensrechtliches Handeln überprüft wird oder wenn eine Überprüfung von verfahrensrechtlichen Voraussetzungen des aktuellen Verfahrens erfolgt.

Für die potenziellen verfahrensrechtlichen Begutachtungszeitpunkte, die der Gruppe der Zeitpunkte am Ende des Verfahrens angehören wie etwa der Zeitpunkt der Verkündung, der Zeitpunkt der Bindung des Gerichts oder auch der Zeitpunkt der Wirksamkeit gegenüber den Parteien hat sich nun eine Besonderheit in Bezug auf den Erkenntnishorizont des aktuellen Verfahrens gezeigt: Diese liegen auf einem gedachten Zeitstrahl nach den Dezisionszeitpunkten, in denen die Entscheidung getroffen wird, die im Anschluss zu verkünden oder in anderer Art und Weise bekannt zu machen ist, und damit ebenfalls bereits rein tatsächlich nach dem Erkenntnishorizont des aktuellen Verfahrens. Daher wurden diese Zeitpunkte auch in den Bereich der potenziellen Beurteilungszeitpunkte eingeordnet, erst im weiteren Verlauf des Verfahrens oder in einem neuerlichen Verfahren können sie zu Beurteilungszeitpunkten werden. Im weiteren Verlauf des Verfahrens etwa in der Berufungsinstanz oder in weiteren Verfahren liegen aber auch diese Zeitpunkte dann vor der Grenze des (insofern neuen) Erkenntnishorizonts.

#### (4) Erkenntnishorizont und Begutachtungszeitpunkte ohne gesetzliche Festlegung und ohne Festlegung eines merkmalimmanenten Zeitpunkterfordernisse

Diese zeitliche Grenze des Erkenntnishorizonts wird zudem für eine weitere aufgeworfene Frage der Bestandsaufnahme relevant, die noch einer Beantwortung bedarf: In den bisherigen übergreifenden Betrachtungen ging es in erster Linie um das Zusammentreffen bzw. Auseinanderfallen von Erkenntnishorizont und materiell-rechtlichen und verfahrensrechtlichen Begutachtungszeitpunkten, die entweder gesetzlich festgelegt waren oder für die merkmalimmanente Zeitpunkterfordernisse bestanden, die zudem dahingehend ausgefüllt wurden, dass für diese ein bestimmter Zeitpunkt als der maßgebliche festgelegt wurde.

Im Rahmen der Untersuchung der merkmalimmanenten Zeitpunkterfordernisse des BGB und seiner materiell-rechtlichen Nebengebiete wurde jedoch zudem herausgearbeitet, dass nicht allen Tatbestandsmerkmalen die Notwendigkeit der Festlegung eines gegebenenfalls vom Schluss der mündlichen Verhandlung abweichenden Zeitpunkts für die Beurteilung im Einzelfall zwingend innewohnt und dies anhand des Merkmals der Pflanze in § 94 Abs. 1 S. 4 BGB veranschaulicht[57]: Ob beispielsweise ein Baum als Pflanze im Sinne dieser Norm anzusehen ist oder nicht,[58] kann sowohl abstrakt als auch im konkreten Einzelfall ohne Bezug zu einem Beurteilungszeitpunkt entschieden werden. Ähnliches ist in verfahrensrechtlichen Normen ebenfalls gegeben: So kann etwa hinsichtlich des Merkmals der Unpfändbarkeit von Tieren nach § 811 Abs. 1 Nr. 8 ZPO die Frage, ob es sich bei einem für die Pfändung in Betracht kommenden Pferd um ein Tier handelt, sowohl abstrakt als auch im konkreten Einzelfall ohne Bezug zu einem Beurteilungszeitpunkt entschieden werden.

Insofern stellt sich die bislang offen gelassene Frage danach, welcher tatsächliche Zeitpunkt für die Begutachtung derartiger Tatbestandsmerkmale maßgeblich ist. Dabei werden von dieser Frage zugleich auch etwaige Zeitpunkte erfasst, für die zwar ein merkmalimmanentes Zeitpunkterfordernis besteht, das aber (bislang) nicht ausgefüllt wurde, indem konkret durch Rechtsprechung oder durch Literatur ein betreffender maßgeblicher Zeitpunkt festgelegt wurde. Die Beantwortung dieser Frage ist nicht zuletzt deshalb zwingend erforderlich, da zudem im Rahmen dieser Untersuchung deutlich wurde, dass zu bzw. „in" irgendeinem Zeitpunkt die Beurteilung jedes Tatbestandsmerkmals zu erfolgen hat.[59]

---

[57] Vgl. bereits Teil C/I./2./b).

[58] Insofern etwa bejahend BGH, Urt. v. 27.1.2006 – V ZR 46/05, NJW 2006, 1424 Rn. 9.

[59] Vgl. bereits Teil C/I./2./b).

Aufgrund der nunmehr erfolgten Bestandsaufnahme und der bisherigen übergreifenden Betrachtung wird davon auszugehen sein, dass für diese „offenen“ Zeitpunkte in der Regel auf den Erkenntnishorizont abzustellen sein wird. Hierfür spricht zum einen, dass gerade im Bereich der merkmalimmanenten Zeitpunkterfordernisse bei materiell-rechtlichen Begutachtungszeitpunkten deutlich wurde, welche Probleme bei der Festlegung des jeweiligen Zeitpunkts bestehen können, beispielsweise bei unbestimmten Rechtsbegriffen, aber auch im Übrigen, wenn eine Festlegung unter Rückgriff auf die klassischen Auslegungsmethoden erfolgt.[60] Insofern dient es der Rechtssicherheit einen gemeinsamen Zeitpunkt für die Konstellationen festzulegen, für die kein zwingendes rechtsstaatliches Erfordernis besteht, einen abweichend vom Erkenntnishorizont liegenden Zeitpunkt zu bestimmen.

Zum anderen ist gerade der Erkenntnishorizont grundsätzlich der Zentrale für die Entscheidung: So wurde etwa in Bezug auf die Wendung der „Sach- und Rechtslage“ im Urteilverfahren verdeutlicht, dass Grundlage der Entscheidung grundsätzlich der gesamte Prozessstoff ist, der bei Schluss der mündlichen Verhandlung vorliegt.[61] Diese Aussage betrifft zwar den strikt von den Begutachtungszeitpunkten zu trennenden Bereich der Dezisionszeitpunkte. Zugleich verdeutlicht sie aber auch die spätestmögliche Grenze, bis zu der eine Berücksichtigung von Tatsachen für die betreffende Entscheidung grundsätzlich möglich ist. Dieser temporale Aspekt muss in der Betrachtung einzelner Merkmale ebenfalls Berücksichtigung finden, eine frühere Begrenzung in zeitlicher Hinsicht bedarf grundsätzlich eine Rechtfertigung.

Damit ist insgesamt davon auszugehen, dass die Beurteilung von Tatbestandsmerkmalen, die keiner der in dieser Arbeit herausgearbeiteten Konstellationen für ein Auseinanderfallen von Begutachtungszeitpunkt und Erkenntnishorizont angehören, in tatsächlicher Hinsicht im Erkenntnishorizont erfolgt. Dabei muss aufgrund der angeführten Argumente die Verortung des materiell-rechtlichen bzw. verfahrensrechtlichen Begutachtungszeitpunkts zudem ebenfalls für diejenigen Merkmal im Erkenntnishorizont erfolgen, die trotz eines merkmalimmanenten Zeitpunkterfordernisses bislang keine irgendwie geartete Festlegung in Rechtsprechung und Literatur erfahren haben. Denn auch für diese gilt, wie für alle Tatbestandsmerkmale, dass ihre Beurteilung zu irgendeinem Zeitpunkt erfolgen muss. Zugleich ist aber gerade bezüglich dieser Gruppe darauf hinzuweisen, dass diese

[60] S. hierzu insbesondere Teil C/I./2./a)/cc).

[61] *Baumeister,* JURA 2005, 655, 657; Zöller/*Feskorn,* Zivilprozessordnung, ZPO § 300 Rn. 3; Stein/Jonas/*Leipold,* 22. Aufl., ZPO § 300 Rn. 19; Thomas/Putzo/*Reichold,* Zivilprozessordnung, 39. Aufl., Vorbemerkung ZPO § 253 Rn. 37.

Festlegung für etwaige merkmalimmanenten Zeitpunkterfordernisse keine permanente sein muss: Gerade diese Begutachtungszeitpunkte werden in der Regel durch Auslegung festgelegt, entwickeln sich im Diskurs und können in diesem auch eine Verschiebung erfahren, die von Rechtsprechung und bzw. oder Literatur anerkannt wird, soweit dies mit rechtsstaatlichen Grundsätzen vereinbar ist.

## 3. Zusammenfassung zur „Übergreifenden Betrachtung"

In einer ersten Zusammenführung der Ergebnisse der Bestandsaufnahme wurde deutlich, dass die Beurteilungszeitpunkte zunächst in die beiden großen Gruppen der Dezisionszeitpunkte einerseits und der Begutachtungszeitpunkte andererseits unterteilt werden können. Hinsichtlich der Begutachtungszeitpunkte hat sich gezeigt, dass in beiden Teilbereichen sowohl direkte als auch potenzielle Begutachtungszeitpunkte existieren. Beide Gruppen sind zumeist im Tatbestand einer Norm verankert. Vereinzelt sind zudem potenzielle Begutachtungszeitpunkte auf der Rechtsfolgenseite zu finden.

Die Zusammenführung der zunächst getrennt vorgenommenen Bestandsaufnahmen hat dann durch die Einbeziehung der in Teil B dargestellten Kategorisierungen im Bereich von materiellem Recht, Prozessrecht und Verfahrensrecht die Möglichkeit einer weiteren Differenzierung im Rahmen der Begutachtungszeitpunkte hervorgebracht: So kann zunächst im Sinne von Komplementärbegriffen zwischen materiell-rechtlichen und verfahrensrechtlichen Begutachtungszeitpunkten unterschieden werden. Kern der Abgrenzung ist der verfahrensrechtliche Begutachtungszeitpunkt der einen Zeitpunkt bezeichnet, der dazu dient, Verfahrens-, Kompetenz- und Organisationsnormen staatlicher Stellen oder nicht-staatlicher Stellen, die rechtsstaatsförmige Verfahren ausführen, zur Wirksamkeit zu verhelfen und insbesondere die betreffenden Stellen bei der Durchführung der Verfahren zu unterstützen. Handelt es sich nicht um einen solchen, liegt im Sinne eines Komplementärbegriffs ein materiell-rechtlicher Begutachtungszeitpunkt vor. Dabei wird die Einordnung eines Begutachtungszeitpunkts umso komplexer, je mehr zu prüfende Aspekte ausgehend von diesem zu betrachten sind, die zusätzliche Beurteilungen mit weiteren Begutachtungszeitpunkten erfordern.

Zudem existiert als Teilmenge der verfahrensrechtlichen Begutachtungszeitpunkte die Gruppe der prozessrechtlichen Begutachtungszeitpunkte. Bei diesen handelt es sich um diejenigen Begutachtungszeitpunkte, die dazu dienen, Verfahrens-, Kompetenz- und Organisationsnormen, die menschliches Verhalten in einem auf ein Rechtspflegeziel ausgerichteten Verfahren von und vor staatlichen

Rechtspflegeorganen staatlicher Gerichte betreffen, zur Wirksamkeit zu verhelfen und insbesondere die betreffenden Stellen bei der Durchführung der Verfahren zu unterstützen.

Auch in der insgesamt übergreifenden Betrachtung des Verhältnisses von Dezisionszeitpunkten und Begutachtungszeitpunkten konnten weitere Charakteristika privatrechtlicher Beurteilungszeitpunkte herausgearbeitet werden. Diesbezüglich stand aufseiten der Dezisionszeitpunkte vor allem der Erkenntnishorizont im Vordergrund der Untersuchung. In dieser übergreifenden Betrachtung konnte verdeutlicht werden, dass sowohl bei den materiell-rechtlichen als auch bei den verfahrensrechtlichen Begutachtungszeitpunkten ein Zusammentreffen des jeweiligen Begutachtungszeitpunkts mit dem Erkenntnishorizont als auch mit dem Erkenntnishorizont und dem Zeitpunkt der tatsächlichen Entscheidung möglich ist. In diesem Kontext ist von elementarer Bedeutung, dass bei den Konstellationen des Zusammentreffens mehrerer unterschiedlicher Beurteilungszeitpunkte stets im Blick zu behalten ist, dass es sich um voneinander zu trennende rechtliche Zeitpunkte handelt, die lediglich zeitlich in einem Zeitpunkt zusammentreffen.

Weiterhin existieren in beiden Arten von Begutachtungszeitpunkten ebenfalls Konstellationen dergestalt, dass insbesondere Erkenntnishorizont und jeweiliger Begutachtungszeitpunkt auseinanderfallen. In diesem Fall ist der Begutachtungszeitpunkt in der Regel dem Erkenntnishorizont vorgelagert, eine Ausnahme besteht lediglich für die potenziellen Begutachtungszeitpunkte aus der Gruppe der Zeitpunkte am Ende des Verfahrens. Aber auch bei diesen findet sich dann im weiteren Verlauf des Verfahrens oder in einem weiteren Verfahren, in dem der potenzielle Begutachtungszeitpunkt zu einem direkten wird, wieder die zeitliche Grundkonstellation, dass der betreffende Begutachtungszeitpunkt dem Erkenntnishorizont vorgelagert ist. Sind in all diesen Fällen zudem Erkenntnishorizont und tatsächlicher Begutachtungszeitpunkt getrennt, so liegen mindestens drei rechtlich unterschiedliche Beurteilungszeitpunkte vor, die auch in tatsächlicher zeitlicher Hinsicht getrennt sind.

In Bezug auf die verfahrensrechtlichen Begutachtungszeitpunkte wurde noch eine weitere Besonderheit deutlich. Diese betrifft die Konstellation derjenigen Prozessvoraussetzungen, bei denen es genügt, dass sie zu einem früheren Zeitpunkt vorgelegen haben, auch wenn sie in der Folge weggefallen sind. In diesen Fällen kann es sein, dass die zur Entscheidung berufene Person bzw. das zur Entscheidung berufene Gremium bezüglich eines zu prüfenden Aspekts mehrere Begutachtungszeitpunkte zu beachten hat.

Zudem konnte die bislang offen gelassene Frage danach, auf welchen tatsächlichen Zeitpunkt für die Begutachtung von Zeitpunkten abzustellen ist, für die nicht ausdrücklich eine gesetzliche Festlegung erfolgt ist und für die auch keine

Festlegung im Rahmen von merkmalimmanenten Zeitpunkterfordernissen zu verzeichnen ist, dahingehen beantwortet werden, dass für diese in zeitlicher Hinsicht der Erkenntnishorizont der maßgeblich ist. Das stützt sich zum einen auf Erwägungen der Rechtssicherheit. Zum anderen ist gerade die zeitliche Grenze des Erkenntnishorizonts die spätestmögliche Grenze, bis zu der eine Berücksichtigung von Tatsachen für die betreffende Entscheidung grundsätzlich möglich ist. Dieser temporale Aspekt muss auch in der Betrachtung einzelner Merkmale Berücksichtigung finden, eine frühere Begrenzung in zeitlicher Hinsicht bedarf grundsätzlich einer Rechtfertigung.

# IV Zusammenfassendes Ergebnis von Teil C unter Vergleich mit der bislang bestehenden Terminologie

Damit kann nunmehr ein umfassendes Ergebnis zur Bestandsaufnahme und der dort entwickelten Terminologie und Systematik zur den Beurteilungszeitpunkten des Privatrechts verfasst werden. Zudem soll dieses anschließend in die bisher in der privatrechtlichen Literatur und Rechtsprechung anzutreffende Terminologie eingeordnet werden und damit zugleich die zu Beginn der Betrachtung des Verhältnisses der Dezisionszeitpunkte zu den Begutachtungszeitpunkten aufgeworfene Frage[1] beantworten, wie sich die in dieser Arbeit herausgearbeitete Systematisierung und terminologie zu den bislang zumeist ohne weitere Erklärung verwendeten Begriffen des „materiellrechtlich erheblichen Zeitpunkts“ und des „prozeßrechtlich maßgeblichen Zeitpunkts“[2] verhalten.

## 1. Zusammenfassendes Ergebnis von Teil C

Zusammenfassend lässt sich zunächst festhalten, dass die Beurteilungszeitpunkte des Privatrechts grundsätzlich in zwei große Untergruppen geteilt werden können: in Begutachtungszeitpunkte einerseits und Dezisionszeitpunkte andererseits.

In den Begutachtungszeitpunkten findet die Beurteilung eines einzelnen Tatbestandsmerkmals einer Rechtsvorschrift statt. Sie lassen sich dabei wiederum

---

[1] Teil C/III./2./b).

[2] S. etwa *Dorndorf* in: Heidelberger Kommentar zum Kündigungsschutzgesetz, § 1 Rn. 302. Vgl. für den verwaltungsrechtlichen Bereich in ähnlicher Weise *W.-R. Schenke,* JuS 2019, 833, der von der „materiell-rechtlichen und prozessrechtlichen Dimension der Problematik“ spricht.



A. Rech, *Der Beurteilungszeitpunkt im Privatrecht*, Juridicum - Schriften zum Arbeitsrecht, https://doi.org/10.1007/978-3-658-51181-4_12

aufteilen in materiell-rechtliche und verfahrensrechtliche Begutachtungszeitpunkte. Aufgrund des Vorliegens von Komplementärbegriffen kann die Abgrenzung an der Definition des verfahrensrechtlichen Begutachtungszeitpunkts ansetzen. Bei diesem handelt es sich um einen Zeitpunkt, der dazu dient, Verfahrens-, Kompetenz- und Organisationsnormen staatlicher Stellen oder nicht-staatlicher Stellen, die rechtsstaatsförmige Verfahren ausführen, zur Wirksamkeit zu verhelfen und insbesondere die betreffenden Stellen bei der Durchführung der Verfahren zu unterstützen. Eine Teilmenge der verfahrensrechtlichen Begutachtungszeitpunkte stellen die prozessrechtlichen Begutachtungszeitpunkte dar.

Sowohl bei den materiell-rechtlichen als auch bei den verfahrens- bzw. prozessrechtlichen Begutachtungszeitpunkten sind direkte und potenzielle Begutachtungszeitpunkte vorzufinden. Direkte Begutachtungszeitpunkte sind dadurch gekennzeichnet, dass in ihnen eine Beurteilung im jeweiligen Verfahren bzw. bei der jeweiligen materiell-rechtlichen Frage stattzufinden hat. Bei potenziellen Zeitpunkten ist dies zunächst nicht der Fall, die gesetzliche Formulierung bzw. die juristische Bezeichnung des Zeitpunkts an sich legt vielmehr nahe, dass keine Beurteilung stattfindet, etwa weil lediglich die Festlegung oder Mitteilung eines Zeitpunkts normiert wird. Diesen Zeitpunkten wohnt jedoch das Potential inne, sich im Laufe der Zeit zu einem direkten Begutachtungszeitpunkt umzuwandeln. Dabei hat sich im Rahmen der Identifikation der Gruppe der potenziellen Begutachtungszeitpunkte insgesamt gezeigt, dass nur selten Zeitpunkte im Sinne einer reinen Zeitangabe zu finden sind.

Abzugrenzen sind die Begutachtungszeitpunkte zudem von den Begutachtungszeiträumen, auch wenn zwischen diesen beiden Gruppen eine enge Verbindung besteht. Die spezielle Situation der Verknüpfung von Begutachtungszeitpunkt und Begutachtungszeitraum der Prognose hat verdeutlicht, dass aus Perspektive der Systematik privatrechtlicher Beurteilungszeitpunkte das „Modell der zweistufigen Entscheidungsfindung“ um eine dritte Ebene zu ergänzen ist: Nach diesem Modell ist der Prognose immanent, dass auf der ersten Stufe vergangene und gegenwärtige Geschehnisse festzustellen sind, die zugleich die Basis für die im Folgenden dann vorzunehmende zweite Stufe der Zukunftsprognose bilden.[3] Zu diesen beiden Stufen tritt noch die Ebene des Prognosezeitpunkts selbst hinzu. Insofern ist bei der Prognose grundsätzlich ein Begutachtungszeitpunkt mit einem in die Zukunft gerichteten Begutachtungszeitraum, dem Prognosezeitraum, verbunden. Dem Begutachtungszeitpunkt kann dabei zudem ein Begutachtungszeitraum vorgelagert sein,

[3] S. ebenfalls *Feuerborn,* Sachliche Gründe im Arbeitsrecht, 225; *Honstetter,* Die Prognoseentscheidung des Arbeitgebers im Kündigungsrecht, 15. S. hierzu insgesamt ebenfalls *Nicklaus,* Das Prognoseprinzip im arbeitsrechtlichen Kündigungsschutzrecht, 37.

wenn die Prognosegrundlage die Betrachtung von Geschehnissen beinhaltet. Dieser muss allerdings nicht unbedingt direkt an den Prognosezeitpunkt vorgelagert anknüpfen. Ist hingegen die zukünftige Entwicklung eines aktuellen Zustands zu bewerten, muss kein vorgelagerter Begutachtungszeitraum gegeben sein, er wird insbesondere fehlen, wenn sich die Prognose auf allgemeine Erfahrungssätze stützen wird.

Weiterhin hat sich gezeigt, dass zu anderen zeitbezogenen Rechtsinstituten als dem Begutachtungszeitraum eine klare Abgrenzung in der Regel nicht möglich ist, vielmehr ist diesen im Allgemeinen das Element des Zeitpunkts immanent – und damit auch in der Regel des Begutachtungszeitpunkts in direkter oder potenzieller Form.

Bei den Dezisionszeitpunkten handelt es sich um diejenigen Zeitpunkte am Ende des Verfahrens, in denen eine Entscheidung unter Einbeziehung aller entscheidungserheblichen materiell- und verfahrensrechtlichen Aspekte getroffen wird bzw. zumindest vom Gesetzgeber das Treffen einer Entscheidung in diesem Zeitpunkt selbst intendiert war. Diese lassen sich weiter aufteilen in den Erkenntnishorizont und den Zeitpunkt der tatsächlichen Entscheidung. Bei dem Erkenntnishorizont handelt es sich dabei um denjenigen Zeitpunkt, nach dem die zur Entscheidung berufene Person bzw. das zur Entscheidung berufene Gremium Tatsachen nicht mehr berücksichtigen darf und der die Tatsachengrundlage für die Entscheidung dergestalt bildet, dass die zur Entscheidung berufene Person bzw. das zur Entscheidung berufene Gremium seine Erkenntnis hierauf stützt. In speziellen Arten des Urteilserlasses wie etwa dem Anerkenntnisurteil oder dem Versäumnisurteil kann dabei das Prüfprogramm des Erkenntnishorizonts eingeschränkt sein.

Bei dem Zeitpunkt der tatsächlichen Entscheidung handelt es sich um denjenigen Zeitpunkt, in dem die zur Entscheidung berufene Person bzw. das zur Entscheidung berufene Gremium seine Entscheidung in zeitlicher Hinsicht tatsächlich trifft.

Die tatsächliche zeitliche Verortung der Dezisionszeitpunkte erfolgt grundsätzlich durch die zur Entscheidung berufene Person bzw. das zur Entscheidung berufene Gremium. Insbesondere dann, wenn keine Präklusionsvorschriften greifen, kann diese tatsächliche zeitliche Verortung jedoch zudem noch von anderen Aspekten beeinflusst werden wie beispielsweise davon, wann die Entscheidung, zumeist durch die Geschäftsstelle, vom Gericht tatsächlich nach außen gegeben wird. Beide Dezisionszeitpunkte können zudem in speziellen Konstellationen wie dem teilurteil, in denen über einen Teil des Prozessstoffs vorab entschieden wird, mehrmals vorkommen.

Da sich die Dezisionszeitpunkte ausschließlich im Rahmen der Beurteilungszeitpunkte in Gesetzestexten und Ordnungen des verfahrensrechtlichen Bereichs befinden, konnte bezüglich dieser bereits im Rahmen der getrennten Bestandsaufnahme eine umfassendere Analyse vorgenommen werden, um eine weitergehende Systematik herauszuarbeiten. Das betraf in erster Linie die Betrachtung ihrer Lage zueinander. Dabei wurde deutlich, dass im Urteilsverfahren und bei den Beschlussverfahren mit obligatorischer mündlicher Verhandlung, außer in den Fällen des Stuhlurteils, in der Regel eine zeitliche Trennung von Erkenntnishorizont und tatsächlichem Zeitpunkt zu verzeichnen ist. In den übrigen Konstellationen fallen beide Zeitpunkte grundsätzlich zusammen. Dieser Unterschied wird zum einen durch die Möglichkeit der Präklusion, zum anderen durch die Reichweite des Grundsatzes der Mündlichkeit bedingt. Eine Zwischenstellung nimmt das durch den eingeschränkten Untersuchungsgrundsatz geprägte arbeitsgerichtliche Beschlussverfahren ein, in dem es im Ermessen des Gerichts steht, von der Präklusionsvorschrift des § 83 Abs. 1a ArbGG Gebrauch zu machen und das Vorbringen eines Beteiligten berechtigterweise zurückzuweisen. Im zudem betrachteten Verfahren der freiwilligen Gerichtsbarkeit, in dem ebenso wie im arbeitsgerichtliche Beschlussverfahren der Amtsermittlungsgrundsatz gilt, zeigte sich, dass mangels einer vergleichbaren Präklusionsvorschrift wie im ArbGG die Dezisionszeitpunkte zusammenfallen.

Im nicht-staatlichen Bereich ist zwar auch das Vorliegen von Dezisionszeitpunkten zu bejahen, allerdings wurde insbesondere bei der Betrachtung der Schlichtungsverfahren deutlich, dass eindeutige Aussagen zur Lage der Dezisionszeitpunkte problematisch sind. Das gründet zum einen darauf, dass oftmals auf das betreffende Verfahrensrecht in signifikantem Umfang privatautonom eingewirkt werden kann, zum anderen spielt gerade im Rahmen der Schlichtung auch der Aspekt, dass es dort um Regelungsstreitigkeiten geht, eine Rolle. Insgesamt hat sich damit gezeigt, dass hier eine klare, alle Dezisionszeitpunkte betreffende weitergehende Systematisierung kaum möglich ist. Vielmehr ist jeweils auf das betrachtete Verfahren und seine Besonderheiten abzustellen.

Bezüglich des Verhältnisses von Dezisionszeitpunkten und Begutachtungszeitpunkten konnte in einer übergreifenden Betrachtung verdeutlicht werden, dass sowohl bei den materiell-rechtlichen als auch bei den verfahrensrechtlichen Begutachtungszeitpunkten ein Zusammentreffen des jeweiligen Begutachtungszeitpunkts mit dem Erkenntnishorizont als auch mit dem Erkenntnishorizont und dem Zeitpunkt der tatsächlichen Entscheidung möglich ist. Weiterhin ist es möglich, dass insbesondere Erkenntnishorizont und jeweiliger Begutachtungszeitpunkt auseinanderfallen. Insofern stellt die zur Entscheidung berufene Person bzw. das zur Entscheidung berufene Gremium zwar im den Erkenntnishorizont grundsätzlich die rechtlich erhebliche Sachlage für diesen Zeitpunkt fest und stützt seine Entscheidung auf die zu diesem Zeitpunkt gegebenen Tatsachengrundlage. Allerdings kann ein von diesem Zeitpunkt in tatsächlicher Hinsicht abweichender Begutachtungszeitpunkt dann dazu führen, dass für die Entscheidung „im" Erkenntnishorizont ein gedachtes „Versetzen" in einen Begutachtungszeitpunkt erfolgen muss, und in diesem abweichenden Zeitpunkt dann ein Einzelaspekt im Sinne eines Begutachtungszeitpunkts zu betrachten ist.

Sind der jeweilige Begutachtungszeitpunkt, der Erkenntnishorizont und der Zeitpunkt der tatsächlichen Entscheidung zeitlich getrennt, so liegen diese drei rechtlich verschiedenen Beurteilungszeitpunkte zu drei unterschiedlichen tatsächlichen Zeitpunkten. Gegebenenfalls können noch deutlich mehr tatsächliche Zeitpunkte relevant werden. Das wird deutlich, wenn man sich vor Augen hält, dass zumeist mehrere materiell-rechtliche und verfahrensrechtliche Begutachtungszeitpunkte in einer Entscheidung relevant sind. In Bezug auf materiell-rechtliche Begutachtungszeitpunkte kann das etwa an dem Beispiel verdeutlicht werden, dass im Rahmen einer kaufrechtlichen Streitigkeit die Geschäftsfähigkeit eines der Beteiligten infrage steht. In diesem Fall muss die zur Entscheidung berufene Person bzw. das zur Entscheidung berufene Gremium die Geschäftsfähigkeit bei Vertragsschluss aufgrund der Regelung des § 130 Abs. 2 BGB im Zeitpunkt der Abgabe der diesbezüglichen Willenserklärung beurteilen. Ist nun zudem streitig, ob dieser Vertrag wirksam angefochten wurde, so wird der Richter zusätzlich zur Frage der Geschäftsfähigkeit zum Zeitpunkt des Vertragsschlusses noch die Frage der Geschäftsfähigkeit zum Zeitpunkt der Abgabe der Anfechtungserklärung beurteilen müssen.

Zudem wurde im Rahmen dieser übergreifenden Betrachtung herausgearbeitet, dass für den Fall, dass keine anderweitige gesetzliche Zeitpunktfestlegung oder keine Festlegung im Rahmen eines merkmalimmanenten Zeitpunkterfordernisse gegeben ist, der maßgebliche Begutachtungszeitpunkt im Erkenntnishorizont liegt und damit zwei rechtlich voneinander zu trennende Beurteilungszeitpunkte in einem tatsächlichen Zeitpunkt zusammenfallen. Liegt ein Begutachtungszeitpunkt nicht im Erkenntnishorizont, ergibt sich das entweder aufgrund der gesetzlichen Formulierung, sei es durch ausdrückliche Festlegung, sei es durch die Verwendung von temporalen Präpositionen oder Nomen der Zeit. Im Übrigen können aber auch merkmalimmanente Zeitpunkterfordernisse bestehen, die ein Abweichen vom Erkenntnishorizont erfordern. Dabei bedarf die Bestimmung des betreffenden Begutachtungszeitpunkts oftmals der Anwendung klassischer Auslegungsmethoden

Zugleich wurde verdeutlicht, dass die Festlegung eines merkmalimmanenten Beurteilungszeitpunkts stets strikt von der Festlegung bzw. Auslegung der zu subsumierenden Begriffe selbst bzw. der Bildung von Fallgruppen zur Konkretisierung im Rahmen unbestimmter Rechtsbegriffe zu trennen ist. Dabei ist die Frage der Festlegung des maßgeblichen Zeitpunkts in der Regel der eigentlichen Subsumtion des Tatbestandsmerkmals vorgelagert: Nur wenn feststeht, auf welchen Zeitpunkt bezogen der Sachverhalt zu subsumieren ist, können eindeutige Ergebnisse im Sinne eines rechtsstaatlichen Verfahrens erzielt werden.

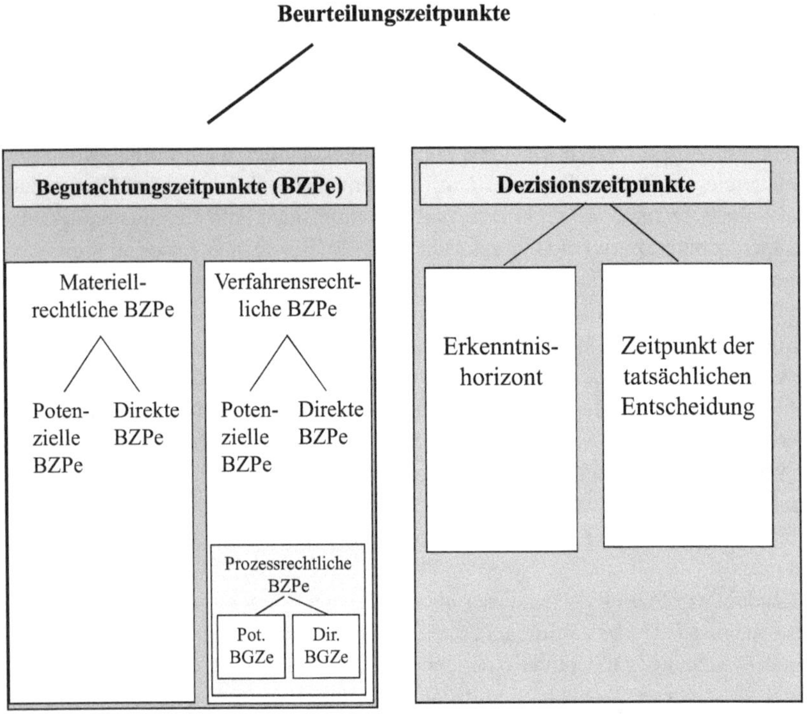


## 2. Einordnung in die bisherige terminologie in Literatur und Rechtsprechung

Dieses auf mehreren Ebenen die Kategorisierung des Rechts nach materiell-rechtlichen, verfahrensrechtlichen und prozessrechtlichen Kategorien betreffende Ergebnis soll – insofern den Teil der Bestandsaufnahme und Entwicklung einer grundlegenden Terminologie und Systematik der Beurteilungszeitpunkte im Privatrecht abschließend – noch in die bisher in der privatrechtlichen Literatur und

Rechtsprechung anzutreffende Terminologie eingeordnet werden: Diesbezüglich wurde bereits im Rahmen der Begriffsklärungen[4] darauf Bezug genommen, dass bisweilen in der Literatur zwischen dem „materiellrechtlich erheblichen Zeitpunkt“ und dem „prozeßrechtlich maßgeblichen Zeitpunkt“ unterschieden wird.[5] In ähnlicher Weise hat der BGH in einem Urteil im Februar 2020 zum relevanten Zeitpunkt bei der Berechnung des fiktiven Schadensersatzanspruchs Stellung genommen.[6] Dort hat er dargelegt, dass „der materiell-rechtlich maßgebliche Zeitpunkt für die Bemessung des Schadensersatzanspruchs in Geld – im Rahmen der Grenzen des Verjährungsrechts – der Zeitpunkt, in dem dem Geschädigten das volle wirtschaftliche Äquivalent für das beschädigte Recht zufließt, also der Zeitpunkt der vollständigen Erfüllung [ist]. Verfahrensrechtlich ist, wenn noch nicht erfüllt worden ist, der prozessual letztmögliche Beurteilungszeitpunkt, regelmäßig also der Zeitpunkt der letzten mündlichen Tatsachenverhandlung maßgeblich.“[7]

Gerade in diesem Bereich der Schadensberechnung ist dann auch in der Literatur eine Unterscheidung zwischen „materiellrechtlich maßgeblichem Zeitpunkt“ und „prozessual maßgeblichem Zeitpunkt“ zu finden. So trennt etwa *Oetker* explizit zwischen diesen beiden Zeitpunkten.[8] Ähnlich hatte auch *Zeuner* früh auf eine derartige Differenzierung hingewiesen, indem er anführte: „Vom Prozesse her darf … vielleicht noch vor einem Missverständnis des bekannten verfahrensrechtlichen Satzes gewarnt werden, daß jedes gerichtliche Urteil und also auch das über den Schaden nach Maßgabe derjenigen Umstände zu fällen ist, die im Zeitpunkt der letzten Tatsachenverhandlung gegeben sind. Dieser Satz besagt nach seinem Ursprung nur etwas darüber, welcher Streitstoff – dessen materiellrechtliche Erheblichkeit vorausgesetzt wird – in das anhängige Verfahren gehört und welche Tatsachen andererseits in einem späteren Prozeß geltend zu machen sind.“[9] *Goßler* ordnete in seiner Dissertation des Jahres 1977 zum „Zeitpunkt der Schadensbemessung im Deliktsrecht“ den betreffenden Bemessungszeitpunkt als ein „materiellrechtliches Problem“ ein unter Abgrenzung verfahrensrechtlicher

---

[4] Vgl. Teil B./II.

[5] S. etwa *Dorndorf* in: Heidelberger Kommentar zum Kündigungsschutzgesetz, KSchG § 1 Rn. 302.

[6] BGH, Urt. v. 18.02.2020 – VI ZR 115/19, NJW 2020, 1795–1798.

[7] BGH, Urt. v. 18.02.2020 – VI ZR 115/19, NJW 2020, 1795 Rn. 11.

[8] Vgl. einerseits MüKoBGB/*Oetker,* BGB § 249 Rn. 315–320 zum „materiellrechtlich maßgeblichen Zeitpunkt“ und MüKoBGB/*Oetker,* BGB § 249 Rn. 321–323 zum „prozessual maßgeblichen Zeitpunkt“. Vgl. speziell zur Frage des Zeitpunkts der Schadensberechnung bei Verkehrsunfallsachen *Zwickel,* NZV 2019, 616 ff.

[9] *Zeuner,* AcP 163 (1964), 380, 400.

Aspekte.[10] Auch im Arbeitsrecht finden sich im Rahmen der Untersuchung der Verdachtskündigung vergleichbare Trennungen. So differenziert etwa *Hoefs*[11] in seiner Dissertation des Jahres 2001 zwischen dem „materiellrechtlich maßgeblichen Zeitpunkt“ und dem „prozessual maßgeblichen Zeitpunkt und Kenntnisstand“.[12] Ähnlich unterscheidet *Schmidt* im Rahmen eines Vergleichs mit verwaltungsrechtlichen Aspekten zwischen „prozessrechtlichem Beurteilungszeitpunkt“ und „materiellrechtlichem Beurteilungszeitpunkt“.[13]

Zunächst ist festzuhalten, dass eine derartige begriffliche Trennung oftmals nicht explizit vorgenommen wird. Ein Grund dafür könnte darin liegen, dass im Erkenntnishorizont grundsätzlich eine Entscheidung bezüglich aller entscheidungsrelevanten verfahrensrechtlichen und materiell-rechtlichen Fragen erfolgt und viele Begutachtungszeitpunkte mit dem Erkenntnishorizont zusammenfallen. Nur in den Fällen, in denen der betrachtete Begutachtungszeitpunkt vom Erkenntnishorizont verschieden ist, wird die zur Entscheidung berufene Person bzw. das betreffende Gremium sich daher in der Regel überhaupt mit einer Trennung der verschiedenen Aspekte von Beurteilungszeitpunkten auseinandersetzen müssen.

Allerdings zeigen die beispielhaft gewählten, in Rechtsprechung und Literatur nur vereinzelt aufzufindenden Ausführungen, dass bislang eben grundsätzlich noch keine weitergehende und differenzierte Terminologie berücksichtigt wurde: Letztlich zielen diese Erläuterungen des BGH und der Literaturstimmen darauf ab, im Sinne der vorliegend entwickelten Terminologie und Systematik die Differenzierung zwischen Erkenntnishorizont und materiellem Begutachtungszeitpunkt zu verdeutlichen. Das zeigt sich nicht nur in den angeführten Ausführungen des BGH und *Zeuners,* sondern geht auch aus den weiteren Erläuterungen der ebenfalls angeführten Literaturstimmen hervor. Beispielsweise verweist *Goßlar,* in seiner Abgrenzung auf die „prozessuale Grenze“ der „letzten mündlichen Verhandlung“.[14] Ebenso verweist *Oetker* im Rahmen des „prozessual maßgeblichen Zeitpunkts“ auf die „letzte mündliche Tatsachenverhandlung“.[15] Daher ist zunächst festzuhalten, dass die bisweilen als „materiellrechtlich maßgeblich“ bezeichneten Beurteilungszeitpunkte in der Regel den vorliegend herausgearbeiteten

[10] *Goßler,* Der Zeitpunkt der Schadensbemessung im Deliktsrecht, 14, 18.

[11] Vgl. *Hoefs,* Die Verdachtskündigung, 270–280. S. ebenso *Ebeling,* Die Kündigung wegen Verdachts, 214–231.

[12] Vgl. hierzu bereits Teil A./IV.

[13] *Schmidt,* Der Beurteilungszeitpunkt der Kündigung des Arbeitsverhältnisses und die Berücksichtigung nachträglicher Umstände, 156 f.

[14] *Goßler,* Der Zeitpunkt der Schadensbemessung im Deliktsrecht, 18.

[15] MüKoBGB/*Oetker,* BGB § 249 Rn. 317–319.

materiell-rechtlichen Begutachtungszeitpunkten entsprechen. Der als „prozessual maßgeblich“ bezeichnete Beurteilungszeitpunkt entspricht hingegen zumeist dem Erkenntnishorizont.

Diese bislang vorzufindende Unterscheidung lässt damit die hier dargestellte weitergehende Differenzierung außer Acht. Dass diese allerdings dienlich sein kann, durch präzisere Bezeichnungen eventuelle Missverständnisse zu vermeiden, soll abschließend verdeutlicht werden: Wie dargelegt, kann der Erkenntnishorizont in unterschiedlicher Form ausgestaltet sein. Insbesondere ist sowohl im Urteilsverfahren im Rahmen von § 128 Abs. 2 ZPO als auch im Beschlussverfahren nach § 128 Abs. 4 ZPO die Möglichkeit der Entscheidung im schriftlichen Verfahren gegeben. Darüber hinaus finden sich Dezisionszeitpunkte ebenfalls in nichtstaatlichen Verfahren wie demjenigen der Schiedsgerichtsbarkeit und der Schlichtung. Insofern ist die Bezeichnung des „prozessrechtlich maßgeblichen Zeitpunkts“ zum einen bereits vor dem Hintergrund der hier verwendeten Definitionen der Begriffe des Prozessrechts und Verfahrensrechts[16] zu eng. Da der Begriff aber in der Regel im Rahmen der Stellungnahmen zu Urteilsverfahren verwendet wurde, mag er als Teilmenge eines in dieser bisher gebrauchten Terminologie „verfahrensrechtlich maßgeblichen Zeitpunkts“ möglich sein.

Allerdings birgt dies dennoch die Gefahr, die unterschiedlichen Untergruppen von Beurteilungszeitpunkten zu vermengen. Durch die Wahl „Beurteilungszeitpunkt“ wird eine Differenzierung nach Dezisionszeitpunkten und Begutachtungszeitpunkten nicht vorgenommen. Folglich wird insofern auch nicht deutlich, dass in ersterem eine umfassende Betrachtung vorgenommen wird, letzterer hingegen die Beurteilung eines Merkmals betrifft.

Diese Beurteilung einzelner Merkmale wird nun insgesamt in den hier betrachteten Verfahren oftmals auch die Beurteilung verfahrensrechtlicher Begutachtungszeitpunkte betreffen. In den Verfahren von und vor staatlichen Rechtspflegeorganen staatlicher Gerichte können diese dann terminologisch ebenfalls in der Regel als prozessrechtliche Begutachtungszeitpunkte erfasst werden. Die bisherige Verwendung der Begriffe „prozessrechtlich maßgeblicher“ oder „verfahrensrechtlich maßgeblicher Beurteilungszeitpunkt“ berücksichtigt diese klare begriffliche Unterscheidung zwischen dem Erkenntnishorizont und einem prozessrechtlichen oder verfahrensrechtlichen Begutachtungszeitpunkt aber nicht. Vielmehr könnte unter dem Begriff des „prozessrechtlich maßgeblichen“ Beurteilungszeitpunkts auch der prozessrechtliche Begutachtungszeitpunkt erfasst werden.

Gerade diese Möglichkeit des mehrdeutigen Verständnisses verdeutlicht das Erfordernis, die Terminologie des „prozessrechtlich maßgeblichen Zeitpunkts“ bzw.

---

[16] S. Teil B./II.

„prozessual letztmöglichen Beurteilungszeitpunkts“ durch den Begriff des Erkenntnishorizonts zu ersetzen und diesen wiederum begrifflich klar von demjenigen des verfahrensrechtlichen bzw. prozessrechtlichen Begutachtungszeitpunkts zu trennen.

# Teil D. Vertiefung: Intradisziplinäre Perspektive

## Einleitung

Beurteilungszeitpunkte sind nicht nur auf den privatrechtlichen Bereich beschränkt, sie durchziehen vielmehr das gesamte Recht.[1] Vor allem im Öffentlichen Recht wird eine intensive Diskussion um „den Beurteilungszeitpunkt" geführt. In dieser Diskussion wurden über die Jahrzehnte im Rahmen der einzelnen Untersuchungen immer wieder Vergleiche zu dem privatrechtlichen Bereich gezogen.[2] Teilweise wurden die betreffenden Argumente im privatrechtlichen Bereich bei der Betrachtung von Einzelaspekten im Umfeld von Beurteilungszeitpunkten aufgegriffen.[3]

Der abschließende Teil dieser Arbeit soll insbesondere die dort geäußerten Aspekte aufgreifen, um sie in intradisziplinärer Perspektive auf ihre Sachdienlichkeit für eine Vertiefung der entwickelten grundlegenden Terminologie und Systematisierung der Beurteilungszeitpunkte im Privatrecht hin untersuchen und das bisherige Ergebnis kritisch hinterfragen zu können. Hierdurch wird die Möglichkeit eines weiteren Erkenntnisgewinns gegenüber einem ausschließlichen Verbleiben in einer Fachsäule geschaffen.[4]

---

[1] Vgl. für das Strafrecht zur Frage des Zeitpunkts für die Beurteilung der Heimtücke und damit für einen materiell-rechtlichen Begutachtungszeitpunkt etwa *Schauf,* Der Zeitpunkt der Beurteilung der Heimtücke, NStZ 2019, 585.

[2] Vgl. diesbezüglich bereits *Menger,* System des Verwaltungsgerichtlichen Rechtsschutzes, 179 ff., der von „Zulässigen Parallelen zum Zivilprozeß" spricht.

[3] Vgl. etwa *Gentges,* Prognoseprobleme im Kündigungsschutzrecht, 52.

[4] Vgl. zu diesem Aspekt der intradisziplinären Rechtsvergleichung *Klinck* in: Krüper (Hrsg.),

Um eine fachsäulenübergreifende Bewertung vornehmen zu können, ist zunächst erforderlich, eine Vergleichsbasis zu schaffen, auf der aufbauend eine Einordnung der Kernargumente vor dem Hintergrund der in Teil C herausgearbeiteten Systematik und Terminologie der Beurteilungszeitpunkte im Privatrecht und eine Bewertung erfolgen können. Dabei haben sich in der noch recht jungen[5] Disziplin der intradisziplinären Rechtsvergleichung mehrere Wege eines möglichen Vergleichs zwischen den drei Fachsäulen[6] des nationalen Rechts herauskristallisiert.[7] So kann beispielsweise ein fachsäulenübergreifender Blick auf Methodenfragen erfolgen.[8] Hierbei steht jedoch eher die Herausarbeitung methodischer Unterschiede zur Verdeutlichung der Besonderheiten der jeweiligen Fachsäule im Zentrum, da es sich bei der Methodenlehre bereits im Kern um eine alle Teilrechtsordnungen überspannende Disziplin handelt.[9] Vorliegend sind zwar ebenfalls methodische Aspekte von Bedeutung. Für eine intradisziplinäre Betrachtung bietet es sich allerdings im Kontext dieser Untersuchung an, nicht nur Unterschiede, sondern auch Gemeinsamkeiten im Sinne grundlegender Strukturen[10] bezüglich des bzw. der Beurteilungszeitpunkte in den beiden Teilrechtssäulen herauszuarbeiten. Insofern soll, entsprechend einer weiteren Methodik des intradisziplinären Vergleichs,[11] eine vergleichende Untersuchung der Rechtsfigur des Beurteilungszeit-

---

Rechtswissenschaft lehren, § 21 Rn. 2, 9.

[5] Auch wenn sich gerade im Prozessrecht mehrfach Untersuchungen über die vergangenen Jahrzehnte finden lassen, die insgesamt auf einen intradisziplinären Vergleich ausgerichtet waren und diesen nicht nur in Einzelaspekten vorgenommen haben insbesondere vor dem Hintergrund einer „Allgemeinen Prozessrechtslehre", vgl. etwa die Monographie von *Rödig,* Die Theorie des gerichtlichen Erkenntnisverfahrens. Die Grundlinien des zivil-, straf- und verwaltungsgerichtlichen Prozesses, passim aus dem Jahr 1973.

[6] Zur Frage der triadischen oder binären Einteilung in Privat- und Öffentliches Recht s. etwa *Jestedt* in: Bruns u. a. (Hrsg.), Festschrift für Rolf Stürner zum 70. Geburtstag, 917, 922 ff. S. ebenfalls *Lindner,* JZ 2016, 697, 698.

[7] S. zu den einzelnen Vorgehensweisen *Fehling* in: Brockmann/Pilniok/Schmidt (Hrsg.), Rechtsvergleichung als didaktische Herausforderung, 149–153. Vgl. ebenfalls *Rech,* Das Arbeitsrecht als genuin intradisziplinäres Rechtsgebiet, Tagungsband RUB, I., noch nicht erschienen.

[8] *Fehling* in: Brockmann/Pilniok/Schmidt (Hrsg.), Rechtsvergleichung als didaktische Herausforderung, 149, 153.

[9] *Fehling* in: Brockmann/Pilniok/Schmidt (Hrsg.), Rechtsvergleichung als didaktische Herausforderung, 149, 153. Vgl. ebenfalls *Rech,* Das Arbeitsrecht als genuin intradisziplinäres Rechtsgebiet, Tagungsband RUB, I. noch nicht erschienen.

[10] Vgl. diesbezüglich auch *Otto,* ZDRW 2020, 214.

[11] S. zu dieser Vorgehensweise ebenfalls *Fehling* in: Brockmann/Pilniok/Schmidt (Hrsg.), Rechtsvergleichung als didaktische Herausforderung, 149, 151, 153. S. ebenfalls *Rech,* Das

punkts in den Teilrechtsordnungen sowohl in materiell-rechtlicher[12] als auch in verfahrensrechtlicher[13] Perspektive erfolgen.

Dazu ist dieser Vergleich zunächst auf einer allgemeinen Ebene vorzunehmen, um grundlegende Gemeinsamkeiten und Unterschiede der betrachteten Bereiche herauszuarbeiten. Sodann kann im weiteren Verlauf der Untersuchung im Rahmen der Betrachtung konkreter Fragestellungen ein Vergleich auf der Ebene des jeweils betrachteten Einzelaspekts erfolgen.[14]

Folglich ist im Kontext dieser Untersuchung zunächst eine Grundlegung erforderlich: Auf einer insofern übergeordneten Ebene ist vorbereitend ein Blick auf elementare Unterschiede und Gemeinsamkeiten der Verfahrensordnungen des privatrechtlichen Bereichs und des Öffentlichen Rechts zu werfen, die von Bedeutung für die vorliegende Untersuchung sein können. Zwar wird, wie angeführt,[15] insbesondere der Zivilprozess grundsätzlich dem Öffentlichen Recht zugeordnet.[16] Dennoch unterscheiden sich bereits die verschiedenen Prozessrechtsgebiete im Einzelnen in vielfältiger Weise, so dass sich eine unbesehene Übertragung der jeweiligen Regelungen oder Strukturen verbietet.[17]

Um einen Vergleich „des Beurteilungszeitpunkts" auf der jeweiligen Ebene seiner Ausgestaltung vornehmen zu können, hat zwingend ein weiterer Zwischenschritt zu erfolgen: Zur Gewährleistung einer Vergleichbarkeit der Einzelaspekte muss zuvor ein genereller Blick auf das Öffentliche Recht vor dem Hintergrund der Frage geworfen werden, ob auch dort die im privatrechtlichen Bereich gefundene Kategorisierung der unterschiedlichen Arten von Beurteilungszeitpunkten existiert. Erst wenn diese beiden grundlegenden Fragen betrachtet worden sind, können die einzelnen Aspekte, auf die in der Diskussion des Öffentlichen Rechts auf

---

Arbeitsrecht als genuin intradisziplinäres Rechtsgebiet, Tagungsband RUB, I., noch nicht erschienen.

[12] S. zu Beispielen eines materiell-rechtlichen Vergleichs s. etwa *Rönnau/Faust/Fehling,* JuS 2004, 113 ff.; *dies.,* JuS 2004, 667 ff.; *dies.,* JuS 2006, 18 ff.

[13] Vgl. zur Möglichkeit eines Vergleichs auf prozessualer Ebene etwa *Fehling* in: Brockmann/Pilniok/Schmidt (Hrsg.), Rechtsvergleichung als didaktische Herausforderung, 149, 152.

[14] Vgl. zu diesem Vorgehen konkret für die Vergleichbarkeit der Streitgegenstandsbegriffe bereits *G. Lüke,* JuS 1967, 1.

[15] Teil C/II. Einleitung.

[16] Vgl. etwa *Detterbeck,* Streitgegenstand und Entscheidungswirkungen im Öffentlichen Recht, 7; *Prütting* in: Münch (Hrsg.), Liber Amicorum für Wolfram Henckel, 261, 262.

[17] Vgl. OVG Berlin, Urt. v. 4.11.1953 – OVG I B 147/52, NJW 1954, 775; *Detterbeck,* Streitgegenstand und Entscheidungswirkungen im Öffentlichen Recht, 7. S. etwa für den Bereich der Klagearten *G. Lüke,* JuS 1967, 1, 6.

das Privatrecht Bezug genommen wird, inhaltlich eingeordnet und vor dem Hintergrund der bisher entwickelten Terminologie und Systematik bewertet werden.

Somit ist die Struktur dieses Teils vorgegeben: Zum Einstieg in die intradisziplinäre Untersuchung hat eine Darstellung des Streitstands im Öffentlichen Recht zu erfolgen, um die grundlegende Problematik in dieser Fachsäule zu umreißen. Anschließend sind die elementaren Unterschiede und Gemeinsamkeiten im Bereich des Verfahrensrechts der betroffenen Teilrechtsgebiete zu betrachten. Dabei wird eine Verengung des Blicks vorzunehmen sein auf das Verwaltungsprozessrecht einerseits und das Zivilprozessrecht andererseits. Der der Thematik zugrunde liegende Streit des Öffentlichen Rechts bewegt sich im Bereich des Verwaltungsprozessrechts, konkret betrifft er in erster Linie die Anfechtungsklage. Daher ist die vorliegend auszuwertende Literatur des Öffentlichen Rechts diesem Bereich zuzuordnen. Zugleich betrifft die privatrechtlich relevante Literatur zumeist diejenige des Zivilprozessrechts. Gerade für die vorliegende Thematik finden sich zudem Ausführungen auf dem Gebiet des Arbeitsrechts und insbesondere des Arbeitsprozessrechts. Diese sollen ebenfalls miteinbezogen werden.

Im weiteren Verlauf hat sodann eine Einordnung der Problematik des Öffentlichen Rechts in den Kontext der vorliegend herausgearbeiteten Struktur der Beurteilungszeitpunkte im Privatrecht und die Beantwortung der Frage nach einer Vergleichbarkeit der betrachteten Bereiche zu erfolgen. Falls diese zu bejahen ist, können im Anschluss die einzelnen Argumente der beiden Fachsäulen mit intradisziplinärem Bezug analysiert werden.

Insgesamt kann durch dieses Vorgehen möglicherweise eine weitere Konturierung der unterschiedlichen Arten von Beurteilungszeitpunkten im Privatrecht erfolgen. Eventuell kann zugleich ein Beitrag zur Diskussion im Öffentlichen Recht geleistet werden.

# I. Darstellung der Diskussion um „den" Beurteilungszeitpunkt im Öffentlichen Recht

Auch wenn der Fokus dieser Arbeit auf den privatrechtlichen Beurteilungszeitpunkten liegt, ist zum Einstieg in die intradisziplinäre Betrachtung der Blick auf die konkrete Problematik im Öffentlichen Recht unerlässlich zum Verständnis der dortigen Argumentationsstrukturen mit privatrechtlichem Bezug. Die betreffenden Argumente resultieren aus der Diskussion um die seit Jahrzehnten in der öffentlich-rechtlichen Rechtsprechung und Literatur geführte und akademisch wie praktisch bedeutsame Streitfrage, auf welchen Zeitpunkt bei der Entscheidung der Verwaltungsgerichte über Anfechtungsklagen bezüglich der Sach- und Rechtslage abzustellen ist.[1] Dem liegt die Konstellation zugrunde, dass es hier zu zwei oftmals zeitlich weit auseinanderliegenden behördlichen und gerichtlichen Entscheidungen kommt.[2] In dem zwischen diesen beiden Entscheidungen liegenden Zeitfenster kann sowohl eine Änderung der Sach- als auch der Rechtslage eintreten, insbesondere obliegt der Verwaltungsbehörde häufig die Regelung eines Sachverhalts, der Elemente einer künftigen Veränderung der tatsächlichen Verhältnisse enthält und zugleich in der Vergangenheit noch nicht abgeschlossen ist.[3] Wird dann diese Behördenentscheidung angegriffen, verändert sich möglicherweise die Sachlage bis zur Entscheidung des Gerichts. Zudem ist aber auch denkbar, dass durch den Erlass neuer Rechtsvorschriften die gesetzliche Grundlage einer behördlichen Verfügung geändert wird bzw. entfällt oder die Änderung der Rechtsprechung eine andere

[1] S. hierzu bereits etwa *Schweiger, Karl,* DVBl 1964, 205.

[2] S. hierzu auch *Rennert,* DVBl 2019, 593 f.

[3] *Lawatsch,* Der maßgebliche Zeitpunkt der Sach- und Rechtslage im Verfahren vor dem Europäischen Gerichtshof, 136.



A. Rech, *Der Beurteilungszeitpunkt im Privatrecht*, Juridicum - Schriften zum Arbeitsrecht, https://doi.org/10.1007/978-3-658-51181-4_13

rechtliche Beurteilung als von der Behörde dem Verwaltungsakt zugrunde gelegt, angezeigt erscheinen lässt.[4]

Zur Lösung dieser Streitfrage werden unterschiedliche Ansichten vertreten. Letztlich stehen sich im Ansatz zunächst zwei gegensätzliche Meinungen gegenüber, die oftmals selbst wiederum durch unterschiedliche Ausnahmefallgruppen ausdifferenziert werden und sich dadurch vor allem durch die Bildung von Fallgruppen teilweise annähern. So wird die Auffassung vertreten, dass es grundsätzlich auf den Zeitpunkt der letzten Behördenentscheidung ankomme.[5] Zur Begründung wird unter anderem angeführt, dass bei der Anfechtungsklage primär überprüft werden solle, ob die Behörde rechtmäßig gehandelt habe.[6] Überwiegend wird hier noch weiter differenziert und beispielsweise zumeist im Rahmen von Verwaltungsakten mit Dauerwirkung ausnahmsweise dennoch auf den Zeitpunkt der letzten mündlichen Verhandlung vor dem Verwaltungsgericht abgestellt.[7]

Demgegenüber vertritt die entgegengesetzte Ansicht, dass der prozessual maßgebliche Zeitpunkt der Anfechtungsklage derjenige der letzten mündlichen Verhandlung sei.[8] Teilweise wird ergänzt, dass bei Fehlen einer mündlichen

---

[4] Vgl. ebenfalls *Lawatsch,* Der maßgebliche Zeitpunkt der Sach- und Rechtslage im Verfahren vor dem Europäischen Gerichtshof, 136.

[5] BVerwG, Beschl. v. 19.11.1953 – I B 95.53, BVerwGE 1, 35, 36 ff. = BeckRS 1953, 30424645; BVerwG, Urt. v. 12.3.1965 – BVerwG VII C 175/63, BVerwGE 20, 316, 320 = NJW 1965, 1394; *Gatawis,* JA 2003, 692, 697; *Hufen,* Verwaltungsprozessrecht, § 24 Rn. 8; *Klein,* NVwZ 1990, 633; *Kloepfer,* VerwArch. 76 (1985), 371, 388 ff.; *Kopp* in: Erichsen/Hoppe/v. Mutius (Hrsg.), Festschrift für Menger, Köln 1985, 693, 699 ff.; *Pietzner/Ronellenfitsch,* Das Assessorexamen im öffentlichen Recht, § 20 Rn. 749; Johlen/Oerder/*Ohms/Weiss,* MAH Verwaltungsrecht, § 10 Rn. 188; *Polzin,* JuS 2004, 211, 212; *Rennert,* DVBl 2019, 593, 596; *Schaks/Friedrich,* JuS 2018, 954, 958; *Sodan/Ziekow,* Grundkurs Öffentliches Recht, § 98 Rn. 11; *Stern/Blanke,* Verwaltungsprozessrecht in der Klausur, § 11 Rn. 354; *Tettinger/Wahrendorf,* Verwaltungsprozessrecht, § 15 Rn. 15; *Ule,* Verwaltungsprozessrecht, § 57 II 2; *Würtenberger/Heckmann,* Verwaltungsprozessrecht, Rn. 697.

[6] So etwa *Gatawis,* JA 2003, 692, 695 ff.; *Hufen,* Verwaltungsprozessrecht, § 24 Rn. 8; *Polzin,* JuS 2004, 211, 212.

[7] Vgl. etwa *Hufen,* Verwaltungsprozessrecht, § 24 Rn. 9; *Polzin,* JuS 2004, 211, 212, 214; *Stern/Blanke,* Verwaltungsprozessrecht in der Klausur, § 11 Rn. 355. S. insofern auch eine allgemeine Regel bzgl. des Zeitpunktes der letzten Behördenentscheidung anzweifelnd, Redeker/v. Oertzen/*Redeker/Kothe/von Nicolai,* VwGO § 108 Rn. 17.

[8] So im Ergebnis wohl BVerwG, Urt. v. 3.11.1994 – BVerwG 3 C 17.92, BVerwGE 97, 79, 81 ff. = NJW 1995, 3067. Vgl. ebenfalls *Baumeister,* Das Rechtswidrigwerden von Normen, 65 f.; *Gärditz/Orth,* JURA 2013, 1100, 1103; *Mager,* Der maßgebliche Zeitpunkt für die Beurteilung der Rechtswidrigkeit von Verwaltungsakten, 61 ff.; *Martini,* Verwaltungsprozessrecht und Allgemeines Verwaltungsrecht, 186 f.; *W.-R. Schenke,* NVwZ 1986, 522; *ders.* in: Heckmann/R.-P. Schenke/Sydow (Hrsg.), Festschrift für Thomas Würtenberger, 1185, 1187;

Verhandlung auf denjenigen der gerichtlichen Entscheidung abzustellen sei.[9] Diese Auffassung stützt sich unter anderem auf den Wortlaut des § 113 Abs. 1 S. 1 VwGO, der anders als z. B. § 113 Abs. 1 S. 4 VwGO darauf abstellt, ob der Verwaltungsakt im Zeitpunkt der Entscheidung des Gerichts „rechtswidrig ist".[10] Zudem wird auf Art. 20 Abs. 3 GG und die daraus fließende Bindung des Gerichts an das jeweils geltende Recht verwiesen.[11] Diese letztgenannte Ansicht betont zugleich, dass die Beantwortung der Frage, ob nach Abschluss des Verwaltungsverfahrens eingetretene Veränderungen der Sach- und/oder Rechtslage noch die Rechtmäßigkeit eines angefochtenen Verwaltungsakts beeinflussen können, sich ausschließlich nach materiellem Recht richte.[12] Insofern „verlagere" sich die eigentliche Problematik in das materielle Recht.[13]

Neben diesen beiden Positionen werden noch weitere vertreten. So wird bisweilen einzig auf den Klageantrag abgestellt und angeführt, dass es stets auf die Sach- und Rechtslage in dem Zeitpunkt ankomme, auf welchen sich der Aufhebungsantrag beziehe.[14] Andere gehen davon aus, dass sich der maßgebliche Zeitpunkt der Anfechtungsklage in Bezug auf die Rechtmäßigkeit des angefochtenen Verwaltungsakts allein nach dem materiellen Recht richte.[15]

---

*ders.,* Verwaltungsprozessrecht Rn. 847 ff. insbes. 856; *ders.,* JuS 2019, 833, 835 ff.; Kopp/Schenke/*W.-R. Schenke/R.-P. Schenke,* VwGO § 113 Rn. 29 ff. Im Ergebnis ebenso *Bähr,* Die maßgebliche Rechts- und Sachlage für die gerichtliche Beurteilung von Verwaltungsakten, 141, 142.

[9] *W.-R. Schenke* in: Heckmann/R.-P. Schenke/Sydow (Hrsg.), Festschrift für Thomas Würtenberger, 1185, 1187; *ders.,* Verwaltungsprozessrecht, Rn. 847.

[10] *Gärditz/Orth,* JURA 2013, 1100, 1103; *Martini,* Verwaltungsprozessrecht und Allgemeines Verwaltungsrecht, 187; Kopp/Schenke/*W.-R. Schenke/R.-P. Schenke,* VwGO § 113 Rn. 35.

[11] Vgl. *Gärditz/Orth,* jura 2013, 1100, 1104; *Martini,* Verwaltungsprozessrecht und Allgemeines Verwaltungsrecht, 187.

[12] *Baumeister,* Das Rechtswidrigwerden von Normen, 66; *Martini,* Verwaltungsprozessrecht und Allgemeines Verwaltungsrecht, 187; *Gärditz/Orth,* JURA 2013, 1100, 1103; *W.-R. Schenke,* JuS 2019, 833, 837; Kopp/Schenke/*W.-R. Schenke/R.-P. Schenke,* VwGO § 113 Rn. 33.

[13] Kopp/Schenke/*W.-R. Schenke/R.-P. Schenke,* VwGO§ 113 Rn. 41.

[14] *Lorenz,* Verwaltungsprozessrecht, § 34 Rn. 49; *Schmidt Glaeser,* Verwaltungsprozessrecht, Rn. 525. Vgl. auch *Käß,* BayVBl 2009, 677, 678, der sich ebenfalls für die Einbeziehung des Klageantrags ausspricht; er weist jedoch darauf hin, dass dies nur ergänzend heranzuziehen sei.

[15] *Kintz,* Öffentliches Recht im Assessorexamen, Rn. 324; *Mann/Wahrendorf,* Verwaltungsprozessrecht, 108 f. Im Ergebnis wohl auch *Schwerdtfeger,* Öffentliches Recht in der Fallbearbeitung, Rn. 56. S. hierzu insgesamt *Baumeister,* JURA 2005, 655, 656.

# II. Grundlegung: Intradisziplinärer Vergleich der relevanten verfahrensrechtlichen Strukturen im Urteilsverfahren

Bezüglich der unterschiedlichen Ansichten zur Lösung dieser Frage haben etwa *Wolf-Rüdiger Schenke* und *Peter Baumeister* darauf hingewiesen, dass oftmals eine Differenzierung nach der „prozessrechtlichen und materiell-rechtlichen Dimension der Problematik“ nicht vorgenommen werde und daher die Ansichten bisweilen nur Teilaspekte beträfen und es durch eine mangelnde ausreichende Trennung zu Missverständnissen käme.[1] Waren derartige bzw. vergleichbare Aussagen bereits Ansatzpunkt für die Untersuchungsstruktur in der Bestandsaufnahme zu den Beurteilungszeitpunkten im Privatrecht, dürfen sie in intradisziplinärer Perspektive ebenfalls nicht vernachlässigt werden.

Um die insbesondere im Rahmen der öffentlich-rechtlichen Diskussion getätigten Aussagen zu den privatrechtlichen Beurteilungszeitpunkten einordnen und vor allem für die in der vorliegenden Untersuchung im Zentrum stehenden Beurteilungszeitpunkte des Privatrechts umfassend nutzbar machen zu können, soll daher im Folgenden zunächst ein intradisziplinärer Vergleich der vorliegend relevanten verfahrensrechtlichen Strukturen vorgenommen werden. Das soll einerseits erfolgen, um im Anschluss die noch herauszuarbeitenden Beurteilungszeitpunkte des Öffentlichen Rechts sowohl in materiell-rechtlicher als auch verfahrensrechtlicher Sicht in den Kontext der hier bislang aufgezeigten Strukturen privatrechtlicher Beurteilungszeitpunkte einordnen zu können. Andererseits können gerade die aufzuzeigenden Unterschiede möglicherweise im Rahmen der Betrachtung der aus öffentlich-rechtlicher Perspektive angeführten Argumente ebenfalls fruchtbar gemacht werden.

[1] *Baumeister,* JURA 2005, 655, 656; *W.-R. Schenke,* JuS 2019, 833, 834.



A. Rech, *Der Beurteilungszeitpunkt im Privatrecht*, Juridicum - Schriften zum Arbeitsrecht, https://doi.org/10.1007/978-3-658-51181-4_14

Die öffentlich-rechtliche Diskussion betrifft dabei den Bereich des Urteilsverfahrens, insbesondere denjenigen der Anfechtungsklage. Insofern erscheint es zur Erlangung sachdienlicher Ergebnisse zunächst erforderlich, den Fokus des Vergleichs auf die insofern ins Zentrum rückenden Prozessrechtsgebiete des Zivil- und Verwaltungsprozesses zu richten. Sofern im Übrigen ein erweiternder Blick auf weitere verfahrensrechtliche Bereiche bzw. Aspekte erforderlich erscheint, sind diese jedoch mit einzubeziehen. Zudem ist das Ergebnis in den Kontext der normativen Ausgestaltung der Arbeitsgerichtsbarkeit zu setzen, entstammen doch intradisziplinäre Überlegungen zum Rechtsinstitut des Beurteilungszeitpunkts ebenfalls diesem Bereich.

## 1. Verwaltungs(verfahrens)recht und Zivilverfahrensrecht

Für einen solchen intradisziplinären Vergleich ist grundlegend, dass zwar gerade aus der Perspektive der Lehre zumeist ein signifikanter Unterschied der beiden Fachsäulen des Privatrechts und des Öffentlichen Rechts dahingehend zu verzeichnen ist, dass das Prozessrecht des Öffentlichen Rechts und damit insbesondere dasjenige des Verwaltungsprozessrechts, häufig gemeinsam mit dem materiellen Recht gelesen wird.[2] Das ändert jedoch nichts an der vorliegend interessierenden allgemeinen Zuordnung: Die im Rahmen der Begriffsklärungen vorgenommene Kategorisierung von materiellem Recht, Prozessrecht und Verfahrensrecht ist nicht auf das Privatrecht begrenzt, die herausgearbeiteten Abgrenzungskriterien sind im Öffentlichen Recht ebenfalls anzuwenden. Somit liegt im Folgenden der Schwerpunkt des Vergleichs der grundlegenden Strukturen auf dem verfahrensrechtlichen Bereich, in dem trotz zahlreicher Gemeinsamkeiten auch einige strukturelle Unterschiede zwischen den beiden Fachsäulen zu identifizieren sind, die für die Betrachtung der Beurteilungszeitpunkte von signifikantem Belang sein können. Diese sollen vorliegend mit dem Fokus auf der Anfechtungsklage dargestellt werden.

### a) Verwaltungsverfahren

Gerade wenn man auf die im Kern der öffentlich-rechtlichen Diskussion um den Beurteilungszeitpunkt stehende Anfechtungsklage blickt, zeigt sich bereits im Verfahrensablauf, dass mit dem Verwaltungsverfahren in dem dem Hauptsacheverfahren vorgelagerten Bereich der Klage eine vom Zivilprozess abweichende Situa-

[2] S. hierzu bereits *Klinck* in: Krüper (Hrsg.), Rechtswissenschaft lehren, § 21 Rn. 7.

tion besteht. Denn ein mit der Anfechtungsklage angefochtener Verwaltungsakt wurde zuvor in einem behördlichen Verfahren erlassen. Insofern existiert ein dem staatlichen Gerichtsverfahren vorgelagertes, ebenfalls staatliches Verfahren – das verwaltungsverfahren. Dieses bezeichnet *Detterbeck* in einem umfassenden Sinn als „den Weg, auf dem die Verwaltung ihre Produkte (Rechtsakte) herstellt."[3] Für verwaltungsverfahren im Sinne des VwVfG bestimmt dann § 9 VwVfG für den vorliegend einschlägigen Bereich im Vorfeld der Anfechtungsklage, dass es sich bei diesem um die nach außen wirkende Tätigkeit der Behörden handelt, die auf die Prüfung der Voraussetzungen, die Vorbereitung und den Erlass eines Verwaltungsakts gerichtet ist, wobei der Erlass des Verwaltungsakts eingeschlossen ist.

Für die Anfechtungsklage besteht zudem in der Regel nach § 68 Abs. 1 VwGO zuvor die Verpflichtung, Recht- und Zweckmäßigkeit eines Verwaltungsakts in einem Vorverfahren nachprüfen zu lassen. Dieses Widerspruchsverfahren ist ebenfalls Verwaltungsverfahren und nicht Teil des Verwaltungsrechtsstreits.[4] Das wird insbesondere aus dem gesamten äußeren Ablauf des Verfahrens ersichtlich, zudem endet es nicht mit einem Urteil, sondern mit einem Verwaltungsakt.[5] Unklarheit besteht über seine konkrete Einordnung aufgrund seiner Stellung zwischen der ersten Verwaltungsentscheidung und dem verwaltungsgerichtlichen Verfahren. Teilweise wird vertreten, dass es sich um ein eigenständiges Verfahren handelt, das von dem Verfahren vor der Erstbehörde zu trennen ist.[6] Hingegen sieht insbesondere die jüngere Rechtsprechung in dem Widerspruchsverfahren kein gegenüber dem Ausgangsverfahren gesondertes zweites Verwaltungsverfahren, sondern vielmehr die Fortsetzung des Ausgangsverfahrens.[7]

Unabhängig von diesem Meinungsstreit wird im Rahmen der Ansicht, die für den Streit um „den Beurteilungszeitpunkt" im Öffentlichen Recht auf den Zeitpunkt der letzten Behördenentscheidung abstellt, in der Regel präzisierend angefügt, dass gemäß § 79 Abs. 1 Nr. 1 VwGO der Verwaltungsakt in der gestalt maßgebend sei, die er durch den Widerspruchsbescheid gefunden habe.[8] Damit wird

---

[3] *Detterbeck,* Allgemeines Verwaltungsrecht, § 18 Rn. 940.

[4] Eyermann/*Wöckel,* VwGO § 68 Rn. 1; NK-VwGO/*Geis,* VwGO § 68 Rn. 23; *Oerder,* Das Widerspruchsverfahren der Verwaltungsgerichtsordnung, 16.

[5] *Hufen,* Verwaltungsprozessrecht, § 5 Rn. 11.

[6] Vgl. etwa NK-VwGO/*Geis,* VwGO § 68 Rn. 24; *Trzaskalik,* Das Widerspruchsverfahren der Verwaltungsgerichtsordnung im Lichte der allgemeinen Prozeßrechtslehre, 81.

[7] Vgl. etwa BVerwG, Urt. v. 23.8.2011 – BVerwG 9 C 2.11, BVerwGE 140, 245 Rn. 20. S. auch Eyermann/*Wöckel,* VwGO § 68 Rn. 1.

[8] Vgl. etwa *Hufen,* Verwaltungsprozessrecht, § 24 Rn. 8; *Tettinger/Wahrendorf,* Verwaltungsprozessrecht, § 15 Rn. 15; *Würtenberger/Heckmann,* Verwaltungsprozessrecht, Rn. 697.

hier folglich nicht weiter differenziert. Falls ein Widerspruchsverfahren stattgefunden hat, kommt es nach dieser Ansicht auf den Zeitpunkt des Widerspruchsbescheids an, der Zeitpunkt der ersten Verwaltungsentscheidung tritt hingegen in der Betrachtung zurück.

Die Konstellation zwischen dem behördlichen und dem gerichtlichen Verfahren findet keine Entsprechung im aktuellen Privatrecht: Es lässt sich zwar insofern eine Parallele zur Situation im Zivilprozess ziehen, als sich der Anfechtungskläger ebenso wie im Rechtsmittelverfahren des Zivilprozesses der Rechtsmittelkläger gegen den Inhalt einer für ihn potenziell verbindlichen Entscheidung einer staatlichen Stelle wendet.[9] Allerdings kann eine Gleichheit der Situation keineswegs angenommen werden. Vielmehr liegt ein grundlegender Unterschied darin, dass im Anfechtungsprozess die zuvor im Verwaltungsweg entscheidende Instanz im anschließenden Verwaltungsrechtsweg ihre Entscheidung selbst verteidigen muss und dabei aus einer Situation der Überordnung mit dem Kläger in eine solche der Gleichordnung rückt.[10] Darüber hinaus ist in dieser Situation zugleich das Verhältnis von Judikative zur Exekutive betroffen und damit auch die Gewaltenteilung.[11]

### b) Verfahrenszwecke

Das Vorliegen des Verwaltungsverfahrens führt ebenfalls zu Unterschieden auf der Ebene der Verfahrenszwecke der hier zu vergleichenden gerichtlichen Verfahren. Wie dargestellt, sind zwar die Verfahrenszwecke an sich nicht als primärer Ansatzpunkt zur Abgrenzung gerade der Bereiche des materiellen Rechts, Prozessrechts und Verfahrensrechts geeignet. Ebenso wie etwa auf der nachgeordneten Ebene der terminologischen und systematischen Einordnung von Begutachtungszeitpunkten kann der Zweckgedanke aber auch auf der anderweitig nachgelagerten Ebene der Differenzierung zwischen einzelnen Verfahrensarten herangezogen werden.

Diesbezüglich wurde bereits angeführt, dass die Legitimation des Ergebnisses in der Regel den grundlegenden Zweck jeden Verfahrens darstellt.[12] Zudem lassen sich darüber hinaus weitere Zwecke anführen, die nicht spezifisch einem Verfahren zugeordnet werden können, vielmehr fachsäulenübergreifend Gültigkeit haben. Insofern dürfte etwa sowohl für das verwaltungsgerichtliche als auch für das

---

[9] So schon *Menger*, System des verwaltungsgerichtlichen Rechtsschutzes, 179.

[10] *Menger*, System des verwaltungsgerichtlichen Rechtsschutzes, 180.

[11] *Rennert*, DVBl 2019, 593, 594.

[12] Vgl. Teil B/II./1. S. diesbezüglich etwa *Klinck* in: Krüper (Hrsg.), Rechtswissenschaft lehren, § 21 Rn. 1.

zivilgerichtliche Verfahren der von *Goldschmidt* genannte Zweck des Prozesses an sich als ein „auf die Herbeiführung von Rechtskraft gerichtetes Verfahren"[13] angeführt werden können.[14] Ebenfalls gemein ist beiden darüber hinaus beispielsweise die Ausrichtung auf die Schaffung von Rechtsfrieden, insbesondere durch die Schaffung von Rechtsgewissheit.[15]

Gerade im Verwaltungsprozess wird jedoch hinsichtlich seines Hauptzwecks bzw. genauer seiner Hauptzwecke von einer „Doppelfunktion" gesprochen: Diesbezüglich wird einerseits die Durchsetzung der Rechte des Bürgers, andererseits die Überprüfung der behördlichen Entscheidung angeführt.[16] Die erstgenannte Funktion stellt damit die Rechtsschutzfunktion der Verwaltungsgerichtsbarkeit vor dem Hintergrund der subjektiv-rechtlichen Qualität der Grundrechte in den Mittelpunkt.[17] Im Zivilprozess stellt der Schutz und die Durchsetzung subjektiver Rechte des einzelnen Rechtsinhabers in ähnlicher Weise grundsätzlich einen zentralen Zweck dar.[18] Auch dies ist Teil eines qualifizierten verfassungsrechtlich garantierten Rechtsschutzes[19] und damit dem verwaltungsgerichtlichen Zweck vergleichbar.

Hingegen unterscheidet die Kontrolle der Exekutive den Verwaltungsprozess grundlegend im Hinblick auf die Verfahrenszwecke des heutigen Zivilprozesses. Diese in Art. 19 Abs. 4 GG wurzelnde Funktion[20] obliegt zwar ebenfalls der Zivilgerichtsbarkeit, wird ihr doch ausdrücklich etwa die Jurisdiktion von

---

[13] *Goldschmidt,* Der Prozeß als Rechtslage, 151. S. hierzu auch insgesamt *Henckel,* Prozessrecht und materielles Recht, 5, 6.

[14] Vgl. diesbezüglich ebenfalls bereits oben Teil B/II./1.

[15] Vgl. zu dieser Funktion des verwaltungsgerichtlichen Verfahrens etwa *Siegel,* ZUR 2017, 451. Vgl. auch Prütting/Gehrlein/*Prütting,* Zivilprozessordnung, Einleitung ZPO Rn. 3.

[16] S. hierzu etwa *Polzin,* JuS 2004, 211. S. auch *Kleinlein,* VerwArch 81 (1990), 149, 155 f.; *Nolte,* Die Eigenart des verwaltungsgerichtlichen Rechtsschutzes, 45 ff., 51 ff.

[17] *Kleinlein,* VerwArch 81 (1990), 149, 155 f. Vgl. zum „Hauptzweck" der Rechtsschutzfunktion auch *Siegel,* ZUR 2017, 451. S. zur Funktion der „Gewährung subjektiven Rechtsschutzes" *Nolte,* Die Eigenart des verwaltungsgerichtlichen Rechtsschutzes, 46 ff.; *Silberzahn,* Das Konzept einer allgemeinen Prozessrechtslehre in Gesetzgebund und Rechtsdogmatik, 71 f.

[18] Prütting/Gehrlein/*Prütting,* Zivilprozessordnung, Einleitung ZPO Rn. 3; *Silberzahn,* Das Konzept einer allgemeinen Prozessrechtslehre in Gesetzgebund und Rechtsdogmatik, 71 f.

[19] Vgl. Prütting/Gehrlein/*Prütting,* Zivilprozessordnung, Einleitung ZPO Rn. 6.

[20] Vgl. HK-VerwR/*Kastner,* Einleitung zur Verwaltungsgerichtsordnung Rn. 27 ff. Zur Beziehung zwischen Art. 19 Abs. 4 GG und der Verwaltungsgerichtsbarkeit s. *Hufen,* Verwaltungsprozessrecht, § 1 Rn. 18 ff.

Amtshaftungsansprüchen nach § 40 Abs. 2 S. 1 VwGO[21] zugewiesen.[22] Sie ist jedoch anders als im Verwaltungsprozess nicht einer ihrer Hauptzwecke.

### c) Verfahrensgrundsätze

Ein weiterer bedeutsamer Unterschied ist auf der Ebene der Verfahrensgrundsätze zu verorten. Zwar weist der Verwaltungsprozess auch diesbezüglich zahlreiche Parallelen zum Zivilprozess auf, wie etwa die Gültigkeit der Grundsätze der Öffentlichkeit, Mündlichkeit und Unmittelbarkeit; allerdings ist die ZPO nach der Verweisung in § 173 S. 1 VwGO nur insoweit anzuwenden, als die „grundsätzlichen Unterschiede der beiden Verfahrensarten dies nicht ausschließen."[23]

Für die vorliegende Untersuchung relevant ist dabei insbesondere, dass der Verwaltungsprozess die Dispositionsmaxime mit dem Untersuchungsgrundsatz verbindet, während im Zivilprozess die Dispositionsmaxime ihre Fortsetzung im Beibringungsgrundsatz der Parteien findet.[24] Für den Verwaltungsprozess bedeutet dies, dass das Gericht den Sachverhalt grundsätzlich von Amts wegen erforscht.[25] Ähnlich wie im arbeitsgerichtlichen Beschlussverfahren wird dieser teilweise modifiziert und insofern von Elementen des Beibringungsgrundsatzes und des Kooperationsprinzips überlagert.[26] Das zeigt sich insbesondere an § 87b VwGO, wonach das Gericht eine Präklusionsfrist setzen kann und des Weiteren Erklärungen und Beweismittel, die nach einer solchen Fristsetzung erfolgen, ebenfalls zurückweisen kann.[27]

---

[21] Es handelt sich dabei um eine besondere gesetzliche Zuweisung öffentlich-rechtlicher Ansprüche an die Zivilgerichte, hingegen begründet Art. 34 Abs. 3 GG nicht selbst die Zuständigkeit der ordentlichen Gerichtsbarkeit, sondern setzt sie vielmehr voraus und garantiert sie verfassungsrechtlich, vgl. MüKoBGB/*Papier/Shirvani,* BGB § 839 Rn. 447.

[22] S. zum Zusammenhang von Art. 19 Abs. 4 GG und § 839 BGB etwa MüKoBGB/*Papier/Shirvani,* BGB § 839 Rn. 2.

[23] HK-VerwR/*Kastner,* Einleitung zur Verwaltungsgerichtsordnung Rn. 10.

[24] Vgl. ebenfalls HK-VerwR/*Kastner,* Einleitung zur Verwaltungsgerichtsordnung Rn. 10.

[25] *Hufen,* Verwaltungsprozessrecht, § 35 Rn. 21.

[26] *Hufen,* Verwaltungsprozessrecht, § 35 Rn. 22.

[27] Vgl. ebenfalls *Hufen,* Verwaltungsprozessrecht, § 35 Rn. 22. Vgl. zu diesen insofern „einschränkenden" Elementen des Untersuchungsgrundsatzes bereits Teil C/II./4./c)/aa)/(5)/(b).

## 2. Arbeitsgerichtsbarkeit

Letzteres verdeutlicht nochmals, dass in der Arbeitsgerichtsbarkeit für das bereits in Teil C betrachtete arbeitsgerichtliche Beschlussverfahren im Hinblick auf den (eingeschränkten) Untersuchungsgrundsatz ein Gleichlauf mit der Situation des Verwaltungsprozesses besteht. Hingegen gilt für das arbeitsgerichtliche Urteilsverfahren der Beibringungsgrundsatz.[28]

Blickt man auf das Verwaltungsverfahren, so stellt sich für die Arbeitsgerichtsbarkeit die Situation wie im Zivilprozess dar: Auch hier existiert keine Verfahrenssituation, in der wie in der Anfechtungsklage ein Vorverfahren gegeben wäre. Diese Konstellation wirkt sich ebenfalls auf die Verfahrenszwecke aus und zeigt gleichfalls, dass die Arbeitsgerichte „besondere Zivilgerichte"[29] darstellen. Denn auch die arbeitsgerichtlichen Verfahren dienen in erster Linie der Durchsetzung subjektiver Rechte[30] und nicht der Kontrolle der Exekutive.

## 3. Zwischenergebnis

Der überblicksartige intradisziplinäre Vergleich hat verdeutlicht, dass ein zentraler Unterschied zwischen Zivilprozess und Arbeitsgerichtsprozess einerseits und Verwaltungsprozess andererseits in dem dem letzteren vorgeschalteten verwaltungsverfahren liegt. Seine Existenz führt zudem zu unterschiedlichen Verfahrenszwecken der betreffenden Bereiche, denn das verwaltungsgerichtliche Verfahren dient nicht nur dem Schutz subjektiver Rechte, sondern auch der Kontrolle der Exekutive. Weiterhin konnte der (eingeschränkte) Untersuchungsgrundsatz als zentrales Unterscheidungskriterium identifiziert werden, allerdings ist zu berücksichtigen, dass dieser nicht nur im Verwaltungsprozess Gültigkeit beansprucht, sondern auch im arbeitsgerichtlichen Beschlussverfahren.

Diese Unterschiede führen jedoch nicht dazu, dass eine Vergleichbarkeit insbesondere von Zivil- und Verwaltungsgerichtsbarkeit insgesamt zu verneinen wäre.[31] Denn zum einen existieren zahlreiche übereinstimmende oder zumindest ähnliche

---

[28] MHdB ArbR/*Pulz,* § 390 Rn. 5.

[29] *Dütz/Thüsing,* Arbeitsrecht, § 15 I 2. a) Rn. 1007. Vgl. hierzu insgesamt auch *Windel* in: Henssler/Joussen/Maties/Preis (Hrsg.), Festschrift für Rolf Wank, 679, 680 und 683.

[30] Wobei es im Rahmen des Beschlussverfahrens weitestgehend um Streitigkeiten mit kollektiven Auswirkungen geht, vgl. *Walker* in: Schwab/Weth, Arbeitsgerichtsgesetz, ArbGG § 2a Rn. 2.

[31] Vgl. bereits *G. Lüke,* JuS 1967, 1 f.

prozessrechtsgestaltende Strukturelemente in den beiden Gerichtsbarkeiten.[32] Zum anderen spricht für die grundlegende Möglichkeit eines Vergleichs, der im Folgenden auf die Thematik der Beurteilungszeitpunkte zu konzentrieren sein wird, bereits die in § 173 VwGO angeordnete subsidiäre Geltung der Zivilprozessordnung.[33] Nicht zuletzt auf derartigen Aspekten gründet die Idee einer „Allgemeinen Prozess(rechts)lehre“[34] bzw. eines „Allgemeinen Verfahrensrechts“.[35]

Gleiches ist für die Arbeitsgerichtsbarkeit zu konstatieren, die für das dortige Urteilsverfahren ihrerseits in § 46 Abs. 2 ArbGG ebenfalls auf das Urteilsverfahren der Zivilprozessordnung vor den Amtsgerichten verweist, soweit nicht spezielle Regelungen des Arbeitsgerichtsgesetzes existieren. Zudem verweist § 80 Abs. 2 ArbGG auch für das Beschlussverfahren zum einen in das Urteilsverfahren des ArbGGes, zum anderen über § 46 Abs. 2 ArbGG wiederum in die ZPO, soweit eben keine Besonderheiten durch das ArbGG selbst festgelegt werden.[36]

Die herausgearbeiteten Besonderheiten sind jedoch in der nachfolgenden vergleichenden Betrachtung zu berücksichtigen und können für eventuelle Problempunkte sachdienliche Argumente liefern. Zugleich entbindet diese grundsätzliche Vergleichbarkeit nicht davon, bei der Betrachtung von Einzelaspekten gegebenenfalls eine Vergleichbarkeit aufgrund von nicht auflösbaren Divergenzen zu verneinen.[37] Damit ist auch auf der Ebene der einzelnen zu vergleichenden Aspekte die Frage nach der Vergleichbarkeit zu stellen.

---

[32] S. diesbezüglich im Kontext des Streitgegenstandsverständnisses *Detterbeck,* Streitgegenstand und Entscheidungswirkungen im Öffentlichen Recht, 9; vgl. ebenfalls *G. Lüke,* JuS 1967, 1.

[33] Vgl. zu diesem Argument ebenfalls im Kontext des Streitgegenstandsverständnisses *Detterbeck,* Streitgegenstand und Entscheidungswirkungen im Öffentlichen Recht, 9. S. auch *G. Lüke,* JuS 1967, 1, 2.

[34] Vgl. auch *Bähr,* Die maßgebliche Rechts- und Sachlage für die gerichtliche Beurteilung von Verwaltungsakten, 115. Vgl. zum Konzept einer allgemeinen Prozessrechtslehre etwa *Hagen,* Elemente einer allgemeinen Prozeßlehre, passim; *G. Lüke,* ZZP 107 (1994), 145 ff.; *Reimer,* Verfahrenstheorie, § 21, 174 ff.; *Silberzahn,* Das Konzept einer allgemeinen Prozessrechtslehre in Gesetzgebung und Rechtsdogmatik, 53 ff.

[35] Vgl. hierzu etwa *Klinck* in: Krüper (Hrsg.), Rechtswissenschaft lehren, § 21.

[36] Vgl. hierzu etwa ErfK/*Koch,* ArbGG § 80 Rn. 2; BeckOK ArbR/*Roloff,* ArbGG § 80 Rn. 2 ff.

[37] Vgl. zu diesem Aspekt bezogen auf die Vergleichbarkeit des Streitgegenstands etwa *Fischer, Markus* Die verwaltungsprozessuale Klage im Kraftfeld zwischen materiellem Recht und Prozessrecht, 239 f. S. ebenfalls *Detterbeck,* Streitgegenstand und Entscheidungswirkungen im Öffentlichen Recht, 50.

# III. Beurteilungszeitpunkte im Öffentlichen Recht

In der vorliegend betrachteten verwaltungsrechtlichen Diskussion wird oftmals nur von „dem Beurteilungszeitpunkt“[1] in materiell-rechtlicher oder prozessualer Hinsicht gesprochen. Eine Bezugnahme auf andere Beurteilungszeitpunkte als diejenigen, die im Zentrum des Meinungsstreits stehen, erfolgt kaum.[2] Um die intradisziplinär ausgerichteten Argumente einordnen zu können, insbesondere um festzustellen, welche Kategorie der privatrechtlichen Beurteilungszeitpunkte jeweils betroffen ist, ist daher in einem nächsten Schritt der Blick auf mögliche „weitere“ Beurteilungszeitpunkte des Öffentlichen Rechts zu werfen und zu untersuchen, ob auch in dieser Fachsäule die bislang im Privatrecht herausgearbeiteten unterschiedlichen Zeitpunkte zu finden sind. Das soll unter Einbeziehung des Ergebnisses der Bestandsaufnahme der privatrechtlichen Beurteilungszeitpunkte erfolgen. Dabei stellt sich vor allem die Frage, ob die im Vergleich der relevanten verfahrensrechtlichen Strukturen im Urteilsverfahren aufgezeigten Unterschiede ebenfalls zu signifikanten Abweichungen in Bezug auf das Vorliegen der einzelnen Arten von Beurteilungszeitpunkten und gegebenenfalls auf deren Verhältnis zueinander führen. Zugleich soll hier eine Einordnung der öffentlich-rechtlichen Streitfrage im Kontext der Systematik und Terminologie des Privatrechts vorgenommen werden, um eine bessere Vergleichbarkeit der in der Diskussion getätigten Äußerungen über das Privatrecht vornehmen zu können.

---

[1] Vgl. etwa *Gestefeld,* Genehmigungsanspruch und Verfahrensdauer im Immissionsschutzrecht, 6.

[2] Eine derartige Bezugnahme findet sich etwa in BVerwG, Urt. v. 30.10.2013 – 2 C 16/12, NVwZ-RR 2014, 270.



A. Rech, *Der Beurteilungszeitpunkt im Privatrecht*, Juridicum - Schriften zum Arbeitsrecht, https://doi.org/10.1007/978-3-658-51181-4_15

## 1. Begutachtungszeitpunkte

Damit ist zunächst zu untersuchen, ob sich auch im Öffentlichen Recht materiell-rechtliche und verfahrensrechtliche Begutachtungszeitpunkte im Sinne der privatrechtlichen Systematik befinden. Insbesondere stellt sich die Frage, ob eine dem Privatrecht vergleichbare Normierung dieser Zeitpunkte erfolgt. Zudem ist von Interesse, ob im Öffentlichen Recht ebenfalls merkmalimmanente Zeitpunkterfordernisse zu bejahen sind. Darüber hinaus ist die Thematik des Vorkommens von potenziellen Begutachtungszeitpunkten zu beleuchten.

Dabei steht zwar bei diesem intradisziplinären Vergleich vor allem das verwaltungsgerichtliche Verfahren im Zentrum. Dieses wiederum wird aber ein breites Spektrum materiell-rechtlicher Regelungen abdecken. Insofern ist für die materiell-rechtlichen Begutachtungszeitpunkte ein weiter Blick auf das Öffentliche Recht insgesamt zu werfen, fokussiert auf verwaltungsrechtliche Regelungen. In ähnlicher Weise ist in Bezug auf die verfahrensrechtlichen Begutachtungszeitpunkte zu verfahren. Nicht zuletzt vor dem Hintergrund des angeführten Meinungsstreits im Öffentlichen Recht sind hier gegebenenfalls Vorschriften des Verwaltungsverfahrens in die Betrachtung miteinzubeziehen.

### a) Materiell-rechtliche Begutachtungszeitpunkte

Dazu soll im Folgenden zunächst der Blick auf etwaige materiell-rechtliche Begutachtungszeitpunkte des Öffentlichen Rechts gerichtet werden.

#### aa) Zeitpunkt, temporale Präposition, Nomen der Zeit

Hierbei zeigt sich, dass dem Privatrecht vergleichbare Festlegungen dieser Begutachtungszeitpunkte existieren. Beispielsweise erfolgt deren Normierung ebenfalls mehrfach durch die ausdrückliche Verwendung des Begriffs des Zeitpunkts. Exemplarisch sei § 58 Abs. 3 BauGB genannt, der den Ausgleich von Wertunterschieden im Falle der Umlegung von Flächen, d. h. der Neuordnung von Grundstücken zur Erschließung oder Neugestaltung von Gebieten,[3] regelt. Diesbezüglich legt die betreffende Norm fest, dass für die Bemessung von Geldbeiträgen und Ausgleichsleistungen die Wertverhältnisse im Zeitpunkt des Umlegungsbeschlusses maßgeblich sind. Damit ist materiell-rechtlicher Begutachtungszeitpunkt für die Bemessung der betreffenden Geldbeiträge und Geldausgleiche der Zeitpunkt des

[3] Vgl. § 45 ff. BauGB. Zum Begriff s. etwa auch *Weber* in: Weber, Rechtswörterbuch, Stichwort „Umlegung".

Umlegungsbeschlusses.[4] Ein weiteres Beispiel findet sich in § 93 BauGB, der die Entschädigungsgrundsätze für den Fall einer nach den §§ 85 ff. BauGB rechtmäßig erfolgten Enteignung regelt. So wird in dessen Absatz 4 niedergelegt, dass für die Bemessung der Entschädigung der Zustand des Grundstücks in dem Zeitpunkt maßgebend ist, in dem die Enteignungsbehörde über den Enteignungsantrag entscheidet.

Zudem ist im Öffentlichen Recht ebenfalls die Festlegung von materiell-rechtlichen Begutachtungszeitpunkten durch die Verwendung von temporalen Präpositionen zu finden. Als Beispiel kann diesbezüglich auf § 133 Abs. 3 S. 4 BauGB verwiesen werden, der den Rückzahlungsanspruch betrifft, der entsteht, wenn aufgrund eines Vorauszahlungsbescheids Vorausleistungen auf den Erschließungsbeitrag geleistet wurden, die Beitragspflicht aber sechs Jahre nach Erlass des Vorausleistungsbescheids noch nicht entstanden und die Erschließungsanlage noch nicht benutzbar ist. Für diesen wird festgelegt, dass er ab Erhebung der Vorausleistung mit einem näher bestimmten Zinssatz zu verzinsen ist. Damit wird folglich der Begutachtungszeitpunkt für den Beginn der Zinszahlungen durch die temporale Verwendung der Präposition *ab* festgelegt. Die Präposition *bei* wird etwa in temporaler Weise zur Festlegung eines materiell-rechtlichen Begutachtungszeitpunkts in § 5 Abs. 2 FStrG verwendet, indem dort normiert wird, dass Gemeinden mit mehr als 80 000 Einwohnern Träger der Straßenbaulast für die Ortsdurchfahrten im Zuge von Bundesstraßen sind, wobei maßgebend die *bei* der Volkszählung festgestellte Einwohnerzahl ist.

Darüber hinaus zeigen auch im Öffentlichen Recht bisweilen Nomen der Zeit das Vorliegen eines materiell-rechtlichen Begutachtungszeitpunkts an. So regelt etwa § 28 Abs. 2 Nr. 4 GastG, dass derjenige ordnungswidrig handelt, der als Gast in den Räumen einer Schankwirtschaft über den Beginn der Sperrzeit hinaus verweilt, obwohl er durch näher bezeichnete Personen ausdrücklich aufgefordert wurde, sich zu entfernen. Folglich ist der Beginn der Sperrzeit der Begutachtungszeitpunkt für den Beginn des Zeitraums, in dem das betreffende Verhalten ordnungswidrig ist. Das verdeutlicht nicht nur, dass im Öffentlichen Recht ebenso wie im Privatrecht Begutachtungszeitpunkte durch Nomen der Zeit in der gesetzlichen Formulierung angezeigt werden können, sondern veranschaulicht zudem gleichfalls die Verbindung von Begutachtungszeitpunkten und Begutachtungszeiträumen in dieser Fachsäule.

---

[4] Vgl. EZBK/*Otte*, BauGB § 58 Rn. 31.

### bb) Merkmalimmanente Zeitpunkterfordernisse

Damit stellt sich im nächsten Schritt die Frage, ob im Öffentlichen Recht ebenfalls merkmalimmanente Zeitpunkterfordernisse zu finden sind. Diesbezüglich kann z. B. auf § 11 Abs. 1 Nr. 2 BBG verwiesen werden, wonach eine Ernennung einer Beamtin oder eines Beamten auf Lebenszeit nur dann erfolgen darf, wenn die betreffende Person sich in ihrer Probezeit bewährt hat. Hierbei handelt es sich folglich um eine Prognoseentscheidung über die Frage, ob der- oder diejenige den fachlichen, persönlichen und gesundheitlichen Anforderungen gerecht wird, gestützt auf die Erkenntnisse der Probezeit.[5] Die Probezeit bildet damit die Prognosegrundlage. Auf welchen Begutachtungszeitpunkt im Sinne eines Prognosezeitpunkts abzustellen ist, wird im Gesetz nicht angeführt. Jedoch ist dem Tatbestandsmerkmal des Bewährens immanent, dass für dieses ein Begutachtungszeitpunkt festzulegen ist, „in" dem dann die eigentliche Begutachtung stattzufinden hat. Die Festlegung eines diesbezüglichen Zeitpunkts ist zwingend erforderlich, um diese Frage durch die Festlegung eines genauen Subsumtionszeitpunkts in rechtsstaatlicher Weise feststellen zu können. Insofern handelt es sich um ein merkmalimmanentes Zeitpunkterfordernis.

Das zeigt auch ein Blick auf die Ausführungen des BVerwG, aus denen die Erforderlichkeit einer genauen Festlegung eines Zeitpunkts für die Beurteilung hervorgeht. Dieses hat in einer Entscheidung des Jahres 2013 in Bezug auf die gesundheitliche Eignung den Ablauf der Probezeit als den „maßgeblichen Zeitpunkt" für die Beurteilung angesehen und dies umfassend begründet.[6] Bereits in vorhergehenden Entscheidungen hatte es festgestellt, dass nach Ablauf der laufbahnrechtlichen Probezeit gewonnene neue Erkenntnisse hinsichtlich der Leistungsfähigkeit oder -bereitschaft oder der gesundheitlichen Eignung des Beamten, die dann, wenn sie in der laufbahnrechtlichen Probezeit aufgetreten wären, die Bewährung infrage gestellt hätten, nunmehr das einmal im gebotenen Entscheidungszeitpunkt getroffene positive Urteil über die Bewährung in der Probezeit nicht mehr infrage stellen könnten.[7] Berufe sich der Dienstherr längere Zeit nach Ablauf der laufbahnrechtlichen Probezeit, gar erst nach Ablauf der statusrechtlichen Probezeit, unter Hinweis auf den Gesundheitszustand des Beamten auf

---

[5] BVerwG, Urt. v. 18.7.2001 – 2 A 5/00, NVwZ-RR 2002, 49; BeckOK BeamtenR Bund/*Thomsen,* BBG § 11 Rn. 17.

[6] Vgl. BVerwG, Urt. v. 30.10.2013 – 2 C 16/12, NVwZ-RR 2014, 270 Rn. 12. S. hierzu insgesamt BeckOK BeamtenR Bund/*Thomsen,* BBG § 11 Rn. 17.

[7] Vgl. BVerwG, Urt. v. 29.5.1990 – 2 C 35/88, NVwZ 1991, 170, 171; BVerwG, Urt. v. 25.2.1993 – 2 C 27/90, NJW 1993, 2546.

die Nichteignung des Beamten, so sei sein Verhalten als ein „venire contra factum proprium“ zu werten.[8]

Ein weiteres prominentes Beispiel für ein merkmalimmanentes Zeitpunkterfordernis im Bereich der materiell-rechtlichen Begutachtungszeitpunkte des Öffentlichen Rechts ist ebenfalls mit einem Prognoseaspekt verbunden. Das zeigt der Blick auf die polizeiliche Generalklausel in § 8 PolG NRW, die in weiteren Bundesländern in vergleichbarer Form existiert.[9] Nach dieser kann die Polizei grundsätzlich die notwendigen Maßnahmen treffen, um eine im einzelnen Fall bestehende, konkrete Gefahr für die öffentliche Sicherheit oder Ordnung abzuwehren. Dabei ist insgesamt problematisch, welche Anforderungen an die Bestimmtheit dieser Generalklausel zu stellen sind.[10] Im Kontext dieser Untersuchung ist von Bedeutung, dass sich keine irgendwie geartete gesetzliche Formulierung findet, die verdeutlicht, auf welchen Zeitpunkt für die Beurteilung der (konkreten) Gefahr abzustellen ist. Dennoch ist die Festlegung eines solchen Zeitpunkts zwingend erforderlich, um dieses Tatbestandsmerkmal in rechtsstaatlicher Weise subsumieren zu können. Diesbezüglich wird grundsätzlich die ex-ante Sicht des handelnden Amtswalters beim polizeilichen Einschreiten als entscheidend angesehen.[11] Folglich wird heute nach allgemeiner Ansicht eine konkrete Gefahr angenommen, wenn im Zeitpunkt des polizeilichen Handelns eine Sachlage besteht, die im Einzelfall die hinreichende Wahrscheinlichkeit eines Schadenseintritts für die öffentliche Sicherheit und Ordnung in absehbarer Zeit in sich birgt.[12] Die zu diesem Zeitpunkt bestehende Sachlage bildet damit die Tatsachengrundlage bei der Beurteilung der Rechtmäßigkeit des polizeilichen Handelns auch in späteren Verfahren.[13]

---

[8] BVerwG, Urt. v. 25.2.1993 – 2 C 27/90, NJW 1993, 2546.

[9] Vgl. etwa die Regelungen in Art. 11 Abs. 1 BayPAG, § 11 HSOG, § 8 SPolG. S. hierzu insgesamt auch BeckOK PolR NRW/*Worms/Gusy*, PolG NRW § 8 Einführung.

[10] Insofern wird etwa davon ausgegangen, dass bei abstrakten unbestimmten Rechtsbegriffen die langjährige Konkretisierung durch die Rechtsprechung mitberücksichtigt werden kann, sodass eine ausreichende Bestimmtheit zu bejahen ist, vgl. BVerfG, Beschl. v. 8.8.1978 – 2 BvL 8/77, BVerfGE 49, 89, 134; Dreier/*Schulze-Fielitz*, GG Art. 20 Rn. 133. Zweifelnd hingegen *Waechter*, NVwZ 1997, 729, 732 ff., insbes. 736.

[11] VGH Mannheim, Urt. v. 25.10.2012 – 1 S 1401/11, BeckRS 2012, 59495 Rn. 59. S. ebenfalls BeckOK PolR BW/*Trurnit*, BW PolG § 1 Rn. 19.

[12] Vgl. *W.-R. Schenke*, JuS 2018, 505, 506. S. ebenfalls BeckOK PolR BW/*Trurnit*, BW PolG § 1 Rn. 19.

[13] Zur Frage der Rechtmäßigkeit, wenn zwar nicht tatsächlich, wohl aber aus ex-ante-Sicht des handelnden Amtswalters bei verständiger Würdigung der Sachlage die hinreichende Wahrscheinlichkeit eines Schadenseintritts in absehbarer Zeit besteht im Sinne einer Anscheinsgefahr s. etwa *W.-R. Schenke*, JuS 2018, 505, 507 f.

### cc) Potenzielle materiell-rechtliche Begutachtungszeitpunkte

In der Systematisierung der Beurteilungszeitpunkte des Privatrechts konnte zudem die Gruppe der potenziellen Begutachtungszeitpunkte identifiziert werden. Bezüglich dieser Gruppe kommt im Öffentlichen Recht möglicherweise § 44 Abs. 3 GO NRW in Betracht, der die Voraussetzungen und den Umfang des kommunalpolitischen Bildungsurlaubs gesetzlich festlegt.[14] Dabei gewährt dessen Satz 1 allen Ratsmitgliedern, Mitgliedern der Bezirksvertretungen und Ausschussmitgliedern einen Anspruch auf Urlaub an bis zu acht Arbeitstagen (jedoch an nicht mehr als vier aufeinanderfolgenden Arbeitstagen im Jahr) in jeder Wahlperiode zur Teilnahme an kommunalpolitischen Bildungsveranstaltungen, die der Ausübung ihres Mandats förderlich sind.[15] Dieser Urlaubsanspruch richtet sich gegen den jeweiligen Arbeitgeber oder Dienstherrn, zumindest soweit er der Gesetzgebungskompetenz des Landes NRW unterliegt.[16] Damit können öffentlich-rechtliche Dienstverhältnisse[17] und folglich auch Beamte[18] betroffen sein. § 44 Abs. 3 S. 5 GO NRW normiert nun, dass der Dienstherr den Urlaub zu dem vom Beschäftigten mitgeteilten Zeitpunkt ablehnen darf, wenn zwingende betriebliche Belange oder Urlaubsanträge anderer Beschäftigter entgegenstehen. Hier wird folglich zunächst ein reiner Zeitpunkt mitgeteilt. In der Folgezeit kann dieser aber zu einem Begutachtungszeitpunkt für die Frage der Ablehnung bzw. Genehmigung des kommunalpolitischen Urlaubs werden. Allerdings ist bezüglich dieses Zeitpunkts letztlich davon auszugehen, dass er nach der Mitteilung in der Regel für eine Beurteilung relevant werden wird. Insofern ist hier fraglich, ob tatsächlich von einem zunächst rein potenziellen Zeitpunkt durch die Mitteilung gesprochen werden kann.

Auch im Übrigen stellt sich das Auffinden potenzieller Begutachtungszeitpunkte im materiellen Bereich des Öffentlichen Rechts als schwierig heraus. Dennoch macht gerade der Blick auf etwaige öffentlich-rechtliche Verträge deutlich, dass diese Gruppe von Begutachtungszeitpunkten auch hier zu finden ist: Insbesondere werden etwa im Baurecht öffentlich-rechtliche Verträge, beispielsweise

---

[14] S. hierzu auch BeckOK KommunalR NRW/*Frenzen/Kolbe,* GO NRW § 44 Einleitung.

[15] Vgl. ebenfalls BeckOK KommunalR NRW/*Frenzen/Kolbe,* GO NRW § 44 Rn. 16.

[16] Zur Problematik von Richtern, Beamten und Soldaten, falls der Bund oder andere Bundesländer betroffen sind, vgl. BeckOK KommunalR NRW/*Frenzen/Kolbe,* GO NRW § 44 Rn. 17.

[17] Vgl. zur Abgrenzung von Arbeitsverhältnissen und öffentlich-rechtlichen Dienstverhältnissen, insbesondere solchen „eigener Art" etwa LAG Baden-Württemberg, Urt. v. 15.12.2010 – 13 Sa 78/10 BeckRS 2011, 67999.

[18] Vgl. zur Anwendbarkeit des Freistellungsanspruchs nach § 44 Abs. 2 GO NRW auf Beamte OVG NRW, Urt. v. 21.7.2022 – 6 A 2599/20, juris.

Erschließungsverträge,[19] geschlossen. In diesen Erschließungsverträgen wird in der Regel ein Fertigstellungstermin der jeweiligen Erschließungsanlage festgeschrieben sein.[20] Insofern ist der dort festgelegte (potenzielle Begutachtungs-) Zeitpunkt zwar nicht gesetzlich, aber vertraglich geregelt. Kommt es nun zu Streitigkeiten aus diesem Vertrag, insbesondere aufgrund einer möglichen Nichteinhaltung des Fertigstellungstermins, wandelt sich dieser Zeitpunkt von einem potenziellen zu einem direkten Begutachtungszeitpunkt um.[21]

## b) Verfahrensrechtliche Begutachtungszeitpunkte

Kann damit festgehalten werden, dass im Öffentlichen Recht die der Systematik des Privatrechts entsprechenden Begutachtungszeitpunkte im materiell-rechtlichen Sinne ebenfalls vorhanden sind, ist nunmehr der Blick auf die verfahrensrechtlichen Begutachtungszeitpunkte und deren mögliches Vorkommen im Öffentlichen Recht zu richten.

### aa) Zeitpunkt, temporale Präposition, Nomen der Zeit

Auch im Hinblick auf diese ist festzustellen, dass eine Parallelsituation zwischen den beiden betrachteten Fachsäulen dergestalt besteht, dass die Ergebnisse des Privatrechts sich im öffentlich-rechtlichen Bereich wiederfinden lassen. So legt beispielsweise § 43 VwVfG den Begutachtungszeitpunkt für die Wirksamkeit eines Verwaltungsakts gegenüber demjenigen, für den er bestimmt oder der von ihm betroffen ist, unter expliziter Anführung des Begriffs des Zeitpunkts auf den Zeitpunkt der betreffenden Bekanntgabe fest.

Zudem werden bisweilen verfahrensrechtliche Begutachtungszeitpunkte durch eine temporale Präposition normativ verankert. Im BauGB bestimmt etwa § 49 für die im Rahmen der materiell-rechtlichen öffentlich-rechtlichen Begutachtungszeitpunkte angeführte Umlegung von Flächen im Sinne einer Neuordnung von

---

[19] S. zu deren Einordnung als öffentlich-rechtliche Verträge etwa *Brohm,* JZ 2000, 321, 326; Maurer/Waldhoff/*Maurer/Waldhoff,* Allgemeines Verwaltungsrecht, § 14 Rn. 6; *Thebille,* RNotZ 2014, 333, 336.

[20] Vgl. hierzu etwa das Muster eines Erschließungsvertrags, abgedruckt in Beck'sches Notar-Handbuch/*Grziwotz,* § 10 Rn. 65.

[21] Dabei ist zu berücksichtigen, dass alle aus Erschließungsverträgen resultierenden Streitigkeiten einschließlich der Geltendmachung eines vertraglichen Übereignungsanspruchs sowie von Sachmängelrechten der Verwaltungsgerichtsbarkeit zugewiesen sind, vgl. etwa *Thebille,* RNotZ 2014, 333, 336.

Grundstücken zur Erschließung oder Neugestaltung von Gebieten,[22] dass *bei* einem Wechsel eines Beteiligten im Umlegungsverfahren, der Rechtsnachfolger in dieses Verfahren in dem Zustand eintritt, in dem es sich im Zeitpunkt des Rechtsübergangs befindet. Damit wird der verfahrensrechtliche Begutachtungszeitpunkt für die Rechtsnachfolge eines Beteiligten im Zeitpunkt des Eigentumsübergangs verankert.[23] Weiterhin formuliert etwa § 152a Abs. 2 VwGO für die Anhörungsrüge, dass diese innerhalb von zwei Wochen *nach* Kenntnis von der Verletzung des rechtlichen Gehörs zu erheben ist. Insofern wird für den Beginn der Frist mit dem Zeitpunkt der Kenntniserlangung ein verfahrensrechtlicher Begutachtungszeitpunkt durch Verwendung einer temporalen Präposition normiert.[24]

Ebenfalls finden sich Konstellationen, in denen ein Begutachtungszeitpunkt durch ein Nomen der Zeit (mit) festlegt wird. So bestimmt etwa § 102 Abs. 1 VwGO, dass die Beteiligten mit einer Ladungsfrist von mindestens zwei Wochen, bei dem Bundesverwaltungsgericht von mindestens vier Wochen, zu laden sind, sobald der *Termin* zur mündlichen Verhandlung bestimmt ist. Hier signalisiert nicht nur die temporale Präposition *sobald* den verfahrensrechtlichen Begutachtungszeitpunkt. Vielmehr wird dieser durch die Verwendung des Begriffs Termin angezeigt. Dieser Termin ist dann der Begutachtungszeitpunkt für die Bestimmung der Ladungsfrist.

### bb) Merkmalimmanente Zeitpunkterfordernisse

Schaut man auf mögliche merkmalimmanente Zeitpunkterfordernisse bei verfahrensrechtlichen Begutachtungszeitpunkten des Öffentlichen Rechts, finden sich solche zum Beispiel in den Organisationsnormen des verwaltungsgerichtlichen Bereichs in den §§ 20 und 21 VwGO. So betrifft § 20 VwGO die Voraussetzungen der Berufung zum ehrenamtlichen Richter. Beispielsweise soll nach § 20 S. 2 VwGO der ehrenamtliche Richter das 25. Lebensjahr vollendet und seinen Wohnsitz innerhalb des Gerichtsbezirks haben. Allerdings schreibt § 20 VwGO, anders als § 33 Nr. 1–3 GVG, keinen Zeitpunkt fest, in dem diese Voraussetzungen vorliegen müssen.[25] Damit wird hier, vergleichbar der Situation in Nr. 4–6 des § 33 GVG[26] gesetzlich kein verfahrensrechtlicher Begutachtungszeitpunkt festgelegt.

---

[22] Vgl. Teil D/III./1./a)/aa).

[23] BeckOK BauGB/*Birk*, BauGB § 49 Rn. 3.

[24] Vgl. insgesamt zum Zeitpunkt der Kenntniserlangung in dieser Norm und der Problematik, ob das Kennenmüssen der Kenntnis gleichzustellen ist Schoch/Schneider/*Rudisile/Emmenegger*, Verwaltungsrecht, VwGO § 152a Rn. 22 ff.

[25] Vgl. auch Schoch/Schneider/*Panzer*, Verwaltungsrecht, VwGO § 20 Rn. 8.

[26] Vgl. Teil C/II./2.

Dennoch ist es aber zwingend erforderlich, den betreffenden Zeitpunkt zu bestimmen, um über die Berufungsfähigkeit der ehrenamtlichen Richter rechtssicher und damit rechtsstaatlichen Anforderungen entsprechend entscheiden zu können. Insofern wird als „rechtlich maßgeblicher Zeitpunkt" dann der Tag der Wahl angesehen.[27]

Eine ähnliche Konstellation findet sich in § 21 VwGO, der die Ausschließungsgründe vom Amt des ehrenamtlichen Richters betrifft. Dort erfolgt keine ausdrückliche Normierung eines Begutachtungszeitpunkts für einen der genannten Ausschließungsgründe. Die Festlegung eines betreffenden Begutachtungszeitpunkts ist jedoch gleichfalls zwingend notwendig.[28]

#### cc) Potenzielle verfahrensrechtliche Begutachtungszeitpunkte

Zudem finden sich potenzielle verfahrensrechtliche Begutachtungszeitpunkte im öffentlich-rechtlichen Bereich. Aus dem verwaltungsgerichtlichen Urteilsverfahren kann zur Verdeutlichung etwa der Zeitpunkt der Verkündung angeführt werden.[29] Darüber hinaus ist beispielsweise der Zeitpunkt der Zustellung des Widerspruchsbescheids zu nennen: Im Zeitpunkt seines Stattfindens erfolgt grundsätzlich keine Beurteilung des betreffenden Tatbestandsmerkmals, es wird vielmehr tatsächlich gehandelt. Entschließt sich die Empfängerin allerdings zu einer Klage, so wird dieser Zeitpunkt zum Begutachtungszeitpunkt für den Fristbeginn in der Berechnung der Klagefrist nach § 74 VwGO.

### c) Zwischenergebnis

Damit zeigt sich, dass sowohl bezüglich des materiell-rechtlichen als auch des verfahrensrechtlichen Bereichs vergleichbare Kategorien von Begutachtungszeitpunkten im Privatrecht und im Öffentlichen Recht existieren. Dabei ist zudem festzustellen, dass im Öffentlichen Recht ebenfalls Zeitpunkte zu verzeichnen sind, auf die der im Verhältnis zur Definition der verfahrensrechtlichen Begutachtungszeitpunkte enger gefasste Begriff des prozessualen Begutachtungszeitpunkts

---

[27] OVG Hamburg, Beschl. v. 3.12.2008 – 3 AS 20/08, NVwZ-RR 2009, 276; Schoch/Schneider/*Panzer*, VwGO, VwGO § 20 Rn. 8. S. ebenfalls *Albers*, MDR 1984, 888.

[28] Für diesen wird ebenfalls der Tag der Wahl der ehrenamtlichen Richter als maßgeblich angesehen, vgl. OVG Hamburg, Beschl. v. 3.12.2008 – 3 AS 20/08, NVwZ-RR 2009, 276; Schoch/Schneider/*Panzer*, Verwaltungsrecht, VwGO § 21 Rn. 8.

[29] S. zum Zeitpunkt der Verkündung an sich etwa Schoch/Schneider/*Clausing/Kimmel*, Verwaltungsrecht, VwGO § 116 Rn. 4.

zutrifft. Bei diesen handelt es sich in erster Linie um diejenigen Begutachtungszeitpunkte, die die Regelungen für das verwaltungsgerichtliche Verfahren betreffen, wie etwa derjenige in § 152a VwGO. Insofern könnte hier ebenfalls die in der privatrechtlichen Betrachtung dargestellte Situation der Missverständlichkeit[30] bestehen, wenn sich eine vergleichbare Konstellation der Beurteilungszeitpunkte in den beiden Fachsäulen auch auf Ebene der Dezisionszeitpunkte feststellen lässt.

## 2. Dezisionszeitpunkte

Diese Konstellation der Dezisionszeitpunkte im Öffentlichen Recht ist daher im Folgenden zu betrachten. Dabei soll zunächst das Vorliegen der Dezisionszeitpunkte des Erkenntnishorizonts und der tatsächlichen Entscheidung und ihr Verhältnis jeweils zueinander im verwaltungsgerichtlichen Urteilsverfahren betrachtet werden. Gerade im Hinblick auf den angeführten Meinungsstreit des Öffentlichen Rechts muss, ebenso wie bei der Betrachtung der Begutachtungszeitpunkte, dazu der Blick aber noch insofern geweitet werden, als das Vorverfahren oder im Falle seines Fehlens das Verwaltungsverfahren miteinzubeziehen ist. Vor dem Hintergrund der Diskussion des Öffentlichen Rechts soll dabei insgesamt der Fokus auf der Anfechtungsklage liegen.

Insofern ist im Folgenden eine getrennte Betrachtung nach den Bereichen des Verwaltungsverfahrens einerseits und des verwaltungsgerichtlichen Verfahrens andererseits vorzunehmen. In diese Betrachtung sind nicht zuletzt aufgrund der zudem vorzunehmenden Einordnung des verwaltungsrechtlichen Meinungsstreits in die privatrechtliche Systematik der Beurteilungszeitpunkte vertiefende Aspekte zu der Beziehung der Dezisionszeitpunkte zu den Begutachtungszeitpunkten miteinzubeziehen.

### a) Verwaltungsverfahren

Aufgrund der grundsätzlichen Chronologie des Verfahrensablaufs soll mit dem Verwaltungsverfahren begonnen werden. Dieses endet mit dem Erlass oder der Ablehnung des Verwaltungsakts bzw. mit dem Abschluss des öffentlich-rechtlichen Vertrags.[31] Dabei gilt in diesem Verfahren nach § 24 VwVfG grundsätzlich der

---

[30] Teil C/IV./2.

[31] S. hierzu und zu den Ausnahmesituationen, dass die Hauptregelung nicht gemeinsam mit den Nebenentscheidungen ergeht Schoch/Schneider/*Rixen/Goldhammer*, Verwaltungsrecht,

Untersuchungsgrundsatz. Er wird aber vor allem durch die Regelung des § 26 Abs. 2 VwVfG modifiziert, wonach die Beteiligten bei der Ermittlung des Sachverhalts mitwirken sollen. Wie bereits im arbeitsgerichtlichen Beschlussverfahren dargestellt, ändern derartige Modifikationen nichts am grundsätzlichen Vorliegen des Untersuchungsgrundsatzes: Letztlich bestimmt die Behörde Art und Umfang der Ermittlungen, sie ist „Herrin des Verwaltungsverfahrens".[32]

### aa) Ausgangsverfahren

Als der „maßgebende Zeitpunkt für die Feststellung des Sachverhalts und seiner rechtlichen Beurteilung über die Zulässigkeit und Begründetheit" und damit im Ergebnis als Erkenntnishorizont wird der Zeitpunkt der Entscheidung der Behörde angesehen.[33] Insofern kommt es auch hier zunächst auf die Entscheidungsreife an. Der entscheidungserhebliche Sachverhalt muss aus Sicht der Behörde[34] nach den §§ 24 ff. VwVfG hinreichend aufgeklärt sein.[35] Zu beachten ist jedoch ebenfalls die Anhörung nach § 28 VwVfG, die in dem verfassungsrechtlich garantierten Anspruch auf rechtliches Gehör wurzelt.[36] Vor Erlass eines belastenden Verwaltungsakts ist in der Regel dem bzw. den Beteiligten Gelegenheit zu geben, sich zu den für die Entscheidung erheblichen Tatsachen zu äußern.

Bereits in der Bestandsaufnahme zu den privatrechtlichen Beurteilungszeitpunkten wurde deutlich, dass eine enge Verbindung zwischen dem Vorliegen von Präklusionsnormen und dem Auseinanderfallen bzw. Zusammentreffen der beiden Dezisionszeitpunkte zu verzeichnen ist.[37] Insofern ist gerade in Bezug auf die Anhörung die Frage nach der Möglichkeit einer Präklusion zu stellen.

Dazu ist zunächst festzustellen, dass die Behörde im Rahmen von § 28 VwVfG eine Frist setzen kann, an die sie grundsätzlich dergestalt gebunden ist, dass sie den Verwaltungsakt nicht vor Ablauf der Frist erlassen darf.[38] Andererseits kann die

---

VwVfG § 9 Rn. 33; vgl. ebenfalls *Detterbeck,* Allgemeines Verwaltungsrecht, Rn. 959.

[32] Maurer/Waldhoff/*Maurer/Waldhoff,* Allgemeines Verwaltungsrecht, § 19 Rn. 26.

[33] Vgl. hierzu Stelkens/Bonk/Sachs/*Schmitz,* Verwaltungsverfahrensgesetz, VwVfG § 9 Rn. 137.

[34] BVerwG, Urt. v. 15.12.1983 – 3 C 27/82, NVwZ 1984, 577.

[35] Vgl. auch Stelkens/Bonk/Sachs/*Kallerhoff/Mayen,* Verwaltungsverfahrensgesetz, VwVfG § 28 Rn. 42. S.

[36] Stelkens/Bonk/Sachs/*Kallerhoff/Mayen,* Verwaltungsverfahrensgesetz, VwVfG § 28 Rn. 1 f.

[37] Vgl. Teil C/II./4./e).

[38] Vgl. Schoch/Schneider/*Schneider,* Verwaltungsrecht, VwVfG § 28 Rn. 48. S. hierzu und zu eventuellen Ausnahmen auch VGH Kassel, Beschl. v. 16.7.1990 – 13 TH 1690/90, NVwZ-

Behörde dann, wenn ein Beteiligter eine Äußerung trotz Fristsetzung nicht vornimmt, ohne dessen Stellungnahme entscheiden.[39] Die Fristsetzung führt aber insgesamt nicht zu einer Präklusion, denn die Behörde hat aufgrund des Amtsermittlungsgrundsatzes verspätete Äußerungen zu berücksichtigen.[40] Eine derartige Präklusion kommt nur beim Vorliegen entsprechender, insbesondere fachrechtlicher Sonderbestimmungen in Betracht.[41] Insofern ist festzuhalten, dass in der Regel der Erkenntnishorizont und der Zeitpunkt der tatsächlichen Entscheidung zusammenfallen.

Dabei ist in diesem Bereich ebenfalls stets eine deutliche Trennung zwischen dem verfahrensrechtlich zu verortenden Erkenntnishorizont und dem betreffenden Begutachtungszeitpunkt, sei er materiell-rechtlich oder verfahrensrechtlich, vorzunehmen. Letztere können mit dem Erkenntnishorizont zusammentreffen, müssen es aber nicht. Zur Verdeutlichung dessen kann nochmals auf die zuvor vorgenommene Darstellung der einzelnen Kategorien von Begutachtungszeitpunkten verwiesen werden: So zeigt sich etwa am Beispiel des § 93 Abs. 4 BauGB, dass teilweise durch das Gesetz ein materiell-rechtlicher Begutachtungszeitpunkt ausdrücklich auf den „Zeitpunkt, in dem die Enteignungsbehörde [...] entscheidet" und damit in dem gemeinsamen Zeitpunkt von Erkenntnishorizont und tatsächlicher Entscheidung festgeschrieben wird. Andere materiell-rechtliche Begutachtungszeitpunkte sind von diesem getrennt, wie das Beispiel des § 58 Abs. 3 BauGB, der auf die Wertverhältnisse im Zeitpunkt des Umlegungsbeschlusses abstellt, zeigt. Dann besteht kein tatsächliches zeitliches Zusammentreffen zweier rechtlich verschiedener Beurteilungszeitpunkte, eine Trennung wird schon von Gesetzes wegen vorgenommen. Eine derartige Trennung ist ebenfalls aufgrund eines merkmalimmanenten Zeitpunkterfordernisses möglich, das die Beurteilung des betreffenden Tatbestandsmerkmals in einem vom Erkenntnishorizont verschiedenen Zeitpunkt verortet.

---

RR 1991, 225 f.; *Krasney,* NVwZ 1986, 337, 341 f. Eine Ausnahme insofern ablehnend *Hufen/Siegel,* Fehler im Verwaltungsverfahren Rn. 293.

[39] Schoch/Schneider/*Schneider,* Verwaltungsrecht, VwVfG § 28 Rn. 43, 48. S. hierzu auch *Hufen/Siegel,* Fehler im Verwaltungsverfahren Rn. 291.

[40] Schoch/Schneider/*Schneider,* Verwaltungsrecht, VwVfG § 28 Rn. 48.

[41] Schoch/Schneider/*Schneider,* Verwaltungsrecht, VwVfG § 26 Rn. 30; § 28 Rn. 43, 48. Das Eingreifen von Präklusionsvorschriften kommt insbesondere im Bereich von Planfeststellungsverfahren in Betracht kommt, vgl. hierzu bereits *Brandt,* NVwZ 1997, 233 ff. Für diese existieren jedoch mit den §§ 73 ff. VwVfG gesonderte Vorschriften. Vgl. zudem etwa § 10 Abs. 3 S. 5 BImSchG.

### bb) Widerspruchsverfahren

Geht der Bürger gegen einen ihn belastenden Verwaltungsakt vor, schließt sich, wenn nicht ausnahmsweise entbehrlich,[42] ein Widerspruchsverfahren an. Unabhängig von der Frage, ob es sich um ein eigenständiges Verfahren oder einen weiteren Teil des Verwaltungsverfahrens handelt,[43] wird insbesondere von der Auffassung, die in der vorliegend zentralen Diskussion des Öffentlichen Rechts den Zeitpunkt der letzten Behördenentscheidung präferiert, einzig auf den Widerspruchsbescheid abgestellt.[44]

#### (1) Grundsätzliche Verortung

Insofern ist auch bezüglich des Widerspruchsverfahrens der Fokus auf die Frage der Verortung der Dezisionszeitpunkte zu legen. Ausgangspunkt ist, dass der angegriffene Verwaltungsakt im Widerspruchsverfahren in der Regel einer uneingeschränkten Prüfung unterzogen wird.[45] Dabei gibt gerade die Formulierung des „Zeitpunkts der letzten Behördenentscheidung" zugleich einen Hinweis auf den Erkenntnishorizont, denn als maßgeblicher Zeitpunkt für die Beurteilung der Sach- und Rechtslage wird hier sowohl in der Rechtsprechung als auch in der Literatur der Zeitpunkt der Widerspruchsentscheidung angesehen.[46] Im Sinne der im Privatrecht entwickelten Terminologie und Systematik bedeutet das, dass im Widerspruchsverfahren grundsätzlich Erkenntnishorizont und Zeitpunkt der tatsächlichen Entscheidung zeitlich zusammenfallen. Zur Begründung wird unter Hinweis auf die Einheit von Ausgangsverfahren und Widerspruchsverfahren darauf abgestellt, dass das Verwaltungsverfahren insgesamt erst mit dem Widerspruchsbescheid abgeschlossen sei.[47]

---

[42] So etwa in § 110 Abs. 3 S. 2 Nr. 7 i. V. m § 110 Abs. 1 S. 1 JustG NRW.

[43] S. hierzu bereits Teil D/II./1./a).

[44] Vgl. etwa *Hufen,* Verwaltungsprozessrecht, § 24 Rn. 8; *Tettinger/Wahrendorf,* Verwaltungsprozessrecht, § 15 Rn. 15; *Würtenberger/Heckmann,* Verwaltungsprozessrecht, Rn. 697.

[45] BVerwG, Beschl. v. 26.4.2011 – 7 B 34/11, BeckRS 2011, 50624 Rn. 7; Wysk/*Buchheister,* Verwaltungsgerichtsordnung, VwGO § 68 Rn. 6.

[46] BVerwG, Urt. v. 6.4.1955 – BVerwG V C 76/54, NJW 1955, 1291; BVerwG, Beschl. v. 30.4.1996 – 6 B 77/95, NVwZ-RR 1997, 132, 133; BVerwG, Beschl. v. 3.11.2006 – 10 B 19.06, DÖV 2007, 302; BeckOK VwGO/*Hüttenbrink,* VwGO § 68 Rn. 3; Kopp/Schenke/*W.-R. Schenke,* VwGO § 68 Rn. 15; Schoch/Schneider/*Porsch,* Verwaltungsrecht, VwGO § 68 Rn. 45; NK-VwGO/*Geis,* VwGO § 68 Rn. 196; Eyermann/*Wöckel,* VwGO § 68 Rn. 14; Wysk/*Buchheister,* Verwaltungsgerichtsordnung, VwGO § 68 Rn. 8.

[47] BVerwG, Urt. v. 18.4.1986 – 8 C 81/83, NVwZ 1987, 224, 225; BVerwG, Beschl. v. 3.11.2006 – 10 B 19.06, DÖV 2007, 302; Schoch/Schneider/*Porsch,* Verwaltungsrecht, VwGO § 68 Rn. 45.

### (2) Verhältnis Dezisionszeitpunkte und materiell-rechtliche Begutachtungszeitpunkte

Diesbezüglich weist das BVerwG darauf hin, dass eine während des Vorverfahrens eintretende Änderung der Sach- und Rechtslage grundsätzlich zu berücksichtigen sei, sofern sich aus dem materiellen Recht nichts Abweichendes ergebe.[48] Das entspricht, neben der Möglichkeit eventueller Heilungsvorschriften, letztlich der Trennung von Erkenntnishorizont und einem eventuell zeitlich verschieden verorteten materiell-rechtlichen Begutachtungszeitpunkt.

#### (a) Insbesondere: Drittwiderspruch gegen Baugenehmigung

Eine Ausnahme hiervon sieht allerdings insbesondere das BVerwG im Fall eines Drittwiderspruchs gegen eine Baugenehmigung und stellt in diesem Zusammenhang auf den Zeitpunkt des Ausgangsbescheids ab, wenn Änderungen zulasten des Bauherrn vorliegen; Änderungen zu seinen Gunsten seien hingegen zu berücksichtigen.[49] Zur Begründung wird angeführt, dass eine ursprünglich rechtmäßige Baugenehmigung dem Empfänger nicht ohne ausdrückliche Rechtsgrundlage entzogen werden könne.[50] Hingegen sei es mit der nach Maßgabe des einschlägigen Rechts gewährleisteten Baufreiheit nicht vereinbar, eine zur Zeit des Erlasses rechtswidrige Baugenehmigung aufzuheben, die sogleich nach der Aufhebung wieder erteilt werden müsste.[51] Teilweise wird aber auch darauf hingewiesen, dass dies dogmatisch nicht zwingend eine Ausnahme des Grundsatzes sei, dass Entscheidungsgrundlage die Sach- und Rechtslage zum Zeitpunkt der Widerspruchsentscheidung sei.[52]

#### (b) Einordnung anhand privatrechtlicher Systematik

Auch aus Sicht der im Privatrecht herausgearbeiteten Systematik stellt sich die Situation nicht als Ausnahme dar: Der grundsätzlich verfahrensrechtliche Erkenntnishorizont des Widerspruchsverfahrens liegt stets im Zeitpunkt der

---

[48] BVerwG, Beschl. v. 3.11.2006 – 10 B 19.06, DÖV 2007, 302.

[49] BVerwG, Urt. v. 19.9.1969 – IV C 18/67, NJW 1970, 263 f.; BVerwG, Beschl. v. 23.4.1998 – 4 B 40/98, NVwZ 1998, 1179; Wysk/*Buchheister*, Verwaltungsgerichtsordnung, VwGO § 68 Rn. 8.

[50] BVerwG, Urt. v. 19.9.1969 – IV C 18/67, NJW 1970, 263 f.; BVerwG, Beschl. v. 23.4.1998 – 4 B 40/98, NVwZ 1998, 1179; Schoch/Schneider/*Porsch*, Verwaltungsrecht, VwGO § 68 Rn. 46.

[51] BVerwG, Beschl. v. 23.4.1998 – 4 B 40/98, NVwZ 1998, 1179.

[52] NK-VwGO/*Geis*, VwGO, § 68 Rn. 198. Im Ergebnis so wohl auch Kopp/Schenke/*W.-R. Schenke*, VwGO § 68 Rn. 15. Ebenso auf den Zeitpunkt des Widerspruchbescheids abstellend *Hufen*, Verwaltungsprozessrecht, § 7 Rn. 3; *Schuegraf*, NJW 1970, 581 f.

Behördenentscheidung. Die weitere Frage der Behandlung des Rechtswidrig- bzw. des Rechtmäßigwerdens der Baugenehmigung betrifft hingegen den materiellrechtlichen Bereich.

Das zeigt sich letztlich in der Entscheidung des BVerwG bereits daran, dass dennoch eine dem Zeitpunkt der Ausgangsentscheidung nachgelagerte Beurteilung der Sachlage erfolgt. Denn die Feststellung, dass Änderungen zugunsten des Bauherrn vorliegen, aufgrund derer die Baugenehmigung nicht aufgehoben wird, liegen nach dem Zeitpunkt des Erkenntnishorizonts des Ausgangsverfahrens. Würde im Sinne eines verfahrensrechtlichen Dezisionszeitpunkts einzig auf die Sachlage des Ausgangsverfahrens abgestellt, dürften nachfolgende Veränderungen aber nicht mehr in die Beurteilung miteinbezogen werden. Gerade das wird jedoch von dem Gericht im Ergebnis dennoch beurteilt.

Vor allem lässt sich dies aber systematisch in Anlehnung an die Erkenntnisse des privatrechtlichen Bereichs begründen. Dabei soll zur Veranschaulichung die Grundkonstellation des Vorgehens gegen eine Baugenehmigung durch Dritte betrachtet werden: Wenn das Gesetz nicht ausdrücklich den Wegfall des Vorverfahrens vorschreibt,[53] wird bei einem Vorgehen im Wege eines Drittwiderspruchs gegen eine Baugenehmigung die zuständige Behörde zu prüfen haben, ob ein Anspruch auf die erteilte Baugenehmigung bestanden hat. Diesbezüglich findet sich dann etwa in § 73 LBO des Saarlandes, dass die Baugenehmigung zu erteilen ist, wenn dem Vorhaben keine öffentlich-rechtlichen Vorschriften entgegenstehen. Das Erfordernis, dass keine öffentlich-rechtlichen Vorschriften entgegenstehen, findet sich so oder in vergleichbarer Weise auch in den entsprechenden Regelungen der Landesbauordnungen der übrigen Bundesländer.[54] Dabei ist zwar die Bestimmung des Umfangs der von der Bauaufsichtsbehörde zu prüfenden öffentlich-rechtlichen Vorschriften Sache des jeweiligen Landesrechts.[55] Jedoch ist die Tatbestandsvoraussetzung „Vereinbarkeit mit den öffentlichen Vorschriften" grundsätzlich als Voraussetzung der materiellen Rechtmäßigkeit einer Baugenehmigung anzusehen.[56] Sie dient folglich dem Zweck, die materielle Rechtmäßigkeit eines

---

[53] So etwa in § 110 Abs. 3 S. 2 Nr. 7 i. V. m. § 110 Abs. 1 S. 1 JustG NRW.

[54] Vgl. etwa § 74 Abs. 1 S. 1 BauO NRW, Art. 68 Abs. 1 S. 1 BayBO, § 72 Abs. 1 SächsBO, § 71 Abs. 1 S. 1 BauO LSA, § 70 Abs. 1 S. 1 LBauO Rheinland-Pfalz; § 58 Abs. 1 S. 1 LBO BW; § 74 Abs. 1 HBO. § 70 NBauO formuliert, „wenn die Baumaßnahme, soweit sie genehmigungsbedürftig und soweit eine Prüfung erforderlich ist, dem öffentlichen Baurecht entspricht".

[55] BVerwG, Beschl. v. 25.10.1995 – 4 B 216/95, NVwZ 1996, 377; *Dietlein/Hellermann*, Öffentliches Recht in Nordrhein-Westfalen, § 4 Rn. 271.

[56] Vgl. hierzu *Dietlein/Hellermann*, Öffentliches Recht in Nordrhein-Westfalen, § 4 Rn. 269. S. ebenfalls Busse/Kraus/*Decker*, BayBO Art. 68 Rn. 1.

Anspruchs auf Erteilung der Baugenehmigung festzustellen. Der diese Tatbestandsvoraussetzung betreffende Begutachtungszeitpunkt ist damit ein materiell-rechtlicher.

Der betreffende Zeitpunkt ist jedoch in den unterschiedlichen Formulierungen der Landesgesetze nicht ausdrücklich gesetzlich geregelt. Allerdings kann die Beurteilung eines Verstoßes gegen die betreffenden öffentlich-rechtlichen Vorschriften und damit die Subsumtion dieses Merkmals nur in eindeutiger Weise erfolgen, wenn zuvor feststeht, auf welchen Zeitpunkt genau abzustellen ist. Es handelt sich damit um ein merkmalimmanentes Zeitpunkterfordernis.

Die von dem BVerwG nun für den Fall des Drittwiderspruchs vorgenommene unterschiedliche Verortung der merkmalimmanenten Zeitpunkterfordernisse für diesen materiell-rechtlichen Begutachtungszeitpunkt danach, ob eine Änderung zulasten des Bauherrn oder zu seinen Gunsten erfolgt, erinnert dabei an die Fallgruppenbildung im Bereich der unbestimmten Rechtsbegriffe des Privatrechts.[57] Sie ändert aber nichts an der grundsätzlichen Feststellung, dass es insgesamt um die Festlegung eines materiell-rechtlichen Begutachtungszeitpunkts im Rahmen eines merkmalimmanenten Zeitpunkterfordernisses geht. Der Erkenntnishorizont verbleibt hingegen im Zeitpunkt der tatsächlichen Entscheidung.

#### (3) Zwischenergebnis

Im Widerspruchsverfahren fallen Erkenntnishorizont und Zeitpunkt der tatsächlichen Entscheidung grundsätzlich zusammen. Bei der betrachteten Konstellation des Drittwiderspruchs gegen eine Baugenehmigung handelt es sich unter Zugrundelegung der für den privatrechtlichen Bereich entwickelten Terminologie und Systematik nicht um eine Ausnahme von diesem Grundsatz. Vielmehr konnte anhand dieser Konstellation das Vorliegen eines merkmalimmanenten Zeitpunkterfordernisses eines materiell-rechtlichen Begutachtungszeitpunkts im verwaltungsrechtlichen Bereich verdeutlicht werden.

Dabei ist diese Konstellation im Kontext der vorliegenden Untersuchung noch in weiterer Hinsicht bedeutsam: Bei dem Merkmal der Vereinbarkeit mit öffentlich-rechtlichen Vorschriften handelt es sich um ein solches, das Ausgangspunkt für weitere Aspekte ist, vergleichbar etwa mit dem im privatrechtlichen Teil angeführten Merkmal der „Erfolgsaussichten" des § 114 Abs. 1 ZPO.[58] Bei der Betrachtung der Vereinbarkeit mit öffentlich-rechtlichen Vorschriften sind insbesondere die Aspekte der Genehmigungsbedürftigkeit und Genehmigungsfähigkeit mit

[57] Teil C/I./2./a)/cc)/(2).

[58] Teil C/II./2. und Teil C/III./2./a)/bb)/(2)/(c)/(dd).

zahlreichen weiteren Unteraspekten zu prüfen,[59] die wiederum mit weiteren Begutachtungszeitpunkten versehen sein können. Dabei können sowohl formelle als auch materielle Gesichtspunkte eine Rolle spielen.[60] Daher ist gegebenenfalls eine Vermischung verfahrensrechtlicher und materiell-rechtlicher Aspekte möglich.

Bei der Bestimmung des jeweiligen Begutachtungszeitpunkts ist zwar eine Einzelfallbetrachtung erforderlich. Bei dieser muss aber stets der Zweck des insofern „übergeordneten" Begutachtungszeitpunkts für die Vereinbarkeit mit öffentlich-rechtlichen Vorschriften mitberücksichtigt werden. Hierbei kann dann das Kriterium des Schwerpunkts herangezogen werden und eine Einordnung über den Kernzweck des jeweiligen (nachgeordneten) Begutachtungszeitpunkts erfolgen. Dieser kann, selbst wenn es sich gegebenenfalls um einen verfahrensrechtlichen Aspekt handelt, auch darin liegen kann, dem übergeordneten (hier materiell-rechtlichen) Begutachtungszeitpunkt zu dienen.

## b) Verwaltungsgerichtlicher Bereich

Damit ist nun der Blick auf den verwaltungsgerichtlichen Bereich zu richten. Kommt es zum Klageverfahren, so ist zwar zunächst festzuhalten, dass dort ebenfalls beide Arten von Dezisionszeitpunkten zu finden sind. Vieles ist aber insbesondere in Bezug auf die Anfechtungsklage ungeklärt. Das zeigt die dargestellte Diskussion zu „dem Beurteilungszeitpunkt" im Öffentlichen Recht. Da in den Äußerungen dieses Meinungsstreits der Vergleich zu der Situation der Beurteilungszeitpunkte im Privatrecht gezogen wird, soll daher im Folgenden der Fokus auf der Anfechtungssituation liegen und diese unter Berücksichtigung einer intradisziplinären Perspektive näher beleuchtet werden.

### aa) Verhältnis Erkenntnishorizont und Zeitpunkt tatsächlicher Entscheidung im verwaltungsgerichtlichen Verfahren allgemein

Bevor jedoch eine Verengung auf die Anfechtungsklage erfolgen kann, ist noch der grundsätzlichen Frage nachzugehen, ob im verwaltungsgerichtlichen Verfahren insgesamt ebenso wie im Urteilsverfahren des Zivilprozesses mit Ausnahme der Situation des Stuhlurteils eine klare zeitliche Trennung zwischen den beiden Dezisionszeitpunkten zu verzeichnen ist. Auf der Grundlage des Ergebnisses kann dann

[59] Vgl. diesbezüglich etwa das Schaubild bei *Dietlein/Hellermann*, Öffentliches Recht in Nordrhein-Westfalen, § 4 Rn. 273.

[60] *Dietlein/Hellermann*, Öffentliches Recht in Nordrhein-Westfalen, Schaubild § 4 Rn. 273; *Stollmann/Beaucamp*, Öffentliches Baurecht, Schaubild, § 18 Rn. 8.

eine Fokussierung auf die Anfechtungssituation und etwaiger dortiger Besonderheiten erfolgen.

In Bezug auf die unterschiedlichen Klagearten des Verwaltungsprozesses finden sich bezüglich der Dezisionszeitpunkte zahlreiche Äußerungen: Wie gesehen, wird etwa im Rahmen des Streits um „den Beurteilungszeitpunkt" des Öffentlichen Rechts von einer Ansicht für die Beurteilung der „Sach- und Rechtslage" auf den „Zeitpunkt der letzten mündlichen Verhandlung" der Anfechtungsklage als Unterfall der Gestaltungsklage,[61] bei Fehlen einer mündlichen Verhandlung auf denjenigen der gerichtlichen Entscheidung abgestellt.[62] Für die Leistungsklage wird bezüglich des Erkenntnishorizonts allgemein auf den Zeitpunkt der letzten mündlichen Verhandlung abgestellt, in diesem muss ein Rechtsanspruch auf die begehrte Amtshandlung oder Unterlassung bestanden haben.[63] *Wolf-Rüdiger Schenke* ergänzt diesbezüglich aber noch „bzw. der Entscheidung".[64] Speziell für die Verpflichtungsklage als Unterfall der Leistungsklage[65] findet sich ebenfalls, dass in der Regel die letzte mündliche Verhandlung der für die Beurteilung der „Sach- und Rechtslage" der maßgebliche Zeitpunkt sei.[66] Auch hier ergänzen *Wolf-Rüdiger Schenke* und *Ralf P. Schenke* „bzw. im Zeitpunkt der Entscheidung".[67]

Vor dem Hintergrund dieser Äußerungen soll daher die aufgeworfene Frage beantwortet werden. Dabei sind mehrere miteinander in Verbindung stehende Einzelaspekte relevant, die dann in ihrer Gesamtheit zu beurteilen sind.

### (1) Nichtanwendbarkeit des § 296a ZPO

Diesbezüglich ist zunächst der Blick auf § 296a ZPO zu richten. Denn das alleinige Abstellen auf den Zeitpunkt der letzten mündlichen Verhandlung entspricht der grundsätzlichen Situation im zivilgerichtlichen Urteilsverfahren, in dem § 296a ZPO für die Festlegung des Erkenntnishorizonts prägend ist; das gilt auch im

---

[61] BeckOK VwGO/*Möstl,* VwGO § 43 Rn. 11; Schoch/Schneider/*Pietzcker/Marsch,* Verwaltungsrecht, VwGO § 42 Abs. 1 Rn. 2; *W.-R. Schenke,* Verwaltungsprozessrecht, Rn. 200.

[62] Vgl. etwa *Bähr,* Die maßgebliche Rechts- und Sachlage für die gerichtliche Beurteilung von Verwaltungsakten, 142; *Martini,* Verwaltungsprozessrecht und Allgemeines Verwaltungsrecht, 187; *W.-R. Schenke* in: Heckmann/R.-P. Schenke/Sydow (Hrsg.), Festschrift für Thomas Würtenberger, 1185, 1187; *ders.,* Verwaltungsprozessrecht Rn. 847.

[63] Vgl. Kopp/Schenke/*W.-R. Schenke,* Vorbemerkung VwGO § 40 Rn. 8a; *Stüer,* Bau- und Fachplanungsrecht, Rn. 5449.

[64] Kopp/Schenke/*W.-R. Schenke,* Vorbemerkung VwGO § 40 Rn. 8a.

[65] *Hufen,* Verwaltungsprozessrecht, § 13 Rn. 10.

[66] BVerwG, Urt. v. 28.7.1989 – 7 C 39/87, NJW 1989, 3233, 3234; *Gatawis,* JA 2003, 692, 693

[67] Kopp/Schenke/*W-R. Schenke/R.-P. Schenke,* VwGO § 113 Rn. 217.

schriftlichen Verfahren, in dem § 296a ZPO Verfahren entsprechend anwendbar ist.[68] Hierzu wurde jedoch bereits im Rahmen der Bestandsaufnahme zu den privatrechtlichen Beurteilungszeitpunkten deutlich, dass für den Fall, dass § 296a ZPO oder eine diesem vergleichbare Vorschrift keine Anwendung findet, eine klare zeitliche Trennung zwischen Erkenntnishorizont und Zeitpunkt der tatsächlichen Entscheidung in der Regel nicht mehr gegeben ist, sich diese beiden Zeitpunkte vielmehr annähern bzw. zusammenfallen.[69]

Im verwaltungsgerichtlichen Verfahren ist nun die Vorschrift des § 296a ZPO nicht, auch nicht analog anwendbar.[70] Insbesondere kommt eine Anwendung über die Verweisung des § 173 VwGO nicht in Betracht.[71] Nach dieser Vorschrift sind die Bestimmungen der Zivilprozessordnung nur dann anwendbar, soweit die VwGO keine Bestimmungen über das Verfahren enthält. Vorliegend enthält allerdings die VwGO bereits mit § 87b Abs. 3 eine eigene Präklusionsregel, die im Rahmen des 4. VwGO Änderungsgesetzes des Jahres 1990 eingeführt wurde.[72] Im Gegensatz zur ZPO bestand bis zu diesem Zeitpunkt in der VwGO keine Regelung zur Zurückweisung verspäteten Vorbringens, eine analoge Anwendung der entsprechenden Vorschriften der Zivilprozessordnung über § 173 VwGO wurde von der Rechtsprechung nicht aufgegriffen.[73] In der gesetzesbegründung wies der gesetzgeber ausdrücklich darauf hin, dass zu erwarten sei, dass sich eine Präklusionsregelung in der Verwaltungsgerichtsbarkeit insbesondere als vorbeugendes Beschleunigungsinstrument ebenfalls bewähren werde und damit zur zügigeren Abwicklung des Verfahrens beitrage.[74] Zugleich betonte er, dass die vielfältigen kumulativen Tatbestandsvoraussetzungen zur Frage der Zurückweisung gewährleisteten, dass die berechtigten Interessen auch weniger gewandter Rechtssuchender gewahrt blieben.[75]

---

[68] BeckOK ZPO/*Bacher,* ZPO § 296a Rn. 3. Vgl. insgesamt Teil C/II./4./b)/aa)/(1).

[69] Teil C/II./4./b)/aa)/(2).

[70] Ebenso *Baumeister,* JURA 2005, 655, 658 f.; Schoch/Schneider/*Ortloff/Riese,* Verwaltungsrecht, VwGO § 104 Rn. 67; Schoch/Schneider/*Steinbeiß-Winkelmann/Naumann,* Verwaltungsrecht, VwGO § 173 Rn. 222; a. A. BVerwG, Beschl. v. 19.4.2021 – 6 C 5.20, BeckRS 2021, 12254 Rn. 4; *Baudewin/Großkurth,* NVwZ 2018, 1674, 1679; *Dolderer,* DÖV 2000, 491; *Dietrich,* DVBl 2021, 568, 573.

[71] Ebenso *Baumeister,* JURA 2005, 655, 658 f. A. A. *Baudewin/Großkurth,* NVwZ 2018, 1674, 1679; *Dolderer,* DÖV 2000, 491; *Dietrich,* DVBl 2021, 568, 573.

[72] Vgl. auch Schoch/Schneider/*Meissner/Steinbeiß-Winkelmann,* Verwaltungsrecht, VwGO § 173 Rn. 222.

[73] Vgl. *Kopp,* NJW 1991, 521, 524; Kopp/Schenke/*W.-R. Schenke,* VwGO § 87b Rn. 1.

[74] BT-Drs. 11/7030, S. 28, linke Spalte.

[75] BT-Drs. 11/7030, S. 28, rechte Spalte.

Die Einführung einer eigenen, auf die Belange des verwaltungsgerichtlichen Verfahrens bezogenen Präklusionsnorm, bedeutet im Ergebnis den Ausschluss der strengeren Vorschrift des § 296a ZPO. Würde man diese dennoch anwenden, würde das den in der speziellen Vorschrift des § 87 Abs. 3 VwGO zum Ausdruck kommenden gesetzgeberischen Willen missachten. Hierfür spricht zudem die restriktive Anwendung der Präklusionsvorschrift des § 296a ZPO im Privatrecht.[76] Diesbezüglich wurde bereits in der Bestandsaufnahme des Privatrechts festgehalten, dass § 296a ZPO im Rahmen von Beschlüssen nur dann als anwendbar angesehen wird, wenn deren Verfahrensregelung entweder in der ZPO selbst erfolgt oder in anderen Verfahrensordnungen mit explizitem Verweis auf § 296a ZPO vorgenommen wird.[77]

#### (2) Auswirkungen des (eingeschränkten) Untersuchungsgrundsatzes

Darüber hinaus ist ebenfalls zu berücksichtigen, dass § 173 VwGO hinsichtlich einer möglichen Bezugnahme auf die VwGO zudem die Einschränkung enthält, dass eine solche durch grundsätzliche Unterschiede der beiden Verfahrensarten nicht ausgeschlossen ist. Vorliegend besteht allerdings ein grundlegender Unterschied in der Geltung des Untersuchungsgrundsatzes im verwaltungsgerichtlichen Verfahren im Gegensatz zum Beibringungsgrundsatz des zivilprozessualen Urteilsverfahrens[78]: Die Auswirkungen des Ausschlusses von § 296a ZPO in Verbindung mit dem Eingreifen des Untersuchungsgrundsatzes wurden schon in der Bestandsaufnahme des Privatrechts betrachtet. Dabei wurde insbesondere für das arbeitsgerichtliche Beschlussverfahren festgestellt, dass der dort geltende eingeschränkte Untersuchungsgrundsatz Auswirkungen auf das zeitliche Verhältnis von Erkenntnishorizont und Zeitpunkt der tatsächlichen Entscheidung hat, je nachdem, ob das Gericht von der Möglichkeit einer Fristsetzung und anschließenden Zurückweisung eines eventuell verspäteten Vortrags des bzw. der Beteiligten Gebrauch macht. Wird hiervon kein Gebrauch gemacht, kann es insbesondere aufgrund der Möglichkeit der Entscheidung ohne mündliche Verhandlung, zu einer Annäherung von Erkenntnishorizont und Zeitpunkt der tatsächlichen Entscheidung kommen, diese gegebenenfalls zusammenfallen; andernfalls kann sich der Erkenntnishorizont als

---

[76] Vgl. BVerfG, Beschl. v. 26.1.1983 – 1 BvR 614/80, NJW 1983, 2017; s. ebenfalls Schoch/Schneider/*Steinbeiß-Winkelmann/Naumann*, Verwaltungsrecht, VwGO § 173 Rn. 222.

[77] Vgl. Teil C/II./4./c)/aa)/(3)/(a). S. auch Musielak/Voit/*Huber/Röß*, Zivilprozessordnung, ZPO § 296a Rn. 2; MüKoZPO/*Prütting*, ZPO § 296 Rn. 27 und MüKoZPO/*Prütting*, ZPO § 296a Rn. 3.

[78] S. diesbezüglich auch *Baumeister*, JURA 2005, 655, 658.

zweigeteilt darstellen, denkbar erscheint sogar ein teilweises Zusammenfallen mit dem Zeitpunkt der tatsächlichen Entscheidung.[79]

Im Rahmen dieser Betrachtung wurde zugleich festgestellt, dass der insofern maßgebliche § 83 Abs. 1a ArbGG der Vorschrift des § 87b Abs. 3 VwGO nachgebildet wurde.[80] Aufgrund der grundsätzlich parallelen gesetzlichen Bestimmungen und des in beiden Verfahren geltenden (eingeschränkten) Untersuchungsgrundsatzes können trotz mehrerer teilweise abweichender Formulierungen in den weiteren Vorschriften der VwGO die für das arbeitsgerichtliche Beschlussverfahren herausgearbeiteten Erkenntnisse bezüglich des Verhältnisses von Erkenntnishorizont und tatsächlichem Entscheidungshorizont auf das verwaltungsgerichtliche Urteilsverfahren übertragen werden: Zwar hat das Verwaltungsgericht nach § 101 Abs. 1 VwGO grundsätzlich mündlich zu verhandeln. Zudem kann es nach § 87b Abs. 1 und 2 VwGO dem Kläger bzw. den Beteiligten eine Frist bezüglich ihres Vorbringens setzen. Dabei kann allerdings im Falle einer (teilweisen) Präklusion verspätet Vorgebrachtes dennoch vom Gericht berücksichtigt werden.[81] Darüber hinaus hat das Verwaltungsgericht, anders als das Zivilgericht im Urteilsverfahren, wegen des Untersuchungsgrundsatzes auch nachgereichte, d. h. nach dem Schluss der mündlichen Verhandlung eingehende Schriftsätze ohne Gestattung, zur Kenntnis zu nehmen und zu überlegen, ob es die Verhandlung wiedereröffnet.[82] Das zeigt, dass letztlich das Gericht auch nach Schluss der mündlichen Verhandlung einen nach Ablauf einer eventuell gesetzten Frist erfolgenden Tatsachenvortrag berücksichtigen muss; damit verschiebt sich dann gegebenenfalls der Zeitpunkt der „letzten mündlichen Verhandlung" und kann möglicherweise erst aus der Retrospektive bestimmt werden.[83]

### (3) Außerprozessuales Wissen

Ähnlich verhält es sich mit nach diesem Zeitpunkt erlangtem außerprozessualem Wissen des Richters und gerichtskundigen Tatsachen, die dem Gericht aus amtlicher Tätigkeit bekannt sind. Diese können in der Regel ebenfalls dem Urteil zugrunde gelegt werden, sofern sie in das Verfahren eingeführt werden.[84] Dann wird

---

[79] S. hierzu insgesamt Teil C/II./4./c)/aa)/(5)/(d).

[80] Teil C/II./4./c)/aa)/(5)/(c)/(aa). S. auch Beschlussempfehlung und Bericht des Ausschusses für Arbeit und Sozialordnung, BT-Drs. 14/2490 S. 12.

[81] *Kopp*, NJW 1991, 521, 525; Kopp/Schenke/*W.-R. Schenke*, VwGO § 87 b Rn. 9.

[82] BVerwG, Beschl. v. 29.6.2007 – 4 BN 22/07, NVwZ 1989, 750; Schoch/Schneider/*Ortloff/Riese*, Verwaltungsrecht, VwGO § 104 Rn. 67.

[83] Ähnlich *Baumeister*, JURA 2005, 655, 659.

[84] S. hierzu insgesamt Schoch/Schneider/*Dawin*, Verwaltungsrecht, VwGO § 108 Rn. 16 ff.

das Gericht aufgrund des Grundsatzes des rechtlichen gehörs, der einfachgesetzlich zudem in § 108 VwGO verankert ist,[85] gegebenenfalls die mündliche Verhandlung nach § 104 Abs. 3 S. 2 VwGO wiedereröffnen.[86] Denn nach § 104 Abs. 1 VwGO hat der Vorsitzende die Streitsache mit den Beteiligten tatsächlich und rechtlich zu erörtern. Diese Erörterungspflicht bezieht sich insbesondere auf alle bisher nicht oder nicht ausreichend erörterten Fragen, die zwischen den Beteiligten streitig sind, oder die das Gericht für seine Entscheidung als Erheblich ansieht.[87] Hier verschiebt sich dann ebenfalls der Zeitpunkt der „letzten mündlichen Verhandlung".

#### (4) Auswirkungen des § 101 Abs. 2 VwGO

Vorliegend ist für die Beantwortung der Frage, ob eine klare zeitliche Trennung zwischen den beiden Dezisionszeitpunkten zu verzeichnen ist, zudem relevant, dass der Verwaltungsprozess zwar, wie angeführt, von einer mündlichen Verhandlung als Regelfall ausgeht, allerdings ein „Erörtern" auch schriftlich stattfinden kann, wenn die mündliche Verhandlung zulässigerweise nicht stattfindet.[88] Das wiederum richtet sich nach § 101 Abs. 2 VwGO, wonach mit Einverständnis der Parteien das Gericht ohne mündliche Verhandlung entscheiden kann. Und dieses Einverständnis kann ebenfalls noch, nachdem eine mündliche Verhandlung stattgefunden hat, für eine eventuell weitere mündliche Verhandlung erklärt werden.[89] In diesem Fall des schriftlichen Verfahrens des Verwaltungsgerichts ist allerdings § 128 Abs. 2 S. 2 ZPO nicht anwendbar.[90] Das hat zur Konsequenz, dass § 296a ZPO hier nicht eingreifen kann. Insofern besteht Konsistenz mit der herausgearbeiteten Situation im Rahmen der mündlichen Verhandlung.

Zudem hat das zur Folge, dass das Gericht Schriftsätze und Anträge noch berücksichtigen muss, die bis zu dem Zeitpunkt eingehen, in dem das Urteil erlassen wurde.[91] Diesbezüglich ist zwar streitig, wie genau dieser Zeitpunkt zu be-

---

[85] Vgl. etwa Kopp/Schenke/*W.-R. Schenke*, VwGO § 108 Rn. 1.

[86] Vgl. zu diesem Vorgehen aufgrund des Untersuchungsgrundsatzes insgesamt auch *Baumeister*, JURA 2005, 655, 659.

[87] Kopp/Schenke/*W.-R. Schenke*, VwGO § 104 Rn. 3.

[88] Schoch/Schneider/*Ortloff/Riese*, Verwaltungsrecht, VwGO § 104 Rn. 46.

[89] NK-VwGO/*Dolderer/Botta*, VwGO § 101 Rn. 24; Kopp/Schenke/*W.-R. Schenke*, VwGO § 101 Rn. 4.

[90] BVerwG, Beschl. v. 15.5.2014 – 9 B 57/13, NVwZ-RR 2014, 657 Rn. 20; Kopp/Schenke/*W.-R. Schenke*, VwGO § 101 Rn. 4.

[91] Vgl. hierzu insgesamt NK-VwGO/*Dolderer/Botta*, VwGO § 101 Rn. 48.

stimmen ist[92]: Teilweise wird auf den Zeitpunkt der grundsätzlichen Rechtswirksamkeit abgestellt,[93] teilweise auf den Zeitpunkt der Hinausgabe der Entscheidung durch die Geschäftsstelle an die Beteiligten.[94] Jedoch verdeutlicht allein das Abstellen auf den Zeitraum „um" die Abgabe der Geschäftsstelle den grundlegenden Unterschied zum zivilgerichtlichen Verfahren – die Diskussion im verwaltungsgerichtlichen Bereich erinnert vielmehr an diejenige des zivilgerichtlichen Beschlussverfahrens.[95] Für die vorliegend betrachtete Problematik entscheidend ist dann, dass es widersprüchlich wäre, im schriftlichen Verfahren eine zeitlich von § 296a ZPO abweichende, über einen fiktiven (dem Schluss der mündlichen Verhandlung vergleichbaren) Zeitpunkt hinausgehende Berücksichtigung von Schriftsätzen zuzulassen, eine derartige Möglichkeit aber für den Fall der mündlichen Verhandlung zu verneinen.

### (5) Zwischenergebnis

Insgesamt zeigt sich, dass im verwaltungsgerichtlichen Verfahren keine ebenso klare zeitliche Trennung zwischen den beiden Dezisionszeitpunkten wie im zivilgerichtlichen Urteilsverfahren (mit Ausnahme der Konstellation des Stuhlurteils) gegeben ist. Die Situation ist vielmehr vergleichbar derjenigen des arbeitsgerichtlichen Beschlussverfahrens. Zugleich wird ersichtlich, dass die Bezugnahme auf die „letzte mündliche Verhandlung" die grundsätzliche Situation des Erkenntnishorizonts im verwaltungsgerichtlichen Verfahren nicht ausreichend abbildet. Die Hinzunahme „bzw. der gerichtlichen Entscheidung" wie sie insbesondere von *Schenke*[96] vorgenommen wird, berücksichtigt die Besonderheiten in dieser Gerichtsbarkeit aufgrund des Untersuchungsgrundsatzes deutlicher, umfasst sie aber ebenfalls nicht gänzlich. Das von *Baumeister*[97] vorgeschlagene Abstellen allein auf den gerichtlichen Entscheidungszeitpunkt berücksichtigt zwar, dass sich der Erkenntnishorizont vielfach dem Zeitpunkt der tatsächlichen Entscheidung annähern und gegebenenfalls mit ihm sogar zusammenfallen wird. Es bildet jedoch ebenfalls nicht die aufgrund des § 87b Abs. 3 VwGO möglichen Besonderheiten ab.

Bezüglich dieser Präklusionsnorm ist festzuhalten, dass, wie im Rahmen der Betrachtung des arbeitsgerichtlichen Beschlussverfahrens dargestellt, im Einzelfall

---

[92] Kopp/Schenke/*W.-R. Schenke,* VwGO § 104 Rn. 14, Fn. 23.

[93] So etwa NK-VwGO/*Dolderer/Botta,* VwGO § 101 Rn. 48.

[94] Vgl. hierzu etwa Kopp/Schenke/*W.-R. Schenke,* VwGO § 104 Rn. 14.

[95] Vgl. Teil C/II./4./c)/aa)/(2)/(c).

[96] Kopp/Schenke/*W.-R. Schenke,* Vorbemerkung VwGO § 40 Rn. 8a. S. bereits Teil D/III./2./b)aa).

[97] *Baumeister,* JURA 2005, 655, 659.

ein Auseinanderfallen des Erkenntnishorizonts denkbar ist. Diesbezüglich kann das Ergebnis des arbeitsgerichtlichen Beschlussverfahrens auf das verwaltungsgerichtliche Urteilsverfahren übertragen werden: Selbst wenn § 87b Abs. 1 und 2 VwGO hinsichtlich des Inhalts der Fristsetzung dezidierter ist als § 83 Abs. 1a ArbGG, handelt es sich bei dem auf diese Regelungen Bezug nehmenden § 87b Abs. 3 VwGO dennoch um eine Präklusionsregel, die den verfahrensrechtlichen Bereich der Dezisionszeitpunkte berührt und nicht um die Neufestlegung materiell-rechtlicher Begutachtungszeitpunkte.[98]

Ein genaues Herausarbeiten der einzelnen Konstellationen kann nicht Ziel dieser privatrechtlich ausgerichteten Arbeit sein und soll im Kern verwaltungsrechtlichen Betrachtungen vorbehalten bleiben. Zentral für den weiteren Verlauf dieser Arbeit war jedoch das Verdeutlichen der insofern unterschiedlichen Lagebeziehung der beiden Dezisionszeitpunkte zueinander, insbesondere die Schwierigkeit einer eindeutigen Verortung des grundsätzlich als maßgeblich angesehenen Erkenntnishorizonts im verwaltungsgerichtlichen Verfahren.

Dennoch besteht, auch wenn die präzise Terminologie sich hier als problematisch erweist, insgesamt ein grundsätzlicher Erkenntnishorizont des verwaltungsgerichtlichen Verfahrens. Um nun im nächsten Schritt die besondere Konstellation der Anfechtungsklage untersuchen zu können, soll daher für diesen Bereich der Untersuchung einerseits zur Vereinfachung der Terminologie und andererseits zur besseren Unterscheidbarkeit von dem *grundsätzlichen Erkenntnishorizont des verwaltungsgerichtlichen Verfahrens* einerseits und dem Erkenntnishorizont der Anfechtungsklage andererseits gesprochen werden.

#### bb) Trennung materiell-rechtlicher und prozessualer Aspekte: Verhältnis des Erkenntnishorizonts der Anfechtungsklage zu Begutachtungszeitpunkten

Unter Zugrundelegung dieser Terminologie kann im Folgenden untersucht werden, ob dieser grundsätzliche Erkenntnishorizont des verwaltungsgerichtlichen Verfahrens ebenfalls für die Anfechtungsklage gilt, oder ob hier, wie teilweise im Rahmen des dargestellten Meinungsstreits zum Beurteilungszeitpunkt im Öffentlich Recht vertreten, abweichend auf den Zeitpunkt der letzten behördlichen Entscheidung abzustellen ist.

Sowohl die Vertreter der Ansicht, die (terminologisch unpräzise) auf den Zeitpunkt der letzten mündlichen Verhandlung abstellen, als auch das BVerwG weisen darauf hin, dass der diesbezügliche Streit in erster Linie auf einer Vermischung von

[98] Vgl. für das arbeitsgerichtliche Beschlussverfahren Teil C/II./4./c)/aa)/(5)/(c)/(aa).

prozessualen und materiell-rechtlichen Aspekten gründet.[99] Die betreffenden Ausführungen waren (mit) Ansatzpunkt für die Analyse der Situation und Entwicklung einer Terminologie und Systematik im Privatrecht.[100] Dabei wurde insbesondere verdeutlicht, dass die dortige Verwendung der Begriffe „prozessrechtlich maßgeblicher" oder „verfahrensrechtlich maßgeblicher Beurteilungszeitpunkt" die klare begriffliche Unterscheidung zwischen dem Erkenntnishorizont und einem prozessrechtlichen oder verfahrensrechtlichen Begutachtungszeitpunkt nicht berücksichtigt.[101] Insofern bietet es sich, da vorliegend bereits die grundsätzliche Übertragung dieser Kategorien auf das Öffentliche Recht festgestellt wurde, zur Beantwortung der aufgeworfenen Frage an, in einem nächsten Schritt das Verhältnis des Erkenntnishorizonts der Anfechtungsklage zu den materiell-rechtlichen bzw. verfahrensrechtlichen Begutachtungszeitpunkten zu betrachten.

### (1) Erkenntnishorizont der Anfechtungsklage und materiell-rechtliche Begutachtungszeitpunkte

Hierzu ist zunächst die Beziehung zwischen dem grundsätzlichen Erkenntnishorizont des verwaltungsgerichtlichen Verfahrens als möglicher Erkenntnishorizont der Anfechtungsklage einerseits und den materiell-rechtlichen Begutachtungszeitpunkten des Verwaltungsrechts andererseits unter Zugrundelegung der im Privatrecht entwickelten Terminologie und Systematik in den Blick zunehmen. Dieses Verhältnis ist insbesondere vor dem Hintergrund der Argumente des Meinungsstreits im Öffentlichen Recht zu beleuchten, da die im Anschluss zu betrachtenden Äußerungen mit Bezug auf den privatrechtlichen Bereich der dort geführten Diskussion entstammen.

#### (a) Gesetzlich festgelegte materiell-rechtliche Begutachtungszeitpunkte

Dabei zeigt sich, dass eine klare Trennung dieser rechtlich zu unterscheidenden Beurteilungszeitpunkte in der Regel dann erfolgen wird, wenn ein materiell-rechtlicher Begutachtungszeitpunkt ausdrücklich gesetzlich normiert wird. Auch hier kann nochmals auf das bereits bei der Betrachtung der Dezisionszeitpunkte und deren Verhältnis zu etwaigen Begutachtungszeitpunkten im

[99] *Baumeister,* JURA 2005, 655; *Gäditz/Orth,* JURA 2005, 1101, 1103; *Martini,* Verwaltungsprozessrecht und Allgemeines Verwaltungsrecht, 187; *W.-R. Schenke,* JuS 2019, 833, 834. Vgl. für die Rechtsprechung des BVerwG etwa BVerwG, Urt. v. 25.11.1981 – 8 C 14/81, NVwZ 1982, 375, 376.

[100] Teil B/II. Einleitung.

[101] Teil C/IV.2.

Ausgangsverfahren[102] angeführte Beispiel des § 58 Abs. 3 BauGB zurückgegriffen werden. Ist der dort geregelte materiell-rechtliche Begutachtungszeitpunkt für die Bemessung der betreffenden Geldbeiträge und -ausgleiche, der im Zeitpunkt des Umlagebeschlusses normativ verankert ist, Gegenstand eines verwaltungsgerichtlichen Verfahrens, so ist dieser nicht nur rechtlich, sondern auch in tatsächlicher zeitlicher Hinsicht ein vom grundsätzlichen Erkenntnishorizont des verwaltungsgerichtlichen Verfahrens getrennter Zeitpunkt. Damit stellt sich hier die Situation ebenso wie im privatrechtlichen Bereich dar.

#### (b) Merkmalimmanente Zeitpunkterfordernisse materiell-rechtlicher Begutachtungszeitpunkte

Im Ergebnis gleichermaßen wie im privatrechtlichen Bereich ist zudem die Situation in den Fällen einzuordnen, in denen ein Zeitpunkt nicht gesetzlich festgelegt wird, sondern sich aufgrund merkmalimmanenter Zeitpunkterfordernisse ergibt. Diese Konstellationen sind jedoch, nicht zuletzt aufgrund des im öffentlich-rechtlichen Bereich hinzutretenden Vorverfahrens, zumeist komplexer in ihrer Ausgestaltung. Und gerade diese Konstellationen bilden dann auch den Kern des Meinungsstreits.

##### (aa) Grundlegendes

Die Trennung zwischen den rechtlich verschiedenen Beurteilungszeitpunkten des grundsätzlichen Erkenntnishorizonts des verwaltungsgerichtlichen Verfahrens und der materiell-rechtlichen Begutachtungszeitpunkte wird hier ebenfalls in der Regel eingehalten, wenn diese beiden Zeitpunkte in tatsächlicher Hinsicht auseinanderfallen: Zur Verdeutlichung merkmalimmanenter Zeitpunkterfordernisse materiell-rechtliche Begutachtungszeitpunkte im Öffentlichen Recht wurde im Rahmen der grundsätzlichen Darstellung § 11 Abs. 1 Nr. 2 BBG als Beispiel gewählt.[103] Dort weicht der Begutachtungszeitpunkt für die Eignung eines Probebeamten vom grundsätzlichen Erkenntnishorizont des verwaltungsgerichtlichen Verfahrens ab. Der Richter bzw. das zur Entscheidung berufene Gremium hat sich im Rahmen der Prognosekontrolle,[104] d. h. wenn die Überprüfung der Eignungsentscheidung über einen Beamten oder eine Beamtin im Streit steht, in den Zeitpunkt des Ablaufs der Probezeit hineinzuversetzen.

---

[102] Teil D/III./2./a)/aa).

[103] Vgl. Teil D/III./1./a)/bb).

[104] S. zum Begriff der Prognosekontrolle *Nierhaus,* DVBl 1977, 19, 25; *Regenfus,* JR 2012, 137, 138; *Tettinger,* DVBL 1982, 421, 424. Vgl. ebenfalls Teil C/II./4/b)/cc)/(3)/(b)/(cc).

Problematischer erweist sich diese Trennung aber dann, wenn ein Zusammentreffen des grundsätzlichen Erkenntnishorizonts des verwaltungsgerichtlichen Verfahrens mit einem materiell-rechtlichen Begutachtungszeitpunkt in zeitlicher Hinsicht in Betracht gezogen wird. Insbesondere in diesen Konstellationen kann dann gegebenenfalls die Vermischung dieser strikt zu trennenden Rechtsfiguren erfolgen.

Zur Verdeutlichung dessen kann auf eine weitere bereits betrachtete Konstellation zurückgegriffen werden: So wurde bei der Betrachtung der Dezisionszeitpunkte im Widerspruchsverfahren der Begutachtungszeitpunkt für das Merkmal der Vereinbarkeit mit öffentlichen Vorschriften im Rahmen des Anspruchs auf Erteilung einer Baugenehmigung als ein Tatbestandsmerkmal, dem ein merkmalimmanenter Begutachtungszeitpunkt innewohnt, identifiziert.

Die Diskussion um die zeitliche Verortung dieses Zeitpunkts bei einem Vorgehen des Nachbarn gegen die Baugenehmigung wird aber nicht nur in Bezug auf das Widerspruchsverfahren geführt. Sie findet sich ebenso für die Klagesituation wieder. Auch hier wird zwischen den für den Bauherrn nachteiligen und für den Dritten begünstigenden Änderungen der Sach- und Rechtslage einerseits[105] und den Änderungen zugunsten des Bauherrn andererseits[106] differenziert.

Im ersten Fall wird grundsätzlich auf den Zeitpunkt der Genehmigungserteilung abgestellt,[107] im letzteren auf den grundsätzlichen Erkenntnishorizont des verwaltungsgerichtlichen Verfahrens.[108] Damit zwar für den erstgenannten Fall aufgrund des merkmalimmanenten Zeitpunkterfordernisses ebenfalls ein vom grundsätzlichen Erkenntnishorizont des verwaltungsgerichtlichen Verfahrens abweichender Zeitpunkt festgelegt. In der zweitgenannten Konstellation treffen aber der grundsätzliche Erkenntnishorizont des verwaltungsgerichtlichen Verfahrens und der materiell-rechtliche Begutachtungszeitpunkt in einem tatsächlichen

[105] BVerwG, Urt. v. 19.9.1969 – IV C 18/68, NJW 1970, 263, 264; BVerwG, Urt. v. 14.4.1978 – 4 C 96, 97/76, NJW 1979, 995; VGH Bad.-Württ. v. 21.4.1995 – 3 S 2514/94, FHOeffR 46 Nr. 9794 (Ls.). Vgl. auch *Hornmann,* Hessische Bauordnung, § 74 Rn. 199, der ebenso wie das BVerwG in seiner in dieser Fußnote angeführten Entscheidungen nur von der Rechtslage spricht.

[106] BVerwG, Beschl. v. 22.4.1996 – 4 B 54/96, NVwZ-RR 1996, 628; BVerwG, Beschl. v. 23.04.1998 – 4 B 40/98, NVwZ 1998, 1179. Vgl. auch *Hornmann,* Hessische Bauordnung, § 74 Rn. 200, der ebenso wie das BVerwG in seiner in dieser Fußnote angeführten Entscheidung des Jahres 1996 nur von der Rechtslage spricht.

[107] Vgl. etwa BVerwG, Beschl. v. 23.04.1998 – 4 B 40/98, NVwZ 1998, 1179. S. auch *Hornmann,* Hessische Bauordnung, § 74 Rn. 198, 199.

[108] BVerwG, Beschl. v. 22.4.1996 – 4 B 54/96, NVwZ-RR 1996, 628; BVerwG, Beschl. v. 23.04.1998 – 4 B 40/98, NVwZ 1998, 1179.

Zeitpunkt zusammen. Und hier besteht dann die Gefahr, dass eine „Vermischung“ materiell-rechtlicher und prozessualer bzw. verfahrensrechtlicher Aspekte erfolgt.

### (bb) Übergeordnete Begutachtungszeitpunkte

Das liegt zudem darin begründet, dass gerade die letztgenannte Konstellation eine höhere Komplexität beinhaltet, als sie etwa bei derjenigen des Begutachtungszeitpunkts der Eignung des Beamten zu verzeichnen ist. Denn das Merkmal der Vereinbarkeit mit öffentlich-rechtlichen Vorschriften erschöpft sich nicht in der Subsumtion eines einzigen Tatbestandsmerkmals. Vielmehr ist es Ausgangspunkt für zahlreiche weitere Einzelbegutachtungen. Wie bereits im Rahmen der Betrachtung der Dezisionszeitpunkte im Widerspruchsverfahren erläutert, handelt es sich hierbei um einen übergeordneten materiell-rechtlichen Begutachtungszeitpunkt.

Ein weiteres Tatbestandsmerkmal, in dem merkmalimmanente Zeitpunkterfordernisse mit einem übergeordneten materiell-rechtlichen Begutachtungszeitpunkt zusammentreffen, findet sich beispielsweise in § 6 Abs. 1 BImSchG. Dieser stellt etwa in Nr. 2 auch auf die Vereinbarkeit mit öffentlich-rechtlichen Vorschriften ab, ebenso wie auf die Belange des Arbeitsschutzes, die der Errichtung und dem Betrieb der Anlage nicht entgegenstehen dürfen. Beiden Merkmalen ist ein merkmalimmanentes Zeitpunkterfordernis inhärent. Auch hier wird für die Frage des „maßgeblichen Zeitpunkts“ im Falle der Anfechtungsklage in vergleichbarer Weise wie im Falle der Drittanfechtung der Baugenehmigung differenziert.[109] Diese Festlegung stellt sich aber im Ergebnis ebenfalls als eine merkmalimmanente Zeitpunktfestlegung dar. Hiervon ausgehend sind dann in der Regel weitere Beurteilungen vorzunehmen, die eigene Begutachtungszeitpunkte enthalten. Diese befinden sich in den Tatbestandsmerkmalen, die dem übergeordneten nachfolgend zu prüfen sind.

Die Betrachtung dieser übergeordneten Begutachtungszeitpunkte birgt die Gefahr der Verwechslung mit einem Dezisionszeitpunkt in sich, in dem in ähnlicher Weise eine umfassende Betrachtung unterschiedlicher Aspekte erfolgt. Dennoch verbleiben diese übergeordneten Begutachtungszeitpunkte in der Kategorie des Begutachtungszeitpunkts. In ihnen werden zwar mehrere Aspekte beurteilt, jedoch nicht der Rechtsstreit im umfänglichen Sinne, wie es den Dezisionszeitpunkten immanent ist.

### (cc) Verhältnis zum Zeitpunkt der letzten Verwaltungsentscheidung

Dabei tritt im Verwaltungsrecht noch eine Besonderheit hinzu, die die Einordnung der jeweiligen Beurteilungszeitpunkte aus Sicht des im privatrecht-

---

[109] Vgl. zu den vertretenen Ansichten insgesamt etwa *Jarass*, BImSchG § 6 Rn. 93.

lichen Bereich entwickelten Systems nochmals komplexer werden lässt. Denn der Anfechtungsklage vorgelagert ist stets das Verwaltungsverfahren, in dem der angegriffene Verwaltungsakt erlassen wurde, gegebenenfalls unter Einschluss des Widerspruchsverfahrens.[110] In diesem befindet sich damit auch bereits „ein" maßgeblicher Erkenntnishorizont – entweder derjenige des Ausgangsverfahrens, wenn kein Widerspruchsverfahren stattfindet, oder derjenige des Widerspruchsverfahrens.[111] In der letztgenannten Konstellation handelt es sich zwar letztlich um zwei (weitere) Erkenntnishorizonte. Jedoch wurde im Rahmen des intradisziplinären Vergleichs der relevanten verfahrensrechtlichen Strukturen dargestellt, dass auch diejenige Meinung, die in dem zentralen Meinungsstreit im Öffentlichen Recht „den Beurteilungszeitpunkt" in dem Zeitpunkt der letzten Behördenentscheidung verankert, in der Regel präzisierend anfügt, dass gemäß § 79 Abs. 1 Nr. 1 VwGO der Verwaltungsakt in der Gestalt maßgebend sei, die er durch den Widerspruchsbescheid gefunden hat.[112] Folglich kommt es dann, wenn ein Widerspruchsverfahren stattgefunden hat, auf den Zeitpunkt des Widerspruchsbescheids an. Der Zeitpunkt der ersten Verwaltungsentscheidung tritt in der Betrachtung zurück. Insofern ist es in der Regel ein weiterer Erkenntnishorizont, der als maßgeblich neben denjenigen des verwaltungsgerichtlichen Verfahrens tritt und einen weiteren zu beachtenden Aspekt bei der jeweiligen Beurteilung darstellen kann.

Wie angeführt, findet die Konstellation des Verwaltungsverfahrens keine Entsprechung im aktuellen Privatrecht.[113] Zwar sind auch im Zivilprozess in den einzelnen Instanzen unterschiedliche Erkenntnishorizonte zu verzeichnen. Dies findet seine Entsprechung im verwaltungsrechtlichen Bereich aber nur im verwaltungsgerichtlichen Instanzenzug. Das Verhältnis des verwaltungsgerichtlichen Erkenntnishorizonts zu demjenigen des vorgelagerten Verwaltungsverfahrens ist jedoch anders gelagert: Diesbezüglich wurde schon in der grundsätzlichen Darstellung des Verwaltungsverfahrens herausgearbeitet, dass im verwaltungsrechtlichen Bereich eine Verschiebung der zuvor entscheidenden Instanz auf die Ebene der Gleichordnung stattfindet.[114]

[110] Vgl. Teil D/II./1./a).

[111] Vgl. Teil D/III./2./a).

[112] Vgl. etwa *Hufen*, Verwaltungsprozessrecht, § 24 Rn. 8; *Tettinger/Wahrendorf*, Verwaltungsprozessrecht, § 15 Rn. 15; *Würtenberger/Heckmann*, Verwaltungsprozessrecht, Rn. 697. Vgl. Teil D/I.

[113] Vgl. Teil D/II./1./a).

[114] Vgl. Teil D/II./1./a).

Diese mangelnde Entsprechung wirkt sich auf die Dezisionszeitpunkte aus. In der Untersuchung der privatrechtlichen Beurteilungszeitpunkte wurde deutlich, dass nicht bei allen Tatbestandsmerkmalen die Festlegung eines Begutachtungszeitpunkts durch die gesetzliche Formulierung erfolgt oder ihnen die Notwendigkeit der Festlegung eines gegebenenfalls vom Erkenntnishorizont abweichenden Begutachtungszeitpunkts im Sinne eines merkmalimmanenten Zeitpunkterfordernisses zwingend innewohnt. Bezüglich dieser wurde herausgearbeitet, dass ihr maßgeblicher Begutachtungszeitpunkt im Erkenntnishorizont liegt.[115] Zugleich wurde deutlich, dass dieser Dezisionszeitpunkt auch in zahlreichen Konstellationen zeitlich mit Begutachtungszeitpunkten mit merkmalimmanenten Zeitpunkterfordernissen zusammentrifft.[116] Er ist damit in tatsächlicher Hinsicht im Privatrecht ein zentraler Zeitpunkt auch für materiell-rechtliche Begutachtungszeitpunkte.

Diese Feststellung führt in intradisziplinärer Perspektive zu der Frage, ob eine solche Aussage für materiell-rechtliche Begutachtungszeitpunkte des verwaltungsrechtlichen Bereichs, insbesondere für die Situation der Anfechtungsklage, ebenfalls getroffen werden kann. Hier zeigt sich jedoch, dass für materiell-rechtliche Begutachtungszeitpunkte im verwaltungsgerichtlichen Verfahren oftmals in tatsächlicher Hinsicht eben keine Verortung im Zeitpunkt der letzten mündlichen Verhandlung bzw. im grundsätzlichen Erkenntnishorizont des verwaltungsgerichtlichen Verfahrens, sondern im Zeitpunkt der letzten Verwaltungsentscheidung in Betracht kommen wird.[117] Hierfür spricht zum einen der Zweck des Verwaltungsverfahrens, der auf die Überprüfung der Rechtmäßigkeit der Behördenentscheidung gerichtet ist.[118] Zum anderen folgt aus § 49 Abs. 3 S. 1 Nr. 3 und 4 VwVfG, dass sich grundsätzlich Veränderungen der Sach- und Rechtslage, die nach Abschluss des Verwaltungsverfahrens eintreten, nicht auf den materiell-rechtlichen Beurteilungszeitpunkt auswirken.[119]

Insofern liegt gerade in der zeitlichen Verortung materiell-rechtlicher Begutachtungszeitpunkte, wenn das Gesetz keine ausdrückliche Festschreibung enthält, ein signifikanter Unterschied zwischen dem privatrechtlichen Bereich und dem

---

[115] Teil C/III./2./b)/bb)/(4).

[116] Teil C/III./2./b)/bb)/(4).

[117] Vgl. diesbezüglich *Kintz,* Öffentliches Recht im Assessorexamen, Rn. 324. S. auch Kopp/Schenke/*W.-R. Schenke,* VwGO § 113 Rn. 41.

[118] S. zu diesem Argument etwa *Polzin,* JuS 2004, 211, 212, der diese Funktion allerdings an der Klageart verortet sehen will.

[119] Vgl. diesbezüglich auch *Gärditz/Orth,* JURA 2013, 1100, 1104; *W.-R. Schenke,* Verwaltungsprozessrecht, Rn. 858 f.

verwaltungsverfahrensrechtlichen. Und zugleich liegt darin die Gefahr der Verwechslung verfahrensrechtlicher und materiell-rechtlicher Aspekte, denn es besteht nicht nur die Möglichkeit, dass ein materiell-rechtlicher, gegebenenfalls übergeordneter, Begutachtungszeitpunkt zeitlich mit dem grundsätzlichen Erkenntnishorizont des verwaltungsgerichtlichen Verfahrens zusammentrifft, sondern darüber hinaus auch, dass dieser mit dem Erkenntnishorizont des Verwaltungsverfahrens in zeitlicher Hinsicht zusammenfällt.

Allerdings ist hier ebenfalls festzuhalten, dass selbst wenn die zeitliche Verortung des materiell-rechtlichen Begutachtungszeitpunkts im Zeitpunkt der letzten Verwaltungsentscheidung und damit im dortigen Erkenntnishorizont liegt, der betreffende Zeitpunkt für das verwaltungsgerichtliche Verfahren in rechtlicher Hinsicht ein materiell-rechtlicher Begutachtungszeitpunkt bleibt: Der Richter bzw. das zur Entscheidung berufene Gremium hat sich dann im Rahmen der umfassenden gerichtlichen Begutachtung des Falls zeitlich in den Erkenntnishorizont des Verwaltungsverfahrens hineinzuversetzen, um die Beurteilung des materiell-rechtlichen Begutachtungszeitpunkts vorzunehmen.

### (dd) Insbesondere: Dauerverwaltungsakte

Diese Feststellungen sind verallgemeinerbar. Sie betreffen insbesondere auch die Gruppe der Dauerverwaltungsakte, die unter anderem im Fokus des öffentlich-rechtlichen Meinungsstreits zur Frage des Beurteilungszeitpunkts steht.[120] Bei diesen handelt es sich um Verwaltungsakte, die auf Dauer angelegte Rechtsverhältnisse zur Entstehung bringen und sie ständig aktualisieren.[121] Sie weisen folglich die Besonderheit auf, dass ihre Wirkung nicht zu einem bestimmten Zeitpunkt, sondern während eines bestimmten Zeitraums eintritt,[122] denn der Verwaltungsakt begründet oder verändert ein auf Dauer angelegtes und in seinem Bestand von ihm abhängiges Rechtsverhältnis.[123] Bezüglich derartiger Dauerverwaltungsakte besteht beispielsweise eine Diskussion um die Festlegung des Zeitpunkts für in die Zukunft gerichtete Polizeiverfügungen.[124] Auch ist die Bestimmung des materiell-rechtlichen Begutachtungszeitpunkts der Gewerbeuntersagung gemäß § 35 GewO

[120] Vgl. zu dieser etwa Kopp/Schenke/*W.-R. Schenke/R.P. Schenke,* VwGO § 113 Rn. 43, 44.

[121] Kopp/Schenke/*W.-R. Schenke/R.P. Schenke,* VwGO § 113 Rn. 43.

[122] BVerwG, Urt. v. 29.11.1979 – 3 C 103.79, BeckRS 179, 106300; BVerwG, Beschl. v. 5.1.2012 – 8 B 62/11, NVwZ 2012, 510 Rn. 13.

[123] Vgl. *Barczak,* JuS 2018, 238, 243.

[124] Vgl. zu diesen etwa *Kleinlein,* VerwArch 1990, 149, 169 ff.; Kopp/Schenke/*W.-R. Schenke/R.P. Schenke,* VwGO § 113 Rn. 43.

problematisch.[125] Bei diesem wird dem Gewerbetreibenden auf Dauer verboten, das bisher ausgeübte Gewerbe fortzuführen, es besteht jedoch nach § 35 Abs. 6 GewO die Möglichkeit der Wiedergestattung.[126]

Dabei handelt es sich ebenfalls stets um die zeitliche Verortung eines materiell-rechtlichen Begutachtungszeitpunkts. Die Beantwortung der Frage nach dem jeweiligen „maßgeblichen Zeitpunkt" ist daher ebenso wie bei den übrigen dargestellten Problemkonstellationen unabhängig von der Thematik, in welchem Zeitpunkt der Erkenntnishorizont der Anfechtungsklage allgemein zu verorten ist. Dieser steht bei der Anfechtungsklage, unter Berücksichtigung der vorherigen Ausführungen zu Präklusion und Untersuchungsgrundsatz, in der Regel fest. Die Lösung für die Frage des betreffenden „maßgeblichen Zeitpunkts" hat hingegen auf der materiell-rechtlichen Ebene zu erfolgen.[127]

Insofern nehmen die Vertreter der Ansicht, die im Rahmen des zentralen Meinungsstreits zum Beurteilungszeitpunkt im Öffentlichen Recht grundsätzlich auf die „Sach- und Rechtslage" im Zeitpunkt der letzten Behördenentscheidung abstellt und von diesem Zeitpunkt Ausnahmefallgruppen wie etwa diejenige der Dauerverwaltungsakte[128] bildet, eine Vermischung der beiden Ebenen der Dezisionszeitpunkte und der materiell-rechtlichen Begutachtungszeitpunkte vor[129]: Auch hier verbleibt es bei dem grundsätzlichen Erkenntnishorizont des verwaltungsgerichtlichen Verfahrens als Erkenntnishorizont der Anfechtungsklage, auch hier handelt es sich bei der betreffenden Zeitpunktfestlegung um die Bestimmung des in der Regel merkmalimmanenten Zeitpunkterfordernisses dergestalt,

---

[125] S. hierzu beispielsweise *Kleinlein,* VerwArch 1990, 149, 173 ff. Vgl. diesbezüglich und zur Frage der Einordnung der Gewerbeuntersagung als Dauerverwaltungsakt Kopp/Schenke/*W.-R. Schenke/ R.P. Schenke,* VwGO § 113 Rn. 44.

[126] BeckOK GewO/*Brüning,* GewO § 35 Einleitung.

[127] Vgl. ebenfalls BVerwG, Urt. v. 27.4.1990 – 8 C 87/88, NVwZ 1991, 360, 361; HK-VerwR/*Emmenegger,* VwGO § 113 Rn. 16; Kopp/Schenke/*W.-R. Schenke/R.-P. Schenke,* VwGO § 113 Rn. 41 ff. S. Auch vor dem Hintergrund der hier vorgenommenen Abgrenzung von materiellem Recht und Verfahrensrecht, vgl. Teil B./II., stellen sich diese als materiell-rechtlich dar, handelt es sich bei diesen doch nicht um etwaige Verfahrens-, Kompetenz- oder Organisationsnormen.

[128] Vgl. etwa *Klein,* NVwZ 1990, 633 ff.; *Kopp* in: Erichsen/Hoppe/v. Mutius (Hrsg.), Festschrift für Christian-Friedrich Menger, 693, 703; *Hufen,* Verwaltungsprozessrecht, § 24 Rn. 9; *Tettinger/Wahrendorf,* Verwaltungsprozessrecht, § 15 Rn. 15.

[129] Vgl. etwa *Würtenberger/Heckmann,* Verwaltungsprozessrecht Rn. 698, die davon sprechen, dass „die Judikatur einzelne Fallgruppen herausgearbeitet [hat], in denen aus materiell-rechtlichen Gründen auch bei einer Anfechtungsklage die letzte mündliche Verhandlung vor Gericht der maßgebliche Zeitpunkt für die Beurteilung der Sach- und Rechtslage sein soll."

das nach dieser Ansicht dann im Zeitpunkt der letzten Behördenentscheidung zu verorten ist.

### (2) Erkenntnishorizont der Anfechtungsklage und verfahrensrechtliche Begutachtungszeitpunkte

Eine vergleichbare Trennung zwischen dem grundsätzlichen Erkenntnishorizont des verwaltungsgerichtlichen Verfahrens als Erkenntnishorizont der Anfechtungsklage einerseits und etwaigen Begutachtungszeitpunkten andererseits ist ebenfalls in Bezug auf verfahrensrechtliche Begutachtungszeitpunkte zu verzeichnen: Beispielsweise prüft das Gericht in der Begründetheit der Anfechtungsklage zunächst die formelle Rechtmäßigkeit des Verwaltungsakts unter anderem in Bezug auf die Zuständigkeit und das Verfahren.[130] Dabei sind bei diesen beispielhaft gewählten verfahrensrechtlichen Aspekten des Verwaltungsverfahrens jeweils getrennt zu betrachtende verfahrensrechtliche Begutachtungszeitpunkte zu beachten.

Sie sind oftmals zeitlich im Zeitpunkt der Vornahme der verwaltungsverfahrensrechtlichen Entscheidung zu verorten, der Richter hat sich damit bildlich gesprochen jeweils in den Erkenntnishorizont des Verwaltungsverfahrens hineinzuversetzen, um den jeweiligen verfahrensrechtlichen Begutachtungszeitpunkt zu beurteilen. Das gründet auch hier einerseits darauf, dass die verwaltungsgerichtliche Klage der Überprüfung des verwaltungsverfahrensrechtlichen Handelns dient. Andererseits ist dies zudem darauf zurückzuführen, dass die Vorschriften der Gesetzestexte und -ordnungen des Verfahrensrechts in der Regel gerade darauf ausgerichtet sind, dass während des Ablaufs des betreffenden Verfahrens zahlreiche Beurteilungen durch die von den Parteien verschiedenen Personen oder Gremien vorgenommen werden. Diese werden im Ausgangsverfahren häufig zeitlich tatsächlich im Erkenntnishorizont des Verwaltungsverfahrens liegen. Dennoch ist dann ebenfalls zu beachten, dass diese grundsätzlich auch in diesem Verfahren in rechtlicher Hinsicht vom Erkenntnishorizont zu trennen sind.

Sind diese Beurteilungen nun in einem weiteren Erkenntnishorizont, konkret dem grundsätzlichen Erkenntnishorizont des verwaltungsgerichtlichen Verfahrens, zu überprüfen, verbleibt der jeweilige verfahrensrechtliche Begutachtungszeitpunkt in der Regel im Zeitpunkt der ersten Beurteilung, die es im verwaltungsgerichtlichen Verfahren zu überprüfen gilt. Damit fallen diese verfahrensrechtlichen Begutachtungszeitpunkte dann nicht in den Zeitpunkt des grundsätzlichen Erkenntnishorizonts des verwaltungsgerichtlichen Verfahrens. Sie sind von ihm getrennt.

---

[130] Vgl. hierzu etwa *Mann/Wahrendorf*, Verwaltungsprozessrecht Rn. 208.

Auch hier besteht dann wiederum grundsätzlich die Möglichkeit einer Vermischung mehrerer Aspekte: Die betreffenden verfahrensrechtlichen Begutachtungszeitpunkte könnten sich aufgrund ihrer prinzipiell gleich gelagerten Verortung im Zeitpunkt der Entscheidung der Verwaltung auf den ersten Blick als eine in zeitlicher Hinsicht zusammengehörige Menge an Aspekten darstellen. Dass dem aber nicht so ist, vielmehr jeder einzelne Aspekt einen eigenständigen verfahrensrechtlichen Begutachtungszeitpunkt darstellt, der gesondert zu betrachten ist und sich zeitlich eigenständig in seiner Beurteilung entwickeln kann, kann an § 45 Abs. 2 VwVfG verdeutlicht werden.

Nach diesem kann eine Heilung von Verfahrens- und Formvorschriften unter bestimmten Voraussetzungen bis zum Abschluss der letzten Tatsacheninstanz des verwaltungsgerichtlichen Verfahrens nachgeholt werden. Das betrifft beispielsweise die nach § 28 VwVfG vor Erlass eines belastenden Verwaltungsakts grundsätzlich erforderliche Anhörung. Dabei erfolgt zwar in § 28 VwVfG keine direkte Aussage zum Zeitpunkt der Anhörung, außer, dass sie vor Erlass des Verwaltungsakts zu erfolgen hat.[131] Allerdings kann diese zum einen im Verwaltungsverfahren, folglich im Widerspruchsverfahren,[132] nachgeholt werden: In diesem tritt eine Heilung nur ein, soweit die Anhörung nachträglich ordnungsgemäß durchgeführt und ihre Funktion für den Entscheidungsprozess der Behörde uneingeschränkt erreicht wird.[133] Hier wird damit der Zeitpunkt der letzten Behördenentscheidung als verfahrensrechtlicher Begutachtungszeitpunkt relevant.

Eine wirksame Nachholung kann aber zum anderen eben auch noch im gerichtlichen Verfahren erfolgen, sofern die nachgeholte Anhörung ausdrücklich als Anhörung bezeichnet und durchgeführt wird; Äußerungen und Stellungnahmen von Beteiligten im gerichtlichen Verfahren selbst stellen hingegen grundsätzlich keine nachträgliche Anhörung im Sinne dieser Regelung dar.[134] Diese Heilung ist zwar bis zum Abschluss der Berufungsinstanz möglich, konkret dem letzten Zeitpunkt, in dem in dieser Instanz noch Tatsachenvortrag erfolgen kann.[135] Dennoch wird das erstinstanzliche Gericht ebenfalls eine derartige Heilung prüfen, bezogen jedoch auf den Zeitpunkt seiner eigenen Entscheidung.

---

[131] Schoch/Schneider/*Schneider,* Verwaltungsrecht, VwVfG § 28 Rn. 47.

[132] S. hierzu Schoch/Schneider/*Schneider,* Verwaltungsrecht, VwVfG § 45 Rn. 92.

[133] BVerwG, Urt. v. 24.6.2010 – 3 C 14/09, NVwZ 2011, 115 Rn. 37; BVerwG, Beschl. v. 17.8.2017 – 9 VR 2/17, NVwZ 2018, 268 Rn. 10; BeckOK VwVfG/*Herrmann,* VwVfG § 28 Rn. 47.

[134] BeckOK VwVfG/*Herrmann,* VwVfG § 28 Rn. 48.

[135] BeckOK VwVfG/*Schemmer,* VwVfG § 45 Rn. 54; Stelkens/Bonk/Sachs/*Sachs,* Verwaltungsverfahrensgesetz, VwVfG § 45 Rn. 108.

Somit verschiebt sich der betreffende verfahrensrechtliche Begutachtungszeitpunkt (zunächst) auf den grundsätzlichen Erkenntnishorizont des verwaltungsgerichtlichen Verfahrens, ggf. auf denjenigen der tatsächlichen Entscheidung im erstinstanzlichen Verfahren. Damit fallen dann zwei unterschiedliche rechtliche verfahrensrechtliche Beurteilungszeitpunkte in einem tatsächlichen Zeitpunkt zusammen: einerseits der grundsätzliche Erkenntnishorizont des verwaltungsgerichtlichen Verfahrens bzw. derjenige der tatsächlichen Entscheidung, andererseits der jeweilige verfahrensrechtliche Begutachtungszeitpunkt. Sie sind allerdings ebenso wie dies für den privatrechtlichen Bereich und auch schon für das Verhältnis der materiell-rechtlichen Begutachtungszeitpunkte zum grundsätzlichen Erkenntnishorizont des verwaltungsgerichtlichen Verfahrens als Erkenntnishorizont der Anfechtungsklage festgestellt wurde, im rechtlichen Sinn strikt voneinander zu trennen.

### (3) Zwischenergebnis

Die Ausführungen zur Trennung von Erkenntnishorizont und den jeweiligen Begutachtungszeitpunkten zeigen, dass der Erkenntnishorizont der Anfechtungsklage ebenfalls demjenigen des grundsätzlichen Erkenntnishorizonts des verwaltungsgerichtlichen Verfahrens entspricht. Wäre er früher zu verorten, bliebe bereits für eventuelle Heilungsvorschriften des verfahrensrechtlichen Bereichs im verwaltungsgerichtlichen Verfahren nur ein sehr eingeschränkter Anwendungsbereich. Der verwaltungsbehördlichen Entscheidung nachfolgende Ereignisse wären vom grundsätzlichen Erkenntnishorizont des verwaltungsgerichtlichen Verfahrens nicht mehr erfasst. Damit wären die entsprechenden rechtlichen Voraussetzungen der betreffenden Vorschriften nicht zu beachten. Weiterhin kann für die zeitliche Festlegung des Erkenntnishorizonts der Anfechtungsklage aber auch auf das Argument der Vertreter der Verortung des „prozessual maßgeblichen Zeitpunkts" in der öffentlich-rechtlichen Literatur verwiesen werden, das auf die Terminologie des § 113 Abs. 1 Abs. 1 VwGO abstellt.[136]

Somit ist festzuhalten, dass der Erkenntniszeitpunkt der Anfechtungsklage aus Sicht der für das Privatrecht herausgearbeiteten Systematik und Terminologie im grundsätzlichen Erkenntnishorizont des verwaltungsgerichtlichen Verfahrens liegt. Es handelt sich bei diesem um denjenigen, auf den zumeist mit der Wendung des „prozessual maßgeblichen" Zeitpunkts Bezug genommen wird. Das zeigt sich etwa an den Ausführungen *Baumeisters,* der darauf hinweist, dass „die Frage nach

---

[136] *Gärditz/Orth,* JURA 2013, 1100, 1103; *Martini,* Verwaltungsprozessrecht und Allgemeines Verwaltungsrecht, 187; Kopp/Schenke/*W.-R. Schenke/R.-P. Schenke,* VwGO § 113 Rn. 35.

dem prozessual maßgeblichen Zeitpunkt für die Beurteilung der Rechtmäßigkeit eines Verwaltungsakts im Rahmen der Anfechtungsklage [...] sich aber lediglich als Teil der umfassenderen Frage nach dem Beurteilungszeitpunkt bei der Anfechtungsklage [darstellt], die sich auf sämtliche Zulässigkeits- und Begründetheitsvoraussetzungen der Klage bezieht."[137]

Dieser Erkenntnishorizont der Anfechtungsklage ist abzugrenzen von den materiell-rechtlichen Begutachtungszeitpunkten. Sie stellen in der Diskussion im Ergebnis diejenigen Zeitpunkte dar, auf die im Sinne von „materiell-rechtlich maßgeblichen" Zeitpunkten rekurriert wird.

Zudem zeigt das Vorliegen von verfahrensrechtlichen Begutachtungszeitpunkten, die für den Fall, dass sie etwa den Ablauf des verwaltungsgerichtlichen Verfahrens betreffen auch als prozessuale Begutachtungszeitpunkte bezeichnet werden können, dass in dieser Fachsäule die bisherige Terminologie ebenfalls nicht differenziert genug ist. Denn die Einteilung allein in „prozessual maßgeblich" und „materiell-rechtlich maßgeblich" lässt eine Unterscheidung nach Dezisionszeitpunkten und Begutachtungszeitpunkten nicht erkennen. Insofern spricht aus intradisziplinärer Perspektive gleichfalls viel für die Anwendung einer detaillierteren Terminologie.

Blickt man nochmals auf die Vertreter der Literatur, die im öffentlich-rechtlichen Meinungsstreit ebenso wie das BVerwG darauf hinweisen, dass der diesbezügliche Streit in erster Linie auf einer Vermischung von prozessualen und materiellrechtlichen Aspekten gründet,[138] zeigt sich, dass die hier vorgenommene Einordnung des Erkenntnishorizonts der Anfechtungsklage vor dem Hintergrund der privatrechtlichen Systematik im Ergebnis mit den Ausführungen des BVerwG übereinstimmt. So führt dieses etwa aus, dass ein Kläger im verwaltungsgerichtlichen Rechtsstreit sowohl mit einem Aufhebungs- als auch mit einem Verpflichtungsbegehren nur durchdringen könne, wenn er im Zeitpunkt der letzten gerichtlichen Entscheidung einen Anspruch auf die erstrebte Aufhebung des Verwaltungsakts bzw. auf die erstrebte Leistung habe.[139] Das entspricht der Festlegung des verfahrensrechtlich bzw. prozessual zu verortenden Erkenntnishorizonts. Ob ein solcher Anspruch jedoch bestehe, so das BVerwG weiter, beurteile sich nach dem materiellen Recht, dem nicht nur die tatbestandlichen Voraussetzungen des

---

[137] *Baumeister,* JURA 2005, 655, 656.

[138] *Baumeister,* JURA 2005, 655; *Gäditz/Orth,* JURA 2005, 1101, 1103; *Martini,* Verwaltungsprozessrecht und Allgemeines Verwaltungsrecht, 187; *W.-R. Schenke,* JuS 2019, 833, 834. Vgl. für die Rechtsprechung des BVerwG etwa BVerwG, Urt. v. 25.11.1981 – 8 C 14/81, NVwZ 1982, 375, 376.

[139] BVerwG, Urt. v. 3.11.1987 – 9 C 254/86, NVwZ 1988, 260, 261.

Anspruchs selbst, sondern auch die Antwort auf die Frage zu entnehmen sei, zu welchem Zeitpunkt diese Voraussetzungen erfüllt sein müssten.[140] Damit stellt es im Ergebnis auf die jeweils gesondert und individuell zu betrachtenden materiell-rechtlichen Begutachtungszeitpunkte des konkret betrachteten Anspruchs ab.

Bezüglich dieser Rechtsprechung des BVerwG hat *Kopp* in einem Beitrag des Jahres 1985 angeführt: „Da das materielle Recht aber nur in wenigen Fällen Anhaltspunkte für die Beantwortung der Frage des maßgeblichen Zeitpunkts gibt, führt diese Auffassung meist nicht sehr viel weiter."[141] Dem mag zuzugeben sein, dass sich oftmals keine ausdrücklichen gesetzlichen Anhaltspunkte für die zeitliche Komponente des betrachteten „maßgeblichen Zeitpunkts" finden lassen, handelt es sich doch bei den streitigen Fällen in der Regel um merkmalimmanente materiell-rechtliche Begutachtungszeitpunkte, gegebenenfalls sogar im übergeordneten Sinn. Der betreffende Zeitpunkt muss daher erst anhand weiterer Kriterien bestimmt werden. Die Problematik, die mit einer derartigen Bestimmung einher gehen kann, ändert jedoch nichts daran, dass es sich im Ergebnis um einen Aspekt des materiellen Rechts handelt.

Ebenfalls korrespondiert die vorliegend vorgenommene, auf die privatrechtliche Systematik gestützte Einordnung des Erkenntnishorizonts der Anfechtungsklage unter klarer Abgrenzung von den insbesondere materiell-rechtlichen Begutachtungszeitpunkten überwiegend mit derjenigen der öffentlich-rechtlichen Literatur, die auf den Zeitpunkt der letzten mündlichen Verhandlung abstellt: *Wolf-Rüdiger Schenke* hat auf das Erfordernis einer strikten Trennung schon in seinem grundlegenden Aufsatz des Jahres 1986[142] hingewiesen. Zudem hat er dargestellt, dass sich das eigentliche Problem in das materielle Recht verlagere.[143] Das betrifft, wie angeführt, aus Sicht der anhand des Privatrechts entwickelten Systematik die zeitliche Verortung des jeweiligen materiell-rechtlichen Begutachtungszeitpunkts. Auf dieser Ebene erfolgt die grundsätzliche Festlegung des Zeitpunkts für die Beurteilung des jeweiligen materiell-rechtlichen Merkmals. So kann ein, in der Regel merkmalimmanenter, materiell-rechtlicher Begutachtungszeitpunkt wie gesehen gegebenenfalls im Zeitpunkt der Behördenentscheidung zu verorten sein. Dann hat sich die zur Entscheidung befugte Person bildlich gesprochen in diesen Zeitpunkt hineinzuversetzen und die für die rechtliche Subsumtion maßgebliche Sachlage in diesem Zeitpunkt zu beurteilen. In der speziellen Situation der Anfech-

---

[140] S. ebenfalls BVerwG, Urt. v. 3.11.1987 – 9 C 254/86, NVwZ 1988, 260, 261.

[141] *Kopp* in: Erichsen/Hoppe/v. Mutius (Hrsg.), Festschrift für Christian-Friedrich Menger, 693, 696.

[142] *W.-R. Schenke,* NVwZ 1986, 522 ff., insbes. 527.

[143] Kopp/Schenke/*W.-R. Schenke/R.-P. Schenke,* VwGO § 113 Rn. 41.

tungsklage fällt dieser materiell-rechtliche Zeitpunkt mit dem Erkenntnishorizont des Verwaltungsverfahrens zusammen. Und genau das birgt eben die Gefahr der Vermischung materieller und prozessualer Aspekte.

Eine deutliche Trennung zeigt sich hingegen dann, wenn der materiell-rechtliche Begutachtungszeitpunkt in einem von dem Zeitpunkt der letzten Behördenentscheidung und dem grundsätzlichen Erkenntnishorizont des verwaltungsgerichtlichen Verfahrens separaten Zeitpunkt liegt, wie dies etwa bei § 58 Abs. 3 BauGB der Fall ist. Ein weiteres Beispiel, das zugleich die Übereinstimmung der Rechtsprechung mit dem vorliegenden privatrechtlichen Ansatz aufzeigt, kann der bereits angesprochenen Entscheidung des Jahres 2013 des BVerwG entnommen werden, die den Zeitpunkt der Prognoseentscheidung bei der Ernennung einer Beamtin oder eines Beamten auf Probezeit betraf. In dieser wies das Gericht ausdrücklich darauf hin, dass eben dieser „maßgebliche Zeitpunkt für die Beurteilung der gesundheitlichen Eignung eines Probebeamten [...] nicht der Zeitpunkt des Erlasses der letzten Verwaltungsentscheidung [ist]. Dies folgt aus dem materiellen Recht, das auch bestimmt, zu welchem Zeitpunkt diese Voraussetzungen erfüllt sein müssen.“[144]

### cc) „Sach- und Rechtslage“

Vor dem Hintergrund der bisherigen Ergebnisse soll in diesem grundlegenden Vergleich abschließend noch ein weiterer Aspekt aus intradisziplinärer Perspektive kritisch hinterfragt werden. Dieser betrifft die im Öffentlichen Recht zumeist verwendete Formulierung „Sach- und Rechtslage“[145] und damit im Gegensatz zu der zuvor zeitlichen nun die inhaltliche Bestimmung des grundsätzlichen Erkenntnishorizonts der verwaltungsgerichtlichen Klage, insbesondere aus der Perspektive der Anfechtungsklage.

Bereits in der Bestandsaufnahme des Privatrechts wurde dargestellt, dass dort ebenfalls vereinzelt von der „Sach- und Rechtslage“ gesprochen wird. Dabei wurde jedoch herausgearbeitet, dass diese Formulierung im privatrechtlichen Bereich missverständlich sein kann, da für das anzuwendende Recht grundsätzlich auf den Zeitpunkt des Urteilserlasses abzustellen ist. Insofern wurde zudem ausgeführt, dass diese Wendung alternativ dahingehend verstanden werden kann, dass aufgrund der Änderung der Sachlage ohne Gesetzesänderung die Rechtslage derge-

[144] BVerwG, Urt. v. 30.10.2013 – 2 C 16/12, NVwZ-RR 2014, 270 Rn. 12.

[145] S. beispielhaft *Baumeister,* JURA 2005, 655, 659; *Polzin,* JuS 2004, 211; *W.-R. Schenke* in: Heckmann/Schenke, Ralf P./Sydow (Hrsg.), Festschrift für Thomas Würtenberger, 1185, 1186.

stalt beeinflusst werden kann, dass sich die rechtliche Beurteilung des Sachverhalts verändert.[146]

Die Formulierung im Öffentlichen Recht könnte nun Ausdruck der in der ersten Instanz grundsätzlich anderen Situation aufgrund des Verwaltungsverfahrens sein und gegebenenfalls eine vom Privatrecht abweichende inhaltliche Bedeutung aufweisen. Denn im verwaltungsgerichtlichen Verfahren haben beim Erlass des Verwaltungsakts durch die Exekutive bereits Beurteilungen staatlicherseits stattgefunden. Insofern wurde in dieser Situation bereits Recht für die (erste) Entscheidung angewendet, der Verwaltungsakt stützt sich hierauf. In der Zeit zwischen der behördlichen Entscheidung und dem verwaltungsgerichtlichen Verfahren bzw. der dort vorzunehmenden Entscheidung kann sich die Rechtslage jedoch geändert haben. Damit könnte dann die betreffende Formulierung inhaltlich nicht nur die Feststellung der rechtlich erheblichen Sachlage für den historischen Zeitpunkt des Erkenntnishorizonts der Anfechtungsklage bzw. des grundsätzlichen Erkenntnishorizonts des verwaltungsgerichtlichen Verfahrens meinen, sondern auch die Frage nach dem anzuwendenden Recht inkludieren.

Zur Klärung dieses Aspekts kann insofern zunächst auf das Privatrecht geschaut werden, als dort in der zweiten und dritten Instanz gleichfalls die Überprüfung einer staatlichen Entscheidung, eben des erst- bzw. zweitinstanzlichen Urteils erfolgt. In dieser Fachsäule wird jedoch sowohl von der ständigen Rechtsprechung als auch von der Literatur bezüglich des anzuwendenden Rechts angeführt, dass das Revisionsgericht jedes nach Erlass eines angefochtenen Urteils ergangene neue Gesetz, sofern es nach seinem zeitlichen Geltungswillen das streitige Rechtsverhältnis erfasst, zu berücksichtigen hat, selbst dann, wenn die Vorinstanz die veränderte Rechtslage noch nicht berücksichtigen konnte.[147] Zur Begründung wird angeführt, dass die Anwendbarkeit neuer Rechtsnormen durch das Revisionsgericht keine eigentlich prozessuale Frage sei, es sich vielmehr um die allgemeine Frage nach der zeitlichen geltung der gesetze handele.[148] Ergebe sich aus der ausdrücklichen Regelung des neuen Gesetzes oder aus Sinn und Zweck bzw. aus den allgemeinen Grundsätzen über die zeitliche Geltung der Gesetze, dass das neue Gesetz sofortige Geltung auch für die früher begründeten Rechtsverhältnisse zu bean-

---

146 Teil C/II./4./b)/aa)/(1)/(e).

147 Vgl. bereits BGH, Urt. v. 26.2.1953 – III ZR 214/50, NJW 1953, 941 unter Aufhebung der gegenläufigen Rechtsprechung des Reichsgerichts. S. auch BGH, Urt. v. 21.2.1962 – V ZR 144/60, NJW 1962, 961; BGH, Urt. v. 10.3.1983 – III ZR 198/81; *Baumeister*, JURA 2005, 655, 657; Zöller/*Feskorn*, Zivilprozessordnung, ZPO § 300 Rn. 3. Vgl. ebenfalls Thomas/Putzo/*Reichold*, Zivilprozessordnung, 39. Aufl., ZPO § 301 Rn. 6.

148 BGH, Urt. v. 26.2.1953 – III ZR 214/50, NJW 1953, 941, 942.

spruchen habe, dann könne sich das Revisionsgericht diesem gesetzlichen Befehl nicht entziehen.[149] Dabei entscheide der Revisionsrichter zwar aufgrund der vom Tatrichter getroffenen Feststellungen, aber nach Maßgabe des im Zeitpunkt seiner eigenen Entscheidung geltenden Rechts.[150] Damit wird auf den Zeitpunkt der tatsächlichen Entscheidung des Gerichts für die Rechtslage abgestellt. Bei Fragen der zeitlichen Geltung, auf die der BGH bereits 1953 hingewiesen hatte, handelt es sich um eine Frage des Intertemporalen Privatrechts, das sich im Kern damit befasst, ob bei einem Wechsel der Gesetzgebung noch das alte oder schon das neue Recht anzuwenden ist.[151]

Betrachtet man nun die entsprechenden Ausführungen des BVerwG zur revisionsgerichtlichen Überprüfung im Verwaltungsrecht, zeigt sich, dass dieses ebenfalls in ständiger Rechtsprechung anführt, dass für die maßgebliche Rechtslage der Maßstab der revisionsgerichtlichen Beurteilung jeweils das Recht zu sein habe, das auch die Vorinstanz anzuwenden hätte, wenn sie zu dieser Zeit entscheiden würde.[152] In der diesen Zeitpunkt bejahenden Grundsatzentscheidung des BVerwG des Jahres 1954 hatte es explizit darauf hingewiesen, dass kein Präjudiz in Bezug auf die Anfechtungsklage gegeben sei, vielmehr in der betreffenden Entscheidung die Situation der Verpflichtungsklage zu beurteilen sei.[153] In einer späteren Entscheidung hat das BVerwG dann aber ausdrücklich angeführt, dass maßgeblich für die Entscheidung des Gerichts die Rechtsvorschriften seien, die sich im Zeitpunkt der Entscheidung für die Beurteilung des Klagebegehrens Geltung beimessen, und zwar gleichgültig, ob es sich um eine Feststellungsklage, eine Leistungsklage, eine Anfechtungsklage oder eine Verpflichtungsklage handele.[154] Dieses Urteil betraf die Fragestellung nach dem anwendbaren Recht in der Berufungs- und damit Tatsacheninstanz. Insofern ist davon auszugehen, dass die Aussage des Gerichts eine verallgemeinernde war. Folglich liegt der „maßgebliche Zeitpunkt der Rechtslage“ im verwaltungsgerichtlichen Verfahren ebenfalls stets

---

[149] BGH, Urt. v. 26.2.1953 – III ZR 214/50, NJW 1953, 941, 942.

[150] BGH, Urt. v. 21.2.1962 – V ZR 144/60, NJW 1962, 961.

[151] Vgl. Rosenberg/Schwab/Gottwald/*Gottwald,* Zivilprozessrecht, § 6 Rn. 1, für das Intertemporale Prozessrecht. Vgl. zum Intertemporalen Privatrecht etwa *Heß,* Intertemporales Privatrecht (passim).

[152] BVerwG, Urt. v. 17.12.1954 – BVerwG V C 97/54, NJW 1955, 434, 435; BVerwG, Urt. v. 1.12.1972 – IV C 6/71, NJW 1973, 1014. Vgl. auch Schoch/Schneider/*Buchheister,* Verwaltungsrecht, VwGO § 137 Rn. 95.

[153] BVerwG, Urt. v. 17.12.1954 – BVerwG V C 97/54, NJW 1955, 434, 435.

[154] BVerwG, Urt. v. 3.11.1994 – 3 C 17/92, NJW 1995, 3067, 3068.

im Zeitpunkt der tatsächlichen Entscheidung.[155] Gegebenenfalls kann sich aus dieser „Rechtslage" ergeben, dass zwischenzeitlich außer Kraft getretenes Recht weiterhin zu Anwendung kommt, etwa wenn Übergangsvorschriften existieren.[156] Diese messen dann im Sinne der Ausführungen des BVerwG der jeweiligen Norm „Geltung" bei, es handelt sich um Übergangsvorschriften des Intertemporalen Rechts.[157] Bei Fehlen ausdrücklicher Übergangs- und Überleitungsvorschriften ist auch hier auf die Grundsätze des intertemporalen Rechts, konkret dann des intertemporalen Verwaltungsrechts, zurückzugreifen.[158] Das wiederum betrifft die ebenfalls vom BGH angesprochene zeitliche Geltung von Normen.

Damit besteht letztlich ein Gleichklang zur Situation im zivilgerichtlichen Urteilsverfahren: Im verwaltungsgerichtlichen Verfahren betrifft der Erkenntnishorizont insgesamt, und damit auch derjenige der Anfechtungsklage, ebenfalls die Feststellung der rechtlich erheblichen Sachlage im Sinne der Tatsachengrundlage für diesen historischen Zeitpunkt.[159] Die Frage der Rechtslage im Sinne des anzuwendenden Rechts ist hingegen hiervon zu trennen und grundsätzlich zeitlich im Zeitpunkt der tatsächlichen Entscheidung zu verorten.[160] Insofern ist hier gleichermaßen die Formulierung der maßgeblichen „Sach- und Rechtslage" missverständlich.

## 3. Zwischenergebnis

In diesem Teil der intradisziplinären Untersuchung konnte aufgezeigt werden, dass die im Privatrecht entwickelte Systematik grundsätzlich auf das Öffentliche Recht übertragbar ist: Dort finden sich ebenfalls die einzelnen Kategorien von Begutachtungszeitpunkten, zudem existieren vergleichbare Dezisionszeitpunkte. Dabei konnte insbesondere herausgearbeitet werden, dass sich auch der grundlegende Er-

---

[155] Vgl. insgesamt auch *Baumeister,* JURA 2005, 655, 658, 659; *Käß,* BayVBl 2009, 677.

[156] *Käß,* BayVBl 2009, 677, 678.

[157] *Koch, Michael* Die Grundsätze des intertemporalen Rechts im Verwaltungsprozess, 40.

[158] Vgl. hierzu etwa VGH Mannheim, Beschl. v. 7.9.2011 – 2 S 1972/11, BeckRS 2011, 54727. S. hierzu insgesamt *Koch, Michael,* Die Grundsätze des intertemporalen Rechts im Verwaltungsprozess (passim).

[159] Vgl. insofern etwa BVerwG, Urt. v. 19.10.1982 – 1 C 29.79, BeckRS 1982, 106515; BVerwG v. 16.4.1991 – 1 C 50/88, NJW 1992, 388; Schoch/Schneider/*Buchheister,* Verwaltungsrecht, VwGO § 137 Rn. 96. S. ebenfalls Kopp/Schenke/*W.-R. Schenke,* VwGO § 137 Rn. 2, die, terminologisch undifferenziert, auf den Zeitpunkt der letzten mündlichen Verhandlung in der Tatsacheninstanz abstellen.

[160] S. auch *Baumeister,* JURA 2005, 655, 658 f.; *Gärditz/Orth,* JURA 2013, 1100, 1103 f.

kenntnishorizont des verwaltungsgerichtlichen Verfahrens insgesamt und damit unter Einschluss der Konstellation der Anfechtungsklage ausschließlich auf die Feststellung der rechtlich erheblichen Sachlage im Sinne der Tatsachengrundlage für diesen historischen Zeitpunkt bezieht. Die Frage der Rechtslage im Sinne des anzuwendenden Rechts ist hingegen hiervon zu trennen und zeitlich grundsätzlich im Zeitpunkt der tatsächlichen Entscheidung zu verorten. Insofern ist in beiden Fachsäulen die Formulierung der maßgeblichen „Sach- und Rechtslage" missverständlich. Die Erkenntnisse dieses Teils verdeutlichen zudem, dass prinzipiell die Möglichkeit besteht, die jeweils betrachtete Problematik der privatrechtlich bezogenen Argumente, die im Folgenden in den Fokus rücken werden, einer entsprechenden Kategorie von Beurteilungszeitpunkten im Sinne der Systematik und Terminologie des Privatrechts zuzuordnen.

Insbesondere für die Verwaltungsgerichtsbarkeit konnten aber auch deutliche Unterschiede in Bezug auf die grundsätzliche Lage der Dezisionszeitpunkte zueinander aufgezeigt werden. Gerade in Bezug auf das Verhältnis zwischen dem Erkenntnishorizont und dem Zeitpunkt der tatsächlichen Entscheidung wurde deutlich, dass oftmals keine klare zeitliche Trennung voneinander möglich ist. Damit weicht dies von der Situation ab, wie sie sich im zivilgerichtlichen Urteilsverfahren, wenn dort kein „Stuhlurteil" gefällt wird, darstellt. Als schwierig erweist sich insbesondere die Verortung des grundsätzlich als maßgeblich angesehenen Erkenntnishorizonts im verwaltungsgerichtlichen Verfahren. Das ist einerseits auf die unterschiedlichen regelungen zur Präklusion, insbesondere die Nichtanwendbarkeit von § 296a ZPO auf das verwaltungsgerichtliche Verfahren, andererseits auf den grundlegenden Unterschied der Geltung des (eingeschränkten) Untersuchungsgrundsatzes im verwaltungsgerichtlichen Verfahren im Gegensatz zum Beibringungsgrundsatz des zivilprozessualen Urteilsverfahrens zurückzuführen.

Im Hinblick auf die Beziehung von Dezisionszeitpunkten und Begutachtungszeitpunkten zueinander konnte herausgearbeitet werden, dass aus der Perspektive der Systematik und Terminologie des Privatrechts im verwaltungsrechtlichen Bereich ebenfalls eine klare Trennung zwischen diesen beiden möglich ist. Insbesondere die Unterscheidung zwischen dem verfahrensrechtlich zu verankernden grundsätzlichen Erkenntnishorizont des verwaltungsgerichtlichen Verfahrens und den materiell-rechtlichen Begutachtungszeitpunkten betrifft den Kernbereich des vorliegend betrachteten Meinungsstreits im Öffentlichen Recht. Zwar führen gerade im Verwaltungsrecht zwei Aspekte dazu, dass sich die Frage der Trennung komplexer darstellt als im Privatrecht: Zum einen sind mehrfach übergeordnete, in der Regel merkmalimmanente, Begutachtungszeitpunkte zentral, die Ausgangspunkt für weitere Begutachtungszeitpunkte sind, die sowohl verfahrensrechtliche als auch materiell-rechtliche Aspekte betreffen können. Zum anderen ist es gerade die Konstellation des stets vorgelagerten Verwaltungsverfahrens, die im aktuellen Recht des privatrechtlichen Bereichs nicht in vergleichbarer Weise vorhanden ist. Dadurch tritt mit dem tatsächlichen Zeitpunkt des Erkenntnishorizonts des Ausgangs- bzw. Widerspruchsverfahrens ein weiterer möglicher zentraler Zeitpunkt für die Verortung materiell-rechtlicher oder verfahrensrechtlicher Begutachtungszeitpunkt in tatsächlicher Hinsicht hinzu. Auch bei dem zeitlich tatsächlichen Zusammentreffen materiell-rechtlicher bzw. verfahrensrechtlicher Begutachtungszeitpunkte mit diesem Erkenntnishorizont sind diese jedoch rechtlich streng voneinander zu trennen.

Vor diesem Hintergrund konnte verdeutlicht werden, dass die im Rahmen des Privatrechts entwickelte Systematik sowohl mit der Ansicht des BVerwG in Einklang gebracht werden kann, als auch mit derjenigen Ansicht, die auf den Zeitpunkt der letzten mündlichen Verhandlung abstellt, korrespondiert. Zugleich konnte aufgezeigt werden, dass in dieser Fachsäule ebenfalls die alleinige Verwendung der Begrifflichkeiten des „prozessual maßgeblichen" und „materiell-rechtlich maßgeblichen" Zeitpunkts zu Missverständnissen führen kann und eine differenziertere Terminologie auch hier der Zuordnung der einzelnen Probleme zuträglich sein kann.

Die Erkenntnisse dieses grundlegenden Teils zeigen dabei insgesamt, dass eine Übertragung der für das Privatrecht entwickelten Systematik und Terminologie der Beurteilungszeitpunkte für das Öffentliche Recht möglich erscheint. Damit konnte die Brücke zu den nun im Einzelnen zu betrachtenden Argumenten in intradisziplinärer Perspektive geschlagen werden und zugleich ein Instrument zur Einordnung der jeweiligen Argumente an die Hand gegeben werden.

# IV. Argumente mit intradisziplinärem Bezug

Aufbauend auf diesen (Zwischen-)Ergebnissen können nun die intradisziplinären Argumente, die ihren Ursprung in der der öffentlich-rechtlichen Diskussion haben, in der Folge aber auch in privatrechtlichen Betrachtungen aufgegriffen wurden, näher betrachtet werden, wobei der Fokus im Kontext dieser Untersuchung auf der privatrechtlichen Perspektive liegen soll. Dabei ist konkret der Frage nachzugehen, ob aufgrund der betreffenden Äußerungen für die gefundene Systematik der Beurteilungszeitpunkte noch weitere und insofern vertiefende Erkenntnisse gewonnen werden können.

Insgesamt konzentriert sich die Argumentation im Rahmen der intradisziplinären Betrachtungen auf zwei zentrale Aspekte die eng miteinander verbunden sind: Einerseits geht es um die Thematik des möglichen Einflusses des Streitgegenstands, andererseits um eventuelle Auswirkungen der verschiedenen Klagearten auf den jeweils betrachteten Beurteilungszeitpunkt. Beide Komplexe sollen im Zentrum dieses abschließenden Teils der intradisziplinären Betrachtung stehen.

Hierzu sind die betreffenden Einzelaspekte zunächst auf ihre grundsätzliche intradisziplinäre Vergleichbarkeit hin zu überprüfen. Im Anschluss sind die jeweiligen intradisziplinären Aussagen unter Berücksichtigung der in dieser Arbeit bislang entwickelten Terminologie und Systematik zu bewerten und auf ihre Geeignetheit zur Vertiefung der bisherigen Erkenntnisse hin kritisch zu hinterfragen.



A. Rech, *Der Beurteilungszeitpunkt im Privatrecht*, Juridicum - Schriften zum Arbeitsrecht, https://doi.org/10.1007/978-3-658-51181-4_16

## 1. Der Streitgegenstand

Der Streitgegenstand, d. h. der genaue Gegenstand des gerichtlichen Verfahrens,[1] wird mehrfach im Rahmen wissenschaftlicher Betrachtungen des Beurteilungszeitpunkts intradisziplinär auf seine Bedeutung für die Frage des „maßgeblichen Zeitpunkts" hin beleuchtet. Grundlegend stellt *Kopp* dabei fest, dass ebenso wie im Zivilprozess auch im Verwaltungsprozess, soweit andere Anhaltspunkte im geltenden Recht fehlten, die Frage, auf welches Ziel die Klage zu richten sei und auf welchen Zeitpunkt der Kläger dabei abstellen könne oder müsse, nur mithilfe allgemeiner Überlegungen zur Funktion und zum Wesen der Verwaltungsgerichtsbarkeit und der verwaltungsgerichtlichen Klage gelöst werden könne, wobei Ausgangspunkt die Frage nach dem Streitgegenstand sei.[2] Letzteres präzisiert er noch dahingehend, dass es im Kern um die Frage danach gehe, was der Kläger zulässigerweise zum Streitgegenstand machen könne bzw. gemacht habe.[3]

*Bähr* widmet sich in seiner Arbeit zur „maßgeblichen Rechts- und Sachlage für die gerichtliche Beurteilung von Verwaltungsakten" intensiv einem Vergleich mit Strukturen und Rechtsinstituten des Zivilprozessrechts und untersucht unter anderem auch die Parallelen zwischen dem Streitgegenstand der verwaltungsgerichtlichen Anfechtungsklage und der Lehre vom Streitgegenstand im Zivilprozess[4] als Grundlage für die Festlegung des Beurteilungszeitpunkts der Anfechtungsklage.[5] Dabei kommt er zunächst zu dem Ergebnis, dass die Festlegung des Streitgegenstands durch das Klagebegehren die Berücksichtigung einer nachträglichen Änderung der Rechts- und Sachlage nicht ausschließe.[6] Er stellt sodann insgesamt fest, dass die Festlegung des Streitgegenstands der Anfechtungsklage durch Klagebegehren und Klagegrund das Gericht nicht zwinge, bei der Beurteilung der Anfechtungsklage von dem allgemeinen prozessualen Grundsatz abzuweichen, wonach für die Entscheidung, unter Anwendung des im Urteilszeitpunkt geltenden Rechts,

[1] Vgl. etwa *W.-R. Schenke*, Verwaltungsprozessrecht, Rn. 655.

[2] *Kopp* in: Erichsen/Hoppe/v. Mutius (Hrsg.), Festschrift für Christian-Friedrich Menger, 693, 699.

[3] S. ebenfalls *Kopp* in: Erichsen/Hoppe/v. Mutius (Hrsg.), Festschrift für Christian-Friedrich Menger, 693, 699.

[4] *Bähr*, Die maßgebliche Rechts- und Sachlage für die gerichtliche Beurteilung von Verwaltungsakten, 81 ff. und 114 ff.

[5] *Bähr*, Die maßgebliche Sach- und Rechtslage für die gerichtliche Beurteilung von Verwaltungsakten, 136 ff.

[6] *Bähr*, Die maßgebliche Sach- und Rechtslage für die gerichtliche Beurteilung von Verwaltungsakten, 141.

die tatsächlichen Verhältnisse zum Zeitpunkt des Schlusses der mündlichen Verhandlung zugrunde zu legen seien.[7]

*Gerhard Lüke* führt in einem Beitrag des Jahres 1967 zum Streitgegenstand des Verwaltungsprozesses aus: „Andere wichtige Probleme, die im Zivilprozeß keine unmittelbare Parallele zu haben scheinen, lassen sich ebenfalls nur vom Streitgegenstand her lösen; hierzu gehören das Nachschieben von Gründen und die Frage des maßgeblichen Zeitpunktes für die gerichtliche Beurteilung des angegriffenen Verwaltungsakts."[8]

Im zivilrechtlichen Schrifttum findet sich in der Arbeit von *Gentges* ebenfalls eine intradisziplinäre Betrachtung bezüglich der Sachdienlichkeit des Streitgegenstands zur Bestimmung des Beurteilungszeitpunkts. Der konkret betrachtete Aspekt betrifft die Frage des Zeitpunkts der Kündigung des Arbeitnehmers. Diesbezüglich hatte bereits *Gerhard Lüke* in seinem Beitrag des Jahres 1967 angemerkt, dass die „Problemstellung [...] den verwaltungsgerichtlichen Anfechtungsprozeß in enge Nachbarschaft zu Prozessen aus ganz anderen Bereichen, nämlich zum arbeitsgerichtlichen Kündigungsschutzprozess [...]" rückt.[9]

Dabei äußert *Gentges* in seiner Arbeit zu „Prognoseproblemen im Kündigungsschutzrecht" mit Blick auf den Streitgegenstand, dass die Frage des Beurteilungszeitpunkts im Zivilprozessrecht entgegen der von *Kopp* geäußerten Ansicht, dass überraschenderweise im Zivilprozess die Frage nach dem maßgeblichen Zeitpunkt für die Beurteilung der Sach- und Rechtslage kaum erörtert werde,[10] sehr wohl betrachtet werde, allerdings aufgrund einer uneinheitlichen Terminologie unter dem Titel des Streitgegenstands.[11] Insofern stimmt er dann mit *Kopp* dahingehend überein, dass sich der Beurteilungszeitpunkt im Prozess aus dem Streitgegenstand und dem materiellen Recht ergebe.[12]

---

[7] *Bähr,* Die maßgebliche Sach- und Rechtslage für die gerichtliche Beurteilung von Verwaltungsakten, 142.

[8] *G. Lüke,* JuS 1967, 1.

[9] *G. Lüke,* JuS 1967, 1, 4.

[10] S. *Kopp* in: Erichsen/Hoppe/v. Mutius (Hrsg.), Festschrift für Christian-Friedrich Menger, 693, 698.

[11] *Gentges,* Prognoseprobleme im Kündigungsschutzrecht, 52.

[12] *Gentges,* Prognoseprobleme im Kündigungsschutzrecht, 55.

## a) Grundsätzliche Vergleichbarkeit

Die angeführten Äußerungen sollen im Folgenden im Kontext der dieser Arbeit zugrunde liegenden Systematik und Terminologie eingeordnet und bewertet werden. Dabei ist grundlegend, dass der Streitgegenstand sowohl im Zivilprozess als auch im Verwaltungsprozess einer der zentralen Begriffe ist.[13] Denn die Frage, was genau den Gegenstand des jeweiligen Prozesses darstellt, entscheidet letztlich über den Inhalt und die Reichweite des Rechtsstreits,[14] es handelt sich damit um ein „Schlüsselproblem jedes Prozessrechts".[15] Zugleich stellt die Definition des Streitgegenstands eines der dogmatisch umstrittensten Konzepte dar.[16]

Um eine Einordnung der vorgenannten Äußerungen in den Kontext der Beurteilungszeitpunkte vornehmen zu können, ist zunächst ein grundsätzlicher Vergleich des Inhalts dieser Begrifflichkeiten in den einzelnen Fachsäulen vorzunehmen, um festzustellen, ob in diesem Einzelaspekt eine prinzipielle Vergleichbarkeit gegeben ist. Dabei sollen die wesentlichen Argumentationslinien[17] nachgezeichnet und bewertet werden. Hier ist der Blick, wiederum aufgrund der den öffentlich-rechtlichen Äußerungen zugrunde liegenden Diskussion im Bereich des Verwaltungsprozessrechts, auf die verwaltungsprozessuale Ebene einerseits und die zivilprozessuale andererseits zu fokussieren. Nicht zuletzt aufgrund der Aussagen im arbeitsrechtlichen Schrifttum sind aber zudem die Besonderheiten

---

[13] So für den Zivilprozess etwa Prütting/Gehrlein/*Prütting*, Zivilprozessordnung, Einleitung 14; Thomas/Putzo/*Seiler*, Zivilprozessordnung, Einleitung ZPO Rn. 32. Für den Verwaltungsprozess vgl. *Hufen*, Verwaltungsprozessrecht, § 10 Rn. 6. S. insgesamt *G. Lüke*, JuS 1967, 1.

[14] Vgl. für den Verwaltungsprozess etwa *Hufen*, Verwaltungsprozessrecht, § 10 Rn. 6.

[15] *Rupp*, AöR 85 (1960), 301, 311.

[16] *Germelmann, Claas-Friedrich*, Die Rechtskraft von Gerichtsentscheidungen in der Europäischen Union, 24.

[17] Ein umfassender Blick ist denjenigen Arbeiten vorbehalten, die den Streitgegenstand insgesamt ins Zentrum der Betrachtung stellen. Diesbezüglich sind aus etwa die Untersuchungen von *Althammer*, Streitgegenstand und Interesse (passim); *Detterbeck*, Streitgegenstand und Entscheidungswirkungen im Öffentlichen Recht (passim); *Habscheid*, Der Streitgegenstand im Zivilprozess und im Streitverfahren der freiwilligen Gerichtsbarkeit (passim); *Henckel*, Parteilehre und Streitgegenstand im Zivilprozessrecht (passim); *Jauernig*, Verhandlungsmaxime, Inquisitionsmaxime und Streitgegenstand (passim); *Ma*, Die Entwicklung der Streitgegenstandslehre in Deutschland und Europa und ihre Vorbildwirkung für das chinesische Recht (passim); *Rimmelspacher*, Materiellrechtlicher Anspruch und Streitgegenstandsproblem im Zivilprozeß (passim); *Schwab*, Der Streitgegenstand im Zivilprozess (passim).

aus diesem Bereich mit zu berücksichtigen, soweit sie vorliegend als sachdienlich erscheinen.

### aa) Der Streitgegenstand im Zivilprozessrecht

Dabei ist zunächst mit dem Blick auf das Zivilprozessrecht zu beginnen, wird dort doch insbesondere seit der bereits 1877 erlassenen Civilprozeßordnung (CPO)[18] eine intensive Diskussion über das zutreffende Verständnis des Streitgegenstands geführt. Denn auch wenn die ZPO bisweilen wie in § 2 ZPO den Begriff des Streitgegenstands verwendet, an anderer Stelle von dem „erhobenen Anspruch"[19] spricht, wenn sie den Gegenstand des Verfahrens meint, findet sich für den Streitgegenstand keine gesetzliche Definition.[20] Daher sollen im Folgenden die zentralen Ansichten in diesem Bereich dargestellt werden.

#### (1) Materiell-rechtliche Streitgegenstandstheorien

Diesbezüglich ist zunächst festzuhalten, dass der Gesetzgeber der CPO unter einem Anspruch ursprünglich denjenigen des materiellen Rechts im Sinne von § 194 Abs. 1 BGB verstand.[21] Diese Ansicht ist allerdings insofern problematisch, als bei

---

[18] S. hierzu etwa Stein/*Althammer*, ZPO, Einleitung Rn. 143.

[19] Vgl. etwa § 253 Abs. 2 Nr. 2 ZPO und § 322 Abs. 1 ZPO.

[20] *W. Lüke*, Zivilprozessrecht I, § 14 Rn. 2; *Zeiss/Schreiber*, Zivilprozessrecht, Rn. 306.

[21] Dies zeigt sich unter anderem in einer Zusammenschau der Äußerungen zum Gesetzgebungsprozess der Civilprozessordnung, insbesondere zu den § 230 S. 2 Nr. 2 CPO, der dem heutigen § 253 Abs. 2 Nr. 2 ZPO entspricht und zu § 293 CPO, dem heutigen § 322 ZPO. Insofern wird u. a. Bezug auf die Äußerungen *Windscheids* genommen, vgl. Hahn (Hrsg.), Die gesammten Materialien zu den Reichs-Justizgesetzen, Zweiter Band, Erste Abteilung: Die gesammten Materialien zur Civilprozeßordnung und dem Einführungsgesetz zu derselbem vom 30. Januar 1877, Mat. II 1 zu § 283 CPO, in der Erlassfassung § 293 CPO, insbes. S. 607–609. *Windscheid* selbst hatte unter Trennung de „Lehre vom Prozesse" den materiellen Anspruch geprägt, vgl. *Windscheid,* Die actio des römischen Civilrechts, vom Standpunkte des heutigen Rechts, passim, insbes. 226; s. zu den Auswirkungen dieser „wissenschaftlichen Neuschöpfung" auf die CPO zudem *Althammer,* Streitgegenstand und Interesse, 36; *Schwab,* JuS 1965, 81.

Zudem wird etwa zu § 230 S. 2 Nr. 2 CPO, der § 253 Abs. 2 Nr. 2 ZPO der heutigen Fassung entspricht, formuliert: „Den Grund des erhobenen Anspruchs [...] oder den Klagegrund bilden diejenigen Thatsachen, welche nach Maßgabe des bürgerlichen Rechts „an sich geeignet sind, den erhobenen Anspruch als in der Person des Klägers entstanden und zugleich als durch den Beklagten verletzt erscheinen zu lassen" – die rechtsbegründenden Thatsachen-.", vgl. Hahn (Hrsg.), Die gesammten Materialien zu den Reichs-Justizgesetzen, Zweiter Band, Erste Abteilung: Die gesammten Materialien zur Civilprozeßordnung und dem Einführungsgesetz zu derselbem vom 30. Januar 1877, Mat. II 1, zu § 222, 255. Weitergehende Ausführungen in Bezug auf den Antrag sind nicht enthalten.

Feststellungs- und Gestaltungsklagen gerade kein Anspruch im Sinne des § 194 Abs. 1 BGB geltend gemacht wird.[22] Zudem führt dieser Ansatz bei materiell-rechtlicher Anspruchskonkurrenz zu keinen sachgerechten Ergebnissen, denn bereits aus Gründen der Praktikabilität kann etwa bei einem Zusammentreffen von Schadensersatzansprüchen aus Vertragsverletzung und Delikt die auf einer Handlung oder Unterlassung gründen, nur einheitlich und endgültig in einem Urteil entschieden werden.[23] Die historische Auffassung würde hier jedoch mehrere Streitgegenstände annehmen mit der Konsequenz, dass etwa für den Fall der ausschließlichen Geltendmachung eines Anspruchs aus § 280 Abs. 1 BGB und eines Unterliegens im Prozess, in einem weiteren Prozess die Geltendmachung eines Anspruchs aus § 823 Abs. 1 BGB aufgrund desselben Sachverhalts möglich wäre.[24] Nicht zuletzt aufgrund dieser Mängel wird diese Sichtweise des historischen Gesetzgebers heute nicht mehr vertreten.[25]

Allerdings finden sich modifizierte materiell-rechtliche Ansätze zur Bestimmung des Streitgegenstands. Nach diesen ist Streitgegenstand ebenfalls der materiell-rechtliche Anspruch, eines besonderen „prozessualen Anspruchs" bedürfe es nicht.[26] Im Rahmen dieser Theorien werden allerdings mehrere Ansprüche des materiellen Rechts, die auf demselben Sachverhalt gründen, zu einem materiellrechtlichen Anspruch neuerer Art zusammengefasst und somit als bloße Anspruchs-

---

Vgl. zur Sichtweise des historischen Gesetzgebers insgesamt auch *Althammer,* Streitgegenstand und Interesse, 36; Rosenberg/Gottwald/Schwab/*Gottwald,* Zivilprozessrecht, § 93 Rn. 8; *Nikisch,* Der Streitgegenstand im Zivilprozeß, 41 ff., insbes. 45; *Pohlmann,* Zivilprozessrecht, § 7 Rn. 316. Insofern differenzierend zwischen Intention des Gesetzgebers und handelnden Juristen *Ma,* Die Entwicklung der Streitgegenstandslehre in Deutschland und Europa und ihre Vorbildwirkung für das chinesische Recht, 108. S. zum Willen des Gesetzgebers der CPO 1895 auch *Kieweler,* Zur Dichotomie des Streitgegenstands im österreichischen Zivilprozess – Eine Gegenüberstellung der nationalen Streitgegenstandslehre und der Kernpunkttheorie des EuZVR, 44 f.

[22] Rosenberg/Gottwald/Schwab/*Gottwald,* Zivilprozessrecht, § 93 Rn. 8; *Habscheid* in: Gottwald/Prütting (Hrsg.), Festschrift für Karl Heinz Schwab, 181, 195; *Pohlmann,* Zivilprozessrecht, § 7 Rn. 316; *Zeiss/Schreiber,* Zivilprozessrecht Rn. 306.

[23] Rosenberg/Gottwald/Schwab/*Gottwald,* Zivilprozessrecht, § 93 Rn. 9.

[24] Vgl. zu diesem Beispiel *Pohlmann,* Zivilprozessrecht, § 7 Rn. 316. S. ebenfalls *Musielak/Voit,* Grundkurs ZPO, § 3 Rn. 284.

[25] Vgl. auch *Pohlmann,* Zivilprozessrecht, § 7 Rn. 316; Prütting/Gehrlein/*Prütting,* Zivilprozessordnung, Einleitung ZPO Rn. 16.

[26] *Braun, J.,* Lehrbuch des Zivilprozeßrechts, § 26 II 2, 3 S. 402; *Georgiades,* Die Anspruchskonkurrenz im Zivilrecht und Zivilprozeßrecht, 170, 186 f.; *Henckel,* Parteilehre und Streitgegenstand im Zivilprozeß, 251, 253; *Stamm,* ZZP 129 (2016), 25, 29, 35.

normenkonkurrenz angesehen.[27] *Stamm* weist diesbezüglich daraufhin, dass es sich um ein Problem der Konkurrenzlehre zwischen mehreren Anspruchsgrundlagen handele: Führten diese zur gleichen Rechtsfolge, so liege Identität des beantragten und tenorierten Anspruchs vor, was eine erneute gerichtliche Geltendmachung ausschlösse.[28]

Für den zuvor angeführten Beispielsfall würde das bedeuten, dass es sich letztlich doch um einen materiell-rechtlichen Anspruch handeln würde, der nur mehrfach begründet wird.[29] Auch wenn sich diese Ansicht damit in einem Kernkritikpunkt signifikant von der früheren Sichtweise unterscheidet, vermag sie dennoch nicht das Problem zu lösen, dass im materiellen Recht die einzelnen Ansprüche selbstständig voneinander in der Entwicklung sind, etwa unterschiedliche Bestimmungen für die Verjährung bestehen, und zudem auch unterschiedlichen Beweislastregeln unterliegen.[30] Darüber hinaus ist diese Auffassung ebenfalls grundsätzlich nur auf die Leistungsklage begrenzt.[31]

### (2) Prozessuale Streitgegenstandstheorien

Nicht zuletzt die aufgezeigten Problematiken haben zur Entwicklung eines eigenständigen, vom materiellen Recht gelösten, prozessualen Begriffs des Streitgegenstands geführt.[32] Diesbezüglich finden sich verschiedene prozessuale Streitgegenstandstheorien. Insbesondere *Schwab* will im Sinne eines eingliedrigen Streitgegenstandsbegriffs diesen einzig am Antrag orientieren[33]: Der Sachverhalt soll nur dann von Bedeutung sein, wenn sich aus dem Antrag allein nichts für die Abgrenzung ergibt – dann diene der Sachverhalt der Individualisierung des Streitgegenstands.[34] Mehrere Streitgegenstände sind nach dieser Auffassung folglich nur

---

[27] Vgl. *Nikisch,* Der Streitgegenstand im Zivilprozess, 45 ff.; *ders.,* Zivilprozeßrecht, § 42 IV 3; *ders.,* AcP 154 (1955), 271, insbes. 281 ff.; *Georgiades,* Die Anspruchskonkurrenz im Zivilrecht und Zivilprozeßrecht, 170, 186 f. S. hierzu insgesamt Rosenberg/Gottwald/Schwab/*Gottwald,* Zivilprozessrecht, § 93 Rn. 19.

[28] Stamm, ZZP 129 (2016), 25, 33.

[29] S. diesbezüglich auch *Musielak/Voit,* Grundkurs ZPO, § 3 Rn. 285.

[30] *W. Lüke,* Zivilprozessrecht I, § 14 Rn. 6; *Musielak/Voit,* Grundkurs ZPO, § 3 Rn. 286; Prütting/Gehrlein/*Prütting,* ZPO, Einleitung Rn. 16.

[31] *Habscheid* in: Gottwald/Prütting (Hrsg.), Festschrift für Karl Heinz Schwab, 181, 195.

[32] *Kodde,* Der Streitgegenstand im Markenverletzungsprozess, 28; Prütting/Gehrlein/*Prütting,* Zivilprozessordnung, Einleitung ZPO Rn. 17.

[33] *Schwab,* Der Streitgegenstand im Zivilprozess, 185; *ders.,* JuS 1965, 81, 83.

[34] *Schwab,* Der Streitgegenstand im Zivilprozess, passim, insbes. 183 ff., 199; *Schwab,* JuS 1965, 81, 83 f.; *ders.* in: Prütting/Rüßmann (Hrsg.), Festschrift für Gerhard Lüke, 793, 807. S. zu diesen Ausführungen insgesamt auch *W. Lüke,* Zivilprozessrecht I, § 14 Rn. 4.

denkbar, wenn vor Gericht unterschiedliche Klageanträge gestellt werden.[35] Um das festzustellen, ist aber der jeweilige Antrag auszulegen, und dazu bedarf es dann doch wiederum einer Betrachtung der dem Antrag zugrunde liegenden Tatsachen.[36] Das zeigt, dass für diese Ansicht der Sachverhalt ebenfalls letztlich unverzichtbar ist, um den Streitgegenstand zu bestimmen.[37]

Aufgrund dessen wird daher zu Recht von der vorherrschenden Literatur[38] und vom BGH[39] der zweigliedrige Streitgegenstandsbegriff vertreten. Nach diesem ist insgesamt Gegenstand des Zivilprozesses ein besonderer Anspruch des Klägers, der nicht mit dem der Klage zugrunde liegenden materiell-rechtlichen Anspruch identisch ist.[40] Dabei wird der Streitgegenstand durch die gleichwertigen Elemente des (Klage-)Antrags und den zu seiner Begründung vorgetragenen Lebenssachverhalt, den Klagegrund, gebildet.[41] Hierdurch werden alle materiell-rechtlichen Anspruchsgrundlagen, die aus einem einheitlichen Lebenssachverhalt erwachsen, zu einem einheitlichen prozessualen Anspruch entsprechend dem Klageantrag zusammengefasst und die Probleme der materiell-rechtlichen Theorien damit vermieden.[42]

---

In neuerer Zeit nähert sich dieser Ansicht *Althammer,* Streitgegenstand und Interesse, passim, insbes. 353 und 754 wieder an. S. hierzu auch *Prütting* in: Uzunalli (Hrsg.), Festschrift Pekcanitez, 301, 306.

[35] *Schwab,* Der Streitgegenstand im Zivilprozess, 189; *ders.,* JuS 1965, 81, 83. Vgl. hierzu aus Perspektive des Verwaltungsprozesses ebenfalls *Haustein,* Der Streitgegenstand im Verwaltungsprozess, 197. S. hierzu insgesamt GMP/*Prütting,* ArbGG Einleitung Rn. 190.

[36] GMP/*Prütting,* ArbGG Einleitung Rn. 190.

[37] *W. Lüke,* Zivilprozessrecht I, § 14 Rn. 4.

[38] S. etwa *Adolphsen,* Zivilprozessrecht, § 8 Rdnr. 59; BeckOK ZPO/*Bacher,* ZPO § 253 Rn. 51; MüKoZPO/*Becker-Eberhard,* vor ZPO §§ 253 ff. Rn. 32; Rosenberg/Schwab/Gottwald/*Gottwald,* Zivilprozessrecht § 93 Rn. 27; *Habscheid,* Der Streitgegenstand im Zivilprozess und im Streitverfahren der freiwilligen Gerichtsbarkeit, 221 f.; *W. Lüke,* Zivilprozessrecht I, § 14 Rn. 5; Musielak/Voit/*Voit,* Zivilprozessordnung, Einleitung ZPO Rn. 74; *Pohlmann,* Zivilprozessrecht, § 7 Rn. 322; Stein/Jonas/*Roth,* 23. Aufl., ZPO § 253 Rn. 22; HK-ZPO/*Saenger,* Einführung Rn. 101; *Schilken/Brinkmann,* Zivilprozessrecht, § 5 Rn. 69 f.; *Zeiss/Schreiber,* Zivilprozessrecht, Rn. 311.

[39] S. etwa BGH, Urt. v. 19.12.1991 – IX ZR 96/91, NJW 1992, 1172, 1173; BGH, Urt. v. 24.5.2012 – IX ZR 168/11, NJW 2012, 2180 Rn. 21; BGH, Urt. v. 25.10.2012 – IX ZR 207/11, NJW 2013, 540 Rn. 14; BGH, Beschl. v. 3.3.2016 – IX ZB 33/14, NJW 2016, 1818/ Rn. 27; BGH, Urt. v. 21.11.2017 – II ZR 180/15, NJW 2018, 1259 Rn. 17.

[40] Vgl. etwa BGH, Urt. v. 24.5.2012 – IX ZR 168/11, NJW 2012, 2180 Rn. 21. S. ebenfalls HK-ZPO/*Saenger,* Einleitung ZPO Rn. 101.

[41] Vgl. MüKoZPO/*Becker-Eberhard,* Vorbemerkung zu ZPO § 253 Rn. 32.

[42] *Habscheid,* Der Streitgegenstand im Zivilprozess und im Streitverfahren der freiwilligen

Schwierigkeiten können sich bei der Bestimmung des einheitlichen Lebenssachverhalts ergeben.[43] Das führt aber nicht dazu, dass der eingliedrige Streitgegenstandsbegriff zu präferieren wäre. Denn auch dieser kommt, wie angeführt, nicht ohne die Betrachtung des Lebenssachverhalts aus und ist damit ebenfalls nicht per se bestimmter als der zweigliedrige. Daher ist trotz möglicherweise problematischer Grenzfälle dennoch am zweigliedrigen Streitgegenstandsbegriff festzuhalten.[44]

### (3) Kernpunkttheorie des EuGH

Ergänzend ist noch die sogenannte Kernpunkttheorie des EuGH[45] in den Blick zu nehmen. Diese bezieht sich auf Art. 29 EuGGVO,[46] der die konkurrierende Rechtshängigkeit für den Fall betrifft, dass bei Gerichten verschiedener Mitgliedstaaten Klagen wegen desselben Anspruchs zwischen denselben Parteien anhängig gemacht werden.[47] Nach dieser auf der Grundlage verordnungsautonomer Maßstäbe[48] erfolgenden Rechtsprechung ist für die Feststellung, ob es um „denselben Anspruch" geht, maßgebend, dass „Kernpunkt" und damit Grundlage beider Prozesse dasselbe Rechtsverhältnis ist.[49] Dabei wird der Streitgegenstandsbegriff durch den EuGH weit ausgelegt, eine Beschränkung auf die „formale Identität" lehnt das Gericht ab[50]; es genügt vielmehr, wenn es grundsätzlich um die Rechts-

---

Gerichtsbarkeit, 217 ff.; GMP/*Prütting,* ArbGG Einleitung Rn. 186.

[43] HK-ZPO/*Saenger,* Einführung Rn. 105.

[44] Vgl. auch *W. Lüke,* Zivilprozessrecht I, § 14 Rn. 5.

[45] Vgl. etwa EuGH, Urt. v. 8.12.1987 – Rs 144/86, NJW 1989, 665 Rn. 12 ff. – Gubisch Maschinenfabrik/Palumbo; EuGH, Urt. v. 6.12.1994 – C-406/92, BeckRS 2004, 77078 Rn. 37 ff. – Tatry/Maciej Rataj; EuGH, Urt. v. 19.5.1998 – C-351/96, EuZW 1998, 443 Rn. 14 ff. – Drouot assurances/CMI industrial sites; EuGH, Urt. v. 9.12.2003 – C-116/02, EuZW 2004, 188 Rn. 41 – Erich Gasser GmbH/MISAT Srl.; EuGH, Urt. v. 14.10.2004 – C-39/02, BeckRS 2004, 78089 Rn. 31 f. – Maersk Olie & Gas/Firma M. De Haan en W. De Boer.

[46] Verordnung (EU) Nr. 1215/2012 des Europäischen Parlaments und des Rates vom 12.12.2012 über die gerichtliche Zuständigkeit und die Anerkennung und Vollstreckung von Entscheidungen in Zivil- und Handelssachen, weitere Kurzbezeichnung: Brüssel-Ia-Verordnung.

[47] Vgl. Musielak/Voit/*Musielak/Voit,* Zivilprozessordnung, Einleitung ZPO Rn. 72a.

[48] Vgl. BeckOK ZPO/*Eichel,* Brüssel Ia-VO Art. 29 Rn. 55; MüKoZPO/*Gottwald,* Brüssel Ia-VO Art. 29 Rn. 10.

[49] EuGH, Urt. v. 8.12.1987 – Rs 144/86, NJW 1989, 665 Rn. 15 – Gubisch Maschinenfabrik/Palumbo. Vgl. ebenfalls *Werneke,* Die Einheitlichkeit des europäischen und des nationalen Begriffs vom Streitgegenstand, 47.

[50] EuGH, Urt. v. 8.12.1987 – Rs 144/86, NJW 1989, 665 Rn. 17 – Gubisch Maschinenfabrik/

folgen aus ein und demselben Sachverhalt geht und sich damit potenziell konkurrierende Sachentscheidungen hinsichtlich ihrer rechtskraftfähigen Aussagen widersprechen könnten.[51]

Die Kernpunkttheorie ist innerhalb des Europäischen Rechtsschutzsystem von den nationalen Gerichten ebenfalls zu beachten und verdrängt in ihrem Anwendungsbereich die Streitgegenstandslehren der nationalen Prozessgerichte.[52] Allerdings liegt der primäre Zweck der Auslegung der Wendung „desselben Anspruchs" in der Verhinderung des Ergehens unterschiedlicher Entscheidungen vor Gerichten verschiedener Mitgliedsstaaten, deren Anerkennung gegebenenfalls vor den Gerichten des jeweils anderen Mitgliedsstaats abgelehnt wird.[53] Dieser unterscheidet sich von dem Zweck der nationalen Streitgegenstandslehre,[54] die darüber hinausreicht: Sie ist insbesondere Grundlage und Ansatzpunkt für die Lösung weiterer Prozessrechtsprobleme wie der objektiven Klagehäufung, der Klageänderung, der Rechtshängigkeit oder der materiellen Rechtskraft.[55] Auch wenn daher eine Diskussion darüber besteht, inwieweit die Kernpunkttheorie den nationalen Streitgegenstandsbegriff beeinflussen kann bzw. wird,[56] ist derzeit aufgrund der spezielleren, europarechtlich konnotierten Zwecksetzung dieser Theorie, ein Abweichen von der vorherrschenden Sichtweise im nationalen Zivilprozessrecht nicht erforderlich.[57]

---

Palumbo.

[51] MüKoZPO/*Gottwald,* Brüssel Ia-VO Art. 29 Rn. 11; *Mansel/Nordmeier* in: Geimer/ Schütze (Hrsg.), Festschrift Kaissis, 629, 651.

[52] BeckOK ZPO/*Eichel,* Brüssel Ia-VO Art. 29 Rn. 55; *Schilken/Brinkmann,* Zivilprozessrecht § 5 Rn. 71.

[53] Musielak/Voit/*Voit,* Zivilprozessordnung, Einleitung ZPO Rn. 72a.

[54] *Althammer,* Streitgegenstand und Interesse, 173 ff

[55] *Ma,* Die Entwicklung der Streitgegenstandslehre in Deutschland und Europa und ihre Vorbildwirkung für das chinesische Recht, 146 und 214.

[56] Vgl. etwa *Althammer,* Streitgegenstand und Interesse, 123 ff.; *Ma,* Die Entwicklung der Streitgegenstandslehre in Deutschland und Europa und ihre Vorbildwirkung für das chinesische Recht, insbes. 185 ff.; *Werneke,* Die Einheitlichkeit des europäischen und des nationalen Begriffs vom Streitgegenstand, passim. Vgl. für das österreichische Zivilprozessrecht *Kieweler,* Zur Dichotomie des Streitgegenstands im österreichischen Zivilprozess – Eine Gegenüberstellung der nationalen Streitgegenstandslehre und der Kernpunkttheorie des EuZVR, passim.

[57] Vgl. ebenfalls Musielak/Voit/*Voit,* Zivilprozessordnung, Einleitung ZPO Rn. 72a.

## bb) Der Streitgegenstand im Verwaltungsprozess

Um die mehrfach gezogenen Vergleiche in intradisziplinärer Perspektive für diese Untersuchung auf ihre Sachdienlichkeit hin untersuchen zu können, ist in einem nächsten Schritt ein Blick auf die Bestimmung des Streitgegenstands im Verwaltungsprozess zu werfen. Ebenso wie im Privatrecht wird auch hier der Streitgegenstand zwar von der Verfahrensordnung der VwGO vorausgesetzt und etwa in § 110 VwGO, § 121 VwGO und § 123 Abs. 1 S. 1 VwGO als Begriff angeführt, jedoch nicht explizit definiert.[58]

Dabei ist grundlegend, dass sich der Streitgegenstandsbegriff des Verwaltungsprozesses als ein gegenüber dem Zivilprozessrecht eigenständiger Begriff darstellt.[59] Das folgt bereits aus § 121 VwGO, der bestimmt, dass rechtskräftige Urteile binden, soweit über den Streitgegenstand entschieden worden ist; dies zeigt, dass für die Verwaltungsgerichtsordnung ein eigenständiges Begriffsverständnisses zu entwickeln war und dieser zugrunde zu legen ist.[60] Zudem verbieten gerade die Besonderheiten des Verwaltungsprozesses wie etwa das Vorliegen eines Verwaltungsakts oder das Eingreifen des Untersuchungsgrundsatzes eine unreflektierte Übernahme der Ansichten des Zivilprozessrechts.[61]

Folglich ist der Streitgegenstandsbegriff für diesen Bereich gesondert zu bestimmen. Dabei ist aber ebenfalls zu berücksichtigen, dass insgesamt die (Weiter-) Entwicklungen der selbstständigen verfahrensrechtlichen Rechtsinstitute nicht isoliert voneinander stattgefunden haben.[62] Vielmehr lag und liegt es nahe, den Blick auch auf die Erkenntnisse des zivilprozessualen Bereichs zu richten und diese für denjenigen des Verwaltungsprozessrechts im Rahmen der angeführten Restriktionen fruchtbar zu machen.[63] Denn bei Erlass der Verwaltungsgerichtsordnung im

---

[58] Vgl. auch *Hagen,* Elemente einer allgemeinen Prozeßlehre, 31, der unter Bezugnahme auf *Schwab* ausführt, dass „der Streitgegenstand […] von jeder Verfahrensordnung mehr oder weniger vorausgesetzt [wird]". S. bezüglich der VwGO ebenfalls Schoch/Schneider/*Clausing/Kimmel,* Verwaltungsrecht, VwGO § 121 Rn. 55.

[59] *Hufen,* Verwaltungsprozessrecht, § 10 Rn. 7 f.

[60] *Hufen,* Verwaltungsprozessrecht, § 10 Rn. 6.

[61] S. hierzu insgesamt etwa *Fischer, Markus,* Die verwaltungsprozessuale Klage im Kraftfeld zwischen materiellem Recht und Prozessrecht, 239 ff.; *Jacobj,* Spruchreife und Streitgegenstand im Verwaltungsprozess, 161. Gegen eine grundsätzliche Übertragbarkeit *Bickenbach,* Das Bescheidungsurteil als Ergebnis einer Verpflichtungsklage, 33 f.

[62] Vgl. *Klinck* in: Krüper (Hrsg.), Rechtswissenschaft lehren, § 21 Rn. 3.

[63] S. auch *Bähr,* Die maßgebliche Sach- und Rechtslage für die gerichtliche Beurteilung von Verwaltungsakten, 114 f.

Jahr 1960[64] waren schon zahlreiche, die Diskussion um den Streitgegenstand elementar prägende Schriften des Zivilprozessrechts veröffentlicht.[65]

Daher finden sich im Schrifttum des Verwaltungsprozessrechts ebenfalls einige Stimmen, die hierauf aufbauend ein materiell-rechtliches Streitgegenstandsverständnis präferieren.[66] Diesbezüglich ist jedoch ebenso wie im Zivilprozessrecht zu berücksichtigen, dass ein Klagebegehren nicht nur auf die Feststellung eines materiell-rechtlichen Anspruchs gerichtet, sondern etwa auch die Feststellung eines Gestaltungsrechts betroffen sein kann, sodass aus der Perspektive des Verwaltungsprozessrechts der prozessuale Anspruch gleichfalls strikt von einem materiellrechtlichen zu trennen ist.[67] Letztlich haben sich materiell-rechtliche Ansätze auch im verwaltungsprozessualen Bereich bislang nicht durchsetzen können.[68]

In Bezug auf prozessuale Streitgegenstandstheorien wurde der eingliedrige Streitgegenstandsbegriff nur sehr vereinzelt in diesem Rechtsbereich in Erwägung gezogen, etwa in der Monographie von *Haustein*[69] aus dem Jahr 1954.[70] Gerade die Ausführungen *Hausteins* zeigen jedoch wiederum die signifikante Bedeutung des Sachverhalts für die Bestimmung des Streitgegenstands.[71]

---

[64] Vgl. VwGO v. 21.1.1960, BGBl. I, 17.

[65] So etwa *Habscheid,* Der Streitgegenstand im Zivilprozess (1956); *Nikisch,* Der Streitgegenstand im Zivilprozess, (1935); *Schwab,* Der Streitgegenstand im Zivilprozess (1954). S. hierzu insgesamt ebenfalls *Jacobj,* Spruchreife und Streitgegenstand im Verwaltungsprozess, 160.

[66] S. etwa *Fischer, Markus,* Die verwaltungsprozessuale Klage im Kraftfeld zwischen materiellem Recht und Prozessrecht, 246. Differenzierend *Kaniess,* Der Streitgegenstandsbegriff in der VwGO, 118 ff. S. hierzu insgesamt *Haack,* VerwArch 109 (2018), 503, 506.

[67] *W.-R. Schenke,* Verwaltungsprozessrecht Rn. 653.

[68] S. hierzu ebenfalls *Germelmann,* Die Rechtskraft von Gerichtsentscheidungen in der Europäischen Union, 27; Schoch/Schneider/*Clausing/Kimmel,* Verwaltungsrecht, VwGO § 121 Rn. 56.

[69] *Haustein,* Der Streitgegenstand im Verwaltungsprozess, 157.

[70] S. hierzu insgesamt *Haack,* VerwArch 109 (2018), 503, 507; *Jacobj,* Spruchreife und Streitgegenstand im Verwaltungsprozess, 194.

[71] So führt er etwa an: „Mit der Angabe des Klage- oder Anspruchsgrundes soll das Streitprogramm umrissen und dargelegt werden, worum der vorliegende Streit geführt wird. […] Der Anspruchsgrund kann deshalb dem Prozeß nicht fehlen, da an Tatsachen die Rechtsordnung ihre Folgen knüpft. […] Wie sollte sonst das Gericht erkennen, ob derselbe prozessuale Anspruch schon rechtshängig oder, ob über denselben prozessualen Anspruch schon einmal rechtskräftig entschieden wurde.“, vgl. *Haustein,* Der Streitgegenstand im Verwaltungsprozess, 140. Zudem betont er an anderer Stelle: „Der Klage- und Anspruchsgrund aber hat für den Streitgegenstand die Bedeutung, den prozessualen Anspruch festzulegen, abzugrenzen, von einem anderen prozessualen Anspruch unterscheidbar und kenntlich zu

Insofern gehen im Verwaltungsprozess sowohl die Rechtsprechung[72] als auch die überwiegende Ansicht in der Literatur[73] ebenfalls zu Recht davon aus, dass der Streitgegenstand identisch mit dem prozessualen Anspruch ist und im Sinne des zweigliedrigen Streitgegenstandsbegriffs das vom Kläger aufgrund eines bestimmten (Lebens-)Sachverhalts an das Gericht gerichtete Begehren um Rechtsschutz durch Erlass eines Urteils mit einem bestimmten Inhalt darstellt; folglich wird er einerseits durch den Klageantrag nach § 88 VwGO und andererseits durch den Klagegrund, d. h. den konkreten Sachverhalt, auf dem der Streit beruht, in persönlicher Hinsicht durch die Hauptbeteiligten bzw. deren Rechtsnachfolger bestimmt.

### cc) Bestimmung des Streitgegenstands: Einheitlich oder relativ bzw. variabel?

Die getrennte Darstellung der grundlegenden Bestimmung des Streitgegenstands im Zivilprozess und im Verwaltungsprozess verdeutlicht, dass in beiden Bereichen der zweigliedrige Streitgegenstandsbegriff zu präferieren ist. Das wirft insgesamt die Frage nach einer einheitlichen Handhabung des Streitgegenstandsbegriffs insbesondere in intradisziplinärer Perspektive auf.

#### (1) Relative und variable Streitgegenstandstheorien

Diese wird von den in unterschiedlicher Form vertretenen relativen und variablen Streitgegenstandstheorien im Ergebnis abgelehnt bzw. zumindest infrage gestellt. Diese Theorien gehen davon aus, dass die Festlegung des Streitgegenstands je nach Prozessart, Verfahrensmaxime und bzw. oder Parteiinteressen differenziert zu bestimmen sei.[74] Damit wird schon einzig für die Ebene des Verwaltungsprozesses

---

machen.", vgl. *Haustein,* Der Streitgegenstand im Verwaltungsprozess, 142. S. hierzu ebenfalls *Haack,* VerwArch 2018, 503, 507.

[72] Vgl. etwa BVerwG, Urt. v. 13.9.1984 – 2 C 22/83, BVerwGE 70, 110 = NJW 1985, 280; BVerwG, Beschl. v. 16.2.1990 – 9 B 325/89, NVwZ 1990, 1069; BVerwG, Urt. v. 10.5.1994 – 9 C 501/93, BVerwGE 96, 24 = NVwZ 1994, 1115; BVerwG, Urt. v. 31.8.2011 – 8 C 15/10, BeckRS 2011, 55445 Rn. 20; BVerwG, Urt. v. 21.2.2019 – 2 C 50/16, NVwZ 2019, 1217 Rn. 24.

[73] Wysk/*Bamberger,* Verwaltungsgerichtsordnung, VwGO § 121 Rn. 6; BeckOK VwGO/*Decker,* VwGO § 90 Rn. 11; *Hufen,* Verwaltungsprozessrecht, § 10 Rn. 9; BeckOK VwGO/*Lindner,* VwGO § 121 Rn. 33; Redeker/v. Oertzen/*Redeker/Kothe/von Nicolai,* VwGO § 121 Rn. 7; *W.-R. Schenke,* Verwaltungsprozessrecht, Rn. 656; Kopp/Schenke/*W.-R. Schenke,* VwGO § 90 Rn. 7, 12; HK-VerwR/*Unruh,* VwGO § 121 Rn. 16.

[74] Vgl. zu dieser Entwicklung etwa *Haack,* VerwArch 109 (2018), 503, 507; GMP/*Prütting,* ArbGG Einleitung Rn. 193.

bzw. des Zivilprozesses keine Einheitlichkeit erreicht. Das wirkt sich dann oftmals[75] auch auf die intradisziplinäre Ebene aus.

Dabei sehen etwa die Vertreter eines relativen Streitgegenstandsbegriffs vor allem in den unterschiedlichen Antrags- und Klagearten einen Ansatzpunkt zu einer problemangepassten Bestimmung des Streitgegenstands.[76] *Jauernig* unterscheidet zudem hieran anschließend weiter nach den Verfahrensmaximen und vertritt die Auffassung, dass der Streitgegenstand wesentlich davon abhänge, ob der jeweilige Prozess der Verhandlungsmaxime oder der Untersuchungsmaxime unterliege.[77] Innerhalb des jeweiligen Prozesses sehen die Vertreter des solchermaßen verstandenen relativen Streitgegenstandsbegriffs[78] den Streitgegenstand dann aber als konstant bleibend an.[79]

Demgegenüber sieht es die Lehre vom variablen Streitgegenstand[80] als möglich an, dass sich der Streitgegenstand vor dem Hintergrund der jeweiligen Prozesslage verändert.[81] Ihre Vertreter gehen davon aus, dass der Streitgegenstand in den ver-

[75] Allerdings schließt dies nicht aus, dass die in ihr vertretenen Streitgegenstandstheorien übereinstimmend für die verschiedenen Prozessrechtsgebiete des Zivil- und Verwaltungsprozessrechts dann im jeweils betrachteten Einzelaspekt übereinstimmen, vgl. bereits *Detterbeck,* Streitgegenstand und Entscheidungswirkungen im Öffentlichen Recht, 9 f.

[76] *Jauernig,* Verhandlungsmaxime, Inquisitionsmaxime und Streitgegenstand, 6 ff.; Zöller/*G. Vollkommer,* Zivilprozessordnung, Einleitung ZPO 82; *Zeiss/Schreiber,* Zivilprozessrecht, Rn. 312 ff.; NK-VwGO/*Hissnauer,* VwGO § 121 Rn. 45 ff. S. insgesamt hierzu *Jacobj,* Spruchreife und Streitgegenstand im Verwaltungsprozess, 184; *Ma,* Die Entwicklung der Streitgegenstandslehre in Deutschland und Europa und ihre Vorbildwirkung für das chinesische Recht, 148.

[77] *Jauernig,* Verhandlungsmaxime, Inquisitionsmaxime und Streitgegenstand, 6 ff. S. hierzu insgesamt auch *Köhler,* Der Streitgegenstand bei Gestaltungsklagen, 17.

[78] Terminologie nach Stein/Jonas/*Schumann,* 20. Aufl., Einleitung ZPO Rn. 283 d. Ebenso *Jacobj,* Spruchreife und Streitgegenstand im Verwaltungsprozess, 185; *Köhler,* Der Streitgegenstand bei Gestaltungsklagen, 20.

[79] So ebenfalls bereits *Jacobj,* Spruchreife und Streitgegenstand im Verwaltungsprozess, 184; *Köhler,* Der Streitgegenstand bei Gestaltungsklagen, 18.

[80] Die Begrifflichkeiten des relativen und variablen Streitgegenstands werden nicht einheitlich verwendet. So führt etwa *Detterbeck* im Rahmen der Erläuterung der Relativen Streitgegenstandstheorien an, dass deren Grundprinzip sei, sich den verschiedenen prozessualen Gegebenheiten anzupassen und verweist insbesondere auf *Schumann* (Fn. 1463), vgl. *Detterbeck,* Streitgegenstand und Entscheidungswirkungen im Öffentlichen Recht, 44. Damit rechnet er unter diesen Begriff die vorliegend als *variable* Streitgegenstandstheorien verstandenen. *Baumgärtel* spricht von der „Relativität des Streitgegenstandsbegriffs“, vgl. *Baumgärtel,* JuS 1974, 69, 73.

[81] *Baumgärtel,* JuS 1974, 69, 73; *Rimmelspacher,* Materiellrechtlicher Anspruch und Streitgegenstandsprobleme im Zivilprozess, 176 und 310; Stein/Jonas/*Schumann,* 20. Aufl., Ein-

schiedenen prozessualen Situationen durch die Interpretation der jeweiligen Prozessrechtsnorm unterschiedlich bestimmt werden müsse, da nur so eine jeweils zweckgerechte Lösung erreicht werden könne.[82] Dabei kombiniert diese Lehre teilweise Elemente des relativen Streitgegenstandsbegriffs mit der dritten, die Einheitlichkeit dieses Rechtsinstituts infrage stellenden Theorie, derjenigen vom gesonderten Urteilsgegenstand.[83] Diese wiederum unterscheidet zwischen dem Gegenstand des laufenden Verfahrens, dem Verfahrensgegenstand, und dem Gegenstand der Entscheidung, dem Urteilsgegenstand.[84] Sie möchte dabei die Bestimmung der materiellen Rechtskraft dem Urteilsgegenstand vorbehalten, während die weiteren drei Rechtsinstitute, die einen besonderen inneren Zusammenhang mit dem „Gegenstand des Prozesses" aufweisen,[85] namentlich die Frage der Rechtshängigkeit, der Klageänderung und der Klagehäufung, dem Verfahrensgegenstand zugeordnet werden.[86]

### (2) Einheitlicher Streitgegenstandsbegriff

Diesen Theorien gegenüber steht die Ansicht, die einen einheitlichen Streitgegenstandsbegriff nicht nur für das jeweils speziell betrachtete Prozessrechtsgebiet, sondern in der Regel auch für die vorliegend betrachteten Bereiche des Zivilprozess- und Verwaltungsprozessrechts[87] insgesamt präferiert.[88] Sie ist letztlich Aus-

---

leitung ZPO Rn. 283 d; *Wolf,* Gerichtliches Verfahrensrecht, 105 f. S. insgesamt hierzu *Jacobj,* Spruchreife und Streitgegenstand im Verwaltungsprozess, 185.

[82] *Wolf,* Gerichtliches Verfahrensrecht, 105.

[83] Vgl. hierzu insgesamt *Jacobj,* Spruchreife und Streitgegenstand im Verwaltungsprozess, 185.

[84] S. etwa *Blomeyer,* Zivilprozeßrecht, § 89 III, 481 ff.; *Brox,* JuS 1962, 121, 124. S. hierzu insgesamt *Ma,* Die Entwicklung der Streitgegenstandslehre in Deutschland und Europa und ihre Vorbildwirkung für das chinesische Recht, 147 f.

[85] S. zu den vier Rechtsinstituten der Klagehäufung, Klageänderung, Rechtshängigkeit und materiellen Rechtskraft, die in einem besonderen inneren Zusammenhang mit dem „Gegenstand des Prozesses" stehen etwa *Ma,* Die Entwicklung der Streitgegenstandslehre in Deutschland und Europa und ihre Vorbildwirkung für das chinesische Recht, 146.

[86] *Blomeyer,* Zivilprozeßrecht, § 89 III, 481. S. insgesamt hierzu *Jacobj,* Spruchreife und Streitgegenstand im Verwaltungsprozess, 184 f.

[87] Zum Verhältnis des Prozessrechts zum Verfassungsrecht vgl. etwa *Detterbeck,* Streitgegenstand und Entscheidungswirkungen im Öffentlichen Recht, 302 ff.; *Germelmann, Claas-Friedrich,* Die Rechtskraft von Gerichtsentscheidungen in der Europäischen Union, 37 ff.

[88] S. etwa *Bähr,* Die maßgebliche Sach- und Rechtslage für die gerichtliche Beurteilung von Verwaltungsakten, 115; *Detterbeck,* Streitgegenstand und Entscheidungswirkungen im Öffentlichen Recht, 9, 50; *Jacobj,* Spruchreife und Streitgegenstand im Verwaltungsprozess, 206; *G. Lüke,* JuS 1967, 1, 2; *Schilken/Brinkmann,* Zivilprozessrecht, § 5 Rn. 72. Grundsätz-

druck von Bestrebungen, im Verfahrens- bzw. im Prozessrecht eine allgemeine und einheitliche Dogmatik für Wissenschaft und Rechtsanwendung zu entwickeln bzw. zu identifizieren und diese im Sinne einer „Allgemeinen Prozesslehre“[89] bzw. „Allgemeinen Verfahrenslehre“[90] nutzbar zu machen.[91]

### (3) Stellungnahme

Gerade aus intradisziplinärer Perspektive sprechen das „Interesse des interprozessualen Gleichlaufs grundlegender Entscheidungsfindungsabläufe“ und vor allem die „prozessrechtübergreifende Geltungserstreckung“ für einen einheitlichen Streitgegenstandsbegriff.[92] Denn in beiden Prozessrechtsgebieten ist der Streitgegenstandsbegriff für einige Rechtsinstitute zentral.

Das betrifft, wie dargestellt, unter anderem etwa die objektive Klagehäufung und die Klageänderung. Hier bestünde im Sinne eines variablen Begriffs noch die Möglichkeit, für jede einzelne dieser Situationen einen gleichen, sich jedoch von den anderen Situationen unterscheidenden Streitgegenstandsbegriff zu entwickeln; damit wäre dann zumindest für jeden Einzelaspekt ein interprozessualer Gleichlauf denkbar.[93]

Jedoch ist es insbesondere die prozessrechtsübergreifende Geltungserstreckung, die zwingend[94] eine Einheitlichkeit des Streitgegenstandsbegriffs bedingt.[95] Das zeigt zum einen der Blick auf § 17a GVG, der in Absatz 1 die Möglichkeit einer

lich befürwortend *Ma,* Die Entwicklung der Streitgegenstandslehre in Deutschland und Europa und ihre Vorbildwirkung für das chinesische Recht, 156.

[89] S. zur Allgemeinen Prozesslehre bereits Teil D/IV./1./a)/cc)/(2). Vgl. zum Konzept einer allgemeinen Prozessrechtslehre etwa *Hagen,* Elemente einer allgemeinen Prozeßlehre, passim; *G. Lüke,* ZZP 107 (1994), 145 ff.; *Reimer,* Verfahrenstheorie, § 21, 174 ff.; *Silberzahn,* Das Konzept einer allgemeinen Prozessrechtslehre in Gesetzgebung und Rechtsdogmatik, 53 ff.

[90] Vgl. hierzu etwa *Klinck* in: Krüper (Hrsg.), Rechtswissenschaft lehren, § 21.

[91] Vgl. auch *Jacobj,* Spruchreife und Streitgegenstand im Verwaltungsprozess, 161; *Ma,* Die Entwicklung der Streitgegenstandslehre in Deutschland und Europa und ihre Vorbildwirkung für das chinesische Recht, 146 f.

[92] So bereits *Detterbeck,* Streitgegenstand und Entscheidungswirkungen im Öffentlichen Recht, 9.

[93] *Detterbeck,* Streitgegenstand und Entscheidungswirkungen im Öffentlichen Recht, 9 f.

[94] A. A. *Germelmann,* Die Rechtskraft von Gerichtsentscheidungen in der Europäischen Union, 25, unter Hinweis auf unterschiedliche Terminologien in unterschiedlichen Prozessbereichen.

[95] Vgl. speziell zum Dogma von der rechtswegübergreifenden Wirkung der materiellen Rechtskraft als zentrale Bindungswirkung in allen Verfahrensordnungen *Korves,* Rechtswegübergreifende Bindungswirkungen, passim.

bindenden Entscheidung über die Zulässigkeit des Rechtswegs und in Absatz 2 einer bindenden Verweisung von Gerichtsbarkeit zu Gerichtsbarkeit enthält[96]: Der in § 17a Abs. 1 GVG enthaltene Grundsatz der Kompetenzautonomie führt zu einer Bindungswirkung für alle Gerichte aller Gerichtsbarkeiten und bewirkt, dass eine in einem anderen Rechtsweg erhobene Klage, die denselben Streitgegenstand betrifft, als unzulässig abzuweisen ist.[97] Das macht es ebenso wie die Möglichkeit der bindenden Verweisung nach § 17a Abs. 2 GVG, deren Gegenstand ebenfalls der gesamte Rechtsstreit im Umfang des Streitgegenstands ist,[98] erforderlich, dass in beiden Prozessrechtsgebieten ein einheitliches Verständnis bezüglich des Umfangs und der Identität der Streitsache besteht.[99]

Zum anderen ist die einheitliche Bestimmung des Streitgegenstandsbegriffs elementar vor dem Hintergrund der Rechtskraftwirkungen: Ist derselbe Streitgegenstand zu bejahen, so begründet die materielle Rechtskraft grundsätzlich[100] unmittelbar das Verbot jeglicher neuer Verhandlung oder Entscheidung im Sinne der ne-bis-in-idem-Sperre.[101] Dabei bezieht sich die Bindungswirkung rechtskräftiger Urteile in der Regel[102] nicht nur auf diejenige Gerichtsbarkeit, die die Ausgangsentscheidung betrifft, sondern sie erstreckt sich auch über die Grenzen der eigenen Gerichtsbarkeit hinaus.[103] Und das wiederum bedingt nicht nur eine einheitliche

---

[96] S. zur alten Rechtslage unter Geltung der §§ 17 GVG a. F. und § 41 VwGO auch *Bähr,* Die maßgebliche Sach- und Rechtslage für die gerichtliche Beurteilung von Verwaltungsakten, 115.

[97] Musielak/Voit/*Wittschier,* Zivilprozessordnung, GVG § 17a Rn. 2; MüKoZPO/*Pabst,* GVG § 17a Rn. 16.

[98] MüKoZPO/*Pabst,* GVG § 17a Rn. 14.

[99] *Bähr,* Die maßgebliche Sach- und Rechtslage für die gerichtliche Beurteilung von Verwaltungsakten, 116.

[100] Zur Problematik der Rechtskraft bei Teilidentität des Streitgegenstands z. B. bei Teilklagen s. etwa *Zeuner* in: Schmidt/Canaris/Heldrich u. a. (Hrsg.), 50 Jahre Bundesgerichtshof, Festgabe aus der Wissenschaft, Band III, 337, 347 ff.; *Leipold* in: Bettermann/Löwisch/Otto/Schmidt (Hrsg.), Festschrift für Albrecht Zeuner, 431 ff.; *Marburger* in: Schön (Hrsg.), Gedächtnisschrift für Brigitte Knobbe-Keuk, 187 ff.

[101] Vgl. etwa BGH, Urt. v. 18.1.1985 – V ZR 233/83, NJW 1985, 1711, 1712; BVerwG, Urt. v. 27.1.1995 – 8 C 8/93, NJW 1996, 737 f. *Germelmann,* Die Rechtskraft von Gerichtsentscheidungen in der Europäischen Union, 24; *Jacobj,* Spruchreife und Streitgegenstand im Verwaltungsprozess, 168; Zöller/*Vollkommer,* Zivilprozessordnung, vor ZPO § 322 Rn. 20.

[102] Vgl. zur Problematik der Bindung bzw. mangelnden Bindung der Strafgerichte an rechtskräftige Entscheidungen der Verwaltungsgerichte etwa (im Ergebnis bejahend) BeckOK VwGO/*Lindner,* VwGO § 121 Rn. 24.

[103] BGH, Urt. v. 26.1.1984 – III ZR 179/82, NJW, 1172,1174; BGH, Urt. v. 13.1.1983 – III ZR 118/81, NJW 1983, 1161, 1662; *Detterbeck,* Streitgegenstand und Entscheidungs-

Bestimmung der Rechtskraft,[104] sondern auch grundlegend des Streitgegenstandsbegriffs.[105] Insofern betont etwa das BVerwG, dass § 121 VwGO ebenso auszulegen sei wie § 322 ZPO.[106] Das verdeutlicht zugleich die verfassungsmäßige Dimension der Notwendigkeit einer einheitlichen Streitgegenstandsbestimmung, denn die übergreifende Bindungswirkung gründet letztlich auf der in Art. 95 GG verwurzelten Gleichwertigkeit der Fachgerichtsbarkeiten.[107]

Bereits diese Aspekte veranschaulichen, dass eine einheitliche Handhabung dieses „essentiellen Instituts des allgemeinen Prozessrechts"[108] im Vordergrund der Bestrebungen der Bestimmungen des Streitgegenstandsbegriffs stehen sollte. Um das zu ermöglichen, ist im Zweifel der Lösung der Vorzug zu geben, die dem Gedanken der Einheitlichkeit des Prozessrechts am besten zu dienen geeignet ist und die die Entwicklung von bzw. im weiteren Verlauf die Orientierung an tragenden Grundsätzen des allgemeinen Prozessrechts ermöglicht.[109]

Zugleich zeigt dies, dass die variablen Streitgegenstandsbestimmungen abzulehnen sind. Bei diesen handelt es sich um einzelfallbezogene Problemlösungsstrategien, eine klare Struktur ist nicht erkennbar und letztlich zugunsten größtmöglicher Flexibilität nicht gewünscht. Für einen derart zentralen Begriff wie demjenigen des Streitgegenstands sind jedoch grundlegende dogmatische An-

wirkungen im Öffentlichen Recht, 8; NK-VwGO/*Hissnauer,* VwGO § 121 Rn. 66; BeckOK VwGO/*Lindner,* VwGO § 121 Rn. 23.

[104] *Detterbeck,* Streitgegenstand und Entscheidungswirkungen im Öffentlichen Recht, 8.

[105] Vgl. in diesem Zusammenhang auch *Bähr,* Die maßgebliche Rechts- und Sachlage für die gerichtliche Beurteilung von Verwaltungsakten, 110 f., der darauf hinweist, dass der Streitgegenstand festlege, worüber entschieden werde. Was entschieden werde, sei dann nach eigenen Kriterien unabhängig von einer bestimmten Streitgegenstandsauffassung aus dem Wesen der richterlichen Tätigkeit zu ermitteln.

[106] BVerwG, Urt. v. 29.8.1966 – VIII C 353.63, BVerwGE 25, 7 = BeckRS 1966, 104229. S. ebenfalls die Bezugnahme auf die Entscheidungen des BGH in BVerwG, Urt. v. 10.5.1994 – 9 C 501/93, NVwZ 1994, 1115. Vgl. hierzu insgesamt auch *Detterbeck,* Streitgegenstand und Entscheidungswirkungen im Öffentlichen Recht, 8; *Jacobj,* Spruchreife und Streitgegenstand im Verwaltungsprozess, 162 f.

[107] *Detterbeck,* Streitgegenstand und Entscheidungswirkungen im Öffentlichen Recht, 8. S. zur Gleichwertigkeit der Fachgerichtsbarkeiten auch BVerfG, Beschl. v. 9.5.1961 – 2 BvR 49/60, BVerfGE 12, 326, 333; Sachs/*Detterbeck,* GG Art. 95 Rn. 11; Dürig/Herzog/Scholz/*Jachmann-Michel,* GG Art. 95 Rn. 83.

[108] *Detterbeck,* Streitgegenstand und Entscheidungswirkungen im Öffentlichen Recht, 9.

[109] *Jacobj,* Spruchreife und Streitgegenstand im Verwaltungsprozess, 161; Kopp/Schenke/*W.-R. Schenke,* VwGO § 173 Rn. 2.

knüpfungspunkte erforderlich, um nicht nur in innerprozessualer, sondern auch in interprozessualer Sicht zu einer rechtssicheren Handhabung zu gelangen.[110]

Bereits der Ansatz dieser Theorien ist kritisch zu hinterfragen. Die variablen Streitgegenstandstheorien gehen davon aus, dass sich der Streitgegenstand der jeweils betroffenen Norm anzupassen habe. Gerade in Bezug auf zentrale Elemente des Prozessrechts sollte aber umgekehrt die Norm in ihrer Auslegung einem nach Möglichkeit einheitlichen Begriff folgen.[111] Das gebietet schon das Gebot der Rechtsklarheit[112] und der Rechtssicherheit als Teil des Rechtsstaatsprinzips.[113] Insbesondere das Institut der Rechtskraft stellt ein unverzichtbares Mittel zur Gewährleistung dieses Zwecks dar.[114] Dieses kann aber seinerseits nur dann gewährleistet werden, wenn auch dem insofern grundlegenden Begriff des Streitgegenstands ein einheitliches Verständnis zugrunde liegt.

Folglich ist der Streitgegenstand als tragendes Strukturprinzip des Prozessrechts insgesamt für den Zivil- und Verwaltungsprozess grundsätzlich gleich zu bestimmen.[115] Abweichungen könnten allenfalls dann in Betracht gezogen und auf ihre Rechtfertigung hin überprüft werden, wenn diese wiederum durch Besonderheiten des jeweiligen Prozessrechtsgebiets zwingend erforderlich wären und dadurch in einer Abwägung dem Postulat der Einheit des Streitgegenstandsbegriffs vorzuziehen wären.[116]

---

[110] Ähnlich *Detterbeck,* Streitgegenstand und Entscheidungswirkungen im Öffentlichen Recht, 45; *Ma,* Die Entwicklung der Streitgegenstandslehre in Deutschland und Europa und ihre Vorbildwirkung für das chinesische Recht, 156. S. zum Argument der Rechtsunsicherheit ebenfalls *Kodde,* Der Streitgegenstand im Markenverletzungsprozess, 32.

[111] *Jacobj,* Spruchreife und Streitgegenstand im Verwaltungsprozess, 188.

[112] MüKoZPO/*Becker-Eberhard,* Vorbemerkung zu ZPO § 253 Rn. 35; Dürig/Herzog/Scholz/*Grzeszick,* GG Art. 20 Rn. 50.

[113] BVerfG, Beschl. v. 8.5.1973 – 2 BvL 5, 6, 7, 13/72, BVerfGE 35, 44 und 47; BVerfG, Beschl. v. 20.4.1982 – 2 BvL 26/81, BVerfGE 60, 253, 296; BVerwG, Urt. v. 8.12.1992 – 1 C 12/92, NVwZ 1993, 672, 673. *Jacobj,* Spruchreife und Streitgegenstand im Verwaltungsprozess, 172; Dürig/Herzog/Scholz/*Grzeszick,* GG Art. 20 Rn. 50.

[114] BVerfG, Beschl. v. 31.1.1978 – 2 BvL 8/77, BVerfGE 47, 146, 161; BVerwG, Urt. v. 8.12.1992 – 1 C 12/92, NVwZ 1993, 673; BVerwG, Urt. v. 27.1.1995 – 8 C/93, NJW 1996, 737, 738; *Detterbeck,* Streitgegenstand und Entscheidungswirkungen im Öffentlichen Recht, 7; Rosenberg/Schwab/Gottwald/*Gottwald,* Zivilprozessrecht, § 152 Rn. 1, 2; *Jacobj,* Spruchreife und Streitgegenstand im Verwaltungsprozess, 172; Eyermann/*Wöckel,* VwGO § 121 Rn. 4.

[115] *Detterbeck,* Streitgegenstand und Entscheidungswirkungen im Öffentlichen Recht, 50.

[116] Vgl. *Detterbeck,* Streitgegenstand und Entscheidungswirkungen im Öffentlichen Recht, 50; vgl. ebenfalls *Jacobj,* Spruchreife und Streitgegenstand im Verwaltungsprozess, 161; Kopp/Schenke/*W.-R. Schenke,* VwGO § 173 Rn. 2.

Derartige Abweichungen sind jedoch in Bezug auf die von den unterschiedlichen relativen Streitgegenstandstheorien angeführten Anknüpfungspunkte ebenfalls nicht zu verzeichnen. Insbesondere sind sie nicht dadurch gerechtfertigt, dass sowohl im Verwaltungsprozess als auch im Zivilprozess unterschiedliche Klagearten existieren. Denn diese bedingen nicht zwingend eine unterschiedliche Bestimmung des Streitgegenstands[117]: Die Bestimmung der Klageart spielt zwar für den Streitgegenstand eine maßgebliche Rolle, sie führt aber nicht zu einer Abkehr vom einheitlichen Streitgegenstandsbegriff.[118] Denn abstrakt betrachtet handelt es sich bei der Definition des Streitgegenstands um einen Oberbegriff.[119] Dieser kann, im Sinne von Unterbegriffen, in seiner konkreten Ausgestaltung für einzelne Verfahrensarten nochmals eigene Spezifika aufweisen, die dann unterschiedlich zu definieren sein können.[120] Beispielsweise verortet *Wolf-Rüdiger Schenke* dies in dem Definitionselement des prozessualen Begehrens, folglich dem Klagebegehren.[121] Damit erfolgt diese Verortung letztlich erst auf einer untergeordneten Ebene. Ein einheitlicher Streitgegenstandsbegriff beinhaltet damit den für alle Klagearten sowohl im Zivilprozessrecht als auch im Verwaltungsprozessrecht identischen Kern im Sinne gemeinsamer Grundsätze, die für alle Klagearten gelten; dieser ist erst in einem nachgelagerten Schritt auf die jeweilige Klageart zu spezifizieren.[122]

Ebenfalls abzulehnen ist eine Unterscheidung nach dem Eingreifen des Untersuchungsgrundsatzes. Diesbezüglich ist grundlegend, dass im Umfeld dieser Prozessmaxime begrifflich klar zwischen dem Dispositionsgrundsatz und dem Untersuchungsgrundsatz zu differenzieren ist: Der Dispositionsgrundsatz be-

---

[117] S. auch HK-ZPO/*Saenger*, Einführung ZPO Rn. 110.

[118] MüKoZPO/*Becker-Eberhard*, Vorbemerkung zu ZPO § 253 Rn. 36; *Schilken/Brinkmann*, Zivilprozessrecht, § 5 Rn. 72.

[119] Vgl. diesbezüglich auch *Jacobj*, Spruchreife und Streitgegenstand im Verwaltungsprozess, 206;

*Lerche*, BayVBl. 1956, 195, 297. S. ebenfalls *Detterbeck*, der anführt, dass die Auffassung, die einen relativen Streitgegenstand vertritt, zwar „einen einheitlichen Streitgegenstandsbegriff als solchen [ablehnt]. Dies schließt jedoch nicht aus, daß die von ihr vertretenen verschiedenen Streitgegenstandsbegriffe übereinstimmend für die verschiedenen Prozeßrechtsgebiete – insbesondere für das Zivil- und Verwaltungsprozeßrecht – gelten.“, *Detterbeck*, Streitgegenstand und Entscheidungswirkungen im Öffentlichen Recht, 9 f.

[120] Vgl. auch *Detterbeck*, Streitgegenstand und Entscheidungswirkungen im Öffentlichen Recht, 61.

[121] Kopp/Schenke/*W.-R. Schenke*, VwGO § 90 Rn. 7.

[122] S. hierzu auch MüKoZPO/*Becker-Eberhard*, Vorbemerkung zu ZPO § 253 Rn. 36; *Detterbeck*, Streitgegenstand und Entscheidungswirkungen im Öffentlichen Recht, 61. Vgl. ebenfalls *Henckel*, Parteilehre und Streitgegenstand im Zivilprozeß, 286 f.

schreibt, und insofern auch die diesem gegenüber stehende Offizialmaxime, wer über den Verfahrensgegenstand als Ganzes verfügt.[123] Dadurch ist folglich der äußere Rahmen des Prozesses und damit der Streitgegenstand betroffen[124]: Verfügt das Gericht über den Streitgegenstand, spricht man von Offizialmaxime, bestimmen hingegen die Beteiligten über den Streitgegenstand, gilt der Dispositionsgrundsatz.[125] Der Dispositionsgrundsatz wiederum ist nicht zu einer Abgrenzung in Bezug auf den Streitgegenstand in intradisziplinärer Hinsicht geeignet, denn er gilt gleichermaßen im Zivilprozess und im Verwaltungsprozess.[126] Auf diese grundsätzliche Geltung in beiden Prozessrechtsgebieten weist auch *Jauernig* zutreffend hin.[127]

Im Zentrum der Argumentation *Jauernigs* steht aber letztlich das Gegensatzpaar des im Zivilprozess geltenden Beibringungs- bzw. Verhandlungsgrundsatzes[128] einerseits und des im Verwaltungsprozess geltenden (eingeschränkten) Untersuchungsgrundsatz andererseits.[129] Dieses betrifft die Frage, wer den Streitstoff einführt, d. h. wer folglich den entscheidungserheblichen Sachverhalt beibringt.[130] Dabei bezieht sich der Untersuchungsgrundsatz bzw. der Verhandlungsgrundsatz auf die Tatbestandsseite des Rechtsstreits dergestalt, dass er darüber entscheidet, wer „Herr über den beweiserheblichen Prozessstoff"[131] ist.[132] Das wiederum besagt

---

[123] *Nolte,* Die Eigenart des verwaltungsgerichtlichen Rechtsschutzes, 144.

[124] *Bähr,* Die maßgebliche Sach- und Rechtslage für die gerichtliche Beurteilung von Verwaltungsakten, 116.

[125] *Köhler-Rott,* Der Untersuchungsgrundsatz im Verwaltungsprozess und die Mitwirkungslast der Beteiligten, 6; *Nolte,* Die Eigenart des verwaltungsgerichtlichen Rechtsschutzes, 144 f.

[126] *Detterbeck,* Streitgegenstand und Entscheidungswirkungen im Öffentlichen Recht, 11; *Menger,* System des verwaltungsgerichtlichen Rechtsschutzes, 82; *Nolte,* Die Eigenart des verwaltungsgerichtlichen Rechtsschutzes, 144.

[127] *Jauernig,* Verhandlungsmaxime, Inquisitionsmaxime und Streitgegenstand, 22.

[128] *Nolte,* Die Eigenart des verwaltungsgerichtlichen Rechtsschutzes, 145.

[129] S. hierzu bereits Teil D/II./1./c).

[130] *Nolte,* Die Eigenart des verwaltungsgerichtlichen Rechtsschutzes, 145.

[131] *Rimmelspacher,* Materiellrechtlicher Anspruch und Streitgegenstandsprobleme im Zivilprozess, 210.

[132] *Bähr,* Die maßgebliche Rechts- und Sachlage für die gerichtliche Beurteilung von Verwaltungsakten, 116; *G. Lüke,* JuS 1961, 41, 42; *Menger,* System des verwaltungsgerichtlichen Rechtsschutzes, 82.

aber nichts darüber, was zum Prozessstoff gemacht werden kann bzw. muss[133] und berührt damit nicht den Streitgegenstand als solchen.[134]

Ebenso wenig ist es erforderlich, vom Postulat der Einheit des Streitgegenstandsbegriffs abzuweichen, indem man im Sinne der Theorie des gesonderten Urteilsgegenstands[135] den Urteilsgegenstand vom Streitgegenstand unterscheidet. Gegen ein solches Vorgehen spricht bereits der Wortlaut des § 121 Nr. 1 VwGO wonach rechtskräftige Urteile die Beteiligten und ihre Rechtsnachfolger binden, soweit über den Streitgegenstand entschieden worden ist.[136] Hierdurch wird folglich die Einbeziehung der materiellen Rechtskraft unter den Streitgegenstandsbegriff verdeutlicht.[137] Das zeigt zudem ein Blick auf die amtliche Begründung der in Bezug auf die angeführte Textpassage identischen Vorschrift des § 120 (Entwurf VwGO), in der ausgeführt wird, dass sich diese Norm (nur) „mit der materiellen Rechtskraft befasst".[138] Damit greift die etwa von *Blomeyer*[139] vertretene Auffassung der Trennung zwischen Urteils- und Streitgegenstand bereits nicht für die Verwaltungsgerichtsordnung. Aber auch für § 322 ZPO stellt sich die Lage nicht anders dar,[140] verwendet doch die ZPO ebenfalls im Übrigen die Begriffe des „erhobenen Anspruchs" und des „Streitgegenstands" nicht inhaltlich verschieden,[141] sodass Urteilsgegenstand und Streitgegenstand grundsätzlich identisch sind.[142] Zudem ist zu berücksichtigen, dass die Zugrundelegung eines einheitlichen Streitgegenstandsbegriffs für alle vier zentralen Rechtsinstitute zu einer Vereinfachung des Rechtssystems führt.[143] Damit können eventuell gegenläufige Ziele aus-

---

[133] *Rimmelspacher,* Materiellrechtlicher Anspruch und Streitgegenstandsprobleme im Zivilprozess, 210.

[134] *Habscheid* in: Gottwald/Prütting (Hrsg.), Festschrift für Karl Heinz Schwab, 181, 189.

[135] S. etwa *Blomeyer,* Zivilprozeßrecht, § 89 III, 481 ff.; *Brox,* JuS 1962, 121, 124.

[136] *Jacobj,* Spruchreife und Streitgegenstand im Verwaltungsprozess, 187.

[137] S. hierzu auch BeckOK VwGO/*Lindner,* VwGO § 121 Rn. 9.

[138] BT-Drs. III/55 S. 44 zu § 120 (Entwurf); s. hierzu ebenfalls Schoch/Schneider/*Clausing/Kimmel,* Verwaltungsrecht, VwGO § 121 Rn. 1.

[139] *Blomeyer,* Zivilprozeßrecht, § 89 III, 481 ff.

[140] Vgl. zur grundsätzlichen Übertragbarkeit der Rechtsgedanken von § 120 VwGO (E) und § 322 ZPO *Haustein,* Der Streitgegenstand im Verwaltungsprozess, 260 f.

[141] *Jacobj,* Spruchreife und Streitgegenstand im Verwaltungsprozess, 187.

[142] S. hierzu auch BGH, Urt. v. 13.9.2012 – I ZR 230/11, GRUR 2013, 401 Rn. 21; MüKoZPO/*Gottwald,* ZPO § 322 Rn. 114; *Jauernig/Hess,* Zivilprozessrecht, § 37 Rn. 38; Zöller/*Vollkommer,* Zivilprozessordnung, vor § 322 Rn. 39; *Jauernig/Hess,* Zivilprozessrecht, § 37 Rn. 38.

[143] Rosenberg/Schwab/Gottwald/*Gottwald,* Zivilprozessrecht, § 93 Rn. 7.

balanciert[144] und es kann zugleich wiederum dem Aspekt der Rechtsklarheit und Berechenbarkeit der Entscheidungen[145] Rechnung getragen werden.

#### dd) Zwischenergebnis

Insgesamt ist somit festzuhalten, dass sich der Streitgegenstand sowohl für das Verwaltungsprozessrecht als auch für das Zivilprozessrecht im Sinne des zweigliedrigen Streitgegenstandsbegriffs als das Begehren der vom Kläger aufgrund eines bestimmten Sachverhalts beantragten Entscheidung darstellt.[146] Der Kerngehalt dessen ist nicht zuletzt vor dem Hintergrund der prozessrechtübergreifenden Geltungserstreckung des Streitgegenstandsbegriffs einheitlich zu bestimmen, die Besonderheiten des jeweiligen Falles können auf einer nachgelagerten Ebene erfasst werden.[147] Zwingend erforderliche Abweichungen von diesem Grundsatz sind nicht ersichtlich. Hieraus folgt insgesamt, dass eine grundsätzliche Vergleichsbasis für die Argumente, die in intradisziplinärer Perspektive geäußert wurden, vorliegt.

### b) Streitgegenstand und Beurteilungszeitpunkt(e): Eine Einordnung

Ausgehend von dieser sind nun die in intradisziplinärer Perspektive getätigten vergleichenden Äußerungen zu bewerten und insbesondere vor dem Hintergrund der dieser Arbeit zugrunde liegenden Systematik des Beurteilungszeitpunkts einzuordnen. Dabei ist zu berücksichtigen, dass das Verhältnis von Streitgegenstand und Beurteilungszeitpunkt nicht nur in intradisziplinärer Perspektive Gegenstand wissenschaftlicher Betrachtungen war, sondern auch in den einzelnen Fachsäulen hierzu in einigen Untersuchungen Stellung bezogen wurde. Diese sollen vorliegend ebenfalls in die Untersuchung miteinbezogen werden.

Sie betreffen zum einen den privatrechtlichen Bereich, und hier speziell den Beurteilungszeitpunkt für die arbeitsrechtliche Kündigung. Dabei hat sich insbesondere *Schmidt* in einer neueren Arbeit mit dem Einfluss des (prozessualen) Streit-

---

[144] BGH, Urt. v. 13.9.2012 – I ZR 230/11, GRUR 2013, 401 Rn. 21

[145] S. zu diesem Aspekt auch MüKoZPO/*Becker-Eberhard,* Vorbemerkung zu ZPO § 253 Rn. 35.

[146] So bereits *G. Lüke,* JuS 1967, 1, 8.

[147] Vgl. auch *Detterbeck,* Streitgegenstand und Entscheidungswirkungen im Öffentlichen Recht, 9; *Jacobj,* Spruchreife und Streitgegenstand im Verwaltungsprozess, 188.

gegenstandsbegriffs auf diesen Beurteilungszeitpunkt auseinandergesetzt.[148] Er gelangt zu dem Ergebnis, dass der Streitgegenstandsbegriff keinen Einfluss auf den Beurteilungszeitpunkt der Kündigung hat, dieser vielmehr eigenständig und ohne Einfluss des Streitgegenstandsbegriffs bestimmt werden müsse.[149]

Zum anderen finden sich ebenfalls im Verwaltungsrecht rein fachsäulenbezogene Überlegungen zum Verhältnis zwischen Streitgegenstand und jeweils betrachtetem Beurteilungszeitpunkt. Bereits *Lerche* hat in einem Beitrag aus dem Jahr 1956 angeführt, dass die „Streitgegenstandsproblematik" von „bedeutsamer praktischer Aktualität" für die Frage des maßgeblichen Zeitpunkts für die gerichtliche Beurteilung von Verwaltungsakten sei.[150] Zudem führt etwa *Schweiger* aus, dass eine Lösung der Streitfrage um den Zeitpunkt der Beurteilung der Sach- und Rechtslage der Anfechtungsklage nicht an der Lehre vom Streitgegenstand vorbeigehen könne.[151] Dennoch sieht er den entscheidenden Grund für die Lösung der Problematik nicht in diesem Bereich, sondern vielmehr in der Natur das Verwaltungsakts als einer behördlichen Handlung.[152] Darüber hinaus führt *Bachof* in vergleichbarer Weise an, dass zwar die prozessuale Erörterung der Frage nach dem maßgeblichen Zeitpunkt für die gerichtliche Beurteilung von Verwaltungsakten nicht ganz die Thematik des Streitgegenstands im Anfechtungsprozess ignorieren könne, allerdings misst auch er ihr letztlich keine entscheidende Bedeutung bei.[153] Zudem widmet sich *Mager* der Bedeutung des Streitgegenstands für die Bestimmung des maßgeblichen Zeitpunkts.[154] Sie kommt zu dem Ergebnis, dass der Streitgegenstand auf das dem Rechtsstreit zugrunde liegende materielle Recht verweise und für die Bestimmung des maßgeblichen Zeitpunkt der gerichtlichen Beurteilung der Rechtswidrigkeit eines Verwaltungsakts ohne eigenständige Bedeutung sei.[155]

---

[148] *Schmidt,* Der Beurteilungszeitpunkt der Kündigung des Arbeitsverhältnisses und die Berücksichtigung nachträglicher Umstände, 115–125.

[149] *Schmidt,* Der Beurteilungszeitpunkt der Kündigung des Arbeitsverhältnisses und die Berücksichtigung nachträglicher Umstände, 125.

[150] *Lerche,* BayVBl. 1956, 295, 296.

[151] *Schweiger,* DVBl 1964, 205, 208.

[152] *Schweiger,* DVBl 1964, 205, 210.

[153] *Bachof,* JZ 1954, 416, 421.

[154] *Mager,* Der maßgebliche Zeitpunkt für die Beurteilung der Rechtswidrigkeit von Verwaltungsakten, 56 ff.

[155] *Mager,* Der maßgebliche Zeitpunkt für die Beurteilung der Rechtswidrigkeit von Verwaltungsakten, 59.

Überwiegend wird damit in den rein fachsäulenbezogenen Ausführungen davon ausgegangen, dass der Streitgegenstand im Ergebnis keinen Einfluss auf „den Beurteilungszeitpunkt" hat. Dieses Ergebnis ist nun im Folgenden vor dem Hintergrund der in dieser Untersuchung entwickelten Terminologie und Systematik und unter Berücksichtigung der in intradisziplinärer Perspektive getätigten Äußerungen zu überprüfen. Der grundlegenden Differenzierung dieser entwickelten Systematik folgend, ist dabei ein getrennter Blick auf die Gruppen der Begutachtungszeitpunkte und der Dezisionszeitpunkte zu werfen.

### aa) Begutachtungszeitpunkte

Zunächst soll hierzu das Verhältnis von Streitgegenstand und Begutachtungszeitpunkten betrachtet werden. Das liegt darin begründet, dass die zahlreichen Arbeiten, die sich aus unterschiedlichen Perspektiven mit „dem Beurteilungszeitpunkt" auseinandersetzen, im Kern Begutachtungszeitpunkte und aus dieser Gruppe in der Regel materiell-rechtliche betreffen. Insofern bietet es sich für diese Gruppe der Beurteilungszeitpunkte zudem an, weiter nach dem privatrechtlichen und öffentlich-rechtlichen, konkret dem verwaltungsrechtlichen, Bereich zu differenzieren, da zwischen diesen Bereichen in den einzelnen Arbeiten die jeweiligen Verweisungen erfolgen.

#### (1) Privatrechtlicher Bereich

Blickt man auf den privatrechtlichen Bereich, so kann zur Untermauerung der Aussage, dass sich der Kern der Diskussion stets um Begutachtungszeitpunkte dreht etwa auf die Untersuchungen von *Krichbaum* zum „Zeitpunkt der Schadensberechnung nach bürgerlichem Recht",[156] von *Adenauer* zum „Zeitpunkt des guten Glaubens beim Eigentumserwerb vom Nichtberechtigten",[157] von *Sonnenschein* zum „maßgebenden Zeitpunkt für die Auslegung des Rechtsgeschäfts"[158] oder aus neuerer Zeit etwa von *Rodi* zur „Wirksamkeitsdynamik im Minderjährigenrecht"[159] verwiesen werden. Gerade aus dem Bereich des Arbeitsrechts stand zudem mehrfach der Beurteilungszeitpunkt der arbeitsrechtlichen Kündigung im Fokus.[160]

---

[156] *Krichbaum,* Der Zeitpunkt der Schadensberechnung nach bürgerlichem Recht (passim).

[157] *Adenauer,* Der Zeitpunkt des guten Glaubens beim Eigentumserwerb vom Nichtberechtigten (passim).

[158] *Sonnenschein,* Der maßgebende Zeitpunkt für die Auslegung des Rechtsgeschäfts (passim).

[159] *Rodi,* Wirksamkeitsdynamik im Minderjährigenrecht (passim).

[160] S. etwa *Gwose,* Der Beurteilungszeitpunkt der Kündigung nach dem Kündigungsschutzgesetz (passim); *Hwang,* Der maßgebliche Zeitpunkt für die Beurteilung der Wirksamkeit

(a) Grundsätzliches Verhältnis

Bei all diesen Zeitpunkten handelt es sich letztlich um materiell-rechtliche Begutachtungszeitpunkte. Im Zentrum steht dabei zumeist die abstrakte zeitliche Festlegung eines merkmalimmanenten Zeitpunkterfordernisses,[161] im Falle des Zeitpunkts des guten Glaubens beim Eigentumserwerb bedarf die gesetzliche Formulierung noch einer näheren Konkretisierung für die unterschiedlichen Fallgruppen.[162] In dem letztgenannten Fall geht es folglich bereits auf der Ebene des Tatbestandsmerkmals selbst um zeitliche Aspekte bei der Auslegung, im Rahmen der merkmalimmanenten Zeitpunkterfordernisse ist die Bestimmung des Zeitpunkts der eigentlichen Subsumtion des Tatbestandsmerkmals vorgelagert.[163] Die Verortung dieser Frage ist in all diesen untersuchten Konstellationen derart klar auf der materiell-rechtlichen Ebene verankert, dass eine Vermischung oder gar Gleichsetzung mit dem Streitgegenstand im Sinne eines prozessualen Anspruchs in den betreffenden Arbeiten, soweit ersichtlich, nicht erfolgt.

Zugleich verdeutlicht dies, dass der Streitgegenstand keinen Einfluss auf die Festlegung des jeweiligen Begutachtungszeitpunkts hat: Der Streitgegenstand wird durch die mit dem Klageantrag begehrte Rechtsfolge und den zugrunde liegenden Lebenssachverhalt durch den Kläger zunächst durch die Klageschrift festgelegt.[164] Zwar hat das unter anderem Einfluss auf die jeweils einschlägigen Normen des Prozesses, in denen sich dann die einzelnen betrachteten Begutachtungszeitpunkte befinden. Denn hierdurch erfolgt ein Verweis auf das für den jeweiligen Rechtsstreit relevante materielle Recht.[165] Dort wiederum finden sich die einzelnen Begutachtungszeitpunkte, für die die Frage ihrer zeitlichen Verortung der Beurteilung relevant werden kann, falls sich diese nicht ausdrücklich und ohne Notwendigkeit einer weiteren Auslegung aus dem Gesetz ergibt. Die abstrakte Festlegung des Zeitpunkts der Beurteilung für jeden einzelnen dieser Begutachtungszeitpunkte, der sich nicht ausdrücklich und ohne Notwendigkeit einer weiteren Auslegung aus dem Gesetz ergibt, erfolgt aber in der Regel aufgrund der klassischen Auslegungs-

---

der Kündigung des Arbeitgebers (passim); *Schmidt,* Der Beurteilungszeitpunkt der Kündigung des Arbeitsverhältnisses und die Berücksichtigung nachträglicher Umstände, (passim).

161 S. diesbezüglich etwa Teil C./I./2./a)/bb).

162 Vgl. zu den einzelnen Konstellationen etwa BeckOGK/*Klinck* BGB, § 932 Rn. 54 ff.

163 S. bereits Teil C./I./2./a)/bb).

164 BeckOK ZPO/*Bacher,* ZPO § 253 Rn. 51.

165 *Mager,* Der maßgebliche Zeitpunkt für die Beurteilung der Rechtswidrigkeit von Verwaltungsakten, 59; *Oberheim,* Zivilprozessrecht für Referendare, § 4 Rn. 156. S. bereits Teil D/IV./1./b).

methoden[166] und damit losgelöst vom Streitgegenstand. Das betrifft sowohl die materiell-rechtlichen als auch die verfahrensrechtlichen Begutachtungszeitpunkte.

Diesbezüglich ist zwar zu berücksichtigen, dass die Untersuchung gezeigt hat, dass die Möglichkeit besteht, dass Begutachtungszeitpunkte neben staatlichen Stellen ebenfalls durch Privatrechtssubjekte festgelegt werden können.[167] Dabei betrifft die Konstellation der Festlegung durch Privatrechtssubjekte in erster Linie privatautonome Gestaltungen des Vertragsrechts. Sie ist jedoch nicht geeignet, den Grundsatz zu erschüttern, dass die Bestimmung des jeweiligen Begutachtungszeitpunkts im Privatrecht unabhängig vom Streitgegenstand erfolgt. Das zeigt sich bereits daran, dass sich diese vertraglichen Festlegungen von Begutachtungszeitpunkten in der Regel auf die Festlegungen potenzieller Begutachtungszeitpunkte beziehen. Hingegen geht es bei den Konstellationen, die im Zentrum der angeführten monographischen Betrachtungen stehen, in denen sich die Frage des Einflusses des Streitgegenstands auf den jeweils betrachteten Beurteilungszeitpunkt stellte bzw. teilweise angenommen wurde, in erster Linie um merkmalimmanente Zeitpunkterfordernisse. Zudem handelt es sich bei diesen Festlegungen durch Privatrechtssubjekte im Allgemeinen um die tatsächliche und nicht um die abstrakte Festlegung des betreffenden Begutachtungszeitpunkts.[168] Diese tatsächliche Festlegung durch Privatrechtssubjekte wird zumeist dem Prozess vorgelagert sein. Insofern kann der Streitgegenstand des betreffenden Prozesses bereits keinen Einfluss auf diese Festlegung haben.

Ähnlich stellt sich die Situation bei der Festlegung von Begutachtungszeitpunkten durch staatliche Stellen, insbesondere durch die Gerichte selbst dar, wie dies etwa für § 595 Abs. 6 BGB[169] und § 9 Abs. 2 KSchG[170] verdeutlicht wurde. Hier erfolgt dann ebenfalls die tatsächliche und nicht die abstrakte Festlegung eines potenziellen Begutachtungszeitpunkts. Diese Festsetzung wird erst im Laufe des Prozesses erfolgen. Damit hat auch hier bereits der (zunächst) gestellte Klageantrag als Teil des Streitgegenstands keinen Einfluss auf diese Festlegung. Etwaige spätere Anpassungen sind nicht geeignet, eine generelle Beeinflussung des Streitgegenstands auf den jeweiligen Begutachtungszeitpunkt anzunehmen.

---

[166] Teil C./I./1./c) und Teil C./I./2./a)/cc).

[167] C/III./2./a)/aa).

[168] S. Teil C/III./2./a)/aa).

[169] Vgl. Teil C/I./4./a)/aa).

[170] Teil C/III./2./a)/aa).

(b) Insbesondere: Arbeitsrechtliche Kündigung(sschutzklage)

Eine Ausnahme von dem Grundsatz, dass der Streitgegenstand keinen Einfluss auf die Festlegung des jeweiligen Begutachtungszeitpunkts hat, könnte jedoch im Fall der arbeitsrechtlichen Kündigung zu verzeichnen sein. Anders als im Zivilrecht im Übrigen haben hier, soweit ersichtlich, zwei Untersuchungen dieses Verhältnis intensiver beleuchtet.[171] In intradisziplinärer Perspektive ist dies vor allem durch *Gentges*[172] erfolgt, *Schmidt* hat dieses spezielle Problem fachsäulenbezogen betrachtet.[173] Dabei geht *Gentges,* wie bereits angeführt,[174] unter Bezugnahme auf Aussagen von *Kopp* im verwaltungsrechtlichen Bereich davon aus, dass die Frage des Beurteilungszeitpunkts im Zivilprozess unter dem Aspekt des Streitgegenstands behandelt werde[175] und sich letztlich der „Beurteilungszeitpunkt im Prozess aus dem Streitgegenstand und dem materiellen Recht" ergebe.[176]

Diese Aussage ist vor dem Hintergrund zu sehen, dass die Behandlung der Frage des umstrittenen Beurteilungszeitpunkts der arbeitsrechtlichen Kündigung in prozessualer Hinsicht in der Regel mit einer Kündigungsschutzklage zusammentreffen wird. Bei dieser handelt es sich um eine (besondere Form der) Feststellungsklage.[177] Auch für diese gilt grundsätzlich der zweigliedrige Streitgegenstandsbegriff.[178] Das folgt nicht zuletzt aus den angeführten interprozessualen Erwägungen. Jedoch besteht hier auf der Ebene des Antrags nachgelagert eine Diskussion um die Bestimmung des Streitgegenstandsbegriffs dieser Kündigungsschutzklage. Und das wiederum birgt die Gefahr der Vermischung von materiellrechtlichen und prozessrechtlichen Elementen in sich.

---

[171] Hier wird die Behandlung des Verhältnisses von Streitgegenstand und Beurteilungszeitpunkt etwa betrachtet von *Gentges,* Prognoseprobleme im Kündigungsschutzrecht, 52 ff. und *Schmidt,* Der Beurteilungszeitpunkt der Kündigung des Arbeitsverhältnisses und die Berücksichtigung nachträglicher Umstände, 115 ff.

[172] *Gentges,* Prognoseprobleme im Kündigungsschutzrecht, 52 ff.

[173] *Schmidt,* Der Beurteilungszeitpunkt der Kündigung des Arbeitsverhältnisses und die Berücksichtigung nachträglicher Umstände, 115 ff. Im weiteren Verlauf der Arbeit wirft auch er zudem in intradisziplinärer Perspektive einen Blick auf die verwaltungsrechtliche Argumentation zum „Beurteilungszeitpunkt der Anfechtungsklage", vgl. *Schmidt,* Der Beurteilungszeitpunkt der Kündigung des Arbeitsverhältnisses und die Berücksichtigung nachträglicher Umstände, 155 ff

[174] Teil D./IV./1.

[175] *Gentges,* Prognoseprobleme im Kündigungsschutzrecht, 52.

[176] *Gentges,* Prognoseprobleme im Kündigungsschutzrecht, 55.

[177] MüKoBGB/*Hergenröder,* KSchG § 4 Rn. 18.

[178] BAG, Urt. v. 16.12.2021 – 6 AZR 154/21, NZA 2022, 1005 Rn. 12; NK-ArbR/*Berger,* KSchG § 4 Rn. 203; HK-ZPO/*Saenger,* Einführung Rn. 113 ff.

(aa) Arbeitsrechtliche „Streitgegenstandstheorien“

So wird bzw. wurde einerseits im Sinne eines bestandsrechtlichen Streitgegenstandsbegriffs vertreten, dass der Streitgegenstand mit dem Bestand des Arbeitsverhältnisses zum Zeitpunkt der letzten mündlichen Verhandlung zu bestimmen sei.[179] Die überwiegende Meinung vertritt hingegen den sogenannten punktuellen Streitgegenstandsbegriff, wonach Streitgegenstand dieser Klage nur ist, ob das Arbeitsverhältnis durch eine konkrete Kündigung zu dem vorgesehenen Zeitpunkt beendet wurde.[180]

Da das Klägerbegehren im Rahmen der Kündigungsschutzklage darauf gerichtet ist, dass „das Arbeitsverhältnis“ durch die betreffende Kündigung nicht aufgelöst ist,[181] hat dieser punktuelle Streitgegenstandsbegriff zunächst durch das BAG eine erste Erweiterung dahingehend erfahren, dass die Kündigungsschutzklage nur Erfolg haben kann, wenn zum Zeitpunkt des Zugangs der Kündigung ein Arbeitsverhältnis bestanden hat und dieses nicht bereits durch andere Beendigungstatbestände aufgelöst worden ist.[182] Mit Rechtskraft eines stattgebenden Urteils im Kündigungsschutzprozess steht unter Anwendung dieser ersten Erweiterung dann fest, dass im Zeitpunkt des Zugangs einer Kündigung ein Arbeitsverhältnis zwischen den Parteien bestand.[183]

Das BAG ist aber nicht bei diesem punktuellen Streitgegenstandsbegriff stehen geblieben, es hat ihn vielmehr nochmals erweitert und, im Sinne des sogenannten erweiterten punktuellen Streitgegenstandsbegriffs, angenommen, dass die einem Antrag nach § 4 Abs. 1 KSchG stattgebende Entscheidung zugleich die Feststellung enthalte, dass zum angestrebten Auflösungszeitpunkt ein Arbeitsverhältnis

[179] *Bötticher* in: Schriftenreiche des Bundesarbeitsministeriums (Hrsg.), Festschrift für Wilhelm Herschel (1955), 181, 186; *G. Lüke,* JZ 1960, 203, 205; *Güntner,* AuR 1974, 97. S. insgesamt hierzu *Schmidt,* Der Beurteilungszeitpunkt der Kündigung des Arbeitsverhältnisses und die Berücksichtigung nachträglicher Umstände, 116 f.

[180] Vgl. etwa BAG, Urt. v. 27.1.2011 – 2 AZR 826/09, NZA 2011, 804 Rn. 13; NK-ArbR/*Berger,* KSchG § 4 Rn. 203; *Boemke,* RdA 1995, 211, 213; *Dütz/Thüsing,* Arbeitsrecht, § 9 Rn. 434; MüKoBGB/*Hergenröder,* KSchG § 4 Rn. 18 f.; *Hueck* in: Dietz/Hueck/Reinhardt (Hrsg.), Festschrift für Hans Carl Nipperdey zum 60. Geburtstag, 99, 108; ErfK/*Kiel,* KSchG § 4 Rn. 30; HWK/*Quecke,* Arbeitsrecht Kommentar, § 4 KSchG Rn. 48.

[181] Vgl. hierzu etwa *Dütz/Thüsing,* Arbeitsrecht, § 9 Rn. 434; MüKoBGB/*Hergenröder,* KSchG § 4 Rn. 18 f.

[182] BAG, Urt. v. 10.11.2005 – 2 AZR 623/04, NZA 2006, 491 Rn. 30; BAG, Urt. v. 27.1.2011 – 2 AZR 826/09, NZA 2011, 804 Rn. 13; NK-ArbR/*Berger,* KSchG § 4 Rn. 204; *Gallner* in: Henssler/Joussen/Maties/Preis (Hrsg.), Festschrift für Rolf Wank, 117, 118; BeckOGK/*Hamacher,* KSchG § 4 Rn. 129.

[183] Vgl. insgesamt hierzu *Gallner* in: Henssler/Joussen/Maties/Preis (Hrsg.), Festschrift für Rolf Wank, 117, 118.

zwischen den Parteien noch bestanden hat.[184] Dabei betont das Gericht in jüngerer Zeit, dass mit der Rechtskraft einer solchen Entscheidung grundsätzlich feststehe, dass das Arbeitsverhältnis bis zu dem vorgesehenen Auflösungstermin auch nicht durch mögliche andere Beendigungstatbestände, insbesondere etwa einer weiteren Kündigung, aufgelöst worden sei, selbst wenn diese von keiner Seite in den Prozess eingeführt würden.[185]

Um das Verhältnis des Streitgegenstands zu dem Rechtsinstitut der Begutachtungszeitpunkte im Umfeld der arbeitsrechtlichen Kündigung einordnen zu können, ist zudem noch bedeutsam, dass die Lehre vom punktuellen Streitgegenstand dazu führt, dass beim Vorliegen weiterer, bisweilen im Kündigungsschutzprozess schriftsätzlich erfolgender, Kündigungen diese jeweils innerhalb von drei Wochen angegriffen werden müssen, damit nicht die Rechtsfolge der materiellen Präklusion nach § 7 KSchG eintritt.[186] Das kann dadurch vermieden werden, dass der Arbeitnehmer den Kündigungsschutzantrag nach § 4 KSchG mit einem allgemeinen Feststellungsantrag nach § 256 ZPO verbindet und durch diese objektive Klagehäufung den Streitgegenstand erweitert.[187] Dies wird auch als „Schleppnetzantrag"[188] bezeichnet. Im Ergebnis werden hier zwei prozessuale Ansprüche geltend gemacht.[189] Sie führen dazu, dass insgesamt der Bestand des Arbeitsverhältnisses zum Zeitpunkt der letzten mündlichen Verhandlung unter Einbeziehung aller Beendigungsgründe des Arbeitsverhältnisses überprüft wird.[190]

#### (bb) Übergeordnete Begutachtungszeitpunkte

Die unterschiedlichen Streitgegenstandstheorien beinhalten alle eine zeitliche Komponente. Im Kontext der vorliegenden Systematik der Beurteilungszeitpunkte zeigt sich dabei, dass diese zeitliche Komponente der verschiedenen punktuellen Streitgegenstandsbegriffe mit den Festlegungen der vorliegend betroffenen merk-

---

[184] BAG, Urt. v. 16.12.2021 – 6 AZR 154/21, NZA 2022, 1005 Rn. 12. S. hierzu auch *Gallner* in: Henssler/Joussen/Maties/Preis (Hrsg.), Festschrift für Rolf Wank, 117, 118

[185] BAG, Urt. v. 24.5.2018 – 2 AZR 67/18, NZA 2018, 1127 Rn. 18; BAG, Urt. v. 16.12.2021 – 6 AZR 154/21, NZA 2022, 1005 Rn. 12.

[186] BeckOK Arbeitsrecht/*Kerwer,* KSchG § 4 Rn. 79.

[187] BAG, Urt. v. 26.0.2013 – 2 AZR 682/12, NZA 2014, 443 Rn. 31; BAG, Urt. v. 16.12.2021 – 6 AZR 154/21, NZA 2022, 1005 Rn. 15; BeckOK Arbeitsrecht/*Kerwer,* KSchG § 4 Rn. 79.

[188] BAG, Urt. v. 16.12.2021 – 6 AZR 154/21, NZA 2022, 1005 Rn. 16. S. auch BeckOK Arbeitsrecht/*Kerwer,* KSchG § 4 Rn. 80; *Schmidt,* Der Beurteilungszeitpunkt der Kündigung des Arbeitsverhältnisses und die Berücksichtigung nachträglicher Umstände, 121.

[189] BAG, Urt. v. 26.0.2013 – 2 AZR 682/12, NZA 2014, 443 Rn. 31.

[190] BAG, Urt. v. 12.5.2005 – 2 AZR 426/04, NJW 2006, 395; BeckOK Arbeitsrecht/*Kerwer,* KSchG § 4 Rn. 80.

malimmanenten Zeitpunkterfordernissen materieller übergeordneter Begutachtungszeitpunkte korrespondiert.

Auch wenn zur Beurteilung der Rechtmäßigkeit einer arbeitsrechtlichen Kündigung noch weitere Aspekte[191] zu beachten sind, geht es im Kern bei der Diskussion um deren maßgeblichen Beurteilungszeitpunkt in der Regel[192] um die Bestimmung des merkmalimmanenten Zeitpunkts der Sozialwidrigkeit[193] der konkret betrachteten Kündigung. Dieses Tatbestandsmerkmal ist in § 1 KSchG verankert. Dabei handelt es sich bei dem dieses Tatbestandsmerkmal betreffenden merkmalimmanenten materiell-rechtlichen Begutachtungszeitpunkt um einen übergeordneten. Denn diesem Tatbestandsmerkmal nachgelagert sind noch weitere Einzelprüfungen vorzunehmen,[194] die ihrerseits wiederum Begutachtungszeitpunkte enthalten.

Dieses Tatbestandsmerkmal findet sich zudem in § 4 KSchG. Dabei handelt es sich auch in diesem Kontext bei dem Begutachtungszeitpunkt der Sozialwidrigkeit um einen materiell-rechtlichen: Die Norm des § 4 S. 1 KSchG ist zwar an sich als eine prozessuale anzusehen, geht es im Kern doch um die formalen Aspekte der Anrufung des Arbeitsgerichts. Allerdings ist der merkmalimmanente Begutachtungszeitpunkt der Sozialwidrigkeit vom Zweck her darauf gerichtet, die materielle Rechtmäßigkeit der Kündigung festzustellen.

Im vorliegend konkret untersuchten Kontext zeigt sich nun, dass die von der überwiegenden Ansicht vertretene zeitliche Verankerung des Begutachtungszeitpunkts des Tatbestandsmerkmals der Sozialwidrigkeit im Zeitpunkt des Zugangs

---

[191] Insbesondere etwa die rechtmäßige Kündigungserklärung oder eine etwaig erforderliche Beteiligung des Betriebsrats, s. insgesamt für die ordentliche Kündigung etwa *Junker,* Grundkurs Arbeitsrecht, Rn. 323.

[192] Zur Kündigungsschutzklage im Kleinbetrieb, in dem das KSchG nicht gilt, vgl. etwa BeckOGK/*Hamacher,* KSchG § 4 Rn. 20; *Waltermann,* Arbeitsrecht, § 16 Rn. 326 und § 17 Rn. 358. Dort geht es ausschließlich um die Rechtsunwirksamkeit der Kündigung „aus anderen Gründen" i. S. d. § 4 S. 1 KSchG.

[193] Vgl. bereits *Frey,* AuR 1955, 140, 141. S. hierzu ebenfalls etwa die Ausführungen in BAG, Urt. v. 27.2.2020 – 8 AZR 215/19, NZA 2020, 1303 Rn. 67 ff.; BAG, Urt. v. 18.11.2021 – 2 AZR 138/21, NZA 2022, 253 Rn. 14; MüKoBGB/*Hergenröder,* KSchG § 1 Rn. 82; *Hueck* in: Dietz/Hueck/Reinhardt (Hrsg.), Festschrift für Hans Carl Nipperdey zum 60. Geburtstag, 99, 107; ErfK/*Oetker,* KSchG § 1 Rn. 91; HWK/*Quecke,* Arbeitsrecht Kommentar, § 1 KSchG Rn. 73; APS/*Vossen,* KSchG § 1 Rn. 70.

[194] Konkret neben dem „an sich geeigneten Kündigungsgrund" die Prognose, die Ultima ratio und die Interessenabwägung, vgl. etwa *Junker,* Grundkurs Arbeitsrecht, Rn. 382.

der Kündigung[195] von der (reinen) punktuellen Streitgegenstandstheorie aufgegriffen wird.

Diese Bezugnahme auf einen materiell-rechtlichen übergeordneten Begutachtungszeitpunkt in der Konstellation eines merkmalimmanenten Zeitpunkterfordernisses ist ebenfalls bei den weiteren arbeitsrechtlichen Streitgegenstandstheorien festzustellen: So greift der bestandsrechtliche Streitgegenstandsbegriff insgesamt auf den Schluss der mündlichen Verhandlung als spätestmögliche Grenze für die Berücksichtigung der den Bestand des Arbeitsverhältnisses betreffenden Tatsachen unter anderem unter Hinweis auf die §§ 11, 12 S. 1 KSchG (früher §§ 10 S. 1, 11 S. 1 KSchG) zurück.[196] Zudem erfolgt nach Auffassung des BAG die normative Anknüpfung für die Berücksichtigung weiterer Beendigungsgründe im Rahmen der Erweiterung des punktuellen Streitgegenstandsbegriffs im Tatbestandsmerkmal des „Fortbestehens des Arbeitsverhältnisses" der §§ 11 und 12 KSchG.[197] Auch bei dem diesem Tatbestandsmerkmal immanenten Begutachtungszeitpunkt handelt es sich um einen übergeordneten. Denn hier sind wiederum weitere Aspekte im Sinne möglicher infrage kommender Beendigungsgründe insgesamt zu beurteilen, die wiederum eigene Begutachtungszeitpunkte enthalten. Dabei dient der Zeitpunkt der Feststellung des Fortbestehens aus anderen Beendigungsgründen dem Zweck der Feststellung des Bestehens oder Nichtbestehens des Arbeitsverhältnisses und ist damit ebenfalls ein materiell-rechtlicher. Für diesen Begutachtungszeitpunkt sieht das BAG nunmehr mit dem erweiterten punktuellen Streitgegenstandsbegriff den maßgeblichen Zeitpunkt in demjenigen des angestrebten Auflösungszeitpunkts. Im ersten Schritt der Erweiterung des punktuellen Streitgegenstandsbegriffs hatte es diesen letztlich, auch wenn es zur Begründung nicht auf die §§ 11 und 12 KSchG abstellt, sondern auf den „Wirkungsbereich der materiellen Rechtskraft" nach § 322 Abs. 1 ZPO hingewiesen hat,[198] im Zeitpunkt des Zugangs der Kündigung verortet.

Diese Einordnung der arbeitsrechtlichen Streitgegenstandstheorien in die dieser Untersuchung zugrunde liegenden Kategorien findet sich durch die jüngere Rechtsprechung des BAG bestätigt. Denn diese verankert auch unter Anwendung des er-

---

[195] S. oben Teil C/I./2./a)/bb).

[196] *Bötticher* in: Schriftenreihe des Bundesarbeitsministeriums (Hrsg.), Festschrift für Wilhelm Herschel (1955), 181, 185; *Güntner,* AuR 1974, 97, 113. S. insgesamt hierzu auch *Schmidt,* Der Beurteilungszeitpunkt der Kündigung des Arbeitsverhältnisses und die Berücksichtigung nachträglicher Umstände, 116.

[197] BAG, Urt. v. 24.5.2018 – 2 AZR 67/18, NZA 2018, 1127 Rn. 22.

[198] BAG, Urt. v. 12.1.1977 – 5 AZR 593/75, NJW 1977, 1895, 1896; BAG, Urt. v. 10.11.2005 – 2 AZR 623/04, NZA 2006, 491 Rn. 30.

weiterten punktuellen Streitgegenstandsbegriffs den Begutachtungszeitpunkt für die arbeitsrechtliche Kündigung weiterhin im Zeitpunkt des Zugangs der Kündigungserklärung.[199] Insofern erfolgt im Sinne der vorliegend angewendeten Systematik eine klare Trennung zwischen dem übergeordneten Begutachtungszeitpunkt des Fortbestehens des Arbeitsverhältnisses und demjenigen der Sozialwidrigkeit.

#### (cc) Einordnung

Will man nun diesen Zwischenbefund für die Beurteilung des Verhältnisses zwischen Streitgegenstand und Begutachtungszeitpunkten fruchtbar machen, so ist zunächst elementar, dass im arbeitsrechtlichen Bereich grundsätzlich ebenfalls der zweigliedrige Streitgegenstandsbegriff gilt.[200]

#### (aaa) Nachgeordnete Ebene

Die dargestellten Streitgegenstandstheorien hingegen betreffen eine nachgeordnete Ebene, die in erster Linie die Auslegung des gestellten Antrags betrifft, zudem aber auch die Ausführungen zum (Lebens-)Sachverhalt berücksichtigt. Auf dieser nachgelagerten Ebene findet nun eine Vermischung zwischen den Elementen des Streitgegenstands einerseits und der zeitlichen Verortung von Begutachtungszeitpunkten andererseits statt.

Im Zentrum der Streitgegenstandsbestimmung im Umfeld der arbeitsrechtlichen Kündigung steht grundsätzlich die Frage danach, welche Auflösungs- bzw. Beendigungstatbestände im Kündigungsschutzprozess zu berücksichtigen sind, konkret einerseits ausschließlich die angegriffene Kündigung oder andererseits etwa alle Auflösungs- bzw. Beendigungstatbestände bis zum Schluss der mündlichen Verhandlung.[201] Das betrifft die Frage des Umfangs des vom Gericht zu beurteilenden Prozessstoffs.[202]

---

[199] Vgl. etwa BAG, Urt. v. 20.6.2024 – 2 AZR 134/23, AP KSchG 1969 § 1 Personenbedingte Kündigung Nr. 39 = BeckRS 2024, 25344 Rn. 21, 30. S. hierzu auch *Schmidt,* Der Beurteilungszeitpunkt der Kündigung des Arbeitsverhältnisses und die Berücksichtigung nachträglicher Umstände, 121.

[200] BAG, Urt. v. 16.12.2021 – 6 AZR 154/21, NZA 2022, 1005 Rn. 12; NK-ArbR/*Berger,* KSchG § 4 Rn. 203; HK-ZPO/*Saenger,* Einführung Rn. 113 ff. S. Einleitung Teil D/IV./1./b)/aa)/(1)/(b).

[201] So bereits *Schmidt,* Der Beurteilungszeitpunkt der Kündigung des Arbeitsverhältnisses und die Berücksichtigung nachträglicher Umstände, 120 und 123.

[202] Vgl. zur Möglichkeit der Bestimmung des Umfangs der Klage durch den Streitgegenstand auch *Oberheim,* Zivilprozessrecht für Referendare, § 4 Rn. 122 und 144.

Dieser Streitgegenstand seinerseits wird im Rahmen der Theorien bereits normativ verankert, was insbesondere die Ausführungen des BAG zu § 4 KSchG bzw. §§ 11 und 12 KSchG verdeutlichen.[203] Das entspricht der grundsätzlichen Verbindung zwischen materiellem Recht und Streitgegenstand. Inhalt und Formulierung des Klageantrags als Teil des Streitgegenstands ergeben sich letztlich aus dem materiellen Recht, das prozessual durchgesetzt werden soll.[204] Umgekehrt formuliert lässt sich sagen: Der formulierte Klageantrag bedeutet für das Gericht, dass es diesen vor dem Hintergrund der Frage, welche materiell-rechtliche Verankerung durch diesen Antrag zu überprüfen ist, transformieren muss. Dies stimmt mit den Ausführungen *Magers* überein, wonach der Streitgegenstand auf das dem Rechtsstreit zugrunde liegende materielle Recht verweise.[205]

Diesen Schritt gehen die Streitgegenstandstheorien nun bereits, indem sie die für die jeweiligen Anträge materiell-rechtlich infrage kommenden Tatbestandsmerkmale antizipieren. Und dabei legen sie zugleich die maßgeblichen Zeitpunkte für die merkmalimmanenten Zeitpunkterfordernisse der betreffenden übergeordneten Begutachtungszeitpunkte fest.

Das ist möglich, da das Vorgehen des Klägers gegen eine arbeitsrechtliche Kündigung im Kern auf zwei Antragsformulierungen je nach seinem Klageziel reduziert ist. Einerseits kann er den Kündigungsschutzantrag nach § 4 KSchG stellen, indem er beantragt, *„dass das Arbeitsverhältnis der Parteien durch die Kündigung vom … nicht aufgelöst worden ist.“*[206] Andererseits ist es für den Fall, dass § 4 S. 1 KSchG keine Anwendung findet, möglich, einen allgemeinen Feststellungsantrag nach § 256 Abs. 1 ZPO dergestalt zu stellen, *„dass das Arbeitsverhältnis über den… hinaus fortbesteht.“*[207] Wie dargestellt, können diese beiden Anträge zudem in der Konstellation des sogenannten Schleppnetzantrags miteinander verbunden werden.[208] Insbesondere die Auslegung der Formulierung des Kündigungsschutzantrags steht dabei nun im Zentrum der arbeitsrechtlichen Streitgegenstandstheorien.

---

[203] Vgl. in Bezug auf § 4 KSchG etwa BAG, Urt. v. 27.1.2011 – 2 AZR 826/09, NZA 2011, 804 Rn. 13. S. in Bezug auf §§ 11 und 12 KSchG BAG, Urt. v. 24.5.2018 – 2 AZR 67/18, NZA 2018, 1127 Rn. 22.

[204] *Oberheim,* Zivilprozessrecht für Referendare, § 4 Rn. 156.

[205] *Mager,* Der maßgebliche Zeitpunkt für die Beurteilung der Rechtswidrigkeit von Verwaltungsakten, 59.

[206] Formulierung s. *Junker,* Grundkurs Arbeitsrecht, Rn. 872.

[207] S. insgesamt *Junker,* Grundkurs Arbeitsrecht, Rn. 873.

[208] S. bereits oben Teil D/IV./1./b)/aa)/(1)/(b)/(aa); vgl. ebenfalls *Junker,* Grundkurs Arbeitsrecht, Rn. 874.

Durch die Aufnahme des zeitlichen Aspekts der Verortung des betroffenen merkmalimmanenten Begutachtungszeitpunkts in die Streitgegenstandstheorien erfolgt aber zugleich eine Vermischung mehrerer Aspekte in der jeweiligen Theorie. Dabei geht es auf der Ebene des Streitgegenstands um die Frage, welche Auflösungs- bzw. Beendigungstatbestände der Kläger angreifen möchte.[209] Erst nachfolgend erfolgt dann aufgrund des infolge der Konkretisierung des Klageantrags anwendbaren materiellen Rechts die Bestimmung der jeweiligen zeitlichen Grenzen der materiell-rechtlichen Begutachtungszeitpunkte.[210] Dennoch bleiben beide Rechtsinstitute unabhängig voneinander bestehen. Die Zusammenfassung in der jeweiligen Streitgegenstandstheorie führt nicht dazu, dass eine Beeinflussung des Streitgegenstands auf die zeitliche Festlegung der jeweiligen Begutachtungszeitpunkte zu konstatieren ist und damit insbesondere auch nicht auf den Begutachtungszeitpunkt der arbeitsrechtlichen Kündigung.[211]

### (bbb) Festlegung

Dieses Ergebnis wird bestätigt durch den Blick auf den bereits im Rahmen der grundsätzlichen Überlegungen angeführten Aspekt der Festlegung der jeweiligen Rechtsinstitute.[212]

Der Streitgegenstand wird zunächst bei Klageerhebung durch den Klageantrag und den zugrunde liegenden Lebenssachverhalt durch den Kläger bestimmt.[213] Begutachtungszeitpunkte können zwar auf unterschiedliche Weise festgelegt werden.[214] Insbesondere derjenige der arbeitsrechtlichen Kündigung wird aber in abstrakter Hinsicht nicht durch den Kläger bestimmt. Vielmehr wurde etwa für den materiell-rechtlichen Begutachtungszeitpunkt der Sozialwidrigkeit im Sinne des § 1 KSchG bzw. § 4 KSchG bereits verdeutlicht, dass dieser objektiv und unabhängig vom konkreten Fall und damit vom jeweiligen Streitgegenstand durch Auslegung in erster Linie durch Rechtsprechung und Literatur festgelegt wird.[215] Nur in

---

[209] Vgl. *Schmidt,* Der Beurteilungszeitpunkt der Kündigung des Arbeitsverhältnisses und die Berücksichtigung nachträglicher Umstände, 120 und 123.

[210] S. im Ergebnis auch *Schmidt,* Der Beurteilungszeitpunkt der Kündigung des Arbeitsverhältnisses und die Berücksichtigung nachträglicher Umstände, 120.

[211] So im Ergebnis bereits *Schmidt,* Der Beurteilungszeitpunkt der Kündigung des Arbeitsverhältnisses und die Berücksichtigung nachträglicher Umstände, 125.

[212] Teil D/IV/1./b)/aa)/(1)/(a).

[213] BeckOK ZPO/*Bacher,* ZPO § 253 Rn. 51.

[214] Teil D/IV/1./b)/aa)/(1)/(a).

[215] S. hierzu insbesondere den Meinungsstreit zum maßgeblichen Zeitpunkt in Teil C/I./2./a)/bb).

Bezug auf die rein tatsächliche Festlegung des Begutachtungszeitpunkts hat der Kläger in einem gewissen Ausmaß Einfluss auf den Zeitpunkt, bedingt doch sein aktives Handeln in der Folge die Zustellung der Kündigung.[216]

Damit geht es im Kern auch in dieser Konstellation um die Auslegung merkmalimmanenter Zeitpunkterfordernisse von Begutachtungszeitpunkten, die zudem noch übergeordnete sind. Und diese ist grundsätzlich abstrakt und unabhängig vom konkret betrachteten Fall und damit auch unabhängig vom jeweiligen Streitgegenstand vorzunehmen. Nur ausnahmsweise kann der konkret betrachtete Gegenstand eines Rechtsstreits einmal relevant werden, nämlich dann, wenn die betreffende Situation ihrerseits geeignet ist, eine Fallgruppe zu charakterisieren wie bei der Gruppe der unbestimmten Rechtsbegriffe.[217] Dabei wird aber die konkrete Situation ebenfalls zu abstrahieren sein, um die jeweilige Besonderheit des Falls für eine Vielzahl von Konstellationen nutzbar zu machen.

Im Ergebnis ist daher festzuhalten, dass die spezielle arbeitsrechtliche Konstellation ebenfalls nichts an dem Grundsatz ändert, dass der Streitgegenstand keinen Einfluss auf die Festlegung von Begutachtungszeitpunkten hat.

### (2) Verwaltungsrecht

Damit ist im nächsten Schritt zu untersuchen, ob dieser Grundsatz der Unabhängigkeit von Streitgegenstand und Begutachtungszeitpunkt auch für den vorliegend betrachteten Bereich des Öffentlichen Rechts, das Verwaltungsrecht, zu bejahen ist. Denn sowohl *Kopp*[218] als auch *Gerhard Lüke*[219] gehen von einer grundsätzlichen Beeinflussung des jeweils betrachteten maßgeblichen Zeitpunkts aus.

Dabei ist jedoch zum einen zu berücksichtigen, dass diesen Untersuchungen bereits nicht die vorliegend herausgearbeitete Systematik zugrunde liegt. Zum anderen ist für die Einordnung der aus öffentlich-rechtlichem Blickwinkel getätigten Äußerungen elementar, dass sich die Perspektive zur Untersuchung der Problematik „des Beurteilungszeitpunkts" grundsätzlich anders darstellt als im Privatrecht: Während im Privatrecht die Betrachtungen in der Regel von der materiellrechtlichen Verortung des jeweils betrachteten Beurteilungszeitpunkts und damit letztlich im Sinne der vorliegend entwickelten Systematik von einem materiellrechtlichen Begutachtungszeitpunkt ausgehen und sich auf diesen fokussieren, ist Ausgangspunkt der Untersuchungen des Öffentlichen Rechts zu „dem Be-

---

[216] Teil C/III./2./aa).

[217] Teil C/I./2./a)/cc)/(2).

[218] *Kopp* in: Erichsen/Hoppe/v. Mutius (Hrsg.), Festschrift für Christian-Friedrich Menger, 693, 699.

[219] *G. Lüke*, JuS 1967, 1.

urteilungszeitpunkt" oftmals die Frage nach dem maßgeblichen Zeitpunkt der Beurteilung von Verwaltungsakten im Rahmen der Anfechtungsklage.[220] Hiervon ausgehend werden dann zum Teil Fallgruppen für die Behandlung unterschiedlicher Arten von Verwaltungsakten gebildet.[221]

In dieser Untersuchung wurde aber bereits herausgearbeitet, dass der Erkenntnishorizont der Anfechtungsklage demjenigen, der als grundsätzlicher verwaltungsgerichtlicher Erkenntnishorizont bezeichnet wurde, entspricht[222] und streng von den jeweiligen Begutachtungszeitpunkten und deren Festlegung zu trennen ist. Dabei wurde zugleich deutlich, dass ein Faktor, der die klare Trennung von Dezisionszeitpunkten und speziell dem Erkenntnishorizont von den Begutachtungszeitpunkten erschwert, das Vorliegen merkmalimmanenter übergeordneter Begutachtungszeitpunkte ist, die ebenso wie im zuvor betrachteten Bereich der arbeitsrechtlichen Kündigung in den fraglichen Konstellationen häufig vorkommen.[223]

Für diese, wie für alle weiteren Begutachtungszeitpunkte der betrachteten Bereiche des Öffentlichen Rechts, gilt jedoch gleichfalls das zuvor anhand des Beurteilungszeitpunkts für die arbeitsrechtliche Kündigung Herausgearbeitete. Es mag zwar aufgrund des Aufeinandertreffens von prozessualen und materiellrechtlichen Aspekten scheinbar eine Vermischung mehrerer Aspekte vorliegen. Diese sind aber dennoch strikt zu trennen. Das wurde bereits im Rahmen der Betrachtung des privatrechtlichen Bereichs dadurch verdeutlicht, dass durch die Bestimmung des Streitgegenstands zwar ein Verweis auf das für den jeweiligen Rechtsstreit relevante materielle Recht erfolgt.[224] Die Bestimmung der einzelnen für den betreffenden Fall relevanten Begutachtungszeitpunkte erfolgt jedoch in der Regel losgelöst von der konkreten Fallsituation und dem jeweiligen Streitgegenstand, sodass auch für die Begutachtungszeitpunkte des Verwaltungsrechts eine Beeinflussung durch den Streitgegenstand zu verneinen ist.

---

[220] Vgl. etwa *Bähr,* Die maßgebliche Rechts- und Sachlage für die gerichtliche Beurteilung von Verwaltungsakten, 9 ff.; *Mager,* Der maßgebliche Zeitpunkt für die Beurteilung der Rechtswidrigkeit von Verwaltungsakten, 17 ff.; *Piendl,* Eine Studie zur maßgeblichen Sach- und Rechtslage beim Rechtsschutz gegen Verwaltungsakte, 1.

[221] S. bereits Teil D/I.

[222] Teil D/III./2./b)/bb)/(3).

[223] Teil D/III./2./b)/bb)/(3).

[224] S. bereits Teil D/IV./1./b)/aa)/(1)/(a). *Mager,* Der maßgebliche Zeitpunkt für die Beurteilung der Rechtswidrigkeit von Verwaltungsakten, 59; *Oberheim,* Zivilprozessrecht für Referendare, § 4 Rn. 156.

Damit zeigt sich zugleich, dass die überwiegenden fachsäulenbezogenen Betrachtungen des verwaltungsrechtlichen Bereichs[225] ebenso wie *Bähr*[226] in intradisziplinärer Perspektive zum Verhältnis von „Streitgegenstand und Zeitpunkt der Beurteilung der Sach- und Rechtslage der Anfechtungsklage" zu Recht zu dem Ergebnis gelangen, dass in dem von ihnen betrachteten Kontext eine Beeinflussung dieser beiden Rechtsinstitute zu verneinen ist.

### bb) Dezisionszeitpunkte

Nicht zuletzt aufgrund der von einigen öffentlich-rechtlichen Arbeiten vorgenommen Vermischung materiell-rechtlicher und prozessualer Aspekte[227] und damit der Verortung der Diskussion um den Beurteilungszeitpunkt des Öffentlichen Rechts auf der prozessualen Ebene[228] ist der Blick ebenfalls noch auf die Gruppe der Dezisionszeitpunkte zu richten und die Frage nach deren Verbindung zum Streitgegenstand zu betrachten.

#### (1) Grundsätzliches Verhältnis

Diesbezüglich ist zunächst grundlegend, dass der Streitgegenstand festlegt, worüber das Gericht entscheiden soll: Wie gesehen, sind damit Streitgegenstand und Urteilsgegenstand grundsätzlich identisch.[229] Dabei legt der Kläger den Streitgegenstand zunächst bei Klageerhebung durch den Klageantrag und den zugrunde liegenden Lebenssachverhalt fest,[230] aufgrund des Dispositionsgrundsatzes haben zudem im Laufe des Verfahrens sowohl Kläger als auch Beklagter die Möglichkeit, den Streitgegenstand zu verändern.[231] Hierdurch wird deutlich, dass der Streitgegenstand die inhaltliche Ausgestaltung des Erkenntnishorizonts und des Zeitpunkts der tatsächlichen Entscheidung signifikant beeinflusst. Das besagt aber noch nichts über die zeitliche Komponente des Verhältnisses von Streitgegenstand und Dezisionszeitpunkten, die vorliegend im Zentrum der Betrachtung steht.

---

[225] *Bachof,* JZ 1954, 416, 421; *Mager,* Der maßgebliche Zeitpunkt für die Beurteilung der Rechtswidrigkeit von Verwaltungsakten, 59; *Schweiger,* DVBl 1964, 205, 208, 210;

[226] *Bähr,* Die maßgebliche Sach- und Rechtslage für die gerichtliche Beurteilung von Verwaltungsakten, 142.

[227] Teil D/III./2./b)/bb)/(3).

[228] Vgl. etwa *Kopp* in: Erichsen/Hoppe/v. Mutius (Hrsg.), Festschrift für Christian-Friedrich Menger, 693, 699 f.

[229] MüKoZPO/*Gottwald,* ZPO § 322 Rn. 114. S. auch Teil D/IV./1./a)/cc)/(3).

[230] BeckOK ZPO/*Bacher,* ZPO § 253 Rn. 51.

[231] Vgl. *Pohlmann,* Zivilprozessrecht, § 7 Rn. 305.

Im Rahmen der Untersuchung des zivilprozessualen Urteilsverfahrens wurde jedoch bereits herausgearbeitet, dass die Festlegung der Dezisionszeitpunkte grundsätzlich durch den Richter bzw. das zur Entscheidung berufene Gremium erfolgt. Zwar ist insbesondere für den Erkenntnishorizont dazu die Entscheidungsreife maßgeblich. Dennoch obliegt es eben der zur Entscheidung berufenen Person bzw. dem zur Entscheidung berufenen Gremium, diese festzustellen und damit den betreffenden Zeitpunkt festzulegen.[232] Hieraus wird deutlich, dass in der Regel eine Unabhängigkeit zwischen der zeitlichen Verortung der beiden Dezisionszeitpunkte und dem Streitgegenstand zu verzeichnen ist.

Das gilt gleichermaßen für den Bereich des verwaltungsgerichtlichen Verfahrens. Denn auch wenn, wie dargestellt,[233] aufgrund des Eingreifens mehrerer Faktoren die konkrete zeitliche Lage des Erkenntnishorizonts des verwaltungsgerichtlichen Verfahrens insbesondere in Bezug auf den Zeitpunkt der tatsächlichen Entscheidung problematisch ist, ist hier ebenfalls unter Berücksichtigung der abweichenden Faktoren, insbesondere des Untersuchungsgrundsatzes, keine direkte Beeinflussung des Streitgegenstands auf die Verortung dieses Zeitpunkts gegeben: Das Ziel der Amtsermittlung besteht gleichermaßen darin, die Streitsache der Spruchreife zuzuführen.[234] Diesbezüglich wurde zwar herausgearbeitet, dass der (eingeschränkte) Untersuchungsgrundsatz unter anderem dazu führt, dass auch die Ermittlung derjenigen Tatsachen zu erfolgen hat, die zuvor noch von keinem der Beteiligten in das Verfahren eingeführt wurden, wenn und soweit sie für die Entscheidung erheblich sind.[235] Das wiederum ist aber nur Ausdruck des schon angeführten Grundsatzes, dass der Untersuchungsgrundsatz lediglich darüber bestimmt, wer für die Beibringung des Tatsachenmaterials verantwortlich ist, wer also „Herr über den beweiserheblichen Stoff" ist.[236]

Die Festlegung des grundsätzlichen Erkenntnishorizonts der verwaltungsgerichtlichen Klage erfolgt hingegen ebenfalls grundsätzlich bei Eintritt der Entscheidungsreife[237] auf der Entscheidungsgrundlage des von Amts wegen unter Mit-

---

[232] Teil C/II./4/b)ff).

[233] Teil D/III./2./b)aa).

[234] S. Teil C/II./4./c)/(5)/(c). Vgl. für den Amtsermittlungsgrundsatz nach der VwGO *Gärditz/Orth,* JURA 2013, 1100.

[235] ErfK/*Koch,* ArbGG § 83 Rn. 1.

[236] Teil D/IV./1./a)/cc)/(3). *Rimmelspacher,* Materiellrechtlicher Anspruch und Streitgegenstandsprobleme im Zivilprozess, 210. S. ebenfalls *Detterbeck,* Streitgegenstand und Entscheidungswirkungen im Öffentlichen Recht, 12 f.

[237] Düwell/Lipke/*Reinfelder,* ArbGG § 84 Rn. 2; *Schwarze, Hartwig* JuS 2005, 1089, 1091.

wirkung der Beteiligten festgestellten Sachverhalts.[238] Und diese Entscheidungsreife wird auch im Verwaltungsprozess durch die zur Entscheidung berufene Person bzw. das zur Entscheidung berufene Gremium festgestellt. Das folgt bereits aus dem Kerngehalt der verfassungsrechtlich in Art. 97 Abs. 1 GG garantierten richterlichen Unabhängigkeit.[239]

Dabei wird die grundsätzliche Regel einer Unabhängigkeit zwischen der zeitlichen Verortung der beiden Dezisionszeitpunkte und dem Streitgegenstand auch nicht dadurch infrage gestellt, dass im verwaltungsgerichtlichen Verfahren eine Verschiebung des grundsätzlichen Erkenntnishorizonts des verwaltungsgerichtlichen Verfahrens wahrscheinlicher ist, als im Zivilprozess.[240] Diese Verschiebung bewirkt zwar in der Regel, dass die mündliche Verhandlung nochmals zu eröffnen sein wird. Aber auch hierüber entscheidet in letzter Konsequenz wiederum die zur Entscheidung berufene Person bzw. das zur Entscheidung berufene Gremium ebenso wie in der Folge erneut über die Entscheidungsreife.

#### (2) Insbesondere: Arbeitsrecht

Zudem stellt die Situation im Bereich der arbeitsrechtlichen Kündigung keine Ausnahme von diesem Grundsatz dar. Dabei ist bezüglich der Bestimmung des Verhältnisses von Streitgegenstand und Dezisionszeitpunkten im Umfeld der arbeitsrechtlichen Kündigungsschutzklage zunächst grundlegend zu berücksichtigen, dass diese dem arbeitsgerichtlichen Urteilsverfahren nach § 2 Abs. 1 Nr. 3 b) ArbGG unterfällt[241] und damit grundsätzlich[242] diejenigen Prinzipien anzuwenden sind, die für das zivilgerichtliche Urteilsverfahren hinsichtlich der Dezisionszeitpunkte herausgearbeitet wurden, und nicht diejenigen, die das arbeitsgerichtliche Beschlussverfahren betreffen.

Insgesamt haben die bisherigen Ausführungen zu den Streitgegenstandstheorien der arbeitsrechtlichen Kündigungsschutzklage zwar verdeutlicht, dass zeitbezogene Aspekte bei der Bestimmung des Streitgegenstands ebenfalls eine Rolle spielen können.[243] Die Frage des Streitgegenstands der arbeitsrechtlichen Kündigungsschutzklage betrifft jedoch im Kern die Thematik, welche Auflösungs- bzw. Beendigungstatbestände im Kündigungsschutzprozess zu berücksichtigen

---

[238] GMP/*Spinner*, ArbGG § 84 Rn. 8.

[239] S. Schoch/Schneider/*Schoch*, Verwaltungsrecht, VwGO § 80 Rn. 524.

[240] Teil D/III./2./b)/aa)/(5).

[241] Vgl. etwa BeckOK ArbR/*Clemens*, ArbGG § 2 Rn. 19.

[242] Vgl. jedoch § 46 Abs. 2 ArbGG.

[243] Teil D/IV./1./b)/aa)/(1)/(b).

sind.[244] Für diesen Themenkomplex werden dann in die unterschiedlichen punktuellen Streitgegenstandstheorien die Zeitpunkte, die die jeweils einschlägigen materiell-rechtlichen merkmalimmanenten Begutachtungszeitpunkte betreffen, miteinbezogen. Diese werden außer im Rahmen des bestandsrechtlichen Streitgegenstandsbegriffs abweichend vom Schluss der mündlichen Verhandlung verortet. Wie ausgeführt, handelt es sich dabei aber um eine Problematik auf der Ebene der Begutachtungszeitpunkte und nicht auf derjenigen des Erkenntnishorizonts. Auf die zeitliche Lage des Erkenntnishorizonts hat der Streitgegenstand bei der arbeitsgerichtlichen Kündigungsschutzklage damit keinen Einfluss.

Hierfür spricht zudem, dass im Rahmen der Kündigungsschutzklage ebenfalls etwa die Zulässigkeit und insbesondere die Sachentscheidungs- bzw. Sachurteilsvoraussetzungen festgestellt werden. Für diese kommt es wiederum in der Regel auf den Schluss der mündlichen Verhandlung[245] und damit auf die grundsätzliche zeitliche Grenze des Erkenntnishorizonts im Urteilsverfahren an. Hieraus wird ersichtlich, dass der Erkenntnishorizont im Zeitpunkt des Schlusses der mündlichen Verhandlung im Ergebnis bestehen bleibt[246] unabhängig von der Anwendung der jeweiligen Streitgegenstandstheorie.

### c) Zwischenergebnis

Insgesamt konnte damit dargelegt werden, dass der Streitgegenstand vor dem Hintergrund der dieser Arbeit zugrunde liegenden Systematik entgegen der Annahmen von *Kopp*[247] und *Gentges*[248] in intradisziplinärer Betrachtung grundsätzlich[249] keinen Einfluss auf die zeitliche Festlegung der unterschiedlichen Arten von Beurteilungszeitpunkten hat.[250]

---

[244] Vgl. die dargestellten Streitgegenstandstheorien Teil D/IV./1./b)/aa)/(1)/(b)/(aa).

[245] Vgl. für den Zivilprozess etwa Zöller/*Greger,* Zivilprozessordnung, vor ZPO § 253 Rn. 9; Rosenberg/Schwab/Gottwald/*Gottwald,* Zivilprozessrecht, § 91 Rn. 36.

[246] So im Ergebnis auch *Schmidt,* Der Beurteilungszeitpunkt der Kündigung des Arbeitsverhältnisses und die Berücksichtigung nachträglicher Umstände, 157.

[247] S. etwa *Kopp* in: Erichsen/Hoppe/v. Mutius (Hrsg.), Festschrift für Christian-Friedrich Menger, 693, 699.

[248] *Gentges,* Prognoseprobleme im Kündigungsschutzrecht, 52.

[249] Ein spezieller Fall kann insbesondere in der Konstellation des Teilurteils gesehen werden, in dem über einen Teil des Prozessstoffs vorab entschieden wird. Hier ist aber auch nicht der Streitgegenstand an sich der maßgebliche Faktor, vielmehr wird auch hier die Frage der Entscheidungsreife in erster Linie für das Ergehen eines Teilurteils von Relevanz sein.

[250] So im Ergebnis für die „verwaltungsprozessuale Streitgegenstandslehre“ bereits *W.*-

Hingegen werden die Ausführungen *Bährs*[251] durch die vorliegende Systematik bestätigt. Der Streitgegenstand selbst beeinflusst nicht die Lage der jeweiligen Beurteilungszeitpunkte, auch nicht des Erkenntnishorizonts bzw. des grundsätzlichen verwaltungsrechtlichen Erkenntnishorizonts. Zudem geht *Bähr* zutreffend davon aus, dass es nicht der Streitgegenstand ist, der „die Berücksichtigung einer nachträglichen Änderung der Rechts- und Sachlage ausschließt".[252] Die Entscheidung hierüber erfolgt vielmehr losgelöst vom jeweiligen Streitgegenstand auf abstrakter Ebene durch die Festlegung des merkmalimmanenten Zeitpunkterfordernisses des jeweiligen Begutachtungszeitpunkts. Dabei hat aber vorliegend gerade der Blick auf die unterschiedlichen Streitgegenstandstheorien der arbeitsrechtlichen Kündigung nochmals verdeutlicht, dass insbesondere im Bereich merkmalimmanenter Zeitpunkterfordernisse übergeordneter Begutachtungszeitpunkte die Gefahr der Vermischung materiell-rechtlicher und verfahrensrechtlicher Aspekte besteht.

## 2. Die Klageart

Ein weiterer Gesichtspunkt, der in intradisziplinärer Perspektive mehrfach angeführt wird, um den „maßgeblichen Beurteilungszeitpunkt" festzulegen, ist die Anknüpfung an die jeweilige Klageart. Diesen intradisziplinären Teil abschließend sind die betreffenden Ausführungen ebenfalls vor dem Hintergrund der dieser Arbeit zugrunde liegenden Terminologie und Systematik einzuordnen und zu bewerten.

Bereits *Menger* hat in seiner Habilitationsschrift des Jahres 1954 Parallelen zwischen der verwaltungsrechtlichen Anfechtungsklage und dem zur damaligen Zeit existierenden Entmündigungsverfahren gezogen.[253] Entgegen der damals vorherrschenden Ansicht im Privatrecht hat er dann das von ihm für den Bereich der Anfechtungsklage im Entmündigungsrecht vertretene Ergebnis auf die Anfechtungsklage im Verwaltungsstreitverfahren übertragen und gefolgert, dass für beide von der „Sach- und Rechtslage zur Zeit der Urteilsfindung" ausgegangen werden müsse.[254]

---

*R. Schenke,* NVwZ 1986, 522, 526.

[251] *Bähr,* Die maßgebliche Rechts- und Sachlage für die gerichtliche Beurteilung von Verwaltungsakten, 81 ff.,114 ff. und 136 ff.

[252] *Bähr,* Die maßgebliche Sach- und Rechtslage für die gerichtliche Beurteilung von Verwaltungsakten, 141.

[253] *Menger,* System des verwaltungsgerichtlichen Rechtsschutzes, 180 f., 214 ff.

[254] *Menger,* System des verwaltungsgerichtlichen Rechtsschutzes, 180 f., 214 ff. insbes. 216.

*Bähr* vertritt die Auffassung, dass „eine von der Regel abweichende Fixierung des für die Entscheidung maßgebenden Beurteilungszeitpunktes durch die gesetzestechnische Ausgestaltung einer bestimmten Klageart praktisch werden kann"[255] und greift dabei unter anderem die Ausführungen *Mengers* auf. Dabei vertritt er jedoch für den Fall der Anfechtungsklage des § 664 ZPO a. F. gegen einen Entmündigungsbeschluss die Ansicht, dass auf den Zeitpunkt der „Entmündigung" abzustellen sei.[256] Zudem verdeutlicht er seine Auffassung ebenfalls an der arbeitsgerichtlichen Kündigungsschutzklage.[257] Er gelangt dabei zu dem Ergebnis, dass die Festlegung des für die Entscheidung maßgebenden Zeitpunkts von der gesetzlichen Ausformung der Klageart abhänge, wobei allerdings auch die Vorstellungen des Gesetzgebers von dem materiellrechtlichen Bestand des der Klage zugrunde liegenden Rechtsverhältnisses eine nicht unerhebliche Rolle spielten.[258]

Diese Aspekte finden sich ebenfalls in den Ausführungen von *Ule* in seinem Lehrbuch zum Verwaltungsprozessrecht des Jahres 1986. Dort führt er an, dass der Grundsatz, dass das Gericht über den Sachverhalt und nach der Rechtslage entscheide, die am Schluss der mündlichen Verhandlung gegeben sei, auf die den Zivilprozess beherrschenden Leistungsurteile zugeschnitten sei, für Gestaltungsurteile und Feststellungsurteile über Gestaltungsrechte könne er jedoch nicht gelten.[259] Unter Verweis auf die Anfechtungsklage nach § 664 ZPO a. F. einerseits und auf die Klage über die Rechtmäßigkeit einer arbeitsrechtlichen Kündigung andererseits, führt er aus, dass es dort nur auf die Frage ankäme, ob der jeweils angegriffene Rechtsakt, konkret also der Entmündigungsbeschluss und die arbeitsrechtliche Kündigung, „damals" rechtmäßig waren.[260] Von dieser Annahme ausgehend folgert er dann in intradisziplinärer Perspektive, dass es bei Leistungsurteilen auch im Verwaltungsprozess auf den Sachverhalt und das Recht am Schluss der mündlichen Verhandlung ankomme, weil der Kläger mit der Leistungsklage die Verurteilung des Beklagten zu einer Leistung begehre; das gelte ebenso für die Ver-

[255] *Bähr,* Die maßgebliche Rechts- und Sachlage für die gerichtliche Beurteilung von Verwaltungsakten, 85.

[256] *Bähr,* Die maßgebliche Rechts- und Sachlage für die gerichtliche Beurteilung von Verwaltungsakten, 85 f.

[257] *Bähr,* Die maßgebliche Rechts- und Sachlage für die gerichtliche Beurteilung von Verwaltungsakten, 86 ff.

[258] *Bähr,* Die maßgebliche Rechts- und Sachlage für die gerichtliche Beurteilung von Verwaltungsakten, 93.

[259] *Ule,* Verwaltungsprozeßrecht, § 57 I, S. 302.

[260] *Ule,* Verwaltungsprozeßrecht, § 57 I, S. 302.

pflichtungsklage.[261] Hingegen komme es bei Gestaltungsurteilen auf den Sachverhalt und die Rechtslage an, die bei Erlass des Verwaltungsakts vorgelegen hätten; das ergebe sich aus dem Wesen der Anfechtungsklage, mit der die Aufhebung eines rechtswidrigen Verwaltungsakts begehrt werde.[262]

Entgegen dieser Ausführungen positioniert sich *Mager* in ihrer Dissertationsschrift aus dem Jahr 1994, indem sie ausführt, dass es sich bei den von *Ule* angeführten Beispielen nicht nur um prozessuale Gestaltungsurteile (bzw. im Falle der Kündigungsschutzklage wegen der besonderen gesetzlichen Ausgestaltung um ein Feststellungsurteil) handele, sondern um Klagen, die sich gegen materiellrechtliche Gestaltungsakte des Klagegegners richteten.[263] Übertragen auf den Verwaltungsprozess bedeute dies, dass für die Bestimmung des maßgeblichen Zeitpunkts nicht die Gestaltungswirkung des Urteils entscheidend sei, sondern die materielle Gestaltungswirkung des Verwaltungsakts.[264] Es sei strikt zu unterscheiden zwischen dem prozessualen Gestaltungsrecht des Gerichts und dem Beseitigungsanspruch des Klägers gegen einen materiellen Gestaltungsakt des Beklagten.[265]

Diese bisher angeführten Aussagen entstammen gesamthaft Untersuchungen, die sich mit dem im Zentrum der öffentlich-rechtlichen Diskussion stehenden Beurteilungszeitpunkt befassen. Zudem hat sich in jüngerer Zeit aber ebenfalls *Schmidt* diesem Themenkomplex aus arbeitsrechtlicher Perspektive gewidmet. So hat er ausgeführt, dass sich die Kündigungsschutzklage als (besondere) Feststellungsklage im Gegensatz zur als Gestaltungsklage ausgestalteten verwaltungsgerichtlichen Anfechtungsklage auszeichne.[266] Unter Verweis auf den Grundsatz, dass maßgeblicher „prozessrechtlicher" Beurteilungszeitpunkt im Zivilprozess die letzte mündliche Verhandlung sei, vertritt er die Ansicht, dass auch in der Kündigungsschutzklage zwangsläufig der Erkenntnisstand in der letzten mündlichen Verhandlung, bezogen auf die (Nicht-)Beendigung des Arbeitsverhältnisses durch die konkrete Kündigung, heranzuziehen sei; ob spätere Änderungen der

---

[261] *Ule*, Verwaltungsprozeßrecht, § 57 II, 1., S. 302.

[262] *Ule*, Verwaltungsprozeßrecht, § 57 II, 2. S. 304.

[263] *Mager*, Der maßgebliche Zeitpunkt für die Beurteilung der Rechtswidrigkeit von Verwaltungsakten, 50 f.

[264] *Mager*, Der maßgebliche Zeitpunkt für die Beurteilung der Rechtswidrigkeit von Verwaltungsakten, 51.

[265] *Mager*, Der maßgebliche Zeitpunkt für die Beurteilung der Rechtswidrigkeit von Verwaltungsakten, 51.

[266] *Schmidt*, Der Beurteilungszeitpunkt der Kündigung des Arbeitsverhältnisses und die Berücksichtigung nachträglicher Umstände, 157.

Sach- oder Rechtslage Einfluss auf die Rechtmäßigkeit der Kündigung hätten, sei aber wie im Verwaltungsrecht eine Frage des materiellen Rechts.[267]

## a) Grundsätzliche Vergleichbarkeit

Bevor konkret ein Vergleich zwischen dem Rechtsinstitut der Klageart und demjenigen des Beurteilungszeitpunkts im Sinne der vorliegenden Systematik vorgenommen werden kann und die angeführten Aussagen eingeordnet werden können, ist ebenso wie im Rahmen der Betrachtung des Streitgegenstands zunächst ein Blick auf die grundsätzliche Vergleichbarkeit des Aspekts der Klageart zwischen den Fachsäulen zu richten.

Dabei zeigen die angeführten Aussagen, dass eine Vergleichbarkeit in zweifacher Weise zu überprüfen ist: Zum einen geht es um die Ebene der unterschiedlichen Klagearten an sich. Diesbezüglich ist festzuhalten, dass die drei grundlegenden Klagearten – Leistungs-, Gestaltungs- und Feststellungsklage – in beiden Fachsäulen existieren und somit diesbezüglich eine Vergleichbarkeit gegeben ist.[268] Insbesondere ist im Verwaltungsrecht die Verpflichtungsklage als Unterfall der Leistungsklage anzusehen,[269] die Anfechtungsklage als Gestaltungsklage[270] einzuordnen.

Zum anderen wird zur Begründung des jeweils für den im öffentlich-rechtlichen Bereich vertretenen „maßgeblichen Zeitpunkt der Anfechtungsklage" ein vergleichender Blick auf die arbeitsrechtliche Kündigungsschutzklage einerseits und die heute nicht mehr existierende Entmündigungsklage des Privatrechts andererseits vor dem Hintergrund des Einflusses der „Klageart" auf den betreffenden Zeitpunkt vorgenommen. Die dortige Argumentation sollte daher ebenfalls in die vorliegende Untersuchung miteinbezogen werden, sofern hier überhaupt eine Vergleichbarkeit der betroffenen Unterarten der grundlegenden Klagearten zu verzeichnen ist.

[267] *Schmidt,* Der Beurteilungszeitpunkt der Kündigung des Arbeitsverhältnisses und die Berücksichtigung nachträglicher Umstände, 157.

[268] Vgl. für den Zivilprozess etwa *W. Lüke,* Zivilprozessrecht I, § 11 Rn. 1 ff.; *Pohlmann,* Zivilprozessrecht, § 4 Rn. 141 ff. S. für das Verwaltungsrecht etwa *Hufen,* Verwaltungsprozessrecht, § 13 Rn. 5 ff.

[269] *Hufen,* Verwaltungsprozessrecht, § 13 Rn. 10

[270] BeckOK VwGO/*Möstl,* VwGO § 43 Rn. 11; Schoch/Schneider/*Pietzcker/Marsch,* Verwaltungsrecht, VwGO § 42 Abs. 1 Rn. 2.; *W.-R. Schenke,* Verwaltungsprozessrecht, Rn. 200.

In Bezug auf die übergeordnete Ebene der einzelnen Klagearten besteht zwischen der verwaltungsgerichtlichen Anfechtungsklage und der arbeitsrechtlichen Kündigungsschutzklage bereits eine Diskrepanz, handelt es sich doch bei der arbeitsrechtlichen Kündigungsschutzklage um eine besondere Form der Feststellungsklage,[271] bei der Anfechtungsklage hingegen um eine Gestaltungsklage. Da aber im aktuellen Recht keine weitere Konstellation existiert, die geeigneter wäre für einen Vergleich auf dieser nachgelagerten Ebene, soll eine Bewertung dieses Vergleichspaares im Kontext der Beziehung von Klageart und Beurteilungszeitpunkt dennoch vorgenommen werden. Denn in beiden Klagen wird die Abweichung des als maßgeblich angesehenen Beurteilungszeitpunkts vom Schluss der mündlichen Verhandlung in Betracht gezogen und diskutiert.

Gerade im Hinblick auf die insofern übergeordnete Klageart der Gestaltungsklage war jedoch im früheren Recht eine Vergleichsmöglichkeit in intradisziplinärer Perspektive gegeben, was sich bereits in den Ausführungen von *Menger, Bähr* und *Ule* zeigt. Denn ebenso wie bei der verwaltungsgerichtlichen Anfechtungsklage handelte es sich bei der bis zum 31.12.1991 in § 664 ZPO a. F.[272] normierten Anfechtungsklage gegen einen Entmündigungsbeschluss um eine Gestaltungsklage.[273] Diese Klage existiert nicht mehr, wurde doch nicht zuletzt aufgrund ihrer Unverhältnismäßigkeit und diskriminierenden Wirkung[274] die Entmündigung zu Recht durch das Rechtsinstitut der Betreuung ersetzt. Zugleich wurden die betreffenden verfahrensrechtlichen Regelungen grundlegend reformiert.[275]

Auf rein formaler Ebene konnte diese aus dem zivilverfahrensrechtlichen Bereich stammende Anfechtungsklage jedoch am ehesten zu einem intradisziplinären Vergleich mit der verwaltungsgerichtlichen Anfechtungsklage in Bezug auf den Einfluss der Klageart auf den „maßgeblichen Zeitpunkt" herangezogen werden: Grundlegend dazu ist, dass die Entmündigung stets und für alle Bereiche im Fall des § 104 Nr. 3 BGB a. F., der die „Entmündigung wegen Geisteskrankheit" nach § 6 BGB a. F. betraf, zur Geschäftsunfähigkeit führte.[276] Das Entmündigungsverfahren „wegen Geisteskrankheit" war in den §§ 645ff. ZPO a. F. geregelt, wobei

---

[271] MüKoBGB/*Hergenröder,* KSchG § 4 Rn. 18. S. bereits Teil D/IV./1./b)/aa)/(1)/(b).

[272] Der vierte Abschnitt des Sechsten Buchs der ZPO (§§ 645–687 ZPO) wurde mit Wirkung vom 1.1.1992 durch das Gesetz zur Reform des Rechts der Vormundschaft und Pflegschaft für Volljährige (Betreuungsgesetz – BtG) v. 12.9.1990 aufgehoben, vgl. BGBl. I/1990, S. 2002, 2009.

[273] *Thomas/Putzo,* Zivilprozessordnung, 15. Aufl., ZPO § 664 a. F. Anm. 1 a).

[274] S. auch Gesetzentwurf der Bundesregierung, Drs. 59/89 v. 1.2.1989, S. 150.

[275] Vgl. hierzu etwa *Stadler,* Allgemeiner Teil des BGB, § 23 Rn. 42.

[276] Gesetzentwurf der Bundesregierung, Drs. 59/89 v. 1.2.1989, S. 109.

die Entmündigung nur auf Antrag in einem Beschlussverfahren erfolgte.[277] Der betreffende Entmündigungsbeschluss hatte grundsätzlich konstitutive Wirkung.[278] Dabei wurde die Entmündigung als ein „rechtsgestaltender Staatsakt“[279] angesehen, es findet sich zudem die Bezeichnung „funktioneller Verwaltungsakt“.[280]

Eine Aufhebung des Entmündigungsbeschlusses war entweder durch Beschluss unter den Voraussetzungen der §§ 675, 685 ZPO a. F. möglich oder aber durch die vorliegend als Vergleichsbasis herangezogene Anfechtungsklage nach §§ 664, 684 ZPO a. F.[281] Ein rechtskräftiges Urteil im Rahmen der Anfechtungsklage führte zur Aufhebung des Entmündigungsbeschlusses mit rückwirkender Wirkung.[282]

Diese grundlegenden Ausführungen zeigen, dass die Konstellation der Anfechtungsklage nach § 664 ZPO a. F. bereits insofern mit der verwaltungsgerichtlichen Anfechtungsklage vergleichbar war, als hier die Aufhebung eines Staatsakts im Sinne eines „funktionellen Verwaltungsakts“ verlangt wurde. Im Rahmen der Gegenüberstellung der relevanten verfahrensrechtlichen Strukturen des Zivilprozesses und des Verwaltungsprozesses wurde angeführt, dass die Konstellation des Verwaltungsverfahrens keine Entsprechung im aktuellen Privatrecht findet.[283] Das Entmündigungsverfahren stellte allerdings ebenfalls ein staatliches Verfahren dar, das dem staatlichen Gerichtsverfahren vorgelagert war.[284] Insofern besteht eine grundsätzliche Vergleichbarkeit dieser Verfahren, die die Aufhebung des betreffenden Verwaltungsakts bzw. „funktionalen Verwaltungsakts“ zum Ziel hatten bzw. haben.

Zudem wurde in Bezug auf den verwaltungsgerichtlichen Anfechtungsprozess hervorgehoben, dass ein grundlegender Unterschied etwa zum Rechtsmittelverfahren des Zivilprozesses darin liegt, dass die zuvor im Verwaltungsweg entscheidende Instanz im anschließenden Verwaltungsrechtsweg ihre Entscheidung selbst verteidigen muss und dabei zugleich aus einer Situation der Überordnung mit dem Kläger in eine solche der Gleichordnung rückt.[285] Eine vergleichbare Situ-

---

[277] Vgl. auch MüKoBGB/*Gitter*, 2. Aufl., BGB § 6 a. F. Rn. 41.

[278] MüKoBGB/*Gitter*, 2. Aufl., BGB § 6 a. F. Rn. 35.

[279] Soergel/*Fahse*, 12. Aufl., BGB § 6 a. F. Rn. 1; RGRK/*Krüger-Nieland*, 12. Aufl., BGB § 6 a. F. Rn. 1.

[280] *Menger*, System des verwaltungsgerichtlichen Rechtsschutzes, 182.

[281] Baumbach/*Albers*, ZPO, 47. Aufl., ZPO § 664 a. F. Anm. 1); MüKoBGB/*Gitter*, 2. Aufl., BGB § 6 a. F. Rn. 53.

[282] MüKoBGB/*Kramer*, 2. Aufl., BGB § 115 a. F. Rn. 1, 6.

[283] Vgl. Teil D/II./1./a).

[284] Vgl. auch *Menger*, System des verwaltungsgerichtlichen Rechtsschutzes, 182.

[285] S. Teil D/II./1./a). Vgl. ebenfalls *Menger*, System des verwaltungsgerichtlichen Rechtsschutzes, 180.

ation lag im Fall der Anfechtungsklage nach § 664 ZPO a. F. vor.[286] Hier behalf sich das Gesetz mit der Schaffung eines Beklagten, indem es den Staatsanwalt zu diesem berief, vgl. § 666 Abs. 1 ZPO a. F.[287] Auch dieser Aspekt spricht für eine Vergleichbarkeit der beiden besonderen Klagearten. Damit ist die Anfechtungsklage nach § 664 ZPO a. F. in die Betrachtung des potenziellen Einflusses der Klageart auf die unterschiedlichen Beurteilungszeitpunkte miteinzubeziehen.

## b) Klageart und Beurteilungszeitpunkt

Im nächsten Schritt ist nun die Frage zu betrachten, ob die Klageart signifikantem Einfluss auf die Festlegung einer der dieser Arbeit zugrunde liegenden Gruppen von Beurteilungszeitpunkten hat. Hierzu soll den Ausführungen zur grundsätzlichen Vergleichbarkeit folgend zunächst eine Betrachtung der insofern übergeordneten Kategorien der Klagearten der Leistungs-, Feststellungs- und Gestaltungsklage an sich erfolgen, bevor in einem zweiten Schritt die soeben für den Vergleich mit der verwaltungsgerichtlichen Anfechtungsklage als sachdienlich erachteten Unterarten der ehemaligen Anfechtungsklage nach § 664 ZPO a. F. und der arbeitsrechtlichen Kündigungsschutzklage näher beleuchtet werden können.

### aa) Klageart an sich

Bezüglich der Ebene der drei grundsätzlichen Klagearten hat sich insbesondere *Ule* dergestalt positioniert, dass er nur für die Leistungsklage den Schluss der mündlichen Verhandlung als maßgeblich ansieht, für die Feststellungsklage und insbesondere für die Gestaltungsklage hingegen eine Abweichung von dieser zeitlichen Verortung annimmt.[288] Mit dieser Aussage begibt er sich folglich auf die Ebene der Dezisionszeitpunkte, konkret des Erkenntnishorizonts bzw. des grundsätzlichen Erkenntnishorizonts des verwaltungsgerichtlichen Verfahrens.

#### (1) Dezisionszeitpunkte

Im Rahmen dieser Untersuchung wurde jedoch bereits herausgearbeitet, dass auch der Erkenntnishorizont der Anfechtungsklage als Gestaltungsklage im grundsätzlichen Erkenntnishorizont des verwaltungsgerichtlichen Verfahrens zu verankern

---

[286] *Menger,* System des verwaltungsgerichtlichen Rechtsschutzes, 184.

[287] Vgl. Baumbach/*Albers,* ZPO, 47. Aufl., ZPO § 666 a. F. Anm. 1); *Menger,* System des verwaltungsgerichtlichen Rechtsschutzes, 183; *Nikisch,* Zivilprozeßrecht, 578.

[288] *Ule,* Verwaltungsprozeßrecht, § 57 I und II, 302 ff.

ist.[289] Die Verortung der Zeitpunktthematik für die verwaltungsgerichtliche Anfechtungsklage erfolgt auf der zeitlichen Ebene des jeweils betrachteten Tatbestandsmerkmals und damit im Begutachtungszeitpunkt. Bereits hieran zeigt sich, dass die Klageart an sich keinen Einfluss auf die Lage des Erkenntnishorizonts des verwaltungsgerichtlichen Verfahrens haben kann. Zudem wurde deutlich, dass im Zivilprozess der Erkenntnishorizont grundsätzlich im Zeitpunkt des Schlusses der mündlichen Verhandlung zu verankern ist,[290] hingegen die dort aktuellen Zeitpunktthematiken ebenfalls solche der Begutachtungszeitpunkte sind.

Damit ist insgesamt davon auszugehen, dass der Erkenntnishorizont in der Regel für alle Klagearten in der jeweiligen Fachsäule gleichermaßen zu bestimmen und zu verankern ist, auch wenn sich die genaue Verortung des Erkenntnishorizonts im verwaltungsgerichtlichen Bereich komplexer gestaltet.[291] Dieses Ergebnis ist ebenfalls im Sinne einer allgemeinen Prozessrechtsdogmatik sachdienlich, werden damit doch Brüche innerhalb des Prozessrechtssystems vermieden.[292]

Darüber hinaus ist auch eine Beeinflussung des Zeitpunkts der tatsächlichen Entscheidung durch die jeweils betroffene grundsätzliche Klageart zu verneinen. Die tatsächliche Festlegung des Zeitpunkts der tatsächlichen Entscheidung wird vielmehr, wie bereits mehrfach angeklungen, in der Regel durch die zur Entscheidung berufene Person bzw. durch das zur Entscheidung berufene Gremium bestimmt.[293] Dass im verwaltungsgerichtlichen Verfahren eine Verschiebung das grundsätzlichen Erkenntnishorizonts des verwaltungsgerichtlichen Verfahrens wahrscheinlicher ist als im Zivilprozess[294] – und damit in der Folge eine Verschiebung des Zeitpunkts der tatsächlichen Entscheidung – ändert an diesem Ergebnis nichts. Denn auch hierüber entscheidet, wie bereits angeführt, in letzter Konsequenz wiederum die zur Entscheidung berufene Person bzw. das zur Entscheidung berufene Gremium ebenso wie in der Folge erneut über die Entscheidungsreife selbst.[295]

---

[289] Teil D/III./2./b)/bb)/(3).

[290] Teil C/II/4./b)/ff).

[291] Teil D/III./2./b)/aa)/(5).

[292] Vgl. zu diesem Argument im Rahmen der fachsäulenbezogenen Diskussion um die Relevanz des Schlusses der mündlichen Verhandlung in der verwaltungsgerichtlichen Anfechtungsklage bereits Kopp/Schenke/*W.-R. Schenke/R.-P. Schenke*, VwGO § 113 Rn. 37.

[293] S. für den privatrechtlichen Bereich etwa Teil C/II/4/b)ff), für den verwaltungsgerichtlichen Teil D/IV./1./b)/bb)/(1).

[294] Teil D/III./2./b)/aa)/(5).

[295] Teil D/IV./1./b)/bb)/(1).

### (2) Begutachtungszeitpunkte

In Bezug auf die abstrakte zeitliche Verortung des Begutachtungszeitpunkts ist ebenfalls zunächst festzuhalten, dass diese grundsätzlich unabhängig von der grundlegenden Klageart erfolgen wird: Wie gesehen, wird sie entweder gesetzlich festgelegt oder es handelt sich um merkmalimmanente Zeitpunkterfordernisse, deren konkrete Bestimmung in der Regel unter Heranziehung der klassischen Auslegungsmethoden erfolgen wird. Darüber hinaus wurde deutlich, dass die Festlegung durch staatliche Stellen und gerade in Bezug auf potenzielle Beurteilungszeitpunkte zudem durch Privatrechtssubjekte erfolgen kann.[296]

Allerdings kommt hier eine Einflussnahme dergestalt in Betracht, dass Aspekte, die aus der jeweiligen Klageart herrühren, in die Argumentation zur Bestimmung des Zeitpunkts miteinfließen können. So wird insbesondere in der zentralen Diskussion im Öffentlichen Recht zur Begründung für die Verortung des in Streit stehenden Zeitpunkts in demjenigen der letzten Behördenentscheidung angeführt, dass bei der Anfechtungsklage primär überprüft werden solle, ob die Behörde rechtmäßig gehandelt habe.[297] Auch wenn diese Ansicht die Diskussion um den „maßgeblichen Zeitpunkt" letztlich fehlgehend auf der Ebene des Erkenntnishorizonts verortet, ist es ebenso möglich, diese Argumentation in die materiellrechtliche Diskussion um die zeitliche Festlegung der merkmalimmanenten Zeitpunkterfordernisse des jeweiligen Begutachtungszeitpunkts mit aufzunehmen.

Diese Argumentation befindet sich jedoch nicht auf der Ebene der grundsätzlichen Klagearten, sondern auf derjenigen der speziellen Unterarten, da sie im Kern auf die Besonderheiten der verwaltungsgerichtlichen Anfechtungsklage abstellt. Sie soll daher im Folgenden bei der Betrachtung dieser speziellen Klageart nochmals aufgegriffen werden. Bezüglich der grundsätzlichen Klagearten ist hingegen eine Beeinflussung der Beurteilungszeitpunkte insgesamt nicht anzunehmen.

## bb) Besondere Unterarten

Damit ist der Blick auf die nachgeordnete Ebene der Unterarten von Leistungs-, Feststellungs- und Gestaltungsklagen zu richten. Hier sind nun die im Rahmen der grundsätzlichen Vergleichbarkeit für einen Vergleich als sachdienlich eingestufte ehemalige Anfechtungsklage nach § 664 ZPO a. F. ebenso wie die arbeitsrechtliche Kündigungsschutzklage daraufhin zu betrachten, ob die Aussagen zu diesen speziellen Klagearten im Vergleich zur verwaltungsgerichtlichen Anfechtungsklage in

---

[296] S. Teil D/IV./1./b)/aa)/(1)/(a).

[297] S. Teil D./I. Vgl. etwa *Gatawis,* JA 2003, 692, 695 ff.; *Hufen,* Verwaltungsprozessrecht, § 24 Rn. 8; *Polzin,* JuS 2004, 211, 212.

intradisziplinärer Perspektive (weitere) sachdienliche Erkenntnisse für den Einfluss der Klageart auf die Beurteilungszeitpunkte liefern können.

### (1) Anfechtungsklage nach § 664 ZPO a. F.

Im Rahmen der Anfechtungsklage nach § 664 ZPO a. F. bestand ebenfalls Streit darüber, welcher Zeitpunkt der maßgebliche zur Überprüfung der Voraussetzungen einer Entmündigung sein sollte. Dabei wurde einerseits vertreten, dass eine Aufhebung des Entmündigungsbeschlusses im Rahmen der Klage nach § 664 ZPO a. F. ex tunc nur zulässig sein sollte, wenn die eine Entmündigung rechtfertigenden Tatsachen bereits zur Zeit des Beschlusses fehlten.[298] Andere stellten auf den Stand der letzten mündlichen Verhandlung des Anfechtungsprozesses ab.[299]

#### (a) Grundlegende Einordnung

Betrachtet man diese Diskussion vor dem Hintergrund der vorliegend entwickelten Systematik, so zeigt sich keine Abweichung von den grundlegenden Einordnungen, die bereits für die Diskussionen im Umfeld der verwaltungsgerichtlichen Anfechtungsklage[300] und für die arbeitsrechtliche Kündigung[301] vorgenommen wurden. Gegenstand der Entscheidung im Anfechtungsprozess war die Frage, ob die Entmündigung als unbegründet aufzuheben ist oder nicht.[302] Damit ging es im Kern bei der Anfechtungsklage nach § 664 ZPO a. F. um die Subsumtion des Tatbestandsmerkmals der Entmündigung. Diesbezüglich normierte § 6 BGB a. F. als Ermächtigungsgrundlage zugleich die materiell-rechtlichen Voraussetzungen der Entmündigung.[303] Bei diesem Tatbestandsmerkmal handelte es sich um ein solches mit merkmalimmanenten Zeitpunkterfordernissen: Nur wenn eindeutig feststand,

---

[298] RG, Urt. v. 11.1.1913 – IV 292/12, RGZ 81, 193, 196; RG, Urt. v. 25.2.1937 – IV 186/36, RGZ 154, 129, 133; Baumbach/*Albers*, ZPO, 47. Aufl., ZPO § 664 a. F. Anm. 2 I A.; *Bähr*, Die maßgebliche Rechts- und Sachlage für die gerichtliche Beurteilung von Verwaltungsakten, 85 f.; *Thomas/Putzo*, Zivilprozessordnung, 15. Aufl., ZPO § 664 Anm. 1 a) und b); *Ule*, Verwaltungsprozeßrecht, § 57 I, S. 302. S. hierzu insgesamt auch *Menger*, System des verwaltungsgerichtlichen Rechtsschutzes, 214.

[299] OLG Nürnberg, Urt. v. 1.10.1986–4 U 1778/86, FamRZ 1987, 205, 206; *Menger*, System des verwaltungsgerichtlichen Rechtsschutzes, 214; Stein/Jonas/*Schlosser*, 20. Aufl., ZPO § 664 a. F. Rn. 2. Im Ergebnis zustimmend aber unter Hinweis auf Wechsel der Klageart Zöller/*Philippi*, Zivilprozessordnung, 16. Aufl., ZPO § 664 a. F. Anm. 2.

[300] Teil D/III./2./b)/bb)/(3).

[301] Teil D/IV./1./b)/aa)/(1)/(b)/(bb).

[302] Stein/Jonas/*Schlosser*, ZPO, 20. Aufl., ZPO § 672 a. F. Rn. 1.

[303] S. hierzu MüKoBGB/*Gitter*, 2. Aufl., BGB § 6 a. F. Rn. 1, 5; Erman/*H. Westermann*, 7. Aufl., BGB § 6 a. F. Rn. 2

auf welchen Zeitpunkt für die Prüfung der Voraussetzungen der Entmündigung abzustellen war, konnte dieses Tatbestandsmerkmal in rechtsstaatlicher Weise subsumiert werden, denn das Ergebnis der Subsumtion konnte sich im Laufe der Zeit verändern. Und auf dieser Ebene ist wiederum der Streit um den betreffenden Zeitpunkt in der vorliegenden Systematik einzuordnen.

#### (b) Klageart und merkmalimmanente Zeitpunkterfordernisse

Diese Einordnung bedeutet zunächst, dass die bisherigen Erkenntnisse zumindest für die Ebene der Dezisionszeitpunkte auch auf die Anfechtungsklage des § 664 ZPO a. F. übertragen werden können: Die (nachgeordnete) Klageart an sich berührte nicht die Frage der Festlegung des Erkenntnishorizonts dieser speziellen Form der Gestaltungsklage. Zudem war auch der Zeitpunkt der tatsächlichen Entscheidung in seiner Lage durch diese Klageart nicht beeinflusst.

Hinsichtlich der Festlegung des zentralen Begutachtungszeitpunkts zeigt sich jedoch die Besonderheit, die bereits in Bezug auf das Verhältnis zwischen Klageart und verwaltungsgerichtlicher Anfechtungsklage im Rahmen der übergeordneten Betrachtung der Gestaltungsklage an sich angeklungen ist. Denn hier kommt die Anführung verfahrensrechtlicher Aspekte unter anderem als ein zentraler Aspekt zur Konkretisierung des merkmalimmanenten Zeitpunkterfordernisses in Betracht[304]: Wie dargestellt, bestand in dieser speziellen Gestaltungsklage ebenso wie bei der verwaltungsgerichtlichen Anfechtungsklage die Besonderheit, dass ein staatlicher Akt einer Überprüfung in einem Klageverfahren bedurfte und daher bereits ein der Eingangsinstanz vorgelagerter Erkenntnishorizont vorhanden war, konkret derjenige des Beschlussverfahrens der Entmündigung.

Auf der Ebene des rechtlich streng von diesem zu trennenden, aber gegebenenfalls in tatsächlicher Hinsicht zeitlich in diesem Erkenntnishorizont des Beschlussverfahrens zu verortenden Begutachtungszeitpunkts kamen dann zwei Ansatzpunkte in Betracht, in denen der Aspekt des vorgelagerten staatlichen Verfahrens aktuell werden konnte. Das betrifft zum einen die grundsätzliche Einordnung des Begutachtungszeitpunkts als materiell-rechtlicher oder verfahrensrechtlicher. Diesbezüglich konnte – bzw. kann auch weiterhin für die verwaltungsgerichtliche Anfechtungsklage – der Zweck der Überprüfung der staatlichen Entscheidung und damit gerade der Hinweis auf die angeführte Besonderheit dieser Klageart als Argument für die Einordnung des betreffenden Begutachtungszeitpunkts als verfahrensrechtlicher relevant werden.[305] In diesem Kontext ist aber

[304] Teil D/IV./2./b)/aa)/(2).

[305] S. für die grundsätzliche Anführung der Klageart als Ansatzpunkt für die im Öffentlichen Recht existierende Diskussion ebenfalls *Polzin*, JuS 2004, 211.

ebenfalls zu berücksichtigen, dass auch im Anfechtungsprozess nach § 664 ZPO a. F. ebenso wie im Verwaltungsprozess einer der Hauptzwecke allgemein grundsätzlich die Durchsetzung der Rechte des Bürgers ist.[306] Blickt man dann auf den konkreten Begutachtungszeitpunkt, so wird dort oftmals der primäre Zweck ein materiell-rechtlicher sein. Für den vorliegend betrachteten Fall der Anfechtungsklage nach § 664 ZPO a. F. zeigt sich das darin, dass der primäre Zweck dieses Zeitpunkts darauf gerichtet war, die Geschäftsfähigkeit wiederherzustellen bzw. die (weitere) Geschäftsunfähigkeit festzustellen. Dieser Aspekt war bzw. ist dann im Gegensatz zum erstgenannten der besonderen Ausgestaltung der Anfechtungsklage ein konkret auf den jeweiligen Begutachtungszeitpunkt bezogener. Er wird daher bei der Frage des Schwerpunkts des Zwecks besondere Berücksichtigung finden müssen.

Zum anderen konnte – und kann auch heute noch für die verwaltungsgerichtliche Anfechtungsklage – die besondere Konstellation des der Klage vorgelagerten staatlichen Verfahrens zugleich einen Ansatzpunkt dafür bieten, für die zeitliche Festlegung eines merkmalimmanenten Zeitpunkterfordernisses eine Fallgruppenbildung in Abhängigkeit von der Klageart vorzunehmen. Dabei ist davon auszugehen, dass eine abstrakte Festlegung des betreffenden Begutachtungszeitpunkts, die im Sinne einer rechtssicheren Subsumtion des betreffenden Tatbestandsmerkmals erforderlich ist, insbesondere im Rahmen merkmalimmanenter Zeitpunkterfordernisse weiterhin möglich ist. Zwar bewirkt die besondere verfahrensrechtliche Situation, dass fallgruppenabhängig die zeitliche Verortung des Begutachtungszeitpunkts variieren kann. Das hindert aber nicht die Abstraktheit an sich, denn auch die Klageart kann einen Ansatzpunkt zur Fallgruppenbildung darstellen: In Abhängigkeit von der Klageart stand dann für die frühere Anfechtungsklage nach § 664 ZPO a. F. – und steht für die verwaltungsgerichtliche Anfechtungsklage – bereits abstrakt fest, auf welchen Zeitpunkt bei der Beurteilung des jeweiligen Tatbestandsmerkmals abzustellen ist.

Diese Ausführungen verdeutlichen abermals, warum in den Konstellationen der Anfechtungsklage insbesondere im Öffentlichen Recht eine solch intensive Diskussion existiert. Denn bei der verwaltungsgerichtlichen Anfechtungsklage kommt im Vergleich zur Anfechtungsklage nach § 664 ZPO a. F. noch hinzu, dass eben nicht lediglich ein in der Regel materiell-rechtlicher Begutachtungszeitpunkt im Zentrum stehen wird. Es sind vielmehr oftmals zahlreiche Begutachtungszeitpunkte betroffen, je nachdem, worauf sich der angegriffene Verwaltungsakt bezieht. Besonders problematisch wird das etwa, wenn es sich um einen über-

[306] S. für den Verwaltungsprozess bereits Teil D/II./1./b). S. diesbezüglich ebenfalls etwa *Polzin,* JuS 2004, 211.

geordneten Zeitpunkt wie demjenigen der Vereinbarkeit eines Vorhabens mit öffentlich-rechtlichen Vorschriften handelt. Für all diese Begutachtungszeitpunkte bedeutet das letztlich, dass mit dem Verweis auf die Besonderheiten der Konstellation der Anfechtungsklage eine Einflussnahme durch verfahrensrechtliche Aspekte auf den jeweils betroffenen zumeist materiell-rechtlichen merkmalimmanenten Begutachtungszeitpunkt erfolgen kann, wenn hier aufgrund der Klageart eine Fallgruppenbildung für den jeweiligen Begutachtungszeitpunkt erfolgt.

#### (c) Einordnung

Vor diesem Hintergrund können die in intradisziplinärer Perspektive getätigten Aussagen eingeordnet werden. Denn an dieser Thematik setzen zum einen die Ausführungen *Bährs* an, wenn er ausführt, dass „eine von der Regel abweichende Fixierung des für die Entscheidung maßgebenden Beurteilungszeitpunkts durch die gesetzliche Ausgestaltung einer bestimmten Klageart praktisch werden kann."[307] Die Formulierung „des für die Entscheidung maßgebenden Beurteilungszeitpunkts" lässt zwar darauf schließen, dass letztlich eine Abweichung vom Erkenntnishorizont gemeint sein könnte. Um diesen handelt es sich aber wie gezeigt nicht. Allerdings wurde in dieser Arbeit verdeutlicht, dass der maßgebliche Zeitpunkt zur Beurteilung zahlreicher Tatbestandsmerkmale, die entweder über keine anderweitige gesetzliche Festlegung verfügen oder bei denen merkmalimmanente Zeitpunkterfordernisse zu bejahen sind, in der Regel mit dem Erkenntnishorizont (bzw. mit dem grundsätzlichen Erkenntnishorizont des verwaltungsgerichtlichen Verfahrens) zusammenfallen.[308] Gerade für die Situation der Anfechtungsklage wurde jedoch ebenfalls verdeutlicht, dass einige Argumente dafür sprechen, hier eher eine zeitliche Verortung des betreffenden materiellen Begutachtungszeitpunkts im Erkenntnishorizont des Verwaltungsverfahrens anzunehmen.[309] Und damit wird dann die besondere Klageart der Anfechtungsklage für die Verortung des „maßgeblichen Beurteilungszeitpunkts" relevant und kann nach der hier zugrunde liegender Systematik im Rahmen der Bestimmung des merkmalimmanenten Zeitpunkterfordernisses möglicherweise die Lage des „maßgeblichen Zeitpunkts" beeinflussen.

Zum anderen können die Ausführungen von *Mager* ebenfalls in diesen Kontext eingeordnet werden, wonach strikt zwischen dem prozessualen Gestaltungsakt des Gerichts und dem Beseitigungsanspruch des Klägers gegen einen materiellen Ge-

---

[307] *Bähr*, Die maßgebliche Rechts- und Sachlage für die gerichtliche Beurteilung von Verwaltungsakten, 85.

[308] Teil D/III./2./b)/bb)/(1)/(b)/(cc).

[309] Teil D/III./2./b)/bb)/(1)/(b)/(cc).

staltungsakt des Beklagten zu unterscheiden sei.[310] Denn auch wenn die Anfechtungsklage nach § 664 ZPO a. F. zu dem Zeitpunkt ihrer Ausführungen nicht mehr existierte, bezog sie sich doch auf die verwaltungsgerichtliche Anfechtungsklage. Insofern untermauert die vorliegende Untersuchung *Magers* Einschätzung, dass die Gestaltungsklage an sich keinen Einfluss auf den betrachteten „maßgeblichen Zeitpunkt“ hat. Hiervon zu trennen ist, wie *Mager* zutreffend herausgearbeitet hat, das Vorgehen gegen den materiellen Gestaltungsakt an sich. Bei diesem kann dann auf der materiell-rechtlichen Ebene zumindest im Rahmen der Argumentation die Ausgestaltung der Klageart als Ansatzpunkt für eine Verortung des jeweiligen Begutachtungszeitpunkts relevant werden, wenn es sich um einen staatlichen Gestaltungsakt, wie er etwa in Form eines rechtsgestaltenden Verwaltungsakts[311] möglich ist, handelt.

Insgesamt ist damit festzuhalten, dass gerade die Ausgestaltung der Anfechtungsklage geeignet ist, für die jeweils zu betrachtenden zumeist materiell-rechtlichen Begutachtungszeitpunkte und die Festlegung ihrer in der Regel merkmalimmanenten Zeitpunkterfordernisse eine Kasuistik zu schaffen. Insofern ist dann eine Beeinflussung eines Beurteilungszeitpunkts durch den Aspekt der Klageart denkbar.

### (2) Arbeitsrechtliche Kündigungsschutzklage

Bei der arbeitsrechtlichen Kündigungsschutzklage besteht hingegen die Besonderheit des vorgelagerten staatlichen Verfahrens mit der Konsequenz eines weiteren Erkenntnishorizonts im Ablauf des Verfahrens nicht. Da auch keine weiteren Besonderheiten ersichtlich sind, die eine Einflussnahme auf einen Beurteilungszeitpunkt im Umfeld dieser Klage bedingen könnten, verbleibt es für diese besondere Feststellungsklage insgesamt bei den Ausführungen, die für die grundlegenden Verfahrensarten getätigt wurden: Weder ist ein Einfluss der Klageart auf die jeweiligen Dezisionszeitpunkte zu verzeichnen, noch wird die Festlegung des Begutachtungszeitpunkts, in der Regel in Form der Konkretisierung eines merkmalimmanenten Zeitpunkterfordernisses des übergeordneten materiell-rechtlichen Begutachtungszeitpunkts der Sozialwidrigkeit,[312] durch die Klageart beeinflusst. Wie *Schmidt* in diesem Zusammenhang zutreffend festgestellt hat, ist dies vielmehr eine Frage des materiellen Rechts.[313]

---

[310] *Mager*, Der maßgebliche Zeitpunkt für die Beurteilung der Rechtswidrigkeit von Verwaltungsakten, 51.

[311] S. zu diesem etwa Schoch/Schneider/*Schoch*, Verwaltungsrecht, VwGO § 80 Rn. 96.

[312] Vgl. hierzu Teil D/IV./1./b)/aa)/(1)/(b)/(bb).

[313] *Schmidt*, Der Beurteilungszeitpunkt der Kündigung des Arbeitsverhältnisses und die Be-

### c) Zwischenergebnis

Für die Frage des Einflusses der Klageart auf die unterschiedlichen Beurteilungszeitpunkte hat sich damit im Kontext der dieser Arbeit zugrunde liegenden Systematik gezeigt, dass keine Beeinflussung der zeitlichen Verortung der Begutachtungs- und Dezisionszeitpunkte durch die grundlegenden Klagearten der Leistungs-, Feststellungs- und Gestaltungsklage zu verzeichnen ist.

Für die auf der nachgelagerten Ebene angesiedelten besonderen Klagearten, die in den Ausführungen in intradisziplinärer Betrachtung diesbezüglich herangezogen wurden, ist für die besondere Feststellungsklage der arbeitsrechtlichen Kündigungsschutzklage ebenfalls keine derartige Beeinflussung festzustellen. Der vergleichende Blick auf die frühere Anfechtungsklage nach § 664 ZPO a. F. und die verwaltungsgerichtliche Anfechtungsklage hat gezeigt, dass hier zwar grundsätzlich auch keine direkte Beeinflussung zu verzeichnen ist. Jedoch ist gerade die besondere Konstellation dieser Klage(n), die durch das dem gerichtlichen Verfahren vorgelagerte staatliche Verfahren gekennzeichnet ist, ein möglicher argumentativer Ansatzpunkt für eine zeitliche Verortung des jeweils relevanten Begutachtungszeitpunkts im Erkenntnishorizont des vorgelagerten staatlichen Verfahrens. Sie kann daher gegebenenfalls für eine Fallgruppenbildung auf der Ebene der merkmalimmanenten Zeitpunkterfordernisse herangezogen werden.

rücksichtigung nachträglicher Umstände, 157.

# V. Zusammenfassung Teil D

In diesem Teil konnte die zuvor für den privatrechtlichen Bereich konzipierte Terminologie und Systematik zu den Beurteilungszeitpunkten des Privatrechts in intradisziplinärer Perspektive vertieft und weitere Erkenntnisse für das Rechtsinstitut des Beurteilungszeitpunkts gewonnen werden. Hierzu war es zunächst erforderlich, die grundlegenden verfahrensrechtlichen Gemeinsamkeiten und Unterschiede in erster Linie zwischen dem Zivilprozessrecht und dem Verwaltungs(prozess)recht herauszuarbeiten. Im Anschluss daran konnte aufgezeigt werden, dass die für das Privatrecht entwickelte Systematik und Terminologie grundsätzlich auch auf das Öffentliche Recht und hier insbesondere auf das Verwaltungsrecht übertragbar ist.

Diese grundsätzliche Erkenntnis erlaubte dann, die über die Jahrzehnte in Bezug auf die unterschiedlichen Beurteilungszeitpunkte getätigten Ausführungen in intradisziplinärer Perspektive im Kontext der dieser Arbeit zugrunde liegenden Systematik auf ihre Sachdienlichkeit zur weiteren Konturierung des Rechtsinstituts des Beurteilungszeitpunkts hin zu untersuchen. Da aus dem privatrechtlichen Bereich ebenfalls im Umfeld der Betrachtung der arbeitsrechtlichen Kündigung mehrfach intradisziplinäre Ausführungen erfolgten, wurden auch diese, eingekleidet in die arbeitsrechtliche Kündigungsschutzklage, in die Betrachtung der intradisziplinären Argumente miteinbezogen. Dabei konnten insgesamt die im Rahmen des intradisziplinären Vergleichs der relevanten verfahrensrechtlichen Strukturen der jeweiligen Urteilsverfahren herausgearbeiteten Aspekte zur Argumentation herangezogen werden.

Grundlegend konnte sodann dargestellt werden, dass sich insbesondere die vieldiskutierten, komplexen Konstellationen der verwaltungsgerichtlichen Anfechtungsklage und der arbeitsrechtlichen Kündigungsschutzklage in dem in Teil C



A. Rech, *Der Beurteilungszeitpunkt im Privatrecht*, Juridicum - Schriften zum Arbeitsrecht, https://doi.org/10.1007/978-3-658-51181-4_17

entwickelten System der Beurteilungszeitpunkte abbilden lassen und in diesem Kontext zu sachdienlichen Ergebnissen führen. Hierbei wurde insgesamt deutlich, dass in zahlreichen Problemkonstellationen die Konstellation der Festlegung merkmalimmanenter Zeitpunkterfordernisse im Rahmen übergeordneter Begutachtungszeitpunkte betroffen ist. Bei den Tatbestandsmerkmalen übergeordneter Begutachtungszeitpunkte handelt es sich um solche, die sich nicht in der Subsumtion eines Tatbestandsmerkmals erschöpfen, sondern vielmehr Ausgangspunkt für weitere Einzelbegutachtungen sind, die ihrerseits wiederum Begutachtungszeitpunkte enthalten, wie beispielsweise das Tatbestandsmerkmal der Sozialwidrigkeit der arbeitsrechtlichen Kündigung in § 1 und § 4 KSchG oder dasjenige der „Vereinbarkeit mit öffentlich-rechtlichen Vorschriften" in § 73 LBO des Saarlandes oder in § 6 Abs. 1 BImSchG.

Zugleich zeigte sich, dass die Konstellation der Überprüfung eines staatlichen Akts, der im Rahmen eines gesonderten, dem Klageverfahren vorgelagerten Verfahrens erlangt wurde und bei dem sich zugleich die Beklagtenseite des Klageverfahrens zuvor in einem Überordnungsverhältnis befand, wie dies bei der verwaltungsgerichtlichen Anfechtungsklage aber auch bei der ehemaligen Anfechtungsklage nach § 664 ZPO a. F. der Fall ist bzw. war, das Risiko der Vermischung materiell-rechtlicher und prozessualer Aspekte in sich tragen.

Im Zentrum des intradisziplinären Vergleichs konkreter Rechtsinstitute standen einerseits die Frage der Auswirkungen des Streitgegenstands und andererseits die Frage der Auswirkungen der Wahl der Klageart auf die zeitliche Festlegung der jeweiligen Gruppen der Beurteilungszeitpunkte. Dabei konnte im Hinblick auf den Streitgegenstand entgegen teilweise in der Literatur geäußerter Auffassungen verdeutlicht werden, dass dieser grundsätzlich keinen Einfluss auf die zeitliche Festlegung der unterschiedlichen Arten von Beurteilungszeitpunkten hat. Diesbezüglich konnte aufgezeigt werden, dass der Streitgegenstand im Sinne des zweigliedrigen Streitgegenstandsbegriffs einheitlich für das Zivilprozessrecht und das Verwaltungsprozessrecht zu bestimmen ist. Im Rahmen dieser Betrachtung konnten zudem die arbeitsrechtlichen Streitgegenstandstheorien in die vorliegend entwickelte Systematik der Beurteilungszeitpunkte eingeordnet werden. Dabei wurde herausgearbeitet, dass diese Theorien nicht die grundlegende Ebene des zweigliedrigen Streitgegenstandsbegriffs, sondern die nachgelagerte Ebene, insbesondere diejenige des Antrags, betreffen. Es wurde verdeutlicht, dass im Rahmen der Streitgegenstandstheorien bereits eine Auslegung des Antrags der Kündigungsschutzklage unter Antizipation der im Kern betroffenen Merkmale der Sozialwidrigkeit nach § 4 KSchG bzw. des Merkmals des Fortbestehens des Arbeitsverhältnisses nach §§ 11, 12 KSchG unter gleichzeitiger Festlegung des jeweiligen merkmalimmanenten Zeitpunkterfordernisses dieser übergeordneten Begutachtungszeitpunkte erfolgt.

Im Hinblick auf einen Einfluss der betreffenden Klageart auf die unterschiedlichen Beurteilungszeitpunkte unter Zugrundelegung der vorliegend entwickelten Systematik wurde zunächst deutlich, dass die grundsätzliche Wahl der Klageart im Sinne der übergeordneten Kategorien der Leistungs-, Feststellungs- und Gestaltungsklage die zeitliche Verortung der Dezisionszeitpunkte und der Begutachtungszeitpunkte grundsätzlich nicht beeinflusst. Gerade aufgrund der in intradisziplinärer Perspektive angeführten Argumente wurde die Betrachtung der Problematik zudem noch auf die insofern nachgelagerte Ebene gerichtet. Auf dieser wurden die besonderen Konstellationen der arbeitsrechtlichen Kündigungsschutzklage und der verwaltungsrechtlichen Anfechtungsklage bzw. der Anfechtungsklage nach § 664 ZPO a. F. näher beleuchtet. Dabei zeigte sich auch für die arbeitsrechtliche Kündigungsschutzklage, dass die Wahl dieser speziellen Klage die Lage der einzelnen Beurteilungszeitpunkte nicht beeinflusst. Ebenso stellte sich dies zwar grundsätzlich für die im Zentrum der öffentlich-rechtlichen Diskussion um den Beurteilungszeitpunkt stehende verwaltungsgerichtliche Anfechtungsklage dar. Allerdings konnte für diese verdeutlicht werden, dass die besondere Konstellation dieser Klage, die durch das dem gerichtlichen Verfahren vorgelagerte staatliche Verfahren gekennzeichnet ist, zum einen ein möglicher argumentativer Ansatzpunkt für eine zeitliche Verortung des jeweils relevanten Begutachtungszeitpunkts im Erkenntnishorizont des vorgelagerten staatlichen Verfahrens und zum anderen für eine Fallgruppenbildung auf der Ebene der merkmalimmanenten Zeitpunkterfordernisse sein kann.

# Teil E. Zusammenfassung der Untersuchungsergebnisse in Thesen

# Teil E. Zusammenfassung der Untersuchungsergebnisse in Thesen

In dieser Arbeit wurde eine grundlegende Terminologie und Systematik der Beurteilungszeitpunkte des Privatrechts entwickelt. Zugleich wurde in einer intradisziplinären Betrachtung verdeutlicht, dass sich diese elementaren Ergebnisse auch unter Berücksichtigung der Besonderheiten des Verwaltungsrechts auf das Öffentlichen Recht übertragen lassen. Auf dieser Grundlage war es möglich, die bisherigen Aussagen des Öffentlichen Rechts in Bezug auf Beurteilungszeitpunkte des Privatrechts einzuordnen und zugleich die in intradisziplinärer Perspektive getätigten Äußerungen einer vertiefenden Betrachtung zu unterziehen.

Insgesamt lassen sich die Ergebnisse dieser Untersuchung in folgenden Thesen zusammenfassen:

1. Während das Prozessrecht alle Verfahrens-, Kompetenz- und Organisationsnormen umfasst, die menschliches Verhalten in einem auf ein Rechtspflegeziel ausgerichteten Verfahren von und vor staatlichen Rechtspflegeorganen staatlicher Gerichte regeln, beinhaltet der Begriff des Verfahrensrechts in einem äußerst weit verstandenen Sinn zudem auch weitere Verfahrens-, Kompetenz- und Organisationsnormen, die Verfahren betreffen, die nicht vor staatlichen Rechtspflegeorganen staatlicher Gerichten stattfinden, sowie jegliches (weitere) von einer staatlichen Stelle gesteuerte Handeln, das auf die Feststellung der Rechts- und Tatsachenlage bzw. die Setzung von Rechtsfolgen gerichtet ist, aber auch etwaige durch Private gesetzte Verfahrensordnungen, die rechtsstaatlichen Mindeststandards entsprechen. Dabei hat der Zweckgedanke auf der grundlegenden Ebene einer Differenzierung als Kernkriterium zurückzutreten. Er kann aber auf einer nachgelagerten Ebene etwa zur Bestimmung von Einzelaspekten einer Norm sachdienlich sein.



A. Rech, *Der Beurteilungszeitpunkt im Privatrecht*, Juridicum - Schriften zum Arbeitsrecht, https://doi.org/10.1007/978-3-658-51181-4_18

2. Allgemein handelt es sich bei einem Beurteilungszeitpunkt um einen Zeitpunkt, in dem eine wertende Begutachtung eines Sachverhalts, eines Subjekts oder Objekts, eines Umstands, einer Situation oder eines Vorgangs erfolgt.
3. Die Beurteilungszeitpunkte des Privatrechts können in die beiden Obergruppen der *Begutachtungszeitpunkte* und der *Dezisionszeitpunkte* eingeteilt werden.
4. Ein Dezisionzeitpunkt ist ein Zeitpunkt, in dem eine Entscheidung unter Einbeziehung aller entscheidungsrelevanten Aspekte sowohl verfahrensrechtlicher als auch materiell-rechtlicher Art getroffen wird bzw. zumindest vom Gesetzgeber das Treffen der Entscheidung in diesem Zeitpunkt intendiert war.
5. Im Privatrecht sind grundsätzlich zwei Dezisionszeitpunkte zu verzeichnen: einerseits der Erkenntnishorizont, andererseits der Zeitpunkt der tatsächlichen Entscheidung.
   a) Bei dem Erkenntnishorizont handelt es sich um denjenigen Zeitpunkt, nach dem die zur Entscheidung berufene Person bzw. das zur Entscheidung berufene Gremium Tatsachen nicht mehr berücksichtigen darf und der die Tatsachengrundlage für die Entscheidung dergestalt bildet, dass die zur Entscheidung berufene Person bzw. das zur Entscheidung berufene Gremium seine Erkenntnis hierauf stützt. Dies ist im Urteilsverfahren des Zivilprozesses in der Regel der Zeitpunkt des Schlusses der letzten mündlichen Verhandlung bzw. der ihm gleichgestellte Zeitpunkt im schriftlichen Verfahren.
   b) In speziellen Arten des Urteilserlasses wie etwa dem Anerkenntnisurteil oder dem Versäumnisurteil kann dabei das Prüfprogramm des Erkenntnishorizonts eingeschränkt sein.
   c) Der Zeitpunkt der tatsächlichen Entscheidung ist derjenige Zeitpunkt, in dem die zur Entscheidung berufene Person bzw. das zur Entscheidung berufene Gremium seine Entscheidung in zeitlicher Hinsicht tatsächlich trifft.
6. Beide Dezisionszeitpunkte werden in tatsächlicher Hinsicht grundsätzlich durch die zur Entscheidung berufene Person bzw. das zur Entscheidung berufene Gremium festgelegt.
   a) Gerade dann, wenn keine Präklusionsvorschriften eingreifen, können weitere Aspekte auf ihre tatsächliche zeitliche Verortung einwirken.
   b) Zugleich ist jedoch zu beachten, dass die grundsätzliche Feststellung der Entscheidungsreife aufgrund der verfassungsrechtlich in Art. 97 Abs. 1 GG garantierten richterlichen Unabhängigkeit weiterhin dem Richter oder dem betreffenden Spruchkörper obliegt.
7. In speziellen Konstellationen wie dem Teilurteil, in denen über einen Teil des Prozessstoffs vorab entschieden wird, kann es vorkommen, dass die Dezi-

sionszeitpunkte mehrfach in einem Verfahren gegeben sind, wobei dann eine Aufteilung des jeweils zu prüfenden Gesamtstoffs erfolgt.

8. Hinsichtlich des (zeitlichen) Verhältnisses der Dezisionszeitpunkte zeigen sich in den einzelnen betrachteten Verfahrensarten unterschiedliche Ergebnisse:
   a) Im Urteilsverfahren ist eine klare zeitliche Festlegung von Erkenntnishorizont und dem Zeitpunkt der tatsächlichen Entscheidung möglich. Nur in der Konstellation des Stuhlurteils fallen diese, allenfalls getrennt durch eine logische Sekunde, zusammen, im Übrigen fallen sie auseinander.
   b) Ebenso stellt sich die Situation im Rahmen des Beschlussverfahrens mit obligatorischer mündlicher Verhandlung dar.
   c) In den übrigen vorliegend betrachteten Konstellationen des zivilprozessualen Beschlussverfahrens ist hingegen eine zeitliche Trennung nicht gegeben, in der Regel fallen aber beide Zeitpunkte zusammen.
   d) Der unterschiedliche Befund zwischen 8.a) und 8.b) einerseits und 8.c) andererseits liegt zum einen in der Anwendbarkeit bzw. Nichtanwendbarkeit von § 296a ZPO begründet. Zum anderen spielt der Grundsatz der Mündlichkeit eine signifikante Rolle zur Begründung der verschiedenen Ergebnisse.
   e) Eine Zwischenstellung nimmt das durch den eingeschränkten Untersuchungsgrundsatz geprägte arbeitsgerichtliche Beschlussverfahren ein. Auch hier können wie im Rahmen der zivilprozessualen Beschlussverfahren ohne obligatorische mündliche Verhandlung grundsätzlich die beiden Dezisionszeitpunkte zeitlich zusammentreffen. Jedoch kann ein Auseinanderfallen dieser Zeitpunkte eintreten, wenn das Gericht von seinem Ermessen im Rahmen der Präklusionsvorschrift des § 83 Abs. 1a ArbGG Gebrauch macht und das Vorbringen eines Beteiligten berechtigterweise zurückweist.
   f) Mangels einer vergleichbaren Präklusionsvorschrift fallen hingegen in den ebenfalls dem Amtsermittlungsgrundsatz unterfallenden Verfahren der freiwilligen Gerichtsbarkeit die Dezisionszeitpunkte zusammen.
   g) Im Rahmen der nicht-staatlichen Streitbeilegung ist grundsätzlich davon auszugehen, dass in Verfahren mit Entscheidungsbefugnis für den zur Entscheidung berufenen Dritten bzw. für das zur Entscheidung berufene Gremium Dezisionszeitpunkte existieren. Auch muss grundsätzlich davon ausgegangen werden, dass der Grundsatz des rechtlichen Gehörs in ausreichendem Maße gewährt werden muss, um die rechtsstaatlichen Mindeststandards zur staatlichen Anerkennung der jeweiligen Verfahren zu erfüllen.

aa) Für den Bereich des Schiedsverfahrens der ZPO ist es darüber hinaus möglich, Aussagen zur Lage der Dezisionszeitpunkte zueinander zu treffen: Diese fallen grundsätzlich zusammen, wenn keine Präklusionsregelung existiert. Ist hingegen das Vorbringen der Parteien präkludiert, so fallen diese auseinander.

bb) Im Bereich der Schlichtung können keine grundlegenden Aussagen zur Lage der Dezisionszeitpunkte getroffen werden. Das gründet darauf, dass dort auf das betreffende Verfahrensrecht in signifikantem Umfang privatautonom eingewirkt werden kann, ohne dass wie im Schiedsgerichtsverfahren ein formelles Gesetz existiert, auf das sich der Großteil der privatautonomen Verfahren als Grundlage stützt. Hier ist allenfalls eine Einzelfallbeurteilung der jeweiligen Verfahrensordnung möglich.

9. Bei einem privatrechtlichen Begutachtungszeitpunkt handelt es sich um einen Zeitpunkt, „in" dem die Beurteilung eines einzelnen Tatbestandsmerkmals einer Rechtsvorschrift stattfindet. Dieser kann sowohl auf Tatbestands- als auch auf Rechtsfolgenseite vorliegen, wobei ersteres der Regelfall ist.

10. Eine weitergehende Unterscheidung der Begutachtungszeitpunkte ist orientiert am Zweckgedanken des jeweiligen Beurteilungszeitpunkts möglich. Hierbei handelt es sich um eine am Zweckgedanken orientierte Einordnung eines Einzelaspekts auf einer der eigentlichen Einordnung der Norm in den verfahrensrechtlichen oder materiell-rechtlichen Bereich nachgeordneten Ebene.

11. Die Begutachtungszeitpunkte können in *verfahrensrechtliche, prozessrechtliche* und *materiell-rechtliche* Begutachtungszeitpunkte eingeteilt werden, wobei die prozessrechtlichen Begutachtungszeitpunkte eine Teilmenge der verfahrensrechtlichen Begutachtungszeitpunkte darstellen.

   a) Als verfahrensrechtlicher Begutachtungszeitpunkt ist ein Zeitpunkt zu bezeichnen, der dazu dient, Verfahrens-, Kompetenz- und Organisationsnormen staatlicher Stellen oder nicht-staatlicher Stellen, die rechtsstaatsförmige Verfahren ausführen, zur Wirksamkeit zu verhelfen und insbesondere die betreffenden Stellen bei der Durchführung der Verfahren zu unterstützen.

   b) Handelt es sich nicht um einen solchen verfahrensrechtlichen Begutachtungszeitpunkt, liegt im Sinne eines Komplementärbegriffs ein materiell-rechtlicher Begutachtungszeitpunkt vor.

   c) Als Teilmenge der verfahrensrechtlichen Begutachtungszeitpunkte sind als prozessrechtliche Begutachtungszeitpunkte diejenigen zu verstehen, die dazu dienen, Verfahrens-, Kompetenz- und Organisationsnormen, die menschliches Verhalten in einem auf ein Rechtspflegeziel ausgerichteten Verfahren von und vor staatlichen Rechtspflegeorganen staatlicher Gerichte betreffen, zur Wirksamkeit zu verhelfen und insbesondere die betreffenden Stellen bei der Durchführung der Verfahren zu unterstützen.

d) Treffen in Einzelfällen mehrere Zwecke aufeinander, die sowohl verfahrensrechtlicher bzw. prozessrechtlicher als auch materiell-rechtlicher Art sind, so ist das Kriterium des Schwerpunkts dergestalt heranzuziehen, dass sich die endgültige Einordnung des jeweiligen Begutachtungszeitpunkts nach der Einordnung des Kernzwecks des Begutachtungszeitpunkts richtet.

12. Sowohl materiell-rechtliche als auch verfahrensrechtliche bzw. prozessrechtliche Begutachtungszeitpunkte können ausdrücklich im Gesetz geregelt sein. Dies wird insbesondere durch den Begriff des Zeitpunkts selbst verdeutlicht oder durch die Verwendung einer temporalen Präposition oder eines Nomens der Zeit angezeigt. Auch wenn eine derartige Festlegung erfolgt, kann die Bestimmung des betreffenden Zeitpunkts im Einzelfall problematisch sein und bedarf der Anwendung klassischer Auslegungsmethoden.

13. Zudem existieren *merkmalimmanente Zeitpunkterfordernisse.*

a) Diese betreffen Tatbestandsmerkmale, die zunächst grundsätzlich unabhängig von einem zeitlichen Aspekt einer allgemeinen Definition oder Bestimmung zugänglich sind, für die jedoch die Festlegung eines Zeitpunkts, in dem das Vorliegen der tatsächlichen Voraussetzungen des betreffenden Tatbestandsmerkmals gegeben sein muss, erfolgen muss, um im Einzelfall eine Beurteilung der Rechtslage in eindeutiger rechtsstaatlicher Weise vornehmen zu können.

b) Die Festlegung eines merkmalimmanenten Zeitpunkterfordernisses ist stets strikt von der Festlegung bzw. Auslegung des zu subsumierenden Begriffs selbst bzw. der Bildung von Fallgruppen zur Konkretisierung im Rahmen unbestimmter Rechtsbegriffe zu trennen. Zugleich ist die Frage der Festlegung des maßgeblichen Zeitpunkts in der Regel der eigentlichen Subsumtion des Tatbestandsmerkmals vorgelagert: Nur wenn feststeht, auf welchen Zeitpunkt bezogen der Sachverhalt zu subsumieren ist, können eindeutige Ergebnisse im Sinne eines rechtsstaatlichen Verfahrens erzielt werden.

14. Nicht bei allen Tatbestandsmerkmalen ist festzustellen, dass bei diesen entweder die Festlegung eines Begutachtungszeitpunkts durch die gesetzliche Formulierung erfolgt oder ihnen die Notwendigkeit der Festlegung eines gegebenenfalls vom Erkenntnishorizont abweichenden Begutachtungszeitpunkts

im Sinne eines merkmalimmanenten Zeitpunkterfordernisses zwingend innewohnt.

a) Das bedeutet allerdings nicht, dass die Frage des Beurteilungszeitpunkts eines derartigen Merkmals gänzlich außer Acht gelassen werden kann. Denn im Rahmen der Subsumtion ist grundsätzlich zu prüfen, ob alle Tatbestandsmerkmale einer Norm durch Angaben im Sachverhalt gedeckt sind. Damit muss dann auch zu irgendeinem Zeitpunkt die Beurteilung jedes Tatbestandsmerkmals erfolgen.
b) Für diese Zeitpunkte liegt der maßgebliche Begutachtungszeitpunkt im Privatrecht in der Regel im Erkenntnishorizont.

15. Sowohl im materiell-rechtlichen als auch verfahrensrechtlichen Bereich finden sich *potenzielle Begutachtungszeitpunkte.*
    a) Bei diesen handelt es sich um Begutachtungszeitpunkte, bei denen die gesetzliche Formulierung oder die juristische Bezeichnung des Zeitpunkts an sich nahelegt, dass keine Beurteilung stattfindet. Ihnen wohnt jedoch das Potenzial inne, sich im Laufe der Zeit zu einem Beurteilungszeitpunkt umzuwandeln.
    b) Potenzielle verfahrensrechtliche Begutachtungszeitpunkte haben grundsätzlich gemein, dass zum Zeitpunkt des tatsächlichen Geschehens in der Regel keine Beurteilung des betreffenden Tatbestandsmerkmals erfolgt, wenn für diesen Zeitpunkt die Vornahme einer Handlung erforderlich ist.
16. Insgesamt ist stets zwischen der abstrakten Festlegung und der tatsächlichen zeitlichen Festlegung eines Beurteilungszeitpunkts zu differenzieren.
17. Vom Begutachtungszeitpunkt abzugrenzen ist das Rechtsinstitut des Begutachtungszeitraums. Bei diesem handelt es sich um einen Zeitabschnitt von (meist) längerer Dauer, bezüglich dessen eine wertende Begutachtung eines Sachverhalts, eines Subjekts oder eines Objekts, eines Umstands, einer Situation oder eines Vorgangs erfolgt.
    a) Begutachtungszeiträume können durch die Verwendung des Begriffs des Zeitraums, einer Zeitraumangabe oder auch durch Signalworte, die eine zeitliche Komponente enthalten, ausdrücklich gesetzlich festgelegt sein.
    b) In Parallele zu dem Befund der Begutachtungszeitpunkte existieren ebenfalls merkmalimmanente Zeitraumfestlegungen. Hierunter versteht man Konstellationen, in denen zwar weder im Gesetz eine ausdrückliche Verwendung des Begriffs „Zeitraum“ erfolgt, noch andere Formulierungen das Vorliegen eines Begutachtungszeitraums implizieren, die jedoch bezüglich des betreffenden Tatbestandsmerkmals zwingend die Festlegung eines Begutachtungszeitraums erfordern, um dieses Tatbestandsmerkmal in rechtsstaatlicher Art und Weise subsumieren zu können.

c) Ebenfalls in Parallele zum Befund der Begutachtungszeitpunkte existieren potenzielle Begutachtungszeiträume. Bei diesen handelt es sich um Zeiträume, bei denen weder die gesetzliche Festlegung noch die juristische Verwendung des betreffenden Zeitraumbegriffs nahelegt, dass in diesen eine Beurteilung erfolgt. Sie können jedoch im Rahmen weiterer rechtlicher Fragestellungen zu einem Begutachtungszeitraum werden.

18. Zumeist ist bei Vorliegen eines Begutachtungszeitraums dieser eng mit einem oder mehreren Begutachtungszeitpunkten verknüpft.
19. Als besondere Konstellation der Verbindung von Begutachtungszeiträumen und Begutachtungszeitpunkten wurde die Konstellation der Prognose bzw. Prognoseentscheidung identifiziert.
    a) Aus Perspektive der Systematik privatrechtlicher Beurteilungszeitpunkte ist das „Modell der zweistufigen Entscheidungsfindung" im Rahmen der Prognose um eine dritte Ebene zu ergänzen. Nach diesem Modell ist der Prognose immanent, dass auf der ersten Stufe vergangene und gegenwärtige Geschehnisse festzustellen sind, die zugleich die Basis für die im Folgenden vorzunehmende zweite Stufe der Zukunftsprognose bilden.[1] Zu diesen beiden Stufen tritt noch die Ebene des Prognosezeitpunkts selbst hinzu.
    b) Bei der Prognose ist grundsätzlich ein Begutachtungszeitpunkt mit einem in die Zukunft gerichteten Begutachtungszeitraum, dem Prognosezeitraum, verbunden. Dem Begutachtungszeitpunkt kann dabei zudem ein Begutachtungszeitraum vorgelagert sein, wenn die Prognosegrundlage die Betrachtung von Geschehnissen beinhaltet. Dieser muss allerdings nicht unbedingt direkt an den Prognosezeitpunkt (vorgelagert) anknüpfen.
    c) Ist die zukünftige Entwicklung eines aktuellen Zustands zu bewerten, muss kein vorgelagerter Begutachtungszeitpunkt gegeben sein. Er kann insbesondere fehlen, wenn sich die Prognose auf allgemeine Erfahrungssätze stützt.
    d) Eine Untergruppe der merkmalimmanenten Zeitraumerfordernisse bildet diejenige der merkmalimmanenten Prognosezeitraumerfordernisse. Es handelt sich bei diesen um Begutachtungszeiträume im Rahmen der Projektion künftiger Entwicklungen, die nicht aus der gesetzlichen Formulierung hervorgehen, die aber erforderlich sind, um die Subsumtion des je-

[1] S. *Feuerborn,* Sachliche Gründe im Arbeitsrecht, 225; *Honstetter,* Die Prognoseentscheidung des Arbeitgebers im Kündigungsrecht, 15; *Nicklaus,* Das Prognoseprinzip im arbeitsrechtlichen Kündigungsschutzrecht, 37.

weiligen Tatbestandsmerkmals in rechtsstaatlicher Art und Weise vornehmen zu können.

20. Eine Abgrenzung der Begutachtungszeitpunkte von weiteren Rechtsinstituten der Zeit ist in der Regel nicht möglich. Vielmehr ist den weiteren Rechtsinstituten der Zeit grundsätzlich das Vorliegen eines Beurteilungszeitpunkts immanent, sie können daher nicht als getrennte, gleichgeordnete Kategorien angesehen werden, sondern müssen im Einzelfall in ihrer individuellen Verbindung betrachtet werden, um Aussagen bezüglich des Verhältnisses des jeweiligen Beurteilungszeitpunkts bzw. der jeweiligen Beurteilungszeitpunkte zu dem betreffenden Rechtsinstitut der Zeit treffen zu können.
21. Sowohl bei den materiell-rechtlichen als auch bei den verfahrensrechtlichen Begutachtungszeitpunkten ist ein Zusammentreffen des jeweiligen Begutachtungszeitpunkts sowohl mit dem Erkenntnishorizont als auch mit dem Erkenntnishorizont und dem Zeitpunkt der tatsächlichen Entscheidung möglich. Dabei ist von elementarer Bedeutung, dass bei den Konstellationen des Zusammentreffens mehrerer unterschiedlicher Beurteilungszeitpunkte stets im Blick zu behalten ist, dass es sich um voneinander zu trennende rechtliche Zeitpunkte handelt, die lediglich zeitlich in einem Zeitpunkt zusammentreffen. Zudem existieren in beiden Arten von Begutachtungszeitpunkten ebenfalls Konstellationen dergestalt, dass insbesondere Erkenntnishorizont und jeweiliger Begutachtungszeitpunkt auseinanderfallen.
22. Die Systematik der Beurteilungszeitpunkte ist auch unter Berücksichtigung der Besonderheiten des Öffentlichen Rechts auf dieses übertragbar: Dort finden sich ebenfalls die einzelnen Kategorien von Begutachtungszeitpunkten, auch dort existieren Dezisionszeitpunkte.
    a) Aus der Perspektive der Systematik und Terminologie des Privatrechts ist eine klare Trennung zwischen den Dezisionszeitpunkten und den Begutachtungszeitpunkten im Öffentlichen Recht ebenfalls möglich.
    b) Die Unterscheidung zwischen dem verfahrensrechtlich zu verankernden Erkenntnishorizont und den materiell-rechtlichen Begutachtungszeitpunkten betrifft den Kernbereich des hier betrachteten Meinungsstreits im Öffentlichen Recht.
    c) Dabei kann gerade das Vorliegen von übergeordneten Begutachtungszeitpunkten insbesondere im Fall von merkmalimmanenten Zeitpunkterfordernissen dazu beitragen, dass es in der Diskussion zu einer Vermischung von materiell-rechtlichen und verfahrensrechtlichen Aspekten kommt, die jedoch streng voneinander zu trennen sind. Bei einem übergeordneten Begutachtungszeitpunkt handelt es sich um den maßgeblichen Zeitpunkt eines Tatbestandsmerkmals, das sich nicht in der Subsumtion eines ein-

zigen Tatbestandsmerkmals erschöpft, sondern vielmehr Ausgangspunkt für weitere Einzelbegutachtungen ist, die ihrerseits wiederum Begutachtungszeitpunkte enthalten.

23. Im Rahmen des intradisziplinären Vergleichs stellt sich im Kontext der Untersuchung das Verwaltungsverfahren als zentraler Unterschied zum Privatrecht dar.
    a) Das Verwaltungsverfahren findet keine Entsprechung im aktuellen privatrechtlichen Bereich. Es bedingt zugleich das Vorliegen unterschiedlicher Verfahrenszwecke der beiden Gerichtsbarkeiten, denn ein Hauptzweck des verwaltungsgerichtlichen Verfahrens liegt im Gegensatz zum zivilprozessualen Verfahren auch in der Kontrolle der Exekutive.
    b) Die Konstellation des stets vorgelagerten Verwaltungsverfahrens führt zu einer größeren Komplexität im Umfeld der Kategorisierung von Beurteilungszeitpunkten und berührt ebenfalls den Kernbereich des Meinungsstreits um den Beurteilungszeitpunkt im Öffentlichen Recht: Im Vergleich zu der privatrechtlichen Situation tritt mit dem Erkenntnishorizont des Ausgangs- bzw. Widerspruchsverfahrens ein weiterer möglicher zentraler Begutachtungszeitpunkt für materiell-rechtliche oder verfahrensrechtliche Begutachtungszeitpunkte in tatsächlicher Hinsicht hinzu. Allerdings sind auch bei dem zeitlich tatsächlichen Zusammentreffen materiell-rechtlicher bzw. verfahrensrechtlicher Begutachtungszeitpunkte mit diesem Erkenntnishorizont diese rechtlich streng voneinander zu trennen.
24. Ein weiterer zentraler Unterschied im Vergleich zum Privatrecht stellt grundsätzlich das Eingreifen des (eingeschränkten) Untersuchungsgrundsatzes dar, auch wenn dieser ebenfalls im arbeitsgerichtlichen Beschlussverfahren vorzufinden ist.
    a) Dieser ist einer der Gründe dafür, dass in Bezug auf das Verhältnis zwischen Erkenntnishorizont und tatsächlichem Entscheidungshorizont im verwaltungsgerichtlichen Verfahren keine so klare zeitliche Trennung voneinander möglich ist als in den zivilgerichtlichen Urteilsverfahren, in denen kein Stuhlurteil ergeht.
    b) Neben dem (eingeschränkten) Untersuchungsgrundsatz ist die unter 24 a) angeführte Erkenntnis ebenfalls auf die unterschiedlichen Regelungen zur Präklusion, insbesondere auf die Nichtanwendbarkeit von § 296a ZPO auf das verwaltungsgerichtliche Verfahren, zurückzuführen.
25. Der grundlegende Erkenntnishorizont des verwaltungsgerichtlichen Verfahrens bezieht sich ausschließlich auf die Feststellung der rechtlich erheblichen Sachlage im Sinne der Tatsachengrundlage für diesen historischen Zeit-

punkt. Die Frage der Rechtslage im Sinne des anzuwendenden Rechts ist hingegen hiervon zu trennen und zeitlich grundsätzlich im Zeitpunkt der tatsächlichen Entscheidung zu verorten. Damit besteht ein Gleichklang zu der Situation des Erkenntnishorizonts und des Zeitpunkts der tatsächlichen Entscheidung im zivilprozessualen Urteilsverfahren. Insofern ist in beiden Fachsäulen die Formulierung der maßgeblichen „Sach- und Rechtslage" missverständlich.

26. Sowohl für das Privatrecht als auch für das Öffentliche Recht hat sich gezeigt, dass die alleinige Verwendung der Begrifflichkeiten des „prozessual maßgeblichen" und „materiell-rechtlich maßgeblichen" Zeitpunkts zu Missverständnissen führen kann. Eine differenziertere Terminologie ist daher in beiden Fachsäulen erforderlich.
27. Der Streitgegenstand, der im Sinne des zweigliedrigen Streitgegenstandsbegriffs einheitlich für das Zivilprozessrecht und das Verwaltungsprozessrecht zu bestimmen ist, hat grundsätzlich keinen Einfluss auf die zeitliche Festlegung der unterschiedlichen Arten von Beurteilungszeitpunkten.
28. Die verschiedenen Streitgegenstandstheorien der arbeitsrechtlichen Kündigungsschutzklage betreffen die nachgelagerte Ebene des Streitgegenstandsbegriffs und stellen in zeitlicher Hinsicht eine antizipierte Auslegung des Antrags dar. Diese Auslegung betrifft die Festlegung des jeweiligen merkmalimmanenten Zeitpunkterfordernisses der übergeordneten Begutachtungszeitpunkte der Tatbestandsmerkmale der Sozialwidrigkeit nach § 4 KSchG bzw. des Fortbestehens des Arbeitsverhältnisses nach den §§ 11, 12 KSchG.
29. Die grundsätzliche Wahl der Klageart im Sinne der übergeordneten Kategorien der Leistungs-, Feststellungs- und Gestaltungsklage beeinflusst die zeitliche Verortung der Dezisionszeitpunkte und der Begutachtungszeitpunkte nicht.
30. Auch die spezielle Ausformung der Feststellungsklage in Form der Kündigungsschutzklage beeinflusst die zeitliche Verortung der Dezision- und Begutachtungszeitpunkte nicht. Das gilt grundsätzlich ebenfalls für die verwaltungsgerichtliche Anfechtungsklage. Allerdings kann die besondere Konstellation dieser Klage, die durch das dem gerichtlichen Verfahren vorgelagerte staatliche Verfahren gekennzeichnet ist, ein möglicher argumentativer Ansatzpunkt zum einen für eine zeitliche Verortung des jeweils relevanten Begutachtungszeitpunkts im Erkenntnishorizont des vorgelagerten staatlichen Verfahrens und zum anderen für eine Fallgruppenbildung auf der Ebene der merkmalimmanenten Zeitpunkterfordernisse sein.

# Literatur

*Adam, Roman F.* Welcher Zeitpunkt sollte für die Beurteilung der Wirksamkeit arbeitsrechtlicher Kündigungen de lege ferenda maßgeblich sein?, DZWir 1997, 522–524

*Adam, Roman F.* Die zweifelhafte Wirkung der Prognose im Kündigungsrecht, ZTR 1999, 113–115

*Adenauer, Max* Der Zeitpunkt des guten Glaubens beim Eigentumserwerb vom Nichtberechtigten, Köln 1936 (zugl. Diss., Univ., Köln, 1935)

*Adler, Hans (Begr.)/Düring, Walter/Schmaltz, Kurt* Rechnungslegung und Prüfung der Unternehmen, Kommentar zum HGB, AktG, GmbHG, PublG nach den Vorschriften des Bilanzrichtlinien-Gesetzes, Teilband 1, 6. Auflage 1995 [zitiert als: ADS, Rechnungslegung und Prüfung der Unternehmen, 6. Auflage]

*Adolphsen, Jens* Zivilprozessrecht, Baden-Baden, 8. Auflage 2023

*Ahrend, Martina/Bader, Peter/Horcher, Michael/Krumbiegel, Markus/Mikosch, Ernst/Schleusener, Aino/Schütz, Friedrich/Vossen, Reinhard* Gemeinschaftskommentar zum Arbeitsgerichtsgesetz, Hürth 2025 [zitiert als: GK-ArbGG/*Bearbeiter*]

*Albers, Jan* Die Abberufung des ehrenamtlichen Richters nach § 24 VwGO, MDR 1984, 888–890

*Albers-Frenzel, Bettina* Die Mithaftung naher Angehöriger für Kredite des Hauptschuldners, Berlin 1996 (zugl. Diss., Univ., Göttingen, 1994/1995)

*Althammer, Christoph* Streitgegenstand und Interesse. Eine zivilprozessuale Studie zum deutschen und europäischen Streitgegenstandsbegriff, Tübingen 2012 (zugl.: Habil, Univ., Regensburg, 2009)

*Anders, Monika/Gehle, Burkhard (Hrsg.)* Zivilprozessordnung mit GVG und anderen Nebengesetzen, 83. Auflage 2025 [zitiert als: Anders/Gehle/*Bearbeiter*, Zivilprozessordnung]

*Arnold, Egon/Meyer-Stolte, Klaus (Begr.)* Rechtspflegergesetz, Kommentar, 9. Auflage, Bielefeld 2022 [zitiert als: Arnold/Meyer-Stolte/*Bearbeiter*, Rechtspflegergesetz]

*Arnold, Stefan* Die arglistige Täuschung im BGB, JuS 2013, 865–870



A. Rech, *Der Beurteilungszeitpunkt im Privatrecht*, Juridicum - Schriften zum Arbeitsrecht, https://doi.org/10.1007/978-3-658-51181-4

*Ascheid, Reiner/Preis, Ulrich/Schmidt, Ingrid (Hrsg.)* Kündigungsrecht, 7. Auflage, München 2024 [zitiert als: APS/*Bearbeiter*]

*Bachleitner, Reinhard/Weichbold, Martin/Pausch, Markus (Hrsg.)* Empirische Prognoseverfahren in den Sozialwissenschaften – Wissenschaftstheoretische und methodologische Problemlagen, Wiesbaden 2016

*Bachof, Otto* Der maßgebende Zeitpunkt für die gerichtliche Beurteilung von Verwaltungsakten, JZ 1954, 416–424

*Bader, Johann/Ronellenfitsch, Michael (Hrsg.)* Beck'scher Online-Kommentar VwVfG, 69. Edition, München 2025 [zitiert als: BeckOK VwVfG]

*Baeck, Ulrich/Deutsch, Markus/Winzer, Thomas* Arbeitszeitgesetz, Kommentar, 4. Auflage, München 2020

*Bähr, Peter* Die maßgebliche Rechts- und Sachlage für die gerichtliche Beurteilung von Verwaltungsakten, Köln 1967

*Baetge, Jörg/Kirsch, Hans-Jürgen/Thiele, Stefan (Hrsg.)* Bilanzrecht, Loseblattsammlung, 119. Ergänzungslieferung September 2024, Bonn

*Barbey, Günther* Bemerkungen zum Streitgegenstand im Verwaltungsprozeß, in: Erichsen, Hans-Uwe/Hoppe, Werner/Mutius, Albert v. (Hrsg.), System des verwaltungsgerichtlichen Rechtsschutzes, Festschrift für Christian-Friedrich Menger zum 70. Geburtstag, Köln u. a. 1985, 177–189

*Barczak, Tristan* Typologie des Verwaltungsakts, JuS 2018, 238–245

*Barczak, Tristan* Elementarteilchen juristische Methodik und Dogmatik, JuS 2020, 905 ff.

*Bartholomeyczik, Horst* Der maßgebende Zeitpunkt für die Bestimmung der Sittenwidrigkeit nichtiger Verfügungen von Todes wegen, in: Bärmann, Horst (Hrsg.), Festschrift zum 150jährigen Bestehen des Oberlandesgerichts Zweibrücken, Wiesbaden 1969, 26–68

*Bassenge, Peter/Roth, Herbert* Gesetz über das Verfahren in Familiensachen und in den Angelegenheiten der freiwilligen Gerichtsbarkeit – Rechtspflegergesetz, Kommentar, 12. Auflage, Heidelberg, 2009 [zitiert als: Bassenge/Roth/*Bearbeiter*, FamFG/RPflG]

*Baudewin, Christian/Großkurth, Sabine* Die Präklusion im Verwaltungsrecht – Bedeutung, Chancen, Risiken, NVwZ 2018, 1674–1679

*Baumann, Jürgen* Grundbegriffe und Verfahrensprinzipien des Zivilprozeßrechts, Stuttgart u. a. 1970

*Baumbach, Adolf (Begr.)* Zivilprozeßordnung mit Gerichtsverfassungsgesetz und anderen Nebengesetzen, 47. Auflage, München 1989 [zitiert als: Baumbach/*Bearbeiter*, 47. Aufl.]

*Baumeister, Peter* Das Rechtswidrigwerden von Normen, Berlin 1996 (zugl.: Diss., Univ., Mannheim, 1994)

*Baumeister, Peter* Der maßgebliche Zeitpunkt im Verwaltungsrecht und Verwaltungsprozessrecht, JURA 2005, 655–662

*Baumgärtel, Gottfried* Zur Lehre vom Streitgegenstand, JuS 1974, 69–75

*Baur, Fritz* Anmerkung zu BGH v. 21.10.1965, JZ 1966, 70, 71–72

*Beaucamp, Guy/Beaucamp, Jakob* Methoden und Technik der Rechtsanwendung, 5. Auflage, Heidelberg 2023

*Becker, Jörg-Peter/Erb, Voker/Esser, Robert/Graalmann-Scheerer, Kirsten/Hilger, Hans/Ignor, Alexander (Hrsg.)* Löwe-Rosenberg – Die Strafprozessordnung und das Gerichtsverfassungsgesetz, Elfter Band, GVG; EGGVG, 27. Auflage, Berlin/Boston 2023 [zitiert als: Löwe/Rosenberg/*Bearbeiter*]

*Belling, Detlev W.* Die Kündigung wegen verdachtsbedingten Vertrauenswegfalls, RdA 1996, 223–240
*Benecke, Martina (Hrsg.)* beck-online.Großkommentar Gewerbeordnung, München 2025 [zitiert als: BeckOGK/*Bearbeiter*, GewO]
*Bezani, Thomas* Die krankheitsbedingte Kündigung, Bergisch-Gladbach 1994 (zugl. Diss., Univ., Köln, 1994)
*Bickenbach, Christian* Das Bescheidungsurteil als Ergebnis einer Verpflichtungsklage, Berlin 2006 (zugl. Diss., Univ., Mainz, 2004/2005)
*Binder, Julius* Prozeß und Recht, Leipzig 1927
*Bloching, Micha/Kettinger, Alexander* Stellt die BGH-Entscheidung vom 24.11.2003 das Kapitalschutzsystem der GmbH wieder auf die Füße? – Eine Untersuchung anhand § 33 Abs. 2 GmbHG, GmbHR 2005, 1098–1102
*Blomeyer, Arwed* Zivilprozessrecht, 2. Auflage., Berlin 1985
*Boecken, Winfried/Düwell, Franz Josef/Diller, Martin/Hanau, Hans (Hrsg.)* Gesamtes Arbeitsrecht, 2. Auflage, Baden-Baden 2023 [zitiert als: NK-ArbR/*Bearbeiter*]
*Boemke, Burkhard* Kündigungsschutzklage (§ 4 KSchG) und allgemeine Feststellungsklage (§ 256 ZPO), RdA 1995, 211–229
*Böttcher, Roland* ZVG – Gesetz über die Zwangsversteigerung und Zwangsverwaltung, Kommentar, 7. Auflage, München 2022 [zitiert als: Böttcher/*Bearbeiter* ZVG]
*Bötticher, Eduard* Streitgegenstand und Rechtskraft im Kündigungsschutzprozeß, in: Schriftenreihe des Bundesarbeitsministeriums (Hrsg.), Beiträge zu Problemen des neuzeitlichen Arbeitsrechts, Festschrift für Wilhelm Herschel, Stuttgart und Köln 1955, 181–197
*Borowski, Sascha/Röthemeyer, Peter/Steike, Jörn* Verbraucherstreitbeilegungsgesetz, 2. Auflage, Baden-Baden 2021 [zitiert als: HK-VSBG/*Bearbeiter*]
*Brandt, Kerstin* Präklusion im Verwaltungsverfahren, NVwZ 1997, 233–237
*Braun, Eberhard* Insolvenzordnung, 10. Auflage, München 2024 [zitiert als: *Bearbeiter* in: Braun, Insolvenzordnung]
*Braun, Johann* Lehrbuch des Zivilprozeßrechts, Tübingen 2014 [zitiert als: *Braun, J.*, Lehrbuch des Zivilprozeßrechts]
*Brecht-Heitzmann, Holger* Anmerkung zu BAG, Urt. v. 22.04.2009 – 5 AZR 436/08, EZA § 138 BGB 2002 Nr. 5
*Breschendorf, Peter* Maßgeblichkeit des schuldrechtlichen Geschäfts für Rücklage aus freiem Vermögen i. S. d. § 33 II GmbH beim Erwerb eigener Geschäftsanteile, GWR 2013, 138
*Brinktrine, Ralf/Schollendorf, Kai (Hrsg.)* Beck'scher Online-Kommentar Beamtenrecht Bund, 39. Edition, München 2025 [zitiert als: BeckOK BeamtenR Bund/*Bearbeiter*]
*Brockmann, Gerd* Der Anspruch auf Erteilung des Erbscheins und der für den Erbscheinsinhalt maßgebende Zeitpunkt, Köln 1963 (zugl. Diss., Univ., Köln, 1963)
*Brohm, Winfried* Städtebauliche Verträge zwischen Privat- und Öffentlichem Recht: Zugleich ein Beitrag zu den „Einheimischen-Modellen", JZ 2000, 321–332
*Brox, Hans* Die objektiven Grenzen der materiellen Rechtskraft im Zivilprozeß, JuS 1962, 121–128
*Bülow, Oskar* Die Lehre von den Proceßeinreden und den Proceßvoraussetzungen, Gießen 1868

*Bumiller, Ursula/Harders, Dirk/Schwamb, Werner* FamFG, 13. Auflage, München 2022 [zitiert als: Bumiller/Harders/Schwamb/*Bearbeiter* FamFG]

*Bureau International des Poids et Mesures* Resolution 1 of the 13th CGPM (1967) https://www.bipm.org/en/committees/cg/cgpm/13-1967/resolution-1 (zuletzt abgerufen: 8.1.2026)

*Cepl, Philipp Moritz/Voß, Ulrike (Hrsg.)* Prozesskommentar zum Gewerblichen Rechtsschutz, 3. Auflage, München 2022 [zitiert als: Cepl/Voß/*Bearbeiter,* Prozesskommentar]

*von Coelln, Christian/Mann, Thomas (Hrsg.)* Grundgesetz, 10. Auflage, München 2024 [zitiert als: Sachs/*Bearbeiter*, GG]

*Dahle, Klaus-Peter* Psychologische Kriminalprognose, 2. Auflage, Freiburg 2010

*Denck, Johannes* Anmerkung zu BAG, Urteil vom 10.11.1983 – 2 AZR 291/82, SAE 1984, 209–211

*Dernsburg, Heinrich* Pandekten, Erster Band, Berlin 1884 [zitiert als: Dernsburg, Pand I]

*Detterbeck, Steffen* Streitgegenstand und Entscheidungswirkungen im Öffentlichen Recht, Tübingen 1995 (zugl. Habil., Univ., Passau, 1993)

*Detterbeck, Steffen* Allgemeines Verwaltungsrecht, 22. Auflage, München 2024

*Dietlein, Johannes/Hellermann, Johannes* Öffentliches Recht in Nordrhein-Westfalen, 10. Auflage, München 2024

*Dietlein, Johannes/Heusch, Andreas (Hrsg.)* Beck'scher Online-Kommentar Kommunalrecht Nordrhein-Westfalen, 33. Edition, München 2025 [zitiert als: BeckOK KommunalR NRW/*Bearbeiter*]

*Dietrich, Ralf* Die Präklusion im Verwaltungsgerichtsprozess, DVBl 2021, 568–573

*Dörndorfer, Josef* Rechtspflegergesetz – Kommentar, 4. Auflage, München 2023

*Dolderer, Michael* Die Wiedereröffnung der mündlichen Verhandlung vor dem Verwaltungsgericht, DÖV 2000, 491–496

*Donath, Philipp B./Bretthauer, Sebastian u. a.* Verfassungen – ihre Rolle im Wandel der Zeit, 59. Assistententagung Öffentliches Recht/Frankfurt am Main 2019, Baden-Baden 2019

*Dorndorf, Eberhard/Hauck, Friedrich/Höland, Armin/Kriebel, Volkhart/Neef, Klaus/Weller, Bernhard* Heidelberger Kommentar zum Kündigungsschutzgesetz, 4. Auflage Heidelberg 2001 [zitiert als: *Bearbeiter* in: Heidelberger Kommentar zum Kündigungsschutzgesetz]

*Dreier, Horst (Hrsg.)* Grundgesetz-Kommentar, Band 2, 3. Auflage 2015 [zitiert als: Dreier/*Bearbeiter,* GG]

*Drescher, Ingo/Fleischer, Holger/Schmidt, Karsten (Hrsg.)* Münchener Kommentar zum Handelsgesetzbuch, München [zitiert als: MüKoHGB/*Bearbeiter*] Band 4, §§ 238–342r HGB, 5. Auflage 2024

*Dudenredaktion (Hrsg.)* Duden – Deutsches Universalwörterbuch, 10. Auflage, Berlin 2023 [zitiert als: Duden, Deutsches Universalwörterbuch]

*Dudenredaktion (Hrsg.)* Duden – Band 7: Das Herkunftswörterbuch, 6. Auflage 2020 [zitiert als: Duden, Herkunftswörterbuch]

*Dudenredaktion (Hrsg.)* Duden – Band 8: Das Synonymwörterbuch, 8. Auflage, Berlin 2024 [zitiert als: Duden, Synonymwörterbuch]

*Dürig, Günter/Herzog, Roman/Scholz, Rupert* Grundgesetz-Kommentar, München, 107. EL 2025 [zitiert als: Dürig/Herzog/Scholz/*Bearbeiter*, GG]

*Dütz, Wilhelm/Thüsing, Gregor* Arbeitsrecht, 30. Auflage, München 2025

*Düwell, Franz Josef/Lipke, Gert-Albert* Arbeitsgerichtsgesetz – Kommentar zum gesamten Arbeitsverfahrensrecht, 5. Auflage, Köln 2019 [zitiert als.: Düwell/Lipke/*Bearbeiter*]

*Ebeling, Stephan* Die Kündigung wegen Verdachts, Baden-Baden 2006 (zugl. Diss., Univ., Bonn, 2005)

*Eckert, Jörn* Sittenwidrigkeit und Wertungswandel, AcP 199 (1999), 337–359

*Eicker, Steffen* Die materielle Rechtskraft im Zivilprozess – Teil II, JA 2019, 132–136

*Eisele, Jörg* Öffentliche Streitbeilegungsverfahren – Zwischen Mediation, Schlichtung, Moderation und Schaulaufen der Akteure, ZRP 2011, 113–116

*Ekey, Friedrich L/Bender, Achim/Fuchs-Wissemann, Georg (Hrsg.)* Markenrecht, 4. Auflage, Heidelberg 2020 [zitiert als: *Bearbeiter* in: Ekey/Bender/Fuchs-Wissemann, Markenrecht]

*Engisch, Karl* Die Zeit im Recht, in: Engisch (Hrsg.), Vom Weltbild des Juristen, 2. Auflage, Heidelberg 1965, 67–93

*Engler, Jann Paul* Aspekte des Unendlichen bei Kant und Wittgenstein, Darmstadt, 2022

*Ernst, Werner/Zinkahn, Willy/Bielenberg, Walter/Krautzberger, Michael* Baugesetzbuch, Band I, Werkstand 159. EL, München 2025 [zitiert als: EZBK/*Bearbeiter*]

*Eyermann, Erich* Verwaltungsgerichtsordnung, 16. Auflage, München 2022 [zitiert als: Eyermann/*Bearbeiter*, VwGO]

*Fehling, Michael* Der didaktische Mehrwert „intradisziplinärer" Rechtsvergleichung in: Brockmann, Judith/Pilniok, Arne/Schmidt, Mareike (Hrsg.), Rechtsvergleichung als didaktische Herausforderung, Tübingen 2020, 149–153

*Fehling, Michael/Kastner, Berthold/Störmer, Rainer (Hrsg.)* Verwaltungsrecht (VwVfG/VwGO/Nebengesetze), Handkommentar, 5. Auflage, Baden-Baden 2021 [zitiert als: HK-VerwR/*Bearbeiter*]

*Feuerborn, Andreas* Sachliche Gründe im Arbeitsrecht, München 2003 (zugl. Habil., Univ., Münster, WS 1999/2000)

*Fezer, Karl-Heinz (Hrsg.)* Markenrecht, 5. Auflage, München 2023 [zitiert als: Fezer/*Bearbeiter*, Markenrecht]

*Fischer, Frank O.* Die Berücksichtigung „nachgereichter Schriftsätze" im Zivilprozeß, NJW 1994, 1315–1321

*Fischer, Frank O.* Unterschriften der Richter und Verkündung des Urteils im Zivilprozeß, DRiZ 1994, 95–98

*Fischer, Markus* Die verwaltungsprozessuale Klage im Kraftfeld zwischen materiellem Recht und Prozessrecht, Frankfurt am Main 2011 (zugl. Diss., Univ., Mannheim, 2011)

*Fischinger, Philipp* Vom richtigen Zeitpunkt: Sittenwidrigkeitskontrolle arbeitsvertraglicher Lohnabreden, JZ 2012, 546–553

*Fitting, Karl (Begr.)* Betriebsverfassungsgesetz, Handkommentar, 32. Auflage, München 2024 [zitiert als: Fitting, BetrVG]

*Frank, Will* Aspekte zur Risikobewertung beim Eigentumsschutz gem. § 1004 BGB am Beispiel der Klimaklage eines peruanischen Bauern gegen RWE, ZUR 2019, 518–522

*Frey, Erich* Der Beurteilungszeitpunkt tatsächlicher Umstände beim Kündigungsschutz, AuR 1955, 140–143

*Fridgen, Alexander/Geiwitz, Arndt/Göpfert, Burkard (Hrsg.)* Beck'scher Online-Kommentar Insolvenzrecht, InsO, EGInsO, SanInsKG, InsVV, EuInsVO, Spezialthemen und Länderberichte, 41. Edition, München 2025 [zitiert als: BeckOK InsR/*Bearbeiter*]

*Gärditz, Klaus Ferdinand/Orth, Johannes* Der maßgebliche Zeitpunkt für die Beurteilung der Sach- und Rechtslage im Verwaltungsprozess, JURA 2013, 1100–1109

*Gallner, Inken* Streit über den Streitgegenstand? in: Henssler, Martin/Joussen, Jacob/Maties, Martin/Preis, Ulrich (Hrsg.), Moderne Arbeitswelt, Festschrift für Rolf Wank, München 2014, 117–127

*Gamillscheg, Franz* Die Grundrechte im Arbeitsrecht, AcP 164 (1964), 385–444

*Gatawis, Siegbert* Der maßgebliche Zeitpunkt für die Beurteilung der Sach- und Rechtslage im verwaltungsgerichtlichen Verfahren, JA 2003, 692–698

*Gentges, Peter* Prognoseprobleme im Kündigungsschutzrecht, Baden-Baden 1995 (zugl. Diss., Univ., Bochum 1994)

*Georgiades, Apostolos* Die Anspruchskonkurrenz im Zivilrecht und Zivilprozeßrecht, München 1967 (zugl. Habil., Univ. München, 1966/1967)

*Germelmann, Claas-Friedrich* Die Rechtskraft von Gerichtsentscheidungen in der Europäischen Union – Eine Untersuchung vor dem Hintergrund der deutschen, französischen und englischen Rechtskraftlehren, Tübingen 2009 (zugl.: Diss., Freie Univ., Berlin, 2008)

*Germelmann, Claas-Hinrich/Matthes, Hans-Christoph/Prütting, Hans* Arbeitsgerichtsgesetz, 10. Auflage 2022 [zitiert als: GMP/*Bearbeiter*]

*Gestefeld, Jan Niklas* Genehmigungsanspruch und Verfahrensdauer im Immissionsschutzrecht – Verfahrensfristen und Beurteilungszeitpunkte, Hamburg 2018 (zugl. Diss., Universität Hamburg 2017)

*Giamperi-Deutsch, Patrizia* Ansätze zur Frage der Voraussage in der Psychoanalyse und in den Psychotherapiewissenschaften vom geschichtsphilosophischen, klinischen und empirischen Standpunkt, in: *Bachleitner, Reinhard/Weichbold, Martin/Pausch, Markus (Hrsg.),* Empirische Prognoseverfahren in den Sozialwissenschaften – Wissenschaftstheoretische und methodologische Problemlagen, Wiesbaden 2016, 202–220

*Goldschmidt, James* Der Prozess als Rechtslage – Eine Kritik des prozessualen Denkens, Berlin 1925 (unveränderter Neudruck: Aalen 1962)

*Goßler, Hermann* Der Zeitpunkt der Schadensbemessung im Deliktsrecht, 1977 (zugl.: Diss., Univ., Freiburg, 1977)

*Graba, Hans-Ulrich* Einsatzzeitpunkt durch latenten Anspruch auf Unterhalt?, NJW 2016, 1212–1216

*Graf-Schlicker, Marie Luise* Insolvenzordnung, 6. Auflage, Köln 2022

*Greger, Reinhard* Für jeden Konflikt das passende Verfahren, ZKM 2014, 140–142

*Greger, Reinhard/Unberath, Hannes/Steffek, Felix* Recht der alternativen Konfliktlösung, 2. Auflage, München 2016

*Greiner, Stefan* Schuldrecht Besonderer Teil: Vertragliche Schuldverhältnisse, 2. Auflage, Berlin/Heidelberg, 2019

*Grottel, Bernd/Justenhoven, Petra/Kliem, Bernd/Schubert, Wolfang J. (Hrsg.)* Beck'scher Bilanz-Kommentar, Handels- und Steuerbilanz §§ 238–339, 342–342r HBG, 14. Auflage, München 2024 [zitiert als: Beck Bil-Komm/*Bearbeiter*]

*Grüneberg, Christian (Hrsg.)* Kommentar zum Bürgerlichen Gesetzbuch, 83. Auflage, München 2024 [zitiert als: Grüneberg/*Bearbeiter*, Bürgerliches Gesetzbuch]

*Grunsky, Wolfgang* Die Verdachtskündigung, ZfA 1977, 167–186

*Grunsky, Wolfang/Waas, Bernd/Benecke, Martina/Greiner, Stefan.* Arbeitsgerichtsgesetz, 8. Auflage, München 2014 [zitiert als: GWBG/*Bearbeiter*]

*Gsell, Beate/Krüger, Wolfgang/Lorenz, Stephan/Reymann, Christoph (Hrsg.)* beck-online. Grosskommentar zum Zivilrecht, München 2025 [zitiert als: BeckOGK/*Bearbeiter*, BGB]

*Güntner, Hans* Der Bestandsschutz des Arbeitsverhältnisses und seine Rechtsverwirklichung (1. Teil), AuR 1974, 97–117

*Gwose, Martin* Der Beurteilungszeitpunkt der Kündigung nach dem KSchG, Dortmund 2020 (zugl. Diss., FernUniv., Hagen, 2020)

*Haack, Stefan* Streitgegenstand, Rechtsverhältnis und Verletzung in eigenen Rechten: auf der Suche nach drei Phantombegriffen der Prozessrechtsdogmatik, VerwArch 2018, 503–528

*Haberzettl, Kai* Der Zeitpunkt des guten Glaubens bei genehmigungsbedürftigen Verfügungen, JA 2019, 801–807

*Habscheid, Walther J.* Der Streitgegenstand im Zivilprozess und im Streitverfahren der freiwilligen Gerichtsbarkeit, Bielefeld 1956 (zugl. Habil, Univ. Bonn, 1954)

*Habscheid, Walther J.* Die neuere Entwicklung der Lehre vom Streitgegenstand im Zivilprozeß, in: Gottwald, Peter/Prütting, Hanns (Hrsg.), Festschrift für Karl Heinz Schwab zum 70. Geburtstag, München 1990, 181–195

*Häsemeyer, Ludwig* Prozeßrechtliche Rahmenbedingungen für die Entwicklung des materiellen Privatrechts – Zur Unvertauschbarkeit materieller und formeller Rechtssätze, AcP 188 (1988), 140–167

*Hagen, Johann Josef* Allgemeine Verfahrenslehre und verfassungsgerichtliches Verfahren, München/Salzburg 1971

*Hagen, Johann Josef* Elemente einer allgemeinen Prozeßlehre – Ein Beitrag zur Verfahrenstheorie, Freiburg 1972

*Hahn, C. (Hrsg.)* Die gesammten Materialien zu den Reichs-Justizgesetzen, Zweiter Band, Erste Abteilung: Die gesammten Materialien zur Civilprozeßordnung und dem Einführungsgesetz zu derselbem vom 30. Januar 1877, Berlin 1880

*Hahn, Marius* Die Verdachtskündigung unter Berücksichtigung einer gesetzlichen Regelung, Hamburg 2004 (zugl.: Diss., Univ., Gießen, 2004)

*Hahne, Meo-Micaela/Schlögel, Jürgen/Schlünder, Rolf (Hrsg.)* Beck'scher Online-Kommentar FamFG, 56. Edition, München 2025 [zitiert als: BeckOK FamFG/*Bearbeiter*]

*Hamann, Petra* Die Kündigung wegen häufiger Kurzerkrankungen, Frankfurt am Main 2009 (zugl.: Diss., Berlin, Freie Univ., 2008)

*Hamm, Christoph* Beck'sches Rechtsanwalts-Handbuch, 12. Auflage, München 2022 [zitiert als: BeckRA-HdB/*Bearbeiter*]

*Haslauer, Eva/Strobl, Josef* GIS-basiertes Backcasting: Ein Instrument zur effektiven Raumplanung und für ein rein nachhaltiges Ressourcenmanagement, in: Bachleitner, Reinhard/Weichbold, Martin/Pausch, Markus (Hrsg.), Empirische Prognoseverfahren in den Sozialwissenschaften – Wissenschaftstheoretische und methodologische Problemlagen, Wiesbaden 2016, 278–302

*Hau, Wolfgang/Poseck, Roman (Hrsg.)* Beck'scher Online-Kommentar, Bürgerliches Gesetzbuch, 76. Edition, München 2025 [zitiert als: BeckOK BGB/*Bearbeiter*]

*Haustein, German* Der Streitgegenstand im Verwaltungsprozess, München 1954 (zugl. Diss., Univ., München, 1954)

*Heckschen, Heribert/Herrler, Sebastian/Münch, Christof (Hrsg.)* Beck'sches Notar-Handbuch, 8. Auflage, München 2024 [zitiert als: Beck'sches Notar-Handbuch/*Bearbeiter*]

*Heilmann, Stefan* Praxiskommentar Kindschaftsrecht, 2. Auflage, Köln 2020

*Helml, Ewald/Pessinger, Sascha (Hrsg.)* Arbeitsgerichtsgesetz 5. Auflage, München 2021 [zitiert als: Helml/Pessinger/*Bearbeiter*, Arbeitsgerichtsgesetz]

*Henckel, Wolfram* Parteilehre und Streitgegenstand im Zivilprozeß, Heidelberg 1961 (zugl. Habil, Univ. Heidelberg, 1959)

*Henckel, Wolfram* Prozessrecht und materielles Recht, Göttingen 1970

*Hennige, Susanne* Das Verfahrensrecht der Einigungsstelle, Köln 1996 (zugl. Diss. Univ. Köln, 1995)

*Henssler, Martin/Herresthal, Carsten/Paschke, Marian (Hrsg.)* beck-online.Grosskommentar HGB, München 2025 [zitiert als: BeckOGK/*Bearbeiter*, HGB]

*Henssler, Martin/Strohn, Lutz (Hrsg.)* Gesellschaftsrecht, 6. Auflage, München 2024 [zitiert als: Henssler/Strohn/*Bearbeiter*, GmbHG]

*Henssler, Martin/Willemsen, Heinz Josef/Kalb, Heinz-Jürgen (Hrsg.)* Arbeitsrecht Kommentar, 11. Auflage, Köln 2024 [zitiert als: HWK/*Bearbeiter*, Arbeitsrecht Kommentar]

*Herberger, Maximilian/Martinek, Michael/Rüßmann, Helmut/Weth, Stephan/Würdinger, Markus (Hrsg.)* juris Praxiskommentar BGB, 10. Auflage 2023 [zitiert als: *Bearbeiter* in: jurisPK-BGB]

*Herresthal, Carsten/Magnus, Robert/Stoffels, Markus (Hrsg.)* J. von Staudingers Kommentar zum Bürgerlichen Gesetzbuch mit Einführungsgesetz und Nebengesetzen – Eckpfeiler des Zivilrechts, 9. Auflage, Berlin 2024 [zitiert als: Eckpfeiler/*Bearbeiter*]

*Herschel, Wilhelm* Anmerkung zu BAG, Urteil vom 4.11.1957 – 2 AZR 57/56, AP § 1 KSchG Nr. 39

*Herzog, Alexander* Sittenwidrige Rechtsgeschäfte in der höchstrichterlichen Rechtsprechung aus den Jahren 1948–1965, Frankfurt a. M. 2001 (zugl. Diss., Univ., Kiel, 2000)

*Heß, Burkhard* Intertemporales Privatrecht, Tübingen 1998 (zugl., Habil., Univ., München, 1997)

*Hess, Christian* Dynamische AGB-Kontrolle – Zum maßgeblichen Beurteilungszeitpunkt der Wirksamkeit von AGB im Dauerschuldverhältnis, Baden-Baden 2021 (zugl. Diss., Univ. Bayreuth, 2020)

*Heun, Werner/Honecker, Martin/Morlok, Martin/Wieland, Joachim (Hrsg.)* Evangelisches Staatslexikon, Neuausgabe, Stuttgart 2006 [zitiert als: *Bearbeiter* in: EvStL 2006]

*Hoefs, Christian* Die Verdachtskündigung, Berlin 2001 (zugl. Diss., Univ., Göttingen, 2000)

*Höpfner, Clemens/Picker, Christian/Temming, Felipe (Hrsg.)* Beck-online.Großkommentar KSchG, München 2025 [zitiert als: BeckOGK/*Bearbeiter*, KSchG]

*Hoffmann, Roland* Verfahrensgerechtigkeit – Studien zu einer Theorie prozeduraler Gerechtigkeit, Paderborn 1992

*Holthusen, Marcel* Das Prognoseprinzip im vertraglichen Dauerschuldverhältnis, München 2023 [zugl. Diss., Univ., Osnabrück, 2022]

*Holzer, Johannes (Hrsg.)* Kommentar zum FamFG, Köln 2011 [zitiert als: Holzer/*Bearbeiter*]

*Honstetter, Johannes A.* Die Prognoseentscheidung des Arbeitgebers im Kündigungsrecht, Frankfurt am Main 1994 (zugl.: Diss., Univ., Konstanz, 1994)

*Hopt, Klaus J.* Handelsgesetzbuch, 45. Auflage, München 2026 [zitiert als: Hopt/*Bearbeiter*]

*Hornmann, Gerhard* Hessische Bauordnung, 4. Auflage, München 2022

*Huber, Michael/Voßkuhle, Andreas (Hrsg.)* Grundgesetz-Kommentar, Band 3, Art. 83–146, 8. Auflage, München 2024 [zitiert als: Huber/Voßkuhle/*Bearbeiter* GG]

*Hueck, Alfred* Klage und Urteil im Kündigungsschutzstreit, in: Dietz, Rolf/Hueck, Alfred/ Reinhardt, Rudolf (Hrsg.), Festschrift für Hans Carl Nipperdey zum 60. Geburtstag, München 1955, 99–118

*Hufen, Friedhelm* Verwaltungsprozessrecht, 13. Auflage, München 2024

*Hufen, Friedhelm/Siegel, Thorsten* Fehler im Verwaltungsverfahren, 7. Auflage, Baden-Baden 2021

*Husemann, Tim* Zur Berücksichtigungsfähigkeit des Arbeitnehmerverhaltens nach außerordentlicher Kündigung, RdA 2016, 30–38

*Husemann, Tim* Der moderierte Vertrag, Tübingen 2021 (zugl. Habil, Ruhr-Universität, Bochum, 2020)

*Husserl, Gerhart* Recht und Zeit – Fünf rechtsphilosophische Essays, Frankfurt a. M. 1955

*Hwang, Cheng-Guan* Der maßgebliche Zeitpunkt für die Beurteilung der Wirksamkeit der Kündigung des Arbeitgebers, Göttingen 1988 (zugl.: Diss., Univ., Göttingen, 1988)

*Imo, Wolfgang* Grammatik – Eine Einführung, Stuttgart 2016

*Jacobj, Holger* Spruchreife und Streitgegenstand im Verwaltungsprozess, Frankfurt a. M. 2001 (zugl. Diss., Univ., Hannover 2000/2001)

*Jacoby, Florian* Zivilprozessrecht, 18. Auflage, München 2022

*Jadesohn, n.b.* Der Zeitpunkt für Prüfung der unbilligen Härte, Arbeitsrecht 1931, 524–527

*Jarass, Hans D.* Bundes-Immissionsschutzgesetz, 15. Auflage, München 2024

*Jauernig, Othmar* Verhandlungsmaxime, Inquisitionsmaxime und Streitgegenstand, Tübingen 1967

*Jauernig, Othmar/Hess, Burkhard* Zivilprozessrecht, 30. Auflage, München 2011

*Jestedt, Matthias* Die Dreiteilung der juridischen Welt – Plädoyer für ihre intradisziplinäre Relationierung und Relativierung, in: Bruns, Alexander/Kern, Christoph/Münch, Joachim/Piekenbrock, Andreas/Stadler, Astrid/Tsikrikas, Dimitrios (Hrsg.), Festschrift für Rolf Stürner zum 70. Geburtstag, Tübingen 2013, 917–936

*Johannsen, Kurt H./Henrich, Dieter/Althammer, Christoph* Familienrecht, Kommentar, 7. Auflage, München 2020 [zitiert als: Johannsen/Henrich/Althammer/*Bearbeiter*, Familienrecht]

*Johannsen, Kurt H./Kregel, Wilhelm/Krüger-Nieland, Gerda/Piper, Henning,/Steffen, Erich* Bürgerliches Gesetzbuch mit besonderer Berücksichtigung der Rechtsprechung des Reichsgerichts und des Bundesgerichtshofs, Band I (§§ 1–240), 12. Auflage, Berlin/New York, 1982 [zitiert als: RGRK/*Bearbeiter*, 12. Aufl.]

*Johlen, Heribert/Oerder, Michae* Münchener Anwaltshandbuch Verwaltungsrecht, 5. Auflage, München 2023 [zitiert als: Johlen/Oerder/*Bearbeiter*, MAH Verwaltungsrecht]

*Joost, Detlev/Strohn, Lutz/Poelzig, Dörte/Sander, Volker (Hrsg.)* Ebenroth/Boujong, Handelsgesetzbuch, Band 1, 5. Auflage, München 2024 [zitiert als: Ebenroth/Boujong/*Bearbeiter* HGB]

*Joussen, Jacob* Die Auslegung europäischen (Arbeits-)Rechts aus deutsch-italienischer Perspektive, Baden-Baden, 200 (zugl. Diss., Münster, Univ., 2000)

*Joussen, Jacob* Schlichtung als Leistungsbestimmung und Vertragsgestaltung durch einen Dritten, München 2005 (zugl. Habil, Münster, Univ., 2004)

*Joussen, Jacob* Das BAG und der Lohnwucher: Der Versuch einer Grenzziehung, SAE 2010, 95–104

*Joussen, Jacob* Fahrt- und Wegezeiten als Arbeitszeit, ZMV 2024, 237–238

*Junker, Abbo* Grundkurs Arbeitsrecht, 24. Auflage 2025

*Käß, Robert* Die Änderung der Sach- und Rechtslage bei verwaltungsgerichtlichen Anfechtungsklagen, BayVBl 2009, 677–688

*Kahlert, Heiner* Der verfassungsrechtliche Rahmen der Schiedsgerichtsbarkeit, SchiedsVZ 2023, 2–20

*Kaiser, Dagmar* Wegfall des Kündigungsgrundes – Weder Unwirksamkeit der Kündigung noch Wiedereinstellungsanspruch, ZfA 2000, 205–235

*Kammerer, Klaus* Der Schlichtungsausschuss nach dem Mitarbeitervertretungsrecht der Evangelischen Kirchen, BB 1985, 1986–1992

*Kaniess, Nicolai* Der Streitgegenstandsbegriff in der VwGO, Berlin 2012 (zugl., Diss., FU Berlin, 2011/2012)

*Kaser, Max* Römische Rechtsquellen und angewandte Juristenmethode, Wien u. a. 1986

*Kelsen, Hans* Reine Rechtslehre, 2. Auflage, Wien 1960 (Nachdruck 2000)

*Kiel, Heinrich/Lunk, Stefan/Oetker, Hartmut (Hrsg.)* Münchener Handbuch zum Arbeitsrecht, Band 4: Kollektives Arbeitsrecht II, 6. Auflage, München 2025 [zitiert als: MHdB ArbR/*Bearbeiter*]

*Kieweler, Friedrich Jan* Zur Dichotomie des Streitgegenstands im österreichischen Zivilprozess – Eine Gegenüberstellung der nationalen Streitgegenstandslehre und der Kernpunkttheorie des EuZVR, Berlin 2022 (zugl. Diss., Univ., Wien, 2020)

*Kindl, Johann/Meller-Hannich, Caroline (Hrsg.)* Gesamtes Recht der Zwangsvollstreckung, 4. Auflage, Baden-Baden 2021

*Kintz, Roland* Öffentliches Recht im Assessorexamen, 12. Auflage, München 2024

*Kirste, Stephan* Die Zeitlichkeit des positiven Rechts und die Geschichtlichkeit des Rechtsbewußtseins, Berlin 1998 (zugl. Diss., Univ., Freiburg i. B., 1997)

*Kissel, Otto Rudolf/Schick, Gerd* Methoden der Beilegung kollektiver Interessenstreitigkeiten, RdA 1991, 321–327

*Klein, Karl Heinz* Zum maßgeblichen Zeitpunkt für die Sach- und Rechtslage im Verwaltungsprozess, NVwZ 1990, 633–637

*Kleinlein, Kornelius* Der maßgebliche Zeitpunkt für die Beurteilung der Rechtmäßigkeit von Verwaltungsakten, VerwArch 81 (1990), 149–192

*Klinck, Fabian* Querschnittscurriculum Verfahrensrecht, in: Krüper (Hrsg.), Rechtswissenschaft lehren, Tübingen 2022

*Kloepfer, Michael* Rechtsschutz im Umweltschutz, VerwArch 76 (1985), 371–397

*Klose, Brigitte/Klose, Heinz* Meteorologie – Eine interdisziplinäre Einführung in die Physik der Atmosphäre, 3. Auflage, Berlin/Heidelberg 2016

*Klotz, Walter* Der Zeitpunkt der unbilligen Härte, Arbeitsrecht 1932 284–288

*Knauer, Christoph/Kudlich, Hans/Schneider, Hartmut (Hrsg.)* Münchener Kommentar zur Strafprozessordnung, Band 3/2, GVG, EGGVG, EMRK, EGStPO, EGStGB, ZSHG, StrEG, JGG, G10, AO, 1. Auflage, München 2018 [zitiert als: MüKoStPO/*Bearbeiter*]

*Koch, C. F.* Die Lehre vom Besitz nach Preußischem Rechte, 2. Ausgabe, Breslau 1839

*Koch, Hans-Joachim/Rüßmann, Helmut* Juristische Begründungslehre – Eine Einführung in Grundprobleme der Rechtswissenschaft, München 1982

*Koch, Michael* Die Grundsätze des intertemporalen Rechts im Verwaltungsprozess – Vertrauensschutz im verwaltungsgerichtlichen Verfahren, Berlin 2009 (zugl. Diss., Univ., Berlin, 2007)

*Koch, Raphael* Mitwirkungsverantwortung im Zivilprozess, Tübingen 2013 (zugl. Habil, Univ., Münster, 2012)

*Kodde, Claudia* Der Streitgegenstand im Markenverletzungsprozess, Baden-Baden 2014 (zugl. Diss., Univ., Münster, 2014)

*Köbler, Gerhard* Juristisches Wörterbuch, 19. Auflage München 2024

*Köhler, Helmut* Der Streitgegenstand bei Gestaltungsklagen, Frankfurt am Main 1995 (zugl. Diss., Univ., Regensburg, 1994)

*Köhler-Rott, Renate* Der Untersuchungsgrundsatz im Verwaltungsprozeß und die Mitwirkungslast der Beteiligten, München 1997 (zugl. Diss., Univ. München 1996)

*Koenig, Ulrich* Abgabenordnung, 5. Auflage, München 2024 [zitiert als: Koenig/*Bearbeiter*, Abgabenordnung]

*Körber, Torsten/Schweitzer, Heike/Zimmer, Daniel (Hrsg.)* Immenga/Mestmäcker, Wettbewerbsrecht, Band 2, GWB, Kommentar zum Deutschen Kartellrecht, 7. Auflage, München 2024 [zitiert als: Immenga/Mestmäcker/*Bearbeiter*, GWB]

*Koller, Peter* Theorie des Rechts – Eine Einführung, 2. Auflage 1997

*Kollmann, Andreas* Begriffs- und Problemgeschichte des Verhältnisses von formellem und materiellem Recht, Berlin 1996 (zugl. Diss., Univ., Freiburg, 1993/94)

*Kopp, Ferdinand* Der für die Beurteilung der Sach- und Rechtslage maßgebliche Zeitpunkt bei verwaltungsgerichtlichen Anfechtungs- und Verpflichtungsklagen, in: Erichsen, Hans-Uwe/Hoppe, Werner/v. Mutius, Albert (Hrsg.), System des verwaltungsgerichtlichen Rechtsschutzes – Festschrift für Christian-Friedrich Menger zum 70. Geburtstag, Köln u. a.1985, 693–707

*Kopp, Ferdinand* Änderungen der Verwaltungsgerichtsordnung zum 1.1.1991, NJW 1991, 521–528

*Korves, Robert* Rechtswegübergreifende Bindungswirkungen, Berlin 2025 (zugl. Habil., Ruhr-Univ., Bochum 2022)

*Kracht, Stefan/Rüssel, Ulrike* Schlüsselqualifikation Mediation, JA 2003, 725–733

*Kramer, Rolf* Phänomen Zeit – Versuch einer wissenschaftlichen und ethischen Bilanz, Berlin 2000

*Krasney, Ernst* Zur Anhörungspflicht im Verwaltungsverfahren, NVwZ 1986, 337–343

*Kraus, Stefan (Hrsg.)* Bayerische Bauordnung, München 2025 [zitiert als: Busse/Kraus/*Bearbeiter*, BayBO]

*Krichbaum, Fritz* Der Zeitpunkt der Schadensberechnung nach bürgerlichem Recht, Darmstadt 1922 (zugl. Diss., Univ., Gießen, 1922)

*Kuhnel, Rudolf* Die juristische Sekunde – Bedeutung einer Konstruktion, Münster 1992 (zugl. Diss., Univ., Münster, 1992)

*Kur, Annette/von Bomhard, Verena/Albrecht, Friedrich (Hrsg.)* Beck'scher Online-Kommentar Markenrecht, 43. Edition, München 2025 [zitiert als: BeckOK MarkenR/*Bearbeiter*]

*Lawatsch, Joachim* Der maßgebliche Zeitpunkt der Sach- und Rechtslage im Verfahren vor dem Europäischen Gerichtshof, ohne Verlag/Ortsangabe (zugl.: Diss., Univ., Köln, 1977)

*Leipold, Dieter* Teilklagen und Rechtskraft, in: Bettermann, Karl August/Löwisch, Manfred/Otto, Hansjörg/Schmidt, Karsten (Hrsg.), Festschrift für Albrecht Zeuner zum siebzigsten Geburtstag, Tübingen 1994, 431–449

*Leipold, Dieter* BGB I – Einführung und Allgemeiner Teil, 11. Auflage, Tübingen 2022, [zitiert als: *Leipold,* BGB I]

*Lerche, Peter* Zum Stand der Lehre vom Streitgegenstand im Verwaltungsprozeß, BayVBl. 1956, 295–299

*Lieder, Jan* Eigene Geschäftsanteile im GmbH-Recht – Umgehungsprobleme und Zeitpunktstreit, GmbHR 2014, 57–71
*Lindner, Josef Franz* Einheit der Rechtswissenschaft als Aufgabe, JZ 2016, 697–707
*Löhnig, Martin* Fristen und Termine im Zivilrecht, Berlin 2003
*Löhnig, Martin/Gietl, Andreas (Hrsg.)* Beck'scher Online-Kommentar ZVG, 18. Edition, München 2025 [zitiert als: BeckOK ZVG/*Bearbeiter*]
*Lorenz, Dieter* Verwaltungsprozeßrecht, Berlin u. a. 2000
*Loth, Katharina* Prognoseprinzip und Vertragskontrolle im befristeten Arbeitsverhältnis, Berlin 2015 (zugl. Diss., Univ., Köln, 2014)
*Lüke, Gerhard* Der Streitgegenstand im arbeitsgerichtlichen Kündigungsschutzprozess, JZ 1960, 203–209
*Lüke, Gerhard* Grundsätze des Verwaltungsprozesses, JuS 1961, 41–50
*Lüke, Gerhard* Der Streitgegenstand im Verwaltungsprozeß, JuS 1967, 1–8
*Lüke, Gerhard* Von der Notwendigkeit einer Allgemeinen Prozessrechtslehre, ZZP 107 (1994), 145–162
*Lüke, Wolfgang* Zivilprozessrecht I – Erkenntnisverfahren und Europäisches Zivilverfahrensrecht, 11. Auflage, München 2020 [zitiert als: *W. Lüke*, Zivilprozessrecht I]
*Luhmann, Niklas* Legitimation durch Verfahren, 12. Auflage, Frankfurt am Main 2021
*Lutter, Marcus/Hommelhoff, Peter (Hrsg.)* GmbH-Gesetz Kommentar, 21. Auflage, Köln 2023 [zitiert als: Lutter/Hommelhoff/*Bearbeiter*, GmbHG]
*Lynen, Peter M.* Kunstrecht 1: Grundlagen des Kunstrechts, Wiesbaden 2013
*Ma, Ding* Die Entwicklung der Streitgegenstandslehre in Deutschland und Europa und ihre Vorbildwirkung für das chinesische Recht, Berlin 2013 (zugl. Diss., Univ., Freiburg, 2012/2013)
*Mager, Ute* Der maßgebliche Zeitpunkt für die Beurteilung der Rechtswidrigkeit von Verwaltungsakten, Berlin 1994 (zugl.: Diss:, Berlin, Freie Univ., 1994)
*Mann, Thomas/Wahrendorf, Volker* Verwaltungsprozessrecht, 4. Auflage, München 2015
*Mansel, Heinz-Peter/Nordmeier, Carl Friedrich* Partei- und Anspruchsidentität im Sinne des Art. 27 Abs. 1 EuGVVO bei Mehrparteienprozessen – Ein Beitrag zur Konkretisierung des europäischen Streitgegenstandsbegriffs und der Kernbereichslehre, in: Geimer, Reinhold/Schütze, Rolf A. (Hrsg.), Recht ohne Grenzen, Festschrift für Athanassios Kaissis zum 65. Geburtstag, München 2012, 629–651
*Mansfeld, Werner* Der Zeitpunkt für die Beurteilung der „unbilligen Härte", Arbeitsrecht 1931, 261–276
*Marburger, Peter* Rechtskraft und Präklusion bei der Teilklage im Zivilprozeß, in: Schön, Wolfgang (Hrsg.), Gedächtnisschrift für Brigitte Knobbe-Keuk, Köln 1997, 187–200
*Martini, Mario* Verwaltungsprozessrecht und Allgemeines Verwaltungsrecht, 7. Auflage, München 2023
*Maurer, Hartmut* Grundprobleme der kirchlichen Gerichtsbarkeit, ZevKR 17 (1972), 48–87
*Maurer, Hartmut/Waldhoff, Christian* Allgemeines Verwaltungsrecht, 21. Auflage, München 2024 [zitiert als: Maurer/Waldhoff/*Bearbeiter*, Allgemeines Verwaltungsrecht]
*Mayer-Maly, Theo* Wertungswandel und Privatrecht, JZ 1981, 801–805
*Meier, Isaak* Privatrecht und Prozeßrecht – eine Untersuchung zum schweizerischen Recht unter Einbezug des deutschen Rechts, in: Schlosser, Peter F. (Hrsg.), Materielles Recht und Prozessrecht und die Auswirkungen der Unterscheidung im Recht der Internationalen Zwangsvollstreckung, Bielefeld 1992

*Menger, Christian-Friedrich* System des verwaltungsgerichtlichen Rechtsschutzes – Eine verwaltungsrechtliche und prozeßvergleichende Studie, Tübingen 1954 (zugl. Habil, Münster, 1951/52)

*Meyer-Landrut, Joachim/Miller, Georg/Niehus, Rudolf J.* GmbHG, Kommentar, Berlin/New York 1987

*Middelschulte, Christiane* Unbestimmte Rechtsbegriffe und das Bestimmtheitsgebot – Eine Untersuchung der verfassungsrechtlichen Grenzen der Verwendung sprachlich offener Gesetzesformulierungen, Hamburg 2007 (zugl. Diss., Univ. Bielefeld, 2006/2007)

*Möller, Kaspar Henrik* Echte Schiedsgerichtsbarkeit im Verwaltungsrecht – Eine Studie zu Rechtsrahmen und Kontrolle nichtstaatlicher Streitentscheidung im Verwaltungsrecht, Berlin 2014 (zugl. Diss., Univ., Hamburg, 2013)

*Möllers, Thomas M.J.* Juristische Methodenlehre, 6. Auflage, München 2025

*Möstl, Markus/Kugelmann, Dieter (Hrsg.)* Beck'scher Online-Kommentar Polizei- und Ordnungsrecht Nordrhein-Westfalen, 32. Edition, München 2025 [zitiert als: BeckOK PolR NRW/*Bearbeiter*]

*Möstl, Markus/Trurnit, Christoph (Hrsg.)* Beck'scher Online-Kommentar Polizeirecht Baden-Württemberg, 36. Edition, München 2025 [zitiert als: BeckOK PolR BW/*Bearbeiter*]

*Moll, Wilhelm (Hrsg.)* Münchener Anwaltshandbuch Arbeitsrecht, 5. Auflage 2021 [zitiert als: MAH ArbR/*Bearbeiter*]

*Müller-Glöge, Rudi/Rolfs, Christian/Gallner, Inken/Schmidt, Ingrid (Hrsg.)* Erfurter Kommentar zum Arbeitsrecht, 26. Auflage, München 2026 [zitiert als: ErfK/*Bearbeiter*]

*v. Münch, Ingo* Die Zeit im Recht, NJW 2000, 1–7

*Musielak, Hans-Joachim (Hrsg.)* Familiengerichtliches Verfahren, 1. und 2. Buch, 7. Auflage 2022 [zitiert als: Musielak/Borth/Frank/*Bearbeiter*]

*Musielak, Hans-Joachim/Voit, Wolfgang* Grundkurs ZPO, 16. Auflage, München 2022

*Musielak, Hans-Joachim/Voit, Wolfgang (Hrsg.)* Zivilprozessordnung, 22. Auflage 2025 [zitiert als: Musielak/Voit/*Bearbeiter*, Zivilprozessordnung]

*Nicklaus, Christina* Das Prognoseprinzip im arbeitsrechtlichen Kündigungsschutzrecht, Hamburg 2012 (zugl. Diss., Univ., Düsseldorf, 2012)

*Niepmann, Birgit/Kerscher, Wolfram* Die Rechtsprechung zur Höhe des Unterhalts, 15. Auflage, München 2023

*Nierhaus, Michael* Zur gerichtlichen Kontrolle von Prognoseentscheidungen der Verwaltung, DVBl 1977, 19–26

*Nikisch, Arthur* Der Streitgegenstand im Zivilprozess, Tübingen 1935

*Nikisch, Arthur* Zivilprozeßrecht, 2. Auflage, Tübingen 1952

*Nikisch, Arthur* Zur Lehre vom Streitgegenstand im Zivilprozeß, AcP 1955 (154), 271–299

*Noack, Ulrich/Servatius, Wolfgang/Haas, Ulrich* GmbH-Gesetz, 23. Auflage, München 2022 [zitiert als: Noack/Servatius/Haas/*Bearbeiter*, GmbHG]

*Nolte, Jakob* Die Eigenart des verwaltungsgerichtlichen Rechtsschutzes – Grund und Grenzen der Anwendung des Zivilprozessrechts im Verwaltungsprozess, Tübingen 2015 (zugl. Habil., Humboldt-Univ., Berlin 2012/13)

*Nußberger, Angelika* Das Grundgesetz und die Herausforderungen der Gegenwart, ZRP 2024, 98–100

*Oberheim, Rainer* Zivilprozessrecht für Referendare, 15. Auflage, München 2023

*Oberhofer, Hermann* Der Wiedereinstellungsanspruch, RdA 2006, 92–98

*Oerder, Michael* Das Widerspruchsverfahren der Verwaltungsgerichtsordnung – Einordnung zwischen Verwaltungsverfahrens- und Verwaltungsprozeßrecht, Berlin 1989 (zugl. Diss., Univ., Köln, 1989)

*Ossenbühl, Fritz* Die richterliche Kontrolle von Prognoseentscheidungen der Verwaltung, in: Erichsen, Hans-Uwe/Hoppe, Werner/v. Mutius, Albert (Hrsg.), System des verwaltungsgerichtlichen Rechtsschutzes – Festschrift für Christian-Friedrich Menger zum 70. Geburtstag, Köln u. a.1985, 731–746

*Otto, Jannik* Intradisziplinarität in der Lehre, ZDRW 2020, 214–231

*Pawlowski, Hans-Martin* Das Studium der Rechtswissenschaft, Tübingen 1969

*Pföhler, Martin/Seidler, Holger* Handelsrechtliche Fortführungsannahme – Abkehr, Bestehen einer wesentlichen Unsicherheit und Prognosezeitraum, BB 2021, 299–303

*Picot, Arnold* Prognose und Planung – Möglichkeiten und Grenzen, DB 1977, 2149–2153

*Piekenbrock, Andreas* Befristung, Verjährung, Verschweigung und Verwirkung. Eine rechtsvergleichende Grundlagenstudie zu Rechtsänderungen durch Zeitablauf, Tübingen 2006 (zugl. Habil., Univ., Freiburg, 2004/2005)

*Pielow, Johann-Christian (Hrsg.)* Beck'scher Online-Kommentar Gewerbeordnung, 67. Edition, München 2025 [zitiert als: BeckOK GewO/*Bearbeiter*]

*Piendl, Robert* Eine Studie zur maßgeblichen Sach- und Rechtslage beim Rechtsschutz gegen Verwaltungsakte, Frankfurt a. M. u. a., 1992 (zugl. Diss., Univ., Frankfurt, 1992)

*Pietzner, Rainer/Ronellenfitsch, Michael* Das Assessorexamen im Öffentlichen Recht, 14. Auflage, München 2019

*Pinckernelle, Hans* Änderung von Tatsachen und Rechtslage während eines Verfahrens, BB 1950, 767–769

*Pohlmann, Petra* Zivilprozessrecht, 5. Auflage, München 2022

*Pollähne, Helmut* Kriminalprognostik, Berlin/Boston 2011

*Polzin, Carsten* Der maßgebliche Zeitpunkt im Verwaltungsprozess, JuS 2004, 211–214

*Poncelet, Stephan* Die Mitwirkungspflicht der Beteiligten an der Sachverhaltsaufklärung im arbeitsgerichtlichen Beschlussverfahren, Köln (zugl. Diss, Univ., Köln, 1991)

*Popp, Andreas* Verfahrenstheoretische Grundlagen der Fehlerkorrektur im Strafverfahren – Eine Darstellung am Beispiel der Eingriffsmaßnahmen im Ermittlungsverfahren, Berlin 2005 (zugl. Diss., Univ. Passau, 2004)

*Posser, Herbert/Wolff, Heinrich, Amadeus/Decker, Andreas (Hrsg.)* Beck'scher Online-Kommentar VwGO, 75. Edition, München 2025 [zitiert als: BeckOK VwGO/*Bearbeiter*]

*Preis, Ulrich* Prinzipien des Kündigungsrechts bei Arbeitsverhältnissen – Eine Untersuchung zum Recht des materiellen Kündigungsschutzes, insbesondere zur Theorie der Kündigungsgründe, München 1987 (zugl. Diss., Univ., Köln, 1986)

*Preis, Ulrich* Arbeitsrecht und „unbegrenzte Auslegung", NJW 1998, 1889–1894

*Preis, Ulrich/Greiner, Stephan* Arbeitsrecht – Kollektivarbeitsrecht, 6. Auflage, Köln 2023

*Prütting, Hanns* Schlichten statt Richten?, JZ 1985, 261–271

*Prütting, Hanns* Prozessrecht und materielles Recht, in: Münch, Joachim (Hrsg.), Liber Amicorum für Wolfram Henckel, Tübingen 2015, 261–267

*Prütting, Hanns* Neues zum Streitgegenstand, in: Uzunalli, Sevilay (Hrsg.), Festschrift für Pekcanitez, Izmir 2015, 301–309

*Prütting, Hanns* Güterichter, Mediator, Streitmittler, MDR 2016, 965–968

*Prütting, Hanns/Gehrlein, Markus (Hrsg.)* Zivilprozessordnung, Kommentar, 17. Auflage 2025 [zitiert als: Prütting/Gehrlein/*Bearbeiter*, Zivilprozessordnung]

*Prütting, Hanns/Helms, Tobias (Hrsg.)* FamFG Kommentar, 5. Auflage, Köln 2020, 6. Auflage 2023 [zitiert als: Prütting/Helms/*Bearbeiter*, FamFG]
*Radbruch, Gustav* Rechtsphilosophie, Leipzig 1932
*Rauscher, Thomas (Hrsg.)* Münchener Kommentar zum FamFG, Band 1, §§ 1–270 FamFG, 4. Auflage, München 2025 [zitiert als: MüKoFamFG/*Bearbeiter*]
*Rauscher, Thomas/Krüger, Wolfgang (Hrsg.)* Münchener Kommentar zur Zivilprozessordnung, München [zitiert als: MüKoZPO/*Bearbeiter*] Band 1, §§ 1–354 ZPO, 7. Auflage 2025
___ Münchener Kommentar zur Zivilprozessordnung, München [zitiert als: MüKoZPO/*Bearbeiter*] Band 2, §§ 355–945b ZPO, 7. Auflage 2025
___ Münchener Kommentar zur Zivilprozessordnung, München [zitiert als: MüKoZPO/*Bearbeiter*] Band 3, §§ 946–1120, EGZPO, GVG, EGGVG, UKlaG, Internationales und Europäisches Zivilprozessrecht, 6. Auflage 2022
*Rebmann, Kurt/Säcker, Franz Jürgen (Hrsg.)* Münchener Kommentar zum Bürgerlichen Gesetzbuch, Band 1: Allgemeiner Teil, §§ 1–240, AGB-Gesetz, 2. Auflage, München 1984 [zitiert als: MüKoBGB/*Bearbeiter*, 2. Aufl. BGB]
*Rech, Antje* Die Rechtsprechung zur Vorbeschäftigung bei sachgrundloser Befristung – ein Beitrag zur Bestimmung der Grenzen des Richterrechts, RdA 2019, 31–38
*Rech, Antje* Die Arbeitsgerichtsbarkeit der evangelischen Kirche – unter besonderer Berücksichtigung der Geschichte der evangelischen Gerichtsbarkeit im Allgemeinen und ihrer Beziehung zum Staat, Freiburg im Breisgau 2020 (zugl. Diss., Ruhr-Univ., Bochum, 2019)
*Rech, Antje* Anmerkung zu BAG, Urt. v. 16.9.2020 – 7 AZR 552/19, AP TzBfG § 14 Nr. 186
*Rech, Antje* Zum 100-jährigen Jubiläum: Der Haakjöringsköd-Fall früher und heute, AcP 221 (2021), 219–258
*Rech, Antje* Die Entwicklung der Rechtsprechung zu Crowdworking und Plattformarbeit, ZFA 2023, 279–314
*Rech, Antje* Das Arbeitsrecht als genuin intradisziplinäres Rechtsgebiet, Tagungsband RUB, noch nicht erschienen
*Rechenmacher, n.b.* Anm. zu BGH, Urt. v. 15.02.1956 – IV ZR 294/55, NJW 1956, 865–866
*Redeker, Martin/von Oertzen, Hans-Joachim* VwGO, 17. Auflage, Stuttgart 2022 [zitiert als: Redeker/v. Oertzen/*Bearbeiter*]
*Regenfus, Thomas* Prognoseentscheidungen im Zivilrecht, JR 2012, 137–145
*Reimer, Philipp* Verfahrenstheorie, Tübingen 2016 (zugl. Habil. Univ. Freiburg, 2015)
*Rennert, Klaus* Der maßgebliche Zeitpunkt der richterlichen Verwaltungskontrolle und die Funktion der Verwaltungsgerichtsbarkeit, DVBl 2019, 593–600
*Richardi, Reinhard* Arbeitsrecht im Wandel der Zeit, München 2019
*Richardi, Reinhard* Betriebsverfassungsgesetz mit Wahlordnung, Kommentar, 18. Auflage, München 2026 [zitiert als: Richardi/*Bearbeiter*, Betriebsverfassungsgesetz]
*Richter, Tim* Neues zur krankheitsbedingten Kündigung, ArbRAktuell 2023, 255–258
*Rieble, Volker/Picker, Christian* Lohnwucher, ZfA 2014, 152–214
*Riehm, Thomas* JuS Lern-CD Zivilrecht I, Edition 3, München 2002
*Rimmelspacher, Bruno* Materiellrechtlicher Anspruch und Streitgegenstandsprobleme im Zivilprozess, Göttingen 1970 (zugl. Habil, Univ. Göttingen, 1968)
*Rodi, Daniel* Wirksamkeitsdynamik im Minderjährigenrecht, Tübingen 2020 (zugl. Diss., Univ. Heidelberg, 2019)

*Rödig, Jürgen* Die Theorie des gerichtlichen Erkenntnisverfahrens – Die Grundlinien des zivil-, straf- und verwaltungsgerichtlichen Prozesses, Berlin u. a. 1973

*Röhl, Klaus F./Röhl, Hans Christian* Allgemeine Rechtslehre, 3. Auflage, München 2008

*Römermann, Volker* Insolvenzordnung, Werkstand 49. EL, München Januar 2024

*Rönnau, Thomas/Faust, Florina/Fehling, Michael* Durchblick: Kausalität und objektive Zurechnung, JuS 2004, 113–118

*Rönnau, Thomas/Faust, Florina/Fehling, Michael* Durchblick: Der Irrtum und seine Rechtfolgen, JuS 2004, 667–674

*Rönnau, Thomas/Faust, Florina/Fehling, Michael* Durchblick: Grund und Grenzen des Eigentums- und Vermögensschutzes, JuS 2006, 18–25

*Rolfs, Christian/Giesen, Richard/Meßling, Miriam/Udsching, Peter (Hrsg.)* Beck'scher Online-Kommentar Arbeitsrecht, 78. Edition, München 2025 [zitiert als: BeckOK ArbR/*Bearbeiter*]

*Roller, Steffen* Rechtsanwälte als Richter?, ZRP 2006, 1–3

*Rosenberg, Leo/Schwab, Karl Heinz/Gottwald, Peter* Zivilprozessrecht, 18. Auflage, München 2018 [zitiert als: Rosenberg/Schwab/Gottwald/*Bearbeiter*, Zivilprozessrecht]

*Rüthers, Bernd* Die unbegrenzte Auslegung, 9. Auflage, Tübingen 2022 (zugl. Habil, Univ. Münster, 1967)

*Rüthers, Bernd* Arbeitsrecht und ideologische Kontinuitäten? Am Beispiel des Kündigungsschutzrechts, NJW 1998, 1433–1440

*Ruff, Holger* Sittenwidrige Rechtsgeschäfte in der späten Kaiserzeit – Die Entwicklung der reichsgerichtlichen Rechtsprechung zu § 138 BGB von 1900 bis 1914, Frankfurt a. M. 2007 (zugl. Diss., Univ., Kiel, 2007)

*Rupp, Hans Heinrich* Zur neuen Verwaltungsgerichtsordnung: Gelöste und ungelöste Probleme, AöR 85 (1960), 301–336

*Sack, Rolf* Das Anstandsgefühl aller billig und gerecht Denkenden und die Moral als Bestimmungsfaktoren der guten Sitten, NJW 1985, 761–769

*Säcker, Franz Jürgen (Hrsg.)* Münchener Kommentar zum Wettbewerbsrecht, Band 1/2 – Europäisches Wettbewerbsrecht, 4. Auflage 2023 [zitiert als: MüKoWettbR/*Bearbeiter*]

*Säcker, Franz Jürgen/Rixecker, Roland/Oetker, Hartmut/Limperg, Bettina/Schubert, Claudia (Hrsg.)* Münchener Kommentar zum Bürgerlichen Gesetzbuch [zitiert als: MüKoBGB/*Bearbeiter*] Band 1: Allgemeiner Teil, §§ 1–240 BGB, 10. Auflage, München 2025

___ Münchener Kommentar zum Bürgerlichen Gesetzbuch [zitiert als: MüKoBGB/*Bearbeiter*] Band 2: Schuldrecht – Allgemeiner Teil I, §§ 241–310 BGB, 10. Auflage, München 2025

___ Münchener Kommentar zum Bürgerlichen Gesetzbuch [zitiert als: MüKoBGB/*Bearbeiter*] Band 3: Schuldrecht – Allgemeiner Teil II, §§ 311–432 BGB, 10. Auflage, München 2025

___ Münchener Kommentar zum Bürgerlichen Gesetzbuch [zitiert als: MüKoBGB/*Bearbeiter*] Band 5: Schuldrecht – Besonderer Teil II, §§ 535–630h BGB, BetrKV, HeizkostenV, WärmeLV, EFZG, TzBfG, KSchG, MiLoG, 9. Auflage, München 2023

___ Münchener Kommentar zum Bürgerlichen Gesetzbuch [zitiert als: MüKoBGB/*Bearbeiter*] Band 6: Schuldrecht – Besonderer Teil III, §§ 631–704 BGB, 9. Auflage, München 2023

___ Münchener Kommentar zum Bürgerlichen Gesetzbuch [zitiert als: MüKoBGB/*Bearbeiter*] Band 7: Schuldrecht – Besonderer Teil IV, §§ 705–853, 9. Auflage., München 2024

___ Münchener Kommentar zum Bürgerlichen Gesetzbuch [zitiert als: MüKoBGB/*Bearbeiter*] Band 8: Sachenrecht, §§ 854–1296 BGB, 9. Auflage, München 2023

___ Münchener Kommentar zum Bürgerlichen Gesetzbuch [zitiert als: MüKoBGB/*Bearbeiter*] Band 9: Familienrecht I, §§ 1297–1588 BGB, 10. Auflage, München 2025

___ Münchener Kommentar zum Bürgerlichen Gesetzbuch [zitiert als: MüKoBGB/*Bearbeiter*] Band 10: Familienrecht II, §§ Münchener Kommentar zum Bürgerlichen Gesetzbuch [zitiert als: MüKoBGB/*Bearbeiter*]

___ Münchener Kommentar zum Bürgerlichen Gesetzbuch [zitiert als: MüKoBGB/*Bearbeiter*] Band 11: Erbrecht, §§ 1922–2385, 9. Auflage, München 2022

*Saenger, Ingo (Hrsg.)* Zivilprozessordnung, Handkommentar, 10. Auflage, Baden-Baden 2023 [zitiert als: HK-ZPO]

*Schaks, Nils/Friedrich, Daniel* Verwaltungsaktbezogener Rechtsschutz: Die Begründetheitsprüfung – Eine vergleichende Darstellung der wichtigsten Rechtsschutzarten für die Fallbearbeitung, JuS 2018, 954–960

*Schaub, Günter (Begr.)* Arbeitsrechts-Handbuch, Systematische Darstellung und Nachschlagewerk für die Praxis, 21. Auflage, München 2025 [zitiert als: *Bearbeiter* in: Schaub, Arbeitsrechts-Handbuch]

*Schaub, Günter (Begr.)/Koch, Ulrich (Hrsg.)* Arbeitsrecht von A-Z, 29. Auflage, München 2025 [zitiert als: Schaub/*Bearbeiter*, Arbeitsrecht von A–Z]

*Schauf, Julius* Der Zeitpunkt für die Beurteilung der Heimtücke, NStZ 2019, 585–593

*Schenke, Wolf-Rüdiger* Die Bedeutung einer nach Abschluß des Verwaltungsverfahrens eintretenden Veränderung der Rechts- und Sachlage für die Anfechtung eines Verwaltungsakts, NVwZ 1986, 522–533

*Schenke, Wolf-Rüdiger* Die maßgebliche Sach- und Rechtslage bei einer Entscheidung der Widerspruchsbehörde, in: Heckmann, Dirk/Schenke, Ralf P./Sydow, Gernot (Hrsg.), Verfassungsstaatlichkeit im Wandel – Festschrift für Thomas Würtenberger zum 70. Geburtstag, Berlin 2013

*Schenke, Wolf-Rüdiger* Die prozessuale Berücksichtigung einer erst nach der gerichtlichen Anfechtung einer Gewerbeuntersagung gem. § 35 Abs. 1 Satz 1 GewO eingetretenen Unzuverlässigkeit des Gewerbetreibenden (§ 35 Abs. 1 Satz 1 GewO), GewArch 2015, 473–481

*Schenke, Wolf-Rüdiger* Rechtmäßigwerden rechtswidrig erlassener Verwaltungsakte, NVwZ 2015, 1341–1348

*Schenke, Wolf-Rüdiger* Polizeiliches Handeln bei Anscheinsgefahr und Gefahrverdacht, JuS 2018, 505–516

*Schenke, Wolf-Rüdiger* Der maßgebliche Zeitpunkt für die Beurteilung von Verwaltungsakten im Rahmen der Anfechtungsklage, JuS 2019, 833–843

*Schenke, Wolf-Rüdiger* Verwaltungsprozessrecht, 19. Auflage, Heidelberg 2025

*Schenke, Wolf-Rüdiger (Hrsg.)* Verwaltungsgerichtsordnung, 31. Auflage, München 2025 [zitiert als: Kopp/Schenke/*Bearbeiter*]

*Schilken, Eberhard/Brinkmann, Moritz* Zivilprozessrecht, 8. Auflage, München 2022

*Schindler, Hendrik* Neues zum „Zeitpunktstreit" beim Erwerb eigener Geschäftsanteile, GWR 2013, 310–313

*v. Schlieffen, Katharina/Wegmann, Bernd* Mediation in der notariellen Praxis, Köln u. a. 2002

*Schmidt, Karsten* Insolvenzordnung, 20. Auflage 2023 [zitiert als: K. Schmidt/*Bearbeiter*, InsO]

*Schmidt, Stephan* Anmerkung zu BAG, Urt. v. 5.12.2019 – 2 AZR 107/19, AP BGB § 138 Nr. 74

*Schmidt, Stephan* Der Beurteilungszeitpunkt der Kündigung des Arbeitsverhältnisses und die Berücksichtigung nachträglicher Umstände, Berlin 2021 (zugl. Diss., Ruhr-Univ., Bochum, 2020)

*Schmidt-Bleibtreu, Bruno/Hofmann, Hans/Henneke, Hans-Günter* GG – Kommentar zum Grundgesetz, 15. Auflage, Hürth 2022 [zitiert als: Schmidt-Bleibtreu/Hofmann/Henneke/*Bearbeiter*, GG]

*Schmitt Glaeser, Walter* Verwaltungsprozeßrecht, 13. Auflage, Stuttgart 1994

*Schmoeckel, Mathias* Der maßgebliche Zeitpunkt zur Bestimmung der Sittenwidrigkeit nach § 138 BGB, AcP 197 (1997), 1–79

*Schneider, Egon* Anmerkung zu OLG Nürnberg, Beschl. v. 22.12.1977 – 7 WF 129/77, NJW 1978, 832–833

*Schneider, Egon* Rechtsausführungen in nicht nachgelassenen Schriftsätzen, MDR 1986, 903–905

*Schoch, Friedrich/Schneider, Jens-Peter (Hrsg.)* Verwaltungsrecht Band I VwGO, Kommentar, 48. EL, München Januar 2025 [zitiert als: Schoch/Schneider/*Bearbeiter*, Verwaltungsrecht, VwGO]

*Schoch, Friedrich/Schneider, Jens-Peter (Hrsg.)* Verwaltungsrecht Band III VwVfG, Kommentar, 7. EL, München Mai 2025 [zitiert als: Schoch/Schneider/*Bearbeiter*, Verwaltungsrecht, VwVfG)

*Schrenck-Notzing, Albert Freiherr von* Unerlaubte Bedingungen in letztwilligen Verfügungen, Berlin 2009 (zugl. Diss., Univ., Passau, 2007/2008)

*Schuegraf, Elmar* Anmerkung zu BVerwG, Urt. v. 19.9.1969 – IV C 18/67, NJW 1970, 581–582

*Schulze, Reiner/Dörner, Heinrich/Ebert, Ina u. a.* Bürgerliches Gesetzbuch, Handkommentar, 12. Auflage, Baden-Baden 2024 [zitiert als: HK-BGB/*Bearbeiter*]

*Schumann, Eva (Hrsg.)* Justiz und Verfahren im Wandel der Zeit – Gelehrte Literatur, gerichtliche Praxis und bildliche Symbolik, Festgabe für Wolfgang Sellert zum 80. Geburtstag, Berlin/Boston 2017

*Schwab, Karl Heinz* Der Streitgegenstand im Zivilprozess, München und Berlin 1954 (zugl. Habil, Univ., München, 1954)

*Schwab, Karl Heinz* Der Stand der Lehre vom Streitgegenstand im Zivilprozeß, JuS 1965, 81–86

*Schwab, Karl Heinz* Noch einmal: Bemerkungen zum Streitgegenstand, in: Prütting, Hanns/Rüssmann, Helmut (Hrsg.), Verfahrensrecht am Ausgang des 20. Jahrhunderts – Festschrift für Gerhard Lüke zum 70. Geburtstag, München 1997, 793–807

*Schwab, Karl Heinz/Weth, Stephan (Hrsg.)* Arbeitsgerichtsgesetz Kommentar, 6. Auflage, Köln 2022 [zitiert als: *Bearbeiter* in: Schwab/Weth, Arbeitsgerichtsgesetz]

*Schwarze, Hartwig* Das arbeitsgerichtliche Beschlussverfahren, JuS 2005, 1089–1095

*Schwarze, Roland* Die „arbeitsgleiche Durchführung" eines Tätigkeitsverhältnisses (§ 611a Abs. 1 S. 6 BGB), RdA 2020, 38–45

*Schweiger, Karl* Die für die Entscheidung über die verwaltungsgerichtliche Anfechtungsklage maßgebliche Sach- und Rechtslage, DVBl. 1964, 205–214

*Schwerdtfeger, Angela* Öffentliches Recht in der Fallbearbeitung, 15. Auflage, München 2018
*Siegel, Thorsten* Rechtsschutz vor Gericht und im Verwaltungsverfahren, ZUR 2017, 451–456
*Silberzahn, Cathrin* Das Konzept einer allgemeinen Prozessrechtslehre in Gesetzgebung und Rechtsdogmatik – Eine Analyse ausgewählter prozessualer Institute, Berlin 2021 (zugl. Diss., Univ., Würzburg 2021)
*Simshäuser, Wilhelm* Zur Entwicklung des Verhältnisses von materiellem Recht und Prozeßrecht seit Savigny, Bielefeld 1965 (zugl. Diss., Univ., Frankfurt am Main 1963)
*Sodan, Helge/Ziekow, Jan (Hrsg.)* Verwaltungsgerichtsordnung, 6. Auflage, Baden-Baden 2025 [zit. als: NK-VwGO/*Bearbeiter*]
*Sodan, Helge/Ziekow, Jan* Grundkurs Öffentliches Recht, 10. Auflage, München 2023
*Söllner, Alfred* „Schlichten ist kein Richten", ZfA 1982, 1–17
*Soergel, Theodor (Begr.)* Bürgerliches Gesetzbuch, Band 1, Allgemeiner Teil (§§ 1–240), 12. Auflage, Stuttgart u. a. 1987 [zitiert als: Soergel/*Bearbeiter,* 12. Auflage]
*Soergel, Theodor (Begr.)* Kommentar zum Bürgerlichen Gesetzbuch, Band 9/2, 13. Auflage, Stuttgart 2022 [zitiert als: Soergel/*Bearbeiter*]
*Sonnenschein, Jürgen* Der maßgebliche Zeitpunkt für die Auslegung des Rechtsgeschäfts, Münster 1969 (zugl. Diss., Univ., Münster, 1969)
*Spannowsky, Willy/Uechtritz, Michael (Hrsg.)* Beck'scher Online-Kommentar BauGB, 68. Edition, München 2025 [zitiert als: BeckOK BauGB/*Bearbeiter*]
*Stadler, Astrid* Allgemeiner Teil des BGB, 21. Auflage, München 2022
*Stamm, Jürgen* Zum Verzicht auf die Streitgegenstandslehre im Sinne einer Rückbesinnung auf die materiellrechtlichen und prozessualen Ausgangsfragen, ZZP 129 (2016), 25–55
*Staudinger, Julius von (Hrsg.)* J. von Staudingers Kommentar zum Bürgerlichen Gesetzbuch [zitiert als: Staudinger/*Bearbeiter*] Buch 1. Allgemeiner Teil, §§ 134–138 BGB, Neubearbeitung 2024, Berlin
___ J. von Staudingers Kommentar zum Bürgerlichen Gesetzbuch [zitiert als: Staudinger/*Bearbeiter*] Buch 2. Recht der Schuldverhältnisse, Einleitung zum Schuldrecht; §§ 241–243, Neubearbeitung 2024, Berlin
___ J. von Staudingers Kommentar zum Bürgerlichen Gesetzbuch [zitiert als: Staudinger/*Bearbeiter*] Buch 3. Sachenrecht, §§ 889–902 BGB, Neubearbeitung 2025, Berlin
___ J. von Staudingers Kommentar zum Bürgerlichen Gesetzbuch [zitiert als: Staudinger/*Bearbeiter*] Buch 3. Sachenrecht, §§ 925–984 BGB, Neubearbeitung 2020, Berlin
___ J. von Staudingers Kommentar zum Bürgerlichen Gesetzbuch [zitiert als: Staudinger/*Bearbeiter*] Buch 3. Sachenrecht, §§ 985–1011 BGB, Neubearbeitung 2023, Berlin
*Stein, Friedrich (Begr.)* Kommentar zur Zivilprozessordnung, 24. Auflage, Tübingen 2024 [zitiert als: Stein/*Bearbeiter,* ZPO] Band 1, Einleitung und §§ 1–77 ZPO
*Stein, Friedrich/Jonas, Martin (Begr.)* Kommentar zur Zivilprozessordnung, 20. Auflage [zitiert als: Stein/Jonas/*Bearbeiter*, 20. Aufl.] Erster Band, §§ 1–252 ZPO, Tübingen 1984
___ Kommentar zur Zivilprozessordnung, 20. Auflage [zitiert als: Stein/Jonas/*Bearbeiter*, 20. Aufl.] Dritter Band §§ 511–703d BGB, Tübingen 1977
*Stein, Friedrich/Jonas, Martin (Begr.)* Kommentar zur Zivilprozessordnung, 22. Auflage, Tübingen 2008 [zitiert als: Stein/Jonas/*Bearbeiter,* 22. Aufl.] Band 3, §§ 253–327 BGB
*Stein, Friedrich/Jonas, Martin (Begr.)* Kommentar zur Zivilprozessordnung, 23. Auflage, Tübingen [zitiert als: Stein/Jonas/*Bearbeiter,* 23. Aufl.] Band 1, 23. Auflage, Tübingen 2014
___ Kommentar zur Zivilprozessordnung, 23. Auflage, Tübingen [zitiert als: Stein/Jonas/*Bearbeiter,* 23. Aufl.] Band 2, 23. Auflage, §§ 78–147, Tübingen 2016

___ Kommentar zur Zivilprozessordnung, 23. Auflage, Tübingen [zitiert als: Stein/Jonas/*Bearbeiter*, 23. Aufl.] Band 4, 23. Auflage, §§ 271–327, Tübingen 2018

*Steinacker, Ursula Lina* Der Wiedereinstellungsanspruch des Arbeitnehmers, Baden-Baden 2017 (zugl. Diss., Univ., Bremen, 2011)

*Steinert, Karl-Friedrich/Theede, Kai-Uwe/Knop, Jens* Handbuch der Rechtspraxis, Band 1a, Zivilprozess, 9. Auflage, München 2011 [zitiert als: *Steinert/Theede/Knop*, Zivilprozess]

*Stelkens, Paul/Bonk, Joachim/Sachs, Michael* Verwaltungsverfahrensgesetz, 10. Auflage, München 2023 [zitiert als: Stelkens/Bonk/Sachs/*Bearbeiter*, Verwaltungsverfahrensgesetz]

*Stern, Klaus/Blanke, Hermann-Josef* Verwaltungsprozessrecht in der Klausur, 9. Auflage, München 2008

*Sternal, Werner (Hrsg.)* FamFG, 22. Auflage, München 2025 [zitiert als: Sternal/*Bearbeiter*]

*Stollmann, Frank/Beaucamp, Guy* Öffentliches Baurecht, 13. Auflage, München 2022

*Stüer, Bernhard* Handbuch des Bau- und Fachplanungsrechts, 5. Auflage, München 2015

*Stürner, Rolf (Hrsg.)* Jauernig, Bürgerliches Gesetzbuch, 19. Auflage, München 2023 [zitiert als: Jauernig/*Bearbeiter]*

*Stumpf, Christian* Alternative Streitbeilegung im Verwaltungsrecht, Tübingen 2006

*Tettinger, Peter J.* Überlegungen zu einem administrativen „Prognosespielraum", DVBl 1982, 421–433

*Tettinger, Peter J./Wahrendorf, Volker* Verwaltungsprozessrecht, 3. Auflage, München 2005

*Thebille, Jonas* Erschließungsverträge in der notariellen Praxis, RNotZ 2014, 333–349

*Thielmann, Georg* Sittenwidrige Verfügungen von Todes wegen, Berlin 1973 (zugl. Habil., Freie Univ., Berlin 1971)

*Thier, Andreas* Zeit und Recht im ius commune – Entwicklungsstufen in der Kanonistik, in: Panta rei – Studi dedicati a Manlio Bellomo, Band 5, Rom 2005, 383–406

*Thomas, Heinz/Putzo, Hans (Begr.)* Reichold, Klaus/Hüßtege, Rainer/Seiler, Christian (Hrsg.) Zivilprozessordnung, 39. Auflage, München 2018 [zitiert als: Thomas/Putzo/*Bearbeiter*, Zivilprozessordnung, 39. Aufl.]

*Thomas, Heinz/Putzo, Hans (Begr.)* Hüßtege, Rainer/Seiler, Christian/Nordmeier, Carl Friedrich (Hrsg.), Zivilprozessordnung, 46. Auflage, München 2025 [zitiert als: Thomas/Putzo/*Bearbeiter*, Zivilprozessordnung]

*Tiedemann, Jens* Zur Einbeziehung nachträglichen Verhaltens in die Interessenabwägung – „Emmely", ArbRB 2010, 222–225

*Tilch, Horst/Arloth, Frank (Hrsg.)* Deutsches Rechts-Lexikon, Band 1, A–F, München 2001

*Tilch, Horst/Arloth, Frank (Hrsg.)* Deutsches Rechts-Lexikon, Band 2, G–P, München 2001

*Tilch, Horst/Arloth, Frank (Hrsg.)* Deutsches Rechts-Lexikon, Band 3, Q–Z, München 2001

*Tonti, Enzo* The Mathematical Structure of Classical and Relativistic Physics – A General Classification Diagram, New York 2013

*Toussaint, Guido* Anmerkung zu BGH, Beschluss v. 29.08.2017 – XI ZR 318/16, FD-ZVR 2017, 395024

*Traulsen, Christian* Rechtsstaatlichkeit und Kirchenordnung – Überlegungen zur Rechtsstaatsbindung von Religionsgemeinschaften unter besonderer Berücksichtigung der evangelischen Landeskirchen, Tübingen 2013 (zugl. Habil., Univ., Tübingen 2012)

*Trittin, Wolfgang/Backmeister, Thomas* Arbeitsgerichtsbeschleunigungsgesetz, DB 2000, 618–622

*Trzaskalik, Christoph* Das Widerspruchsverfahren der Verwaltungsgerichtsordnung im Lichte der Allgemeinen Prozeßrechtslehre, Königstein/Taunus 1972 (zugl. Diss., Würzburg, 1970)

*Ule, Carl H.* Verwaltungsprozessrecht, 9. Auflage, München 1987

*Vorwerk, Volkert/Wolf, Christian (Hrsg.)* Beck'scher Online-Kommentar ZPO, BeckOK ZPO, 56. Edition, München 2022 [zitiert als: BeckOK ZPO/*Bearbeiter*, 56. Ed. 2022]

*Vorwerk, Volkert/Wolf, Christian (Hrsg.)* Beck'scher Online-Kommentar ZPO, BeckOK ZPO, 58. Edition, München 2025 [zitiert als: BeckOK ZPO/*Bearbeiter*]

*Wach, Adolf* Handbuch des Deutschen Civilprozessrechts: Erster Band. Systematisches Handbuch der Deutschen Rechtswissenschaft. Neunte Abtheilung, zweiter Theil, erster Band. Leipzig 1885/Nachdruck Berlin 2023, hrsg. von Karl Binding

*Waechter, Kay* Die Schutzgüter des Polizeirechts, NVwZ 1997, 729–737

*Wahrig Redaktion (Hrsg.)* Brockhaus – Wahrig Synonymwörterbuch, 8. Auflage, Gütersloh/München 2013 [zitiert als: Brockhaus, Synonymwörterbuch]

*Walker, Wolf-Dietrich* Die begrenzte Bedeutung des Falles „Emmely" für die Entwicklung der Rechtsprechung zur außerordentlichen Kündigung, NZA 2009, 921–925

*Walker, Wolf-Dietrich* Die Kündigung wegen eines Bagatelldelikts – Geklärte und ungeklärte Fragen nach der „Emmely"-Entscheidung des BAG, NZA 2011, 1–5

*Waltermann, Raimund* Arbeitsrecht, 20. Auflage, München 2021

*Wank, Rolf* Grenzen richterlicher Rechtsfortbildung, Berlin 1978 (zugl. Diss, Univ. Köln, 1976/77)

*Wank, Rolf* Juristische Methodenlehre – Eine Anleitung für Wissenschaft und Praxis, München 2020

*Warncke, Hans* Der Zeitpunkt für die Beurteilung der „unbilligen Härte", Arbeitsgericht 1931, 296–301

*Weber, Jörg-Andreas* Auflösung des Arbeitsverhältnisses durch Urteil wegen eines Bagatelldelikts am Beispiel der „Emmely"-Entscheidung, RdA 2011, 108–119

*Weber, Peter (Hrsg.)* Rechtswörterbuch, 34. Edition, München 2025

*Wendl, Philipp/Dose, Hans-Joachim* Das Unterhaltsrecht in der familienrichterlichen Praxis, 10. Auflage, München 2019 [zitiert als: *Bearbeiter* in: Wendl/Dose, Das Unterhaltsrecht in der familienrichterlichen Praxis]

*Wernecke, Frauke* Die Einheitlichkeit des europäischen und des nationalen Begriffs vom Streitgegenstand, Berlin 2003 (zugl. Habil., Univ., Hamburg, 2001/2002)

*Westermann, Harm Peter/Küchenhoff, Klaus (Hrsg.)* Handkommentar zum Bürgerlichen Gesetzbuch, 7. Auflage., Band I (§§ 1–853), Münster 1981 [zitiert als: Erman/*Bearbeiter*, 7. Aufl.]

*Westermann, Harm Peter/Grunewald, Barbara/Maier-Reimer, Georg (Hrsg.)* Bürgerliches Gesetzbuch, Kommentar mit Nebengesetzen und Internationalem Recht, Teil 1 Bürgerliches Gesetzbuch, 17. Auflage, Köln 2023 [zitiert als: Erman/*Bearbeiter* BGB]

*Weth, Stephan* Das arbeitsgerichtliche Beschlussverfahren, München 1995 (zugl. Habil., Univ., Köln, 1993)

*Weyland, Dag* Bundesrechtsanwaltsordnung BRAO, 11. Auflage, München 2024 [zitiert: als Weyland/*Bearbeiter* BRAO]

*Wieacker, Franz* Die Juristische Sekunde – Zur Legitimation der Konstruktionsjurisprudenz, in: Württenberger/Maihofer/Hollerbach (Hrsg.), Festschrift für Erik Wolf zum 60. Geburtstag, Frankfurt am Main 1962, 421–453

*Wieczorek, Bernhard/Schütze, Rolf A.* Zivilprozessordnung und Nebengesetze, 4. Auflage, Berlin 2012 [zitiert als: Wieczorek/Bernhard/*Bearbeiter*, ZPO]

*Wiedemann, Gerhard* Handbuch des Kartellrechts, 4. Auflage, München 2020

*Windel, Peter A.* Brauchen wir Arbeitsgerichtsbarkeit?, in: Henssler, Martin/Joussen, Jacob/Maties, Martin/Preis, Ulrich (Hrsg.), Festschrift für Rolf Wank, München 2014, 679–694

*Windscheid, Bernhard* Die Actio des römischen Civilrechts, vom Standpunkte des heutigen Rechts, Düsseldorf 1856

*Winkler, Günther* Zeit und Recht – Kritische Anmerkungen zur Zeitgebundenheit des Rechts und des Rechtsdenkens, Forschungen aus Staat und Recht 100, Wien/New York 1995

*Woitaschek, Frank* Ausgewählte Fragen des Verfahrens vor der Einigungsstelle, NZA 2021, 324–327

*Wolf, Manfred* Gerichtliches Verfahrensrecht, Hamburg 1978

*Würtenberger, Thomas/Heckmann, Dirk* Verwaltungsprozessrecht, 4. Auflage, München 2018

*Wuschka, Sebastian/Risini, Isabella/Lorenzmeier, Stefan/Boor, Felix (Hrsg)* Zeit und Internationales Recht, Fortschritt – Wandel – Kontinuität, Tübingen 2019

*Wysk, Peter (Hrsg.)* Verwaltungsgerichtsordnung, Beck'sche Kompaktkommentare, 4. Auflage, München 2025 [zitiert als: Wysk/*Bearbeiter*, Verwaltungsgerichtsordnung]

*Zachert, Ulrich* Anmerkung zu BAG, Urt. v. 26.04.2006 – 5 AZR 549/05, AP § 138 Nr. 63

*Zborowska, Katarzyna* Die außerordentliche Verdachtskündigung, Berlin 2015 (zugl. Diss., Univ., Mainz 2014)

*Zeiss, Walter/Schreiber, Klaus* Zivilprozessrecht, 12. Auflage, Tübingen 2014

*Zeuner, Albrecht* Wiederholung der Kündigung und Rechtskraft im Kündigungsschutzstreit – Zum Verhältnis von Rechtskraft und neuen Tatsachen im Zivilprozeß, MDR 1956, 257–261

*Zeuner, Albrecht* Schadensbegriff und Ersatz von Vermögensschäden, AcP 163 (1964), 380–400

*Zeuner, Albrecht* Beobachtungen und Gedanken zur Behandlung von Fragen der Rechtskraft in der Rechtsprechung des Bundesgerichtshofs, in: Schmidt, Karsten/Canaris, Claus-Wilhelm/Heldrich, Andreas u. a. (Hrsg.), 50 Jahre Bundesgerichtshof, Festgabe aus der Wissenschaft, Band III, München 2000, 337–366

*Ziemons, Hildegard/Jaeger, Carsten/Pöschke, Moritz (Hrsg.)* Beck'scher Online-Kommentar GmbHG, 66. Edition, München 2025 [zitiert als: BeckOK GmbHG/*Bearbeiter*]

*Zöller, Richard (Begr.)* Zivilprozessordnung, 16. Auflage, Köln 1990 [zitiert als: Zöllner/*Bearbeiter* Zivilprozessordnung, 16. Aufl.]

*Zöller, Richard (Begr.)* Zivilprozessordnung, 36. Auflage, Köln 2025 [zitiert als: Zöllner/*Bearbeiter*, Zivilprozessordnung]

*Zöllner, Wolfgang* Materielles Recht und Prozeßrecht, AcP 190 (1990), 471–495

*Zugehör, Horst* Einspruch gegen ein Versäumnisurteil im schriftlichen (Vor-)Verfahren vor Zustellung?, NJW 1992, 2261–2263

*Zwanziger, Bertram* Rückwirkung auf Kündigung oder Wiedereinstellungsanspruch des Arbeitnehmers, BB 1997, 42–46

*Zwickel, Martin* Der Zeitpunkt der Schadensberechnung in Verkehrsunfällen – Besonderheiten bei der fiktiven Abrechnung?, NZV 2019, 616–619